捍卫智慧

经典百案
—— 三环三十六周年
业务成果精选

温 旭　程跃华　刘孟斌　主编

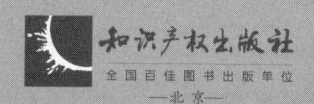

知识产权出版社
全国百佳图书出版单位
——北京——

图书在版编目（CIP）数据

捍卫智慧 经典百案：三环三十六周年业务成果精选/温旭，程跃华，刘孟斌主编. —北京：知识产权出版社，2023.3

ISBN 978-7-5130-8696-7

Ⅰ.①捍… Ⅱ.①温… ②程… ③刘… Ⅲ.①知识产权法—案例—中国 Ⅳ.①D923.405

中国国家版本馆 CIP 数据核字（2023）第 044685 号

内容提要

本书为广东三环知识产权三十六周年业务成果精选。100篇知识产权案例囊括了专利、商标、地理标志、著作权和反不正当竞争及反垄断各类专业经典疑难案件。书中对案件的条分缕析，是律师、代理师对实务工作经验的总结与提炼，既体现了律师、代理师对初心使命的坚守与专业水准，也从某种程度上折射出我国知识产权司法发展与实践状况。

本书既可作为知识产权管理者、研究者、学习者的参考、研究资料，也可作为知识产权实务工作者的操作指引。

责任编辑：崔 玲 阴海燕　　　　责任印制：刘译文

捍卫智慧 经典百案
——三环三十六周年业务成果精选

HANWEI ZHIHUI JINGDIAN BAIAN
——SANHUAN SANSHILIU ZHOUNIAN YEWU CHENGGUO JINGXUAN

温 旭 程跃华 刘孟斌 主编

出版发行：知识产权出版社有限责任公司	网　址：http://www.ipph.cn
电　话：010-82004826	http://www.laichushu.com
社　址：北京市海淀区气象路 50 号院	邮　编：100081
责编电话：010-82000860 转 8693	责编邮箱：laichushu@cnipr.com
发行电话：010-82000860 转 8101	发行传真：010-82000893
印　刷：三河市国英印务有限公司	经　销：新华书店、各大网上书店及相关专业书店
开　本：720mm×1000mm 1/16	印　张：43.75
版　次：2023 年 3 月第 1 版	印　次：2023 年 3 月第 1 次印刷
字　数：936 千字	定　价：168.00 元

ISBN 978-7-5130-8696-7

出版权专有 侵权必究
如有印装质量问题，本社负责调换。

《捍卫智慧 经典百案》编委会

主　编：温　旭　程跃华　刘孟斌
副主编：王广华　郝传鑫　董咏宜　熊永强　申元林
　　　　肖宇扬　颜希文　贾　允　张艳美　温　乾

编　委：成明新　李延梅　戴建波　李百健　申屠嘉毅
　　　　温求广　詹必娥　何兆华　胡　枫　温镜满
　　　　叶新平　沈　红　张泽思　陈　欢　卢静芬
　　　　付　静　章友华　陈亚林　陈　奇　邵毓琴
　　　　温晓玲　朱晓燕　王云健　李群华　林贤武
　　　　左迪飞　林立超　黄海燕　王章立　赵　勇
　　　　王　志　张满兴　罗江锋　王　菱　戴　婷
　　　　贾民俊　黄诗彬　曾　赟　谢姗珊　陈旭红
　　　　麦小婵　江韵华　宁崇怡　李燕旋　郭立文
　　　　孟午君　隋喜鑫　薛　梦　宋亚楠　詹海岁
　　　　徐宗玉　胡　俊　黄婕佳　张媛媛　韦东梅
　　　　朱　璇　李素兰　郝新慧　杜　维　刘国兵
　　　　梁　惠　江银会　黄　俊　张　倩　章友国
　　　　龙莉苹　杨子亮　孙朝锐　卢泽明　牛丽霞
　　　　莫小娜　罗秀梅　邹国珊　胡少波　唐　娇
　　　　高　燕　高　玉　谢光旗　谭　洋　刘光明
　　　　蒋轶男　周增元　邹　倩　吴剑琴　王　婷
　　　　胡洁倩　艾丽红

《捍卫智慧 经典百案》题词

当今世界是科技迅猛发展，知识日新月异的世界。加强知识产权保护，是依法兴企，实现经济高质量发展的必要措施。

祝三环知识产权公司踔厉奋发、勇毅前行，在全面建设社会主义现代化国家新征程中作出更大努力！

梁伟发 曾任广东省委常委、政法委书记，广东省公安厅厅长，广东省政协党组副书记、副主席，广东省法学会会长，中国警察协会副会长。

创造成果，捍卫智慧。

为祝贺《捍卫智慧 经典百案》出版而题。

学子温旭知名律师，领军之人创办三环。知产法务三十六载，业绩辉煌老师欣慰。致以衷心的祝贺。

陈美章 北京大学教授，曾任北京大学知识产权教学研究中心主任，北京大学专利所所长，北京大学知识产权学院创办人、董事会成员，曾连任三届中国知识产权研究会副会长，北京市法院系统咨询专家及原国家工商行政管理总局商标局商评委专家咨询组顾问。作为中国首批专利代理人，培养了我国第一批知识产权硕士研究生，培养造就了不少优秀的知识产权人才，是本书主编温旭及北京大学知识产权学院张平教授的启蒙导师。

得益于改革开放，以二十世纪八十年代《商标法》《专利法》的相继颁布为标志，我国的现代知识产权制度开始全面建立并施行，至今已经三十多年。有着三十六年历史的三环作为我国早期成立的知识产权法律服务机构，因国家知识产权制度的诞生而诞生，也伴随着国家知识产权事业的发展而发展。"创新驱动发展"，未来，希望三环通过制度创新、业务创新不断提升自我，超越自我，为我国的现代化建设做出更大的贡献。

刘春田 中国人民大学法学院教授、博士生导师，知识产权学院院长，中国法学会知识产权法学研究会会长。

三十六载专业服务铸就辉煌，一百余件知产案例功成经典。

祝贺温旭等主编的《捍卫智慧　经典百案》出版。

吴汉东　中南财经政法大学原校长、教授，中国法学会知识产权法学研究会名誉会长，享受国务院政府特殊津贴专家，博士生导师，2009年、2011年被英国《知识产权管理》（MIP）杂志评为"全球知识产权界50位最具影响力人物"。

三十六年在人类的历史上或许只是一瞬间，但是对于温旭大律师率领的三环团队而言确实是不应忘怀的重要一刻。三十六年弹指一挥间，见证了三环团队的创建、发展和业绩，浸透了三环团队辛勤的汗水，凝聚了三环团队智慧的结晶，也成为我国知识产权服务业乃至知识产权事业蓬勃发展的一个缩影。这里所展示的《捍卫智慧　经典百案》或许仅是三环史册中的一页。九尺之台，积于尘土；千里之行，始于跬步；抚今追昔，任重道远；锲而不舍，与时俱进。衷心祝愿三环团队不负众望，盈科而进，砥砺前行，铸造辉煌。

李顺德　中国社会科学院法学研究所研究员、教授、博士生导师、高级工程师，国家自然科学基金委员会管理科学部专家评审组成员，中国世界贸易组织研究会学术顾问，中国知识产权研究会理事，中国科学技术法学会常务理事，中国法学会知识产权法研究会副会长兼秘书长，中国法学会世界贸易组织法研究会常务理事，2022年度中国知识产权影响力人物。

维护公平竞争，保护知识产权，为创新发展保驾护航。

祝贺温旭律师《捍卫智慧　经典百案》出版。

董葆霖　中华商标协会专家委员会主任，曾任原国家工商行政管理总局商标局法律事务处处长、副局级巡视员，原国家工商行政管理总局高级经济师，参与商标法及其实施细则（条例）的起草论证和修改工作，作为中国政府代表团成员参加中美知识产权谈判工作。

《捍卫智慧　经典百案》一书，是阐述法律知识、解析司法政策、总结代理经验、提升诉讼技巧的教科书！

程永顺　北京市高级人民法院（民三庭）知识产权庭原副庭长、高级法官，2003年被英国《知识产权管理》(MIP)杂志评为"全球知识产权界50位最具影响力人物"。

《捍卫智慧 经典百案》来源于三环长期的案例经验总结,具有较高的实战及理论价值,希望三环继续坚持高质量路线,为产业创新发展提供更优的知识产权专业服务,祝贺三环成立三十六周年!

宋柳平 北京理工大学博士后,华为技术有限公司监事、首席法务官、首席合规官,2009年、2010年和2013年三次被英国《知识产权管理》(MIP)杂志评为"全球知识产权界50位最具影响人物"。

捍卫智慧百案成经典,保护成果众星创佳作。
祝贺三环成立三十六周年。

李楚源 广药集团党委书记、董事长,教授级高级经济师,教授级高级工程师,国务院政府特殊津贴专家,全国劳动模范,第十四届全国人大代表,广东省人大代表。

驰骋南北,横贯中西,三环业绩,永旭辉煌。

张　平 北京大学法学院教授,北京大学人工智能研究院双聘教授,博士生导师,北京大学知识产权学院常务副院长,北京大学粤港澳大湾区知识产权发展研究院执行院长,中国法学会知识产权法学研究会副会长。

贺《捍卫智慧 经典百案》出版

三十六载百案凝,七十二计千钧鼎。
宝典三环十方面,铁军双师万里程。
知识产权圣斗士,智慧财产保护神。
秣马厉兵再出发,继往开来耀群星。

陶鑫良 上海大学知识产权学院名誉院长,国家知识产权专家咨询委员会委员,中国知识产权研究会副理事长兼学术委员,中国法学会知识产权法学研究会副会长,中国科学技术法学会副会长等。

三环的快速发展壮大欣逢我国改革开放的春风和洪流,三环的经典百案代表了三环人国内外一流的法律专业水平,力戒空谈,崇尚实干,三环的服务精髓昭示着三环必将迎来更美好的明天。

关永红　华南理工大学法学院教授、博士、博士生导师，华南理工大学知识产权研究所所长，广东省法学会知识产权法学研究会会长。

创新、市场、法律，环环相扣，成就知识产权制度的完美设计，也成就三环过往的辉煌。期待着三环新时代有新作为！

马宪民　广东省知识产权局原局长。

三环知识产权的发展伴随中国的科技进展，祝贺《捍卫智慧　经典百案》的出版。

敬瑞祥　四川省高级人民法院原院长，四川省委政法委员会顾问，第十届全国政协委员。

我认为《捍卫智慧　经典百案》一书内容丰富、经验宝贵，对法律实务及理论研究工作者都很有参考借鉴作用，是一本好书！感谢三环的奉献，祝愿三环漫漫前路更加精彩辉煌！

徐春建　广东省高级人民法院原副院长，一级高级法官。

团结奋进开拓拼搏进入佳境！全球视野专业精进迈向未来！领引行业聚集英才铸就辉煌！

郑泰安　四川省社会科学院副院长，四川省社会科学院学位评定委员会副主席、研究员。

案例是活的法律。本书收集的100件案例是三环历年来经典案例的精粹，对知识产权学界、实务界很有裨益！

朱时顺　四川省法学会原常务副会长。

律师对国家法治的贡献不仅在于让个案中的当事人的合法权益得到保护，还在于将自己的经验和智慧用文字记载下来，让职业法律人及公众可以温故知新，汲取知识和经验，提高对法制的认知。我所了解的三环人就是在坚持做这样的工作，这是一件极为有益的事情，值得祝贺和学习。

陈健民　清华大学法学院副教授。

《捍卫智慧 经典百案》题词

乘北京冬奥五环之风雪，扬三环智慧之霞光；华光谱写三十六载风雨路，脚踏实地，用专业成就卓著，努力攀登艺术作品版权保护高峰，祝福三环！

曹　雪　广州美术学院教授，曾任广州美术学院视觉艺术设计学院院长，2022年北京冬奥会吉祥物"冰墩墩"设计团队负责人。

三环三十六载：从广州三环到广东三环，从广东三环到中国三环，从中国三环到世界三环……

祝福三环：东风利市春来有象，伟业兴隆日进无疆。

胡充寒　广东外语外贸大学法学院教授，佛山市中级人民法院原副院长、三级高级法官。

三环所历经三十六年励精图治、开拓拼搏，成就了今日辉煌。《捍卫智慧　经典百案》道出了知识产权工作者的使命和担当。正如温旭教授在三环自序所总结：团结、人才、开拓、拼搏、榜样、涉外、研究、新人、合规、质量，这些是三环立所之本、发展之道，值得学习借鉴。衷心祝愿三环所再展宏图、再创辉煌！

李颖怡　中山大学法学院副教授，广东省法学会知识产权法学研究会副会长。

智慧引领三十六载拼搏路、经典铸就三甲鳌头腾飞篇！

智慧源自扎实的专业功底，亦来自三十六载如一日的钻研；经典诞生于平凡，更出于几千个日日夜夜的耕耘。非常难能可贵的是，作为专业的服务机构，三环人在为客户提供高质量专业服务的同时，始终在理论研究方面不断突破自我，成就了一个又一个经典，刻画出三环人勤勉奋进、开拓创新的镜像。值此大作出版之际，衷心祝福站在新时代潮头的三环人走向更大的辉煌！

安雪梅　中共广东省委全面依法治省委员会咨询专家，广东省十大优秀中青年法学家，广东省法学会知识产权法研究会副会长。

时代发展共成长，三十六年探索路。今日三环群英荟萃，助祖国科技更辉煌。

仲　春　暨南大学知识产权研究院副教授、硕士研究生导师、院长助理，上海交通大学竞争法律与政策研究中心研究员。

知识产权关乎创新，关乎发展，关乎国家战略。三环汇华是广州起步较早、发展较好的以知识产权法律业务为主的律师事务所，愿她不忘初心，继续前行，努力为经济社会发展服务，为中华民族伟大复兴贡献自己的力量。

黄　山　广东省律师协会副会长，广州市律师协会会长。

三环所是中国华南地区一家名符其实用"专精特新"精神为中国创新企业提供优质服务，且具有深厚底蕴的专业服务机构，本书精选的100件案例是对三环过去36年发展历程最好的诠释，三环人不仅是中国知识产权事业发展的亲历者，更是实践者，中国经济的创新发展正是因为他们的参与，才变得更加有活力、张力、灼灼其华！

张　璇　知产宝联合创始人，知产宝董事长。

三十六年，如日中天；
经典百案，案案惊奇。
我与三环，相识廿年；
多次合作，颇有硕果。
温总亦师，学习楷模；
群星亦友，时有唱和。
湾区智慧，共同维护；
强国路上，铿锵齐步。

祝贺《捍卫智慧　经典百案——三环三十六周年业务成果精选》付梓出版。

顾奇志　中国专利保护协会副会长，广东省知识经济发展促进会会长。

（一）
三环三十六年庆，成绩斐然令人敬。
行业楷模新意境，版权保护寻捷径。
（二）
知产保护有三环，捍卫智慧严把关。
解决纠纷不再难，业务水准人人赞。
（三）
加强版权保护，促进产业创新发展。
重视专利保护，激发行业创造热情。
强化商标保护，确保企业行稳致远。

申请地理标志，助力百业兴旺发达。

热烈祝贺三环知识产权集团成立三十六年喜庆。

梁守坚 广东省版权保护联合会副会长兼秘书长。

捍卫智慧上万家，经典百案业绩佳。
元老骨干齐聚力，三环威名扬天下。
三十六载终一日，迈向国际创新嘉。
团结拼搏干劲足，赓续发展开新花。

有感三环创立三十六周年庆之际，祝三环更加辉煌！

庞玉娟 广东省广告协会副会长兼秘书长。

三环三十六年为我国知识产权保护作出了不少贡献，《捍卫智慧 经典百案》一书可谓三环的经典之作，期待三环百尺竿头更进一步！

翁一岚 第十二届、十三届全国人大代表。

智慧法律护企，服务经济建设！

李锐忠 民主与法制杂志社广东记者站站长。

三十六载耕耘硕果累累，"百年三环"盛大起航！

范晓东 人民法治杂志社专题部副主任。

我们正处于数字化的知识经济时代，国家和企业的竞争是全方位创新的竞争，创新竞争的核心是知识产权的竞争，知识产权智慧运营和经营的价值将决定竞争的成败。三环人三十六年奋斗磨重剑、智慧结晶的果实——《捍卫智慧 经典百案》一书作为三环三十六周年最好的礼物精彩亮相，这是一本行业经世致用的实践学习教材词典，也是一部"立德、立功、立言"的经典践行之作，将成为知识产权行业的学习宝库。企业的"思维和行动"决定着企业的命运，企业的"信仰和价值观"影响企业的成败，好的企业都有坚定的信仰：无信仰，无价值；无价值，无未来。企业不止是"服务和产品"的创造者，更应是时代"意义"的创造者，三环人捍卫智慧，成为国际大所的信仰，是三环品牌了不起的根本所在，三环品牌必将走向更广阔天空与远方！我诚意推荐这本书。

武东兴　国家版权贸易基地（越秀）、国家商标品牌创新创业（广州）基地运营机构广州市华南版权贸易股份有限公司总经理，国家版权交易中心联席会议秘书长。

社会进步源于科技创新，企业发展依靠科技创新。三环为天才之火燎原，为智慧之星保驾护航！祝贺三环公司三十六周年硕果累累！事业兴旺发达！

冯　斌　佛山金刚企业集团董事长，中国陶瓷工业协会副理事长，广东省材料研究学会副理事长，佛山市科协副主席，佛山市陶瓷学会理事长。

以温旭教授为骨干的律师团队几十年如一日，以维护知识产权为己任，兢兢业业干好每一个案子，保护了客户的创新，培养了无数优秀的知识产权专业人才。

我们有幸得到三环团队的帮助，无论在国内还是在国外专利注册、使用上都可以得心应手；当遭遇侵权的时候，更有三环团队出手相助，且都获得胜诉。他们从注册专利时就为遭遇侵权做好了预案，在案情发生时使我们可以从容面对，大大增加了胜诉概率。三环事务所的成功案例数不胜数，每每都是惊心动魄、惊天动地的大事件，这些都成了经典的教科书案例。有幸读到温教授及三环伙伴们的作品，就是知识产权及创新保护的盛宴。

罗　忆　中国建筑学会幕墙学术委员会副理事长及专家组组长，康宝消毒柜的设计者及捍卫者之一。

三环专利商标公司的前身中山医科大学专利事务所是隶属于原中山医科大学科研处下的一个科级机构，是全国医科大学设立最早的专利代理机构，三环由一间大学内的专利事务所脱钩改制成功走向社会的代理机构。三十六年过去了，如今的三环成为名列前茅的全国专业大所之一，作为三环成长壮大的见证者，我们期待三环越办越好，为祖国的知识产权事业做出更大贡献。

袁凯瑜　中山医科大学科研处原处长，广东医学科研管理学会副主任委员，广东高校科研管理研究会副理事长，中华医学科研管理学会常务委员。

贺广州三环公司《捍卫智慧　经典百案》付梓。
硕果累累，年年辉煌。

陈诚钦　广东汕尾著名书法家，本书主编温旭华南师范大学同班同学。

愿智慧之星闪烁　让天才之火燎原！

温旭

三环三十六年，从一所体制内的中山医科大学专利事务所，发展成为拥有三十多个分支机构、一千多人的知识产权公司，并且组建了独立的广东三环汇华律师事务所，三环专利商标公司业务代理量和发明授权数等指标进入全国三甲之列，三环汇华律所的知识产权诉讼案量也名列全国前茅，实属不易。回顾三环三十六年来不断发展壮大的历程，离不开党的正确领导，离不开国家和省市知识产权管理部门的科学管理和引领，当然更离不开新老三环人的不懈努力，共同奋斗。实干兴邦，空谈误国，三环辉煌的今天是一代代三环人实实在在一步一个脚印走出来的。三环今天的成功值得为之奋斗过的所有三环人骄傲和自豪，我们也借此机会向曾经的三环人和仍在三环努力奋斗的三环人表示深深的感谢，并致以崇高的敬意！

总结三环三十六年走过的成功之途，以下十个方面是值得我们载入三环史册，并期待三环未来的后继之人不断发扬光大的。

第一，三环的创始股东，除个别因家庭原因请辞离开三环外，从一九八六年至今，三十多年来原来的股东，不管有什么意见分歧，原始股东们仍牵手合作团结奋战在一起，这在全国现有知识产权代理机构中几乎是没有的或者是罕见的。所以说，团结是三环成功的保障。

第二，三环从成立之初就特别重视高素质专业人才的培养，提出了专利化、外语化、电脑化、律师化的人才结构目标。三环建所之初的不少代理人都是北京大学和中国人民大学知识产权专业毕业的高才生，并且持有专利代理人和律师双证，高素质的人才队伍为三环的腾飞打下了坚实基础，所以说，人才是三环崛起的资本。

第三，三环的成功在于敢于突破体制的约束，努力开拓业务，特别是在广州和深圳等大城市业务都被行政区域内的专属代理机构垄断的情况下，三环另辟蹊径，走农村包围城市之路，从乡镇企业的服务做起，然后成功地一步步走向各大城市，如今三环的业务几乎遍及全国，所以说，开拓是三环腾飞的关键。

第四，分公司的发展为三环做出了不可磨灭的贡献，自1996年中山市南头第一家分公司成立至今，三环遍布全国各地的几十家分公司的业务量占了半壁江山，尤其是深圳分公司的业务量及含金量更是有口皆碑，三环的知名度在总部及分公司的共同努力拼搏下，相得益彰，共同成就了三环的品牌效应，所以说，拼搏是三环创业的精神。

第五，三环有不少人先后成为业内的领军人物，广州首届知识产权大律师及提名大律师三环占了四分之一之多，还有不少人担任了全国及省市行业专业协会的会长、副会长、主任、副主任等职务，有的还当选政协委员或当地人大代表，三环的领军人还被评为国家级的有突出贡献专家，这些均为三环树立了很好的榜样，所以说，榜样是三环无形的力量。

第六，三环建所之初就努力争取涉外代理资质进军国际业务，并成功获得广东省首批两个具有涉外资质的专利代理所之一。三环汇华律师事务所已有不少涉外领军人才，也正努力争取成为全国涉外法律服务示范机构。知识产权的国际化性质，决定了要发展就必须走向世界，正可谓：涉外是三环未来的方向。

第七，三环不仅注重法律实务，同时也非常重视理论联系实际，先后出版了十多部有较高专业水平的专著、教材及案例汇编等，其中《捍卫智慧——没有硝烟的战场》《红罐之争——谁是凉茶领导者》《知识产权业务律师基础实务》《技术秘密的秘密及其法律保护》等广受好评，同时也大大提升了三环人的专业素养和水平，正可谓：研究是三环务实的基础。

第八，三环在发挥老股东及老业务骨干传帮带的作用下，不断吸收和培养新的人才队伍，青出于蓝胜于蓝，一代更比一代强，才能形成可持续发展的三环，知识产权的业务更新很快，技术的发展日新月异，老中青合理结构的三环才能适应时代发展的要求，所以说，新人是三环发展的未来。

第九，三环在发展壮大的过程中，从始至今都非常注重科学规范管理，严格自律并遵守行业规范，力避法律风险，包括员工的管理、财务的规范和业务的管控。在各位股东及管理层的努力下，化解了不少矛盾与风险，确保了三环的健康发展。正可谓：合规是三环坚守的根本。

第十，三环顺应时代发展的要求，以质量赢得客户的信赖，努力实现公司化团队化专业化的质量管理体系，成功代理了不少高新技术领军企业及独角兽企业的法律业务，例如华为、腾讯、OPPO、微软、广药王老吉、比亚迪、头等舱、蓝月亮、迈瑞、大疆无人机以及广汽、海天、台电、香港荣华等几十家品牌企业的法律业务。康宝消毒柜案及陶瓷辊棒案还被作为中国入世的经典案例，同时有上百件经典案例入选全国及省市有关部门或协会的经典优秀案例。所以三环一再强调：质量是三环生存的命脉。

三环的成长壮大除了现仍在三环的全体员工的共同努力外，我们还特别感谢对三环创立做出特别贡献的王秀峰、祝家镇、张庆荣、袁凯瑜等各位领导，也非常感谢离开三环但也曾为三环做出贡献的王毅梅、王培琼、施莉、李冠宏、陈缵光、顾晓珊、袁菁、韦廷建、刘延喜、顿海舟、满群、詹仲国、段淑华、张中、潘中毅、樊利平、唐秋云、李春、王朔、胡艳彬、高劲松、温秋云、祝燕、张慧、黄建南、伍健伟、杨超、吴秀荣、曾琦、朱秀恩、姚佳、潘莹、李亚强、胡子琪、何传锋、严婷婷、钟冬梅等各位精英。

雄关漫道真如铁,而今迈步从头越,三环三十六年走过了艰难辉煌的历程,取得了可贺可喜的成就,但未来的竞争更加激烈,道路更为艰辛,我们要直面现实,加强凝聚力,并努力开拓国际业务,将三环从国内大所建设成为国际大所和强所。《捍卫智慧 经典百案》是献给三环三十六周年"最好的礼物"。

愿智慧之星闪烁,让天才之火燎原!

三环加油!

目 录

第一部分　专　利

杀毒除菌　气冠三军
　　——康宝消毒柜外观设计专利侵权系列纠纷案　　　　　　　温旭　刘孟斌｜003

删繁就简　聚焦重点
　　——广州方邦电子股份有限公司与日本大自达电线股份有限公司侵害
　　　发明专利权纠纷案　　　　　　　　　　　　　　　　　　　　郝传鑫｜007

匠心独运　独辟蹊径
　　——宁波讯强电子科技有限公司请求宣告美国传感电子有限责任公司
　　　发明专利权无效及行政诉讼纠纷案　　　　　　　　　　　　　郝传鑫｜011

照抄实例　不判侵权
　　——巨天公司与飞利浦公司发明专利侵权纠纷案　　　　　　　　肖宇扬｜015

三起三落　十年谢幕
　　——"无水银碱性钮形电池"专利纠纷系列案　　　　　　　　　刘孟斌｜026

标准专利　侵权判定
　　——某通信设备公司被诉侵犯标准必要专利权案　　　　　熊永强　左菁｜036

上市危机　快速反击
　　——深圳市隆利科技股份有限公司无效宣告请求系列案　肖宇扬　潘莹　王菱｜041

利益衡平　付费使用
　　——新白云机场幕墙专利侵权纠纷案　　　　　　　　　董咏宜　温旭｜046

安坐营中　手到擒来
　　——无法扣押域外服务器也能证明服务器程序侵权之"帝盟
　　　诉东方之舟"专利侵权诉讼案　　　　　　　　　　　王章立　王婷｜051

十年磨剑　一招制胜
　　——天维健康产品国际有限公司、盈康科技控股国际有限公司、
　　　钟某某等应诉广州绿色盈康生物工程有限公司侵害发明
　　　专利权纠纷案　　　　　　　　　　　　　　　　　程跃华　刘孟斌｜055

权属纠纷　未超时限
——TCL王牌电子（深圳）有限公司诉姜某、吴某专利
　　申请权纠纷案　　　　　　　　　　　　　　　温旭　董咏宜　李亚强｜061

围绕目标　制定策略
——明门（中国）幼童用品有限公司诉永康市某婴儿用品
　　有限公司专利权纠纷案　　　　　　　　　　　　肖宇扬　李亚强｜065

何为果胶　整体理解
——迈德乐（广州）糖果有限公司诉东莞市金旺食品有限
　　公司等专利侵权纠纷案　　　　　　　　　　　　王广华　王章立｜069

外观侵权　七个程序
——佛山市禅城鹰豪玩具有限公司诉邢台市根山儿童
　　玩具有限公司侵害外观设计专利权纠纷　　　程跃华　戴婷　胡俊｜076

分类施策　对症下药
——丰华公司等与珀金埃尔默公司侵害发明专利权纠纷案　　　郝传鑫｜082

在美受制　在中反击
——德豪润达与Lumileds知识产权纠纷案　　　　　　肖宇扬　温旭｜086

专利之选　行稳致远
——侵犯"空客A380"登机桥发明专利权纠纷案　　　　　　　刘孟斌｜095

特征不明　综合认定
——深圳市宝安区松岗文麦电子厂与专利复审委员会等实用新型
　　专利权无效宣告行政纠纷案　　　　　　　　　　　　　　王广华｜099

层层递进　拨云见日
——南昌欧菲光科技有限公司诉某触摸屏生产商
　　侵犯专利权案　　　　　　　　　　　　　熊永强　李光金　左菁｜106

抓住漏洞　否掉专利
——哈药诉永宁专利无效行政纠纷案　　　　　　　　付静　肖宇扬｜110

立足技术　溯本求源
——"角度可调铰链"发明专利侵权案　　　　　　　贾民俊　黄诗彬｜117

巧用禁反　逆转裁判
——类行星公司诉北京知识产权局专利行政诉讼案　　詹海旡　罗江锋｜124

洞石专利　一波三折
　　——东鹏"洞石专利"无效行政纠纷案　　　　　　　　　　　肖宇扬　温旭｜128

以子之矛　攻子之盾
　　——虚拟动力与幻境科技外观侵权纠纷系列案　　　　　　　王菱　罗江锋｜137

合理解释　突破局限
　　——许某诉佛山某门窗配件制品厂专利侵权纠纷案　　　　　罗江锋　肖宇扬｜141

精锐来袭　步步为营
　　——华阳集团与上海国某知识产权服务有限公司
　　　发明专利侵权纠纷案　　　　　　　　　　　罗江锋　肖宇扬　叶新平｜146

优先之争　逆转经典
　　——林某诉国家知识产权局专利无效行政诉讼案　　　　　　肖宇扬　詹海呌｜150

标准专利　无效反击
　　——某通信设备公司应诉侵犯标准必要专利权案　　　　　　熊永强　左菁｜160

权要布局　授权无悔
　　——"立体壁纸"发明专利侵权案　　　　　　　　　　　　　　　　颜希文｜165

抽丝剥茧　揭证漏洞
　　——黄某、于某诉潮州市某公司、东莞市万江某批发部、
　　　张某等侵害实用新型专利权纠纷申诉答辩案　　　　　　　　　　程跃华｜170

巨头之争　釜底抽薪
　　——敏华控股与顾家家居沙发外观设计专利侵权纠纷案　肖宇扬　罗江锋　詹海呌｜178

判定视角　比对要素
　　——"染发梳"外观设计侵权案　　　　　　　　　　　　　　　　　颜希文｜182

证据支持　程序衔接
　　——"遥控器"外观设计专利侵权案　　　　　　　　　　　　　　　颜希文｜188

证据细节　决定胜败
　　——凯迪仕公司诉多灵公司侵害外观设计专利权纠纷案　　　曾赟　胡碧霞｜193

技术来源　权属之本
　　——广州某盛公司诉安徽某森公司、梁某等人专利权属纠纷系列案　谢姗姗｜199

外观侵权　行政处理
　　——"摩托车用前侧罩"外观设计专利侵权纠纷案　　　　　　　　　戴婷｜204

发明侵权　无效致胜
　　——广州丹绮环保科技有限公司发明专利侵权纠纷应诉案　　王广华　胡俊　姚招泉｜209

专利复审　前置撤驳
　　——201910062880.8发明专利复审案　　陈旭红｜217

专利修改　把握本质
　　——关于修改超范围：说明书中方法实施例和系统实施例的关联关系判断　　陈旭红｜222

公知常识　无效焦点
　　——一种活动顶针式陶瓷砖成型排气模具无效宣告案　　胡枫　李素兰｜228

企业创造　技术保密
　　——2019105872644发明专利复审案　　胡枫　李素兰｜234

抽丝剥茧　还原事实
　　——201810266042.8案创造性答复案　　贾允　方佳｜241

釜底抽薪　一劳永逸
　　——201711013114.X发明专利无效案　　杨子亮｜247

必要特征　依法认定
　　——201510690821.7发明专利无效案　　麦小婵｜253

深度检索　巧取证据
　　——201330438817.3外观设计专利无效案　　张艳美｜257

结构相似　实质不同
　　——"电池平衡电路"专利申请的驳回复审案　　龙莉苹｜264

多方切入　层层递进
　　——202111156991.9案创造性答复案　　孙朝锐｜272

审通答复　结合分析
　　——201711164051.8发明专利复审案　　牛丽霞｜277

第二部分　商标和地理标志

二十五载　荣华之争
　　——关于"荣华"商标的三件行政纠纷案　　董咏宜　温旭　张满兴｜285

罪与非罪　天差地别
——不在同一种商品上使用，重审二审改判不构成假冒注册商标罪，
十四名被告人无罪案　　　　　　　　　　　　　　　　程跃华 | 301

维权诉讼　迅速驰名
——广东康宝公司与商标评审委员会、江苏康宝电器
有限公司商标争议行政纠纷案　　　　　　董咏宜　张满兴　温旭 | 311

至善至正　屡战屡胜
——教育品牌"培正"商标争议案　　　　　　　　　　　刘孟斌 | 318

此"诸葛亮"　彼"诸葛酿"
——"诸葛亮"商标诉讼案　　　　　　　　董咏宜　温旭　吴瑾 | 324

通用与否　如何定夺
——"3E椰梦维"商标侵权诉讼案　　　　　　　董咏宜　张满兴 | 330

火眼金睛　识别真假
——广东宝凯实业有限公司诉奥妮集团（香港）有限公司、
奥妮化妆品有限公司等侵犯"奥妮"注册商标专用权
纠纷案　　　　　　　　　　　　　　　　董咏宜　张满兴　温旭 | 334

涉外定牌　责任认定
——长林五金制品（珠海）有限公司与江某某侵害商标专用权纠纷案　　　程跃华 | 341

不侵权案　四大要件
——广州蕉叶诉杭州蕉叶确认不侵犯注册商标专用权纠纷案　　　董咏宜　温旭 | 348

服务商标　规范使用
——雅文饰品公司诉金钥匙礼品公司侵犯商标权纠纷案　　　　　王广华 | 353

判断混淆　因素诸多
——第4543057号"东鹏DOPEN"商标无效宣告行政纠纷案　　　董咏宜　张满兴 | 358

在先使用　依法保护
——第12268211A号"台电TECLAST及图"
商标无效宣告行政纠纷案　　　　　　　　温旭　董咏宜　张满兴 | 363

暗示商标　使用增显
——"雅客来头等舱"商标无效宣告行政纠纷案　　　董咏宜　张满兴　胡洁倩 | 368

"旅游购物"　何为出路
——"PUMA"旅游购物出口商标侵权案　　　　　　　刘孟斌　孟午君 | 374

"售后混淆"　侵权新扰
——阿迪达斯有限公司诉林某等侵害商标权纠纷案　　　刘孟斌　郭俊艳 | 380

春风化雨　诚信获取
——韩国 paparecipe 春雨面膜商标侵权案　　　刘孟斌　沈伟英 | 386

一字千金　扭转乾坤
——陈某与中山某特机电有限公司商标权撤销行政纠纷案　　　王广华 | 391

真假强人　去假存真
——中山市强人集团有限公司诉河南 B 公司等商标侵权纠纷案　　　王广华 | 397

字号突出　被判侵权
——广东阿诗丹顿电气有限公司诉宁波阿诗顿电器有限公司等
商标权侵权纠纷案　　　王广华 | 403

合作外贸　抢注无道
——3D 国际有限公司反商标抢注维权系列案　　　申元林　黄禹强 | 409

拆分使用　商标侵权
——贵州金沙窖酒酒业有限公司诉贵州金沙梦酒酒业有限公司等
侵害商标权纠纷案　　　程跃华　何传锋 | 413

商标近似　动态判断
——第 12306379 号"哈总 HA ZONG 及图"商标无效宣告案　　　董咏宜　张满兴 | 420

药品医械　类似商品
——"花城制药"商标无效及行政诉讼案　　　程跃华 | 425

企业状态　注册障碍
——广东百家投资咨询有限公司商标驳回复审案　　　江韵华 | 432

公益商标　复审视角
——第 23190908 号"图形"商标驳回复审案　　　韦东梅　毛文芳 | 435

版权在先　杜绝抢注
——第 33263212 号"凤鸣粤韵艺术团及图形"商标异议申请案　　　温乾 | 441

通俗图形　合理使用
——衍康中医诊疗（广东）有限公司第 44245813 号"图形"
商标驳回复审案　　　邹国珊　廖珮伶 | 446

恶意囤积　商标无效
　　——第23809511号"亲亲屋"商标无效宣告案　　　　　　卢静芬　张瑞芳｜452

品牌助力　火荔无限
　　——海口火山荔枝地理标志证明商标申请案　　　　　　　　　　莫小娜｜456

椰乡扬名　地标赋能
　　——文昌椰子地理标志认定案　　　　　　　　　　　　　　　　罗秀梅｜461

第三部分　著作权

由点及面　终获胜诉
　　——北京长地万方科技有限公司诉深圳市中佳讯科技有限公司、
　　　凯立德欣技术（深圳）有限公司、深圳市凯立德计算机系统
　　　技术有限公司侵犯著作权纠纷　　　　　　温旭　潘莹　高劲松｜469

法律护航　余音绕梁
　　——中国音乐著作权协会诉深圳市清华深讯科技发展有限公司侵犯
　　　音乐作品著作权侵权纠纷案（手机铃声侵权涉诉第一案）　　刘孟斌｜473

华盖敲诈　如何应诉
　　——一起积极应诉华盖图片著作权侵权纠纷迫使华盖撤诉案　　程跃华｜480

小小版权　获赔百万
　　——产品外包装美术作品著作权及不正当竞争系列案　　张泽思　王章立｜487

类案重点　案件关键
　　——移动唱吧领域著作权及不正当竞争纠纷　　　　　曾赟　胡碧霞｜491

程序抗辩　不容忽视
　　——某珠宝公司与某国际贸易有限公司侵犯著作权纠纷案　董咏宜　李亚强｜495

第四部分　反不正当竞争及反垄断

当头棒喝　铁马金戈
　　——佛陶技术秘密及发明专利侵权纠纷案　　　　　　温旭　刘孟斌｜501

星群之争　扭转乾坤
　　——"星群"不正当竞争纠纷案　　　　　　　温旭　董咏宜　吴瑾｜505

抓早抓小　防微杜渐
　　——喻某侵犯明门（中国）幼童用品公司
　　　　商业秘密案　　　　　　　　　　　温旭　肖宇扬　董咏宜　潘莹　吴瑾｜510

权利冲突　赢得改名
　　——"山特"商标及不正当竞争纠纷案　　　　　　　　曾赟　张满兴｜515

鉴定意见　质证重点
　　——佛山市通某公司、谭某等涉嫌侵犯商业秘密罪不起诉案　　王广华｜521

商品俗称　特有名称
　　——贵州金沙窖酒酒业有限公司等诉贵州金沙回沙酒业有限
　　　　公司等不正当竞争纠纷案　　　　　　　　　　　程跃华　徐楚莹｜529

打造品牌　继往开来
　　——某电池工业有限公司诉陈某某侵害"Vinnic"电池知名
　　　　商品特有包装装潢不正当竞争纠纷案　　　　　刘孟斌　孟午君｜537

合作缘尽　分权止争
　　——"石湾米酒"版权、商标以及不正当竞争侵权纠纷案　温旭　申元林｜542

刑案获罪　民案翻盘
　　——"韩国绒"纺织机商业秘密刑民交叉案　　　　　肖宇扬　温旭｜547

客户名单　法律保护
　　——广东泰可思信息咨询有限公司诉广州润亮财税咨询服务
　　　　有限公司等侵害商业秘密纠纷案　　　　　　　　　　　王广华｜552

恶意搭傍　字号被禁
　　——佛山日丰诉上海日丰商标侵权及不正当竞争案　　温旭　吴瑾｜560

商业诋毁　法责难逃
　　——广州市花城制药厂等与广州香某制药有限公司互诉不正当
　　　　竞争案　　　　　　　　　　　　　　　　　　　宁崇怡　程跃华｜566

巧用规则　抗辩成功
　　——广州新赛尔特篷房技术有限公司、赛尔特篷房制造（北京）有限公司广州
　　　　分公司、赛尔特篷房制造（北京）有限公司、汪某与珠海丽日帐篷有限公司
　　　　不正当竞争纠纷案　　　曾赟　董咏宜　张满兴　李亚强　潘莹　王瑕｜571

便车易搭　责任难逃
　　——"我来贷"在线借款平台反不正当竞争纠纷案　　　　　　申元林｜576

攀附商标　行政维权
　　——广东普今生物医药有限公司举报天草大健康产业有限公司
　　　不正当竞争纠纷案　　　　　　　　　　　　　贾民俊　罗林 | 580

数据竞争　打破垄断
　　——有某公司与B公司反不正当竞争与反垄断案　肖宇扬　詹海为　任嘉豪 | 584

法律链接　| 590
作者简介　| 627
鹰击长空
　　——三环建所36周年回眸　| 642
编后语　| 673

第一部分
专　利

杀毒除菌　气冠三军

——康宝消毒柜外观设计专利侵权系列纠纷案*

温旭　刘孟斌

康宝厂研制开发出适合我国国情的消毒碗柜，并申请了实用新型专利，然而没过多久就出现了多家仿制者，康宝厂遂起诉这些厂家侵犯其实用新型专利权，被告却向中国专利局专利复审委员会提出了针对该专利的无效宣告请求。由于专利本身的瑕疵，康宝厂迫不得已与被告达成和解。康宝厂继续研发，在原实用新型专利产品的基础上，设计出一款新颖独特、美观大方的新型消毒碗柜，并申请了外观设计专利（名称：消毒柜，专利号：ZL92301447.0）。新型消毒柜一投入市场就受到广大消费者的青睐，很快就出现了众多侵权厂家。康宝厂先后分两批起诉了其中20家侵犯外观设计专利权，最终有17家在诉讼过程中与原告康宝厂达成了和解，剩余的3家，最终经法院一审、二审均判决构成侵权。

"康宝"消毒碗柜外观设计专利侵权诉讼系列案在广东乃至全国都有较大影响，对各地专利工作起到很好的促进作用，极大地提高了公众的专利意识，"康宝"案在法院依法采取诉讼保全措施前后，广东特别是珠三角企业出现了专利申请热，1995年广东的专利申请量跃居全国首位。"康宝"消毒碗柜外观设计专利侵权诉讼系列案在我国知识产权发展史上具有重要影响。

■ 案情简介

一、第一次维权经历

年产值近4亿，全国500家最大乡镇企业之一的广东康宝电器厂（以下简称"康宝厂"）从一家小型的铁工厂发展起来主要依靠一项消毒碗柜的发明创造。

该厂结合中国实际研制开发出适合我国国情的消毒碗柜，并申请了实用新型专利。通过艰辛的努力，终于打开了市场，广大消费者逐步接受了这一新产品。产品刚呈现好销势头，就出现了多家仿制者，康宝电器厂拿起法律武器起诉容声、半球、万家乐、大石电器厂等厂家侵犯其实用新型专利权，四被告在15天规定的答辩期内向中国专利局专

---

* 该案作为广州市中级人民法院知识产权庭成立后的第一批案而广受社会关注，案件最终产生良好的社会影响，被认为"给珠三角企业上了知识产权保护的震撼一课"。

利复审委员会❶提出了针对该专利的无效宣告请求。原告、被告双方在僵持一段时间后，在有关部门主持下达成和解协议，从本质上讲，这次和解，"康宝"是不得已而为之的，因为专利的申请是在开完产品鉴定会后进行的，虽然产品尚未直接推向市场，但在鉴定会上已有样品，并开始试用，专利申请之前亦有产品发往百货商场……这些都有可能影响专利的新颖性，导致专利被宣告无效。康宝厂想不通，明明是自己开发的新产品并申请了专利，为什么得不到保护，经过这次诉讼的教训才深深懂得即使是自己的发明创造，但如果不采取合法措施加以保护，也可能不会成为自己的无形资产。专利的申请必须符合专利法律规定的程序与实质性条件，否则就有可能被宣告无效，被无效的专利视为自始即不存在。

二、本次申请专利及维权经过

康宝人在挫折面前没有气馁，他们在原实用新型专利产品的基础上进行改进，并主要在产品的外观上下功夫。康宝厂与广州美术学院共同努力，终于设计出一款新颖独特、美观大方的新型消毒碗柜。这一次，"康宝人"的专利意识增强了许多，在产品申请专利之前，严加保密。申请专利时，为确保万无一失，康宝厂自己拍摄了照片，并亲自送到中山医科大学三环专利事务所所长手中，要求在当天就办好专利申请手续。康宝厂的新型消毒柜一投入市场就受到广大消费者的青睐，产值从上千万一下跃至上亿元。但产品刚刚投放不到半年就冒出了众多侵权厂家，侵权产品再次严重冲击市场。康宝厂先后分两批起诉了其中20个厂家侵犯其外观设计专利权（名称：消毒柜，专利号：ZL92301447.0）。这一专利侵权纠纷系列案涉及被告之多，波及范围之广国内无双，一时成为广东、港澳乃至全国媒体纷纷追踪报道的新闻。媒体的报道既宣传了专利法，又间接地提高了康宝厂的知名度。康宝厂起诉后，被告对康宝厂的外观设计专利提出了无效宣告请求，专利复审委员会审查最终作出了维持该外观设计专利有效的终局决定（根据当时法律后续没有行政诉讼救济）。随即，康宝厂向广州市中级人民法院提出了对20家侵权厂家进行诉讼保全的请求。从1994年底至1995年初不到一个月的时间内，广州市中级人民法院依法对20家被告采取了诉讼保全措施，在全国乃至境外都引起了很大反响。

20家被告中，有17家与原告康宝厂达成和解协议，原则上都承认或尊重康宝厂的专利权，做适当补偿并停止生产与康宝厂相同或近似的消毒柜。另外3家（主要生产双门消毒柜）坚持自己的双门消毒柜与单门消毒柜（专利）不相近似，不构成专利侵权。广州市中级人民法院一审作出判决，认定双门与单门构成近似，判令三被告停止侵权，并

---

❶ 1998年国务院机构改革，更名为国家知识产权局专利局专利复审委员会；2001年，更名为国家知识产权局专利复审委员会；2019年知识产权机构改革，更名为国家知识产权局专利局复审和无效审理部。为尊重原来案件文书表达和读者阅读习惯，2019年前涉及案件中本书统一称其为"专利复审委员会"。

分别赔偿 80 余万元、10 余万元、3 万余元给原告康宝厂，其中两被告不服，上诉于广东省高级人民法院。二审法院经审理后，依法作出二审判决，驳回上诉请求，维持原判。

■ 办案心得

　　1. 康宝厂在实用新型专利侵权诉讼受挫后，能及时总结与吸取失败的经验与教训，重整旗鼓，开发出新款消毒碗柜，并通过申请外观设计专利保护的策略与做法是完全正确的。

　　2. 在专利申请之前，采取严格的保密措施，最好在专利申请拿到受理通知书后，产品再投放市场。这样的专利方能经得起专利无效宣告程序的考验。

　　3. 同时起诉 20 个厂家，并请求法院采取诉讼保全措施，既能及时遏制侵权行为，及时夺回市场，又能缩短诉讼周期，还产生了有价值的新闻热点，可谓一举多得。

■ 小结

　　1. 康宝厂在吸取实用新型专利诉讼失败的经验教训基础上，设计新款消毒碗柜，并改为申请外观设计专利保护，这一做法值得借鉴。产品结构一时没有改进方案，无法申请专利保护，可以另辟蹊径，对产品的外形进行重新设计，新设计不仅可以申请外观设计专利，而且也是吸引消费者的利器，对产品的销售有很大影响。康宝厂推出新款消毒碗柜后，及时申请了外观设计专利，尽管结构本身得不到保护，但由于外观美丽大方，深得广大用户喜爱，同样占有了市场并得到了相应的保护。改实用新型专利保护为外观设计专利保护，这一策略很值得广大企业在产品的更新换代中借鉴。

　　2. 申请专利之前一定要采取保密措施，一旦公开，不再有秘密，只能通过申请外观设计专利保护。

　　3. 同时起诉 20 个厂家，既能在同一时期内扼制所有的侵权行为，最大限度地垄断和占有市场，同时又产生了新闻热点，提高了诉讼的附加值。同一时间段内运行多个诉讼周期，可以避免诉讼事务对专利权人的重复影响，并间接地使专利权保护期限相对延长。

　　4. 大规模的诉讼保全措施对提高企业的专利意识起了很大的宣传作用，尽管个别被告有看法，认为法院的诉讼保全措施有些过激，但总体上还是能够理解并予以配合。20 家被告企业，都不同程度地增强了专利意识，而且不少企业反过来聘请原告律师作为企业的法律顾问，并自行开发新产品申请了新的消毒柜外观设计专利，走上正当竞争的轨道。

　　5. 经过这场消毒柜专利大战，市场上消毒柜的款式出现了百花齐放的喜人局面，新产品令人目不暇接。据不完全统计，单是消毒柜的专利申请就有上百件。康宝厂赢了官司，但同时又做了好事——促使竞争对手企业走上了产品创新的道路，物美价廉、品种繁多的产品令消费者有了更多、更好的选择。

"康宝"消毒碗柜外观设计专利侵权诉讼系列案虽以全面胜诉而告终，但无论康宝官司最后的结局如何，"康宝"案与"佛陶"案一样，给人们带来的思考和影响是深远的，"康宝"消毒碗柜外观设计专利侵权诉讼系列案在广东乃至全国都有较大影响，对各地专利工作起到了很好的促进作用，极大地提高了公众的专利意识，"康宝"案在法院依法采取诉讼保全措施前后，广东特别是珠三角企业出现了专利申请热，1995年广东的专利申请量跃居全国首位，应该说与"康宝"案带来的积极影响有关。"康宝"消毒碗柜外观设计专利侵权诉讼系列案在我国知识产权发展史上具有重要影响。

删繁就简　聚焦重点

——广州方邦电子股份有限公司与日本大自达电线股份有限公司侵害发明专利权纠纷案[*]

郝传鑫

> 方邦公司作为电磁屏蔽膜主要供应商，在上市前夕作为被告发生重大诉讼，作为被告代理人，在代理此类案件时不仅需要考虑为当事人妥善管控诉讼风险，而且需要兼顾当事人诉讼的时效利益。因此，在全面了解案情及当事人诉求的情况下，代理人需要删繁就简，聚焦重点，在案件重点争议焦点上充分准备证据，在非核心的争议问题上权衡利弊，要敢于决断取舍，从而使得案件代理在诉讼结果和当事人特别诉求间实现完美的平衡。

■ 案情简介

一、案件背景

大自达电线股份有限公司（以下简称"大自达公司"）创建于 1945 年，总部位于日本大阪，在 2000 年首先开发出电磁屏蔽膜。广州方邦电子股份有限公司（以下简称"方邦公司"）是新兴的具有自主知识产权的电磁屏蔽膜企业，截至 2017 年，两者均是电磁屏蔽膜行业全球市场规模排名前三的企业。在方邦公司报送 IPO（首次公开募股）材料前夕，大自达公司于 2017 年向广州知识产权法院提起了诉讼，指控方邦公司制造、销售的 8 款电磁屏蔽膜产品侵害其涉案发明专利权。要求方邦公司立即停止侵害其发明专利权，包括但不限于停止制造、销售、许诺销售侵害原告专利权的印刷布线板用屏蔽膜，并销毁专用于生产侵权产品的设备和模具，以及销毁所有库存侵权产品，并支付侵权赔偿，该侵权赔偿包括为制止侵权行为所支付的公证费、调查费、律师费等合理费用，共计人民币 9272 万元。

---

[*] 该案先后被评为 2017 年度广州知识产权法院知识产权十大典型案例、2018 年度广州知识产权法院服务和保障科技创新十大典型案例、2018 年度广东省高级人民法院服务创新驱动发展十大典型案例、华南国际知识产权研究院第三届广东十大涉外知识产权案例、广东知识产权保护协会 2018 年度知识产权典型案例、最高人民法院网站报道案例。生效案号：（2017）粤民终 2363 号。

二、涉案专利信息和被诉侵权产品

专利名称：印刷布线板用屏蔽膜以及印刷布线板。

申请人：大自达电线股份有限公司。

申请日：2008 年 7 月 16 日。

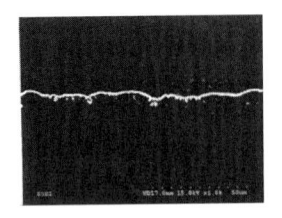

（a）铜线的 SEM 结果（127）

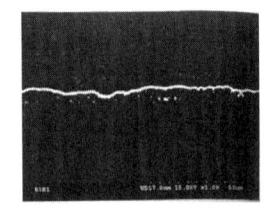

（b）铜线的 SEM 结果（128）

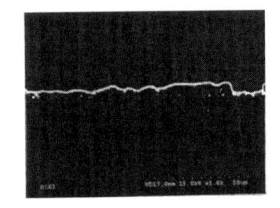

（c）铜线的 SEM 结果（129）

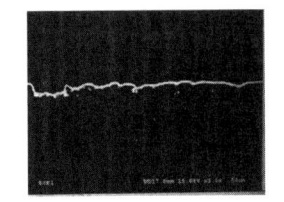

（d）铜线的 SEM 结果（130）

被诉产品印刷布线板用屏蔽膜

涉案专利印刷布线板用屏蔽膜

涉案专利权利要求 8：

一种印刷布线板用屏蔽膜，其特征在于具有：单面表面的算术平均粗糙度是 0.5-5.0 微米的绝缘层；在所述绝缘层的所述单面表面形成的第一金属层，其中所述算术平均粗糙度是由 1994 年的 JIS B 0601 标准定义的算术平均粗糙度，所述第一金属层以沿着所述绝缘层的所述单面表面成为波纹结构的方式形成。

三、抗辩意见

笔者在代理方邦公司案件后，向国家知识产权局调取了专利审查档案，并根据调取的专利审查档案和涉案专利说明书，认为涉案专利权利要求中的"波纹结构"的范围应根据其专利说明书和专利审查档案的描述来解释。由于"波纹结构"这个特征是方邦公司的被控侵权产品与涉案专利唯一可能存在的区别特征，而且该特征也是涉案专利重要的区别特征，因此该特征的解释就成了本案的最关键的环节。

鉴于方邦公司的被控侵权产品金属层的表面的细微凹凸（被指控为"波纹结构"）是随机变化、无规律的、没有特定的形状、不具方向性，即自然形成的凹凸，笔者作为方邦公司代理人的抗辩意见是：根据涉案专利说明书和专利审查档案，可以明确涉案专利权利要求中的"波纹结构"是刻意制造的、具有特定形状的凹凸。因此无论如何理解涉案专利权利要求中"波纹结构"的形状，被控侵权产品都不可能落入涉案专利权利要求的保护范围。更何况大自达公司在涉案专利审查过程中通过自己的答复行为放弃了"波纹结构"的多个特定的形状，导致"波纹结构"的解释范围被进一步限缩，因此被控侵权产品更不可能落入涉案专利的保护范围。

四、案件结果

一审广州知识产权法院经审理后认为，根据涉案专利审查的过程及内容，结合涉案专利说明书、附图以及工具书、教科书等公知文献，认定涉案专利争议特征第一金属层的"波纹结构"应解释为不应当包括随机变化的、无规律高低起伏的连续凹凸形结构。而方邦公司制造、销售的屏蔽膜产品的第一金属层的结构是随机变化的、无规律高低起伏的连续凹凸形结构，因此不落入涉案发明专利的保护范围。

大自达公司不服，向广东省高级人民法院提起上诉。二审广东省高级人民法院经审理后认为，根据涉案专利说明书、附图以及审查档案，"波纹结构"作为涉案专利权利要求不可缺少的必要技术特征，至少应当是：相对规则、相对明显、相对平滑的连续高低起伏波动结构，排除因绝缘层表面凹凸不平而自然导致的金属层无规律性地高低起伏，亦排除不具有高弯曲性的大致平坦、锯齿形或连续的凹凸形结构。而从被诉产品149幅切片SEM（扫描电子显微镜）图来看，被诉产品金属层形状呈现无规律、随机起伏的特点，结合前述对"波纹结构"的理解，被诉产品显然不符合涉案专利的"波纹结构"，不构成侵权。

大自达公司仍然不服，向最高人民法院申请再审，最高人民法院经书面审理后裁定驳回大自达公司的再审申请。

■ 办案心得

由于本案是被告方邦公司上市过程中遭遇的重大诉讼，而且原告大自达公司是电磁屏蔽膜行业全球第一的公司，所以笔者作为被告的代理人，不仅需要解决如何抗辩不侵权的问题，而且还需要解决加快诉讼进程的问题。

首先，为了加快诉讼进程，笔者在接受委托后首先尽快锁定该案的争议焦点，而在案件非主要争议焦点的问题上采取了相应的处理措施：第一，承认对方提交的鉴定报告中所有的检测数据，避免了再次委托技术鉴定从而大大缩短了诉讼进程；第二，由于被告方邦公司在证据保全中所有财务账册均提交给了法院，因此主动向法院提交盈利数据大于原告诉讼请求的财务报告，从而避免了再委托第三方财务账册审计而进一步缩短了诉讼进程。

其次，在主要的争议焦点，即是否构成侵权这个问题上，笔者调取了涉案专利的审查档案，并通过审查档案结合涉案专利说明书明确地对涉案专利权利要求所争议的关键技术特征"波纹结构"的保护范围进行了有效的限制，并排除了不属于涉案专利保护范围的技术方案，从而使得法院公正地将看似构成侵权的被控侵权产品最终认定为不构成侵权。

■ 小结

由于该诉讼发生在被告当事人上市前夕，笔者在代理本案件时不仅需要评估案件诉讼结果的风险，还需要考虑案件处理进程的效率和速度，所以代理此类案件必须首先尽快抓住案件的关键点，并且针对案件重点进行聚焦并进行相应的证据准备和逻辑梳理，同时为了保证当事人的特殊利益，必须有针对性地制定符合当事人实际的诉讼策略，这样就可以完美地兼顾案件诉讼风险的管控和当事人特别诉求。

事实上，由于本案诉讼策略制定方向正确并实施得当，删繁就简，聚焦重点，使得这样的重大复杂诉讼案件的争议焦点大大简化，从而使得诉讼进程大为缩短，案件经历一审、二审、再审三个审级也仅仅用了一年左右的时间，不仅为当事人取得了很好的诉讼结果，最重要的是，由于诉讼进程的缩短，使得该重大诉讼最终未对当事人方邦公司的上市进程产生影响，当事人方邦公司最终于2019年7月22日在上海证券交易所科创板成功上市，成为我国第一批科创板上市公司。

■ 法律链接

《最高人民法院关于审理侵犯专利权纠纷案件应用法律若干问题的解释》（法释〔2009〕21号）第三条、第七条。

匠心独运　独辟蹊径

——宁波讯强电子科技有限公司请求宣告美国传感电子有限责任公司发明专利权无效及行政诉讼纠纷案[*]

郝传鑫

> 2009年美国传感电子公司在佛山市中级人民法院起诉宁波讯强公司制造的防盗标签侵犯了其核心发明专利权。由于涉案专利的独立权利要求范围非常大，不侵权抗辩没有空间。因此专利无效就成为被告对抗原告的唯一路径。然而，由于没有检索到可以影响涉案专利新颖性和创造性的现有技术，因此作为代理人，制定合适有效的无效策略变得非常重要，案件通过非新颖性和创造性理由即权利要求是否以说明书为依据，经过专利无效程序、一审、二审、再审历时7年成功无效了涉案专利，该案件中独运匠心、独辟蹊径的代理思路对于专利无效疑难案件和专利侵权纠纷应诉案件来说具有典型意义。

■ 案情简介

一、案件背景

原告美国传感电子有限责任公司（以下简称"传感电子公司"）2009年12月24日在佛山市中级人民法院对宁波讯强电子科技有限公司（以下简称"讯强公司"）及其经销商提起诉讼，指控宁波讯强公司制造的防盗标签侵犯了其核心发明专利权，要求讯强公司立即停止侵权并赔偿经济损失100万元。此前传感电子公司使用该涉案专利在中国起诉其他公司胜诉，并且对方就涉案专利提起专利无效请求也被全部维持。2010年4月27日，讯强公司向专利复审委员会提出宣告涉案专利权全部无效的请求。

二、涉案专利信息

涉案专利共有47个权利要求，其中包括权利要求1、4、9、20、25、30、37共7项独立权利要求，其中权利要求1如下：

---

[*] 该案入选2017年度中国法院50件典型知识产权案例、《最高人民法院知识产权案件年度报告（2017）》精选案例。生效案号：（2016）最高法行再19号。

一种使用在磁力式电子货品监视系统中的标识器，包括：

（a）一个非结晶型磁致伸缩元件；

（b）一个配置在与所述磁致伸缩元件相邻接位置处的偏磁元件，

其特征在于所述标识器有随退活化磁场变化的共振频率漂移特性，漂移梯度大于100Hz/Oe。

三、讯强公司无效理由

在接到讯强公司的委托后，专利代理师仔细研究涉案专利相关资料，并重新进行了专利无效检索，但是没有找到可以影响其新颖性和创造性的现有技术。基于此，专利代理师必须在其他的无效理由中找到切实可行的理由和依据。

经过仔细研读涉案专利说明书，专利代理师发现根据涉案专利说明书第12页至第15页第四段的记载，第三实施例 Vacozet 材料的矫顽磁力为 22.7Oe。然而涉案专利附图 11 却显示该 Vacozet 材料的矫顽磁力为 18.0Oe（即下图右下角的曲线的最低点对应的位置）。二者显然是互相矛盾的。

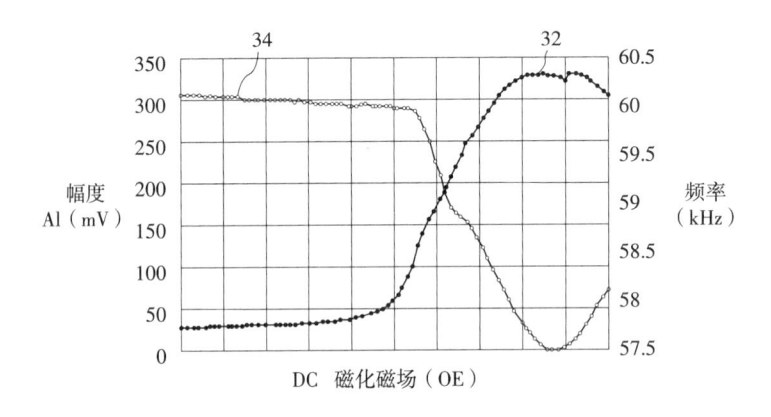

涉案专利附图 11

以此为线索，专利代理师发现涉案专利的第一实施例的描述也存在相互矛盾的问题，基于涉案专利的两个实施例存在描述相互矛盾的问题，因此该两个实施例公开不充分，不能作为认定涉案专利权利要求是否以说明书为依据的基础。在仅仅只有一个实施例的情况下，涉案专利的权利要求得不到说明书的支持，不符合《专利法》第二十六条第四款的要求。

四、案件结果

专利复审委员会经审理后认为由于涉案专利仅仅第二实施例公开充分，基于此作出决定，宣告涉案专利权利要求 1-4、6、7、9-12、14-18、20-26、29、30、34、35、37-42、44、46、47 不符合《专利法》第二十六条第四款的规定而无效，维持权利要求 5、8、13、19、27、28、31-33、36、43 有效。

传感电子公司不服被诉决定，向北京市第一中级人民法院提起行政诉讼，请求撤销被诉决定。北京市第一中级人民法院经过审理，作出维持被诉决定的一审判决。

传感电子公司仍然不服，向北京市高级人民法院上诉，北京市高级人民法院维持了一审判决。

传感电子公司仍然不服，向最高人民法院申请再审，最高人民法院经审理后，判决撤销一审、二审判决及部分撤销无效决定，在原来认定权利要求1-4、6、7、9-12、14-18、20-26、29、30、34、35、37-42、44、46、47无效的基础上进一步认定权利要求5、8、13、19、27、28、32、36、43无效，并由专利复审委员会重新作出审查决定。

至此，涉案专利47项权利要求仅剩从属权利要求31和33两项被维持有效。讯强公司的被控侵权产品也不落入该两项权利要求，不构成侵权。

■ 办案心得

由于本案再审申请人为本领域的全球龙头企业，无效过程中找不到影响涉案专利新颖性和创造性的现有技术是非常正常的。在此情况下，树立代理案件的正确心态是非常重要的。

首先，建立必胜的信心，这是后续工作能否突破的基础。因为人的主观心态会影响行为，必胜的信心会促使代理人尽一切努力、创造一切机会去赢得胜利。

其次，不放弃一切可能的无效理由。在本案中，公开不充分和权利要求得不到说明书的支持是最可能突破的无效理由。而取得突破的路径就是带着批判性思维和"傻瓜"思维重新检视专利说明书和权利要求书。批判性思维使得代理人在检视涉案专利时，不仅仅停留在"看"的层次上，跟着原专利代理师撰写专利说明书的思路，而是应用自己的独立思维，自然可以看出涉案专利本来存在的问题。而"傻瓜"思维就是清空你之前所有的背景知识，仅仅从字面来理解权利要求书中的每一个技术术语和技术特征，从字面上理解权利要求书所界定的保护范围，这样就可能发现权利要求本身存在的问题。该案就是基于上述思维才发现涉案专利存在的破绽，并以此为基础，进而寻找到专利无效所适用的合适理由和依据。

本案之所以能够发现涉案专利说明书中存在的破绽，取决于代理人在代理案件中匠心独运，独辟蹊径，在大多数代理人在无效程序中过于关注权利要求书而忽视专利说明书的背景下重点关注专利说明书从而找到无效的解决方案，对于解决复杂无效案件具有一定的启示作用。

■ **小结**

本案历时 7 年，是比较少见的基于具体实施例公开不充分而引起涉案专利权利要求不符合《专利法》二十六条第四款而作出的再审判决。涉案专利的两个具体实施例的说明书附图之间，或附图与文字之间存在矛盾之处，使得该领域技术人员无法确信相关实施例能实现声称的技术效果，因此该两个实施例公开不充分，不能作为认定涉案权利要求以说明书为依据的基础。权利要求限定的保护范围应当与涉案专利的技术贡献和说明书充分公开的范围相适应。权利人有权在说明书充分公开的具体实施方式等内容的基础上，通过合理概括的方式撰写权利要求，以获得适度的保护范围。本案关于在侵权诉讼和专利无效案件中，如何认定权利要求是否得到说明书的支持、如何分析说明书中具体实施方式是否充分公开对于权利要求支持等具有典型意义。

■ **法律链接**

《中华人民共和国专利法》（2008 年）第二十六条。

照抄实例 不判侵权

——巨天公司与飞利浦公司发明专利侵权纠纷案*

肖宇扬

> 侵害发明专利权纠纷诉讼中，在判断功能性特征的保护范围时，专利说明书和附图中涉及的所有实施方式未必都能纳入功能性特征的保护范围，应重点审查相关实施方式能否实现该功能。实施例并非孤立存在，在功能性特征的内容一般需要依赖具体实施例来确定的情况下，更应结合权利要求书、说明书等对实施例的内容进行审查，以便清楚、合理界定其保护范围，不能仅凭某一图例就简单认定属于功能性特征保护范围。

■ 案情简介

一、当事人背景

佛山市顺德区巨天电器有限公司（以下简称"巨天公司"）成立于2003年，是一家专业生产不锈钢电热水壶、搅拌机、榨汁机和食品加工机的企业，集研发设计、生产和营销于一体，产品销往欧洲、南北美、中东、东南亚市场。卡瓦林烹饪系统有限公司于2007年6月18日向国家知识产权局申请名称为"制备食品的设备和用于该设备的空气导向件"的发明专利。自2009年8月25日起，卡瓦林烹饪系统有限公司授权飞利浦优质生活有限公司（以下简称"飞利浦公司"）在中国境内独占许可使用ZL200780029489.3号中国发明专利。飞利浦公司认为巨天公司生产的JT-916型空气炸锅产品侵犯涉案专利权，将巨天公司诉至广州知识产权法院，请求赔偿金额合计100万元。

虽然起诉标的只有100万元，但是却让被告面临生死存亡。在该案之前，飞利浦公司以同一专利进行维权已经有数场胜利，所以到了该案，其于广交会会场取得被告被诉产品证据之后，就立即向被告发出了律师函，且甫一起诉就采取了相应的证据保全、财

---

* 该案入选2017年最高人民法院发布50大知识产权案件、中华全国律师协会知识产权专业委员会2018年年会十佳案例、2017年度广东省知识产权审判十大案件、2017年度广东律师十大知识产权典型案例、第二届（2017年度）广东省十大涉外知识产权案例，在2019年"知穗奖"知识产权创新示范奖中荣获知识产权维权保护经典案奖。生效案号：（2018）最高法民申2264号。

产保全措施。被告巨天公司为中小企业,产品线较为单一,且产品主要用于出口,飞利浦公司一旦将巨天公司涉嫌侵权并被起诉的信息在国外市场进行宣扬,基本上,巨天公司的销售就将停滞,企业生产经营也将陷入绝境。

二、一审情况

巨天公司找到了三环,而我们也在看到案件材料之后就第一时间理解了被告的焦虑,因为乍一看,被诉产品显然就是"抄"了原告专利,侵权几乎板上钉钉。

且看涉案专利的权利要求书、附图及被诉产品的图片的对比。

涉案专利权利要求	1. 一种用于制备食品的设备,包括食品制备室(2),该食品制备室具有外壁(4)、带可透过空气的底部壁(5)并带上方空气排出开口(6)的内壁(3);风扇(7),该风扇用于使热空气顺次地移动穿过所述底部壁、所述食品制备室以及所述排出开口;空气导向装置(9),用于使空气从所述排出开口向与所述食品制备室分开的所述底部壁返回;热辐射装置(10),位于所述食品制备室的上部;和位于食品制备室下方的空气导向构件(11),其特征在于,所述空气导向构件(11)在底部壁(5)下方位于外壁(4)上,所述空气导向构件用于将空气流基本上向上导引,使其进入存在于食品制备室(2)中的食品中。 5. 如权利要求1-4任一项所述的设备,其特征在于,所述空气导向构件(11)包括向上收缩的截头锥形空气导向部件(16)。
涉案专利附图	
被诉产品图片	

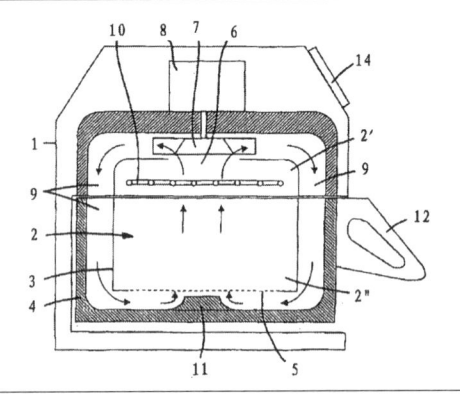

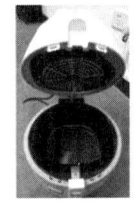

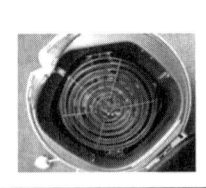

涉案专利保护主题涉及空气炸锅产品,空气炸锅相对于制备传统油炸食物的厨房电器而言,其主要通过热空气在食品制备室的循环,基于食材本身的油脂炸制食物,故不需要在反复加热的油锅中煎炸,从而更为绿色健康。权利要求1主要保护的发明点是"空气导向构件"的相关技术特征,权利要求5进一步限定空气导向构件(11)包括向上收缩的截头锥形空气导向构件(6),仅从权利要求记载的内容来看,被诉产品在底部壁(5)下方位于外壁(4)上也存在截头锥形的部件,所以乍一看很显然是落入权利要

求 1 和权利要求 5 的保护范围的。相信巨天公司在生产涉案产品时，应当也是知晓飞利浦公司的产品存在的，不排除实际上也借鉴了飞利浦公司的产品，但是借鉴不等于侵权，参考其他公司的产品或者专利，既包括违法侵权的情形，也包括合法规避的情形。

三环律师团队全力以赴，于绝望中寻找机会和希望，于不利中寻找突破口和抗辩点，主要从以下几个思路出发寻找了突破口。

1. 细究专利文本，寻找专利文本的漏洞。

专利权利的基础是依据专利权人所申请和授权的专利文本的记载，既非依据专利权人自己所制造的产品实物，也非依据专利权人的研发成果资料。自一件专利获得授权，其在享有了法律赋予的垄断权利的同时，也受到了该获得授权的专利文本的制约，社会公众可以基于专利授权文本理论上"清晰"地知晓专利权人的权利边界以及社会公众的自由范围。那么，专利权人在维权的时候，权利的主张也就依据于专利文本，作为被告，在应对侵权指控时，第一步就应该是去仔细研究专利文本，看专利文本有无漏洞。这一细究，我们还真发现了一些问题和可能的突破口和机会。

如果是对专利权利要求文本敏感一点（例如有过长期专利代理人训练和经验的双证律师），可能在看到"所述空气导向构件用于将空气流基本上向上导引"这一句话的时候就会产生疑问，因为按照《专利法》和《专利审查指南》的规定，权利要求书应该清楚简要地限定其要求保护的范围，而"基本上向上导引"这个词就是典型的"不清楚"的用语，什么叫"基本上向上导引"呢？是凡是向上导引就属于"基本上向上"，还是要多大程度地向上导引才属于"基本上向上"？在权利要求书本身并未记载的情况下，一般而言说明书则需要进行定义，说清楚"基本上向上"的含义。

果不其然，在说明书发明目的之下，就对"基本上向上"进行了定义，说明书是这样定义的：短语"基本上向上"中的"基本上"试图表达气流的径向分量基本上垂直向上弯曲，以使气流基本上向上流过食品。其背景技术也进一步记载了：（现有的空气炸锅）空气可以在该空间内回旋，但不能向上导引。空气炸锅并非飞利浦首创，为满足空气炸锅的基本功能，热空气显然是要在食品制备室流动的，那就意味着"基本上向上"应该限定一个特定的含义，不应该将所有"能向上引导空气"的结构和方案都认为落入该权利要求的保护范围。

基于此，我们对被诉产品也画了一个示意图，我们认为被诉产品并不具有"空气导向构件"这一特征，被诉产品的底部外壁虽然存在向上的凸起，但是并不能达到"使气流的径向分量基本上垂直向上弯曲"的效果，因此并不符合权利要求中"空气导向构件"的特征，既不构成相同，也不构成等同。被诉产品的空气流向为在风扇（2）的带动下从上沿着盛物篮（3）与下内胆

被诉产品结构示意图

（4）之间的缝隙螺旋下降至所述缝隙的水平底侧并形成一个带有显著径向流动分量的涡旋气流，随后该涡旋气流螺旋上升穿过盛物篮（3），气流上升的过程也是带有明显径向流动分量的，而非垂直向上弯曲的。被诉产品外壁的凸起部位起到了促进气流螺旋上升的效果，并未起到将气流径向分量基本上垂直向上弯曲的效果。所以被诉产品的结构并不能克服涉案专利背景技术所提到的空气回旋的问题，因此也就达不到涉案专利权利要求1的"空气导向构件"所能取得的效果。

所以说，这第一个突破口就是从专利文本本身，从其说明书的背景技术、发明目的以及对相关技术特征的定义中找到的。但是提出了这个观点，并不意味着法官就会被说服，只是让法官看到了争议，要能让法官的自由心证倾向于被告，理由还远远不够。

2. 审视实验比对，寻找实验方法的缺陷。

该案在技术比对中，虽然原告指出了被诉产品对应空气导向构件的部位，但是既然该特征是功能性特征，那么原告就自然还需要举证证明其所指出的对应部位具有该功能性特征的功能，具体而言，就是需要证明被诉产品的对应部位也是能够将空气流基本上向上导引的。

在该案庭审现场的比对中，原告取了个巧，他是这么去实验演示的：打开产品的上盖，将轻质的无纺布碎片放入网篮，无纺布碎片的面积大于网篮空隙，并使产品上方风扇处及网篮下方的外壁上均没有无纺布，接通电源，盖好上盖，使机器开始运行40秒至1分钟，停止运行后打开上盖，观察无纺布碎片的分布状况。因无纺布碎片的面积大于网篮空隙，无法自行掉落网篮的下方，轻质无纺布碎片随气流的方向运动，当无纺布碎片出现在风扇处及网篮下方，就证明空气气流是由下往上再循环到网篮下方。按照原告所述方法进行现场实验，观察到上方风扇处有两片无纺布碎片粘在风扇外罩上，网篮内有部分无纺布碎片，取出网篮，网篮下方的外壁上有数块无纺布碎片。

基于这样一个实验，原告认为被诉侵权空气炸锅内气流从底部壁由下向上流动。故被诉产品底部壁向上的凸起就是涉案专利的"空气导向构件"，而且符合"向上收缩的截头锥形"这一示例，正是因为这一结构，原本放置于网篮（即食品制备室）的无纺布向上吹起，并吹至网篮底部。

乍一看，实验做得很有道理，但经受过很多专利申请审查意见的磨炼的三环律师，总能从这些被动不利的局面中找到辩驳点，我们当即针锋相对地指出，这个实验是有问题的，其只能证明被诉产品的无纺布被向上吹起，但是不能证明是被径向分量垂直向上弯曲地吹起，涉案专利说明书已经明确定义了"基本上向上"是要气流的径向分量基本上垂直向上弯曲，所以仅凭无纺布被向上吹起不足以证明被诉产品底部壁向上的凸起就是涉案专利权利要求的"空气导向构件"，由此局势调转。

第一次庭审后我们针锋相对地准备了反驳实验。首先，我们找了一个透明的光波炉产品，光波炉的盖子部位的风扇结构与被诉产品是一致的，这样在运行过程就可以看到光波炉内部的风的流向。具体而言，是在光波炉的炉体中放了一些水，并在水里放了纸片，这样运行之后就可以清楚地看到纸片是随水螺旋旋转的，这就能证明被诉产品的风扇所吹出来的风也是螺旋的，具体而言，是在边缘部位螺旋向下，后在中央部位螺旋向上。其次，就被诉产品的实验，我们在食品制备室内倒一些水，在水中均匀洒落无纺布，然后装上网篮，接通电源，盖好上盖之后让设备正常运作一分钟，然后停止运行后打开上盖，观察无纺布的运行方式，以此判断气流的方向。经按照这些步骤当场进行实验，在通电运转一分钟后打开设备，瞬间观察到水流带着无纺布略作旋转即停止。

参考产品：光波炉　　　　　　　　　　被诉产品：空气炸锅

虽然一审判决并未直接采纳我方实验的结论，认为在被诉产品底部放了水之后，底部壁的部分空气导向构件被水覆盖的情况下，无法判断空气导向构件在气流从下往上运动中对气流所产生的影响，但是，一审判决又采纳了我方对对方实验的反驳意见，认为原告的实验也无法证明被诉产品运行时空气导向构件引导空气在径向分量上呈垂直向上弯曲还是螺旋向上。

3. 搜集他山之石，寻找辅助手段及证据。

任何一个专利侵权案件，通常被告都会提起专利无效宣告请求作为反制，如果将涉案专利宣告无效，则权利人的权利基础被釜底抽薪，侵权诉讼之危也就自然化解。

该案因被告的经济承受能力有限，我们并未提起专利无效，但是我们检索到了涉案专利之前被其他被告提起的专利无效案件材料，包括无效宣告请求决定书。在该无效审查决定中，涉案专利虽然被维持全部有效，但我们在细读了无效决定之后，却如获至宝。

在该无效审查决定中，请求人提供的对比文件2 "EP0284420A" 是重中之重，实际上该专利也是涉案专利背景技术所记载的文件。对比文件2公开了以下四种空气炸锅：

图 2

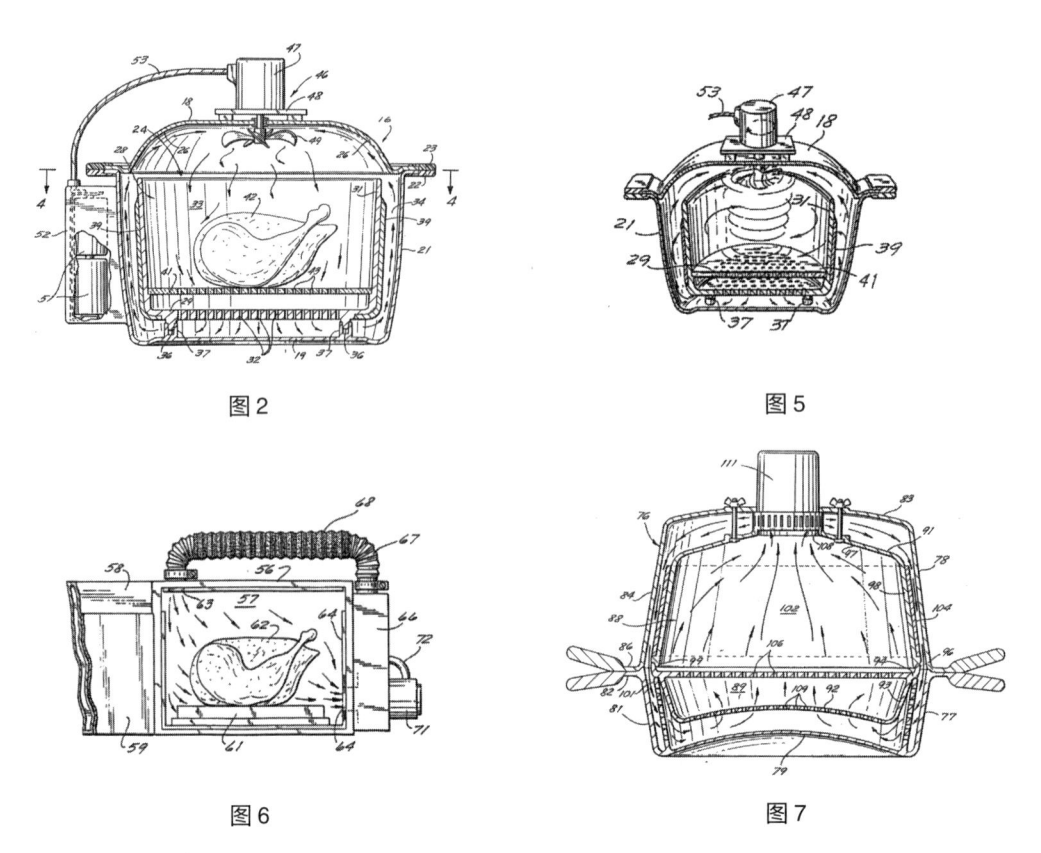

图 5

图 6

图 7

对比文件 2 公开的四种空气炸锅

从中我们可以看到，图 2、图 5 是气流在中央部位自上向下，从两侧往上的方案，其中图 5 可以比较明显地看到空气在食品制备室中存在回旋，而图 6 是气流自上方一角向下方一角吹，并不回旋。而图 7 则为凸底壁 79 向上凸起，气流明显在此向上引导，但是无效审查决定并不认为图 7 的凸底壁 79 是空气导向构件，无效审查决定原文为：

首先，从对比文件 2 的图 7 看，其图中所示空气流的箭头向上示出，表明有向上引导的气流存在，从对比文件 2 的图 7 中所示构件来看，凸底壁 79 向上凸起，从下方过来的空气流遇到阻力，客观上应能够起到将空气向上引流的效果，但鉴于对比文件 2 文字部分并未记载其向上引导的气流能够实现基本上向上的功能，故并不能由此即得出气流的径向分量基本上垂直向上弯曲的结论；其次，根据对比文件 2 中文译文的记载：食品基盘 77 包含凸底壁 79 和斜侧壁 81，……，可拆卸的内部平底锅 89 安装在外容器的基盘 79 里……；表明对比文件 2 的凸底壁 79 是作为食品基盘 77 的一部分，对比文件 2 并未明确表明其用作空气导向构件，也未明确表明其用于实现气流的径向分量基本上垂直向上弯曲；……。

看到此处，我们觉得如获至宝，原因在于这意味着在巨天公司案中可以适用禁止反悔原则。按照《最高人民法院关于审理侵犯专利权纠纷案件应用法律若干问题的解释》

(法释〔2009〕21号)第六条的规定:"专利申请人、专利权人在专利授权或者无效宣告程序中,通过对权利要求、说明书的修改或者意见陈述而放弃的技术方案,权利人在侵犯专利权纠纷案件中又将其纳入专利权保护范围的,人民法院不予支持。"这就是禁止反悔原则的法律规定,放到巨天公司案中,即专利权人为了维持专利有效,将"基本上向上"限定为必须"径向分量基本上垂直向上",凡是径向分量不能基本上垂直向上的方案都不属于涉案专利技术特征的情形,包括其他向上导引的情形,如类似于对比文件2图7中的情形也不属于"基本上向上",那么,在侵权诉讼中,专利权人就不能再将无效程序中已经放弃了的其他类似于对比文件图7中的向上导引的情形再纳入其专利保护范围。

而该案,我们认为被诉产品恰恰就是专利权人无效程序中所放弃了的并非径向分量垂直向上弯曲的情形,在侵权诉讼中,专利权人当然不能再将其纳入保护范围。故被诉产品不具有涉案专利的"空气导向构件"的特征,按照禁止反悔原则,也不能将被诉产品的外壁的凸起部位当作"空气导向构件"的等同特征。一审法院认定被诉侵权产品未落入涉案专利保护范围。

一审判决的论述是:授权专利底部壁向上收缩的截头锥凸起构成的空气导向构件属于功能性技术特征。根据授权专利的权利要求1记载的内容结合发明内容第【0006】段及专利附图,可以看出授权专利在底部壁中央位置设置所述空气导向构件与底部壁呈接近90°的圆弧过渡夹角,因此客观上使得从制备器上方四周沿空气导向装置吹下的气流在底部壁径向分量流动受阻后基本上垂直向上引导,以此改善气流循环,得以均匀加热食品。而被诉侵权产品所述空气导向构件由底部壁边缘1/3处逐渐呈缓坡面凸起至中心部位形成截头锥形,凸边与底部壁的内夹角远大于90°。根据物理常识,该结构的形状使得从制备器上方四周吹下的气流在底部壁径向分量流动遇到该凸起时,沿坡面呈现平滑斜向上流动,并非呈现基本上垂直向上流动方式。在授权专利的无效宣告审查程序中,专利复审委员会在论述对比文件2中所述底部壁凸起技术特征与授权专利技术特征的区别时强调对比文件2中的凸起未能证明起到引导气流径向分量基本上垂直向上,从而认为授权专利具有新颖性最终维持专利的效力。而在该案中,被诉侵权产品的这一技术特征亦如上述对比文件2中底部壁凸起一般,未能证明起到引导气流径向分量基本上垂直向上,因此与授权专利的这一技术特征具有明显的区别,实现不同的技术效果,就引导气流基本垂直向上的效果而言,授权专利是较优方案。根据全面覆盖的原则,被诉侵权的技术方案至少有一个技术特征与授权专利技术特征不相同也不等同,未落入授权专利权的保护范围。

特意截取这一段法院论述,原因在于二审判决虽然维持了一审判决的结果,但是在对是否构成侵权的分析认定上却存在本质差异,一审判决实际上并未否定涉案专利"截头锥形"结构作为"空气导向构件"的实施例,只不过按照全面覆盖原则和等同原则进行侵权比对时，基于被诉产品的外壁的凸起部位并不能达到涉案专利的"截头锥形"实施例的功能、效果，进而认为与该实施例不构成相同或等同。而二审判决却直接将涉案专利的"截头锥形"的实施例排除在了"空气导向构件"这一功能性特征的保护范围之外，这就是二审判决的巨大突破，想必也是该案引起重大反响的一大原因。在此先不展开论述，先看原告不服一审判决，提起上诉的情况。

三、二审情况

飞利浦公司不服一审判决，提起上诉。其上诉的一个很重要的理由是认为涉案专利"基本上向上导引"是指"向垂直方向弯曲"，即气流到了空气导向构件的位置时，气流就向垂直方向弯曲，从而向上导引。这一视角和观点颇能淆惑视听，如果按照飞利浦公司之主张，将"基本上向上导引"解读为"向垂直方向弯曲"则被诉产品又纳入其保护范围。我们针锋相对指出，"基本上向上导引"就是"垂直向上弯曲"而非"向垂直方向弯曲"，前者反映了弯曲的程度，后者仅仅表达了弯曲的方向，这是截然不同的含义。

不出所料，二审维持了一审判决。但是二审维持认定不构成侵权的理由有所不同，且在一审判决的基础上进行了理论上的升华，具体体现在以下两点。

第一，关于"空气导向构件"这一功能性特征内容和保护范围的理解，二审法院直接认定实施例1的"截头锥形向上收缩的空气导向部分"不属于"空气导向构件"的特征内容和保护范围。二审判决认为，在涉案专利已就"空气导向部件"给出了具有空气导向肋的明确的三个实施例及其原理，而涉案专利说明书明确记载"截头锥形向上收缩的空气导向部分"作用仅仅是"协助引导"的情况下，普通技术人员无法确定不使用空气导向肋的结构也属于"空气导向构件"的实施方式之一，故而将只设置截头锥形向上收缩的结构排除在了权利要求的保护范围内。

第二，关于禁止反悔原则的适用，二审判决进一步上升到"对专利的保护力度应与其创新高度相一致"。

基于二审判决的上述论述，实施例1的截头锥形结构并不属于涉案专利"空气导向构件"的内容，那么被诉产品即便具有截头锥形结构，也并不会落入涉案专利权利要求1的保护范围。二审判决的这一认定可说极具胆识，二审判决一定程度上是在侵权诉讼中，对专利的有效性进行了审查，通过对权利要求1保护范围的确定，法院认为其概括了较大的保护范围，从而将得不到说明书支持的部分排除在了权利要求的保护范围之外。该案的典型意义是体现在功能性特征的侵权比对的这一实践指引上，但是更值得称道的，代理律师却觉得更应该是法官这种敢于基于实体正义突破窠臼、敢于创新的勇气和胆识，当然体现在外的则是逻辑严谨、力透纸背的判决文书。

飞利浦不服二审判决，提起了再审，最高人民法院也再度维持了二审判决。

■ **办案心得**

1. 专利是一门技术，要求我们具有工匠精神。发明专利侵权案的代理技术性比较强，技术对比复杂，这对专利律师的技术素养要求也更高，这要求专利律师也要像研发人员一样具有工匠精神，要像研发人员研究技术一样去细究专利文本，对整篇文献而非局部进行研究，去搞清楚、搞透文本中每一个特征的含义，尤其是对发明点进行准确地把握。此外，工匠精神还要求我们要以可信的实验去佐证，一方面识别到原告的实验并不能证明符合"基本上向上导引"的情形；另一方面己方也要通过一些实验去说明和推翻对方的主张。

2. 针对案件焦点，要提供全面、充分、透彻的论证。该案的争议焦点是"是否构成侵权"，对于该问题，我们至少要从以下方面去寻找支撑我方认为不构成侵权的依据：第一，从背景技术入手，将涉案产品与背景技术及涉案专利对比，从而论证涉案产品更接近于现有技术，实际上实施的是更接近背景技术的方案，而非涉案专利发明点的方案；第二，从多种实验入手，论证涉案产品不具有涉案专利的技术效果；第三，从专利无效案件入手，结合无效对比文件及无效决定的内容，限缩专利保护范围，以禁止反悔原则论述被诉产品不落入涉案专利的保护范围；第四，一审一共提交三份代理词，针对性地说明不构成侵权的理由，尤其是结合当时新颁布实施的司法解释中关于功能性特征侵权比对的规定，及时补充不构成侵权的代理意见。

3. 关注法律法规变化，要及时掌握并提交新的有利的法律依据。

《最高人民法院关于审理侵犯专利权纠纷案件应用法律若干问题的解释（二）》（法释〔2016〕1号）第八条规定：功能性特征，是指对于结构、组分、步骤、条件或其之间的关系等，通过其在发明创造中所起的功能或者效果进行限定的技术特征，但本领域普通技术人员仅通过阅读权利要求即可直接、明确地确定实现上述功能或者效果的具体实施方式的除外。与说明书及附图记载的实现前款所称功能或者效果不可缺少的技术特征相比，被诉侵权技术方案的相应技术特征是以基本相同的手段，实现相同的功能，达到相同的效果，且本领域普通技术人员在被诉侵权行为发生时无须经过创造性劳动就能够联想到的，人民法院应当认定该相应技术特征与功能性特征相同或者等同。

上述司法解释对功能性特征保护范围和侵权比对方式有两个主要的关键点：第一是与说明书及附图记载的实现功能或者效果不可缺少的技术特征相比，而不仅仅是只比对权利要求书的功能性特征的功能；第二是技术比对中，只有手段能进行等同，功能和效果都是采取相同的标准。这一新的规定对于我们论证被诉产品的外壁凸起部位不具有涉案专利"空气导向构件"的功能和效果提供了很好的法律依据。

4. 办案过程中，要有法律提炼能力及创造性思维。

该案一审主要是从涉案产品与涉案专利存在技术效果的差异角度入手，认定不具备"所述空气导向构件用于将空气流基本上向上导引"的技术特征，从而不构成侵权。而二审则直接从专利的背景技术及发明点出发，将说明书记载的实施例1认定为不属于功能性特征的内容，不能纳入权利要求1的保护范围，那么，原告再以涉案专利实施例1主张权利，就成了无源之水。

二审判决首先提出对于"空气导向构件"这一功能性特征内容的理解，不能脱离权利要求书的记载及涉案专利说明书的相关表述；进一步提出实施例并非孤立存在，在功能性特征的内容一般需要依赖具体实施例来确定的情况下，更应结合权利要求书、说明书等内容对实施例的内容进行审查，以清楚、合理地界定其保护范围。再接下来就是重点论述从该领域普通技术人员角度，难以从实施例1有效得出设置截头锥形向上收缩的空气导向部分属于"空气导向构件"的实施方式。最后，还从专利的保护力度应与创新高度相一致的角度，论述了为什么实施例1不应该是权利要求1的保护范围。

在二审判决的这些论述中，其在侵权诉讼案件的审理中，通过对权利要求保护范围的确定，将权利要求1得不到说明书支持的部分排除在专利保护范围，而非仅仅基于权利要求书的字面记载确定其保护范围，这一做法非常具有胆识，也是极具创造性的；其对功能性特征内容的确定，则是层层递进、逻辑严谨、论证周密的，体现了非常高的法律提炼能力。二审判决的这些论述也启发了我们，在侵权诉讼和专利无效二元分立的情况下，如何将与专利文本实质性缺陷有关的专利有效性问题转化为侵权诉讼可以审理的问题，例如在侵权诉讼中借权利要求保护范围的确定将权利要求得不到说明书支持的问题进行了处理和解决，这是该案带来的极具启发的创举。

■ 小结

该案正是基于对功能性特征侵权比对的详尽分析，尤其是对功能性特征保护范围确定的深刻阐述，为同类案件的审理起到了很好的指导作用。而且该案正逢《最高人民法院关于审理侵犯专利权纠纷案件应用法律若干问题的解释（二）》颁布，其第八条对功能性特征的定义以及侵权比对的方法作了详细的规定，该案是对这一条款非常准确恰当的适用，中华全国律师协会知识产权专业委员会2018年年会十佳案例入选评语：代理律师在技术特征方面的意见为该案获胜起到重要作用。

这一案例对于维权方和被诉侵权方都是颇有启发的。对专利维权方而言，专利维权在专利申请布局阶段即已开始，授权专利是整个维权运营的基础。如何撰写好一份既可以全面囊括技术人员想要保护的技术，又可以经受住实质审查程序、无效程序的考验，至关重要。该案专利，作为一件从欧洲进入中国的专利申请，专利质量已经达到一定水准。独立权利要求中采用功能性特征撰写的方式，是一种被专利代理师普遍运用的撰写技巧，可以直接体现专利的发明构思，又可以最大范围地将该发明构思下的各种具体实施方式上位概括。虽然此种撰写方式有如此大优势，但同时也埋下隐患。在发明专利实质审查阶段，即会对此种上位概括是否得到说明书的支持进行审查。为避免此问题，专利代理师则会通过在说明书中提供多种实施例作为对功能性上位概括的支持。该案专利正是由于实施例撰写不够充分，尤其是对实施例1本身的功能效果介绍不够充分，并且没有将实施例与现有技术方案进行清晰的界限划分，成了最终败诉的原因。

对被诉侵权方而言，己方产品的发展时常遭遇竞争对手专利维权的阻击，不容忽视，如何充分应对呢？应该充分利用专利说明书、专利审查历史档案、在前专利无效宣告请求的内容，从而清晰确定专利保护范围，界定专利权人的权利边界以及己方的自由空间。一般情况下，这些内容均会对涉案专利的保护范围产生限定作用，可被被诉侵权方利用。基于此，被诉侵权方也应该对涉案专利积极提起专利无效请求。即使涉案专利无法被无效，也可以借由无效结果明确涉案专利相对于现有技术的技术贡献、创新高度，判断被诉侵权产品所使用的技术是否与涉案专利的技术贡献相符，即司法保护力度应该是与创新高度相符合的。

■ 法律链接

《中华人民共和国专利法》（2008年）第五十九条第一款；

《最高人民法院关于审理侵犯专利权纠纷案件应用法律若干问题的解释》（法释〔2009〕21号）第一条、第七条第二款；

《最高人民法院关于审理侵犯专利权纠纷案件应用法律若干问题的解释（二）》（法释〔2016〕1号）第八条。

三起三落　十年谢幕

——"无水银碱性钮形电池"专利纠纷系列案*

刘孟斌

> 该系列案是围绕"无水银碱性钮形电池"专利权无效宣告请求决定而引发，历经三轮，耗时长达十年，其中主要的原因是专利技术方案权利边界的不确定性，专利的权利边界是区分专利权人利益和公众利益的分界线，必须恰当、清晰、明确且固定，一条模糊或游移的分界线实质上是一根引发纷争的导火线。有权划界（包括确定权利要求和解释权利要求）的人能否依法运用好手中的权力，关系到的不仅是个案的定纷止争，而且是社会的公平正义。

■ 案情简介

一、基本案情

专利权人申请的"无水银碱性钮形电池"实用新型专利于2002年获得授权。鉴于其与纽扣电池行业、环境保护密切相关，且该专利申请日前，已有日本、欧洲的多篇专利文献公开了无汞电池技术方案，专利权人对无汞电池基础技术的不当垄断，必将造成我国电池无汞化的发展壁垒，从2002年12月18日起，松柏（广东）电池工业有限公司等电池企业及个人先后数次向专利复审委员会提起无效宣告请求。针对该专利，专利复审委员会曾先后三次作出无效宣告审查决定，以涉案专利不具备创造性为由宣告专利权无效，但三轮审查决定均被人民法院撤销。2012年12月20日，最高人民法院作出（2012）行提字第29号行政判决，为历经三轮反复，穷尽所有审理程序，耗时长达十年的"无水银碱性钮形电池"（专利号：01234722.1）专利权无效宣告请求及行政诉讼案画上句号，"无水银碱性钮形电池"这个实用新型专利也终于有了一个恰如其分的定位。

二、裁判要旨

1. 在对比文件所公开的技术方案基础上，本领域技术人员为了解决特定技术问题而引入本领域公知常识所形成的技术方案，可以成为否定专利创造性的依据。

---

* 该案被评为2012年度国家知识产权局专利复审委员会十大案件之首、2013年度广东律师十大知识产权诉讼典型案例。生效案号：（2013）深中法知民重字第1号。

2. 实用新型专利保护的是一种结构，不是方法，结构形成（过程）的工艺或方法对判定实用新型专利的创造性并无实质性意义。

3. 如果专利在省略了对比文件技术方案部分特征的同时导致了相应技术效果的丧失，且这一省略并未取得预料不到的技术效果，则该专利不具备创造性。

4. 简单地以惯常的技术手段替换现有技术方案中的部分技术特征，无须花费创造性劳动，所形成的技术方案不具备创造性。

5. 在评价专利的创造性时，结合专利说明书中对技术问题、技术手段、技术方案的限定或描述，有助于对专利创造性的判断。

6. 专利权被宣告无效的，该专利视为自始即不存在。

三、裁判结果

（一）第一轮裁判结果

2002 年 12 月 18 日，请求人针对上述专利提起第一个无效宣告请求。

2004 年 5 月 31 日，专利复审委员会经审理后作出第 6121 号无效宣告请求审查决定（简称"第 6121 号决定"），认定涉案专利的全部权利要求不具有创造性，进而宣告涉案专利权全部无效。

合议组观点摘要：

1. 证据 4（本专利申请日前美国出版的 *HANDBOOK OF BATTERIES*）公开的技术方案与本专利权利要求 1 的技术方案相比，公开了除"无水银碱性钮形电池，在锌膏中加入金属铟以代替水银"外的其他技术特征。

2. "在锌膏中加入金属铟以代替水银"是本领域的公知常识（见证据 2、对比文件 3、对比文件 4 等），并且，本专利说明书中也记载有加入铟以代替水银的锌膏可以在市场上公开购买的内容，在意见陈述书和口审时被请求人（即专利权人，下同）也认可"在锌膏中加入铟"是本领域的公知技术。

3. 在证据 4 公开的技术方案的前提下，本领域技术人员为了解决获得符合环保要求的无水银碱性钮形电池这一技术问题，在"在锌膏中加入金属铟以代替水银"这一本领域公知常识的基础上，很容易想到在负极盖上涂上铟或锡从而有效抑制氢气产生，在锌膏中加入金属铟以代替水银，从而获得符合环保要求的无水银碱性钮形电池，解决相关技术问题，得到权利要求 1 请求保护的技术方案。

4. 被请求人还提到权利要求 1 中是电镀上的铟或者锡，电镀层很薄，而证据 4 中的锡层是由金属片层压而成，厚度较厚，而且生产工艺也不一样。对此合议组认为，本专利是实用新型专利，其要求保护的是一种结构，不是方法，上述锡层是如何形成的对判定权利要求 1 的创造性并无实质性意义，不管是电镀还是层压，对权利要求 1 的创造性均没有影响。关于锡层厚薄问题，权利要求 1 没有要求保护镀层的厚度，说明书中也没有描述锡层厚薄会带来怎样的技术效果，能起到何等作用。

5. 综上，权利要求 1 不具有创造性，权利要求 2-4 也不具有创造性。涉案专利权全部无效。

专利权人对第 6121 号决定不服，向北京市第一中级人民法院提起行政诉讼。2004 年 12 月 23 日，北京市第一中级人民法院作出（2004）一中行初字第 794 号行政判决，判决维持第 6121 号决定。

专利权人仍然不服，向北京市高级人民法院提出上诉。

2005 年 12 月 20 日，北京市高级人民法院作出（2005）高行终字第 120 号行政判决，认为涉案专利中基片与镀层之间形成了一种特定的附着关系，这种结构关系不同于证据 HANDBOOK OF BATTERIES 中因压制而形成的两个压制层之间的特定接触关系，据此判决撤销一审判决和第 6121 号决定；维持"无水银碱性钮形电池"实用新型专利权有效。

（二）第二轮裁判结果

2004 年 4 月 5 日、2006 年 12 月 11 日，多个请求人分别针对涉案专利向专利复审委员会提出无效宣告请求，认为涉案专利权利要求 1-4 不具有新颖性、创造性。

2007 年 4 月 3 日，专利复审委员会作出第 9684 号无效宣告请求审查决定（简称"第 9684 号决定"），认定涉案专利权利要求 1 中的负极片应当被理解为由金属片制成并且未电镀镍或铜的单层结构。在此基础上，第 9684 号决定认定涉案专利权利要求 1-4 不具有创造性，宣告专利权全部无效。

合议组观点摘要：

1. 对比文件 1 已经公开了权利要求 1 中的绝大部分特征，双方争议的焦点在于对比文件 1 中的负极端子板是否公开了权利要求 1 中的负极片或负极盖。（专利权人的主要意见是：本专利的负极片是由一层铁片或不锈钢片制成的单层结构，与对比文件中的三层结构不同；另外，即使考虑在该单层结构上电镀形成镍层和铜层，而对比文件 1 中的负极端子板是由镍层-不锈钢层-铜层制成的三层复合结构，由于电镀和压制形成的附着关系完全不同，因此二者的结构完全不同）。

2. 本专利权利要求 1 的技术方案中并未涉及任何有关"电镀形成镍-负极片-铜的三层结构"的技术内容，因此专利权人有关电镀形成的三层结构与压制形成的三层结构存在结构差异的意见不再予以考虑。

3. 根据本专利说明书实施例中的描述，"负极片"是指由金属片制成、并且仍然未电镀镍或铜的单层结构，对此专利权人在口审中也予以确认。对比文件 1 中的钢板对应于权利要求 1 中的负极片，所谓的三层结构，其中铜层是为了使锡或锡合金容易镀上而设置，但该对比文件明确说明"铜层不是必需的"。镍层的作用是为了美观和耐腐蚀，这也是本领域技术人员通常都需要采用的步骤，况且镍层与为防止氢气产生而电镀的锡层不是在钢板的同一侧，不会对后者的工艺产生影响。

4. 综上，虽然权利要求 1 与对比文件 1 的技术方案相比不具有镍层，但镍层的省略导致权利要求 1 的技术方案不具有耐腐蚀的技术效果，这一省略并未取得预料不到的技术效果。故权利要求 1 不具有创造性，权利要求 2-4 也不具有创造性。涉案专利权全部无效。

专利权人对第 9684 号决定不服，向北京市第一中级人民法院提起行政诉讼。北京市第一中级人民法院作出（2007）一中行初字第 925 号行政判决，判决维持第 9684 号决定。

专利权人仍然不服，向北京市高级人民法院提出上诉。

2008 年 8 月 22 日，北京市高级人民法院作出（2008）高行终字第 78 号行政判决，认为涉案专利权利要求 1 中的"电池负极片"是指"已电镀镍或铜的金属片"，据此判决撤销一审判决和第 9684 号决定；专利复审委员会重新作出无效宣告请求审查决定。

2006 年间，新利达电池实业（德庆）有限公司、肇庆新利达电池实业有限公司在广东省深圳市中级人民法院对被告深圳市中皓天贸易有限公司、深圳市龙岗区横岗松柏企业一厂、松柏（广东）电池工业有限公司、松柏电池厂有限公司、香港松柏企业公司提起了专利侵权诉讼。

（三）第三轮裁判结果

2009 年 6 月 19 日，在二审法院将涉案专利权利要求 1 中的电池负极片解释为已电镀镍或铜的金属片的基础上，专利复审委员会作出第 13560 号无效宣告请求审查决定（简称"第 13560 号决定"），宣告专利权全部无效。

合议组观点摘要：

1. 本专利权利要求 1 的技术方案与证据 F1 所披露的内容相比，区别仅在于：权利要求 1 中的"电池负极片"是指"已电镀镍或铜的金属片"，而证据 F1 中的负极集电体的铜层与不锈钢层之间是层压结构。以上区别各方当事人均予以认可。

2. 综合现有证据、公知常识和当事人共识可知，在纽扣电池制造领域经常采用电镀工艺；在电镀时，要在钢铁上镀铟或锡，在此之前最好预镀铜或镍。因此，在纽扣电池制造领域，当需要在负极集电体上电镀铟从而抑制氢气产生时，本领域的技术人员在面对层压结构的负极集电体容易错位从而导致漏液的技术问题、同时现有技术给出了"在镀铟之前，最好在钢铁上镀铜"的明确启示的情况下，很容易想到避开压制的方式而采用电镀的方式在不锈钢层上获得更平滑的铜表面，以防止漏液发生，可见，本专利保护的技术方案是显而易见的。

3. 本专利说明书中并未对电镀的具体方式和手段进行限定，也未强调本专利就是针对传统纽扣电池负极片层压结构造成的错位采取的改进措施。可见，本专利中在金属片上电镀镍或铜就是采用的本领域中常见的电镀工艺。

4. 本领域技术人员在现有技术已经披露了"镍-不锈钢-铜 3 层材"的基础上，简单将镍或铜层由层压的方式改为电镀的方式，电镀在不锈钢片上是无须付出创造性的，而且权利要求1也没有产生预料不到的技术效果。

5. 综上，权利要求1不具备创造性，权利要求2-4也不具有创造性。涉案专利权全部无效。

专利权人对第13560号决定不服，向北京市第一中级人民法院提起行政诉讼。

2010年12月21日，北京市第一中级人民法院作出（2009）一中知行初字第2300号行政判决，撤销第13560号决定；专利复审委员会重新作出无效宣告请求审查决定。

北京市第一中级人民法院观点摘要：

判断专利复审委员会就涉案专利创造性的评述是否正确，其关键在于判断层压结构相对于电镀方式而言是否确实更容易导致漏液情况的产生。鉴于鉴定机构依据在先的三份公开出版物已认定，"1. 早期含汞电池所使用的'用薄钢板冲制而成，然后镀镍或镀金'电池盖（电池负极部件），是引起电池泄漏的因素之一。2. 使用由镍、不锈钢、铜复合轧制而成（即具有层压结构）的复合金属带制造的电池盖取代'用薄钢板冲制而成，然后镀镍或镀金'电池盖，是含汞电池克服漏液问题的一项有效手段"，因此，在无其他证据足以推翻这一结论的情况下，依据现有证据可以认定层压结构相对于电镀方式而言并不更容易导致漏液情况的产生，反而是电镀方式相比层压方式更容易产生漏液情况。由此可知，专利复审委员会在第13560号决定中认定涉案专利权利要求1不具有创造性所依据的前提条件不存在。据此判决撤销第13560号决定。

专利复审委员会及无效宣告请求人不服一审判决，向北京市高级人民法院提出上诉。

2011年10月31日，北京市高级人民法院作出（2011）高行终字第676号行政判决，驳回上诉，维持原判。

请求人不服该二审判决，经协商后向最高人民法院申请再审。

2012年10月26日，最高人民法院作出（2012）知行字第42号行政裁定，裁定该案由最高人民法院提审。

2012年12月20日，最高人民法院作出（2012）行提字第29号行政判决（终审判决），内容如下：撤销北京市高级人民法院（2011）高行终字第676号行政判决；撤销北京市第一中级人民法院（2009）一中知行初字第2300号行政判决；维持国家知识产权局专利复审委员会第13560号无效宣告请求审查决定。

最高人民法院观点摘要：

本院认为，该案争议的焦点在于：（1）如何解释涉案专利权利要求1中"电池负极片"的含义；（2）涉案专利权利要求1-4是否具有创造性；（3）鉴定结论是否应当采信；（4）二审判决是否存在漏审。

1. 关于涉案专利权利要求1中"电池负极片"的含义。

《中华人民共和国专利法》第五十六条第一款规定，发明或者实用新型专利权的保护范围以其权利要求的内容为准，说明书及附图可以用于解释权利要求。

本院认为，涉案专利权利要求1未对电池负极片的结构及成型方法进行具体的限定。根据通常的理解，电池负极片是指用作电池负极的片状物，其不仅覆盖了单层的片状物，也覆盖了多层的片状物；不仅覆盖通过电镀方式形成的多层片状物，也覆盖了通过诸如层压的其他方式形成的多层片状物。利用说明书和附图解释权利要求时，应当以说明书为依据，使其保护范围与说明书公开的范围相适应。首先，涉案专利说明书背景技术部分记载"……，必须加入水银，防止'锌'与其他原料或金属接触时，产生气体而膨胀。"由此可以看出，涉案专利的申请人从产生发明动机开始直到申请专利之时也未认识到层压结构的电池负极片与电镀结构的电池负极片孰优孰劣，而是认识到水银之所以能够防止漏液，是因为其能够在锌与其他原料或金属之间形成隔离，防止它们之间的接触。故其认为解决钮形电池无汞化问题旨在找到一种能够代替汞的材料，使其亦能够在锌与其他原料或金属之间形成隔离，而未认识到要对电池负极片本身的结构作出专门的改进。其次，涉案专利说明书发明内容部分记载"……，在负极片上进行镀金、镀银、铜、锡、铟等实验，最后发现在负极片上镀铟或锡成功地控制了电池负极锌膏与负极片接触时产生的气体，……"。由此可见，涉案专利的申请人在探索涉案专利的过程中，所做的工作主要是探索在负极片上电镀哪种金属能够成功地控制电池负极锌膏和负极片的接触，而并未针对电池负极片本身的结构变化进行任何尝试性的探索。再次，涉案专利说明书发明内容部分还记载"本实用新型是在电池的负极片上镀上一层铟稀有金属或锡，镀上铟或锡后的负极片，可以防止'锌'因与负极片接触时所产生的气体膨胀"。由此可见，涉案专利的申请人认为在电池的负极片上镀上铟或锡，就可以防止锌与负极片接触而产生气体膨胀，就已经完成了其发明的任务，而没有认识到其已经完成的该项发明是否还有待进一步的改进，诸如要对电池负极片本身的结构作进一步的改进并为此付出了创造性的劳动。最后，涉案专利说明书发明内容部分还记载"电镀方法是（1）可将金属片（铁片或不锈钢片）制成负极片，……（2）……，再镀上一层铟或锡，……，然后制成负极片"。由此可见，这里制成的负极片既可以是未镀镍或铜之前的金属裸片也可以是镀完铟或锡的最终产物。故涉案专利的申请人即使在申请专利之时亦未想到要对负极片的概念加以区分以体现其针对电池负极片的结构作出过改进。综上，涉案专利并非针对电池负极片的结构作出的改进，新利达德庆公司和肇庆新利达公司认为涉案专利权利要求1的电池负极片特指是电镀结构的主张均没有事实和法律依据，一审、二审判决及第13560号决定将涉案专利权利要求1中的电池负极片解释为特指已镀镍或铜的金属片不当，应当予以纠正。

2. 关于涉案专利权利要求1-4是否具有创造性。

涉案专利权利要求1请求保护一种无水银碱性钮形电池。对比文件证据B1亦公开了一种不添加汞能抑制氢气发生的扣式碱性电池，该扣式碱性电池包括，正极合剂6、负极集电体1、凝胶状锌负极2、密封圈5、正极箱7和隔膜3。另外，证据B1中还公开在镍钢-不锈钢-铜3层材的铜面上电镀铟形成负极箱的负极集电体1，将含有铝、铟、铋的铸合金粉和其他材料调制成凝胶状锌负极2。由此可见，证据B1公开了涉案专利权利要求1的所有技术特征，涉案专利权利要求1相对于证据B1不仅不具有创造性，而且不具有新颖性。在涉案专利权利要求1不具有新颖性的情况下，权利要求2-4的附加技术特征要么被证据B1公开，要么属于本领域的常用技术手段，故亦不具有新颖性或创造性。此外，对比文件证据B2、B4和C1也公开了涉案专利权利要求1的所有技术特征，涉案专利权利要求1相对于这些证据也不具有新颖性。权利要求2-4的附加技术特征要么被这些证据公开，要么属于本领域的常用技术手段，故亦不具有新颖性或创造性。故涉案专利权利要求1-4应当被宣告无效，第13560号决定的结果正确，应当予以维持。

3. 关于鉴定结论是否应当采信。

鉴于涉案专利权利要求覆盖了包括层压结构在内的电池负极片的现有技术，确定层压结构是否优于电镀结构对该案的处理已无实际意义，鉴定结论与该案不具有关联性，故本院不予采信。

4. 关于二审判决是否存在漏审。

二审判决认为在涉案专利创造性判断中使用的多组对比文件具有基本相同的情形而未作重复评述，这并不表明二审判决未对其他对比文件进行评述。故申请再审人认为二审判决存在漏审的理由不能成立，本院不予支持。新利达德庆公司和肇庆新利达公司认为二审判决不存在漏审的理由成立，本院予以支持。

综上，一审、二审判决认定事实不清，适用法律错误，应当予以撤销。第13560号决定虽然在阐述理由上存在不当之处，但作出宣告涉案专利权利要求1-4无效的结果正确，应当予以维持。根据《中华人民共和国行政诉讼法》第五十四条第（一）项和《最高人民法院关于执行〈中华人民共和国行政诉讼法〉若干问题的解释》第七十六条第一款、第七十八条之规定，判决如下：

（1）撤销北京市高级人民法院（2011）高行终字第676号行政判决；

（2）撤销北京市第一中级人民法院（2009）一中知行初字第2300号行政判决；

（3）维持国家知识产权局专利复审委员会第13560号无效宣告请求审查决定。

本案一审案件的受理费和二审案件的受理费各100元由新利达电池实业（德庆）有限公司和肇庆新利达电池实业有限公司共同负担。

该判决为终审判决。

鉴于原告涉案专利权已被国家知识产权局专利复审委员会宣告无效，且国家知识产权局无效宣告请求审查决定被最高人民法院维持，已经发生法律效力。原告指控被告侵权的权利基础已不存在。2013年6月24日，广东省深圳市中级人民法院作出（2013）深中法知民重字第1号民事判决，驳回原告新利达电池实业（德庆）有限公司、肇庆新利达电池实业有限公司的起诉。

原告没有上诉，（2013）深中法知民重字第1号民事判决生效。

■ 办案心得

一、行政诉讼中法院能否对专利权的有效性直接判决？

这是一个有争议的问题。

持肯定态度的一方认为：（1）法院直接判决专利权的效力符合司法救济的效益原则，有利于节约行政、司法资源。（2）有利于协调判决主文同判决理由的关系，维持生效判决的权威性。当专利权明显应当被宣告无效、维持有效或部分无效时，如果生效判决书拒绝对此作出判决，则判决书的主文同判决理由显得不协调。（3）有利于相关民事诉讼案件的审理。专利无效行政诉讼一般都与民事诉讼有交叉，当法院撤销专利复审委员会的行政决定且专利权明显应当被宣告无效、维持有效或部分无效的，如果法院不对专利权的效力作出直接判断，则专利权的效力在相关民事诉讼中仍然处于不确定状态，如果专利复审委员会重作行政决定，则该决定具有可诉性，从而使相关民事诉讼被无限期中止。如果专利复审委员会不重作决定，则专利权的效力将一直处于不确定状态，也会导致相关民事诉讼被无限期中止。（4）符合国际惯例。据了解，日本、韩国等国家负责审理专利无效案件的法院均有权对专利权的效力直接作出判断，并产生了良好的社会效果。（5）专利权是一种私权，对私权之有无和归属的判断，属于司法权行使的当然职能，法院直接判决专利权的效力没有损害当事人和专利复审委员会的权益，相反切中了当事人争议的焦点，实践中专利权人也并不反对这种判决方式。

持否定态度的一方认为：（1）法院直接判决专利权的效力的判决方式没有法律依据。《行政诉讼法》第五十四条规定的判决方式有维持判决、撤销判决、履行判决和变更判决四种，行政诉讼法司法解释增加了确认判决和驳回诉讼请求两种判决方式。法院直接判决专利权的效力，是对现有规定的突破。（2）法院直接判决专利权的效力会导致司法权与行政权之间的界限模糊不清。司法审查的对象是专利复审委员会作出一项决定是否符合法律的规定，即对具体行政行为的合法性进行审查，不能代行行政机关的职权而为具体行政行为。（3）在处理专业问题上行政机关具有优势条件，司法机关对行政机关虽然有监督制约的职能，但司法机关通常应当尊重和支持专业行政机关得出的结论。（4）法院直接判决专利权的效力后如何执行判决也面临操作上的困难，如果由专利复审委员会再作出一次决定重新宣告一次，等于同一专利被两次宣告无效；如果直接将生效判决交国务院专利行政部门登记和公告而不是以专利复审委员会的名义，则是专利复审委员会未执行判决，有损法律的权威。（5）法院直接判决专利权的效力将使当事人尤其是专利权人失去两级程序救济的机会，也会导致无效请求人在无效宣告程序中撤回其请求的撤诉权丧失。

还有专家认为，对法院能否以及如何在判决中对专利效力进行判定，除涉及现行法律规定外，还涉及这类案件的诉讼性质（本质上是解决当事人之间的私权争议）、诉讼规律和诉讼原理（专利复审委员会居中裁决）及未来的发展方向等，有必要继续进行深入研究论证。但至少法院可以作出指示性的判决，即仅在判决理由中对涉案专利的实质性条件等问题作出评价，在判决主文部分明确判令专利复审委员会限期重作决定。

对于法院在行政诉讼中直接对专利权的有效性作出判决，笔者持否定态度。司法实践中，法院对此的做法是不确定的，但渐倾向于否定的做法。该系列案的第一轮中，北京市高级人民法院2005年12月作出的（2005）高行终字第120号行政判决中，在判决撤销一审判决和专利复审委员会的第6121号无效宣告请求决定后，就直接作出了"维持'无水银碱性钮形电池'实用新型专利权有效"的判决。但此后（2008年、2010年）的两轮判决，法院在撤销专利复审委员会的无效宣告请求决定后，也只是判决专利复审委员会重新作出决定，而再没有对专利权的有效性直接判决。

二、对权利要求的解释应该遵循什么原则？不当解释的后果是什么？

权利要求是对发明创造技术方案保护范围的界定，它涉及权利人和公众的利益。清晰的权利边界是专利权人维权和公众能够以合理的确定性预知专利保护范围从而避免侵权的基础和前提。根据《专利法》第二十六条和第五十九条的规定，权利要求书应当以说明书为依据，清楚、简要地限定要求专利保护的范围；必要时，说明书及其附图可以用于解释权利要求的内容。《最高人民法院关于审理侵犯专利权纠纷案件应用法律若干问题的解释》第二条规定，人民法院应当根据权利要求的记载，结合本领域普通技术人员阅读说明书及附图后对权利要求的理解，确定权利要求的内容。

该系列案历经三轮，耗时长达十年，其中主要的原因正是因为专利技术方案权利边界的不确定性，专利复审委员会的每一轮决定，都因为法院对权利要求的技术特征引入新的解释而被推翻，这些先后出现在不同阶段的新解释包括：（1）权利要求1中基片（金属片）与镀层之间形成了一种特定的附着关系，这种结构关系不同于公知常识及现有技术中因压制而形成的两个压制层之间的特定接触关系；（2）权利要求1中的"电池负极片"是指"已电镀镍或铜的金属片"。结合专利说明书、公知常识以及口审中专利权人的陈述可知，这些新的解释都是没有依据的。不当的解释形成了新的限定，新的限定构成了新的特征，新的特征使此前在无效宣告程序中提供的对比文件和证据，以至整个专利无效宣告请求审理过程都成了无的放矢，不仅不公平，而且也使司法及行政资源无谓浪费。

三、专利说明书中"要解决的技术问题"对评价专利创造性的影响

如何评价专利的创造性似乎是一个永恒的话题。通过确定最接近的现有技术、确定

区别特征及要解决的技术问题、判断是否显而易见的"三步法"无疑对评价专利的创造性有帮助。

根据专利说明书的记载，专利申请人认识到水银之所以能够防止漏液，是因为其能够在锌与其他原料或金属之间形成隔离，防止它们之间的接触，要解决钮形电池无汞化这个技术问题是要找到一种能够代替汞的材料，使其亦能够在锌与其他原料或金属之间形成隔离。专利申请人从未认识到层压结构的电池负极片与电镀结构的电池负极片孰优孰劣；也从未认识到要对电池负极片本身的结构作出专门的改进。申请人也没有针对电池负极片本身的结构变化进行任何尝试性的探索。相反，专利申请人认为在电池的负极片上镀上铟或锡，就可以防止锌与负极片接触而产生气体膨胀，就已经完成了其发明的任务，而没有认识到其已经完成的该项发明是否还有待进一步的改进，诸如要对电池负极片本身的结构作进一步的改进并为此付出了创造性的劳动。

但是，该系列案在行政诉讼阶段的审理却走了弯路，没有围绕说明书这个核心，没有抓住"要解决的技术问题"这个主要矛盾，却跟随着专利权人一方的引领，在新的语境下审理专利的创造性问题。过程是错误的，其结果能否正确自然不言而喻。值得反思的是，专利权人由于利益所在，为维持专利权而穷尽手段，这可以理解，但法院在审理案件时应当有基本的原则和清晰的思路，不应受干扰和蒙蔽。

■ 小结

专利的权利边界是区分专利权人利益和公众利益的分界线，必须恰当、清晰、明确且固定，一条模糊或游移的分界线实质上是一根引发纷争的导火线。有权划界（包括确定权利要求和解释权利要求）的人能否依法运用好手中的权力，关系到的不仅是个案的定分止争，而且是社会的公平正义。

■ 法律链接

《中华人民共和国专利法》（2008年）第五十六条第一款；

《最高人民法院关于审理侵犯专利权纠纷案件应用法律若干问题的解释》（法释〔2009〕21号）第二条。

标准专利 侵权判定

——某通信设备公司被诉侵犯标准必要专利权案*

熊永强　左菁

> 该案为一起标准必要专利侵权纠纷，在专利侵权的判断思路方面具有区别于一般专利侵权案件的特点。该案技术性强、法律问题前沿，三环律师代理被告方在一审、二审、再审申请阶段均获得了胜利，法院判定被告方未侵犯涉案专利权，驳回原告的全部诉讼请求。
>
> 该案对涉案专利是否构成涉案通信标准的标准必要专利进行了详细深入的讨论，在涉案通信标准记载有与涉案专利权利要求技术特征字面上看似对应的内容的情况下，敏锐地考虑到判断两者是否相同还需要考虑到技术特征在整体技术方案中的作用以及技术特征之间的连接关系等因素，从技术方案的实质出发来进行比对，得出涉案专利与涉案通信标准并不相同的结论。该案对标准必要专利的侵权判断具有参考借鉴意义。

■ 案情简介

荷兰某公司为荷兰最大的移动通信运营商（以下简称"运营商"），我国某通信公司是中国专业的智能手机终端制造商和服务商（以下简称"通信设备公司"）。2015年，运营商以其名下第94194872.2号发明专利在北京知识产权法院起诉通信设备公司侵犯其专利权，且主张涉案专利为通信领域标准必要专利。由于该专利权已于2014年12月28日届满终止，故运营商在该案中仅提出索赔请求，且索赔额在诉讼过程中由930万元追加到1860万元。此外，在同一时期，运营商还以与起诉通信设备公司相同的案由在北京知识产权法院起诉了中国多家智能手机终端制造商，该案件是通信行业影响力较大的案件。

原告运营商主张涉案专利是通信领域标准必要专利，故被诉侵权产品构成侵权的逻辑是被诉侵权产品遵照标准导致必然执行标准中记载的涉案专利的技术方案，因此判断涉案专利是否被纳入涉案标准是该案在侵权认定方面的关键所在（以下简称"对标"）。此外，对涉案专利提出无效宣告请求，无效原告主张侵权的部分权利要求甚至全部权利

---

* 该案入选2018年度广东省知识产权协会十大典型案例。生效案号：（2019）最高法民申3984号。

要求，使得原告失去起诉的权利基础，对该案能起到釜底抽薪的作用；或者通过无效理由的具体论述来影响涉案专利权利要求的理解，使涉案标准与解读后的权利要求不相同，对侵权认定起到积极作用。

在侵权认定方面，接到案件后，代理律师团队迅速投入对涉案专利的技术方案和涉案标准中相关技术内容进行分析，因涉案技术晦涩复杂，代理律师团队通过查阅中英文技术书籍、论文、标准、请教通信行业技术专家，经多次和多方论证，逐渐明确了涉案专利的技术方案及涉案专利中相关技术内容的准确含义，得出两者完全不相同，也不构成等同的意见。运营商主张通信设备公司专利侵权的权利基础权利要求 23 的技术方案是：在将第一组数据包的数据段进行压缩后，每个第一组数据包数据段中的数据量变少（表现为数据段变短），因此两个或者更多个经压缩后的第一组数据包数据段的数据合并到一个第二组数据包中；通过分信道缓存，只将来源于相同信道的第一组数据包压缩数据组合在一个第二组数据包中，使得第二组数据包中不需要包括用来指示每个第一组数据段长度信息的子头段。然而涉案标准的技术方案是：网络层的协议数据单元 N-PDU 一般都比较大，而传送给 LLC 层时数据包必须符合 LLC 层的长度规定，因此将一个 N-PDU 分段成一个或多个 LLC 层的协议数据单元 SN-PDU。可见，涉案专利和涉案标准的技术方案完全不相同，也不构成等同。

在无效请求方面，代理律师团队检索了全球的专利以及论文、标准等非专利文献，获得相关现有技术来否定涉案专利的创造性；从技术方案实现的实质出发，认为涉案专利文本具有公开不充分、不清楚、不支持、缺少必要技术特征的缺陷；此外，在论述涉案专利具有以上不符合专利法规定的理由中，代理律师团队特别注意与侵权认定方面进行协同，通过具体的论述说理，使得为克服无效请求理由应对权利要求作出符合专利发明目的的特定理解，从而限制仅从字面理解权利要求获得的过大保护范围。

该案中，无效请求程序未获得有利结论，涉案专利权利要求被全部维持，但无效程序中原告为使专利克服无效请求理由对权利要求作出了非常多的具体陈述，这些具体陈述使得权利要求的保护范围符合了其发明实质，限制了其获得字面上的过大保护范围。在民事诉讼程序中，代理律师尽量使用通俗易懂的语言来解释该案所涉及的晦涩难懂的通信技术，主审法官准确理解该案的技术事实后，确定了涉案标准与涉案专利的四大不同：（1）涉案标准不具有涉案专利中的来自多个信道的第一组数据包；（2）涉案标准不具有涉案专利中的"识别装置"及"分信道缓存"；（3）涉案标准不具有涉案专利中的"压缩装置"；（4）涉案标准不具有涉案专利中的"缓存装置"。据此，北京知识产权法院判定通信设备公司没有侵犯运营商的专利权，驳回运营商的全部诉讼请求。

运营商不服一审判决，向北京市高级人民法院提出上诉。北京市高级人民法院经审理后，对一审法院所认定的涉案标准与涉案专利的四大不同予以确认，驳回运营商的上诉，维持原判。

运营商不服二审判决，继续向最高人民法院提出再审申请，最高人民法院经过调查后，裁定驳回运营商的再审申请。

值得一提的是，在分析涉案标准与涉案专利是否相同时，最高人民法院采用了一个新事实"运营商的相关陈述被生效的专利无效案件决定采纳，包括'即权利要求23中已经限定了当第一组数据段的数据要在压缩过程之后被提供给第二组的数据段时，这些数据将被分信道缓存。权利要求23的技术方案能够得到说明书的支持'的内容。根据新出现的事实，涉案标准与涉案专利在此项特征上并不相同，一审判决依据上述记载对涉案专利权利要求23进行限缩解释，进而得出涉案标准不包含相关技术特征的理由正确。二审法院认定涉案专利不包含涉案专利权利要求23限定的相关具体特征的结论，并无不当，本院予以确认"来确定涉案标准与涉案专利具有不同的特征。可见，我方制定了合理的辩护策略，充分运用了无效请求程序，对民事诉讼起到了非常重要的促进作用。

■ 办案心得

原告运营商主张涉案专利是通信领域标准必要专利，故对专利侵权的判断思路具有区别于一般专利侵权案件的特点。

根据《最高人民法院关于审理侵犯专利权纠纷案件应用法律若干问题的解释》（以下简称"专利侵权司法解释"）第七条的规定："被诉侵权技术方案包含与权利要求记载的全部技术特征相同或者等同的技术特征的，人民法院应当认定其落入专利权的保护范围"，相关法律条款和司法解释中的专利侵权判定规则中并未区分相关专利是普通专利还是标准必要专利，即专利侵权的构成要件并不会因为涉案专利是否为标准必要专利而改变。

标准必要专利由于行业标准的存在，在被诉侵权技术方案和涉案专利之间建立起了一个桥梁和中间媒介，使得被诉侵权技术方案和涉案专利均与涉案标准进行比较：判断被诉侵权产品是否符合标准（以下简称"合标"），即是否执行了涉案标准；以及判断涉案专利权利要求的技术方案和涉案专利的技术方案是否相同或等同（以下简称"对标"）。因此，对于被诉侵权产品不侵犯涉案专利权的结论，主要在被诉侵权产品不符合原告主张的涉案标准，以及涉案专利与涉案标准的技术方案不相同也不等同，两方面进行抗辩。

1. 在合标方面。

原告认为被诉侵权产品合标的逻辑是：被诉侵权产品应遵守标准A的规定，标准A要求入网的GSM终端应该符合标准B的要求，标准B引用了涉案标准，涉案标准的内容构成标准B的规则，因此被诉侵权产品符合涉案标准，且将涉案标准具体到该案的涉案标准版本。

我方认为，原告的逻辑是错误的：首先，工信部的入网测试并不会检测涉案标准，即不要求终端能够执行涉案标准的技术方案；另外，标准 B 只是引用涉案标准，引用的意思是在文中某些语句可能会是引用了 SNDCP 标准的，不代表一定会全部遵照、执行这个标准；其次，标准 B 的第［134］号参考文献不仅列出了涉案标准，还列出了其他标准，且需要根据终端所执行的系统标准来决定引用涉案标准还是其他标准，不能直接认为引用了涉案标准；最后，涉案标准版本的公开时间明显早于我方手机的生产时间，而 3GPP 标准是在不断变化的，一直在推出标准的新版本，手机即使执行涉案标准，也是执行涉案标准的新版本，而不是原告证据所示的版本。

2. 在对标方面。

原告对涉案标准断章取义，以及对涉案专利权利要求作最大化的解释，脱离说明书的记载以及其在专利无效程序中对权利要求所作出的限制性解释。原告从涉案标准中截取与涉案专利权利要求技术特征字面上看似对应的内容来主张涉案专利与涉案标准的技术方案相同。

我方认为，原告对涉案标准、涉案专利的理解完全是错误的，判断两者是否相同还需要考虑到技术特征在整体技术方案中的作用以及技术特征之间的连接关系等因素，从技术方案的实质出发来进行比对。最终成功说服法官，使得法官认识到涉案专利与涉案通信标准具有四大不同，进而得出涉案专利与涉案标准并不相同的结论，涉案专利不对标，因此被诉侵权产品并未采用涉案专利的技术方案，不构成侵权。

另外，值得一提的是，在再审程序中，我方对涉案专利提出的无效请求的生效无效决定书成为一个新事实，对最高人民法院认定涉案专利与涉案标准不相同起到了非常重要的作用。生效无效决定书中记载了专利权人对涉案专利作出的解释，而该解释限制、缩小了涉案专利的保护范围，根据禁止反悔原则，使得涉案标准与涉案专利能够区分开来。代理律师对涉案专利提出的无效请求虽然没能成功宣告涉案专利全部无效，但代理律师对无效案件和侵权案件进行通盘考虑，通过精心考量设置的策略，使得专利权人在无效程序中不得不对涉案专利作出限缩性解释，且该限缩性解释能够将涉案标准排除在涉案专利的保护范围之外。

■ 小结

目前在国际上标准必要专利尚无统一的定义，但其基本的含义是指在实施标准时，无法通过其他商业上可实施的且不构成侵权的方式来避免该项专利中权利要求被侵犯的专利。一项真正的标准必要专利（专利的技术方案与标准的技术方案相同或等同）在侵权匹配度、侵权可视度、专利稳定度、市场占有度、取证难易度方面都非常高，因此真正的标准必要专利是杀伤力极大的专利，但因为标准的公共属性，因此标准必要专利权人不能无理由拒绝许可实施人实施专利的技术方案,而是应该以 FRAND 原则来对实施人予以许可。标准必要专利权人通常向实施人收取标准必要专利费,在就许可条件不能达成一致时,标准必要专利权人可以在法院向实施人发起专利侵权之诉,请法院来判定专利的许可费率。近年来,与标准必要专利有关的专利诉讼愈来愈高发,随着中国法院审理能力的提升,中国保护专利权利司法环境的优化,标准必要专利的战火也从国外战场蔓延至国内战场。例如早期的该案、华为与三星在深圳中级人民法院的案件、近期的华为与康文森在南京中级人民法院的案件、小米与交互数字在武汉中级人民法院的案件等。

但标准必要专利仅仅只是专利权人向标准制定组织的单方面声明,并未经过审核,因此是否构成真正的标准必要专利还需要当事人来进行辩论,由法院来进行认定。

该案对涉案专利是否构成涉案通信标准的标准必要专利进行了详细深入的讨论,在涉案通信标准记载有与涉案专利权利要求技术特征字面上看似对应的内容的情况下,敏锐地考虑到判断两者是否相同还需要考虑到技术特征在整体技术方案中的作用以及技术特征之间的连接关系等因素,从技术方案的实质出发来进行比对,得出涉案专利与涉案通信标准并不相同的结论。

该案对标准必要专利的判断和标准必要专利侵权案件的代理具有参考借鉴意义。

■ 法律链接

《最高人民法院关于审理侵犯专利权纠纷案件应用法律若干问题的解释》(法释〔2009〕21号)第七条;

《最高人民法院关于审理侵犯专利权纠纷案件应用法律若干问题的解释(二)》(法释〔2016〕1号)第六条、第二十四条。

上市危机　快速反击

——深圳市隆利科技股份有限公司无效宣告请求系列案*

肖宇扬　潘莹　王菱

> 隆利公司在上市之际遭遇竞争对手起诉其产品构成对原告 11 个专利权的侵犯，总起诉标的高达 5000 万元。相关案件成为影响隆利公司能否顺利上市的重要因素，如何在短时间内解决案件，成为隆利公司面临的重大问题。
>
> 该案件典型性在于，企业处于上市之际，重大诉讼案件存在会导致企业上市受阻，而司法程序存在一审、二审乃至再审的情形，如何在短时间内解决案件成为重中之重。三环律师团队在全面分析案件之后，选择了合理的应对策略，发挥团队的优势，在极短时间内对所有涉案专利提出无效宣告请求，并依靠团队成员的专业及默契配合，成功无效其中绝大部分专利，扭转局势，为企业上市扫除障碍。

■ 案情简介

深圳市隆利科技股份有限公司（以下简称"隆利公司"）成立于 2007 年 8 月，是一家专业从事 LED 背光源研发、生产和销售的高新技术企业，其技术在中国 LED 背光源生产企业中走在前列。产品广泛用于通信、计算机、工业控制、汽车等领域，服务于京东方、TCL、华为、三星、小米等企业。2017 年 5 月，隆利公司向深圳证券交易所递交《招股说明书》申报稿，计划上市。

2018 年初，隆利公司正处于上市的关键时期。2018 年 4 月，隆利公司的竞争对手深圳市德仓科技有限公司在深圳市中级人民法院提起诉讼，指控隆利公司供应给小米通信技术有限公司的"红米 5"手机背光产品涉嫌侵犯其拥有的 10 项实用新型专利和 1 项发明专利，索赔金额合计 5000 万元。德仓科技的起诉行为导致隆利公司在上市之际面临着重大的诉讼案件，隆利公司的上市进程一度停止，十分被动。

如何迅速地解决德仓科技的诉讼成为重中之重。正当隆利公司一筹莫展之际，三环律师团队介入案件，迎难而上，在极其有限的时间内全面分析了诉讼案件及涉案的 11 个专利，并对涉案的所有专利侵权案件进行了大量的检索以及专利稳定性进行充分的分析评估，判定案涉的 11 个专利稳定性较差，制定了先向专利复审委员会提起专利无效宣告

---

* 该案被评为 2018 广东律师十大知识产权典型案例、广东知识产权保护协会 2018 年知识产权推荐学习案例。

请求以争取将案涉 11 个专利全部无效的诉讼策略。

三环律师团队就该案与隆利公司商讨后，确定启动无效宣告策略。三环律师团队集中了团队内具有法律、理工科双重背景的人才应对案件，在最短的时间内检索出涉案的 11 个专利的对比文件，在侵权诉讼案件答辩期内向专利复审委员会递交了涉案所有专利全部无效的无效宣告请求书，并在专利复审委员会规定的 1 个月时间内，再次补充 11 个专利无效的对比文件和并进一步夯实相关无效的事实理由，提高专利无效宣告成功的概率。

三环律师团队制定并实施的专利无效宣告请求策略，一方面确保相关无效案件的立案时间的及时性，另一方面也确保了所递交无效材料的无效请求范围包括了将案涉的 11 个专利全部无效。

2018 年 9 月，11 个专利无效案件进行口审。最终，三环律师团队成功无效掉德仓科技 10 个案涉专利，虽然侵权诉讼案件尚未完全结束，但专利无效宣告的结果实际上免去了隆利公司 5000 万元的高额赔偿，更为隆利公司扫除了上市的障碍。2018 年 11 月底，基于接连不断胜诉的乐观前景，虽然案件还没有全部完结，三环律师团队顺利护航隆利公司在深圳证券交易所公开发行股票并在创业板上市。2018 年 12 月底，深圳市中级人民法院陆续驳回了德仓科技相关专利的起诉，至于第 11 个专利，也因为专利已经独占许可他人，原告未提交充分的其仍然具有索赔权的证据，在我方提出此抗辩意见后，对方在开庭当庭撤回起诉。

回到具体案件的经办过程，德仓公司亦不会对于隆利公司发起的"专利无效进攻"束手就擒。针对被宣告无效的部分专利，德仓公司针对大部分的无效宣告决定书都提起了行政诉讼，其中还有三个案件的行政诉讼一直打到了最高人民法院，分别是名称为"一种背光模组及液晶模组"（专利申请号为 201220500806.3）、"一种反射片、背光模组及液晶模组"（专利申请号为 201520548876.X）、"一种扩散膜、背光模组、显示装置以及电子设备"（专利申请号为 201520065666.5）三个专利。为了维持专利无效，三环律师团队针对原告的上诉理由，提交了多份代理意见，详细阐明了涉案专利的技术方案，结合对比文件，有力地说明相关涉案专利并不存在新颖性及创造性，最终使得最高人民法院维持了相应的专利无效决定。

该系列案件的详细结果见下表：

序号	委内编号	无效请求人	专利权人	专利名称	专利申请号	案件处理结果
1	5W115127	深圳市隆利科技股份有限公司	深圳市德仓科技有限公司	一种下增光膜、背光模组、液晶显示装置和电子设备	201520094321.2	专利已全部无效，（2018）粤 03 民初 1183 号已被驳回起诉
2	4W107412	深圳市隆利科技股份有限公司	深圳市德仓科技有限公司	一种背光光源组件、背光模组、液晶模组及制作方法	201410320063.5	专利已全部无效，（2018）粤 03 民初 1186 号已被驳回起诉

续表

序号	委内编号	无效请求人	专利权人	专利名称	专利申请号	案件处理结果
3	5W115117	深圳市隆利科技股份有限公司	芜湖德仓光电有限公司	一种背光模组	201120463748.7	专利已全部无效，（2018）粤03民初1179号已被驳回起诉
4	5W115115	深圳市隆利科技股份有限公司	深圳市德仓科技有限公司	一种背光模组的框结构、背光模组及液晶模组	201420410357.2	专利已全部无效，（2018）粤03民初1183号已被驳回起诉
5	5W115116	深圳市隆利科技股份有限公司	深圳市德仓科技有限公司	一种背光模组及液晶模组	201220500806.3	专利已全部无效，（2018）粤03民初1184号已被驳回起诉
6	5W115121	深圳市隆利科技股份有限公司	深圳市德仓科技有限公司	一种导光板及背光模组	201120168061.0	专利已全部无效，（2018）粤03民初1181号已被驳回起诉
7	5W115124	深圳市隆利科技股份有限公司	深圳市德仓科技有限公司	一种发光单元及背光模组	201420217094.3	专利已全部无效，（2018）粤03民初1176号已被驳回起诉
8	5W115126	深圳市隆利科技股份有限公司	深圳市德仓科技有限公司	一种反射片、背光模组及液晶模组	201520548876.X	专利已全部无效，（2018）粤03民初1178号已被驳回起诉
9	5W115131	深圳市隆利科技股份有限公司	芜湖德仓光电有限公司	一种扩散膜、背光模组、显示装置以及电子设备	201520065666.5	专利已全部无效，（2018）粤03民初1185号已被驳回起诉
10	5W115128	深圳市隆利科技股份有限公司	深圳市德仓科技有限公司	导光板及背光模组	201120170254.X	专利已全部无效，（2018）粤03民初1180号已被驳回起诉
11	—	—	深圳市德仓科技有限公司	一种下增光膜、背光模组和液晶显示装置	201220500808.2	（2018）粤03民初1177号已由原告德仓科技撤诉

■ **办案心得**

企业的上市之际也是企业面临重大诉讼的高风险时期，如若不能及时应对或处理不当，极有可能使得企业面临上市失败的风险。隆利公司遭遇竞争对手提出专利侵权案件时，正处于上市过会的重要时刻，该重大案件的存在，导致隆利公司的整个上市进程受到影响。

当企业上市之时面临高额赔偿的专利侵权诉讼时，选择怎样的应诉策略可能直接影响到当事人的发展走向。如果主打侵权，其好处在于可以使得侵权诉讼法院尽快审理，并尽快迎来一个确定的结果，对于很多上市公司来说，一个确定的结果，即便是侵权的结果，可能也好过一个不确定的结果，但是，侵权的认定对企业上市后资本市场的反馈会带来多大的影响，在侵权诉讼的当下是难以预料的。如果主打无效，一旦有不能成功的，侵权诉讼将继续审理，两个程序必然导致案件周期变长，这对于当事人上市时机却是不利的。如果重在和解，在那种局面下，必然要付出巨大的代价，很有可能是得不偿失的。

隆利公司的案件中，由于企业上市进程要求尽快解决案件，同时经过分析与比对，被控侵权产品落入涉案专利保护范围的可能性较大，因此采取专利无效的策略最为合理。专利无效宣告程序可迅速、短时间内解决隆利科技的上市难题，并能达到釜底抽薪式的效果，让隆利科技的上市无后顾之忧。

此外，该案的特殊点在于涉案的专利数量有11件，如何在答辩期内顺利提交所有专利的无效宣告请求文件，既需要团队成员的高度配合及全身心的投入，也需要充分利用《专利审查指南》规定的补充证据及理由的时间，在极其有限的时间内充分完善无效宣告的理由和证据，以较高的概率让对方丧失权利基础，釜底抽薪，从而可实现短时间内解决企业面临的重大专利侵权赔偿诉讼，积极化解上市前的诉讼风险，避免损失。

■ 小结

无效一个专利不难，该案的价值及难度在于，如何在短期内迅速对涉案的11个专利展开无效申请，一一击破。若案件不能在短期内取得阶段性胜利，那对于隆利公司来说，将是重大的损失。

由于隆利公司正值上市前夕，需要稳、准、狠地解决德仓科技带来的重大诉讼案件，考虑到专利复审委员会审理周期较短，如果加快审理，通常五六个月无效决定便会下达，采取专利无效策略能够在较短时期内取得一定的结果。同时，三环律师团队就涉案产品和涉案专利进行了侵权分析比对，发现涉案产品落入了部分专利的保护范围，涉案专利的有效性将会是影响侵权案件的重要因素。基于上述原因综合考虑，立即对涉案专利提出无效宣告请求是三环律师团队接触案件初期就确定的应对策略，并以此向隆利公司提出相关建议。

在确定对涉案专利提起无效宣告请求的诉讼策略后，三环律师团队集中了肖宇扬、潘莹、王菱三名专职律师，结合其他或具有审查员背景或具有留学背景的专利代理师，迅速组成合计8人的团队。这支专业的队伍在两天内检索了大量现有技术，发现涉案的11个专利均存在在先的现有技术，因此也确信以无效宣告的方式让对方丧失权利基础，失去诉讼主体的资格，是最好最快亦行之有效的方案。

在完成检索工作后，三环律师团队第一时间撰写好11个案涉专利的无效宣告申请，并及时递交专利复审委员会。同时在相关法律规定可以补充无效证据及理由的1个月内，进行第二轮检索，并进一步补充相应的无效理由及证据，确保相关专利有足够的把握被无效掉。

该案口审时适逢"山竹"台风，经办律师顶着台风，克服天气障碍顺利到达北京参加口审，在一周的时间内顺利完成10个案件的口审程序。

通过三环律师团队对案件的精心策划、用心准备以及团队默契配合下，该案结果超出了客户最初的预期，三环律师团队在最短时间内为隆利公司解决了后顾之忧，2018年底顺利上市，这不仅体现出律师团队的专业性高和服务质量的优质，更体现出律师团队成员之间的高度协调力以及超强凝聚力。

此外，该案件对于企业而言也具有一定的学习意义。除去在上市之时面临高额索赔诉讼应采取行之有效的应对策略之外，在上市之初应当做好以下几点，以期更好地防范风险。

首先，企业要在日常工作中做好技术储备，该点对于研发型企业尤为重要。企业要及时就自身研发的新技术向国家知识产权局递交专利申请，保护新技术不被他人抢占先机。同时，储备一定数量的专利，有助于制衡竞争对手，苹果三星之间持续多年的专利侵权诉讼就是一个最好的例子，在专利诉讼的战场上，双方一直相互拉锯，难言谁胜谁败，难以想象如果其中一家公司没有相应的专利储备，相关案件会是一个怎样的走向。一些不会因为反向工程被公开的技术信息，也要采取合适的保密措施，将其作为商业秘密严格保护起来。

其次，企业在申请专利的过程中，除了重视数量，也要重视质量，如该案中涉及的专利数量虽多，但都经不起三环律师团队提起的无效请求。

再次，企业在准备启动上市进程前，要对企业核心产品提前做好知识产权预警分析，针对相关技术提前做好检索，评估分析侵权可能性，并依据相关侵权分析，制定相应的应对措施，例如无效相关专利、转让相关专利，或者采取其他制衡的方式，避免临时抱佛脚的情况产生。

最后，企业在上市过程中，要清楚意识到上市这一时间段本身便是诉讼高发期，除了在上市前有足够的预警及应对方案外，在遭遇诉讼时要沉着应对，选择企业外部可靠的知识产权服务团队，为企业提供专业的知识产权服务，为企业的知识产权保驾护航。

对于三环律师团队而言，当服务企业在上市之时面临竞争对手的重大诉讼案件时，首要应当是选择能够在最短时间内为客户解决问题的方案；其次为能够让解决方案发挥出最大的效用，律师团队应当对案件进行充分的分析及准备，才能达到预期的效果；最后对于案件最为关键的，是团队成员间默契的配合及协调力，这是为客户排忧解难必不可少也是非常重要的一环，团队细致的分工，不同成员专业能力的集合以及成员间的超强凝聚力，是案件最终成功的制胜法宝！

■ 法律链接

《中华人民共和国专利法》（2008年）第四十五条；

《最高人民法院关于审理侵犯专利权纠纷案件应用法律若干问题的解释（二）》（法释〔2016〕1号）第二条第一款。

利益衡平　付费使用

——新白云机场幕墙专利侵权纠纷案*

董咏宜　温旭

> 原告起诉被告实用新型专利侵权，被告一、被告二主张建设工程的发包人作为善意第三人，不应承担侵权责任，被告三主张其所建设设施的技术特征不落入原告专利的保护范围。法院认定被控侵权产品构成专利侵权，对此，法院本应判决被告停止使用被控侵权产品，但考虑到机场的特殊性，判令停止使用被控侵权产品不符合社会公共利益，最终法院判决认定被告侵权，但在向原告支付合理费用之后无须拆除侵权设施。
>
> 该案对于专利保护范围的实质认定、各侵权人的具体侵权行为和责任承担的判决明晰，在确定侵权人承担侵权责任的方式时用支付合理的技术使用费的方法替代停止侵权、销毁产品的承担方式，不仅考虑到专利权人的权利，又兼顾了社会公共利益的典型案例。

■ 案情简介

原告珠海市晶艺玻璃工程有限公司（以下简称"晶艺公司"）申请了名称为"一种幕墙活动链接装置"的实用新型专利，于1999年5月19日获得授权，专利号为ZL97240594.1，该专利至今有效。该专利装置的必要技术特征包括"导向座与上铰接座之间发生相对滑动"，能够有效解决玻璃幕墙的防侧风问题。

原告发现被告广州市白云国际机场股份有限公司（以下简称"白云机场股份公司"）、广东省机场管理集团公司（以下简称"机场管理公司"）以及原广州白云国际机场有限公司（以下简称"白云机场有限公司"）不顾原告拥有专利权的事实，未经原告许可，在其花都广州新白云国际机场的建设中擅自使用原告的专利产品，其仿制的幕墙活动链接装置产品已完全落入原告专利的保护范围。经查证，该被控侵权产品由被告深圳市三鑫特种玻璃技术股份有限公司（以下简称"三鑫公司"）制作安装。被告白云机场股份公司、机场管理公司、三鑫公司以及原白云机场有限公司的行为，已经侵犯了

---

* 该案入选广东省高级人民法院评选的2006年广东十大知识产权案例。生效案号：（2006）粤高法民三终字第391号。

原告的专利权。鉴于原白云机场有限公司已被注销，其债权债务由被告机场管理公司承接，因此原白云机场有限公司的侵权责任亦应由被告机场管理公司承担。原告晶艺公司于是以专利权侵权为由诉至广州市中级人民法院，请求判令三被告停止侵权行为，并赔偿原告经济损失、支付专利技术使用费及合理维权费用105万元。

一审法院认为，原告专利中的"导座（1）和上铰接座（3）间可以沿垂直于图（1）的方向发生相对滑动"这一必要技术特征，经原被告双方确认其主要目的为解决玻璃幕墙的防侧风问题。只要被控侵权产品的导向座与上铰接座之间发生相对滑动，即落入原告专利的保护范围。经观测，被控侵权产品Y型传力臂的开口与7字形上铰接座的连接处在轴承上两边各有一定的间隙这一结构，已经为"滑动"创造了可能性。实际上，在侧风的影响下，"导向座与上铰接座之间发生相对滑动"的距离是非常小的，因此，只要上述"间隙"的存在，即可发生"滑动"。防侧风的技术手段并不是唯一的，被告三鑫公司所陈述的玻璃与玻璃之间的玻璃胶及接驳爪与玻璃间的缝隙来吸收玻璃幕墙移动时产生的应力这一方案在一定程度上能够解决侧风问题，但此技术手段的存在并不排斥被控侵权产品亦可通过"导向座与上铰接座之间发生相对滑动"来吸收玻璃幕墙移动时产生的应力，解决侧风问题。因此，一审法院认为被控侵权产品具有"导向座与上铰接座之间发生相对滑动"的结构、功能，其全部结构特征已经落入原告专利的保护范围。

针对侵权责任的承担方式，法院认为被告三鑫公司未经原告许可，在广州新白云国际机场航站楼玻璃幕墙工程设计、施工当中制造、销售、使用原告的专利产品，已经侵犯了原告第ZL97240594.1号实用新型专利权，应当停止侵权并承担相应的赔偿责任。而原白云机场有限公司作为工程发包方，对被告三鑫公司设计、施工的工程内容是否侵犯他人专利权负有审查义务，因此，其应当对侵权后果承担共同赔偿责任。鉴于原白云机场有限公司现已被注销工商登记，其债权债务由被告机场管理公司继承，因此，被告机场管理公司应当承担该案的共同赔偿责任。被告白云机场股份公司本应停止使用被控侵权产品，但考虑到机场的特殊性，判令停止使用被控侵权产品不符合社会公共利益，因此被告白云机场股份公司可继续使用被控侵权产品，但应当适当支付使用费。

最后法院判决：被告三鑫公司在本判决发生法律效力之日起立即停止侵犯原告晶艺公司第ZL97240594.1号实用新型专利权的行为。被告三鑫公司、被告机场管理公司在本判决发生法律效力之日起10日内支付原告珠海市晶艺玻璃工程有限公司赔偿金30万元。被告白云机场股份公司在本判决发生法律效力之日起10日内支付原告珠海市晶艺玻璃工程有限公司专利使用费15万元。

三被告均不服一审判决而提起上诉。二审双方达成调解协议。

■ 办案心得

该案作为专利侵权纠纷案的特殊之处可以归结为三大方面：一是被告数量较多，在侵权行为中担任的角色、起到的作用不一，确认每一个被告主体需承担的法律责任存在难点。二是该案被告白云机场股份公司和机场管理公司承担了重要的社会公共交通服务，其承担法律责任的方式不仅影响自身经济效益，更会对社会公众利益产生影响。办理类似案件时，对于诉讼请求的确定可以综合更多因素做出更合适的选择。三是法院既判决赔偿损失又判决支付技术使用费是否重复计算的问题。

一、存在多个被告时如何确定各被告的侵权行为分别是什么，分别如何承担法律责任？

该案中，原白云机场有限公司是委托方和发包方，在新白云机场的建设中先是委托三鑫公司进行设计，其后又作为发包方进行施工招标。三鑫公司中标，为此同时承包了部分工程的制作与安装工作，而三鑫公司设计并施工的工程侵犯了原告专利。原白云机场有限公司验收工程合格后交于白云机场股份公司经营使用。随后原白云机场有限公司被注销，其债权债务由机场管理公司承继。

1. 对原白云机场有限公司的行为认定上，法院认为原白云机场有限公司作为工程发包方对工程内容负有审查义务。原白云机场有限公司作为发包方在机场建设的设计和施工全过程中全面参与并具有最终决定权。可见，实施了原告专利的工程是发包方和施工方共同的责任。虽然双方签订协议约定"擅自使用专利技术侵犯他人专利权的，责任者依法承担相应责任"，但该协议仅有内部效力，并不能妨碍两者对外需要共同承担的法律责任。但由于原白云机场有限公司被注销，其债权债务由机场管理公司承继，为此由机场管理公司承担相应的侵权责任。

2. 对三鑫公司的行为认定上，法院认为其存在制造、销售、使用的侵权行为，应当停止侵权并承担相应的赔偿责任。

3. 对白云机场股份公司行为认定上，法院认为其存在使用的侵权行为。虽然按照《专利法》第六十三条第二款规定，"为生产经营目的的使用或者销售不知道是未经专利权人许可而制造并售出的专利产品或者依照专利方法直接获得的产品，能证明其产品合法来源的，不承担赔偿责任。"白云机场股份公司不需要承担赔偿责任，但应停止使用被控侵权产品。停止使用即需要拆除侵权设施，但该方式是否恰当仍待论证，据此引出该案第二个重点。

二、白云机场股份公司如何履行停止侵权的法律责任？法律责任的适当履行方式应如何灵活决定？

《民法通则》第七条规定："民事活动应当尊重社会公德，不得损害社会公共利益。"

被控侵权产品是正在使用的新白云机场航站楼内的幕墙的一种连接装置，停止使用即需要拆掉，会危及机场航站楼幕墙安全，甚至有可能坍塌，机场不能运作；即使可以使用替代技术，受拆卸、重新安装等活动影响，机场也需要暂停运作。无论何种方式都会在机场经济效益和公共利益层面造成巨大的损害和资源浪费。在平衡专利权人的权利与社会公共利益的冲突的基础上，该案给出了合理合法的方案，即白云机场股份公司可继续使用被控侵权产品，但应当适当支付使用费。

另外，对于不涉及公共利益，但若判决停止使用会对善意第三人造成重大损失的案件，也同样可以适用以支付使用费替代停止使用的方法，这是基于对善意第三人合法权益的尊重和保护。该案中白云机场股份公司作为善意第三人，能够通过法院的判决避免进一步的损失。

三、法院既判决赔偿损失又判决支付技术使用费是否重复计算的问题

一审判决作出后，有人提出疑问，认为同一被控侵权产品，既判决三鑫公司、机场管理公司支付赔偿金，又判决白云机场股份公司支付专利使用费，两项费用是否重复？代理律师认为，并不重复。

第一，赔偿金和专利使用费是针对不同被告的不同侵权行为而承担不同法律责任所支付的费用，两者性质不同。

从各被告对其侵权行为的承担上，三鑫公司的行为是制造、销售侵权，其应承担停止侵害、赔偿损失的民事责任。这里的停止侵害，代理律师认为是不能再实施制造、销售侵犯原告专利权的行为。赔偿责任是针对制造、销售及交付给原白云机场有限公司前的行为而判决的。

白云机场股份公司的行为是使用侵权，支付专利使用费是因为其已明知是侵权产品，但为了可以继续使用侵权产品所支付的对价。若其能拆除侵权产品，是不需要支付专利使用费的。

第二，从时间上，两项费用针对的时间段不同。

第三，支付赔偿金是针对起诉前，三鑫公司、原白云机场有限公司已实施的侵权行为承担的法律责任。支付专利使用费，是针对判决侵权后，白云机场股份公司已明确知道为生产经营目的而使用的被控产品是侵权产品，但又不能停止使用时，而采取的一种替代方式。从时间而言，两者也不重复。

■ 小结

该案作为涉案主体特殊的专利侵权案件，其重大意义不仅在于专利权的恰当维权方式，更有在社会层面上的价值倡导意义。该案之所以被广东省高级人民法院评为2006年广东十大知识产权案例，正是在于法院没有机械地适用法律，简单地判决使用者白云机

场股份公司停止使用侵权产品，造成案件无法实际执行或因执行而损害社会公共利益，而是判决白云机场股份公司可以继续使用侵权产品，但需要向专利权人支付一定专利使用费作为对专利权人的补偿。这样判决，既考虑了对权利人的保护，又考虑了社会公共利益（及善意第三人利益）的平衡，既保护了权利人的知识产权，同时又保护了社会公众（及善意第三人）的正常使用。

最后，该案二审调解结案，由三鑫公司向原告支付经济补偿费用，原告允许白云机场股份公司继续使用被控侵权产品，这既尊重了原告享有的专利权，也兼顾了社会公共利益，体现了和谐诉讼的良好社会效果。在办理类似案件，确认诉讼方案时，可以参考该案情况，综合考虑各方因素，提出精准诉讼策略。

■ 法律链接

《中华人民共和国民法通则》（1987年）第一百三十四条；

《中华人民共和国专利法》（2000年）第十一条、第五十七条第一款；

《最高人民法院关于审理专利纠纷案件适用法律问题的若干规定》（法释〔2001〕21号）第二十一条。

安坐营中　手到擒来

——无法扣押域外服务器也能证明服务器程序侵权之"帝盟诉东方之舟"专利侵权诉讼案*

王章立　王婷

> 原告起诉被告运营的网站涉嫌使用了侵犯原告的方法及系统专利，被告抗辩其方法缺少专利方法中的部分步骤以及被诉侵权网站服务器未设置在中国法域境内，主张被告行为不构成专利侵权。在客观条件所限无法对被告的服务器进行扣押搜证的情况下，原告通过用户浏览器取证了浏览器与服务器之间即时交互的信息，并据此分析推定被告的服务器程序侵犯了原告专利权。庭审过程中围绕原告方所提交证据能否证明被告主程序包含了涉案专利的全部技术方法步骤特征，双方进行了激烈的"逐条街垒的巷战"，最终原告方的这种信息解读证明方法在两级法院均获得了认可。

■ 案情简介

一、基本案情

原告深圳市帝盟网络科技有限公司（以下简称"帝盟公司"）是一家专业提供国际物流快递包裹信息网络查询、应用平台及信息管理和技术支持的互联网科技公司，并于2012年1月9日申请了名为"一种国际物流信息跟踪方法及其系统"的中国发明专利，原告设立了"17TRACK"网上平台（www.17track.net），应用该专利方法为全世界范围的客户提供优质的物流快递包裹信息查询、跟踪和管理服务，实施该专利的主要方式是运用专利所述的物流信息跟踪方法为客户提供国际物流快递包裹信息查询，包括互联网及移动端等多种渠道，在"17TRACK"网络平台的服务器后台还配备了专利所述的系统。到该案起诉前，17TRACK网站平台的用户访问量排名居同行业全世界第一，依托17TRACK平台巨大的用户访问流量获得了相当可观的服务收入和广告收入。由于原告的17TRACK平台在物流信息跟踪管理领域获得了巨大的成功，被告复制了一个几乎完全"参考"原告专利方法步骤思路的"trackingmore.com"网上平台，通过该平台向公众提

---

* 该案入选《最高人民法院知识产权法庭裁判要旨摘要（2021）》。生效案号：（2020）最高法知民终746号。

供物流信息跟踪管理服务，以实现挤占原告市场份额的商业竞争目的。

帝盟公司发现"trackingmore.com"网站涉嫌侵权之后，经过与律师团队共同充分研讨，确定了以举证用户浏览器与服务器之间即时交互信息继而据此证据进行技术分析推定被告服务器程序构成侵犯专利权的诉讼思路，以专利侵权为案由诉至深圳市中级人民法院，提出判令被告停止侵权、赔偿经济损失及合理维权费用等诉讼主张。被告深圳市东方之舟网络科技有限公司（以下简称"东方之舟公司"）一方面主张"trackingmore.com"网站使用的程序不具有原告专利权记载的全部方法步骤特征，另一方面还将"trackingmore.com"网站平台转移到境外服务器上，提出其使用技术方法的行为地不在中华人民共和国法域范围内从而也不构成侵犯原告专利权的抗辩主张。

二、法院审理

双方争议的其中一大焦点是围绕原告针对"trackingmore.com"网站所取得的证据能否证明该网站所使用的计算机程序具有涉案专利权利要求书内容记载的全部方法步骤来展开的。由于被告网站平台设置在被告所有或租用的服务器上，该服务器的位置较难锁定，原告很难直接通过扣押服务器对其程序进行司法鉴定的方法达到证明目的。因此，该案中原告方是通过公开渠道对被告网站进行使用性访问，同时公证保全通过外部浏览器访问被告网站，分步骤记录下浏览器与服务器之间交互传递的信息内容，再对上述信息内容进行技术分析，从而推定服务器程序具备案涉专利方法的步骤。两审法院均认可了原告方的上述技术推定，判决支持了原告方的侵权定性，在判赔金额方面亦给予了较大程度的支持。

《最高人民法院知识产权法庭裁判要旨摘要（2021）》阐述了如下观点：由于涉案专利系互联网环境下与计算机程序有关的方法与系统专利，被诉侵权行为需通过计算机程序代码进行表达和展现，专利权人对被诉侵权行为的取证途径较为有限，难以直接进入被诉侵权网站后台查找并固定静态的计算机程序源代码以全面准确还原被诉侵权技术方案的动态实施过程，被诉侵权人则完全能够掌握自身所使用的被诉侵权技术方案的具体步骤及其技术细节，对于该技术方案与涉案专利之间有无差异以及二者存在何种差异等技术事实，在举证成本与便利性上较专利权人具有明显优势。因此，只要此类专利的权利人经过合理努力取得了初步证据，且结合已知事实、所属领域的一般常识和经验，该初步证据能够证明被诉侵权技术方案中的技术特征与涉案专利权利要求所述对应技术特征相同或等同的可能性较大的，则应由被诉侵权人提供相反证据。在此情形下，如果被诉侵权人仅仅是对专利权人主张的事实不予认可，但未提交充足反证予以推翻，则应承担相应的不利后果。

双方争议的另一项焦点是实际访问客户以及服务器位于中国域外的情况是否可以判断侵权行为地发生在中国领域之外。关于这个问题我方在庭审辩论中是这样表述的：对方的客户无论国外还是国内，实施侵权的主体是东方之舟公司而不是其客户，因此其客户、服务器所在地都与该案无关。即便其程序运行所在的服务器放置于境外，由于境外服务器是由境内公司向境外租用的，也是境内公司的人员进行运行维护，获利也由境内公司收取，因此整体行为主体仍然是境内公司，以服务器所在地为管辖法院选择依据的相关司法解释目的在于方便原告方选择管辖地，并没有规定侵权地就只能是服务器所在地的立法内涵，对方企图以服务器在境外为由推卸责任不能成立。

法院最终基本采信了原告方的意见思路，在《最高人民法院知识产权法庭裁判要旨摘要（2021）》中阐述如下：涉互联网计算机程序侵害专利权纠纷案件中，被诉侵权行为的部分实质环节或者部分侵权结果发生在中国领域内的，即可以认定侵权行为地在中国领域内。被诉侵权网站服务器所在地并非判断侵权行为实施地的唯一因素，被诉侵权人仅以该服务器位于中国域外为由，抗辩其行为不侵害中国专利权的，一般不予支持。

■ 办案心得

1. 互联网平台使用涉嫌侵犯计算机程序方法专利权的纠纷取证难点的突破。

互联网平台使用涉嫌侵犯方法系统专利权的案件当中，由于网站平台的系统存放在侵权人控制的服务器中，不容易定位追踪到服务器所在地点，而且如果侵权人租用境外服务器则更难直接对服务器中存放的程序内容进行取证。该案当中，代理律师经过与当事人技术人员的沟通后，采取了通过公开渠道对目标网站进行使用性访问，同时公证保全通过外部浏览器访问被告网站的过程，分步骤记录下浏览器与服务器之间交互传递的信息内容的取证方式，再对取证得到的上述交互信息内容进行技术分析，从而推定服务器程序使用了案涉专利的步骤方法，实现了对此难点的突破，经过诉讼实践考验，该方法取得了不错的实际效果。

2. 对互联网平台所使用程序的专利保护，在司法保护认定过程中，对于专利方法步骤特征，应结合其具体技术思路来综合表述，避免将步骤的顺序表述得过于绝对，在司法认定中也要避免把不同的步骤特征僵化理解为先此后彼或先彼后此。因为互联网技术中的所谓不同技术步骤有些情况下实质是同步和瞬间实现的，只是撰写表达上表述成不同的步骤而已。这种情况就尤其需要办案律师能够真正理解计算机程序方法专利的技术内容，从而在诉讼中做到恰如其分地表达，避免只按权利要求书的字面顺序表达导致步骤顺序可能不一致的败诉风险。

3. 互联网平台系统程序设置在境外服务器不影响使用该平台在境内获得商业利益即构成侵权行为地在境内的司法判断。

互联网平台使用涉嫌侵犯方法系统专利权的案件当中，被诉侵权行为的部分实质环节或者部分侵权结果发生在中国领域内的，即可以认定侵权行为地在中国领域内。

对此类型纠纷而言，即使涉嫌侵权平台的服务器设置到境外，甚至域名注册也使用境外主体，但只要平台通过境内主体向用户收取服务费或向广告主收取广告费，本律师认为均可以"侵权获利结果在境内发生"为由认定侵权行为地为境内。

■ 小结

随着互联网应用平台普及，互联网平台涉嫌系统程序使用侵犯他人方法专利权的案件可能会越来越多，对此有如下两方面建议：

一是互联网平台企业在推出创新性的服务平台之前，就应当做好专利保护的前置申请布局，而且这种专利布局最好是全球性的。

二是在发生其他互联网平台涉嫌侵犯己方的方法专利的情况下，不一定非要通过查扣涉嫌侵权服务器进行司法鉴定比对的方式证明对方构成侵权，通过浏览器访问结合 IT 技术也可以对浏览器与涉嫌侵权服务器之间的交互传递信息进行取证，并通过对其中的信息内容进行逻辑分析和解读，也大概率能够实现锁定对方构成侵权的目的，少数情况下虽然不能完全锁定，但结合技术常识和技术原理也可以争取实现司法举证的高度盖然性推定，从而将证明责任转移到对方，这种情况下，侵权一方抗辩的理由通常在实际上难以实现或者不合常理舍简就繁，则必然因其掌握服务器具备举证能力拒不举证而按照证据规则逻辑败诉。这一点对于互联网平台企业维权可能会有很大的启发。

■ 法律链接

《中华人民共和国专利法》（2008 年）第五十九条第一款；

《最高人民法院关于审理侵犯专利权纠纷案件应用法律若干问题的解释》（法释〔2009〕21 号）第七条第一款。

十年磨剑 一招制胜

——天维健康产品国际有限公司、盈康科技控股国际有限公司、钟某某等应诉广州绿色盈康生物工程有限公司侵害发明专利权纠纷案[*]

程跃华 刘孟斌

> 针对专利侵权纠纷，被告方可以多次请求宣告原告方的专利无效；宣告原告方专利的权利要求无效的目的，是为了全部或者部分无效原告方的专利权，在原告专利权无效后，或者其保护范围缩小后，争取被控侵权的产品或者方法不落入缩小后原告专利的保护范围；在确信已取得该结果后，可以不必继续宣告原告方的专利无效。
>
> 该案中，无效宣告请求人钟某某在经三次无效后，确信涉案专利已经不构成其生产销售产品的障碍后，申请人民法院恢复该案专利侵权纠纷案的审理，并取得了胜诉的结果。

■ 案情简介

广州绿色盈康生物工程有限公司诉天维健康产品国际有限公司（以下简称"天维公司"）、盈康科技控股国际有限公司（以下简称"盈康公司"）、钟某某、广州雅芳保健品制造有限公司（原广州真和药业有限公司）引发的系列纠纷案，包括产品许可销售合同纠纷案、买卖合同纠纷案、许可销售合同纠纷案、销售假冒注册商标的商品纠纷案、许可销售优先权纠纷及货物买卖合同货款纠纷案、侵害发明专利权纠纷案〔（2004）穗中法民三知初字第775号〕等系列诉讼。在其余案件均败诉后，被告方抱着最后一线希望，在被诉发明专利侵权案中止后，慕名找到三环。

一、发明专利介绍

侵害发明专利权纠纷案，系围绕专利权人为某大学、专利号为98122269.2、发明名称为"激活灵芝孢子产生生理活性物质的方法"发明专利权而引发。其授权专利的权利要求为：

---

[*] 该案获得2014年广州市律师协会业务成果奖。生效案号：（2004）穗中法民三知初字第775号。

1. 一种激活灵芝孢子产生生理活性物质的方法，其特征是将成熟饱满的灵芝孢子，经浸泡诱导催芽、萌动培养、孢壁处理、干燥或浸提工序处理。

2. 一种如权利要求1所述的激活灵芝孢子产生生理活性物质的方法，其特征是浸泡诱导催芽时可加入清水、蒸馏水、生理盐水或促使灵芝孢子快速萌发的营养液：椰子果腔水、1%-5%麦芽浸出汁、0.5%-25%灵芝子实体或灵芝菌丝体浸出液、0.1%-5%生物素培养液、0.1%-3%磷酸二氢钾及硫酸镁培养液，可选用其中一种或一种以上，加入量是灵芝孢子重量的0.1-5倍，浸泡时间为在20-43℃水温中浸泡30分钟至8小时。

3. 一种如权利要求1或权利要求2所述的激活灵芝孢子产生生理活性物质的方法，其特征是萌动培养的相对湿度为65%-98%，培养温度为20-48℃，萌动期时间为30分钟至24小时。

4. 一种如权利要求1或权利要求2所述的激活灵芝孢子产生生理活性物质的方法，其特征是孢壁处理可采用酶解降低孢壁韧性，在低温环境下经工业应用的几丁质酶、纤维素酶酶解使其孢壁失去韧性并脆化；采用工业超微粉碎、碾压或磨碎机械进行超微粉碎破壁、碾压破壁、磨碎破壁或超高压微射流破壁。

5. 一种如权利要求3所述的激活灵芝孢子产生生理活性物质的方法，其特征是孢壁处理可采用酶解降低孢壁韧性，在低温环境下经工业应用的几丁质酶、纤维素酶酶解使其孢壁失去韧性并脆化；也可以采用工业超微粉碎、碾压或磨碎机械进行超微粉碎破壁、碾压破壁、磨碎破壁或超高压微射流破壁。

6. 一种如权利要求1或权利要求2所述的激活灵芝孢子产生生理活性物质的方法，其特征是干燥在低温条件下进行，包括采用工业冷冻干燥、真空干燥或低温干燥；浸提可采用工业水提、醇提或薄膜浓缩工艺方法提取生理活性成分配制成浸膏、针剂或口服液。

7. 一种如权利要求3所述的激活灵芝孢子产生生理活性物质的方法，其特征是干燥可在低温条件下进行，包括采用工业冷冻干燥、真空干燥或低温干燥；浸提可采用工业水提、醇提或薄膜浓缩工艺方法提取生理活性成分配制成浸膏、针剂或口服液。

二、专利无效

该案耗时长达十年，共经历了三次无效宣告请求。原告广州绿色盈康生物工程有限公司是某大学下属企业和专利实施许可合同的独占许可使用人。

在该案的审理过程中，在对第98122269.2号发明专利提出第一次无效宣告请求后，人民法院依法中止了侵害发明专利权纠纷案的审理；专利复审委员会依法宣告了该专利权利要求1无效［第8330号无效宣告请求审查决定］，该决定被北京市第一中级人民法院及北京市高级人民法院维持。

其后，被告方委托三环律师继续跟进该案，我们又就第98122269.2号发明专利第二次及第三次向专利复审委员会提出无效宣告请求；在第二次无效宣告时，专利复审委员会于 2009 年 9 月 1 日宣告该专利权利要求 2 无效（第 13829 号无效宣告请求审查决定）；在第三次无效宣告时，原告方自知我方提出的无效理由有一定的说服力，便主动将其浸泡诱导催芽、萌动培养的具体条件合并到权利要求 1 中，经合并后其权利要求仅剩三项；专利复审委员会作出"在请求人于 2009 年 11 月 28 日提交的权利要求 1-3 的基础上，维持第 98122269.2 号发明专利权有效"的决定（第 14703 号无效宣告请求审查决定），北京市高级人民法院维持了专利复审委员会作出的第 14703 号无效宣告请求审查决定。

最终，第 98122269.2 号发明专利目前的状态是，经过抗争，专利权人的权利要求由授权时的 7 项权利要求减少为 3 项，其保护范围大为缩小。最终，第 98122269.2 号发明专利的权利要求为：

1. 一种激活灵芝孢子产生生理活性物质的方法，将成熟饱满的灵芝孢子，经浸泡诱导催芽、萌动培养、孢壁处理、干燥或浸提工序处理；浸泡诱导催芽时加入清水、蒸馏水、生理盐水或促使灵芝孢子快速萌发的营养液：椰子果腔水、1%-5%麦芽浸出汁、0.5%-25%灵芝子实体或灵芝菌丝体浸出液、0.1%-5%生物素培养液、0.1%-3%磷酸二氢钾及硫酸镁培养液，可选择其中一种或一种以上，加入量是灵芝孢子重量的 0.1-5 倍，浸泡时间为在 20-43℃水温中浸泡 30 分钟至 8 小时；萌动培养的相对湿度为 65%-98%，培养温度为 20-48℃，萌动期时间为 30 分钟至 24 小时。

2. 一种如权利要求 1 所述的激活灵芝孢子产生生理活性物质的方法，其特征是孢壁处理可采用酶解降低孢壁韧性，在低温环境下经工业应用的几丁质酶、纤维素酶酶解使其孢壁失去韧性并脆化；也可以采用工业超微粉碎、碾压或磨碎机械进行超微粉碎破壁、碾压破壁、磨碎破壁或超高压微射流破壁。

3. 如权利要求 1 所述的激活灵芝孢子产生生理活性物质的方法，其特征是干燥可低温条件下进行，包括采用工业冷冻干燥、真空干燥或低温干燥；浸提可采用工业水提、醇提或薄膜浓缩工艺方法提取生理活性成分配制成浸膏、针剂或口服液。

三、侵权案件审理

在此基础上，为了避免侵害发明专利权纠纷案迁延时日过长，被告于 2012 年 11 月 9 日向人民法院申请恢复［（2004）穗中法民三知初字第 775 号］案的审理，人民法院于 2012 年 11 月 29 日恢复审理。诉讼中，原告表示其要求保护的权利要求的保护范围是修改后的权利要求 1。

在庭审过程中，被告方的主要答辩理由为：（1）从程序法上讲，原告该次诉讼违反了一事不再理原则，该案属于违约与侵权竞合之诉，我国取择一诉的原则，原告已起诉产品许可销售合同违约之诉［（2003）穗中法民三初字第 42 号，二审案号：（2006）粤高法民四终字第 223 号］，该案应当驳回原告起诉。（2）①灵芝孢子粉属于在申请日之前公开的老产品，而该案专利属于生产方法的发明专利，该生产方法为老产品的新生产方法，从举证责任角度来看，其证明被告方使用被控专利方法的举证责任在于原告。

②被告方在无效阶段和庭审阶段，一直主张原告的方法不具有实用性，无法实施。即便人民法院认为需要比对，原告需提交其生产方法制备的所谓产品与被控产品进行比对，并说明其专利产品的技术特征，但是其无法提供用以比对的产品。（3）被告方无须承担任何赔偿责任。这次纠纷双方经过违约之诉后，又经过商标侵权之诉，且被告方在商标侵权以前，被告广州真和药业有限公司已经被工商机关行政查处，被告方产品任何生产销售数量均在工商机关掌握之中。即使该案被告方构成专利侵权，也不应再进行赔偿。

四、法院裁判

广州市中级人民法院经审理认为：某大学是第98122269.2号发明专利的专利权人，该专利目前的法律状态是，在权利人于2009年11月28日提交的权利要求1-3的基础上有效。

原告在专利有效期内享有独占权利。被告天维公司、盈康公司、钟某某抗辩违约和侵权只能选择其一，该案中，原告指控的是诸被告在合同关系结束之后的侵权行为，诸被告也无证据证明原告基于同一事实重复起诉，原告的起诉并无不妥。

原告一方面辩称被诉侵权产品是新产品，另一方面承认灵芝孢子产品自1997年就在香港销售，庭审中亦陈述被诉侵权产品灵芝孢子粉在专利申请之前就存在，而涉案专利只不过是通过独创萌动技术方法催促产生，因此，原告对指控诸被告实施其专利方法负有举证责任。原告据以指控被告实施其专利的依据为被告的产品宣传中声称使用了"萌动激活"技术，但这些表述无法反映被诉产品制造的全过程，无从判断其制造过程是否具备原告专利权利要求的全部技术特征。原告证据不足，其诉讼请求应予驳回。

法院于2013年5月14日作出"驳回原告绿色盈康公司的全部诉讼请求"的判决。该判决作出后，原被告均未上诉。

■ **办案心得**

一、关于多次提出无效宣告请求的必要性

该案中，在诉讼之初，原告专利的权利要求保护范围非常宽，其权利要求1唯一的技术特征是"将成熟饱满的灵芝孢子，经浸泡诱导催芽、萌动培养、孢壁处理、干燥或浸提工序处理"，该技术特征纯属概念性的几个步骤。而原告据以指控被告实施其专利的依据为被告的产品宣传中声称使用了"萌动激活"技术。在原被告双方均炒作概念的时候，被告被判令侵权的可能性极大。

被告代理人通过认真研读第98122269.2发明专利说明书，并通过与被告当事人仔细分析、沟通及收集各方面的材料，得出该案第98122269.2发明专利不具备专利性、实为炒作概念的虚假专利，获得了当事人的信任，并多次代理提出无效宣告请求，通过花费大量时间的准备证据，最终迫使权利人修改发明专利权利要求、缩小保护范围。

在经过三轮无效宣告之后，原告专利的权利要求的保护范围已经较窄，原告在该案中最终要求保护的权利范围为权利要求1除了"将成熟饱满的灵芝孢子，经浸泡诱导催芽、萌动培养、孢壁处理、干燥或浸提工序处理"的概念性的步骤名称之外，还包含了激活灵芝孢子、使之产生理活性物质的诸多过程，包括浸泡诱导催芽、萌动培养、孢壁处理、干燥或浸提工序处理，限定了需加入的物质，如浸泡诱导催芽时加入清水或营养液，还限定了营养液的构成物质及其配比，并限定了萌动培养的湿度、时间，所有这些内容，均为原告专利独立权利要求的技术特征。

二、关于方法发明专利侵权案件的举证责任

专利法规定，专利侵权纠纷涉及新产品制造方法的发明专利的，制造同样产品的单位或者个人应当提供其产品制造方法不同于专利方法的证明。因此，涉及新产品制造方法的举证责任在被告；反过来说，如果并非"新产品"，则举证责任不必倒置，适用"谁主张，谁举证"的一般民事侵权的举证责任原则。

该案中，灵芝孢子粉是自然界存在的物质，自然不属于新产品；灵芝孢子粉的生理活性物质也不是新产品；涉案专利说明书中记载，其发明目的就是提高灵芝孢子的萌发率，在庭审中，承认灵芝孢子产品自1997年就在香港销售，亦陈述被诉侵权产品灵芝孢子粉在专利申请之前就存在，而涉案专利只不过是通过独创萌动技术方法催促产生，因此，无论是灵芝孢子粉还是灵芝孢子粉的生理活性物质均不属于新产品，原告对被告的生产方法应当承担举证责任。

为了进一步夯实被告方的观点，被告方进一步指出，在无效阶段和庭审阶段，被告方一直主张原告的方法不具有实用性，无法实施。即便人民法院认为需要比对，原告需提交其生产方法制备的所谓产品与被控产品进行比对，并说明其专利产品的技术特征，但是实际上，原告无法提供用以比对的所谓萌动激活的产品。

三、关于技术特征的比对

原告指控被告侵权，须以原告在该案中最终要求保护的权利范围为权利要求1的全部技术特征为基础，通过举证证明被告在制造被诉产品过程中采用了该全部步骤且每一步骤都落入其限定的范围值。而原告提交的相应的证据，仅仅是诉讼中反复强调的被告宣传资料中出现的"萌动""萌动激活""破壁"等表述，无法反映被诉产品制造的全过程，无从判断其制造过程是否具备上述权利要求的全部技术特征。

另外，雅芳公司受委托后加工灵芝孢子粉胶囊，虽被工商部门处罚，但行政处罚是针对其侵害商标权行为，未涉及专利权；在盈康公司与雅芳公司签订的《产品出口合同》等证据中也未涉及是否实施了涉案发明专利。因此，原告指控雅芳公司受委托生产被诉产品过程使用其专利方法，同样证据不足。

自此，原告败诉是必然的。

■ 小结

  高校技术成果转化取得成功的前提，应当是基于技术的先进性，这是对高校和知识起码的尊重。在专利侵权纠纷案中，被告代理人通过庭审中丝丝入扣的辩驳，提出该案不属于新产品制造方法的发明专利纠纷，应由权利人承担举证责任的观点，尽管原告方拥有强大的技术和法律后盾，但是由于其技术的先天缺陷，被告生产方法完全没有涉案专利制造方法的技术特征，没有落入原告专利复杂无法实施的制造方法专利的保护范围，原告也无采用所谓专利技术的产品进行技术比对，法院最终认可了被告代理人的上述观点，专利侵权纠纷案获得完胜。原告也自知上诉胜诉无望，放弃了上诉。

  经过了十年的坚持，该案得以圆满结案，这也是被告当事人十年内第一次在民事诉讼案件中的胜诉。

■ 法律链接

《中华人民共和国专利法》（2008年）第四十五条、第六十一条第一款。

权属纠纷　未超时限

——TCL王牌电子（深圳）有限公司诉姜某、吴某专利申请权纠纷案[*]

温旭　董咏宜　李亚强

> 原告TCL王牌公司、TCL新技术公司、齐齐哈尔大学与被告姜某、吴某发明专利申请权权属纠纷一案，原告认为被告私自申请名称为"非相干光全谱域调制技术及其视频投影光机"发明专利的行为构成对原告发明申请权的侵犯，遂向法院提起诉讼。
>
> 该案中，争议焦点有二，一是案涉专利涉及的技术是否为职务发明，二是原告主张专利申请权是否已超过法定的诉讼时效。其中，关于争议焦点一，执行单位的任务或者主要是利用单位的物质技术条件所完成的发明创造为职务发明创造，其申请专利的权利属于单位，申请被批准后，单位为专利权人。关于争议焦点二，确认专利权归属或者专利申请权归属的请求权，不宜受到诉讼时效的限制。

■ 案情简介

TCL集团股份有限公司是一家从事家电、信息、通信、电工产品研发、生产及销售，集技、工、贸为一体的特大型企业。TCL王牌电子（深圳）有限公司（以下简称"TCL王牌公司"）为TCL集团旗下，以彩电为主打产品的公司。1997年11月27日，TCL王牌公司与齐齐哈尔大学工学院签订《关于合作制作"超级电视墙"的协议》，约定利用TCL王牌公司的产业优势与齐齐哈尔大学工学院正在申请专利的技术，共同发展"超级电视墙"等有关技术。同年12月17日，双方签订了《关于合作制作"超级电视墙"产业化协议》，约定以利润分成方式作为TCL王牌公司支付齐齐哈尔大学工学院专利使用费和技术费用的方式。

该案被告之一吴某，毕业后进入齐齐哈尔轻工学院（后被称为齐齐哈尔工学院）任教，齐齐哈尔轻工学院与齐齐哈尔师范学院合并组建为齐齐哈尔大学后，吴某进入该大学任教。作为齐齐哈尔工学院的代表，吴某在上述两份协议中签字。协议签订后，双方

---

[*] 该案入选广东省高级人民法院评选的2006年广东十大知识产权案例。生效案号：（2006）粤高法民三终字第13号。

成立了由专业技术人员组成的项目组，吴某在TCL王牌公司开展"超级电视墙"项目的研究开发工作，1999年4月TCL新技术公司正式成立后，也随之加入了该项目的研究开发工作。吴某作为该项目的主要负责人，在TCL王牌公司和深圳TCL新技术有限公司（以下简称"TCL新技术公司"）任主任工程师职务，参加该项目的具体研发。TCL王牌公司和TCL新技术公司为吴某制作工卡，支付薪金并报销相关差旅费用。

为研究相关技术，TCL王牌公司和TCL新技术公司投入了大量的人力物力，包括组织科研人员、成立技术开发机构、购买相关科研设备（如TCL王牌公司特别购买了美国制造的五个光机用以研究光机技术）等。

2002年1月23日，吴某擅自以其妻子姜某（该案另一被告）的名义，就研究所得技术向国家知识产权局申请多项发明专利。

随后三原告发现吴某擅自申请专利的行为，于是向法院提起诉讼。三原告认为，上述专利申请是吴某在执行三原告的合作开发任务时做出的职务技术成果，应当属于三原告共同共有。

该案件在审理过程中，主要围绕两个争议焦点展开：

1. 技术成果是否属于吴某的职务发明。

2. 齐齐哈尔大学、TCL王牌公司、TCL新技术公司向姜某、吴某主张该案专利申请权是否已超过法定的诉讼时效期间。

针对争议焦点一，法院认为：

第一，TCL王牌公司是基于齐齐哈尔大学在"超级电视墙"研究项目的技术优势，而与其签订《关于合作制作"超级电视墙"的协议》《关于合作制作"超级电视墙"产业化协议》的，约定利用齐齐哈尔大学正在申请专利的技术和TCL王牌公司的产业优势，制作"超级电视墙"。在该两个协议中，吴某代表齐齐哈尔大学在协议上签字并加盖了齐齐哈尔大学的印章。因此，吴某是受学校的委托与TCL王牌公司签订上述协议的。

《民法通则》第六十三条规定："公民、法人可以通过代理人实施民事法律行为。代理人在代理权限内，以被代理人的名义实施民事法律行为。被代理人对代理人的代理行为，承担民事责任。"因此，吴某代理齐齐哈尔大学与TCL王牌公司签订上述协议所产生的法律后果应由齐齐哈尔大学承担。二审阶段姜某和吴某上诉认为吴某与齐齐哈尔大学之间只是一种挂靠关系，但没有提供相应的证据予以支持，因此，对其主张不予采纳。

第二，协议签订后，齐齐哈尔大学、TCL王牌公司、TCL新技术公司共同在TCL王牌公司成立了项目研究开发机构，并投入了大量的人力和物力进行该项目的研究开发，包括组织科研人员、成立技术开发机构、购买相关科研设备等。

第三，吴某受齐齐哈尔大学的指派，到TCL王牌公司、TCL新技术公司成立的技术开发机构担任主任工程师，是该项目技术开发方面的具体组织者和负责人。TCL王牌公司、TCL新技术公司为吴某在TCL王牌公司制作了工作卡、员工登记表，并与其签订了保密协议，为其报销了差旅费、发放了工资等，足以证实吴某从1997年年底至2002年下半年在TCL王牌公司、TCL新技术公司工作。齐齐哈尔大学提供的证据证明，直到2002年2月之前，吴某的人事档案仍然在齐齐哈尔大学。TCL王牌公司、TCL新技术公司也一直依照协议的约定向齐齐哈尔大学支付合作款项，齐齐哈尔大学也一直向吴某支付工资以及报销各种费用。

在项目开发过程中，TCL王牌公司、TCL新技术公司提供了大量的、重要的物质条件、信息资料的支持。因此法院认为，开发超级电视墙是吴某在三原告项目开发机构的本职工作，涉案专利属于吴某的职务发明创造，其申请专利的权利属于三原告。

针对争议焦点二，法院认为：

本案是由于专利权归属引起的纠纷，纠纷的实质在于对诉争的"专利权"项下的发明创造成果的"所有权"之确认。而涉案的技术成果，就其特点而言，是作为无形的技术信息存在，具有无限的可传播性，能够在同一时空条件下被不特定的多数人共享。这些特点表明，对于进行研究开发取得发明创造成果的人而言，他往往无从知道并且也没有什么情况表明他应当知道其发明创造成果被他人擅自共享——等同于侵害！因此，类似本案这种确认专利权归属或者专利申请权归属的请求权，不宜受到诉讼时效的限制。如果不顾这类请求权的特点而僵化地适用《民法通则》第一百三十五条"向人民法院请求保护民事权利的诉讼时效期间为二年"的规定，使真正进行研究开发取得发明创造成果的个人或单位丧失对其发明创造成果的权利，让投机取巧者反而变成了他人发明创造成果的"权利人"，那样，损害了真正的权利人的合法权益，违反了公平正义原则，不利于建立和谐的专利法律秩序。

其次，即使按照姜某和吴某的说法，该案应适用诉讼时效的规定，原审原告请求法院保护其民事权利也未超过诉讼时效。事实表明，吴某2002年1月23日以姜某的名义向国家知识产权局申请发明专利，2003年8月6日该专利申请文件才公开。因该案属于专利申请权纠纷，只有申请文件公开之后，三原告才有可能知道其专利申请权被侵犯，三原告于2004年2月25日向原审法院提起诉讼，并没有违反《民法通则》第一百三十五条关于"向人民法院请求保护民事权利的诉讼时效期间为二年，法律另有规定的除外"的规定。显然，对于姜某和吴某所谓已超过诉讼时效的说法，法院是不能支持的。

因此，二审法院依法作出驳回上诉、维持原判的终审判决。

■ 办案心得

之所以启动该案，有一个背景：2003年TCL新技术公司收到了深圳市中级人民法院邮寄的诉讼材料。原来其生产销售的"无缝电视墙"产品涉嫌侵犯了姜某的专利号为ZL96108558，专利名称为"组合式背投电视及其m×n无缝大画面显示器"的发明专利。

这让 TCL 新技术公司感到疑惑，该专利技术是其与 TCL 王牌公司以及齐齐哈尔大学共同研发的，三方之间均签有相关协议，TCL 新技术公司可以使用相关技术。

后经了解得知，该案的原告姜某不是别人，正是"超级电视墙"项目的技术负责人吴某的妻子，而姜某并不懂技术，所以应该是吴某为了避嫌，以姜某的名义将相关技术申请为专利。如果是这样，该专利应属于职务作品，专利权应属于齐齐哈尔大学。因此，律师另案提起了专利权权属纠纷案件，最终法院认定齐齐哈尔大学才是该专利的真正权利人，据此驳回了姜某的起诉。

而该案，是因为上述案件的存在，引起了各原告公司的重视，经过调查发现，实际上"超级电视墙"项目中研发出了许多技术，吴某便将一些关键技术偷偷以其妻子姜某的名义向国家知识产权局申请专利，其中就包括该案的专利申请，因为该案的专利申请还没有授权，所以才有了该案的"专利申请权权属"的纠纷案件。

有关专利申请权与专利权权属纠纷等知识产权权利归属纠纷是否应适用诉讼时效，司法实践中也有不同的观点。该案最重要的贡献在于突破了传统理论和司法实践，在知识产权权利归属应否适用诉讼时效方面做了有益的探讨。

■ 小结

在知识经济时代的到来，专业技术人员成为大多行业内的刚性需求，专业技术人才流动是人才市场常见的现象，但是人才的流动也带来了公司技术流失的风险。离职员工或者在职员工通过他人代持的方式盗窃公司技术，将职务发明占为己有，这是任何公司都是需要高度注意的问题，对公司内部管理的负面影响甚至会超过对外部市场的影响，所以相比事后补救或实施惩罚措施，前期公司的内部管理控制更为有效和节约成本，建议公司建立完整的规章制度。

企业在对员工流动进行管理时，应当关注员工离职后的去向及其作为发明人新申请的专利，必要时采取法律措施维护自身权益。招录新员工的企业也应对刚入职员工新申请的专利进行必要审核和检索，避免权属纠纷。

■ 法律链接

《中华人民共和国民法通则》（1987 年）第六十三条、第一百三十五条；
《中华人民共和国专利法》（2000 年）第六条。

围绕目标　制定策略

——明门（中国）幼童用品有限公司诉永康市某婴儿用品有限公司专利权纠纷案*

肖宇扬　李亚强

> 永康市某婴儿用品有限公司在天猫平台销售的产品侵犯了明门（中国）幼童用品有限公司多项专利权，明门（中国）幼童用品有限公司通过诉讼进行维权，其首要的诉讼请求就是销毁（收缴）模具并让侵权者进行赔礼道歉。于是代理律师在制定诉讼策略时，选择了三件核心专利，针对被控侵权产品在金华市中级人民法院以及广州知识产权法院共提起了四起诉讼，在起诉的同时又递交了调查取证申请书，调取了被告经营的天猫店的支付宝交易记录，递交了证据保全申请，申请保全被告公司的侵权产品、财务账册等证据，递交了财产保全申请冻结了被告的财产，又通过向阿里知识产权保护平台投诉，断开了被控侵权产品的销售链接。案件最终双方达成了和解，完全达到了原告的诉讼目的。

■ 案情简介

明门公司发现某婴儿用品公司在天猫平台销售侵犯其专利权的摇椅产品，明门公司作为研发型企业，非常注重知识产权的保护，在委托律师时，其诉讼目的非常明确，再三强调其诉讼的目的相对于维权成本和经济赔偿来讲，更在乎的是要求侵权者全面停止侵权、销毁（收缴）模具、并赔礼道歉、让被告或者其他侵权厂家在以后的生产、经营过程中永远不敢再侵犯明门公司任意一项专利权。

经过技术比对分析，代理律师认为该案认定侵权、原告获得胜诉的难度不大，但是想要达到原告的诉讼目的，还是有一定的难度，因为销毁（收缴）模具在司法实践中即使法院支持，也很难执行，而针对仅侵犯财产性权利的知识产权案件中，一般不适用赔礼道歉的责任承担方式，所以想要达到原告的诉讼目的，最可能的办法就是双方达成和解。

代理律师在初期制定诉讼策略时，针对被告公司及侵权产品做了详尽的调查，发现被控侵权产品同时侵犯了明门公司多项专利权，并且发现天猫平台存在由被告公司实际

---

* 该案获得 2017 年广州律师协会业务成果奖。生效案号：（2017）浙 07 民初 786 号。

掌控的登记在另一家公司名下的天猫店铺同样售卖被控侵权产品。两家店铺针对同一款侵权产品的定价不同，另一家店铺的存在就是为了凸显主要店铺的"高性价比"，从而促进主要店铺的销量，从而更大限度地非法获利。

考虑到该案的实际客观情况，为了达到原告的诉讼目的，律师在制定诉讼策略时，主要手段是通过正当合法手段对被告进行"施压"，使得被告与原告达成和解，进而同意原告的诉请。于是律师选择了三件核心专利在金华市中级人民法院以及广州知识产权法院共提起了四起诉讼，即在金华市中级人民法院以外观设计专利侵权起诉被告公司（该案）、以外观设计专利侵权起诉刚提到的"马甲"公司，在广州知识产权法院以发明专利侵权为由向两被告公司提起两起诉讼。

分两个法院起诉，主要是考虑到广州知识产权法院虽然审判水平相对较高，判赔额也相对较高，但因为案件较多，案件推进较慢，广州知识产权法院又没有设立执行局，对于原告提交的调查取证申请、证据保全申请，获批难度大。而金华市中级人民法院，虽然审判水平及判赔金额相对广州知识产权法院稍有不足，但是知识产权案件相对较少，法院资源相对充足，针对原告提交的调查取证等申请一般都会同意，因此针对被控侵权产品，原告方分两地法院共提起了四件诉讼案件。

明门公司在向法院递交起诉材料的同时，又向金华市中级人民法院同时递交了调查取证申请书调取被告经营的天猫店的支付宝交易记录，递交了证据保全申请保全被告公司的侵权产品、财务账册等证据，递交了财产保全申请冻结了被告的财产。金华市中级人民法院同意了原告的调查取证申请，调取了被告公司支付宝记录，确定了被告的侵权获利。并在原告的带领下前往被告公司的生产工厂，清点了被控侵权产品的数量。最为关键的一点是金华市中级人民法院成功冻结了被告50万元的财产，被告作为一家规模并不是很大的企业，冻结的50万元资金对其生产经营影响非常大。

与此同时，律师以涉案店铺销售侵权产品为由向阿里知识产权保护平台投诉，阿里知识产权平台审核明门公司的投诉材料后，认定被告公司构成专利侵权，下架了产品链接，至此被告公司的销售渠道也被割断了。

该案经过了两次庭审，法院认定侵权的可能性很大，被告在此情况下，其又担心在广州知识产权法院的案件，明门公司再次申请冻结被告公司财产，如果这样，被告公司将很可能无法继续经营下去，被告公司基于此，也愿意与原告进行和解，承诺不再侵权，共计赔偿经济损失合计75万元，将模具和剩余的侵权产品交给明门公司处理，并在《中国知识产权报》上进行了登报道歉，最终达到了原告的诉讼目的。

■ 办案心得

仅对于该案来讲，只是一起普通的外观设计专利侵权案件，分析案件之后，律师深知想要达到明门公司赔礼道歉的诉讼目的,通过法院的判决得到支持的可能性不大,所以代理律师在案件的最开始,就是想办法通过诉讼,最终促成双方的和解,达到明门公司的诉讼目的,因此该案的特殊之处以及难点就在于诉讼策略的制定。

在一款侵权产品侵犯多项专利的情况下,为了达到原告的诉讼目的,代理律师并没有选择其中的一个更容易认定侵权的专利权为基础去起诉,再通过证明被告的侵权行为给原告的商誉造成了毁损,来达到其赔礼道歉的诉请,而是利用多件专利权为基础,分不同法院不同案件进行诉讼,通过双方和解,来达到原告的诉讼目的。因此,在充分分析了被控侵权行为,原告、被告双方的企业实力,以及受理法院的实际情况,制定了该案的诉讼策略,包括多件专利多个法院起诉、根据不同的法院情况使用不同类型的专利作为起诉权利基础、向网络平台投诉下架其产品链接,切断其销售渠道、冻结财产等,所有的手段均指向一个目的即给被告"施压"。当然,这种所谓的"施压"是合法有据的,并非滥用诉权。最终使得原被告双方达成和解,从而达到原告的诉讼目的,不仅让被告针对其侵权行为向原告进行了登报道歉,而且还为原告争取到了一笔可观的赔偿款。

■ 小结

原告提起诉讼,有时其诉讼目的并非为获得高额赔偿,比如该案当事人的首要诉讼目的很明确,就是为了让被告销毁模具,并公开赔礼道歉。该案代理律师在深知通过证明被告的侵权行为造成了原告商誉的毁损而达到向其赔礼道歉的目的难度非常大。所以,在诉讼策略判定时,律师在分析了原被告以及实际的侵权情况后,就制定了通过双方和解来达到原告的诉讼目的策略,经过不断努力,案件也最终达到了原告的诉讼目的。

作为该案代理律师,觉得案件能够最终促成双方和解的关键点在于法院成功冻结到了被告公司的财产,被告作为一家规模并不是很大的企业,冻结50万元资金对其生产经营影响非常大。实际上,对于一般侵权案件来讲,如果在侵权定性没有太大争议的前提下,被告往往会采取拖延战术,整个诉讼周期下来,到最终法院的生效判决,可能要两三年甚至更长时间。尤其是对于外观设计专利,产品的更新迭代又快,而在此期间,被告可能早已因生产销售侵权产品赚得"盆满钵满",虽然最终认定了被告构成侵权,但法院的判赔额可能不及被告非法获利的十分之一,甚至更少。虽然说迟来的正义也是正义,但是往往对于权利人来讲,最终赢了官司,输了市场,也不是其想看到的。

该案中,明门公司用几件专利在不同法院同时起诉,本身就给被告造成了很大的压力,而且明门公司也在第一时间通过投诉的方式,切断了其主要的销售渠道,让其无法持续盈利。在此情况下,法院又成功冻结了被告名下的财产,切断了其"现金流",被告担心原告在其他案件中,还会继续冻结其财产,这样被告公司就有很大风险无法继续经营下去。被告在此情况下,就不敢采取拖延的抗辩策略,才会积极地与明门公司沟通和解的相关事宜，最终双方达成了和解。

原告提起诉讼可能仅仅为了中断诉讼时效或者为了品牌营销又或者为了高额赔偿，等等。所以，作为代理人律师在接受委托时要充分了解、知悉委托人的诉讼目的，运用法律武器，最大程度地替委托人争取其合法利益。

■ **法律链接**

《中华人民共和国专利法》（2008年）第十一条第二款、第五十九条。

何为果胶 整体理解

——迈德乐（广州）糖果有限公司诉东莞市金旺食品有限公司等专利侵权纠纷案[*]

王广华 王章立

> 该案对于实务中如何确定权利要求书中有歧义的技术特征的含义具有指导意义。在权利要求书中存在有歧义的技术特征时，为了明确专利的保护范围，需要确定权利要求技术特征的含义，可以通过专利申请文件的整体内容理解该技术特征指代的内容，还应当考虑词汇含义随时间的变化，专利撰写时所处时代的含义更具有合理性。
>
> 该案还为如何认定被诉技术方案是否采用了专利限定的制造方法提供了一条崭新的思路。关于制造方法技术特征的举证，当事人往往面临举证难的问题。此时，当事人可以通过技术调查，并进行原理陈述，使得法官相信其主张符合客观事实，这符合证据规则中的高度盖然性原则。

■ 案情简介

迈德乐（广州）糖果有限公司（以下简称"迈德乐公司"）诉东莞市金旺食品有限公司（以下简称"金旺公司"）、深圳市润谷食品有限公司（以下简称"润谷公司"）、深圳市阿麦斯糖果有限公司（以下简称"阿麦斯公司"）侵犯专利权。关于被诉技术方案是否落入涉案专利的保护范围，双方争议的焦点主要为，权利要求1的技术特征"果胶"所指何物，被诉技术方案是否采用了浇注工艺。针对"果胶"的含义，代理律师通过结合专利申请文件的记载以及本领域的常识，进行了详细论述，主张"果胶"是指果味凝胶糖。关于被诉技术方案的生产工艺，金旺公司主张其采用的是热熔法，否认采用浇注工艺。通过技术调查、原理陈述使法官相信被诉技术方案采用浇注工艺符合客观事实。最终，二审法院认定，"果胶"是指果味凝胶糖；金旺公司主张的热熔法与涉案专利的浇注工艺是相同的生产方法，被诉技术方案落入了涉案专利的保护范围。润谷公司、阿麦斯公司不服，申请再审，最高人民法院支持了"'果胶'是指果味凝胶糖"的认定，驳回了润谷公司、阿麦斯公司的再审申请。

---

[*] 该案入选2017年度广东律师十大知识产权诉讼典型案例。生效号：（2017）粤民终2294-2296号三案。

一、专利侵权诉讼一审

迈德乐公司诉金旺公司、润谷公司和阿麦斯公司侵犯专利权。

涉案专利为 ZL97198936.2 "糖果玩具及其生产方法"专利权人为梅德勒有限公司（德国），专利申请日为 1997 年 10 月 17 日。梅德勒有限公司（德国）将该专利以独占许可的方式授予迈德乐公司实施。

该专利权利要求 1 为：一种糖果玩具，它是由许多基本上平行并列的且由泡沫糖和果胶构成的浇注片或片型件构成的，它在售货包装状态下通过一个透明包装形的包装层被保持在相对贴靠的位置上，其中糖果玩具总共有至少四层，其特征在于，各有两层通过浇注生产法不可分地连在一起，至少一个外泡沫糖层和第二泡沫糖层分别和另一果胶层一起形成了一个双层片或一个双层片形件。

根据说明书描述内容可以确定专利权利要求 1 的技术方案实际解决的技术问题是简化糖果玩具的生产复杂性，而不降低其可玩性，由此可知涉案专利只关乎糖果玩具的物理结构而无关其成分配方。

金旺公司等的主要抗辩意见为：（1）涉案专利是糖果玩具，被诉产品是糖果，两者属于不同技术领域。（2）涉案专利为封闭式的权利要求写法，结合说明书可看出泡沫糖层仅含有泡沫糖，果胶层仅含有果胶，而被诉产品除了果胶，还含有白砂糖、葡萄糖浆、明胶等。（3）按照食品安全国家标准，"果胶"是以柚子、柠檬、柑橘、苹果等水果的果皮或果渣以及其他适当的可食用的植物为原料，经提取、精制而得的食物添加剂，"明胶"是以动物的骨、皮、筋、腱和鳞等为原料经适度水解所制得的食品添加剂，两者不同。另涉案专利技术方案中限定了"果胶"，被诉产品的片形件由果胶和明胶混合而成，不同于专利限定的由果胶构成。（4）迈德乐公司没有证据证明金旺公司采用的是浇注生产方法，被告方自称被诉产品是以"热熔法"生产。

迈德乐公司认为被诉技术方案落入涉案专利权利要求 1 的保护范围，具体意见如下：（1）被诉产品也是糖果玩具。（2）涉案专利系从德国 PCT 渠道申请后进入中国的，其中果胶一词是德文 Fruchtgummi 和英文 Fruit Gum（中文分别翻译为水果胶糖或口香糖）直接翻译过来产生的歧义，是指果味凝胶体；不应理解成只能作为配方之一的食品添加剂"果胶"。作为食品添加剂"果胶"对应的英文为 Pectin，其常规物理状态为粉末，不可能单独构成片形件。被诉产品中白砂糖、葡萄糖浆、明胶等成分只是配料，与专利使用的泡沫糖和果胶不是一个层面的用词。（3）涉案专利是一种糖果的物理结构而无关其配方成分，被诉产品中的配料是对专利产品片形件中配料的等同替换，或加多了一些常规添加剂而已。（4）关于"浇注方法"的限定，属于方法性描述，糖果原料熔融点温度不高，行业内普遍使用浇注法一次成型。熟悉糖果生产的技术人员目视检查即可判别被诉产品为浇注成型。

一审法院认为：（1）两者属于相同技术领域。（2）涉案专利属于封闭式权利要求，涉案专利一方面将糖果玩具限定为由浇注片或片型件构成,将浇注片或片型件限定为由泡沫糖和果胶构成,排除了泡沫糖和果胶以外的组成部分。(3) 关于"果胶"所指何物,参考其同族专利,"果胶"对应的英文用词为 Fruit Gum,而非作为食品添加剂的英文用词 Pectin,故权利要求书中"果胶"一词不宜仅解释为作为食品添加剂的果胶。但是,为确保专利权保护范围的确定性和可预见性,使社会公众在相关产业活动可引以为据进行技术避让,限定专利技术特征的权利要求书中的用词必须有一定的确定性,涉案专利权利要求中的"果胶"一词,其外延不应超过"以水果为主要原料制作而成的凝胶糖"这一范围。(4) 涉案专利中仅限定果胶,被诉技术方案中则同时有果胶和明胶,两者作为食品的组成原料以及凝胶效果不同,不构成等同。(5) 关于被诉侵权产品的生产方法,所谓"热熔"实质是浇注法的一个工艺步骤而已,结合被诉产品及金旺公司对生产方法的陈述,被诉产品可以认定其采用了浇注法生产。

围绕上述第(3)、第(4)点,一审法院认定,迈德乐公司的涉案专利权利要求通过封闭式表述方式限定了浇注片或片型件由泡沫糖和果胶构成,被诉技术方案中与"果胶"对应的技术特征与之既不相同,也不构成等同,据此一审法院认为被诉产品未落入涉案专利权利要求1的保护范围。

二、专利侵权诉讼二审

迈德乐公司不服一审法院的判决,向广东省高级人民法院上诉。

二审中,关于被诉技术方案是否落入了涉案发明专利权利要求1的保护范围,双方争议的焦点主要在于:(1) 被诉侵权产品是否具有与权利要求1中"果胶"相同或者等同的技术特征;(2) 被诉侵权产品各层是否系由浇注生产法或与之等同的方法连接。

二审法院认为:(1) 在判断技术特征是否等同需要确定权利要求技术特征含义时,应考虑专利的发明点所在,确定发明点技术特征含义时不应超出发明点精神所限,但在确定非发明点技术特征含义时则应采用较为宽松的解释方法,通过说明书的整体内容理解权利人相关表述的真实意图,避免其含义被不当限缩而导致发明创造不能获得保护。该案中根据说明书描述内容可以确定专利权利要求1的技术方案实际解决的技术问题是简化糖果玩具的生产复杂性,而不降低其可玩性,这是涉案专利的发明点所在,相对来说泡沫糖和果胶的成分并非其发明点。该领域的普通技术人员通过阅读说明书及附图后可以确定涉案专利权利要求中的"果胶"指的是含有水果味的凝胶糖,应允许加入符合国家食品安全的葡萄糖浆、白砂糖、用于控制pH值的缓冲盐等添加剂或者物质。虽然被诉侵权产品的配料表记载有白砂糖、葡萄糖浆、食品添加剂(明胶,果胶,柠檬酸,苹果酸,柠檬黄,日落黄,诱惑红,亮蓝)、食用香料等成分,但没有因此而改变含有水果味的凝胶糖的物理属性和结构,仍然属于涉案专利权利要求中片形件由"果胶"和"泡沫糖"构成的技术特征。在"果胶"的成分并不确定的情况下,即使认为上述表述为封闭式限定也不能产生排除明胶成分的效果。(2) 无论是涉案专利权利要求的浇注法,还是被诉侵权技术方案的热熔法，均是对果胶、明胶等原料进行加热处理，属于相同的生产方法。

最终，二审法院认定，被诉侵权技术方案包含了与涉案专利权利要求1记载的全部技术特征相同的技术特征，落入了涉案专利权的保护范围。

三、专利侵权诉讼再审

润谷公司和阿麦斯公司向最高人民法院申请再审，坚持认为，根据食品安全国家标准，涉案专利中的"果胶"应被解释为"以柚子、柠檬、苹果等水果的果皮或果渣以及其他适当的可食用的植物为原料，经提取、精制而得的食物添加剂"，加之其权利要求封闭式的写法，明显不应包含被诉侵权技术方案中的明胶等配料。

最高人民法院认为：首先，发明或者实用新型专利权的保护范围以其权利要求的内容为准，说明书及附图可以用于解释权利要求的内容。从权利要求的记载来看，果胶层与泡沫糖层均为片形件，与作为食品添加剂的果胶常见的粉末状形成了区别；从说明书和附图的进一步描绘来看，涉案专利的发明目的主要是在确保可玩性的前提下，利用果胶层和泡沫糖层随意可变的拼叠组合方式，简化糖果玩具生产的复杂性。因此，权利要求1并未限定果胶的成分及组成。同时，根据本领域技术人员的通常理解，"果胶"既可以特指提取自水果的食品添加剂，也可以泛指具有水果味的凝胶软糖，相关食品安全国家标准虽然对"果胶"一词给出了明确定义，但其针对的是作为食品添加剂的果胶，而该案专利发明目的在于玩具的制造，不在于食品的制造，如果以食品安全国家标准中"果胶"的含义来解释专利权利要求1中的"果胶"的内容，则不正确地限缩了专利权利要求"果胶"的内容。

其次，涉案专利系其国际申请进入中国阶段时的中文文本，原始申请的文本可用于相关权利要求的解释。作为食品添加剂的果胶对应的英文一般为"pectin"，而在涉案专利中，无论其德文原始申请专利中的"fruchtgummi"，抑或英文同族专利中的"Fruit Gum"，被翻译为"水果味的凝胶糖"更为准确，这一含义的外延至少要大于狭义的作为食品添加剂的果胶。最终驳回了润谷公司和阿麦斯公司的再审申请。

■ 办案心得

迈德乐公司发现金旺公司等未经许可生产其专利产品，委托三环代理其专利侵权诉讼。诉讼过程中关于权利要求书中"果胶"所指何物以及被诉技术方案是否采用浇注法，双方展开了好几轮激烈辩论，金旺公司等坚持认为，果胶有国家标准专门定义，保护范围应以国家标准为准，不应扩大、随意解释。一审法院采纳了"果胶"不宜仅解释为食品添加剂果胶，却又认定其外延不应超过以水果为主要原料制作而成的凝胶糖。为此，代理律师在二审中围绕"果胶"所指何物补充了证据，并进行了更为详细的论述，最终二审法院支持了我们的观点，认定被诉技术方案落入涉案专利权保护范围；在之后的再审程序中，最高人民法院也支持了我们的观点。总的来说，代理本案有如下两点体会。

一、如何确定权利要求书中有歧义的技术特征的含义

本案中，权利要求1限定的技术特征"果胶"存在歧义，可能存在的含义分别为：（1）果味凝胶糖（或者，果胶软糖）；（2）用于进一步加工制成食品的胶状基材，包括烹饪用果胶、明胶和琼脂等；（3）食品添加剂果胶。

一审法院采纳了"果胶"不宜仅解释为食品添加剂果胶的意见，却又认定其外延不应超过以水果为主要原料制作而成的凝胶糖。二审法院维持了"'果胶'一词不宜仅解释为食品添加剂果胶"的解释，并认定，本领域技术人员通过阅读说明书及附图后可以确定涉案专利权利要求中的"果胶"指的是含有水果味的凝胶糖，应允许加入符合国家食品安全的葡萄糖浆、白砂糖、用于控制pH值的缓冲盐等添加剂或者物质。

我们认为，二审法院、再审法院的认定是正确的，而一审法院的观点不尽合理，出现了前后矛盾、概念混淆的问题。一审判决出现问题的主要原因在于：受到误导将"果胶"一词比较常见的添加剂名称含义误认为是该词汇唯一的权威理解；一审合议庭认为尽管本案专利权文件的"果胶"一词本义是想要表达果胶软糖，但因PCT渠道进入中国时翻译而产生了歧义，一审合议庭尽管根据相关法律规定的，理解专利文件词义应以权利要求书、说明书和附图整体综合理解为主的原则，认定"不宜仅解释为食品添加剂果胶"，但可能考虑到相关法律规定翻译错误产生的后果应由权利人自己承担的原则，在后续相同及等同判断时又将专利的果胶一词默认理解成了食品添加剂，才导致了前后矛盾。

我们通过结合证据说明，本专利的果胶一词并非"翻译错误"而只是有不同的理解可能产生歧义而已，在这种情况下，对于词语含义的理解应当以专利文献全文内容为主，辅以技术常识和技术人员正常的理解来综合判断，由于涉案专利实际解决的技术问题是简化糖果玩具的生产复杂性，而不降低其可玩性，即发明点在于物理结构而无关配方成分。由此可判断涉案专利中果胶一词系指果胶软糖。专利权利要求1中果胶一词被定义为果胶软糖之后，整个技术方案就完全不涉及配方成分，被诉产品从结构上完全落入其保护范围，构成相同侵权。

具体地，我们主要从如下两个方面重点论述了本专利权利要求书中"果胶"的含义为"果胶软糖"的合理性。

1. 从专利文件记载的上下文内容整体理解，"果胶"的含义应为"果胶软糖"。

专利权利要求4a）中"将用于一个由果胶构成的糖果层"、说明书第4页第6行"糖果如果胶材料块"、说明书第4页第7行"在糖果材料是果胶的情况下"、说明书第4页第8行"形成了糖果层或如果胶层30"，上述语句均体现出本专利中的果胶是一种

(层）糖果。

涉案专利明确为"一种糖果玩具"，从专利文件上下文内容可以得知，构成糖果玩具的片型件分为"泡沫糖层"和"果胶层"，两者虽然就玩具而言仍然算零配件或组成材料，但就其性质而言已经都是糖果了，专利所描述的显然是一个用不同形式的糖果构成汉堡包形状的玩具。因此结合专利全文所体现的内容，"果胶软糖"的理解显然比"胶状基材"和"果胶添加剂"均更为贴切。"胶状基材"虽然同属于食品材料，但单独用这个含义的果胶构成汉堡包糖的一个片层显然不符合本专利内容含义，而"果胶添加剂"呈粉末状，则根本不可能单独构成一个层或片型件。

2. 从专利申请的时间来看，"果胶"的含义不可能是"食品添加剂果胶"。

解释专利的权利要求书中技术特征的含义应当考虑词汇含义随时间的变化，该词汇在专利撰写时所处时代的含义更具有合理性。

根据1998年、2007年、2012年和2014年分别编印的四个版本的《类似商品和服务分类表》内容可知，1998年和2007年版都在2910和3004两个类别群组中涉及果胶商品项目，涉案专利的申请年份为1997年，因此对于"果胶"一词的含义应优先参考1998年版的果胶含义。根据1998版商标分类表，"果胶"一词至少存在两种不同的解释，这一点间接佐证了专利文献中的果胶指的是凝胶糖这一判断是正确的。

二、如何认定被诉技术方案采用了专利限定的制造方法

在专利侵权纠纷案件中，当事人举证责任分担的一般原则是"谁主张，谁举证"。对于专利中的方法技术特征，被控侵权人在企业内部实施专利方法具有相对的隐蔽性，专利权人往往面临举证难的问题。

面对这种情形，我们认为，结合证据规则中的高度盖然性原则，在技术调查官的意见基础上，当事人一方的举证和原理陈述能够使得法官相信其符合客观事实，且另一方没有反证的情况下，能够认定被诉技术方案采用了专利限定的制备方法。而被告在没有反证的情况下，一味要求原告继续举证是不符合证据规则和立法法理的。

具体到本案中，迈德乐即面临举证难的问题：涉案专利的权利要求1限定了"通过浇注生产法"，应由原告（迈德乐公司）对被告（金旺公司等）使用的生产方法承担举证责任。金旺公司主张被诉产品系采用热熔黏合，否认其采用浇注工艺生产。

二审法院通过技术调查结果，结合原告的举证和原理陈述，以及被告的陈述，最终认定被诉侵权技术方案的热熔法和涉案专利权利要求的浇注法属于相同的生产方法。

我们认为，二审法院的认定是合理的。正如技术调查的结果所示，根据《食品工业》2009年第1期"凝胶剂性能与凝胶软糖（3）"一文的介绍，在使用果胶原料生产果胶软糖时需要加热溶解。由此可见，涉案专利权利要求中的"浇注生产法"需要采取加热溶解的方式进行。根据《食品工业》2009年第3期"凝胶剂性能与凝胶软糖（5）"一文的介绍，在使用明胶制作软糖时，同样需要对其进行加热处理。因此，无论是涉案专利权利要求的浇注法,还是被诉侵权技术方案的热熔法,均是对果胶、明胶等原料进行加热处理。

本领域普通技术人员都了解,糖的熔点并不高,所谓浇注就是热熔之后注入模具冷却成型;生产多片层凝胶糖,层与层之间一般通过浇注生产法连在一起,例如,浇注第二层即将泡沫糖浇注到已浇注成形但尚未冷却的第一层果胶上;而不可能将不同的糖果片型件采用热熔方式进行黏合。金旺公司主张的先采用浇注生产法生产不同糖果片型件、再将不同的糖果片型件采用热熔方式进行黏合的生产工艺与技术常识不符,也会陡然使制造成本大增。

■ 小结

在权利要求书中存在有歧义的技术特征时,需要确定权利要求技术特征的含义。不同的理解可能导致不同的解释含义,在这种情况下,对于词语含义的理解应当以专利文献全文内容为主,辅以技术常识和技术人员正常的理解来综合判断,在判断技术特征是否等同需要确定权利要求技术特征含义时,应考虑专利的发明点所在,确定发明点技术特征含义时不应超出发明点精神所限,但在确定非发明点技术特征含义时则应采用较为宽松的解释方法,通过说明书的整体内容理解权利人相关表述的真实意图,避免其含义被不当限缩而导致发明创造不能获得保护。同时还应考虑该技术特征对应的词汇在专利撰写时所处时代的含义。

关于制造方法技术特征的举证,当事人往往面临举证难的问题。对此,当事人可通过技术原理陈述,结合证据规则中的高度盖然性原则,使得法官相信其主张符合客观事实,如果另一方无法提出有力反证,则能够认定被诉技术方案采用了专利限定的制备方法。

■ 法律链接

《中华人民共和国专利法》(2008年)第十一条第一款、第五十九条第一款。

外观侵权　七个程序

——佛山市禅城鹰豪玩具有限公司诉邢台市根山儿童玩具有限公司侵害外观设计专利权纠纷*

程跃华　戴婷　胡俊

　　该案历经民事诉讼一审、二审、申诉、最高人民法院指定广东省高级人民法院再审，行政程序有专利无效、行政诉讼一审、二审，共七个程序，历时前后六年。

　　在广州知识产权法院及广东省高级人民法院均不支持原告（二审上诉人鹰豪公司）诉讼请求、国家知识产权局针对被控产品使用专利的评价报告具备专利性的不利情况下，三环律师团队在该案二审期间代理原告对被告被控侵权产品使用的该专利提起无效宣告，专利复审委员会宣告被控产品使用的该外观专利无效，该决定获得北京知识产权法院和北京市高级人民法院的支持；在无效决定作出后，向最高人民法院申诉，三环律师团队认为被控产品构成对该案涉案专利的侵权的观点获得了最高人民法院的支持，并指令广东省高级人民法院再审该案，最终为外观设计专利权人争取了应有的权利。

　　该案对于相同设计元素重复运用的外观设计侵权判定具有一定的参考价值。

■ 案情简介

　　外观设计名称为"童车（YH-99118 三轮车）"、专利号为 ZL201430143613.1 的该案涉案专利，是佛山市禅城鹰豪玩具有限公司（以下简称"鹰豪公司"）法定代表人于 2014 年 5 月 22 日申请的三轮童车的外观设计专利，该款童车甫一推出，立即受到市场的热捧，也受到了不少厂家的仿冒。

　　该案被告邢台市根山儿童玩具有限公司（以下简称"根山公司"）在原告三轮童车的基础上，按照原告的设计风格主要修改了童车靠背和尾灯，将蝴蝶结形的设计靠背改为米老鼠头部的卡通形象，将涉案专利尾灯替换为米老鼠头部的卡通形象。诉讼中，原告从被告方提交的证据得知，被告以温某的名义申请了专利号为 ZL201530012884.8 的外观设计专利，并申请了专利权评价报告，认为未发现该专利不符合专利法规定的缺陷，其中现有设计包括该专利。

---

* 该案入选 2020 岭南知识产权诉讼优秀案例，获评 2020 年广州市律师协会业务成果奖。生效案号：（2019）粤民再 43 号。

一、案件涉及程序

1. 根山公司在一审、二审程序中均确认,其在该案中被诉的生产销售许诺销售行为系在实施专利号为ZL201530012884.8、名称为"儿童玩具车"的外观设计专利(以下简称"12884.8号专利")。由于国家知识产权局曾对12884.8号专利出具评价报告,认为该专利的授权符合《专利法》第二十三条第一、二款的规定,未发现该专利存在其他不符合专利法有关外观设计授权条件的缺陷。一审、二审法院没有能动地审理该案,因此该案一审判决原告鹰豪公司败诉。二审判决维持了一审法院作出的原告败诉的判决。

2. 在一审败诉后,原告立即向专利复审委员会对12884.8号专利提起了无效宣告请求,且对比文件仅仅依据专利号为ZL201430143613.1的该案涉案专利,无效宣告请求的理由是:不符合《专利法》第二十三条第二款的规定。

国家知识产权局针对该专利作出第33235号无效宣告请求审查决定书(以下简称"第33235号决定"),以该专利与鹰豪公司在该案中请求保护的涉案专利相近似为由宣告该专利全部无效。在口审时,代理人当庭陈述了被告方销售产品实际上存在着两种靠背,一种原告款,一种被告款;以及提供了侵害原告该案专利权的其他与该案相近似外观设计的其他被告败诉案件(含原告款的靠背、被告款的靠背)作为案例供专利复审委员会参考。

3. 温某向北京知识产权法院提起行政诉讼,请求撤销专利复审委员会第33235号决定,北京知识产权法院一审驳回温某诉讼请求。

温某不服,提起上诉。北京市高级人民法院作出驳回上诉、维持原判的二审判决。

4. 在无效宣告请求审查决定书基础上,原告对该案申请再审。再审申请人(一审原告、二审上诉人)认为,被诉侵权产品与该案涉案专利的区别点属于细微差别,被诉侵权产品落入该案涉案专利的保护范围。一审、二审法院仅对局部进行比对,有违整体观察、综合判断的外观设计侵权判断原则,系适用法律错误,应予纠正。因而向最高人民法院申请再审。

5. 最高人民法院作出裁定,指令广东省高级人民法院再审该案,同时在裁定中明确了相关的判断原则,广东省高级人民法院再审判决再审申请人(一审原告)胜诉。

二、具体案件经过及各级各部门观点博弈

1. 国家知识产权局评价报告和一审法院关于涉案专利和被控侵权产品(自称实施专利号为ZL201530012884.8、名称为"儿童玩具车"的外观设计专利)的比对。

基于12884.8号外观设计专利在专利授权后曾作出了专利权评价报告,被告根山公司在被诉后,将其作为证据提交给了一审法院,以支持其不侵权的抗辩。

国家知识产权局评价报告:国家知识产权局12884.8号外观设计专利的评价报告援引了涉案专利作为对比文件,并指出该专利与涉案专利具有以下明显区别:①两者车把

部分的设计不同，该专利车把整体是一个直把设计，后视镜安装于车把之上，而涉案专利则是V形车把设计，后视镜与车把是一体式的设计；②两者车座靠背的设计不同，该专利车座靠背整体是模拟了米老鼠头部的卡通形象，而涉案专利车座靠背是一个蝴蝶结形的设计；③两者的尾灯设计明显不同，该专利的尾灯组模拟了米老鼠头部的卡通形象，而涉案专利则只有一个尾灯设计。评价报告的初步结论为全部外观设计未发现存在不符合授予专利权条件的缺陷。

一审被告、二审被上诉人、再审被申请人根山公司认为两者不相同也不相近似，两者具有以下区别：①被诉侵权产品的车把整体呈直把设计，后视镜安装在车把上面，涉案专利的车把是V形设计，后视镜和车把是一体式设计；②被诉侵权产品靠背整体模拟了米老鼠头部的卡通形象，涉案专利是蝴蝶结形的设计；③被诉侵权产品的尾灯模拟了米老鼠头部的卡通形象，涉案专利只有一个尾灯；④被诉侵权产品的车座两侧的护板和覆盖件的后部标有英文字母M图案设计，而涉案专利该部分没有此图设计；⑤涉案专利中的前轮覆盖件顶部有不规则的"齿"状物设计，而被诉侵权产品相应部位没有此设计；⑥被诉侵权产品前面罩大灯下方的两个转向灯为椭圆形设计，而涉案专利中该部分为圆形设计；⑦被诉侵权产品前面罩与前车轮之间的空隙较小，而涉案专利中该部分的空隙较大。

经一审法院对比，被诉侵权产品与涉案专利均为三轮式儿童车，该童车为前一后二的三轮式设计，车轮之上有车身覆盖件，为整体包裹式设计，从前轮后部延伸至后轮的后部，童车的车把部分带有左右各一个握把和一个后视镜，车把下方为前面罩，前面罩部分带有一个圆形的大灯设计，大灯下方有两个转向灯设计，前面罩和车座之间为踏板部分，车座两侧的护板上各有一个类似米老鼠的卡通图案设计，童车覆盖件后部为尾灯设计，两者存在根山公司指出的上述区别点。

因而一审法院均驳回了原告的诉讼请求。

2. 对12884.8号外观设计专利的无效。

在一审法院作出驳回原告的诉讼请求的判决之后，作为原告代理人深感意外。因为在此之前，一审法院曾经在其他类案中判决采用不同靠背但其他形状与原告产品相近似的三轮童车生产销售单位被告败诉的案例。

为此，律师团队立即说服并代表原告方提起上诉，同时立即着手对温某申请的专利号为ZL201530012884.8、名称为"儿童玩具车"的外观设计专利提起了无效宣告请求。很遗憾，二审法院依然维持了一审法院的判决。

在无效请求环节，由于我方该案中主张的权利基础为"童车（YH-99118三轮车）"、专利号为ZL201430143613.1的涉案专利，因此，在该环节据以无效的对比文件仅仅就是涉案专利，当然，在口审时，代理律师当庭陈述了被告方销售产品实际上存在着两种靠背，一种原告款，一种被告款，并提供了侵害原告该专利权的与该案相近似外观设计的其他被告败诉案件（含原告款的靠背、被告款的靠背）作为案例供专利复审委员会参考。专利复审委员会合议组明确表示，该案将提交专家组讨论后再定。

专利复审委员会经审查认为：将12884.8号专利与该案专利外观设计相比，在两者车头部分已经呈现非常相近的具有独特视觉效果的造型、整体车身及对车后部其他部位也具有相同卡通元素应用的情况下，二者区别点对整体视觉效果不具有显著影响；12884.8号专利与该案涉案专利相比不具有明显区别，不符合《专利法》第二十三条第二款的规定。因而，国家知识产权局于2017年9月6日作出第33235号无效宣告请求审查决定书，宣告12884.8号专利权全部无效。

北京知识产权法院和北京市高级人民法院支持了专利复审委员会的比对意见和无效决定。

3. 在第12884.8号外观设计专利的无效宣告决定作出后，及时向最高人民法院申诉。

在专利复审委员会无效决定作出后，三环律师团队立即代理原告向最高人民法院提出了再审申请。

再审申请人认为，外观设计专利评价报告所指出的区别都属于细微区别，靠背和尾灯都属于消费者不易观察的部位，上述三点不同不影响是否侵权的判断。专利评价报告仅是作为人民法院或者管理专利工作的部门决定是否需要中止侵权案件审理的参考依据，与判断被诉侵权产品是否侵权无关。

最高人民法院经审理，在裁定中认为：对于儿童玩具车而言，采用卡通形象作为设计主题较为常见，其采用的卡通角色、选择的车型，以及卡通形象与玩具车各部件的结合方式是形成玩具车整体外观的主要因素。该案中，涉案专利与被诉侵权产品在车型结构和部件关系、卡通形象特征元素的选择及其与部件的结合方式上存在很多共性：首先，在车型上，二者均为前一轮后二轮的三轮车设计，车轮之上为整体包裹的车身覆盖件，整体包裹的覆盖件并不属于三轮车类产品的必备件，而且两者的整体结构相同，均由两侧后视镜、握把、前轮罩、前面板、踏板、车座、靠背以及两侧后轮板等部件组成，两者前面板部分均分为上下两层，上部具有圆形大灯，下部为两对称椭圆形灯，前面板上方的两侧后视镜为圆耳形，后轮板部分为近似半圆形的盖板。其次，在卡通形象的选择与部件的结合方式上，二者均采用了米老鼠的角色特征为设计元素，而且二者在米老鼠具体形象与部件的结合上都存在共性。如二者均采用了米老鼠的圆耳朵形状作为后视镜，并采用了米老鼠头部剪影作为两侧后轮板的装饰图案。二者不同之处主要在于车把造型、前轮罩中部设计是否有小灯以及车座靠背造型、尾灯设计上的差别。其中，车把造型和前轮罩中部是否有小灯属于局部造型的细微差异；在车座靠背造型和尾灯设计上，涉案专利分别选择了普通常见的蝴蝶结靠背和圆角方形尾灯，被诉侵权产品则仍然采用了米老鼠的卡通形象，在整车采用了米老鼠形象的情况下，属于对同一设计元素的重复运用，是比较常见的设计方式。最高人民法院并指出了二审判决的错误：即在判断被诉侵权产品与涉案专利是否相近似时，注意到了二者均采用前一轮后二轮的结构设计，但未考虑到涉案专利与被诉侵权产品均采用了包括车轮之上为整体包裹的车身覆盖件在内的相同整体结构，整车均采用了米老鼠形象，在米老鼠具体形象与部件的结合上也存在共性；特别是没有考虑到，被诉侵权产品在车座靠背、尾灯等处使用不同于涉案专利的设计特征，即运用米老鼠形象，属于重复运用同一设计元素的常见设计形式，并没有对被诉侵权产品的整体视觉效果产生显著影响。并要求二审法院应当在考察上述因素的基础上对涉案专利与被诉侵权产品是否相近似重新作出认定。

最终指令广东省高级人民法院再审。广东省高级人民法院作出再审判决，采用了再审申请人和最高人民法院的观点，判决被申请人（一审被告）根山公司构成侵权，并承担了停止侵权和赔偿损失的法律责任。

■ 办案心得

该案被告邢台市根山儿童玩具有限公司在原告三轮童车的基础上，主要修改了童车靠背和尾灯，将蝴蝶结形的设计靠背改为米老鼠头部的卡通形象，将涉案专利尾灯替换为米老鼠头部的卡通形象，并以温某的名义申请了专利号为201530012884.8的外观设计专利，并申请了专利权评价报告，认为未发现该专利不符合专利法规定的缺陷，其中现有设计包括涉案专利。

在这种情况下，尽管从法律上讲，被告方的专利权评价报告在该案专利侵权案中，对于判断原告专利是否有专利性以及被告方产品是否侵权没有任何意义，但是一审法院基于对国家知识产权局的专业性的认可，便认为被控侵权产品也具有专利性，从而作出驳回原告诉讼请求的一审判决也是可以理解的。但如果接受了该判决，势必对将来原告的维权造成实质性不利的影响，因为被告在实际销售过程中，既有原告款，又有被告款，而作为网购产品，在未收到货之前，无法知晓；同时被告网店众多，侵权性质恶劣，放任这种行为，将使原告的专利权失去应有的保护价值。

为此，代理人说服原告，在该案二审期间代理原告对被告被控侵权产品使用的该201530012884.8号的外观设计专利提起无效宣告，并且无效宣告依据的对比文件仅仅就是原告的涉案专利；只有这样，才能使专利复审委员会对两份专利的保护范围进行分析判断，依据原告专利无效被告专利，从而证明被告专利是因为与原告专利相近似而不具备专利性的；根据专利复审委员会同样的判断原则，在下一步的专利侵权案的审理过程中，法院自然就会认定被控产品因与原告专利的外观设计构成近似，从而构成了对原告专利的侵权。为了进一步增加无效案件的成功率，代理人提交了更早前与被告方销售产品和原告方销售产品分别近似的产品被判侵权的法院判决，用以说明，在被告当地在实际销售过程中，既有原告款，又有被告款，且法院都曾判决各案被告败诉的判决，从而使得专利复审委员会通过专家组讨论，作出宣告被控产品使用的201530012884.8号的外观设计专利无效的决定，该决定获得北京知识产权法院和北京市高级人民法院的支持。

在无效决定作出后，我们再依法向最高人民法院申诉，我们的观点获得了最高人民法院的支持，最终为外观设计专利权人争取了应有的权利。

■ 小结

该案历经六年、经历了四个民事诉讼程序、三个行政及行政诉讼程序，在广州知识产权法院不支持原告诉讼请求、国家知识产权局针对被控产品使用专利的评价报告具备专利性的不利情况下，代理原告对被告被控侵权产品的专利提起无效宣告，并获得了专利复审委员会、北京知识产权法院和北京市高级人民法院的支持；申诉后，代理人的观点获得了最高人民法院的支持，并指令广东省高级人民法院再审该案，最终为外观设计专利权人争取了应有的权利。

该案中，被控侵权产品与专利权人外观设计在包括主视图在内的部分视图已经呈现非常相近的具有独特视觉效果的形状、图案，其他视图也具有相同元素的应用，尽管这些元素组合两者各不相同，属于二者区别点，但代理律师认为，这一区别点对整体视觉效果不具有显著影响，这一观点获得了专利复审委员会及两级行政诉讼法院和最高人民法院的支持。

该案对于相同设计元素重复运用的外观设计侵权判定具有一定的参考价值。

■ 法律链接

《中华人民共和国专利法》（2008年）第二十三条、第六十一条第二款。

分类施策　对症下药

——丰华公司等与珀金埃尔默公司侵害发明专利权纠纷案*

郝传鑫

> 珀金埃尔默公司是一家国际著名的美国生物公司，指控丰华公司制造的试剂盒产品侵犯了其发明专利权。作为体量远不如对手的被告丰华公司，需要综合考虑到诉讼成本和诉讼效率问题。代理人在涉案专利权利要求多达45项的情况下，分类施策，对症下药，对于评估可能构成侵权的"关键"权利要求重点进行专利无效，而对于评估不构成侵权的权利要求则重点进行不侵权抗辩。最终，涉案专利的"关键"权利要求被无效，而被诉侵权产品也被判决未落入涉案专利的未被无效的权利要求的保护范围，因此驳回了珀金埃尔默公司的全部诉讼请求。

■ 案情简介

一、案件背景

原告珀金埃尔默健康科学股份有限公司（以下简称"珀金埃尔默公司"）是一家国际著名的美国生物公司，是生化领域占全球第三位的领先供应商，在药物高通量筛选、全自动液体处理和样品制备方面是世界第一位的供应商。原告于2018年向云南省昆明市中级人民法院提起诉讼指控广州丰华生物工程有限公司（以下简称"丰华公司"）制造的涉案产品琥珀酰丙酮和非衍生化多种氨基酸、肉碱测定试剂盒（串联质谱法）及使用的方法侵犯了ZL200880023247.8号涉案发明专利权的权利要求15-33、权利要求41，要求丰华公司立即停止侵权并赔偿经济损失100万元。

二、丰华公司抗辩意见

在接到被告丰华公司的委托后，专利代理师仔细研究了原告的涉案专利，并进行了专利无效检索，认为原告据以起诉的涉案专利权利要求15-33、权利要求41的稳定性并不高，并据此向国家知识产权局提出了无效宣告请求，最终通过不具有创造性的无效理由成功无效了涉案专利权利要求15-41。

---

* 该案入选广东知识产权保护协会2020年度推荐学习案例。生效案号：（2020）最高法知民终805号。

此后，原告又变更诉讼请求，主张被诉侵权产品的使用方法落入涉案专利权利要求 1-14、权利要求 42-45 的保护范围，专利代理师经过分析后，认为被诉侵权产品使用方法并不落入涉案专利权利要求 1-14、权利要求 42-45 的保护范围，并据此向法院提出了不侵权抗辩。具体理由如下：

被控侵权产品"检测琥珀酰丙酮的浓度的方法"与涉案专利"鉴定调节（琥珀酰丙）酮水平的化合物的方法"要解决的技术问题、用途以及步骤均存在实质性的不同，因此使用"检测琥珀酰丙酮的浓度的方法"不会落入权利要求 1-14、42-45 的保护范围。

首先，"检测琥珀酰丙酮的浓度的方法"与"鉴定调节（琥珀酰丙）酮水平的化合物的方法"要解决的技术问题存在实质性不同。"检测琥珀酰丙酮的浓度的方法"要解决的技术问题是从试样（例如干燥的血斑）中确定琥珀酰丙酮的存在或存在量，即解决难以确定试样中琥珀酰丙酮的存在或存在量的问题。而"鉴定调节（琥珀酰丙）酮水平的化合物的方法"要解决的技术问题是从候选化合物中鉴定具有调节琥珀酰丙酮水平或酮水平的化合物，即解决难以确定化合物是否具有调节（琥珀酰丙）酮水平的问题。

其次，"检测琥珀酰丙酮的浓度的方法"与"鉴定调节（琥珀酰丙）酮水平的化合物的方法"的用途存在实质性不同。"检测琥珀酰丙酮的浓度的方法"是从试样（例如干燥的血斑）中确定琥珀酰丙酮的存在或存在量，其用于对新生儿或产前筛查来鉴别是否患有 I 型遗传性高酪氨酸血症（HT1），即"检测琥珀酰丙酮的浓度的方法"是用于疾病（I 型遗传性高酪氨酸血症）的诊断。"鉴定调节（琥珀酰丙）酮水平的化合物的方法"是从候选化合物中鉴定具有调节琥珀酰丙酮水平或酮水平的化合物，其用于为患有 I 型遗传性高酪氨酸血症（HT1）的患者提供可用于治疗的化合物，即"鉴定调节琥珀酰丙酮水平的化合物的方法"是用于疾病（I 型遗传性高酪氨酸血症）的治疗。

最后，"检测琥珀酰丙酮的浓度的方法"与"鉴定调节（琥珀酰丙）酮水平的化合物的方法"的步骤存在实质性不同，即步骤（1）和步骤（3）存在实质性不同，步骤（2）虽然从字面上相同，但是由于两种方法的试样存在本质不同，试样与提取溶液接触后进行的反应过程也存在本质不同。

另外需要说明的是，涉案专利原始申请文件的权利要求书中，权利要求 1-13 和 45-46 要求保护的是"检测琥珀酰丙酮的方法"，审查员在审查意见通知书中指出"权利要求 1-13 和 45-46 请求保护一种检测琥珀酰丙酮的方法。属于疾病的诊断和治疗方法的范围，不能被授予专利权"。涉案专利的专利权人为了克服审查员指出的上述缺陷，将权利要求书中"检测琥珀酰丙酮的方法"修改为"鉴定调节琥珀酰丙酮水平的化合物的方法"。经过所述修改，审查员对于修改的"鉴定调节琥珀酰丙酮水平的化合物的方法"作出授权决定。这进一步证明了"鉴定调节琥珀酰丙酮水平的化合物的方法"与"检测琥珀酰丙酮的方法"存在实质性的区别，否则无法克服其不属于专利法保护客体的问题。

因此，这些证据充分证明被控侵权产品试剂盒不可能使用涉案专利"鉴定调节（琥珀酰丙）酮水平的化合物的方法"，未落入权利要求 1-14、权利要求 42-45 的保护范围，不构成侵权。退一步讲，如果第三人使用被控侵权产品试剂盒用来"鉴定调节（琥珀酰丙）酮水平的化合物"，在丰华公司没有指示该用途的情况下，即便构成侵权也是第三人侵权而非丰华公司侵权。

三、案件结果

一审法院经过比对认为，被诉侵权产品的使用方法中已经有一个以上的技术特征与涉案专利技术特征既不相同也不等同，故被诉侵权产品未落入涉案专利的保护范围。因此驳回了珀金埃尔默公司的诉讼请求。

二审法院经审理后补充认为，确定权利要求的保护范围时，权利要求中的所有特征均应予以考虑，而每一个特征的实际限定作用应当最终体现在该权利要求所要求保护的主题上。该案中两者的用途和解决的技术问题均不相同，具体操作步骤也均不相同和不等同，因此作出了驳回上诉、维持原判的终审判决。

■ 办案心得

由于该案被告丰华公司是广州一家生产试剂盒的企业，相对于珀金埃尔默公司这样的国际领先企业，本身可以支配的资源相对有限，所以对于被告代理律师来说，在代理案件时必须善用资源为客户实现最优的诉讼结果。在应对案件具有多种抗辩路径选择时，分类施策，对症下药，选择最有利于当事人的抗辩路径。

在该案的第一回合中，针对原告珀金埃尔默公司起诉时主张涉案产品落入其专利权利要求 15-33、权利要求 41 的保护范围，专利代理师在评估是采用无效抗辩策略还是不侵权抗辩策略时，判断采用无效抗辩策略的把握性相对更大，于是就启动了无效程序，为了更加聚焦并考虑到花费的时间成本，于是无效程序也仅仅针对权利要求 15-41，事实也证明该诉讼策略的选择正确，权利要求 15-41 被全部无效。由于专利无效程序需要花费一定的时间，为了使得无效决定可以在侵权诉讼开庭前作出，该案也通过提出合法的管辖权异议的方式推迟了侵权诉讼的开庭时间，当然如果不具备管辖权异议的合法理由，也可以通过提出中止审理请求法院在无效决定作出后再开庭审理侵权诉讼案件。

由于权利要求 15-41 被全部无效，于是原告变更了诉讼请求，主张被告侵犯其涉案专利的权利要求 1-11、权利要求 42-45。针对该主张，专利代理师经过评估，认为可以从多方面进行不侵权抗辩，而且每个不侵权抗辩的理由都比较充分，因此为了节约成本，针对这些权利要求的指控仅仅选择了不侵权抗辩，事实也再次证明该选择是正确的。最终一审、二审法院均认为被控侵权产品不落入涉案专利权利要求 1-11、权利要求 42-45

的保护范围。

需要指出的是，在不侵权抗辩中，需要综合熟练运用各种不侵权抗辩的理由才能确保不侵权抗辩的最终成功，该案也是综合运用了解决不同问题、实现不同用途、排除公知技术、第三人侵权、审查档案解释限定、法定不保护客体等多个不侵权抗辩理由来达成抗辩目的。

■ 小结

在专利侵权纠纷中，作为被告的代理人，往往需要根据案件的具体情况制定不同的诉讼策略，即分类施策，对症下药。在该案中，针对原告珀金埃尔默公司起诉时主张涉案产品落入其专利权利要求15-33、权利要求41的保护范围，代理人通过对涉案专利的分析，在确定涉案专利权利要求15-41的稳定性不高时，及时向国家知识产权局提出了无效宣告请求，最终以缺乏创造性为由无效了原告第一次主张侵权的权利基础。

在涉案专利权利要求15-41被无效后，原告变更了诉讼请求，主张涉案产品落入涉案专利权利要求1-14、权利要求42-45的保护范围。代理人在通过对被控侵权产品针对涉案专利权利要求1-14、权利要求42-55进行不侵权分析后，认为被控侵权产品不会落入涉案专利的保护范围，因此并未再次提出无效，而是采取了不侵权抗辩的诉讼策略，最终一审、二审法院均接受了代理人的观点，驳回了原告的全部诉讼请求。

■ 法律链接

《中华人民共和国专利法》（2008年）第十一条、第二十五条、第五十九条第一款；

《最高人民法院关于审理侵犯专利权纠纷案件应用法律若干问题的解释》（法释〔2009〕21号）第三条、第七条。

在美受制 在中反击

——德豪润达与 Lumileds 知识产权纠纷案*

肖宇扬 温旭

德豪润达公司成立于 1996 年 5 月，因 2012 年聘用了曾任职于 Lumileds 公司（当时为飞利浦旗下关联公司）的技术人员，自此就开始陷入无止境的诉讼纠纷中，美国的市场业务也开始止步不前。Lumileds 继于 2012 年向德豪润达发送律师函之后，就开始采取包括向 FBI 报案、在美国多地法院起诉等一系列打击德豪润达的动作，最终 2018 年 8 月 10 日陪审团裁定德豪润达应向 Lumileds 赔偿 6600 万美元，其依据是德豪润达通过使用 Lumileds 的商业机密而非自行进行研发节省了研发成本。当时正值中美贸易摩擦的大背景，要在美国取得诉讼案件上的逆转面临巨大困难，三环律师接受案件委托之后，在国内策划了一系列的反击措施，包括在国内对 Lumileds 及其下游客户苹果公司提起 5 亿元专利侵权索赔诉讼、在国内提起商业秘密确认不侵权之诉等，最终案件双方达成和解。该案是中美贸易摩擦背景下，中美企业之间知识产权纠纷的一典型案例，而在这种大背景下双方能达成和解也殊为不易。

■ 案情简介

一、在美涉诉，遭受重判

2018 年 8 月 10 日，加州圣克拉拉郡高等法院，由六名男性和六名女性组成的陪审团作出裁决，总部位于圣荷西的 LED 公司 Lumileds LLC 赢得了其起诉广东德豪润达电气股份有限公司（以下简称"德豪润达"）、王某及陈某侵犯商业秘密案件的胜诉，陪审团裁定被告应向 Lumileds 赔偿 6600 万美元。陪审团认定，德豪润达、王某及陈某侵犯了 Lumileds 公司的商业秘密，德豪润达通过使用 Lumileds 的商业秘密而非自行进行研发而节省了该研发成本，即 6600 万美元。

这一裁决作出之后，Lumileds 于 2018 年 8 月 13 日就在其官网迫不及待宣告了这一消息，标题就是"Lumileds 赢得广东德豪润达电气股份有限公司、王某及陈某盗用知识产

---

* 生效案号：（2019）粤 73 知民初 360 号。

权案的陪审团裁决"[1]，一石激起千层浪，马上在行业内引起轩然大波，各种行业的自媒体以及搜狐一类新闻网站也都纷纷转载了这一新闻报道，德豪润达作为上市公司，焦头烂额。

双方的恩怨已经由来已久，对这一结果只怕德豪润达也早有预感。

德豪润达成立于1996年5月，2004年6月在深交所上市，股票代码002005，主营小家电、LED系列产品研发、制造与销售。2012年，德豪润达入股雷士照明，后逐渐控股雷士照明，巅峰时，德豪旗下拥有两家上市公司（德豪润达ETi〈深股002005〉，雷士国际NVC〈港股02222〉）。

Lumileds是飞利浦分离出来的专门从事LED照明业务的公司。飞利浦照明之前一直是全球最大的照明公司，但由于LED照明行业竞争加剧、利润变薄，尤其是随着中国LED照明企业在全球市场的崛起，它的利益受到触动，飞利浦也因此而发起了针对德豪润达的诉讼。2017年7月，飞利浦出售Philips Lumileds的80%股权，Lumileds也就从飞利浦照明中分拆出来成为相对独立的公司主体。

2012年曾任职于Lumileds公司从事技术工作的陈某入职德豪润达公司，在离职前，Lumileds公司对陈某的工作用笔记本电脑及USB驱动器进行了取证分析，分析表明陈某工作用的USB驱动器不包含任何Lumileds公司的机密信息。经技术专家分析，亦未发现陈某的笔记本电脑或USB驱动器上有复制或者删除的迹象。眼看着当时的德豪润达携入主雷士照明之势展现产业链峥嵘，飞利浦照明也不能淡定了，于是循着陈某这一连接点对德豪润达发起了打击。

2014年6月12日，Lumileds公司在美国加利福尼亚州北区地方法院圣何塞分院（联邦法院）起诉广东德豪润达电气股份有限公司、德豪润达国际（香港）有限公司、芜湖德豪润达光电科技有限公司、扬州德豪润达光电有限公司、大连德豪光电科技有限公司、深圳市锐拓显示技术有限公司、ETI Solid State Lighting Inc.、ETI LED Solutions Inc.、王某、陈某、陈某等，指控被告的以下行为：侵占商业秘密、违反《加利福尼亚州综合计算机数据访问及欺诈法案》、侵占、违反信托责任、违反合同、诱使违反信托责任、不公平竞争、滥用普通法以及违反《反计算机诈骗和滥用法》。2015年3月20日，该法院以"由于本院驳回CFAA（《反计算机诈骗和滥用法》）诉讼请求，原告的起诉状不构成联邦诉因，本院以影响实体权利的方式驳回本次起诉"。

2015年3月24日，Lumileds公司向加利福尼亚州圣克拉拉郡高等法院（州法院）起诉广东德豪润达电气股份有限公司、德豪润达国际（香港）有限公司、芜湖德豪润达光电科技有限公司、扬州德豪润达光电有限公司、大连德豪光电科技有限公司、深圳市锐拓显示技术有限公司、ETI Solid State Lighting Inc.、ETI LED Solutions Inc.、王某、陈某、

---

[1] https://www.lumileds.cn.com/lumileds-wins-jury-verdict-of-liability-for-intellectual-property-theft-against-elec-tech-international-co-ltd-donglei-wang-and-gangyi-chen/.

陈某等，指控：侵占商业秘密、违反《加利福尼亚州综合计算机数据访问及欺诈法案》、违反受托责任、违反合同、诱使违反受托责任、诱使违反合同以及不正当竞争。经多次法庭确认或者判决，Lumileds 公司放弃了对大部分被告的大部分诉求，最后只保留了对德豪润达公司、王某（德豪润达公司董事长）、陈某关于侵占商业秘密一项指控。

针对商业秘密部分，2016 年 7 月，Lumileds 公司向法院初步确定其"商业秘密"。2018 年，在审查了 ETI 的有关设备的技术菜单后，Lumileds 公司重新提出了一份"确定关键技术的报告"，但这些关键技术与其 2016 年 7 月初步确定的所谓的"商业秘密"的定义不同，已经进行变更并更贴近于 ETI 的技术菜单内容。随后，Lumileds 公司指控 ETI 的技术菜单中有五项涉嫌使用了其所谓的"商业秘密"。

针对指控，ETI 方面提供证据证明 Lumileds 公司提出的自称"商业秘密"在 LED 技术领域通常是已知的、公开的信息，不属于商业秘密；证明被指控涉及的每项技术菜单，均为 ETI 独立研发；ETI 公司不存在且未使用 Lumileds 自称的"商业秘密"。

为了证明自己的主张，德豪润达公司申请了董事长王某、董事陈某、技术人员陈某赴美国出庭作证，同时也申请了多位在美的技术专家、财务专家出庭作证。但受中美贸易摩擦影响，美国驻上海领事馆将技术人员陈某签证申请一直搁置，导致陈某丧失亲自出庭为自己辩护的机会。

2018 年 8 月 10 日加州法院陪审团作出裁决：认定 ETI 使用了 Lumileds 公司的商业秘密，ETI 少支出了研发费用，ETI 须向 Lumileds 补偿研发费用 6600 万美元（据德豪润达公司反馈，陪审团当中有一位对 LED 技术有一定程度了解的陪审员，其认为 Lumileds 公司主张的技术不构成商业秘密）。

德豪润达自收到了 Lumileds 的律师函之后，几年来，双方实际上也一直在进行着和解谈判，但是和解谈判的金额只在一两千万的范围内，然而陪审团直接裁判 6600 万美元之巨的赔偿金额，对于德豪润达无疑犹如晴天霹雳。

二、转战国内，寻求破局

就双方纠纷的美国案件，从司法程序上来讲，陪审团裁决之后，下一步需要法院法官作出正式判决。基于过往的司法实践，法官作出与陪审团裁决不一致的判决的可能性非常之低，故德豪润达一方面在美国做着应对案件不利结果的准备，另一方面，也在寻求其他的破局之道。

当此形势，三环接受德豪润达的委托，分析了双方纠纷的背景之后，与客户一起研讨，双方达成了要在国内进行全面反击的意见和策略，在这个过程中涉及到几个方面的问题。

首先，在国内的反诉或者反击行动能不能起到反制的作用？在国内要对对方起到反制的作用，必须得对方在国内具有巨大的商业利益，而国内的反诉或者反击行动得能够影响到对方在国内的商业利益，这样才可能通过在国内的反击起到对对方的反制作用。之所以对方在美国的诉讼影响到了德豪润达，原因无非也就在于德豪润达在意也无法舍弃美国这么大的一个市场。在中国这么广阔的市场空间里，对方不管是 Lumileds 公司还是之前的关联公司飞利浦照明公司，均占有巨大的市场份额，也就是说对方在国内的商业利益是巨大的，这为在国内发起反击提供了前提和基础。

其次，如何反击即用什么样的武器反击？在美国对方是以商业秘密为抓手把德豪润达拖累至此，在国内采用知识产权反击显然是最为直接也容易采取的手段，包括采用专利起诉对方侵权，在国内考虑提起确认不侵权之诉、反诉对方恶意诉讼而赔偿损失，等等。其中，以专利起诉对方是更为直接和立竿见影的手段，即便自己不一定持有可以抗衡对方的专利，也可以考虑检索筛选对方产品可能侵犯的其他人持有的专利，设法购买过来进行起诉。如今的技术发展你中有我、我中有你，每一个企业的产品即便自己申请了专利，也都不可避免可能会落入到他人专利的保护范围。经过筛选和研究分析，也遴选出了一些德豪润达子公司名下的一定程度上可以用于起诉对方侵权的专利出来。

最后，反击谁？找到了可以起诉对方的专利，接下来的问题就是起诉谁，最直接的当事人即 Lumileds 公司及其在国内的子公司，显然应当是作为目标对象的；但是如果仅仅打击对方当事人自己，能不能起到对应的反制效果，或者说能不能给对方造成相应的压力就要打个问号。如同在美国的案件中，对方把德豪润达的几乎所有与 LED 芯片相关的关联公司全部列为被告，那么在国内就也需要考虑从其下游客户入手，只有客户受到影响，才可能对对方造成足够的压力。

三、排兵布阵，全面反击

基于对案情以及手头上武器弹药的全面梳理，律师团队最终整理确定的反击思路是在国内提起高额的专利侵权诉讼以及在国内发起确认不侵犯商业秘密的诉讼。

第一，对于专利诉讼，我们的策略是针对 Lumileds 公司及其下游客户，基于所遴选出的专利在全国多地、针对不同被告采取不同形式发起反击。

通过对德豪润达公司名下全部专利的排查，初步选定了一涉及 LED 倒装芯片的专利作为起诉专利，专利名称为"一种 LED 倒装芯片及其制造方法"，专利号为 201310115299.0（"涉案专利"），该专利涉及比较底层的技术，在很多 LED 灯具产品上都可能用到。在锁定被告对象时，我们第一轮筛查了 Lumileds 公司在国内大的照明公司客户，但是经过分析之后，感觉到难以支撑相应的起诉金额。对方在美国判了我方 6600 万美元的赔偿金额，那么在国内必然是要起诉几亿元的金额才能产生对对方的对等反制。所以经过详细的调查之后，放弃了以 Lumileds 公司及其国内的照明公司客户作为共同被告的方案。在进一步的调查中，我方发现苹果手机的闪光灯芯片正好用的就是 Lumileds 公司的芯片产品，这一发现让我们如获至宝，如果以苹果公司作为共同被告，金额和分量都已经足够，这正是我们需要确定的起诉对象。

关于具体的诉讼举动，我们一共在三个地方针对不完全相同的被告就不同型号的苹果产品提起了不同的维权形式。第一个案件是在广东省高级人民法院提起了侵权诉讼案件（〔2018〕粤民初162号），该案以Lumileds LLC、亮锐（上海）管理有限公司、亮锐（上海）科技有限公司、珠海市今一通信设备有限公司南屏分公司、珠海市今一通信设备有限公司、苹果电脑贸易（上海）有限公司，其中被告一、被告二、被告三均为Lumileds LLC关联公司，其中被告一为产品生产者，被告二为其国内进口方，被告三为其国内制造实体，内部应该有侵权产品分工，为共同侵权方；而被告三、被告四为所取证的苹果手机的国内销售方，被告六推出的苹果手机使用了侵权的LED芯片，也构成侵权。在该案中，我们主张的侵权产品为"iPhone 6"产品，该案于2018年11月20日由广东省高级人民法院受理。

第二个案件是在北京市知识产权局提起的专利侵权行政处理请求案件【2018-1287号】，该案是以在国美电器商场所购买到的"iPhone 8 Plus"和"iPhone X"作为侵权产品，以国美电器有限公司作为被请求人提起的行政处理请求。该案作为我们想更快推进的案件，既未将Lumileds列入，也未将苹果公司列入。因为如果列入这两个公司，则无疑战线会被拉长，可能又会被拖入到旷日持久的审理程序中，所以只有一个被请求对象，这样可以更迅速快捷地推进。该案于2018年11月9日受理。

第三个案件是在深圳市市场和质量监督管理委员会南山市场监督管理局提起的专利侵权行政处理请求案件（深知专处字〔2018〕南03号），该案是以在苹果官方店所购买的"iPhone 7"型号产品作为侵权产品，以苹果电子产品商贸（北京）有限公司深圳益田分公司作为被请求人提起的行政处理请求。该案是在继北京市知识产权局提起了行政查处请求之后，考虑到北京案件未将苹果公司作为直接对象，另辟战场，针对苹果公司提起的行政案件。该案于2018年11月16日受理。

基于三个案件的正式提起，国内的战线正式拉开，随着2018年11月28日，德豪润达作为上市公司在其发布的一纸公告中将该三个案件均披露之后，又引起了市场的一片热议，纷纷围观，行业各种媒体先后报道，其中一个标题直接就称之为"速来围观！德豪润达起诉6家单位专利侵权索赔5亿元"，乃至于人民网也进行了转载。[1]

在广东省高级人民法院的起诉案件还涉及域外送达而遥遥无期时，2019年1月24日北京市知识产权局就已经安排了第一次口头审理，在第一次的口头审理中，苹果公司主动要求追加作为被请求人，另外对方也不出预料地提起了专利无效，而涉案专利因涉及芯片层面，故也不可避免需要通过司法鉴定的方式来确定有关的技术特征，所以第一次口审只是初步调查了证据，尚未到实质的审理。

第二，对于考虑在国内提起的确认不侵权之诉，我们的策略是直接就选商业秘密这个点，创造条件设法提起确认不侵犯商业秘密之诉。

Lumileds公司在2012年向德豪润达发出律师函时，德豪润达的产品尚未进入美国市

---

[1] http://ip.people.com.cn/n1/2018/1206/c179663-30446812.html.

场,而且几年来德豪润达的 LED 芯片实际上也一直是在国内生产销售,并未实质性地推向美国市场,而双方产生纠纷之后,就更难以往美国推进。在这种情况下,对方并未在中国提起侵权指控(实际上也必然不会选择在中国提起),但是在美国提起了商业秘密侵权诉讼,也就是说美国案件存在实际审理了发生在中国的行为的情况,就这种情形,我们觉得可以考虑在中国发起确认不侵权的诉讼进行反制,而且是针锋相对地发起确认不侵犯商业秘密的诉讼,即主张德豪润达所使用的芯片制备方法不构成对 Lumileds 公司商业秘密之侵犯。

确认不侵权之诉案件的立案需要具备一定的条件,包括是否存在对方的侵权警告,是否有对对方催告,催告之后是否对方怠于提起诉讼等,因此,要成功提起确认不侵犯商业秘密之诉需要经过一定的设计,如至少在提起诉讼之前两个月要先行对对方进行催告,从而基本具备对应的条件。

该案在精心的证据准备及条件设计下,于 2019 年 4 月 4 日由广州知识产权法院受理,由于被告为美国公司,所以该案受理之后,同样进入遥遥无期的域外送达程序中。

四、贸易战酣,达成和解

2019 年 5 月 6 日,加州圣克拉拉郡高等法院不出意外作出了对德豪润达不利的法官判决,法官判决的结果基本上照搬了之前陪审团的裁决意见。判决德豪润达、王某和陈某连带赔偿 Lumileds 损失 6600 万美元及利息,并在判决中也颁布了相关禁令。

而在国内,双方之间的争斗也慢慢进入白热化。在收到我方的起诉及行政查处请求案件之后,苹果电子产品商贸(北京)有限公司深圳益田分公司于 2018 年 12 月 3 日提起了无效宣告请求,亮锐(上海)管理有限公司则于 2018 年 12 月 24 日提起了无效宣告请求,两件案件国家知识产权局专利复审委员会合并审理,安排在了 2019 年 6 月 14 日进行口审,口审现场各方可谓唇枪舌剑,针锋相对。其中苹果一方四个代理人,亮锐一方四个代理人,而我方也同样四个代理人,亮锐公司及苹果公司的公司成员也有不少旁听,对于 5 亿标的之案件,双方还是相当之重视。合议组成员也更加是成立了五人合议组,可见专利复审委员会同样高度重视。也许是案件疑难复杂,又或者当时中美贸易战正酣,该案在口审之后就迟迟未有下文。

专利侵权诉讼案件因为对方提起的无效宣告请求陷入一定的胶着状态,而确认不侵犯商业秘密案件受理并经过一段时间的域外送达之后,终于在 2020 年 3 月收到了被告一方的管辖权异议申请,核心的问题在于对方认为双方纠纷已经由美国的法律程序获得裁判,按照一事不再理,不应该再进行审理。该案也未满足确认不侵权之诉的条件,对方认为确认不侵权之诉的三个要件都未具备,即不构成司法解释意义上的侵权警告;原告没有证据证明其履行了催告程序;原告提起诉讼的日期早于司法解释规定的等待期等。基于对方的答辩,广知院就管辖权异议问题多次开庭进行了审理。

值得一说的一个背景是,2018 年 3 月,时任美国总统特朗普挑起对华贸易争端,其于 2018 年 3 月 8 日签署公告,认定进口钢铁和铝产品威胁美国国家安全,决定于 3 月 23 日起,对进口钢铁和铝产品加征关税(即 232 措施),自此美国采取了一系列提高关税的举措。2018 年 3 月 19 日至 20 日,世界贸易组织小型部长级会议在印度新德里召开。商务部副部长兼国际贸易谈判副代表王受文率团出席会议并发言。王受文强调,贸易战没有赢家,只会给全球贸易和世界经济带来负面影响。中国将积极采取措施应对挑战,坚决捍卫国家和产业利益。自 2018 年 3 月 23 日,中国也采取了一系列的反制措施。当时间进入到 2019 年,中美贸易战的规模不断攀升到更高的维度和烈度,2019 年 8 月底至 9 月初,美国宣布加征关税税率的中国输美商品额由 3000 亿美元一路攀升至 5500 亿美元,在这些举措正式实施之后,这种关系的紧张局面也一路延续到了 2020 年。

在这种大的国际环境和背景之下,国内但凡涉美的重大诉讼案件都会被重点关注。2020 年 6 月发生了一件在知识产权界比较有意思的事情,最高人民法院再审关于上海智臻智能网络科技股份有限公司诉苹果 Siri 侵权其小 i 机器人一案,小 i 机器人专利(专利号:200410053749.9,一种聊天机器人)被再审判决维持有效,该最高人民法院再审判决是对 8 年前即 2012 年的专利无效案件作出的终审判决,而该最高人民法院再审案件 2017 年就已立案,但是长达三年之后才作出再审判决,时间节点耐人寻味。紧接着,小 i 机器人公司就在 2020 年 8 月向上海市高级人民法院起诉苹果公司侵犯其上述专利权,索赔 100 亿元。

与此同时,德豪润达与 Lumileds 之间的中美两地知识产权纠纷在专利诉讼案件就专利无效胶着对立、确认不侵犯商业秘密案件就管辖权异议你来我往针锋答辩之际,双方当事人的沟通却骤然峰回路转,开始实质性地进行和解谈判。

不管是哪一种因素占据主导,在当下这样一个中美纷争的大环境之下,想必任何一方都对对方战场上的案件举棋不定,在这种不确定性之中,各方还不如选择一个双方可接受的确定性,并争取尽快履行,可以拿钱的尽快落袋为安,想要发展的付完钱也可尽快回归市场。总之,双方在 2020 年 12 月 1 日达成了最终的全球和解,以美国案件减少大概一半的金额代价彻底解决了双方的纠纷,双方也向各自法院、行政机关提交了所有相关案件的撤诉申请。

■ 办案心得

一、策略得当,手段呼应

在为德豪润达考虑国内发起诉讼从而反制美国案件时,从目标对象的选择到所采取的维权手段都需要考虑整体性和全局性,要有得当的反击策略,各种手段要相互呼应。

从大的方面讲,涉及专利诉讼与确认不侵犯商业秘密案件的诉讼之间的呼应,前者可以理解为报复性的反击措施,而后者则实实在在是对美国审理案件的一个对等回应,因为不管侵权与否,德豪润达被 Lumileds 指控侵犯了其技术秘密的产品生产和销售均主要在国内，而对方在美国起诉并获得美国的判决，必然对国内企业有很大概率是不公平的。所以，从反击措施来讲，应当报复和回应并存，也难说哪个在后期的和解中发挥了更大的作用。

往小的方面说，发起的各项维权手段也要相互呼应，在该案双方当事人的纠纷中，首先如果没有发起一个大额标的的诉讼案件肯定是万万不行的，那会没有进行公告的素材；其次如果仅仅只有大额标的的诉讼案件，推进肯定会很慢，因为一立案就是重大疑难复杂案件，审理肯定更为慎重，所以在诉讼之外要搭配审限更快的行政查处案件；最后提起行政查处案件也需要考虑不同的地域同时出击，每个地方的知识产权局的处理态度、处理水平、处理方法都是不同的，不能在一棵树上吊死。在这种情况下，就又要考虑如何更合理地确定每件案件的侵权产品和对应的被告，从而避免几件案件存在冲突或者重复，避免重复诉讼的问题。

二、大胆创新，敢于突破

关于确认不侵犯商业秘密诉讼案件的立案，一开始难点和疑点确实很多，包括能不能立上案，具不具备提起确认不侵权之诉的前提条件等。法律法规及相关司法解释并未明确规定就商业秘密类的确认不侵权之诉案件的适用条件。2010年1月1日发布的《最高人民法院关于审理侵犯专利权纠纷案件应用法律若干问题的解释》（法释〔2009〕21号）第十八条具体规定了"权利人向他人发出侵犯专利权的警告，被警告人或者利害关系人经书面催告权利人行使诉权，自权利人收到该书面催告之日起一个月内或者自书面催告发出之日起二个月内，权利人不撤回警告也不提起诉讼，被警告人或者利害关系人向人民法院提起请求确认其行为不侵犯专利权的诉讼的，人民法院应当受理。"在专利领域有这种规定的情况下，其他知识产权的确认不侵权之诉案件大抵也是参照专利领域的上述规定处理。

该案从表面上看确实并不具有典型意义的侵权警告事实，2012年的律师函早已过了诉讼时效，那么还能否立案呢？很多典型的案件往往就是不存在符合法律规定的典型的情形，如果条件很清晰具备，那么就意味着案件简单，也不具有疑难复杂性和典型性，这就要求我们律师办案中要具有大胆创新的思维，敢于突破。该案中，我们认为Lumileds公司对德豪润达公司发出律师函、提起美国诉讼、在美国诉讼申请全球禁令等，已经足以构成Lumileds公司对德豪润达公司发出的商业秘密之侵权警告。

判断是否构成确认不侵权之诉受理条件之"权利人向他人发出侵权警告"，在于看权利人是否以任一方式向他人表达该主体涉嫌构成对权利人权利之侵犯，并且让义务人感受到了这一警告的事实。在该案中，Lumileds公司对德豪润达发出的律师函、提起的美国诉讼、提出的禁令申请等，其内容所含的侵权事实，侵权行为和侵权人均是明确的，德豪润达在收到或者获知上述警告后，其权利处于不稳定的状态。尤其是律师函和禁令申请，更令德豪润达在中国境内的合法权益陷入不稳定、不安全的状态。

由于法域的不同性，中国与美国司法制度、法律完全不同，中美两地法院的判决也不当然地被对方承认和执行；德豪润达所使用的Lumileds公司声称侵犯其商业秘密的技术，其所涉及的产品均在中国境内生产和销售，其管辖权应归中国法院，因此这种不稳定、不安全的法律状态绝不会因为 Lumileds 公司在美国所提起的诉讼而消除。因此，Lumileds 公司声称上述侵权警告所产生的"不确定状态"已被消除的观点，不能成立。而该案应当认为一直存在着 Lumileds 公司对德豪润达的侵权警告。基于此，法院确定受理了本确认不侵犯商业秘密案。

■ 小结

该案是典型的中美贸易战下中美企业之间以知识产权作为商战的案例，从中可以总结出不少对于律师处理这一类案件的经验和启发。

第一，对于这样一类对双方当事人而言涉及面较广、影响面较大乃至于是全局性影响的案件，作为代理律师，商战的思维也应该要高于纯法律的思维，这样才能及时捕捉到案件进展过程中对当事人有利的时机，将案件更快地往有利于己方当事人诉求的方向推动，这一类案件，及时的和解可能比案件旷日持久地进行下去更为重要。在小 i 机器人专利峰回路转经过八年被最高人民法院重新认定为专利有效时，这一令人振奋的消息对于该案可能是一个有助于推动案件和解的信号，应该更好地抓住。

第二，在通过另起案件反制对方时，要筛选好合适的目标作为对象，例如该案中 Lumileds 公司具有各种下游客户，我们选择了苹果公司作为打击对象，起到了很好的舆论效果，大量媒体在主动报道的过程中甚至将苹果放在了首位，而忽略了知名度没那么高的 Lumileds 公司，这反而是有利于原告一方的，因为被告的客户苹果公司倍受舆论瞩目，显然其给作为其供应商的被告的压力也就会更大。

第三，在通过同一权利基础，例如同一专利提起多起诉讼的时候，要在不同的案件中合理地设计不同的被告、不同的侵权产品，采取不同的维权方式，在该案中原告在广州、深圳、北京发起的三个不同的专利维权行为，被告不同、产品不同、维权方式不同，都各有其目的，也让对方摸不清楚我方的主要进攻着力点，从而让对方感受到压力和被动。

第四，在一些新兴的案件上，要有突破常规的思维，而且对于这样一些商战性质的案件，不一定要追求案件的最终胜败结果，很有可能在中途就握手言和。因此，一些作为筹码的案件并非一定要在法律上多么站得住脚才能去发起，要有创新思维争取把案立上。例如该案的确认不侵犯商业秘密案件，如果审理到最后，实体上要取得有利判决结果可以说是极有难度的，但是阶段性立上了这一个案件，就构成了双方和解谈判的一个筹码。

■ 法律链接

《最高人民法院关于审理侵犯专利权纠纷案件应用法律若干问题的解释》（法释〔2009〕21号）第十八条。

专利之选　行稳致远

——侵犯"空客 A380"登机桥发明专利权纠纷案*

刘孟斌

> 德国蒂森公司（第二被告）未经专利权人中集公司、天达公司许可制造了侵犯 ZL200410004652.9 发明专利权的产品，并将侵权产品销售给广州白云国际机场股份有限公司（第一被告）。在收集证据后，两原告起诉两被告，要求两被告立即停止侵犯原告专利权的行为，并赔偿原告的损失。经一审、二审审理，两审法院均认为蒂森中山公司的制造、销售行为，侵犯了中集公司和天达公司涉案专利权，白云机场以生产经营目的的使用行为，同样构成侵权。
>
> 该案是中国民族企业针对德国知名企业发起的专利维权诉讼，具有一定示范作用，对同类案件具有借鉴和指导意义，案例所涉及的法律问题具有一定的典型性和新颖性。被告蒂森公司穷尽了所有的异议、抗辩理由，一审就先后开庭多次，最长的一次连续开庭 3 个整天；面对被告的强硬态度，代理律师充分运用专业知识，根据事实和法律，对被告的异议和抗辩进行了一一反驳，代理律师的观点得到了一审、二审法院的认可，最终判决两被告侵权成立。

■ 案情简介

一、基本案情

两原告中国国际海运集装箱（集团）股份有限公司（以下简称"中集集团"）、深圳中集天达空港设备有限公司（以下简称"天达公司"）共同拥有名称为"登机桥辅助支撑装置和带有该装置的登机桥及其控制方法"的发明专利（专利号：ZL200410004652.9），依照该发明技术方案制造的登机桥是专门为"空客 A380"等大型民用客机而设计、制造的专利产品。

国际知名老牌企业德国蒂森克虏伯投资的蒂森克虏伯机场系统（中山）有限公司（以下简称"蒂森中山公司"）（第二被告）未经专利权人许可制造了侵犯上述发明专利权的产品，并赶在中国第一架空客 A380 交付中国南方航空公司（南航）之前，将侵权

---

* 该案分别入选 2014 年度广东省十大知识产权典型案例、广州市十大知识产权典型案例。生效案号：（2013）粤高法民三终字第 38 号。

产品卖给了南航的基地广州白云国际机场股份有限公司（以下简称"白云机场"）（第一被告），准备用于空客A380的配套服务。

两原告发现两被告未经合法许可，擅自实施了本发明专利。为收集证据，原告一代理人与公证处公证人员到被告一处对停机坪内"117"号一登机桥的内外观进行了拍摄，保全证据。在该登机桥内部的产品铭牌上清楚地标示了被告二蒂森克虏伯机场系统（中山）有限公司作为制造者的有关信息。经比对，该产品落入了本发明专利的保护范围。

两原告于是起诉两被告，要求两被告立即停止侵犯原告专利权的行为，并赔偿原告的损失。

二、法院裁判

广州市中级人民法院经审理认为：中集公司和天达公司是涉案"登机桥辅助支撑装置和带有该装置的登机桥及其控制方法"专利权人，其专利权应受法律保护。蒂森中山公司未经许可，制造、销售与涉案专利相同的登机桥辅助支撑装置以及带有该辅助支撑装置的登机桥产品，使用与涉案专利相同的登机桥的控制方法，侵犯了中集公司和天达公司涉案专利权。白云机场确认购入上述侵权产品，即便该产品尚处于测试阶段，未投入营运，显然也属于为生产经营目的使用行为，该行为未经中集公司和天达公司许可，故也构成侵权。

广州市中级人民法院判决：（1）被告一广州白云国际机场股份有限公司于判决发生法律效力之日起立即停止使用侵犯涉案"登机桥辅助支撑装置和带有该装置的登机桥及其控制方法"专利权的产品；（2）被告二蒂森克虏伯机场系统（中山）有限公司于判决发生法律效力之日起立即停止制造、销售侵犯涉案"登机桥辅助支撑装置和带有该装置的登机桥及其控制方法"专利权的产品，立即停止使用侵犯涉案"登机桥辅助支撑装置和带有该装置的登机桥及其控制方法"专利权的方法，并于十日内销毁侵权产品的成品、半成品及专用生产模具和零配件；（3）被告二蒂森克虏伯机场系统（中山）有限公司于判决发生法律效力之日起十日内赔偿中国国际海运集装箱（集团）股份有限公司、深圳中集天达空港设备有限公司经济损失人民币50万元。

宣判后，被告二不服一审判决，提出上诉。广东省高级人民法院经审理认为一审法院认定事实清楚，适用法律正确，据此判决驳回上诉，维持原判。

■ 办案心得

1. 该案是中国民族企业针对德国知名企业发起的专利维权诉讼，具有一定示范作用，对同类案件具有借鉴和指导意义；案例所涉及的法律问题具有一定的典型性和新颖性。

（1）法律适用问题。

修改前后的专利法对"现有技术"的界定存在差异。根据2008年《专利法》的规定，技术方案的"使用公开"（包括国内外）会使其成为"现有技术"；而根据 2008 年修改前的《专利法》，国外的公开使用并不构成"现有技术"。吊诡之处在于，该案专利申请在 2004 年，《专利法》修改以前，而案件起诉在 2011 年，《专利法》修改以后。庭审中被告以"现有技术"抗辩，认为相关技术方案早在 2001 年在美国旧金山国际机场实施（即国外公开使用），构成现有技术。

如果适用 2008 年修改后的《专利法》，"现有技术抗辩"当然成立。原告代理律师从法理、公平等角度充分论证了该案在确定现有技术的问题上，只能适用修改前的专利法而不宜适用修改后的专利法。最终，一审、二审法院均采纳了原告代理律师的观点。

(2)"产品使用说明书"的公开是使用公开还是出版物公开。

该案被告还认为，2001 年在美国旧金山国际机场实施的技术方案，还附随有"产品使用说明书"，后者属于公开出版物。因此，即便是适应修改前的专利法，也构成出版物公开，同样属于现有技术。

法院认为："产品使用说明书"是随产品销售的技术资料，是供购买者使用和维护产品的必备之物，其目的是供购买者在使用、维修时阅读，一般情况下并不单独流通，通常只向购买该产品的用户而非社会公众发放，不符合出版物的特征，不宜认定为公开出版物。当相关产品处于公共区域而构成使用公开，随产品销售附带的"产品使用说明书"可以作为产品使用公开的一个佐证。

2. 被告蒂森公司穷尽了所有的异议、抗辩理由，先后提出了：管辖权异议、不侵权抗辩、现有技术抗辩、先用权抗辩，还提出了宣告专利权无效的请求。该案光一审就先后开庭多次，最长的一次连续开庭 3 个整天；被告先后提交了数十份来自国内外的证据，庭审过程先后从德国、美国请来多位证人出庭作证。

面对被告的强硬态度，代理律师充分运用专业知识，根据事实和法律，对被告的异议和抗辩进行了反驳：

(1) 在侵权比对中，从被诉侵权产品与涉案专利部件结构所起作用等方面，指出被告认为被诉侵权产品存在的两个区别与涉案专利实质相同，落入保护范围；

(2) 在质证过程中，指出被告提交的"现有技术"证据来源于被告的关联企业或客户公司，其真实性难以确认；且被告也不能证明这些证据完全公开了涉案专利技术方案；

(3) 在庭审中指出，对于该案，应根据涉案专利的申请时间，适用 2001 年《专利法》的规定对涉案专利进行评判，即只有在"国内外出版物上公开发表"或"在国内公开使用"才能作为涉案专利的现有技术。因此即使该案技术方案存在"国外使用"，也不构成该案涉案专利的现有技术。同时结合法律对于"公开出版物"的定义，指出被告提交的证据附录 Y"液压稳定器"的性质属于产品使用说明书，而非公开出版物。因而被告的现有技术抗辩不能成立。

(4) 对于被告的先用权抗辩，指出由于专利的地域性，只有在专利申请日之前，在中国境内制造或实施，才能构成先用权，该案中被告以其母公司在境外实施的行为，从实施的主体、地域、规模等方面衡量，都不属于中国专利法意义上的在先使用，因此，被告的先用权抗辩不能成立。

上述观点得到了一审、二审法院的认可，最终判决两被告侵权成立，责令其立即停止侵权行为，被告蒂森公司支付两原告经济损失人民币50万元（被告只卖出一台侵权产品）。

代理律师的专业精神，不仅最终为当事人赢得了正义，维护了当事人的合法权益，而且产生了广泛的社会反响，中新社、《新快报》《信息时报》《中国知识产权报》等媒体纷纷对该案进行了介绍、报道。

■ 小结

长期以来，在涉外知识产权争议中，中方企业往往扮演的是加害方、侵权人等负面角色；外方企业则以受害方、权利人的正面形象出现。为此，我国本土企业交了不少学费，也慢慢学会了运用国际通行的规则进行企业经营、运作。

该案正是我国民族企业通过多年的自主创新和知识产权积累，运用知识产权国际规则，对国际知名老牌企业进行阻击，并最终全面获胜，站到了全球产业链的高端。从中国制造到中国创造，从请进来到走出去，从被动挨打者到命运主宰者，中国民族企业的这些变化在该案得到了很好体现。为此，媒体对该案予以了充分关注，中新社、《新快报》《信息时报》等媒体对该案进行了报道，《中国知识产权报》更是在2012年2月10日、2012年2月15日连续通过新闻、专版等方式对原告善用知识产权战略进行了报道。律师凭借其扎实的专业知识和技能，运用了恰当的诉讼策略，在该案中牢牢地掌握着主动权，并最终实现了全部诉讼目的。

■ 法律链接

《中华人民共和国专利法》（2000年）第十一条、第二十二条。

特征不明　综合认定

——深圳市宝安区松岗文麦电子厂与专利复审委员会等实用新型专利权无效宣告行政纠纷案*

王广华

> 在专利复审委员会认定有效的情况下，三环受文麦厂委托提起行政诉讼，经过一审、二审，最终权利要求1-3全部被宣告无效。该案对于如何认定对比文件中没有明确文字描述的技术特征具有借鉴意义。在没有文字描述的情况下，认定对比文件是否揭示了本专利的技术特征具有一定的难度，也容易产生争议。通过该案，可以明确，现有技术揭示的内容，除了文字明确记载的信息外，还包括本领域技术人员可以"直接地、毫无疑义地"确定的内容。
>
> 该案还对无效宣告与行政诉讼的程序衔接具有积极的推动作用。在专利复审委员会认定"在本专利权利要求1具备创造性的情况下，其从属权利要求2、权利要求3也具备创造性"的情况下，法院有权直接对从属权利要求的创造性进行审查，程序合法。

■ 案情简介

一、专利无效宣告请求及无效决定

被请求人群光电子股份有限公司（以下简称"群光公司"）于1998年9月25日申请了一个名称为"具有补强体的弹性元件"的实用新型专利，该专利于2000年1月12日授权公告，专利号为98240877.3。

群光公司认为深圳市宝安区松岗文麦电子厂（以下简称"文麦厂"）侵犯其上述专利权，向深圳市知识产权局提出调处请求。

请求人文麦厂向专利复审委员会提出了无效宣告请求，其理由是涉案专利权利要求1-3不符合《专利法》第二十二条的规定。其对比文件为：德国19529492号专利说明书（以下简称"证据1"），公开日为1997年2月13日。

请求人认为证据1公开了一个可稳定运作的简化键盘橡胶皮，且该证据公开了涉案

---

* 该案入选广东省律师协会主编的广东律师系列丛书《智慧的较量　知识产权案例评述与诉讼技巧》。

专利权利要求1的全部技术特征。因此，涉案专利权利要求1相对于证据1不具有《专利法》第二十二条第二款规定的新颖性。不具有新颖性，当然也就不具有创造性。权利要求2、权利要求3则是各自在权利要求1的基础上，进一步限定该补强体的形状为凸柱状或长条状。但该限定并不能为被请求案带来任何与对比文件不同的实质性特点和进步，而且这种凸柱状或长条状的形状设计是显而易见的，因此，权利要求2、权利要求3均不具有创造性。

被请求人认为证据1与本专利是明显不同的技术方案，涉案专利具有新颖性，并具有创造性。

专利复审委员会合议组对该案进行审查，经审查作出了《第8180号无效宣告请求审查决定书》（以下简称"8180号无效决定"），合议组认为，证据1的技术方案与涉案专利的技术方案存在下述区别：从证据1可以看到请求人所称的"补强体"是一个圆盘，数量是一个；涉案专利权利要求1明确限定其补强体有复数个。涉案专利权利要求1的技术方案中，弹性本体与连结部衔接处设有补强体，而证据1中的"补强体"设置于橡胶弹性体10上方水平方向设置的肩部下侧，与弹性体10之间有一定的间隔。如上所述，证据1与涉案专利权利要求1的技术方案存在明显区别，上述区别不属于惯用手段的直接置换。证据1的技术方案在保持键盘橡胶片的性能稳定的前提下减少了橡胶用量降低了制造费用，涉案专利的技术方案则是解决了连结部易断的问题，可见它们要解决的技术问题不同。综上所述，涉案专利权利要求1相对于证据1而言，其要解决的技术问题、技术方案都不相同，存在较大差异因而具有新颖性。在涉案专利权利要求1具备新颖性的情况下，其从属权利要求2、权利要求3也具备新颖性。

合议组同时认为：证据1中没有请求人所称的"补强体"的任何相关文字描述，也没于关于上述圆盘的功能的描述。本技术领域的普通技术人员不能根据证据1显而易见地导出上述特征。涉案专利权利要求1中的技术方案解决了连结部容易断裂的问题，具有有益的技术效果。涉案专利权利要求1所描述的结构相对于证据1所公开的内容而言是非显而易见的，在技术上具有进步性。可见，涉案专利权利要求1具备创造性。在权利要求1具备创造性的情况下，其从属权利要求2、权利要求3也具备创造性。

决定维持98240877.3号实用新型专利权有效。

二、专利无效宣告行政诉讼一审

文麦厂（原告）不服8180号无效决定，向北京市第一中级人民法院起诉，其起诉的主要事实和理由：

1. 8180号无效决定认为原告的证据1中的补强体不是设置在连结部与弹性本体的连接处，这种认定是错误的。根据第三人专利权利要求中所述，连结部与弹性本体的连接处指的是连结部正下方与弹性本体相连接的部位。该案中，证据1的补强体正是设置在连结部底部与弹性本体相连接的部位的正下方区域内，也就是设置在连结部与弹性本体的连接处，完全揭示了第三人专利权利要求1所界定的相应技术特征。

2. 8180号无效决定认为原告的证据1中，对图式中的"补强体"没有文字描述，而不是补强体，这种认定是错误的。该"补强体"在连结部与弹性本体连接处的正下方区域内，从工艺设计的角度考虑，在这特定的位置设置该构件，其目的显然是保护弹性本体长期、经常性的受力变形/回复过程中，最易疲劳折断的部位而设计的，这是工艺设计者所公知的。也正因为这是公知常识，因此，证据1不必加以任何文字性描述，读者均可获知该技术内容。因此，证据1的"补强体"完全起到第三人专利中补强体的作用，二者是相同的。

3. 8180号无效决定认为证据1"补强体"是个圆盘，只有一个，这认定是失之偏颇的。

4. 相对于证据1，第三人的专利不具有创造性。原告认为，第三人专利与证据1唯一的区别仅在于，证据1未明确揭示该补强体的数目的多少，而第三人专利明确界定为是"复数个"。显然，在该案中，从第三人专利说明书中的技术背景到发明目的，再到实施方案和有益效果，都可知道"补强体设置为复数个"并不能给第三人专利带来实质性特点和进步，因此，第三人专利不具有创造性。

被告专利复审委员会坚持其无效审查决定的意见。

第三人群光公司未提交书面陈述意见，其在庭审中表示同意被告的答辩意见，请求维持8180号无效决定。

北京市第一中级人民法院的认定和判决如下：

证据1中公开了橡胶弹性体10，从其附图2中可明显看出，在其连结部下方的弹性本体与触动体11之间，也就是橡胶弹性体的强度最薄弱的部位设有一体成型的橡胶件。该橡胶件在连结部与弹性本体连接处的正下方区域内。从工艺设计的角度考虑，在该特定位置设置橡胶件显然能够起到在频繁的受力变形/回复原位的过程中保护弹性本体最易疲劳损坏的部位的作用。具体来说，就是当弹性本体受力变形再到不受力回复原位的过程中，该橡胶件必然会在该连结部与弹性本体连接处提供补偿和缓冲，进而延缓该连接处的疲劳损伤。因此，虽然证据1没有关于"补强体"的任何明确的文字性记载，但这属于本领域技术人员的基本常识。原告文麦厂关于证据1所揭示的橡胶件相当于本专利中补强体的主张成立，本院予以支持。

从证据1中不能直接地、毫无异议地得出一体成型的补强体的数量是复数个的结论，因此本专利相对于证据1具备新颖性。

由前述分析可知，本专利与证据1相比的区别之处在于：本专利中补强体的数量是复数，而证据1中为1个。对于本领域技术人员而言，将证据1的圆环柱形橡胶件沿圆周壁以一定间隙间隔分成多个部分属于常规设计手段的选择，其目的是节省材料降低制造成本。因此，在证据1的基础上结合本领域技术人员的常规设计手段进而得到本专利权利要求 1 所要求保护的技术方案是显而易见的，并且"补强体设置为复数个"也未给本专利带来实质性特点和进步。因此，本专利权利要求 1 不具有实质性特点和进步，不符合《专利法》第二十二条第三款关于创造性的规定。

权利要求 2、权利要求 3 对补强体的形状作了进一步的限定，而将证据 1 的圆环柱形补强体沿圆周壁以一定间隙间隔分成少量的几个，如大于 60 度的部分，或更多数量时，如小于 15 度的部分后所形成的各补强体的形状要么是长条状，要么是凸柱状，对于本领域技术人员而言，这是显而易见的。在其引用的权利要求 1 不具备创造性的情况下，权利要求 2、权利要求 3 也不具备实质性特点和进步。

为此，判决撤销被告作出的 8180 号无效宣告请求审查决定，宣告 ZL98240877.3 号实用新型专利权全部无效。

三、专利无效宣告行政诉讼二审

1. 专利复审委员会不服一审判决，提出上诉，其上诉的主要事实和理由为：

（1）一审判决法律适用程序错误。专利复审委员会在 8180 号无效宣告请求决定中认为涉案专利的权利要求 1 具备创造性，在此基础上，其从属权利要求 2、权利要求 3 也具备创造性。在以上的行政行为中，专利复审委员会并未对从属权利要求 2、权利要求 3 的技术方案进行审查。而一审行政判决则直接认定权利要求 2、权利要求 3 的方案不具备创造性，并直接宣告权利要求 2、权利要求 3 无效，该司法审判所审理的范围超出了原行政行为的范围，并且对专利权人造成了审级上的损失，明显不妥。

（2）一审判决事实认定、法律适用错误。证据 1 的附图中，橡胶弹性体 10 和触动体 11 之间的橡胶件的名称、功能在证据 1 的文字部分没有任何记载，其数量也并非涉案专利权利要求 1 中所限定的"复数个"。涉案专利是实用新型专利，其发明点就在于"弹性补强体"，在其独立权利要求有包括发明点在内的数个特征没有被一篇对比文件明确公开的情况下，直接认定该权利要求不具备创造性的做法是违背《专利法》所规定的实用新型专利创造性判断标准的。

从属权利要求 2、权利要求 3 对弹性补强体作出了进一步的限定，这些限定特征同样未被证据 1 公开。认定权利要求 2、权利要求 3 不具备创造性违背了专利法所规定的实用新型专利创造性的判断标准。

2. 群光公司也不服一审判决，提出上诉，其上诉的主要事实和理由与专利复审委员会的理由一致。

3. 北京市高级人民法院的认定和判决：

本案争议的焦点在于：本专利权利要求 1 是否具有创造性；一审法院对权利要求 2、权利要求 3 的创造性进行评判是否违反了法定程序。

本专利与证据 1 相比的区别之处在于：本专利权利要求 1 中补强体的数量是复数个，而证据 1 中橡胶弹性体为 1 个，二者均是环绕键帽设置的橡胶体。本专利权利要求 1 中补强体的作用是提高最容易断裂、破损的衔接处的强度，使弹性元件具有较长的使用寿命。而证据1中公开了橡胶弹性体10，从附图2中可以看出，该橡胶弹性体位于弹性本体与键帽头11之间，可以在二者连接处提供补偿和缓冲，进而提高该连接处的强度，起到与本专利权利要求1中补强体同样的加强筋作用。本专利权利要求1中的补强体与证据1中的橡胶弹性体10的位置、作用均相同。本领域技术人员将证据1的圆环柱形橡胶件沿圆周壁以一定间隙间隔分成多个部分属于常规设计手段的选择，在证据1的基础上结合本领域技术人员的常规设计手段进而得到本专利权利要求1所要求保护的技术方案是显而易见的，"补强体设置为复数个"未给本专利带来实质性特点和进步，不符合《专利法》第二十二条第三款关于创造性的规定。本专利权利要求2、权利要求3对补强体的形状作了进一步的限定，并未带来实质性特点和进步，因此，不符合《专利法》第二十二条第三款关于创造性的规定。

在行政程序中当事人已经对本专利权利要求2、权利要求3的创造性，进行了实质性诉辩，专利复审委员会基于独立权利要求与从属权利要求之间的逻辑关系认定权利要求2、权利要求3也具备创造性，所以专利复审委员会对此进行了审理和判定。在一审法院审理过程中，针对原告的起诉请求和理由，被告与第三人均陈述了意见，故一审法院对本专利权利要求2、权利要求3的创造性进行认定，在审理程序上并无不当。

二审判决驳回上诉，维持原判。

■ 办案心得

专利权人群光公司以文麦厂侵犯其专利权为由向深圳市知识产权局提起调处，三环代理被告委托，经检索找到证据1，并以此为对比文件向专利复审委员会提出无效宣告请求，同时，代理律师当时还提交15份证据证明本专利在申请以前就已有相同结构的产品在国内公开销售和使用，但由于提交的国内公开销售的证据组成证据链有一定难度，经慎重考虑，决定将重点放在证据1上，将证据1与本专利的技术特征进行仔细的对比，说服法官接受我方的观点。事实证明，这个策略是正确的。一审、二审法院都接受了我方的观点。如果当时未有所取舍的话，或将过多的精力放在其他的十多份证据上，对证据1没有过多地去分析的话，可能效果没有现在好。代理该案有如下两点体会。

一、如何认定在对比文件中没有明确文字描述的技术特征

该案中，专利复审委员会与一审、二审法院的认定有很大的不同。专利复审委员会认为，证据1中没有请求人所称的"补强体"的任何相关文字描述，也没有关于上述圆盘（即请求人所称的"补强体"）的功能的描述，本技术领域的普通技术人员不能根据证据1显而易见地导出本专利的"补强体"的特征。而一审、二审法院则认为，虽然证据1没有关于"补强体"的任何文字性记载，但本专利权利要求1中的补强体与证据1

中的橡胶弹性体10的位置、作用均相同，这属于本领域技术人员的基本常识。因此，认定对比文件揭示了补强体的技术特征。

代理律师认为，一审、二审法院的观点是正确的，而反观专利复审委员会的观点则较片面。在没有文字描述的情况下，认定对比文件是否揭示了涉案专利的技术特征，要全面地分析该技术特征与涉案专利技术特征的异同，结合公知常识等，客观地认定是否相同，而不应以是否有文字描述为基础。在综合分析上述技术特征的情况下，如相同，即使没有文字记载，也同样可以认定对比文件揭示了涉案专利的技术特征。具体到该案：

由涉案专利的背景技术可知，早期对弹性元件产品的工艺设计中，连结部与弹性本体的衔接处不会设置任何结构，而证据1的发明目的也是要尽量减少材料用量，因此，证据1上的橡胶弹性体10的结构设计，如果没有任何作用和意义，那显然不但与早期的涉案专利的背景技术所介绍的工艺设计思路相冲突，更是与证据1的发明目的相冲突的。因此，证据1上橡胶弹性体10的结构的设计，是有其作用的。而最容易断裂、破损的位置通常是材料壁最薄的部分，为延缓这种老化断裂，有效的手段之一就是在该最薄的部分加设一些补强结构，如补强该连接部位的材料壁厚。这一点，是材料力学和工艺设计中非常基本的知识，也是人们日常生活中的公知常识。

证据1中连结部与弹性本体的衔接处的内角位置下方设置橡胶弹性体10结构，橡胶弹性体10的设计，其显然是出于保护弹性本体长期、经常性的受力变形/回复过程中，该内角位置易疲劳折断目的而设计的，而起到对内角的壁厚的弥补作用，具体来说，就是当弹性本体受力变形再到不受力回复原状的整个过程中，该橡胶弹性体10在该内角位置提供力的补偿和缓冲，而延缓该衔接处的疲劳损伤。因此，橡胶弹性体10客观上起到了延缓弹性本体与连结部的衔接处老化断裂的补强体的作用。

虽然，证据1无相关文字对橡胶弹性体10的名称和功能作表述，但只要由从上述图式中橡胶弹性体10的结构及其相应位置的设计，本领域技术人员均可知悉该技术内容。

因此，证据1的橡胶弹性体10起到了对衔接处补强的作用，是补强体。

二、一审判决直接认定从属权利要求2、权利要求3不具有创造性程序是否合法

专利复审委员会认为其未对从属权利要求2、权利要求3的技术方案进行审查。而一审直接认定权利要求2、权利要求3的方案不具备创造性，并直接宣告权利要求2、权利要求3无效，程序不合法。

二审法院认为，在行政程序中当事人已经对本专利权利要求2、权利要求3的创造性进行了实质性诉辩，专利复审委员会对此进行了审理和判定。在一审过程中，针对原告的起诉请求和理由，被告与第三人均陈述了意见，故一审法院对涉案专利权利要求2、权利要求3的创造性进行认定，程序上合法。

在实践中，经常遇到专利复审委员会的无效决定中认定"在本专利权利要求1具备创造性的情况下，其从属权利要求2、权利要求3也具备创造性"。但这里有一个问题，

如法院认定诉争专利权利要求 1 不具有创造性时，是否有权直接对从属权利要求进行审查，程序上是否合法。我们认为，如请求人明确提出诉争专利全部无效（包括独立权利要求和从属权利要求），而专利复审委员会的无效决定中认定"在本专利权利要求 1 具备创造性的情况下，其从属权利要求 2、权利要求 3 也具备创造性"的情况下，法院有权直接对从属权利要求的创造性进行审查，程序合法。理由如下：

请求人明确提出了诉争专利全部无效，诉争的专利权人应对其进行抗辩，如不抗辩则视为其认可请求人的观点。而专利复审委员会应对其双方的观点进行审查和认定。专利复审委员会的评价为："在本专利权利要求 1 具备创造性的情况下，其从属权利要求 2、权利要求 3 也具备创造性。"对此，可以按如下理解：专利复审委员会认为的从属权利要求 2、权利要求 3 具备创造性的前提是权利要求 1 具备创造性，而权利要求 2、权利要求 3 的进一步限定并不会带来实质性特点和进步。正如该案二审判决认定："专利复审委员会基于独立权利要求与从属权利要求之间的逻辑关系认定权利要求 2、权利要求 3 也具备创造性，所以专利复审委员会对此进行了审理和判定"。专利复审委员会认为其没有对从属权利的创造性问题进行审查显然是错误的，也是自相矛盾的。既然请求人提出从属权利不具有创造性，那为何专利复审委员会对此不进行审查？既然专利复审委员会对从属权利的创造性进行了审查和判定，法院对该行政行为进行审查，程序上显然是合法的。否则，如专利复审委员会所述的那样，发回专利复审委员会重新对从属权利的创造性再进行审查，这无形中增加了当事人的诉讼成本，也浪费了司法资源。

■ 小结

在没有文字描述的情况下，认定对比文件是否揭示了涉案专利的技术特征，要全面地分析该技术特征与涉案专利技术特征的异同，结合公知常识等，客观地认定是否相同，而不应以是否有文字描述为基础。在综合分析上述技术特征的情况下，如相同，即使没有文字记载，也同样可以认定对比文件揭示了涉案专利的技术特征。

另外，建议法院给专利复审委员会提出司法建议，要求专利复审委员会遇到请求人提出诉争专利全部无效（包括独立权利要求和从属权利要求）的情况下，专利复审委员会不能笼统地认定"在本专利权利要求 1 具备创造性的情况下，其从属权利要求 2、权利要求 3 也具备创造性"，而应对权利要求 1 不具备创造性的情况下，对从属权利要求的创造性等进行审查和认定。这有利于明确各方的权利义务，并彻底解决有关程序衔接的问题。

■ 法律链接

《专利法》第二十二条第二款、第二十二条第三款。

层层递进　拨云见日

——南昌欧菲光科技有限公司诉某触摸屏生产商侵犯专利权案*

熊永强　李光金　左菁

> 该案为一起专利侵权纠纷，三环代理原告在一审、二审阶段均获得了胜利，法院认定被告侵犯涉案专利权，判决被告停止侵权行为，赔偿原告经济损失 100 万元。
>
> 该案对被诉侵权产品是否落入涉案专利保护范围，以及被告是否实施侵权行为进行了详细深入的讨论。对被诉侵权产品为终端产品中零部件的情况下如何证明被告实施了侵权行为，权利要求中技术特征因表达方式的原因具有模糊性的情况下如何正确厘清权利要求保护范围方面，具有参考借鉴意义。

■ 案情简介

南昌欧菲光科技有限公司（原告）为以新型显示技术光电元器件研发及生产为主业的高科技公司，苏州维业达触控科技有限公司（被告）为致力于大尺寸投射式电容触摸屏的研发与制造的触摸屏生产商，原告和被告均涉及触摸屏的研发与制造，在产品和市场上高度重叠。原告经过市场监控发现，被告的产品使用了原告多项专利的技术方案，侵犯了原告的专利权。

2015 年 12 月，原告以其名下第 201220206024.9 号实用新型（以下简称"涉案专利"）在长沙市中级人民法院起诉被告侵犯其专利权，提出诉讼请求：（1）判令被告立即停止侵犯原告涉案专利权的侵权行为；（2）判令被告赔偿经济损失合计人民币 500 万元，此外，原告还同时以其名下另外两件专利起诉被告，提出的诉讼请求均为停止侵权行为，赔偿经济损失 500 万元。

因权利要求 1 中具有无法目测比对、需借助专业仪器检测的技术特征，庭审中，双方一致同意对涉案专利与被诉侵权产品进行技术鉴定，最终长沙市中级人民法院委托北京菲沃德知识产权司法鉴定中心进行技术鉴定，该鉴定中心出具司法鉴定意见书，载明："原告公证购买的 ACER 液晶显示器中的解摸面板具备 ZL201220206024.9 '金属网格导电层及其具备该导电层的触摸面板'实用新型专利权 1、2、5、6、9 所述的技术特征"。

---

* 生效号：(2017) 湘民终 658 号。

2017年6月，长沙市中级人民法院作出一审判决：（1）被告立即停止制造、销售侵害原告 ZL201220206024.9 实用新型专利权的产品的行为；（2）被告发生法律效力之日起十日内赔偿原告经济损失 100 万元及维权合理支出 159560 元。

2017年7月，被告不服湖南省长沙市中级人民法院（2015）长中民五初字第 2069 号民事判决，向湖南省高级人民法院提起上诉。2017年11月，湖南省高级人民法院开庭审理，并于 2018 年 1 月发出（2017）湘民终 658 号《民事判决书》，判决如下：驳回上诉、维持原判。

原告提起诉讼的三件涉案专利涉及触控导电膜的生产技术。在过去近二十年，透明导电膜都是由一种叫氧化铟锡（ITO）的材料制作的。ITO 中关键成分是一种叫作铟的稀土材料，铟的价格每千克需要上千美元，非常昂贵。在传统触摸屏制作过程中，通常需要导电层沉积、光刻蚀刻制作触控图形电极与引线印制等多个步骤来完成，工艺步骤比较复杂，并且化学溶剂进行蚀刻，不仅造成 ITO 材料浪费，而且也容易造成环境污染。原告作为触控屏领域的领先者，在长期的生产实践中通过试验、总结和反复论证，发明了以金属网格作为导电层的专利技术，解决了传统触摸屏长期以来存在的关键性、共性的技术难题，并布局了超过 300 件的专利。截至 2015 年，国内仅有少数公司实现了金属网格技术的量产。该案件是金属网格触摸屏行业影响力较大的案件。

■ 办案心得

该案经过了近三年的准备和努力，最终取得胜利。在案件审理过程中，当事人双方争议焦点为：（1）被告是否实施了制造、销售被诉侵权产品的行为；（2）被诉侵权技术方案是否落入涉案专利的保护范围。

一、被告是否实施了制造、销售被诉侵权产品的行为

该案中，公证购买的终端产品为 ACER 触控显示器，被诉侵权产品系 ACER 触控显示器的触控屏，也即被诉侵权产品系 ACER 触控显示器的零部件，我方通过以下证据证明被告为侵权产品的生产商、销售商。

首先，委托代理人通过公证购买并在公证员的监督下将其中一台显示器拆解，可以看到显示器的外观，以及从显示器上拆解获得的触摸屏上标注有型号 IVT-B-AG27002D-A0-MIR-F。其次，被告的主页在"维业达触控科技"字体旁边显示了"IVT"字样；苏州维业达触控科技有限公司主页的"关于我们"栏目，公司简介表明，苏州维业达触控科技的英文名称是 IVTouch，IVTouch 是苏州维业达触控科技的代称，结合在"维业达触控科技""IVTouch"字体旁边显示的"IVT"字样，可以确定，"IVT"是苏州维业达触控科技有限公司的简称、即非注册 LOGO。另外，苏州维业达触控科技有限公司主页的"产品中心"栏目中，对高灵敏度大尺寸电容触屏 IVTP 这款产品进行介绍时声明"向宏

碁电脑 Acer 提供 23″-27″ 显示器的 10 点电容触控屏",且宏碁电脑公司使用触控屏制作的显示器的外观与公证购买的侵权产品外观一致。而公证购买的宏碁显示器上拆解获得的触摸屏上也正好标注"IVT"字样的序列号,因此,可以确定被告生产,并向宏碁电脑销售了触控屏,供宏碁电脑制造原告公证购买的显示器。

虽然被告辩称"IVT"不是其申请的商标,但其不能证明"IVT"的商标所有人生产了触摸导电膜,而在触控液晶显示器中的导电膜领域,除被告以外没有第二家公司的产品序列号前缀为"IVT",并且在导电膜上标识包括公司简称或缩写的序列号系行业惯例;被告声称其产品上并不会标明"IVT",但在其完全可提供实际产品进行抗辩的情况下,在长达三年的诉讼过程中均拒不提交其实际产品;此外被告还通过"原告并未通过美国亚马逊网站或宏碁公司购买被诉侵权产品,该产品来源与苏州维业达公司网站记载不符……"等没有提供证据、不具备关联性的多个理由进行抗辩,均不能构成实质性抗辩,无法达到其证明目的。

因此,基于以上证据事实,法院认为被诉侵权产品的导电膜系被告制造、销售存在高度可能性,认定被控侵权产品的导电膜系被告生产和销售。

二、被诉侵权技术方案是否落入涉案专利的保护范围

涉案专利权利要求 1 记载的内容为:一种金属网格导电层,该导电层表面包括透明电极区域和电极引线区域,所述透明电极区域具有由金属构成的网格,其特征在于,所述电极引线区域具有由含金属成分的导电材料构成的网格;所述网格由填充于沟槽中的含金属成分的导电材料构成。

被告认为"涉案专利中权利要求是封闭式的'由金属构成的网格',现在被控侵权产品的检测结果显示里面有碳、氧,不是纯银,所以没有落入专利的保护范围"。

针对被告的抗辩理由,首先,涉案专利权利要求 1 中"由金属构成"与"含金属成分的导电材料"的含义是一致的,关于这一点原告在涉案专利无效程序的庭审中有主张过,专利复审委员会并没有在涉案专利的无效宣告审查决定中否认其"由金属构成"不可以扩大解释为"含金属成分",该技术特征并不是封闭式的描述。

其次,在涉案专利权利要求 1 中,"透明电极区域具有由金属构成的网格",这里的"网格"指的是能传导触控信号、实现触控感应的金属细线(例如银线),不传导电信号的部分不是涉案专利权利要求 1 中所定义的"网格"。具体到被诉侵权产品,鉴定意见书中观察的网格实际上是包括传导电信号的金属银(即权利要求 1 中定义的"网格")、脱模过程中残留在沟槽中的聚合物、为了抑制光反射而加入的小量消光材料例如少量的碳粉,以及其他在实现制作过程中因污染带入的其他材料等。而根据鉴定意见书中透明电极区域能谱分析结果可以看,透明电极区域仅存在银元素(Ag)、碳元素(C)、氧元素(O)(Pt 为检测而引入),碳元素(C)、氧元素(O)主要是由透明基质(有机物)所带来,透明电极区域的沟槽中可能存在金属银、氧化银、碳三者的混合物。然而,碳、氧化银的导电性差,而透明电极区域的触控灵敏度取决于导电线的导电率,因此对于高灵敏度的触控导电膜来说,不可能仅采用氧化银作为导电膜的导电线,其中必然有金属银,并且业界没有采用纯氧化银作为导电材料填充于沟槽中形成导电网格的先例,而采用导电银浆或纳米银浆形成导电膜的导电线才是业界最常规、最普遍的做法。因此,根据鉴定报告中关于透明电极区域能谱分析结果,可以确定透明电极区域的网格中肯定存在金属银。这就是说,被诉侵权产品导电膜的透明电极区域具有网格状的金属银线,也即被诉侵权产品具有涉案专利权利要求 1 中的特征"透明电极区域具有由金属构成的网格"。

■ 小结

该案的被诉侵权产品并非消费者可以购买获得的终端产品,而是应用于终端产品中的零部件:触摸屏,因此需要通过严密的证据链条将该零部件明确指向被告。该案中以触摸屏标识型号中的"IVT"为媒介,而被告网站上多处细节表明"IVT"是其 LOGO,以及被告网站上宣传其为该案所公证购买终端产品:宏碁电脑提供触摸屏,因此将触摸屏与被告联系起来,证明被告系被诉触摸屏的生产、销售商。该案权利要求 1 中因技术特征"由金属构成的网格"表达方式上的模糊性给权利要求的保护范围带来不确定性,使得被告具有抗辩的机会,但通过结合说明书的记载以及该案所涉及的技术背景,从而正确理解权利要求 1 的含义,被诉侵权产品落入权利要求 1 的保护范围。

该案中,三环代理人通过深入、全面的准备工作,在起诉前对案件的关键点进行预判,在案件进行中根据案件的推进不断地完善,对于侵权证据、权利要求的解释等争议焦点做了充足、详尽的准备,有力地反驳了被告的狡辩,最终获得了胜利。

■ 法律链接

《最高人民法院关于审理侵犯专利权纠纷案件应用法律若干问题的解释》(法释〔2009〕21 号)第七条;

《最高人民法院关于审理侵犯专利权纠纷案件应用法律若干问题的解释(二)》(法释〔2016〕1 号)第六条;

《最高人民法院关于适用〈中华人民共和国民事诉讼法〉的解释》(法释〔2015〕5 号)第一百零八条第一款。

抓住漏洞　否掉专利

——哈药诉永宁专利无效行政纠纷案*

付静　肖宇扬

浙江永宁药业于 2016 年在哈尔滨市中级人民法院起诉哈药集团制药总厂头孢替安原料药制备方法专利侵权，并申请法院自国家药监局调取哈药总厂头孢替安原料药的原始注册工艺，以与永宁药业的专利方法进行比对。为避免其药品注册相关商业秘密信息因诉讼案件被泄露，哈药总厂将案件应诉的重点放在了对永宁药业的专利提起无效宣告请求这一策略上。在无效案件中，在先的对比文件虽然并未公开涉案专利全部的特征，两者存在区别技术特征，但是我方敏锐发现这些区别技术特征得不到说明书相关实施例和专利权人自己所提交的对照例的数据支持，基于此，审查员虽然并未以权利要求得不到说明书支持的理由将专利无效，但却认定这些区别技术特征并不能带来专利权人在无效程序中所声称的预料不到的技术效果，进而认定其不具有创造性并将涉案专利宣告全部无效，哈药集团制药总厂也避免了需要提交或者被调取原料药原始注册工艺的风险。

该案对于药品及药品工艺方法专利的无效提供了借鉴和参考，药品及药品工艺方法专利往往保护范围很大，但是在专利撰写和申请时，却经常或主观或客观地忽视了过大的专利保护范围与说明书实施例数据的对应关系和支持关系，在这种情况下，涉案专利与对比文件虽然存在区别技术特征，但是，如果专利权人所声称的这些区别技术特征的技术效果并不能得到说明书实施例的支持，或者与说明书相关实施例相矛盾，则这些区别也不能为涉案专利带来创造性。该案还对如何辩证地利用专利的实质性缺陷去论证其不具有创造性提供了借鉴和参考。

■ 案情简介

一、案件背景

浙江永宁药业股份有限公司（以下简称"永宁药业"）于 2016 年在哈尔滨市中级人民法院以专利号为"200710036883.1"、名称为"一种头孢替安盐酸盐制备方法"发明专利起诉哈药集团制药总厂（以下简称"哈药总厂"）构成侵权，并申请法院自国

---

* 生效案号：（2018）京行终 2529 号。

家药监局调取哈药总厂头孢替安原料药的原始注册工艺,以与永宁专利技术工艺进行比对。

哈药总厂作为被告可以主要从两方面入手进行应诉,一方面是进行不侵权抗辩;另一方面是提起专利无效。如果进行不侵权抗辩,则其不可避免需要提交自己的原料药原始注册工艺,这些工艺无疑属于哈药总厂自己的商业秘密,能避免提交自然是尽量避免提交。为此,哈药总厂决定将应诉的重点聚焦于专利无效这一策略上。

二、涉案专利

专利号:ZL200710036883.1

名称:一种头孢替安盐酸盐制备方法

申请日:2007年01月26日

授权公告日:2011年11月16日

专利权人:浙江永宁药业股份有限公司

权利要求1如下:

1. 一种头孢替安盐酸盐的制备方法,其特征在于:包括如下步骤:

(1) 以ATA为原料制备ATC·HCl结晶

将ATA原料加入溶剂后通入干燥氯化氢气体,然后加入氯化剂,温度为0-30℃,反应结束后滤出ATC·HCl结晶;

(2) 以ATC·HCl为原料直接合成头孢替安盐酸盐

将7-ACMT加碱溶于含水溶剂中,加入ATC·HCl酰化反应,温度-10~35℃,反应结束后分出有机溶剂,在水相中加入盐酸,加入亲水溶剂,用量为水层体积的3-6倍,析出头孢替安盐酸盐结晶

2. 根据权利要求1所述的一种头孢安盐酸盐的制备方法,其特征在于:步骤(1)中氯化氢气体的通入量为ATA摩尔数的5-15倍。

3. 根据权利要求1所述的一种头孢替安盐酸盐的制备方法，其特征在于：步骤（1）反应温度是0-15℃。

4. 根据权利要求1所述的一种头孢替安盐酸盐的制备方法，其特征在于：步骤（2）有机溶剂选自二氯甲烷、三氯甲烷、二氯乙烷或乙腈中的一种。

5. 根据权利要求1所述的一种头孢替安盐酸盐的制备方法，其特征在于：步骤（2）中碱是碳酸钠、碳酸氢钠、三乙胺或三丁胺。

6. 根据权利要求1所述的一种头孢替安盐酸盐的制备方法，其特征在于：步骤（2）中亲水溶剂是乙醇、异丙醇或丙酮。

7. 根据权利要求1所述的一种头孢替安盐酸盐的制备方法，其特征在于：步骤（2）反应温度是0-3℃。

8. 根据权利要求1或2所述的一种头孢替安盐酸盐的制备方法，其特征在于：步骤（1）中氯化氢气体的通入量为ATA摩尔数的8-12倍。

三、无效情况

该案权利要求1保护一种头孢替安盐酸盐的制备方法，其包括步骤（1）以ATA为原料制备ATC·HC1结晶，和步骤（2）以ATC·HC1为原料，与7-ACMT直接合成头孢替安盐酸盐，所述方法的反应流程如下所示（参见涉案专利说明书第0014段）：

在无效程序中，专利权人将从属权利要求2的特征删除，将权利要求8的技术特征补入权利要求1，其中权利要求2、权利要求8的技术特征分别为：

2. 根据权利要求1所述的一种头孢替安盐酸盐的制备方法，其特征在于：步骤（1）中氯化氢气体的通入量为ATA摩尔数的5-15倍。

......

8. 根据权利要求1或2所述的一种头孢替安盐酸盐的制备方法，其特征在于：步骤（1）中氯化氢气体的通入量为ATA摩尔数的8-12倍。

基于上述修改，实际上就在权利要求1的步骤（1）中进一步限定了氯化氢气体的通入量，专利权人的用意是意图说明氯化氢气体的通入量对于反应纯度和收率有影响，涉案专利的收率更高。

对比文件1 "KR0159833" 涉及以式Ⅲ和式Ⅱ化合物酰化反应合成式Ⅳ化合物，根据需要进行除去保护基反应，得到式Ⅰ头孢菌素衍生物二盐酸盐的制备方法：

对比文件1的实施例1、实施例5和实施例7公开了以 ATA·HCl 为原料，酰氯化得到 ATC·HCl（实施例1），再与 7-ACMT 反应得到头孢替安（实施例5），然后转化为头孢替安二盐酸盐的方法（实施例7）。经计算可知，实施例1、实施例5和实施例7的收率分别为 77.43%、81.04% 和 80.73%，因此，对比文件1三步骤的总收率为 50.66%。

无效决定书认定了涉案专利相较于对比文件1的三点区别：（1）该专利步骤1采用 ATA 先与干燥 HCl 气体成盐，再酰氯化得到 ATC·HCl 结晶，并且其中干燥 HCl 气体通入量是 ATA 的 8-12 倍，而证据Ⅱ-1（即对比文件1）直接用 ATA·HCl 盐酰氯化得到 ATC·HCl 化合物；（2）本专利步骤1酰氯化的反应温度 0-30℃，而证据Ⅱ-1是 -40℃；（3）7-ACMT 和 ATC·HCl 的酰化反应结束后的处理不同，该专利是分出有机溶剂，在水相中加入盐酸，加入亲水溶剂，用量为水层体积的 3-6 倍，析出头孢替安盐酸盐结晶；而证据Ⅱ-1是"过滤除去滤饼……得到头孢替安，在经加丙酮和浓盐酸……"等处理后，得到头孢替安的盐酸盐。

上述区别特征主要为两点：（1）对比文件1并未公开权利要求1中步骤1以 ATA 先与干燥 HCl 气体成盐的步骤，换言之，对比文件1主要是公开了权利要求1中的步骤2，以 ATC·HCl 为原料直接合成头孢替安盐酸盐的步骤，在专利权人修改了权利要求内容之后，更进一步未公开步骤1中所增加的技术特征，即其中干燥 HCl 气体通入量是 ATA 的 8-12 倍。（2）区别特征（3）即 7-ACMT 和 ATC·HCl 的酰化反应结束后的处理不同。

关于上面的第（1）点区别，对比文件2 "US4254260" 公开了使用 ATA 与氯化氢气体反应得到盐酸盐，随后与氯化剂五氯化磷进行酰氯化反应以制备 ATC·HCl 的方法，也就是说对比文件2公开了权利要求1中步骤1的内容，那么，对比文件1结合对比文件2就公开了权利要求1的完整的两个步骤。但是对比文件2仍然并未公开专利权人修改后补入权利要求1的技术特征"氯化氢气体的通入量为 ATA 摩尔数的 8-12 倍"，这一区别技术特征被专利权人大做文章，认为步骤1中 HCl 的特定用量结合权利要求1中的其他特征实现了简化制备过程并提高总收率的技术效果。

尽管对比文件1、对比文件2并未提及HCl的用量,但本领域技术人员能够知道,某一反应物(通常是价格更便宜、更容易获取的那些)相对于另一反应物过量,通常可以促使反应进行得更为充分,提高产物的收率,这是化学领域常规的操作方式,而过量到何种程度能够取得令人满意的效果,则是本领域技术人员容易通过常规实验手段确定的。

针对上述区别特征,仅仅强调这些区别技术特征为本领域常规技术手段会显得有点薄弱。既然专利权人强调了该区别技术特征是用于提高产物的收率,故我方也将重心放在了收率的效果计算上面。

我方首先发现涉案专利说明书所提供的多个实施例对收率的计算存在错误,涉案专利说明书一共提供了5个实施例,其中实施例4和实施例5对应权利要求的步骤1,专利记载收率分别为85%和78%;实施例1和实施例3对应权利要求的步骤2,专利记载收率分别为84.5%和83.25%;而实施例2从最终得到产品来看应当对应权利要求的步骤2,但是该实施例缺少了对7-ACMT加入量的明确记载,虽则在说明书记载了收率为84.72%,但我方指出其由于缺少7-ACMT的加入量故无法获得准确数值。我方对上述实施例的收率进行重新计算之后,认为该专利实施例中标称的收率与通过实际获得产物量计算得到的结果不符,在扣除水分、丙酮杂质的含量并考虑HPLC纯度因素后,实施例1应为80.4%,实施例2由于缺少7-ACMT的加入量无法计算,实施例3应为79.1,实施例4为81%,上述意见被合议组采纳。这一数据问题的发现,实际上对于专利权人是较为致命的,尤其是实施例2的收率根本就难以计算,但是说明书却将其载入其中,这已经出现了说明书公开不充分的问题。按照前述数值,该专利两步骤总收率大致在61%-65%的范围内。

我方进一步又在专利权人所提交的专利实质审查文档资料中发现了数据的错误和漏洞,专利权人在实质审查程序中,答复第一次审查意见通知书时提供了几组对比效果例,包括当HCl以4倍于ATA摩尔数通入时,步骤1收率为77.36%,8倍时为85%,12倍时为86.23%,16倍时为84.46%,以此说明HCl的通入量对收率的影响及规律,即在8-12倍范围内,收率最高。在该无效程序中,专利权人修改权利要求1补入HCl的通入量相关技术特征,形成上述区别技术特征(1),并再度拿出实质审查过程中提供的对比效果例来说事,就是意图说明HCl的特定用量结合权利要求1的其他特征实现了简化制备过程并提高总收率的预料不到的技术效果,基于这些对比效果例的数据,专利权人认为修改后的权利要求所限定的HCl在8-12倍范围的用量选择具有特定的、预料不到的技术效果。通过对涉案专利实施例的收率进行了仔细的核对和计算,我方发现了涉案专利在说明书实施例和实审过程专利权人所提交的对比效果例的数据存在矛盾,从该专利实施例4和实施例5的结果来看,实施例4和实施例5的HCl通入量分别为39.5g(约为1.08mol)和40.15g(约为1.10mol),而其收率分别为81%(如前所述,并非该专利说明书本身记载的85%）和78%，上述 HCl 通入量均落入权利要求1限定的8-12倍范围内，而结果与涉案专利实审文档所显示的规律迥异，并非收率逐步提高，而是在8-12倍范围内就已经收率在下降。可见，HCl 通入量对反应收率的影响不存在专利权人所称的规律，也不能认定8-12倍范围的用量选择具有特定的、预料不到的技术效果。

与此类似，在涉及区别技术特征（3）后处理步骤和条件的差异时，我方也发现了同样的问题，涉案专利的后处理步骤和条件是先分出有机溶剂，在水相中加入盐酸，加入亲水溶剂，用量为水层体积的3-6倍，析出头孢替安盐酸盐结晶；而证据对比文件1是"过滤除去滤饼……得到头孢替安，在经加丙酮和浓盐酸……"原本两者存在顺序和条件上的差别，专利权人认为这种后处理步骤和条件的差异会对技术效果带来实质影响。然而，我方发现，涉案专利权利要求1与说明书的记载也并不一致，说明书的实施例1-实施例3均是"先加水、加盐，再分层"。这实际与对比文件的顺序更为接近。基于此，我方主张涉案专利权利要求1的该后处理步骤和条件得不到说明书的支持，因为权利要求书的方案与说明书的方案并不一致，除非进一步认为两者不具有实质性差异，后处理的顺序变化不影响产品的效果，否则权利要求书得不到说明书的支持就成为一个不可回避的硬伤，但是如果认可了后处理的顺序变化对产品效果不具有实质影响，则权利要求1的后处理顺序就又与对比文件不再具有实质区别，专利权人将陷入进退失据的窘境。在此情况下，专利复审委员会没有提及权利要求书得不到说明书支持的问题，但认可了该区别技术特征（3）并不会对产品的效果产生实质性影响，并认定其不具有创造性。

最终，基于涉案专利说明书及实质审查文档所记载的上述错误、缺陷和漏洞，在我方一针见血指出后，专利复审委员会并未认定上述区别技术特征所带来的显著的进步，进而并未认定涉案专利具有创造性，从而涉案专利权利要求被宣告全部无效，这一无效决定经过行政一审、二审程序，也得以维持。

■ 办案心得

该案是哈药总厂因时间紧迫先行提交了无效宣告请求案件的情况下委托三环代理，代理人通过更进一步详细地检索和分析，并未发现比已经提交的对比文件1和对比文件2更接近的现有技术文件。通过仔细研究案件材料，发现了涉案专利说明书所存在的种种形式和实质问题，然而该无效宣告请求案件已经过了补充理由和证据的期限，所以发现的这些形式和实质问题并不能作为正式的无效理由进行补充，如果要作为正式的无效理由，从程序上就需要撤回之前的无效宣告请求案件并重新提起无效，这样做时间则又拉长，在时间不等人的情况下，经过深度分析之后制定了无效策略，就是要借助这些所发现的形式及实质问题，来辅助论证其相对于现有技术不具有预料不到的技术效果，进而论证其不具有创造性。

例如 HCl 气体的通入量，虽然对比文件并未公开这一技术特征，但是我方主张这一特征是本领域技术人员的常规技术手段，HCl 的通入量具体过量到何种程度，本领域技术人员通过有限实验即可得到，基于此，专利权人虽然主张其数据的选择会具有意料不到的技术效果，但是涉案专利说明书实施例的收率数据规律与其在专利实质审查程序中所提交的对比效果例的收率数据规律却存在矛盾，涉案专利说明书实施例的收率规律并不能得到其对比效果率的支持，故权利人主张其数据选择所带来的意料不到的技术效果也就没有了依据，其主张具有创造性的理由也未得到合议组的支持。

■ 小结

医药领域专利包括药品或者药品制备工艺经常出现权利要求保护范围很大的问题，包括国外巨头药企进入中国申请的一些专利也大多如此，但是往往其保护范围很大的权利要求，并不一定能够得到说明书实施例的支持，尤其是说明书的数据，在专利申请文件撰写的时候，如果专利代理师未能钻研深刻透彻，就往往可能出现错误，这些问题在申请阶段未能爆发，在无效阶段却可能被发现，并被发起致命一击。该案对于药品相关专利无效，以及如何灵活辩证运用权利要求得不到说明书的支持与权利要求不具有创造性等无效理由的逻辑关系，将专利的这些实质性缺陷问题作为论证权利要求不具有创造性的理由方面具有指导意义。

■ 法律链接

《中华人民共和国专利法》（2008 年）第二十二条，第二十六条第三、第四款。

立足技术　溯本求源

——"角度可调铰链"发明专利侵权案*

贾民俊　黄诗彬

该案是一起发明专利侵权案，涉案侵权产品的内部结构和工作原理及涉案专利均存在一定的复杂性，导致该案的技术事实查明和侵权判定存在一定的困难。在接受原告向阳技研株式会社的委托后，三环代理人对涉案专利和被诉侵权产品的技术方案进行了深入的研究，针对角度可调铰链涉及的"凸起的配合轴部""楔形空间及楔滑动表面""浮置楔部件"和"销轴、环形垫片及对向板上的通孔"等技术特征进行详细解读和分析，并结合全面覆盖原则、等同原则和禁止反悔原则等原则对侵权判定进行逐一论述，给二审法院查明技术事实和进行侵权判定提供了坚实的基础，最终说服二审法院维持一审判决，驳回了上诉人（原审被告）的上诉。

该案在技术事实查明和侵权判定原则适用上具有一定的典型性，在详尽解读案件技术的基础上，准确认定了技术事实，揭开了技术的迷雾，为专利侵权判定奠定了坚实基础，确保了专利侵权判定的准确性。该案充分体现了技术事实认定对专利侵权判定的影响，为同类案件提供了一定的借鉴和参考意义。

■ 案情简介

一、基本案情

原告向阳技研株式会社（以下简称"向阳技研"）是涉案专利 ZL2009 10207708.3 号角度可调铰链的专利权人，其向上海知识产权法院起诉被告浙江天合美达机电有限公司（以下简称"天美达"）生产的角度可调铰链侵犯其涉案专利权，上海知识产权法院在（2018）沪73民初242号判决书中认定被告天美达侵犯了原告向阳技研的涉案专利权。被告不服该判决，向最高人民法院提起上诉，最高人民法院经过审理，维持了一审判决。三环作为原告代理人，代理了上述案件的一审和二审，均取得了胜诉。

二、涉案专利

涉案专利涉及一种角度可调铰链，其权利要求1为：一种角度可调铰链，包括构造，

---

* 该案入选2020岭南知识产权诉讼优秀案例及广东知识产权保护协会2020年度知识产权推荐学习案例。生效案号：（2019）最高法知民终684号。

其中：提供了第一部件（1），该第一部件（1）保持具有非圆形通孔（23）以便围绕该通孔（23）的轴线（C_1）自由旋转的近似圆盘形齿轮部件（4）；以及第二部件（2），该第二部件（2）上可拆卸地插入到齿轮部件（4）的通孔（23）中的配合轴部（20）是凸出的；楔滑动表面（8）设置在第一部件（1）的侧面以在该楔滑动表面（8）和齿轮部件（4）的弧形外齿面（Y）之间形成沿所述轴线（C_1）的方向观察时的楔形空间（Z）；提供了浮置楔部件（6），该浮置楔部件（6）的一个表面侧为与齿轮部件（4）的外齿面（Y）啮合的弧形内齿面（7），外表面侧为接触楔滑动表面（8）的接触面（9），并且该浮置楔部件（6）能在楔形空间（Z）中运动；以及浮置楔部件（6）的接触面（9）接触楔滑动表面（8），内齿面（7）与外齿面（Y）啮合，并且齿轮部件（4）沿一个方向朝第一部件（1）的摆动被外齿面（Y）和楔滑动表面（8）之间浮置楔部件（6）的楔作用所限制，其中，具有滑动外周表面（22）的圆形低凸起（24）从齿轮部件（4）上的第一侧表面（4a）和第二侧表面（4b）凸出，并且壳体部（3）设有一对对向板部（17），每个对向板部（17）都具有圆形保持孔（21），圆形低凸起（24）的滑动外周表面（22）可滑动地配合在所述圆形保持孔（21）中。

涉案专利的附图2如图1所示。

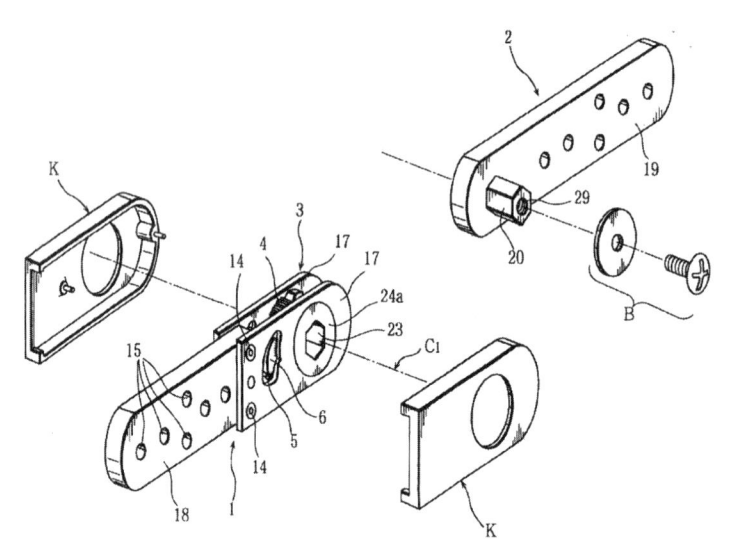

图1 涉案专利附图2

将涉案专利权利要求1划分为7个技术特征：A. 一种角度可调铰链，构造包括第一部件和第二部件；B. 第一部件保持具有非圆形通孔以便围绕该通孔的轴线自由旋转的近似圆盘形齿轮部件；C. 第二部件上可拆卸地插入到齿轮部件的通孔中的配合轴部是凸出的；D. 楔滑动表面设置在第一部件的侧面以在该楔滑动表面和齿轮部件的弧形外齿面之间形成沿所述轴线的方向观察时的楔形空间；E. 提供了浮置楔部件，该浮置楔部件的一个表面侧为与齿轮部件的外齿面啮合的弧形内齿面，外表面侧为接触楔滑动表面的接触面,并且该浮置楔部件能在楔形空间中运动;F. 浮置楔部件的接触面接触楔滑动表面,内齿面与外齿面啮合,并且齿轮部件沿一个方向朝第一部件的摆动被外齿面和楔滑动表面之间浮置楔部件的楔作用所限制;G. 具有滑动外周表面的圆形低凸起从齿轮部件上的第一侧表面和第二侧表面凸出,并且壳体部设有一对对向板部,每个对向板部都具有圆形保持孔,圆形低凸起的滑动外周表面可滑动地配合在所述圆形保持孔中。

三、争议焦点

该案原被告双方的争议焦点为:被诉侵权产品的技术方案是否落入涉案专利权的保护范围。具体包括以下4个争议点:(1) 被诉侵权产品的第二部件上是否设置有凸起的配合轴部,即被诉侵权产品是否具备技术特征C;(2) 被诉侵权产品上是否有楔形空间以及楔滑动表面,即被诉侵权产品是否具备技术特征D;(3) 被诉侵权产品上是否有浮置楔部件以及是浮置楔部件还是振动型部件,即被诉侵权产品是否具备技术特征E;(4) 被诉侵权产品的销轴、环形垫片和对向板上的通孔的作用,是否用于限制齿轮部件继续转动,即被诉侵权产品是否具备技术特征F。

1. 关于争议点(1)。

上诉人认为,被诉侵权产品的第二部件上不具有与第一部件上的通孔配合的轴部,第一部件的通孔内设有螺栓,通孔内无法再插入其他东西,故被诉侵权产品缺少上述技术特征C。

我方则认为,被诉侵权产品的配合轴部是通过螺丝与第二部件的附接部螺纹连接,且该配合轴部是凸出的,如图2和图3所示,将螺丝拧开之后,配合轴部与第二部件的附接部将会分离,由于在拆卸过程中产品会发生些许变形或者是因为产品本身的质量问题,导致配合轴部留在了第一部件上,进而让人误以为该凸出的配合轴部属于第一部件,但实质上该凸出的配合轴部是属于第二部件的一部分,是通过螺丝固定在第二部件的附接部上的,因此被诉侵权产品具备上述技术特征C。

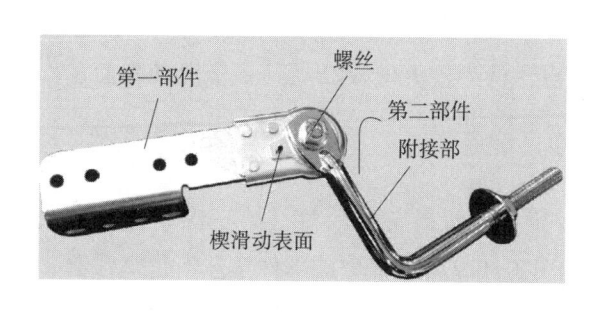

图2 被诉侵权产品结构示意图一

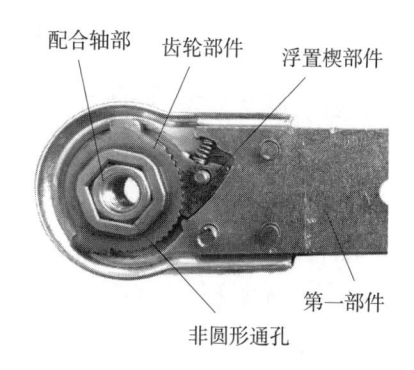

图3 被诉侵权产品结构示意图二

最高人民法院最终认定,虽然被诉侵权产品的第二部件上只有一个通孔,没有设置凸起的配合轴部，但是被诉侵权产品的齿轮部件以螺栓作为中心轴，与第二部件相连，该螺栓与凸起的配合轴部均是作为齿轮部件与第二部件相连的部件，对于本领域技术人员而言是惯常使用的等同替换的技术手段，与涉案专利相比属于采用基本相同的技术手段，实现了基本相同的功能，达到了基本相同的效果，因此被诉侵权产品具备与技术特征 C 等同的技术特征。

2. 关于争议点（2）。

上诉人认为，被诉侵权产品第一部件的侧面不具有楔滑动表面，楔滑动表面位于第一部件的内部，两者不仅设置的位置不同，而且被诉侵权产品的楔滑动表面不具备限制齿轮部件转动的作用。

我方则认为，如图 4 所示，首先，被诉侵权产品的楔滑动表面设于第一部件的侧面，该楔滑动表面由附接部的侧面构成。其次，被诉侵权产品的楔滑动表面与齿轮部件的弧形外齿面之间形成了沿轴线方向的楔形空间，该楔形空间是一种抽象概念，是楔滑动表面与齿轮部件的弧形齿面的位置距离所构成的空间，被诉侵权产品的上述表面与齿轮部件的弧形外齿面之间形成有沿轴线方向观察时的类似三角形空间，该空间即为楔形空间，被诉侵权产品具备楔滑动表面和楔形空间。

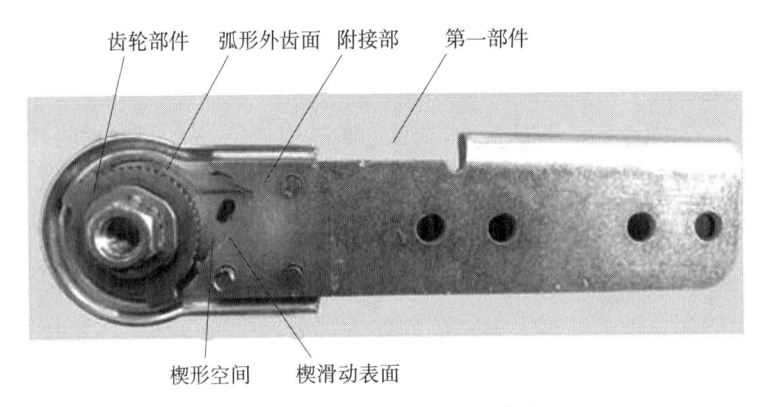

图 4 被诉侵权产品结构示意图三

最终，最高人民法院认可了我方的观点，认为被诉侵权产品具备楔滑动表面及楔形空间，具备与技术特征 D 相同的技术特征。

3. 关于争议点（3）。

上诉人认为，涉案专利在实质审查过程中，所提交的针对《第一次审查意见通知书》的意见陈述书中指出"对比文件 1（DE20112976U1）中的部件 7 并不是'浮置'楔部件，而是由固定在轴线 12 上的销保持的振动型部件"。被诉侵权产品采用了对比文件 1 中的"销保持的楔部件"的结构，根据禁止反悔原则，向阳技研会社不应再将对比文件 1 中"销保持的楔部件"的结构纳入涉案专利的保护范围。

我方则认为，首先，如图 5 所示，在代理意见中提到部件 7 在轴线 12 上通过销 18

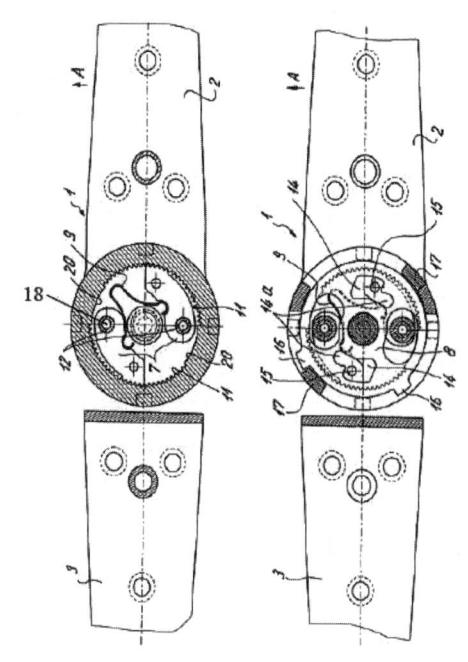

与部件 3（相当于涉案专利的第一部件）连接，该销 18 与部件 3 固定连接，并使得部件 7 能够绕该销 18 转动，此外，部件 7 还通过销 15 可滑动地插入孔 14 中，由此可见，对比文件 1 中的部件 7 的运动方式为：在绕销 18 转动的同时，销 15 在孔 14 内滑动，由于销 18 的设置，使得部件 7 在运动过程中受阻而产生振动，由此称之为"振动型部件"。其次，涉案专利中的"浮置楔部件"设置为：浮置楔部件的接触面接触楔滑动表面，内齿面与外齿面啮合，由此浮置楔部件能够在楔形空间中浮置，因此涉案专利的"浮置楔部件"与对比文件 1 的"部件 7"的设置位置和运动方式完全不同，其并非振动型部件。最后，如图 6 和图 7 所示，被诉侵权产品的楔构件上销轴可沿第一部件的对

图 5 对比文件 1 的结构示意图

向板上的通孔滑动，其并非固定在第一部件的对向板上，也并不能使该楔构件绕其转动，使得在该楔构件运动过程中，没有因为受阻而产生振动，因此被诉侵权产品的楔构件也并非振动型部件。综上，被诉侵权产品的"楔构件"与涉案专利的"浮置楔部件"具有相同的设置位置和运动方式，因此被诉侵权产品的"楔构件"实际上是"浮置楔部件"，被上诉人并未违反禁止反悔原则。

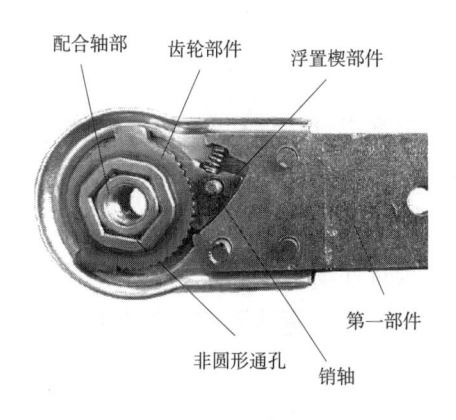

图 6 被诉侵权产品结构示意图四 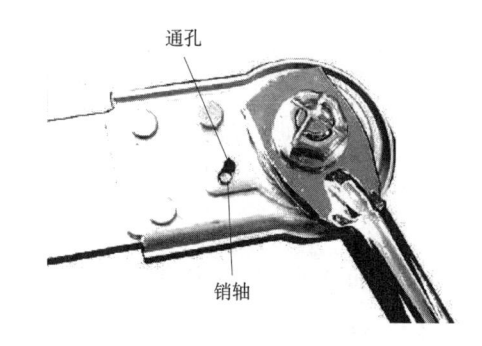   图 7 被诉侵权产品结构示意图五

最终，最高人民法院认可了我方的观点，认为被诉侵权具备浮置楔部件，被诉侵权产品具备与技术特征 E 相同的技术特征。

4. 关于争议点（4）。

上诉人认为，被诉侵权产品的齿轮部件沿一个方向朝第一部件的摆动并不是被外齿

面和楔滑动表面之间浮置楔部件的楔作用所限制,被诉侵权产品对齿轮部件的限制是通过销轴、环形垫片和对向板上的通孔来实现的。

我方则认为,被诉侵权产品的浮置楔部件的接触面接触楔滑动表面,内齿面与外齿面啮合,其也是通过浮置楔部件的楔作用来限制齿轮部件的转动。因此,被诉侵权产品具备与技术特征F相同的技术特征。

此外,关于被诉侵权产品相对于涉案专利权利要求1增加的技术特征"销轴穿过浮置楔部件,且其两端分别插入两侧对向板部上的通孔以及齿轮部件的两侧各设有一个环形垫片",该技术特征主要是为了在第二部件到达终点位置时,环形垫片的凸起部抵住销轴,销轴从通孔的一侧移动到另一侧,借助销轴、环形垫片以及通孔之间的配合,来压制弹簧对浮置楔部件的反作用力,从而最终确保浮置楔部件与齿轮部件分离,进而便于第二部件重新回到起点位置,被诉侵权产品该技术特征相比于涉案专利权利要求1,属于多出的技术特征,在侵权比对时不予考虑,被诉侵权产品已满足"全面覆盖"的专利侵权判定原则。

最终,最高人民法院认可了我方的观点,认为被诉侵权具备浮置楔部件,被诉侵权产品具备与技术特征F相同的技术特征。

综上所述,被诉侵权产品具备与涉案专利权利要求1相同或者等同的技术特征,落入涉案专利权利要求1的保护范围。

该案于2020年6月8日收到了最高人民法院的二审判决书,判决驳回上诉,维持原判,认定了被告天美达生产的角度可调铰链落入涉案专利的保护范围。

■ 办案心得

该案被诉侵权产品的内部结构和工作原理以及涉案专利均存在一定的复杂性,导致该案的技术事实查明和侵权判定存在一定的困难。我方针对上诉方提出的上诉意见,对角度可调铰链涉及的"凸起的配合轴部""楔形空间及楔滑动表面""浮置楔部件"和"销轴、环形垫片及对向板上的通孔"等技术特征进行详细解读和分析,给二审法院查明技术事实和进行侵权判定提供了坚实的基础,最终说服二审法院维持一审判决,驳回上诉人的上诉。

在对承办的上述专利侵权案件进行详细梳理后,总结了以下几点经验:

(1) 只有站位本领域技术人员的角度,深入理解专利的技术方案,把握发明的技术构思,在充分全面理解涉案专利和被诉侵权产品的技术方案的前提下,才能准确进行侵权对比,在向法院提交代理意见时最好采用图文结合的形式,详细标明被诉侵权产品的技术特征,并与涉案专利的相应技术特征逐一进行比对,必要时还应当对所涉的技术方案进行解释,准确确定涉案专利的保护范围,以此让法官能够更清晰地理解涉案专利和被诉侵权产品的技术方案。

（2）等同侵权的判定标准为"三基本+一容易"，在等同侵权的判定中，技术手段的判断是最基本的，其重点在于判断被诉侵权技术方案中的技术特征与权利要求中对应的技术特征是否存在实质性差异。

（3）在适用等同侵权时，要注意禁止反悔原则的适用，尤其是在专利无效阶段，应避免为了维持专利权而过多地放弃专利的保护范围，避免落入请求人的圈套。

（4）在进行专利侵权判定时，要时刻牢记全面覆盖原则，被诉侵权技术方案相对于涉案专利权利要求多出的技术特征，在侵权比对时不予考虑。

（5）在面对复杂的技术方案时，要清楚详细地向法院阐明技术方案，协助法院查明技术事实，法院只有在查明技术事实的基础上才能准确进行侵权判定。

■ 小结

该案涉及机械领域发明专利中的形状、构造技术特征"凸起的配合轴部""楔形空间及楔滑动表面""浮置楔部件"和"销轴、环形垫片及对象板上的通孔"等复杂技术事实的查明，其中，"凸起的配合轴部""浮置楔部件"和"销轴、环形垫片及对象板上的通孔"又分别涉及等同原则、禁止反悔原则和全面覆盖原则等侵权判定原则的适用，在技术事实的查明以及侵权判定原则的适用上存在一定的复杂性和迷惑性。我方通过对技术事实的深入剖析和侵权判定原则的准确适用，为法院查明技术事实和进行侵权判定提供了坚实的基础，确保了案件获得最终的胜诉。

■ 法律链接

《中华人民共和国专利法》（2008年）第五十九条第一款；

《最高人民法院关于审理专利权纠纷案件适用法律问题的若规定》（法释〔2015〕4号）第十七条。

巧用禁反 逆转裁判

——类行星公司诉北京知识产权局专利行政诉讼案*

詹海夯 罗江锋

> 该案由最高人民法院第一次明确提出了在外观设计专利案件中，维持涉案专利有效的考量因素，在民事侵权纠纷中亦应考量，不应使当事人在专利行政无效程序和民事侵权程序中两头获利从而损害社会公众利益。该案对外观设计专利适用禁止反悔原则具有类案指导意义。

■ 案情简介

北京莱斯达电子科技股份有限公司（以下简称"莱斯达公司"）于2019年向北京市知识产权局提起专利侵权纠纷处理请求，指控东莞市类行星照明科技有限公司（以下简称"类行星公司"）等侵犯ZL201630221385.4号、专利名称为"光学透镜"的外观设计专利。北京市知识产权局作出（2019）1340-25号专利侵权纠纷处理决定书认定类行星公司生产销售的光学透镜产品即涉案产品与涉案专利构成近似，侵犯涉案专利权。类行星公司不服该决定，委托三环律师向北京知识产权法院提起行政诉讼，同时就涉案专利向国家知识产权局提起了专利无效宣告请求。最终北京知识产权法院采纳我方代理观点，依法认定涉案产品不落入涉案专利的保护范围，判决撤销上述行政决定。二审阶段，最高人民法院亦采纳我方代理观点，维持一审判决，认定涉案产品与涉案专利不构成相同或近似。

北京知识产权局就该案作出认定类行星生产的涉案产品与涉案专利构成近似（见图1），构成侵权的行政决定，曾被北京知识产权局评为该局2019年度五个专利行政保护候选典型案例之一。在该案存在较大难度的背景下，三环代理律师说服当事人就该行政决定向法院提起行政诉讼，最终分别经北京知识产权法院（2019）京73行初10469号、最高人民法院（2021）最高法知行终566号一审、二审认定，该行政决定存在事实认定错误，依法予以撤销，使得该案成为北京知识产权局自成立以来，作出的专利行政查处决定后被法院撤销案例较少的案件之一。

---

* 该案入选2021岭南知识产权诉讼优秀案例，获2021广州市律师协会业务成果奖。生效案号：（2021）最高法知行终566号。

涉案专利　　　　　　　　　　　　　　涉案产品

图 1　涉案专利与涉案产品

■ **办案心得**

代理律师另辟蹊径，在就涉案决定向北京知识产权法院提起行政诉讼的同时，就涉案专利向国家知识产权局提起无效宣告请求，一方面把握诉讼程序，另一方面把握案件的实体抗辩策略。

在无效宣告阶段，代理律师经过大量检索，提交了大量现有设计证据，迫使专利权人即莱斯达公司作出不利于认定该案构成侵权的事实陈述，作出相关产品的周缘形状会对一般消费者来说产生显著的视觉影响。虽然涉案专利最终被维持有效，但国家知识产权局在无效决定中认为，根据无效程序在案的多项现有设计能够看出，光学透镜产品多采用圆形薄板的整体形状，并在正面中间设一圆台、四周环绕凹凸相间的圆环，为此类产品较为常见的设计。此类光学透镜设计空间较小。而涉案专利与现有设计的差别主要体现在产品正面圆环的数量及其截面形状、产品侧面及周缘形状等方面。据此，代理律师通过专利行政确权程序获得了在侵权诉讼之中重要的抗辩依据。代理律师及时将上述依据作为证据，并结合自身的观点形成代理意见交给了一审法院。

在案件实体抗辩策略上，代理律师紧抓案件诉讼节点，在涉案专利无效程序当中，专利权人明确了涉案专利相较于现有设计而言，在截面形状、后表面的形状、凸棱数量和透镜周缘的区别属于使用时容易看到的部位，不属于局部细微差异，并对整体视觉效果产生显著影响（见无效决定第 7 页第 4 段），而涉案专利也系基于这些部分的区别维持了涉案专利有效，但在诉讼程序中，专利权人却认为光学透镜的边缘属于一般消费者施以一般注意力不易观察到的部分，对视觉效果不具有显著区别。一审法院经审理之后，认为基于禁止反悔原则，专利权人莱斯达公司在行政确权程序中的陈述会对其在诉讼过程中的主张产生影响，另外，一审法院也采纳了国家知识产权局根据事实作出的相关认定。由此，北京知识产权法院作出了认定涉案产品与涉案专利不构成近似，不构成侵权的判决，并撤销了北京知识产权局作出的行政决定。在二审阶段，最高人民法院亦强调的专利权人在专利无效阶段不利于认定侵权但有利于维持专利权有效的事实陈述，不能在行政确权和司法维权程序上两头得利，最终同样认定涉案产品与涉案专利不构成近似，不构成侵权，维持了一审判决。

■ 小结

该案的典型性在于：

1. 该案是首个外观设计民事侵权案件中，人民法院明确应将维持涉案专利有效的理由作为民事案件是否侵权的判定考量因素，不应使当事人在专利行政无效程序和民事侵权程序中两头获利从而损害社会公众利益，对类案的裁判及处理具有较高价值的指导作用。

以往，因发明和实用新型专利侵权判定原则是全面覆盖原则，每一项技术特征对侵权事实的认定都尤为关键。例如，在双方针对某一技术特征的理解存在区别时，专利权人在专利确权阶段对于技术特征的解释，会对民事侵权诉讼的技术特征认定产生直接影响，因此专利权人的禁止反悔原则在发明专利和实用新型专利案件中使用较为普遍。

然而，外观设计案件中，由于侵权判定原则采用的是"整体观察、综合判断"，因此侵权判定考虑的是涉案产品和涉案专利两者的近似程度，此时，专利权人在专利行政确权阶段的陈述往往不能直接影响民事侵权诉讼的近似度认定。因此，长期以来，专利权人在外观设计案件中或多或少具有在专利确权阶段和民事侵权阶段中"两头得利"的情况发生，对于公众利益造成极大损害。

例如在（2019）苏05知初1051号、（2019）沪73民初766号等案件中，苏州知识产权法庭和上海知识产权法院均未认可被告提出的关于专利权人在行政确权阶段作出的有利于专利权维持有效但不利于侵权认定的证据，依然基于涉案产品整体上与涉案专利构成近似，从而认定侵权成立。可见，禁止反悔原则在外观设计案件中的适用尚未得到司法确认，尤其是最高人民法院的确认。

而该案是首个针对外观设计案件中适用禁止反悔原则，并通过司法判决（尤指最高人民法院）的形式进行认定，从而使得在外观设计案件中，专利权人和公众利益得到合理的平衡。该案代理律师的工作为全国范围类似案件作出了司法案件指引，使得外观设计案件与发明和实用新型专利案件，在禁止反悔原则中得到专利案件适用问题的统一，对专利侵权诉讼的判定起到一定的参考及指导作用。

2. 律师通过把握诉讼时间节点，同时提起专利行政确权程序和专利行政诉讼，使得相关法律问题的适用得以同时在行政和司法程序中得到统一，极大地维护当事人的合法权益，也进一步平衡了专利权人和社会公众的利益；另外该案律师的工作也为同行关于类似案件的办案程序提供了有益参考。

以往，同一个专利案件基于案件判断的主观性以及没有统一的裁判指引的情况下，在行政机关和司法机关中往往会存在不同的裁判观点，导致对专利权人和社会公众造成了损失，也不利于后续案件的参考。该案律师通过适时、合理运用诉讼策略和程序，将行政机关的观点与司法裁判进行统一结合，使得案件事实更加清晰，适用法律更加明确，对相关问题也做了从最高人民法院角度的规制，对类案判断和参考具有极高的实用价值。

■ **法律链接**

《中华人民共和国专利法》（2008年）第五十九条第二款；

《最高人民法院关于审理侵犯专利权纠纷案件应用法律若干问题的解释》（法释〔2009〕21号）第八条、第十一条；

《最高人民法院关于审理侵犯专利权纠纷案件应用法律若干问题的解释（二）》（法释〔2016〕1号）第十四条。

洞石专利 一波三折

——东鹏"洞石专利"无效行政纠纷案[*]

肖宇扬　温旭

> "洞石瓷砖"是东鹏公司于 2006 年研发而成的人工洞石陶瓷产品并申请了专利,因其成功实现人工洞石产品完全达到天然洞石的纹理和效果,产品一经投放市场即引爆陶瓷行业,到 2007 年下半年为东鹏公司带来上亿的销售额,与此同时也引发了同行的"抢食",整个行业在大面积侵权,东鹏的市场份额也遭到严重侵蚀,其洞石产品的市场价格被严重拖累。东鹏公司不得已开展行业内大规模的、长时间的专利维权行动,这一维权行动在 2011 年被评为当年的中国陶瓷行业大事件之一。而作为被控侵权一方,则往往提起专利无效宣告请求作为应对和反制。
>
> 该无效案件是其中一个被控侵权方提起,历经专利复审委员会行政程序、行政一审、行政二审、再审四个阶段,时间跨度长达六年。专利复审委员会及行政一审阶段均维持专利有效,行政二审阶段被认定无效,行政再审阶段再度改判重新维持有效,一波三折。该案对于判断要求保护的发明对本领域技术人员是否显而易见,现有技术整体上是否存在技术启示具有普遍指导意义。

■ 案情简介

一、"洞石"瓷砖,东鹏首创

天然的材料往往都是有限的,天然的石材也如此,2005 年,广东东鹏控股股份有限公司、广东东鹏文化创意股份有限公司(以下简称"东鹏公司")技术人员在参观意大利维罗纳石材展览时发现,洞石已成为世界石材的主流,然而,作为一种有限的自然资源,随着其在建筑中被大量使用和消耗,天然石材终将会成为逐渐稀缺而昂贵的建材,因此,虽然纯天然洞石石材表面装饰效果独特,但是其资源稀缺性必然会影响其普遍应用性。那么,能不能用人工的方式来达到天然石材的效果呢?早至 2002 年年底,东鹏公司就在仿洞石领域进行了积极的探索与尝试,搜集天然洞石信息。这一次的展会,无疑让东鹏公司感觉到市场的广阔需求和研发的迫切性,故展会结束后就加快了对仿洞石技术的研发。

---

[*] 该案被评为 2019 岭南知识产权诉讼优秀案例。生效案号:(2019)最高法行再 121 号。

东鹏公司技术人员研发的切入点是通过对天然洞石形成的地质条件和机理进行分析，希望从洞石形成规律上进行突破。展会之后，东鹏公司突破技术桎梏，运用"孕熔技术"，以各种材料进行组合试验，最终成功开发出了良好成洞效果特殊配方组合——"孕熔因子"以及创新后的布料工艺，实现洞石试产；2006 年，东鹏公司技术人员成功实现人工洞石产品完全达到天然洞石的纹理和效果，同年，东鹏公司洞石产品正式投产，宣告世界上具有真正意义上的人工洞石正式面市。

素来注重知识产权的东鹏公司，在 2006 年向国家知识产权局申请《一种立体孔洞装饰陶瓷砖》（即洞石实用新型专利），之后陆续申请了洞石的发明专利《一种立体孔洞装饰陶瓷砖的制备方法及其产品》（即洞石发明专利）。2007 年 8 月 1 日，洞石实用新型专利公开，获得授权；2007 年 9 月 26 日，洞石发明专利公开；2009 年 5 月 27 日，洞石发明专利也获得授权。由此，东鹏公司首创的洞石陶瓷产品和方法得到专利授权保护。

二、行业"抢食"，世纪维权

洞石产品面市后，经过东鹏公司一年多的推广，到 2007 年下半年，东鹏仿洞石抛光砖以 320 元/片的价格，为东鹏公司带来上亿的销售额。据悉，当时国内洞石市场容量已接近 10 亿，其中东鹏公司已占到十分之一的份额。然而，十亿蛋糕却引发了同行的"抢食"。在当年十月举办的秋季广交会上，多个建陶品牌的展位上不约而同地摆放着"洞石"产品。东鹏也因此在广交会上展开维权行动，并使得侵权产品撤展。虽然东鹏陶瓷在广交会上成功维权，但是同行的大面积侵权严重拖累洞石产品的市场价格，同时，严重拖累东鹏的销售：2008 年企业销售比原计划下降 100 万平方米，出口销售价格也从 2007 年的每平方米 14 美元下降到 9 美元。

最初的维权行动，东鹏陶瓷也有意"大事化小"，只向 8 家涉嫌侵权企业发出律师函。但是，没有任何一家企业有回应。2008 年 1 月，东鹏陶瓷向佛山市中级人民法院提起诉讼，起诉山东淄博某公司侵犯实用新型专利权并要求停止侵权及赔偿损失；2008 年 9 月，就佛山某陶瓷公司侵犯实用新型专利权向广州市中级人民法院提起诉讼；2009 年 10 月，就东莞某公司侵犯实用新型专利权向东莞市中级人民法院提起诉讼。2008 年 10 月 13 日，佛山市中级人民法院率先判决山东淄博某公司构成侵权并判决停止侵权及赔偿损失。

被起诉之后，涉嫌侵权企业相继对洞石实用新型专利提起无效宣告请求，2009 年 10 月 10 日，国家知识产权局专利复审委员会发出第 13991 号决定书，宣告东鹏陶瓷原申请的名称为"一种立体孔洞装饰陶瓷砖"的实用新型专利权全部无效。维权之路遭遇滑铁卢，第一回合的实用新型专利侵权诉讼陷入了这个法院胜诉，那个法院又因为专利无效而败诉的反反复复当中，历经曲折。但是守得云开见月明，2010 年 12 月 1 日，北京市高级人民法院作出第 918 号行政判决，撤销北京市第一中级人民法院第 483 号行政判决，撤销专利复审委员会的 13991 号决定，即维持实用新型专利有效。在实用新型专利最终认定维持有效之后，2011年5月，最高人民法院相继指令此前中止或者驳回的侵权诉讼案件恢复审理。2011年6月，东鹏公司与此前起诉的佛山某陶瓷公司达成和解，双方就互相尊重知识产权方面达成和解。

在此之前，2009年5月27日，洞石发明专利获得授权后，东鹏公司也于2010年1月13日向广州市中级人民法院提起诉讼，请求判令佛山某知名陶瓷公司停止侵犯洞石发明专利权并赔偿损失，同时也使用了实用新型专利进行诉讼。因实用新型专利最终维持有效，2011年9月、10月，广东省高级人民法院对该实用新型专利、发明专利侵权两案作出终审判决，判定侵权行为成立，被告方立即停止侵权行为并赔偿东鹏公司经济损失合计30万元。

这意味着长达四年之久堪称中国陶瓷行业内规模最大、持续时间最长的陶瓷专利维权行动，备受陶瓷行业关注的"洞石之争"告一段落，该案也被盘点为"2011年行业大事件"。东鹏公司与此前被诉侵权的陶瓷企业也均达成了相关的共识，获得了同行对知识产权的尊重。

三、平静一时，风波又起

随着法院对东鹏公司洞石专利，包括实用新型专利和发明专利均维持有效，尤其是发明专利也于2012年12月27日在北京市第一中级人民法院经过行政一审维持全部有效之后，行业内对东鹏公司洞石专利知识产权已经相继有了认可和尊重，并达成了专利许可合作，行业也逐渐进入一段平静期。但在利益的驱使下，总会有人不遵守商业规则及他人的合法权益。

2013年中，东鹏公司发现，市面上尤其是同样的建材市场，不仅有东鹏公司的洞石专利产品，还存在中盛公司的洞石产品。经过对其产品分析，同样落入了东鹏公司专利的保护范围。于是东鹏公司针对市场上的侵权产品进行了公证，并于2014年初在广州市中级人民法院提起了侵权诉讼。而中盛公司也于2014年3月26日再度对洞石专利提起了无效宣告请求。虽然被告针对涉案专利提起了无效宣告请求，但是基于涉案专利过往的维权基础，侵权诉讼案件的进程并未过多地受到无效案件的影响，然而该案在诉讼主体方面却出现了一些问题。

该案侵权产品的证据虽然是在建材商场里的中盛公司销售门店公证购买得到，但是，产品本身却无任何中盛公司的LOGO、名称，包装上也未显示生产企业，简而言之就是"三无"产品，而且销售门店和中盛公司也都一致否认该公证购买的产品是来自中盛公司，销售门店更是提供了一些很粗糙的证据（没有达到合法来源的证明程度）意图说明涉案产品实际上来自东鹏公司之前有过专利授权的生产企业。在此情况下，中盛公司在开局第一回合逃脱了责任，2015年8月14日广州市第一中级人民法院作出一审判决，认定构成侵权并判令销售商停止销售侵权产品并赔偿损失，2016年6月二审维持一审判决，该判决对销售侵权产品者起到了一定的震慑作用，但未能追究到实际有制造侵权产品行为的中盛公司的责任。不过，在案件进行过程中，我们进一步在中盛公司的总部展厅直接购买到了侵权产品，所以中盛公司也非常清楚，一时的逃脱并不能就此高枕无忧，要在根本上解决问题，实质上还是得看专利无效案件的结果。而东鹏公司也由于专利无效程序的进行，并未第一时间以新调查公证的证据提起诉讼。

回到专利无效这一焦点的案件，在该次无效之前涉案发明专利实际也已经被提过五次无效，专利均维持有效，而该案所使用的主要对比文件在之前的无效案件中已经使用过，不过在无效决定作出之前无效请求人撤回了无效宣告请求，故该证据仍然可以继续使用。中盛公司显然对于该证据具有自己不同的理解，在该无效案件中，仿佛押宝在该证据中，并没有交太多的无效证据，主要的无效理由也是以该证据作为最接近的对比文件，认为涉案专利相较于该对比文件不具有新颖性或者相对于该对比文件与公知常识的结合不具有创造性，这显得有点孤注一掷。

四、"仿古""洞石"，区分不易

中盛公司所提交的主要对比文件为一欧洲专利申请（公开号为EP1101585A2），英文名称为"Method for manufacturing tiles having the appearance of old rustic tiles of craftsman production"。该无效案件的有趣之处在于，双方第一时间是对该对比文件的译文产生了争议，而且不仅仅是正文内容，标题译文也产生了争议。请求人提交的中文翻译版本，名称为"一种制作具有人工仿古瓷砖外观的瓷砖方法"；而请求人一方提交的中文翻译版本，名称为"制备具有工匠制作的古粗表面瓷砖的方法"，双方对于标题的争议主要在于，请求人一方坚持认为对比文件的标题应该要体现其具有"古粗表面"这一含义。为什么这么坚持呢？

该案涉案专利涉及一种立体孔洞装饰陶瓷砖的制备方法及其产品，虽然权利要求的主题并未明确记载产品为抛光砖，但是权利要求1限定了抛光步骤，也就是说涉案专利涉及的洞石瓷砖，虽然在使用了成孔剂之后半成品表面是有孔洞的，但是经过抛光步骤之后瓷砖成品表面又整体是平整的；而附件1在制造过程中虽然使用了"挥发性物质"，但表面却是粗糙的，而且附件1还具有施釉步骤，不能进行抛光，所以这一译文之争，本质上其实是两者产品主题是否相同之争。

回到关键点，涉案专利的权利要求1的内容为"一种立体孔洞装饰陶瓷砖的制备方法，包括以下步骤：粉料制备，包括制备面料和底料；将粉料布料干压成型，制成坯体；将成型坯体干燥；烧制坯体制成半成品；对半成品进行表面抛光，制成成品；其特征在于，所述粉料制备步骤中，制备所述面料包括制备花纹面料，其中提供至少一种花纹面料为成孔剂；所述粉料布料干压成型步骤中，将所述成孔剂与其他面料和底料布料干压成型，制成坯体；所述坯体烧制步骤中，烧制温度采用1100-1250℃，将所述面料烧制形成立体孔洞装饰纹理。"

因为译文的争执，第一次口审未能继续进行，双方确定由专利复审委员会委托进行翻译，最后官方委托翻译的译文标题为"具有工匠制作的旧仿古砖外观的瓷砖的制造方法"，在这一官方译文中，标题有"旧"字，旧一般代表粗糙，所以也勉强可以接受。从实体内容来讲，对比文件公开的制备方法为："通过湿磨混合物制备陶瓷基混合料，通过雾化器来实现液体混合物的干燥，通过连续的着色装置再送入压力机的进料斗，再进行压制设备得到构成瓷砖厚度90%的第一层；对其施加四种不同颜色和熔度的雾化陶瓷釉料混合物组成第二层；在第二层上分布第三层，其由不同陶瓷釉料和宽的粒度范围的薄片而成的混合物与由挥发性物质的各种粒料形成的另一种混合物共同组成；然后再进行压制、干燥；使用喷枪对干燥且热的砖喷射液态陶瓷釉料膜，这样，有三种不同颜色和熔度的粉末状陶瓷釉料形成的混合物构成的层施加在了砖上；施加定影剂，然后在温度为1200℃条件下烧制；其中，环形凹坑上缘的毛边可通过打磨除去。"

两者对比，最大的问题或者说对涉案专利最大的威胁在于，附件1的制备方法公开了"在粉料制备的第三层混合物中包括了挥发性颗粒物质"，请求人认为对比文件的挥发性颗粒物质就是涉案专利的成孔剂，其原因在于涉案专利权利要求2进一步限定了"成孔剂设置为石墨粉、碳粉、碳酸盐类材料、硫酸盐类材料、碳水化合物材料、低温玻璃材料中的一种或者多种的组合"，而权利要求5又进一步限定为"所述碳水化合物材料设置为面粉、糠灰中的一种或者多种的组合"，而附件1的挥发性颗粒物质恰恰就是类似于"糠灰"一类的有机物，因此其认为涉案专利的发明点已经被公开。既然附件1公开了涉案专利"成孔剂"的下位具体物质，那么其主张这一上位概念被公开了也就确实有其道理所在。这想必也是请求人孤注一掷押注于该对比文件的主要原因。

五、抓住重点，专利维持

从表面上看，附件1公开了应用挥发性颗粒物质制得具有表面凹坑的仿古砖的方法，与该专利具有表面孔洞的抛光砖大同小异，区分不易，而且确实专利能否维持产生了重大的争议，但是在对方这种巨大的攻势中，代理人没有举手投降，更没有陷入对方的逻辑陷阱中，如果代理人陷入于仅仅与对方争论成孔剂和挥发性颗粒物质在物质上的区别，那么可能就将正中对方下怀，落入对方陷阱。在这两个特征本身的内涵存在交叉的情况下，两者是否为具有本质区别的技术特征显然是难以辩论清楚的，而且实际上会对请求人一方不利。

代理人在无效的应对中紧紧抓住两者要制备的产品是不同的，两者的制备方法整体上也是不同的，看对比文件也不能只看其某一个步骤的特征和某一个步骤中使用的物质，而应该看两者的整个方法工艺，并且表面上类似的物质也要看在方法中的用法及功能作用是不是相同。代理人强调两者的实质区别在于为了制备不同的瓷砖而采取了不同的方法，涉案专利是洞石抛光砖，附件1是釉面仿古砖；而且成孔剂和挥发性颗粒物质实质上也是不同的特征，因为附件1中的挥发性物质在其说明书记载了是指在温度低于或等于600℃时完全烧掉或升华的材料，因此最迟在窑烧制工艺的初始阶段该材料会完全消失，从而产生或大或少的大范围的环形凹坑，而涉案专利的成孔剂用权利要求的话来讲，是让坯体在1100-1250℃烧制形成立体孔洞装饰纹理，这样形成的孔洞是大小、形状、深浅及位置关系随机变化的，这就意味着涉案专利的成孔剂不能是600℃就挥发的，如果本专利在窑烧制工艺的初始阶段就挥发，那么所形成就将是规则的坑，而不再是随机变化不规则的孔洞。再退一步而言，即使两种物质上存在内涵上的交叉，当其用于制备不同的陶瓷砖时，也不能当作是同样的特征。从整体上，涉案专利和对比文件的方法如下：

涉案专利： 粉料制备 → 干压成型 → 干燥 → 烧制 → 抛光

对比文件1： 粉料制备 → 干燥成型 → 干燥 → 施釉 → 烧制
　　　　　　　　　　　　　　　　　　　　　　　　　　　　　　↓
　　　　　　　　　　　　　　　　　　　　　　　　　　　　　　打磨

从应对策略上来讲，我们还打了请求人一个措手不及，我们在口审现场当场将权利要求2中"成孔剂设置为石墨粉、碳粉、碳酸盐类材料、硫酸盐类材料、碳水化合物材料、低温玻璃材料中的一种或者多种的组合"中的"的一种或者"删除，即权利要求2对成孔剂的限定不再有碳水化合物这单独一类物质的技术方案，而是变成了"多种的组合"，这就使得涉案专利与附件1所公开的仅仅只由碳水化合物构成的"挥发性物质"的技术方案形成了区别。这种修改属于技术方案的删除，按照《专利审查指南》的规定，是可以口审当场修改的，可以说，这一口审现场的修改动作打得对方有些措手不及，直指对方的最大凭借。

当然，最后专利复审委员会对独立权利要求1的技术方案也认可并支持了我方的观点，维持了独立权利要求1的专利性。概括下来，无效决定从三个方面认定本专利与附件1的区别：第一，本专利权利要求1所要求保护的制备方法制备的陶瓷砖不含有釉料层，砖体由粉料直接获得，而附件1包括多层的施釉步骤，并且该步骤是其制备旧仿古砖外观的必要步骤，因此两者制备方法制得的产品不同；对于本领域技术人员而言，附件1没有给出省去制备釉料层的步骤、即由基料制备本专利陶瓷砖的技术启示。第二，本专利是在1100-1250℃烧制形成立体孔洞装饰纹理，而附件1是挥发性物质在低于或等于600℃就挥发形成凹坑。第三，本专利半成品须经表面抛光，制成成品，而附件1是对凹坑上缘的毛边进行打磨。基于该三个区别从而维持了专利权有效。

六、一波三折，再审定音

中盛公司不服无效宣告审查决定，向北京知识产权法院提起行政诉讼，北京知识产权法院虽然对于专利复审委员会总结的第二点区别未认定，但是仍然从第一点、第三点区别出发，作出（2015）京知行初字第164号行政判决，维持了专利复审委员会的无效决定。对于第二点区别，北京知识产权法院的意见是认为权利要求1并未对"成孔剂"进行限定，权利要求1所记载的"所述坯体烧制步骤中，烧制温度采用1100-1250℃，将所述面料烧制形成立体孔洞装饰纹理",此处的"1100-1250℃"根据字面意思应当理解为陶瓷砖的烧制温度,而非成孔剂的挥发温度。对此,附件1中亦公开了"在温度为1200℃条件下烧制",因此其认为专利复审委员会认定的区别技术特征②有误,予以纠正。但是该判决也明确提到该认定对该案结论无实质性影响。

中盛公司不服一审判决,继续向北京市高级人民法院提起上诉,北京市高级人民法院的二审判决认定却大相径庭,其撇开了涉案专利与附件1在实际方法步骤整体上的区别,直接从技术思路出发,认为两者基本思路都是在烧制过程中加入成孔剂或者挥发性物质,待成孔剂或挥发性物质在烧制过程中挥发后留下凹坑或者孔洞,对凹坑或者孔洞进行打磨或者抛光,形成具有类似天然孔洞的陶瓷砖。鉴于成孔剂与挥发性物质的功能相同、内涵相近,凹坑与孔洞的生成方法基本相同、效果相近,抛光与打磨均为陶瓷制造中的常用工艺,上述区别对立体孔洞等技术效果不产生明显的实质性影响。甚至认为本专利也可以包括施釉步骤。基于此,北京市高级人民法院作出(2016)京行终5626号行政判决书,撤销了北京知识产权法院一审判决及专利复审委员会作出的无效宣告审查决定,认定涉案专利不具有创造性。换句话说,请求人在无效宣告请求中的意见,在历经专利复审委员会和北京知识产权法院两个阶段被否定之后,竟然在北京市高级人民法院的二审终审判决中被支持,这实在是出乎了东鹏公司的预料,也完全出乎了我们代理人的预料。

案件产生这样一种局面,专利权人显然是不会善罢甘休,必然是要提起再审的。经过深入的分析,代理人认为,虽然二审判决支持了请求人的观点,将涉案专利认定为不具有创造性,但是二审判决实际上在包括对技术方案本身的理解、区别特征的认定、对比文件给出的技术启示等诸多方面均存在事实认定错误,这也为最高人民法院的改判提供了基础。代理人全面分析了二审判决存在的技术问题,首先,尖锐地指出二审判决认为涉案专利可以包含施釉的步骤是明显错误更是明显违背公知常识的,涉案专利权利要求虽然是开放式的写法,但是从其方法步骤特征的逻辑关系来讲,必然是不包括施釉步骤的,如果涉案专利产品也用了施釉步骤,那么最后一步的抛光显然又会将所施的釉全部抛没,所以涉案专利产品显然是不包含施釉步骤的,二审判决改判的事实基础是完全错误的。其次,该专利保护的立体孔洞装饰陶瓷砖与附件1公开的旧仿古砖属于不同生产工艺制备的、最终成品要呈现不同效果、实现不同功能的瓷砖,故要求二者在制备过程中选用的相关物料、工艺步骤、所采用技术手段及该手段能带来的技术效果等完全不同。最后,该专利的抛光步骤与对比文件的打磨也是完全不具有可比性的。

在最高人民法院的再审受理程序中,对于争议巨大的案件,一般会先进行听证,从而决定是否提审案件。该案在听证程序中就对专利再度进行了全景式的回顾和调查,对涉案专利所针对的产品与对比文件所针对产品的异同、制备过程中所使用的原料的异同、制备工艺某一步骤本身的异同均进行了深入的调查,最终于2018年12月25日作出

(2018) 最高法行申 1956 号行政裁定书，裁定提审该案，并且在再审期间，中止原判决的执行。这一提审裁定毫无疑问又让已经被宣告"死刑"的专利迎来了起死回生的曙光。

2019 年 12 月 12 日，在最高人民法院提审案件之后时隔一年，该案迎来了正式的再审开庭审理，在开庭中，合议庭再度对案件的争议焦点进行了详细的调查，对涉案专利和对比文件的技术方案进行了深入的了解。开庭后不久，最高人民法院最终作出 (2019) 最高法行再 121 号行政判决书，再审判决基本接受了我方的再审申请意见，在再审判决中，首先对涉案专利与对比文件的区别特征进行了正确的概括和认定，具体概括为：(1) 该专利权利要求 1 没有在坯体外施釉；(2) 该专利权利要求 1 中的成孔剂添加在坯体中而非后续施加的釉料层中；(3) 该专利权利要求 1 通过抛光工艺而非打磨工艺进行表面处理。基于上述区别特征，该专利权利要求 1 实际解决的技术问题是提供一种制备具有类似于天然石材不规则孔洞和纹理的陶瓷砖的方法。该案中，附件 1 并未给本领域技术人员以教导，使其获得将所述区别特征应用于附件 1 以解决所述技术问题的启示：第一，施釉对附件 1 而言是必要的步骤，无法省略该步骤而得到该专利的方案。第二，附件 1 因在表面加入多层釉料，虽然使用了挥发性物质会形成凹坑，但是因釉料熔融会回填凹坑从而影响孔洞形成效果，所以附件 1 本身所要达到的回填凹坑效果已经对专利所寻求提升孔洞效果的启示形成了阻碍。第三，尽管抛光和打磨均是本领域在处理陶瓷砖时的常规工艺，但二者的手段和效果截然不同，适用的客体对象也有所区别。在附件 1 中，如果应用抛光这一特征，则会改变附件 1 的基本构造，将附件 1 的整个釉料层给抛除，故没有动机为了应用抛光这一区别特征而改变附件 1 的基本构造。基于上述理由，再审法院认为附件 1 并未给出技术启示，故撤销了二审判决，维持了一审判决及专利复审委员会无效决定书，即维持了专利权有效。

该发明专利在是否有效方面可说是跌宕起伏，专利复审委员会和北京知识产权法院认为专利有效，可说开局大好；北京市高级人民法院二审终审判决却认为专利不具有创造性，可说大起大落；最后最高人民法院再审又一锤定音，判定具有创造性，应该维持有效，真可说一波三折。

■ 办案心得

该案的争议焦点从专利复审委员会阶段一直延续到最高人民法院再审阶段，贯穿了四个审级阶段，始终都是紧紧围绕权利要求相较于对比文件是否具有创造性展开的，该案对于如何正确适用三步法判断权利要求的创造性，对于如何判断专利技术方案是非显而易见的，尤其是如何判断现有技术整体上是否存在技术启示具有普遍指导意义。

从最高人民法院的再审判决，我们可以得到启发：在判断要求保护的发明对本领域的技术人员来说是否显而易见时，需要判断现有技术整体上是否存在技术启示，这不仅要求我们要考虑发明和对比文件所公开的技术方案本身，还要注意从整体上理解现有技术所给出的对解决发明实际解决的技术问题给出的正反两方面的教导。

如果某一个步骤，在对比文件中是必要的步骤，则该对比文件并不会给出省略该步骤的技术启示，正如该案对比文件的施釉步骤。如果某一个动作，在对比文件中所追求的效果恰恰与本专利是相反的，则本领域技术人员不会在该对比文件基础上去舍弃其本身追求的效果而改进成为本专利所需要追求的效果，换言之，对比文件实际上给出的是与本发明目的相悖的启示，形成了对寻求本专利技术效果启示的阻碍，正如该案对比文件在基料表面还施加了多层釉料，且是将挥发性物质添加至表面的釉料层中，而非基料中，因此没有动机去取消附件1的釉料层，并把挥发性物质添加至坯体。如果某一个工艺，虽然是常规工艺，但是若将对比文件所采取的常规工艺，替换为另一个常规工艺，就会破坏掉对比文件的原有结构，则本领域技术人员也没有动机替换掉对比文件的常规工艺而得到本专利的工艺手段，正如该案对比文件中为打磨工艺，如果将其替换为抛光，则会破坏掉其原有的釉料层；因此，本领域技术人员就没有动机用常规的抛光工艺去替换对比文件的打磨工艺从而得到本专利的方案。

■ 小结

该案虽然在专利复审委员会阶段和一审阶段胜诉，但是二审却败诉，面对这样的局面要最终取得成功殊为不易。该案在再审中，代理律师对涉案专利和对比文件的技术方案进行了深入的分析，准确抓住了二审判决事实认定错误之处、技术理解失当之处与论述逻辑矛盾之处，从而让最高人民法院认识到了二审判决的错误，决定提审，并最终改判案件。且案件历经四个阶段，对于如何判断要求保护的发明对本领域技术人员是否显而易见，现有技术整体上是否存在技术启示具有普遍指导意义。

■ 法律链接

《中华人民共和国专利法》（2000年）第二十二条。

以子之矛　攻子之盾

——虚拟动力与幻境科技外观侵权纠纷系列案*

王菱　罗江锋

幻境科技用申请日不同的两项外观设计起诉虚拟动力旗下的同一款交互数据手套，且其中外观 2 为外观 1 的抵触申请，幻境科技认为该产品同时侵犯了其两项外观设计。

案件初期，在律师建议下虚拟动力对该两项外观设计均提起了无效宣告，特别是以外观 2 为外观 1 的对比文件提起了无效程序。后经国家知识产权局审理，认为交互数据的手套的顶面以及与人体接触的部分为视觉效果最为瞩目的部分，外观 1 和外观 2 存在区别，驳回了虚拟动力的无效请求。

在接下来的诉讼环节中，律师提出抗辩意见，特别指出：第一，诉讼程序应当参照无效宣告决定书的认定，国家知识产权局的无效宣告决定书认为外观 1 和外观 2 存在的区别都属于手套顶面和与人体接触的部位，涉案产品与两项外观的区别也属于手套顶面与人体接触的部位；第二，幻境科技用其认为外观不同的两项专利起诉虚拟动力同一款产品明显是自相矛盾。

最后一审、二审法院就外观 1 的案件支持了虚拟动力的答辩意见，驳回了幻境科技的全部诉讼请求，另外一件外观 2 的案件诉讼也以幻境科技撤诉结案。

■ 案情简介

广州幻境科技有限公司（以下简称"幻境科技"）与该系列案被告广州虚拟动力网络技术有限公司（以下简称"虚拟动力"）同属广州地区，均专注于多传感器数据融合技术和人机交互技术产品研发，互为主要行业竞争对手。

从 2020 年开始，幻境科技用申请日不同的两项关联外观设计专利先后（以下简称"外观 1"和"外观 2"）起诉虚拟动力旗下的一款交互数据手套。具体地，幻境科技先以申请日在后的外观 1 于 2020 年 7 月起诉虚拟动力构成专利侵权，几个月后再以申请日在后的外观 2 起诉虚拟动力。

---

* 该案被评为 2021 岭南知识产权诉讼优秀案例。1. 涉案专利外观 1（外观 1），生效案号：（2021）粤民终 2727 号。2. 涉案外观专利 2（外观 2），生效案号：（2020）粤 73 民初 4026 号。

其中，外观2是在外观1的申请日之前提交，在外观1的申请日之后授权的申请，两项专利外观整体上近似，两者差异在于局部的细节特征。幻境科技认为虚拟动力的产品同时侵犯了其两项外观设计，分别要求70万元和30万元赔偿。

三环代理律师接到虚拟动力的两个案件后，发现外观1和外观2都是交互数据手套，区别在于手套的部件形状具有差异，且外观2涉嫌构成外观1的抵触申请下，认为应立即采用外观2对外观1提起无效宣告申请，倘若国家知识产权局认为构成近似，则至少有一个案件的权利基础丧失；如果国家知识产权局认为不构成近似，则国家知识产权局的认定应当会有对我方有利的结论。

另外，幻境科技在极短的时间内就两项外观专利针对同一件产品进行起诉，本身也是一种自相矛盾的行为，在无效阶段，其认为外观2与外观1存在显著区别，但在诉讼中，其又认为外观1和外观2均与涉案产品构成近似，这是典型的自相矛盾。

因此，律师在接到案件后，建议当事人先后对该两项外观设计均提起了无效宣告，经国家知识产权局审理，认为交互数据的手套的顶面及与人体接触的部分为视觉效果最为瞩目的部分，外观1和外观2存在区别，驳回了虚拟动力的无效请求。

以外观1案件为例，在诉讼阶段，律师向法院做出如下陈述。

第一，诉讼程序中应当参照无效宣告决定的认定，无效程序中国家知识产权局认为外观1和外观2存在区别都属于手套顶面和与人体接触的部位，涉案产品同样包括无效宣告48305案中国家知识产权局所认定的涉案专利（外观1）与外观2的区别，这些区别不属于一般注意力不能察觉到的局部细微差异，而国家知识产权局认定外观1与对比文件3（外观2）既不相同也不相似，依照国家知识产权局的逻辑，涉案产品与外观1同样存在明显的区别，没有落入外观1的保护范围。

第二，相比于外观2，涉案产品与涉案专利存在更多的不同之处，而这些区别均位于视觉瞩目部位的顶面及与人体相接触的部位，面积较大，属于一般消费者容易注意到的部位，涉案产品与涉案专利存在明显的区别，没有落入涉案专利的保护范围。

第三，国家知识产权局认为指套、掌套和腕套三体式设计为本领域常见的设计，幻境科技一方面在口审中认为指套、掌套与腕套形状与对比文件的区别有明显的视觉效果，一方面又在该案中认为涉案产品指套、掌套与腕套与涉案专利形状的区别没有明显的视觉影响，明显前后表述不一，虚拟动力认为应遵循诚实信用及禁止反言的原则，该案也应当认定涉案产品与涉案专利具有明显区别，不落入涉案专利的保护范围。

第四，幻境科技用其认为外观不同的两项专利起诉虚拟动力同一款产品明显是自相矛盾。

根据上述观点，在后期诉讼环节中，对于外观1的案件广州知识产权法院、广东省高级人民法院均支持了被告方律师的答辩意见，分别作出驳回了幻境科技的全部诉讼请求的（2020）粤73民初1326号、（2021）粤民终2727号判决，另外外观2的诉讼也以幻境科技撤诉结案。

特别地，以广东省高级人民法院终审判决结果为例，广东省高级人民法院认为："无效宣告行政审查程序是对授权专利是否符合授权的实质条件进行审查，在该审查程序中，国家知识产权局对授权设计区别于现有设计或抵触申请的设计特征、授权设计的保护范围等问题的认定，对确定该案专利的保护范围及司法保护力度有重要参考，故一审法院参考涉案无效宣告请求审查决定书的审查意见，将被诉侵权设计与涉案专利进行对比，并最终认定被诉侵权设计与涉案专利设计不构成近似，并无不当，本院予以维持。"

广东省高级人民法院的认定与律师最开始的设想完全一致，国家知识产权局认定幻境科技的两个外观专利存在不同且具有明显的区别，在认定遵从一致原则的前提下，法院势必会参照国家知识产权局的认定思路，通过比对得出，由于虚拟动力的产品与外观1和外观2的区别同属于无效决定中认定区别明显的地方，从而驳回了幻境科技的诉讼请求，最终为虚拟动力避免了一场巨大的赔偿以及不能售卖产品的损失。

■ 办案心得

在诉讼应对中，当遇到一类产品拥有多项外观设计时，起诉或应诉应当以为当事人争取最大利益为出发点。

对于被告而言，在面对同一类产品原告有多项申请的情况下，应用申请在先的专利去无效申请在后的专利，获得国家知识产权局有利的认定，以子之矛攻子之盾。这将使原告以多个专利起诉，只要一个专利被认定侵权就可以最终胜诉的诉讼策略，反过来成为被告应诉的突破点。

该案中，被告为应诉所提起的无效宣告请求，首要目的不是将涉案外观专利予以无效（将其中一个专利无效并不能获得案件的最终胜诉），而是引导国家知识产权局作出两个关联专利区别设计对视觉效果有实质影响的认定。有了该认定，成功推翻原告全局。这为被告在面临类似案件中，给出了如何答辩的启示。

对于原告而言，当今社会的产品外观设计也是日新月异，对于同一类产品的设计虽然有异彩纷呈的局面，同一类产品局部改进的设计仍然占有比较大的比例；而对于企业来讲，为了能够更好更全面地保护其知识产权，对于这些设计也是应尽可能地申请专利进行保护；到了诉讼层面，如遇到他人生产的产品与申请的专利认为存在近似，应当如何选取专利以进行保护，也是企业面临的一个问题。

就以该案为例，原告在起诉时的规划存在两个问题，一是针对同一款产品，用原告自身的两个外观设计全部拿来起诉，本身就存在自相矛盾，逻辑上难以自洽；二是原告选取了申请日在后的专利先进行起诉，让被告检索到了申请在先的抵触申请，从而让被告布局出通过无效程序以获得对其有利的认定，以至于最终两件诉讼案，一件被法院驳回诉讼请求，一件原告不得以撤案告终。

■ 小结

对于原告在一类产品申请有多项外观设计时，应当如何选取权利基础起诉才能保证让权利人的权利获得最大的保护，而对于被告在面临多项外观设计针对同一产品起诉时，如何利用对方已经申请的同系列外观设计为自身获得有利的答辩依据，律师不应仅仅着眼于专利权人的一两件目标专利，而需要律师进行全方位的布局。

通过该系列案可知，专利权人针对同类产品申请的外观专利并不是越多越好，这些关联外观设计专利之间存在相互影响，可能会适得其反地限缩专利权人所能主张的外观设计专利权保护范围。该案被告正是基于此，以原告自己针对同类产品设计申请的在先专利作为对比设计，向在后专利提出无效宣告请求，得出了两个关联专利之间的区别对视觉效果影响大的行政确权认定，作为被告在侵权应诉中主张被诉产品与涉案外观专利不构成近似的关键依据。

该案也为专利权人在专利申请布局以及维权权利基础选择时提供警示：同类产品设计申请过多外观设计专利将反而成为专利权人维权路上的绊脚石。

同时，结合该案可以看出，对于原告在一类产品申请有多项外观设计时，还是应当要全面分析和布局，特别是选取与被诉产品近似的专利，而待选专利之间区别较小时，首要的是不应全部拿来进行起诉，其次应当选取申请时间在先的专利进行诉讼。另外，原告在进行专利申请时，也不是一味将不同产品各自分别申请专利，应当考虑不同产品之间是否构成专利法意义上的相似设计，合并为一个专利申请，以获取最大的保护范围。

而对于被告在面临多项外观设计针对同一产品起诉时，不应当仅仅针对原告起诉专利的在先专利进行无效检索，而应对原告申请的专利进行全面的检索分析，利用不同的程序以获得对己方最有利的认定。

■ 法律链接

《中华人民共和国专利法》（2020年）第六十四条第二款；

《最高人民法院关于审理侵犯专利权纠纷案件应用法律若干问题的解释》（法释〔2009〕21号）第八条、第十一条。

合理解释 突破局限

——许某诉佛山某门窗配件制品厂专利侵权纠纷案[*]

罗江锋 肖宇扬

> 在该案一审侵权比对环节,仅从字面意思解读了涉案发明专利权利要求中技术术语的含义,缺少对涉案专利所实际想要保护技术方案的深层理解,一审法院认定被控侵权产品明显缺少权利要求的必要技术特征不构成侵权判决原告败诉,让该案陷入被动。二审原告重新委托代理律师重整旗鼓,利用涉案专利说明书记载的内容、历史审查文档、背景技术,重新理解涉案专利发明创造的本质,克服一审中对技术术语理解的偏见,准确识别出权利要求中的使用环境特征,对权利要求的保护范围重新界定。该案实现了对使用环境特征的侵权比对规则、合理解释原则、等同侵权原则的准确适用。

■ 案情简介

许某是专利号为 201410228873.8,名称为"推拉门用上凸下滑轮"的发明专利(以下简称"涉案专利")的专利权人。原告发现被告佛山某门窗配件制品厂生产、销售的一款滑轮结构产品(以下简称"涉案产品")落入涉案专利保护范围。原告针对被告的侵权行为提了该案诉讼。

一审开庭中,对于技术术语"门页安装轨道"的理解产生了偏差,导致在一审判决中被认定被控侵权产品不具备与涉案专利"外壳套的顶端至所述滑轮的底端的垂直高度等于门页安装轨道的高度"及其他相同或等同的技术特征。一审法院给出的理由是:首先,涉案专利权利要求书、说明书对"门页安装轨道"的形状、结构及其他部件的连接配合关系等均无描述,故专利所述的"门页安装轨道"究竟是指作为推拉门通用配件的产品名称,抑或前述"轨道"内设的真正用以容纳滑轮的轨道安装区间存在争议。其次,即使按照上述"轨道"的解释,经测量比对,"门页安装轨道"的高度与被诉侵权的滑轮外壳套的顶端至该滑轮底端的垂直距离均不相等。最后,在技术效果上,涉案"门页安装轨道"在放置被诉侵权的滑轮后均不能达到涉案专利说明书 [0047] 段记载的"使门页安装后底部贴近门框的效果"。进而,一审认定涉案产品不构成对涉案专利

---

[*] 生效案号:(2018)粤民终 1871 号。

的侵权，驳回原告的全部诉讼请求。

二审原告代理律师与专利权人、当事人公司技术研发员工充分沟通，发现专利权人想要在涉案发明专利中保护的技术与一审开庭现场比对的技术存在很大的偏差。代理律师确认了专利权人对于"门页安装轨道"及相关技术特征"外壳套的顶端至所述滑轮的底端的垂直高度等于门页安装轨道的高度"想要表达的真正含义；并且，代理律师意识到该技术特征中不仅仅包含涉案专利权利要求所保护技术主题的结构特征，而且包含了所保护技术主题结构特征之外的使用环境特征。

接着，代理律师研读申请文件、该发明专利历史审查文档、其他相关现有技术专利文献、行业标准及惯例等，寻找可以支撑上述真正含义解释的依据。

该案在对该环境技术特征的理解存在争议的情况下，对该环境技术特征的解读不拘泥于字面含义，而是全面理解发明创造的本质，从发明目的及发明合理性出发，从所述领域一般技术人员的角度，对该环境技术特征进行合理的解释。合理解释的结果，既包含将等同特征纳入保护范围，也包括对权利要求中的某些技术特征作出合理的界定。在合理解释及利用环境技术特征侵权比对规则的基础上，涉案被控产品落入等同侵权的范围。

基于对专利侵权判定规则的充分认知，代理律师巧用合理解释、准确适用使用环境特征、等同侵权判断，二审法院终于支持了原告代理律师侵权比对环节的观点。

二审广东省高级人民法院经审理认为：

首先，"外壳套的顶端至所述滑轮的底端的垂直距离等于门页安装轨道的高度"属于专利的使用环境特征，而非专利的本体结构特征。根据最高人民法院《关于审理侵犯专利权纠纷案件应用法律若干问题的解释（二）》第九条规定，被诉侵权技术方案能够适用于权利要求记载的使用环境的，应当认定被诉侵权技术方案具备了权利要求记载的使用环境特征，而不以被诉侵权技术方案实际使用该环境特征为前提。该案中，由于被告为未被诉侵权滑轮的生产者，而非使用该滑轮的门页生产者，因此在侵权比对时，原告可以通过将被诉侵权滑轮安装于另案购买的门页的方式进行安装演示和比对，以证明被诉侵权产品能够适用于权利要求中限定的使用环境，而不要求被诉侵权产品已经实际使用于该环境。

其次，关于"门页安装轨道的高度"的解释。由于这一技术特征属于滑轮的使用环境特征，其反映的是门页、滑轮及其轨道的位置关系，因此该段高度应当是在安装滑轮时门页的某一个位置到另一个位置的高度；从说明书及附图并结合发明目的进行理解，将"门页安装轨道的高度"设计等于"外壳套的顶端至滑轮的底端的垂直距离"的目的，是使得门页安装后底部贴近门框。因此，"门页安装轨道的高度"应当指的是门页安装在轨道上后，安装有滑轮的门页安装槽的顶端至滑轮轨道的凸轨位置（也即门页安装槽的底端）的高度，故当门页安装槽的高度与滑轮外壳套的顶端至滑轮的底端（即与凸轨相接的凹轮底端）的垂直距离相等时，就能使得门页安装后底部贴近门框，同时也符合该类产品在正常使用下的最佳效果。

最后，从原告在二审庭审中的安装演示可见，在正常使用的情况下，用于比对的门页安装轨道的高度，与被诉侵权滑轮外壳套的顶端至滑轮的底端的垂直距离非常接近，两者基本相等，且均能实现门页安装后底部贴近门框的技术效果，两者构成等同。

综上所述，广东省高级人民法院撤销一审判决，改判被告立即停止侵权，并赔偿原告经济损失及维权合理费用。

■ 办案心得

发明专利技术特征比对的重要基础是准确把握技术特征内涵，合理解释涉案专利技术方案，确定专利权的边界。在二审过程中，如何将涉案专利中颇具争议的"外壳套的顶端至所述滑轮的底端的垂直高度等于门页安装轨道的高度"技术特征，利用涉案专利说明书内容、对所属领域技术的熟悉程度以及专利授权过程中的意见陈述等材料，将该技术特征解释清楚并将被诉侵权技术方案纳入相同或等同侵权范围，是二审代理律师的重要工作。在该案二审中，原告代理律师前后五次向法院提交了五次代理意见，代理意见对涉案专利技术方案内容的理解越趋深刻，在帮助承办法官厘清涉案专利技术方案、找到权利要求应当受到保护的客观、合理范围的过程中起到关键作用。

一、权利要求技术特征应该从发明目的出发，以说明书内容为依据，站在所属领域普通技术人员角度进行合理解释

对权利要求的合理解释，是专利制度的魅力所在。权利要求由于字数较少，文字本身具有多义性和不准确性，在撰写专利文件时，也常用概括抽象的技术术语，因而往往产生歧义。该案中的"门页安装轨道"是一种典型的抽象概括，不是规范术语。在解释该技术术语时，原告律师首先需要全面理解涉案专利发明创造的本质，尝试找到该技术术语在专利申请时想要表达的含义。涉案专利限定"外壳套的顶端至所述滑轮的底端的垂直高度等于门页安装轨道的高度"，目的是使门页安装后底部贴近门框。那么，"门页安装轨道"只有理解为门页安装槽的高度，才能实现这样的技术效果，实现发明目的。

在明确了涉案专利想要保护的真实含义后，代理律师进一步寻找证明该解释合理性的证据。一方面，说明书及附图可以用于解释权利要求。涉案专利说明书对本争议技术特征的技术效果有简单记载，附图中也示意了涉案专利中门页与滑轮的相互位置关系。另一方面，涉案发明专利在实质审查过程中，实质审查员在认定"门页安装轨道"是否被现有技术公开时，采取了与原告解释相同的含义。该案审查过程中的文档可以作为支持原告的解释属于基于所属领域技术人员一般解释的有力证据。

二、准确判断环境技术特征并适用环境技术特征的侵权比对规则

"使用环境特征",通俗来讲,是权利要求中描述的与技术主题相关的技术特征而非直接描述的技术主题。多数情况下,专利权利要求中的技术特征是对权利要求技术主题本身结构、组成部分的描述。但是,在某些专利中,如果权利要求仅仅记载技术主题本身所具有的结构、组成部分等技术特征,不记载技术主题所对应的使用环境,将难以体现该专利所能解决的在该特定使用环境中的技术问题,技术方案不完整。于是,为了避免这一问题的出现,专利代理师在权利要求中将与该技术主题的使用、配合等相关的非属于该技术主题的技术特征写入,这些技术特征即使用环境特征。

专利代理师在撰写及修改专利文件时常常难以关注到其中的技术特征是否属于环境技术特征,更倾向于为达到专利具有创造性高度的目的而在权利要求中添加部分环境技术特征,这样,可以限缩权利要求技术方案所属的领域或者使用的场景,从而提高授权的概率。但是,专利中环境技术特征的使用,另一方面也增大了专利诉讼律师取证及侵权比对的难度,该案即属于这样的情况。

涉案专利的发明主题是一种推拉门用上凸下滑轮,门页安装轨道并不属于该上凸下滑轮的结构,该上凸下滑轮安装于门页安装轨道中,"所述外壳套的顶端至所述滑轮的底端的垂直距离等于门页安装轨道的高度"是典型的使用环境特征。在该案诉讼取证中,被告方所制造、销售的产品仅仅是涉案专利技术主题限定的滑轮,而不制造、销售门页,无法直接对被告是否使用门页相关技术特征取证。好在使用环境特征的认定中,原告不需要证明被告方实际制造、销售门页,只需要证明被诉侵权的滑轮产品可以实际适用于这样的门页即可。

■ 小结

涉案专利技术特征在起诉维权阶段具有如此大争议,以至于一审败诉,是在专利撰写申请时存在的缺陷所致。该案大部分难点工作是对该缺陷的弥补。在专利申请阶段,专利申请人将部分非必要技术特征写入独立权利要求中,且部分技术特征撰写时采用了非常规的技术术语,而在说明书中并未对该技术术语充分解释。这也说明了专利维权是对专利本身质量的最好验证。

专利侵权诉讼给原告、被告代理律师对所属领域技术的理解程度提出了很高的要求,这是专利侵权诉讼区别于其他诉讼的主要特点。在代理律师自身理解技术要点的基础上,进一步引导承办法官接受己方对技术特征的合理解释,是对专利侵权诉讼代理律师的更高要求。该案的办理充分地诠释了这些要求,可以借鉴。

■ **法律链接**

《中华人民共和国专利法》(2008年)第五十九条第一款;

《最高人民法院关于审理侵犯专利权纠纷案件应用法律若干问题的解释》(法释〔2009〕21号)第三条;

《最高人民法院关于审理侵犯专利权纠纷案件应用法律若干问题的解释(二)》(法释〔2016〕1号)第九条。

精锐来袭　步步为营

——华阳集团与上海国某知识产权服务有限公司发明专利侵权纠纷案[*]

罗江锋　肖宇扬　叶新平

> 华阳集团在深交所上市前夕，收到某知识产权服务公司一纸诉状，控告华阳集团侵犯其发明专利权，涉案发明专利为该知识产权服务公司运营的高质量专利。三环律所接受华阳集团委托，开始了对高质量专利运营的阻击战。
>
> 该案中，被告代理律师从管辖权异议、侵权行为的确定、不侵权抗辩、现有技术抗辩、专利无效宣告程序多维防御，顺利帮助华阳集团应对了在上市之时专利运营公司的突袭。

■ 案情简介

惠州市华阳集团股份有限公司（以下简称"华阳集团"）创立于1993年，经过20余年的探索和发展，已形成以汽车电子、精密电子部件、精密压铸、LED照明四大业务为主导的企业集团。集团于2017年10月在深交所上市。惠州市华阳光电技术有限公司为华阳集团的子公司。

某知识产权服务公司是一家知识产权运营公司。早在2016年10月，国增公司从富准精密工业（深圳）有限公司和鸿准精密工业股份有限公司（两公司均隶属于富士康科技集团）转让获得涉案专利权。涉案专利保护一种具有散热结构的发光二极管灯具，是一个质量颇高的发明专利，也是某知识产权服务公司重点运营的专利。某知识产权服务公司在2017年8月就华阳集团涉嫌侵犯涉案专利权事宜向华阳集团发送律师函，同年次月，该公司在上海知识产权法院提起诉讼。三环律所接受华阳集团委托代理该案，作为被告代理律师。

某知识产权服务公司从京东商城线上公证购买飞利浦品牌LED灯具，认为该LED灯具落入涉案专利保护范围，以该飞利浦品牌LED灯具作为被控侵权产品。某知识产权服务公司在华阳集团披露的《首次公开发行股票招股说明书》发现，飞利浦公司在2015年起为华阳集团的客户，位居2015年度、2016年度LED照明板块前十大客户之首。以此为证据

---

[*] 生效案号：（2017）沪73民初635号。

来证明华阳集团制造、销售了被控侵权产品。另外,某知识产权服务公司取证华阳集团官方网站,用以证明该网站上对外许诺销售的数款型号 LED 灯具也侵害涉案专利权。

在该案答辩期内,代理律师寻找到了否定涉案专利稳定性的现有技术证据,向国家知识产权局提交对涉案专利的无效宣告请求。由于该无效案件在应诉答辩期内提交,华阳集团在无效提交当天第一时间拿到受理通知书,保障了无效的进程,尽量减小了无效案件审查周期长对案件结果的拖延影响。

对于涉案专利权利要求限定的关键技术特征"一壳体连接散热片的外侧缘并包围散热器较大的一端部,壳体仅围住散热片尺寸较大的下半部分"。其中"壳体仅围住散热片尺寸较大的下半部分"技术特征的保护范围存在争议。代理律师依据说明书中对该技术特征的说明来解释权利要求应该具有的保护范围。涉案专利说明书中对应记载:"其中由于壳体 30 仅围住了散热片 20 尺寸较大的下半部分,使得气流通道上面的出风口 50 保持较大的尺寸,不至于由于出风口太小而阻碍气流通道中的空气迅速流通,减少了热量在散热器 10 周围的积聚,实现灯具的良好散热,进而解决了高功率发光二极管灯具的散热问题"。根据说明书的该解释,现有技术也应该公开了该技术特征。

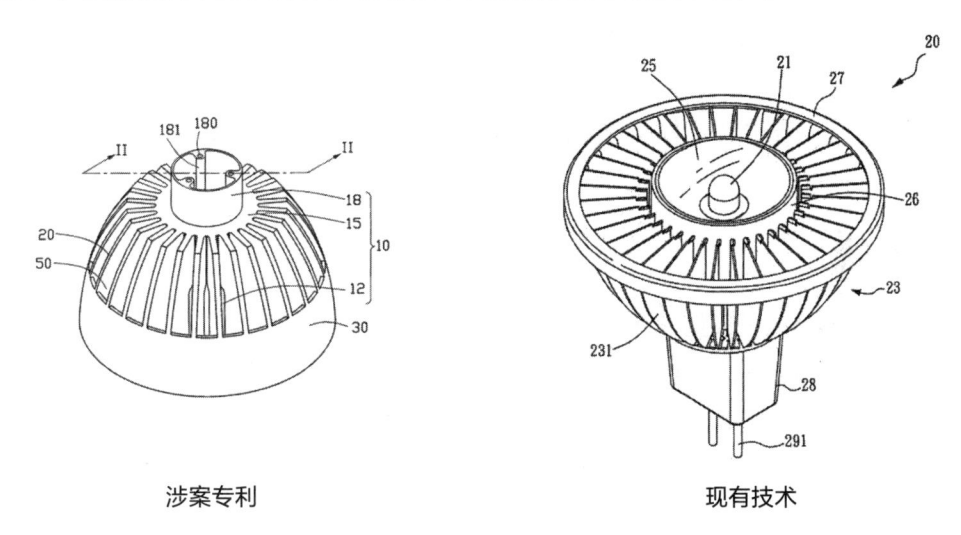

涉案专利	现有技术

该案于 2018 年 5 月一审开庭审理。庭审中,被告代理律师答辩认为,原告公证购买的被控侵权产品并未标识由华阳集团生产,而是标识飞利浦公司注册商标,飞利浦公司具有数家 LED 灯具供应商,仅通过飞利浦公司为被告数年大客户之首,不足以证明两被告具有制造、销售被控侵权产品的行为,原告亦未起诉飞利浦公司。该观点获得法院当庭支持,遂由法院释明,原告主动放弃起诉被告制造、销售该款飞利浦灯具的主张,原告主张的侵权事实只剩下被告网站上的许诺销售被控侵权产品行为。

许诺销售,是指以做广告、在商店橱窗中陈列或者在展销会上展出等方式做出销售商品的意思表示。许诺销售行为作为一种独立的专利权实施行为类型,要认定专利侵权行为成立必须进行侵权比对,遵循全面覆盖原则,即当被控侵权产品包含了权利要求记载的全部技术特征，或者被控侵权产品的个别或者某些技术特征虽然与权利要求记载的相应技术特征不相同，但依据等同原则属于与权利要求记载的技术特征相等同的技术特征，则可判定被控侵权产品落入涉案专利权保护范围。现有技术抗辩比对也遵循类似规则。

法院主持双方进行了现有技术比对和侵权比对环节。由于原告取证的网站图片并未显示灯具内部结构，涉案专利权利要求中涉及灯具内部结构的技术特征无法进行具体比对。对于涉案专利中关键技术特征"壳体仅围住散热片尺寸较大的下半部分"，被控侵权产品的壳体不仅围住了散热片的下半部分，也围住了散热片的上半部分的其中一部分，并不能实现涉案专利说明书所提及的相应技术效果，被控侵权产品的技术特征与涉案专利、现有技术反而不同。许诺销售证据中的被控侵权产品并不具有涉案专利的全部技术特征，许诺销售侵权行为不能成立。

可见，单纯通过该许诺销售行为本身并不能进行侵权认定。而原告也并没有取证购买被告许诺销售行为指向的同一产品，且原告有能力通过合法渠道购买到产品，原告指控被告许诺销售行为的证据不足。

至此，被告代理律师以涉案产品属于现有技术、涉案产品没有落入涉案专利保护范围、涉案专利权不稳定三点为由，逐点详细分析，对原告起诉的许诺销售行为进行了有效的反驳。

开庭后数天，某知识产权服务公司自知胜诉无望，主动撤回起诉。

■ 办案心得

该案属于典型的高质量专利运营案例。一方面，运营过程中，原告把握到一个特殊的起诉时机——在被告上市前。这个时机给被告带来附加的应诉压力。另一方面，运营的专利质量相对较高，权利要求中没有明显的非必要技术特征，界定的保护范围大而合理，是原告充分准备挑选好的权利基础。在此情况下，如何应对此类高质量专利的运营，该案给出了经验。

首先，梳理侵权行为及其所依据的事实，是专利侵权案件中其他事实调查的前提。产品专利侵权行为包括制造、销售、许诺销售等。该案中，原告对于各个侵权行为所依据的事实没有明确，尤其是制造、销售行为所依据的事实并没有形成完整的证据链，陷入了举证不足的窘境，也成了该案被告的突破口。不同事实对应不同侵权行为时，需要先明确划分各个侵权行为后，再以各个事实关联的被控侵权产品进行现有技术抗辩和侵权比对的对象。

其次，进行现有技术抗辩比对和侵权比对时，应该严格执行全面覆盖原则，且不可遗漏权利要求的任何技术特征。涉案专利权利要求限定了技术特征"散热器包括与发光二极管模组接触的柱状的主体""散热片的外侧缘相互连接，从而在主体外围的散热片之间形成若干沿主体轴线方向延伸的气流通道",以原告提供的网站图片证据,并不能判断被控侵权产品具有这些技术特征。这成为该案中被告全面胜诉的重要原因。当然,该案也给作为运营方的原告应该如何取证、如何方便庭审阶段进行技术比对提供了指导。

最后,应对高质量专利侵权诉讼,应当在答辩期限内,充分做好现有技术的检索和专利无效准备工作。发明或实用新型专利侵权纠纷案件中,现有技术抗辩的成败依赖于被告方所寻找到的现有技术证据。该案中,被告通过充分检索,检索到了两篇与涉案专利高度相似的国外专利。并且将该现有技术用于庭审的现有技术抗辩环节,增加了胜诉的机会。

■ 小结

高质量专利运营时,专利本身的权利基础是得到保障的。对于运营方而言,其一,运营工作的重点应该放在对侵权行为的举证和侵权程度的取证上。对于专利侵权中制造、销售行为的取证,应该具有直接证据为宜。如果无法获得制造、销售行为的直接证据,也应该通过间接证据形成完整的证据链。其二,专利运营的目的与其他专利侵权诉讼有所区别,专利运营往往希望通过高效的运作获得经济利益,在诉讼过程中,也应该随时沟通是否能够通过收取专利许可费或和解的方式结案。

对于应诉方而言,要对运营的高质量专利宣告无效是一大难点。代理律师限于自身精力及技术认知的限制,可以与专业的检索机构合作,增大找到可以将专利无效强有力证据的机会,实现釜底抽薪。在专利无效工作之外,准备技术特征的比对工作,在现有技术抗辩和不侵权抗辩中力图寻找突破口。应对运营公司的来袭,代理律师对各个环节的准备需要更迅速而充分,争取时间以缩短案件结案周期,才能实现应诉方的商业目的。

同时,由于高质量专利运营公司的发展,国内专利运营性质的诉讼案件在逐渐增多,对于旨在上市的公司内部知识产权管理人员也提出了更高的要求。知识产权管理人员在产品规划、上市销售时应该对现有技术充分检索,针对潜在威胁专利做出规避方案或提出无效,做好知识产权预警工作,技术研发人员也应予以积极配合。尤其是在公司发展的重要节点,如公司上市之际,尽量避免出现明显的知识产权侵权行为而给专利运营公司可乘之机。

■ 法律链接

《中华人民共和国专利法》(2008年)第十一条第一款、第六十二条;

《最高人民法院关于审理侵犯专利权纠纷案件应用法律若干问题的解释》(法释〔2009〕21号)第七条。

优先之争　逆转经典

——林某诉国家知识产权局专利无效行政诉讼案[*]

肖宇扬　詹海灱

电动独轮自行车产品的基础专利（专利号为"201110089122.9"）于 2016 年被三个主体先后提起无效宣告请求，专利复审委员会审理后作出无效宣告审查决定。该无效决定由专利复审委员会五人合议组作出，入选 2018 年度复审无效十大案件。该案行政一审维持了该无效决定。

三环律所代理新的专利权人向最高人民法院提起上诉，最高人民法院经审理后认为，被诉决定和一审判决关于中国在先申请不可以作为该专利优先权基础的认定错误，中国申请的申请人和美国申请的申请人并不一致，该案并不存在美国申请的优先权转让给中国申请人的情形，被诉决定基于推定得出存在权利继受关系，继而将不同专利申请的申请人视同为相同主体没有事实和法律依据，继而改正了原国家知识产权局专利复审委员会作出的该专利不享有本国优先权的认定，撤销了无效行政一审判决及被诉决定，判令国家知识产权局重新作出审查决定。该案涉及本国优先权的认定，可以说罕有先例，二审逆转一审判决及无效决定，对于专利本国优先权的理解和司法实践具有非常强的指引意义。

■ 案情简介

一、基本案情

该专利名称为"电动独轮自行车"，专利号为 201110089122.9，系独轮车行业的重要基础专利，曾引起了众多独轮车生产厂家的抄袭和模仿，具有极高的行业价值和经济价值。在此情况下，该专利的原始专利权人在行业内发起了维权，尤其是维权对象指向了包括纳恩博在内的行业巨头。基于此背景，廉某、纳恩博（北京）科技有限公司（以下简称"纳恩博公司"）、安某分别于 2016 年 10 月 14 日、2016 年 10 月 18 日、2016 年 10 月 21 日向专利复审委员会提出无效宣告请求，专利复审委员会将前述三个无效宣告请求案件合并审理。

该案的发明人陈某 1（Chen）为美籍华人，是一位职业发明家，自 1986 年到美国之

---

[*] 该案被改判的无效决定曾入选 2018 年度复审无效十大案件。生效案号：（2021）最高法知行终 910 号。

后，陈某 1 便开始从事技术创新，近年来一直致力于智能运动健康设备的研发工作。其也是电动平衡车品牌索罗维尔的创始人，自主研发了独轮车、扭扭车等平衡车产品。目前，陈某 1 在全球范围内拥有百余件专利，技术内容涉及滑板车、风火轮、平衡车、水鸟等诸多产品。该案的原专利权人陈某 2 是陈某 1 的利益相关人。

而该案无效请求人之一纳恩博（北京）科技有限公司（Ninebot）（以下简称"纳恩博"），成立于 2012 年，总部位于中国北京，2014 年 10 月获得小米、红杉、顺为资本共同注资 8000 余万美元，并成为小米生态链新成员。2015 年纳恩博（Ninebot）并购赛格威（Segway），赛格威成为纳恩博的全资子公司。赛格威早在 1995 年就开始了电动平衡车的技术研发和专利布局，并掌握了该领域的大部分基础性专利。纳恩博通过收购赛格威，获得了赛格威的品牌优势及 400 多件平衡车领域的核心专利及专利许可。

纳恩博通过收购赛格威，致力于在全球市场推广平衡车产品；而涉案专利的权利人则通过与乐行天下合作，欲开拓中国市场。为了争夺平衡车潜在的巨大市场份额，双方的战火一触即发。纳恩博联合赛格威及平衡车发明人针对索罗维尔品牌向美国国际贸易委员会（ITC）申请"337 调查"。而陈某 2 与陈某 1 则分别在中国和美国起诉纳恩博专利侵权。双方开展专利"攻防战"的底气源自各自在电动平衡车领域的专利实力。该无效案件也就是在这样一个独轮车领域炮火连天的背景下产生的。

二、无效请求及审理结果

该案的三个无效宣告请求人均主张宣告涉案专利全部权利要求无效，主要理由包括该专利不应享有本国优先权，故而相对于请求人所提交的在本国优先权日与该专利申请日之间公开的对比文件不具有新颖性和创造性。针对该无效宣告请求案件，考虑到该案的重要性和影响力，专利复审委员会安排了资深审查员组成五人合议组进行公开审理。

涉案专利申请日为 2011 年 4 月 1 日，其曾要求在先中国申请的优先权，在先中国申请的申请日为 2010 年 9 月 6 日，上述两专利申请的申请人均为陈某 2。与该案技术方案相关的是三件美国专利申请，均由 Chen（陈某 1）所申请，其中美国临时申请 1 的申请日为 2010 年 3 月 9 日，美国临时申请 2 的申请日为 2010 年 3 月 18 日，美国专利申请的申请日为 2011 年 3 月 9 日。

在无效程序中，无效请求人提出的关键无效证据，即证据 1.9 的公开日为 2011 年 3 月 5 日，恰好在该专利优先权日及该专利申请日之间。因此在无效案件审理过程中，该专利是否享有本国优先权，证据 1.9 是否可作为评述权利要求 1 新颖性和创造性的对比文件成为争议的焦点。各关键日期的对比关系如图 1 所示。

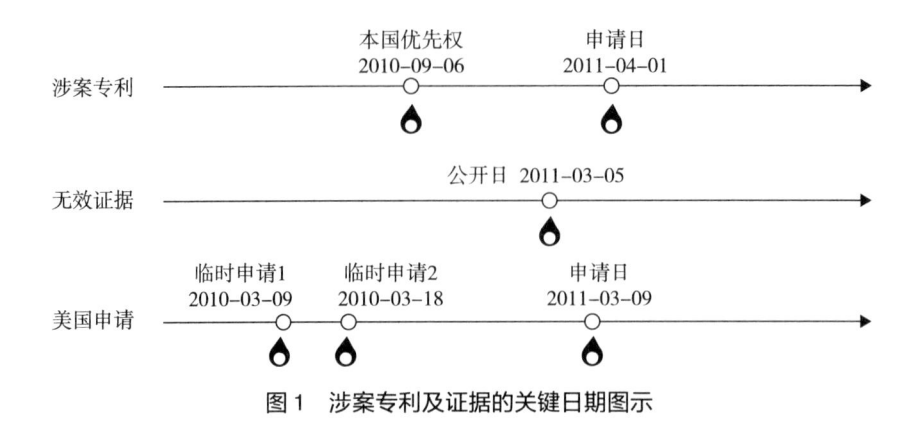

图 1　涉案专利及证据的关键日期图示

专利复审委员会认为：《专利法》第二十九条第二款有关本国优先权规定中的"在中国第一次提出专利申请"的"第一次"应当理解为就相同主题在世界范围内首次提出的申请，该世界范围内的首次申请是在中国提出的。如果作为本国优先权基础的中国在先申请不是相同主题的首次申请，则其不能作为在后申请的优先权基础，即在后申请的本国优先权不能成立。该专利的公开文本和美国专利申请的文字表述基本一致，两份专利文献的附图及其上的附图标记完全一致，结合专利权人的自述以及将该专利的发明人修改为与美国专利申请相同的发明人的行为，可以推断该专利的技术与美国专利申请的技术具有相同的来源，即，两份专利申请的技术方案是由同一个发明人/发明团队做出的，该专利的申请人陈某2与美国专利申请的申请人Chen之间具有权利继受关系。美国临时申请1和美国临时申请2的申请人均为Chen，因此认定两份美国临时申请、美国专利申请和该专利具有相同的技术来源。对于具有相同技术来源的多份专利申请，即使申请人不同，也只有该多份专利申请中具有相同主题的首次申请，可以作为优先权基础。美国临时申请1中图3的实施例与该专利权利要求1和权利要求3的技术领域、所解决的技术问题、技术方案和预期的效果均相同，故两者属于相同主题的发明创造。美国临时申请1的申请日早于中国在先申请的申请日，构成与该专利相同主题的首次申请。由于被该专利要求优先权的中国在先申请不是相同主题的首次申请，因此该专利权利要求1不能享有本国优先权。

专利复审委员会据此认为，由于权利要求1不能享有本国优先权，证据1.9构成现有技术，可以用于评价权利要求1的创造性。在证据1.1和证据1.9公开内容的基础上，本领域技术人员将两者结合从而得到该专利权利要求1的技术方案是显而易见的，不需要付出创造性劳动，不具备《专利法》第二十二条第三款规定的创造性。结合案件其他事实，专利复审委员会认定该专利权利要求1、权利要求3、权利要求5-8不具备《专利法》第二十二条第三款所规定的创造性，宣告该专利权利要求1、权利要求3、权利要求5-8无效，在权利要求2、权利要求4、权利要求9的基础上继续维持该专利权有效。

由于案件影响重大,所涉及的独轮平衡车当时很火,案件中的本国优先权问题既高深又罕有先例,还涉及保密审查作为无效理由的问题,这些都具有独特性,加之专利复审委员会成立五人合议组公开审理,该无效决定入选2018年度复审无效十大案件,且该无效案被央视、网络媒体、纸媒体广泛宣传报道。

三、一审判决

该专利的专利权人中途转让给深圳天轮科技有限公司(以下简称"天轮公司"),天轮公司针对被诉决定不服提起行政诉讼。一审法院认为,被诉决定基于该专利的公开文本和美国专利申请的文字表述基本一致,二者的附图及其上的附图标记完全一致,并结合在无效宣告请求审查阶段专利权人的自述以及将该专利的发明人修改为与美国专利申请相同的发明人的行为等事实,认定两份专利申请的技术方案是由同一个发明人/发明团队做出的,该专利的申请人陈某2与美国专利申请的申请人Chen之间具有权利继受关系,并无不妥。此外,两份美国临时申请的申请人均为Chen,可知两份美国临时申请、美国专利申请和该专利具有相同的技术来源。对于具有相同技术来源的多份专利申请,即便形式上的申请人不同,也只有该多份专利申请中具有相同主题的首次申请,可以作为优先权基础。据此,一审判决驳回了天伦公司的诉讼请求。

四、二审判决

后该专利又从天轮公司转让回陈某2,而陈某2又将专利权转让至林某。三环代理林某提起上诉,在二审时,代理律师在翻阅《巴黎公约》、我国现行专利法等关于专利优先权的规定后,认为被诉决定和一审判决在优先权的继受关系上存在认定不当之处。在被诉决定和一审判决中,其认定Chen和陈某2具有权利继受关系的理由仅在于两者技术方案类似,即认定两者具有相同的技术来源,这实际上是混淆了发明人和申请人的概念。

基于此,代理律师在二审代理过程中向最高人民法院指出了这一问题,从以下几个角度来整理思路和寻找突破口:

第一,指出本国优先权与外国优先权具有本质区别,不能想当然认为本国优先权必然就是与外国优先权一样应当是世界范围内的首次申请。其中很重要的原因在于,从文义解释或导致的法律后果来看,本国优先权和外国优先权属于两个逻辑体系的规定,在要求外国优先权时,不会对作为优先权的外国在先专利申请的法律状态产生影响,而在要求本国优先权时会对本国的在先专利申请的法律状态产生影响,因此《专利法》第二十九条第二款与第一款在实践中存在本质上的差异。

该案中,该专利(2011-04-01)在要求了本国优先权之后,本国在先申请(2010-09-06)就被视为撤回;而假如该在先申请是外国优先权,那么在先的外国申请并不会被视为撤回,而且在先的外国申请不会受到中国申请的任何程序上的影响。所以基于在要求了优先权之后,被要求优先权的在先申请的法律后果不同,本国优先权和外国优先权具有本质的区别。在本国优先权中，被要求优先权的在先中国专利申请会被视为撤回，这一撤回不以申请人的意志为转移，之所以如此，是为了避免同一技术方案获得两项专利权。但是，按照当前的法律规定，该被视为撤回的在先申请没有任何的救济途径，即便是被视为撤回的前提不再存在。这对于申请人而言，所带来的不公平在于，申请人按照中国法律的规定，第一次提出申请之后，在12个月内再次申请，并要求了本国优先权，在申请阶段，国家知识产权局完全接受了，赋予了这一优先权，但是在无效阶段却又否定了优先权的成立，从而将在后申请专利无效了，此时此刻，对于申请人而言，在先申请需要被撤回的法理基础已经不再存在，因为已经不存在同一技术方案获得两项专利权的情形了，然而此刻申请人被视为撤回的在先申请已经无法恢复，这样在先申请和在后申请的权利都已丧失，这就造成了对申请人的不公平。

基于此，本国优先权不应该与外国优先权混为一谈。在中国第一次提出申请，应当理解为在中国首次提出申请，并非在中国提出世界范围内的首次申请。《专利法》第二十九条第二款应与第一款区分看待。这一观点的提出应该说在二审中起到了先声夺人的效果，让此前无效审理阶段一直将本国优先权及外国优先权混为一谈的无效请求人及专利复审委员会都有所意外。

第二，该案的关键在于美国申请的申请人与中国申请的申请人并不一致，无论我国专利法关于优先权所规定的"首次申请"是世界范围内的首次申请，或者是中国范围内的首次申请，该案的申请人与美国的申请人并不相同，作为中国的申请人陈某2而言，其在中国第一次提出的申请就是其首次申请（包括中国范围内和世界范围内的首次申请），其应该可以在后续申请中享有优先权，而被诉决定和一审判决基于陈某1和陈某2具有同一技术来源而认定陈某2不具有优先权，系混淆了发明人和申请人的法律地位和关系。

该案中，如退一步认为美国申请和中国申请技术方案相近，具有同样的技术来源，那么最多也只能够认定两者的发明人相同，或者是同一个发明团队作出的，按照对发明人权利义务的法律规定，其具有署名或获得报酬的权利，但对专利不享有相应的处分权。但专利申请人的概念则不同，专利申请人系可能在专利授权之后成为专利权人，对专利享有所有权和相应的处分权，也包括该案所争议的优先权。专利申请人和发明人在实务中既有可能是同一主体，也可能是不同主体，也就是说，两者没有必然的联系。

基于此，代理律师进一步强调，被诉决定和一审法院通过认定陈某1和陈某2系在先中国申请的同一发明人/发明团队来推断出陈某1和陈某2具有权利继受关系，是没有事实依据的，也没有任何的证据可证明这一情况，不属于一个法律事实，所谓的继受关系需要通过协议等形式予以确认，而且继受关系中的专利申请权和专利优先权系两个可分的权利，绝不能笼统地根据猜测来推定这一重要的事实。而事实上，在先美国申请和在先中国申请两者的申请人不相同，系两个独立的法律主体。根据法律规定，优先权系专利申请人的权利，与发明人没有任何的关系，那么在此情况下，在先中国专利申请人陈某2不能要求美国在先申请的优先权，在先中国专利申请可以作为在后中国专利申请也就是该专利的优先权基础，系巴黎公约和我国专利法所明确规定的。

第三，从该案的客观事实情况来看，申请人陈某2提出涉案专利申请是完全符合法律规定和实践操作的，专利复审委员会在作出专利无效的决定时，不应该让完全合法操作的行政相对人承担这一法律规定不明的不利后果。该案不管是在先中国申请被视为撤回的决定还是无效宣告请求决定，均是具体行政行为，按照行政法的案件排他、信赖保护以及合法行政三大原则，陈某2的行为不存在违法之处，国家知识产权局作出的决定却让陈某2承担了不利后果，这是有违行政法的基本原则的。

如果再梳理一下该专利的时间轴，我们会发现客观的情况：美国人Chen于2010年3月9日和3月18日分别提出了两次美国临时申请之后，开始将专利方案实际生产运营，2010年9月6日由中国人陈某2在中国首次提出申请，基于中美两国都提出了首次申请，美国人Chen的专利产品于2011年3月5日被公开报道（即无效案件的主要对比文件），报道不久，中国申请方案被完善之后于2011年4月1日再次提出申请，并要求了中国首次申请2010年9月6日的在先申请优先权。在整个过程中，美国人Chen显然并没有将美国临时申请的优先权转让给陈某2，因为中国的首次申请（2010年9月6日）并未要求美国的优先权，如果要求了美国的优先权，则涉案专利申请（2011年4月1日）不能再次要求优先权。上述规定和操作是完全符合《专利法实施细则》和《专利审查指南2010》的规定的。

《专利法实施细则》第三十二条第二款："申请人要求本国优先权，在先申请是发明专利申请的，可以就相同主题提出发明或者实用新型专利申请；在先申请是实用新型专利申请的，可以就相同主题提出实用新型或者发明专利申请。但是，提出后一申请时，在先申请的主题有下列情形之一的，不得作为要求本国优先权的基础：（一）已经要求外国优先权或者本国优先权的；（二）已经被授予专利权的；（三）属于按照规定提出的分案申请的。"

《专利审查指南2010》第一部分第一章6.2.1（要求外国优先权）6.2.1.4规定："申请人完全不一致，且在先申请的申请人将优先权转让给在后申请的申请人的，应当在提出在后申请之日起三个月内提交由在先申请的全体申请人签字或者盖章的优先权转让证明文件。申请人期满未提交优先权转让证明文件或者提交的优先权转让证明文件不符合规定的，审查员应当发出视为未要求优先权通知书。"

从以上规定可知，申请专利的权利与优先权是两个相互独立、可区分的权利，国内公民接受外国人转让的在中国申请专利的权利，不当然地获得在先外国申请的优先权，若要获得所述优先权，需要二者另外单独签署优先权转让证明文件，以证明优先权作为一项独立于相应在先申请的权利而被转让。

在这种情况下，如果说法律规定是明朗的，即明确指引了中国的首次申请（2010年9月6日）必须是同一申请人，且必须是世界范围内的首次申请，那么陈某2在2011年4月1日提出涉案专利申请之日，就不可能去要求2010年9月6日的优先权。而恰恰是因为当下的法律规定和当前的实务操作当中，都是以同一申请人判断其全球各地的申请，并确定优先权的起止期限。所以，即便将Chen和陈某2在技术上视为是同一技术主体，那么既然将该技术方案在中国以陈某2的名义提起了申请，这其实就是在法律上切断了与美国临时申请的关系，完全不能也没有法律依据可以以美国Chen的临时申请去否定中国陈某2的专利申请的优先权基础，其可以作为评判陈某2中国首次申请（2010年9月6日）的新颖性和创造性（如果公开在先的话），而不能作为否定其优先权的依据。换句话说，按照当前现行的法律规定，本身就应该允许同一技术来源在不同的国家通过不同的申请主体来切断优先权的影响，从而在不同国家重新确定不同申请人的首次申请（只要不同国家申请人没有相互要求优先权，就意味着不同主体在不同国家的首次申请），这应该是法律所允许的，而不是应该否定的，至少在法律有明确规定不允许这样操作之前，法无禁止即可为，不应让申请人去承担不利后果。而且，这并未让申请人获得不正当的权益，因为每个国家的专利保护期还是一样，反而是会让不同国家不同名义的申请人承受了可能被自己的他国关联申请因为公开在先而作为现有技术被否定新颖性和创造性的风险。涉案决定没有先例地用不同申请人的美国申请否定陈某2的中国申请的本国优先权基础，于法无据。如果要在行政案件中作出对行政相对人不利的行政决定，也应该是有明确的法律规定和依据，在此之前完全不应该基于理论上的解读去对他人完全合法的操作施加以不利的具体行政行为，这完全违背了合法行政的行政执法基本原则，完全是没有法律、法规、规章的规定情况下，作出的影响公民、法人合法权益的决定。

最高人民法院在采纳了我方意见后认为：

优先权系专利申请人的权利，并非发明人的权利，优先权所针对的主体是专利申请人，专利申请人与发明人的法律地位不同，专利申请人是申请技术方案获得专利法保护的主体，其可能在专利授权之后成为专利权人，对专利享有所有权和相应的处分权，包括优先权；发明人是完成技术方案的主体，享有署名或获得报酬的权利，不享有包括优先权等相应处分权。虽然在审查本专利有无违反《专利法》第二十条第一款规定时，本专利的发明人变更成了陈某1，但正如被诉决定的认定，该事实仅证明本专利的发明人与美国专利申请的发明人相同，技术方案具有相同来源。不能由此事实推定得出，该专利的申请人与美国专利申请的申请人为同一人。

对于申请要求优先权的主体，法律规定该申请人要与在先申请的申请人相同。对于存在不同申请主体的情况下，当事人可以通过专利申请权转让的方式进行权利继受成为同一个申请主体，但该转让行为应当签订书面合同并进行登记公告。专利申请人的变更应当属要式法律行为，而非事实推定。根据在案证据，美国专利申请、美国专利临时申请和中国在先申请的申请人并非同一人。本专利申请人仍然是陈某2，与中国在先申请的申请人相同；而美国专利临时申请、美国专利申请的发明人均为陈某1（Chen）。陈某2并非美国专利申请的受让人。本案并无证据证明陈某2、陈某1（Chen）存在专利申请、优先权转让的协议，无申请优先权的权利继受事实。权利继受关系的形成属于法律关系的变动，需要通过法律文件确认，不应当通过发明人变更的事实以及个人陈述，推定存在权利继受关系，继而将不同专利申请的申请人视同为相同主体。

申请优先权的主体必须与在先申请一致，不应当仅以存在相同主题的申请为由，不审查申请人的主体是否为相同，就将首次申请作为享有优先权的基础。被诉决定以及一审判决关于"即使申请人不同，也只有该多份专利申请中具有相同主题的首次申请，可以作为优先权基础"的认定，于法无据。

综合上述观点，最高人民法院撤销了被诉决定和一审判决，判令国家知识产权局重新作出无效宣告审查决定。

■ 办案心得

该案争议点较为特殊，系无效案件中从未有过的情况，即在该专利本国优先权日前，有两个更早的美国临时申请。所以哪一个是优先权意义上的首次申请，系该案核心问题。

在这一问题上，原专利复审委员会在被诉决定事实上是从两个角度去论述：一是作为本国优先权基础的中国在先申请是否只要是在中国的首次申请即可；二是对于具有相同技术来源的多份专利申请，首次申请的含义应当如何理解。

对于上述第一个问题，专利复审委员会认为，《专利法》第二十九条第二款所述的"在中国第一次提出专利申请"中的"第一次申请"应当理解为就相同主题在世界范围内首次提出的申请，只不过对于本国优先权，该世界范围内的首次申请是在中国提出的。

对于上述第二个问题，专利复审委员会认为，对于具有相同技术来源的多份专利申请，即便形式上的申请人不同，也只有该多份专利申请中具有相同主题的首次申请，可以作为优先权基础。

该案曾被国家知识产权局评为2018年度复审无效十大案例之一，行政诉讼难度可想而知。代理律师在行政诉讼中接手该案后，对案件抽丝剥茧，挖掘突破口不放过任何一丝机会。在此过程中，代理律师不但翻阅了国内关于优先权认定的司法判决和理论文章，还进一步寻求包括巴黎公约在内的相关国际条约规定。

在检索相关资料后，代理律师发现根据《巴黎公约》第4条第A部分第1款规定，要求优先权的在后申请人有两种：一是与在先申请相同的申请人，二是获得在先申请申请人的优先权权利继受人。而明显，该案该专利与在先中国申请的申请人均为陈某2，与美国全部申请的申请人Chen不同。因此，陈某，是否为Chen的优先权权利继受人，成为认定该案本国优先权的专利申请是否为首次申请的关键。

进一步，代理律师又研究了何为"优先权的权利继受人"。根据相关规定，所谓"权利继受人"，可以是整个首次申请的受让人，也可以只是首次申请的优先权的受让人。基于这一点，我方代理人着重挖掘了"受让"的含义，因为很明显在该案中，Chen 并未将其所有的专利申请的权利全部转让给陈某2，陈某2并非美国专利申请之"整个首次申请的受让人"；其次，专利优先权和专利申请权系两个独立存在的权利，陈某2没有单独得到美国专利申请权利人 Chen 单独转让的优先权，因此，陈某2并非上述巴黎公约规定的"优先权权利继受人"，不能享有在中国要求在先美国申请优先权的权利。既然该案在先中国申请并未获得要求在先美国申请优先权的权利，那么说明该案在先中国申请为陈某2的首次申请，从而也就说明该案在先中国申请可以作为该案的优先权基础。

以此为基础，我方代理律师在二审中进一步强调了被诉决定和一审法院通过认定陈某1和陈某2系在先中国申请的同一发明人/发明团队来推断出陈某1和陈某2具有权利继受关系，是没有事实依据的。我方认为，所谓的继受关系需要通过协议等形式予以确认，是一种要式法律行为，而且继受关系中的专利申请权和专利优先权系两个可分的权利，绝不能笼统地根据猜测来推定这一重要的事实。而事实上，在先美国申请和在先中国申请两者的申请人不相同，系两个独立的法律主体。根据巴黎公约和我国专利法规定，优先权系专利申请人的权利，与发明人没有必然的关系，在此情况下，在先中国专利申请人陈某2不能要求美国在先申请的优先权，其可以作为在后涉案中国专利的优先权基础。由此，我方指出被诉决定和一审判决混淆了专利发明人和专利申请人的概念和关系，从而误读了我国专利法以及巴黎公约关于优先权适用主体的规定，与法律的本意不符。最高人民法院最终认可了我方的这一观点，并以此作为理由之一撤销了被诉决定和一审判决。

除此之外，我方在庭后还从不同的角度进一步论述了我方的其他观点，以求能在以上观点的基础上，赢得法官的内心确信。例如，我方在庭后第二次补充代理意见中，还从行政法的角度来进一步阐述：该案专利复审委员会作出的被诉决定，违反了行政法案件排他、信赖保护以及合法行政等三大原则，具有严重的行政程序错误，应予撤销等。

■ 小结

该案涉及专利本国优先权的认定问题，如何划分该案各主体之间的法律关系，并通过国内外相关法律法规来支持自己的观点，是该案能够成功逆转的关键所在。

该案被诉决定曾被国家知识产权局评为2018年度复审无效十大案件之一，而且在一审判决中被北京知识产权法院所维持，想要改判的难度可想而知。在此情况下，勇于直面难题,敢于寻找突破,细于分析案件,是一名优秀专利律师应有的品质。而且,除去挖掘一个突破点以外,如何布局阐述其他论据,虽未在判决书予以体现,相信也是让二审法官形成内心确信从而支持我方观点的重要依据。因此,只要有一丝可行、可信的观点,均应在庭审或庭后代理意见中充分主张和表达。

■ 法律链接

《中华人民共和国专利法》(2008年)第十条、第二十九条。

标准专利　无效反击

——某通信设备公司应诉侵犯标准必要专利权案*

熊永强　左菁

> 该案为一起标准必要专利侵权纠纷，对涉案专利提出无效宣告请求一般是被告的常规应诉策略，该案检索获得了非常有效的无效证据，将其中一件涉案专利全部无效，另一件涉案专利虽然部分有效但通过行政诉讼撤销维持其有效的决定的可能性极大，对该案起到釜底抽薪的作用，且使包含两件涉案专利的专利包处于可能被无效的风险中，对原告形成巨大压力，从而促使原告主动寻求和解。
>
> 该案对标准必要专利的应诉，标准必要专利无效程序进行了详细深入的讨论，对标准必要专利侵权纠纷的应诉，标准必要专利无效程序具有参考借鉴意义。

■ 案情简介

某计算机公司从美国 IDC 公司（InterDigital Technology Corporation）受让获得包括两件专利族的专利包（其中中国专利 6 件、美国专利 6 件、欧盟专利 5 件、印度专利 4 件，该专利包市场传闻转让价为 900 万美金），计算机公司以该专利包中的两件中国专利：201210276479.2 号、200680025787.0 号专利起诉深圳市某通信设备公司侵犯专利权，且声称该两件专利为 WCDMA 标准必要专利。该案件为中国首例涉及 3GPP 标准必要专利的诉讼案，也是在通信行业影响力较大的专利诉讼。

接到被告通信设备公司的委托后，三环律所迅速组织团队对案件进行分析。原告主张涉案专利是通信领域标准必要专利，故被诉侵权产品构成侵权的逻辑是被诉侵权产品遵照标准导致必然执行标准中记载的涉案专利的技术方案，因此判断涉案专利是否被纳入涉案标准是该案侵权认定的判断逻辑（以下简称"对标"）。此外，对涉案专利提出无效宣告请求，无效原告主张侵权的部分权利要求甚至全部权利要求，使得原告失去起诉的权利基础，对该案能起到釜底抽薪的作用；或者通过无效理由的具体论述来影响涉案专利权利要求的理解，使涉案标准与解读后的权利要求不相同，对侵权认定能起到积极作用。

---

* 生效案号：（2014）京知民初字第 135 号、154 号。153 号因为专利全部无效裁定驳回，154 号因和解对方提交撤诉。

通过分析发现，涉案两件专利在对标方面比较符合，抗辩涉案专利不对标成立的可能性较小，即在侵权认定方面具有较大风险，可抗辩点不多，力度不强。因此该案的关键及重点就在于对涉案专利提出无效宣告请求，促使专利复审委员会宣告两件专利全部无效，使得原告失去起诉的权利基础，从而赢得案件的胜利。因此，代理律师制定了相应的民事诉讼应诉策略，以及对涉案专利提出无效宣告请求的无效诉讼策略。

在专利无效方面，代理律师深入研读涉案专利所涉及的 3GPP 协议技术，找到对涉案专利权利要求新颖性、创造性影响巨大的证据；对涉案专利的文本进行充分的分析，挖掘出专利文本中不符合专利法及实施细则规定的缺陷，向专利复审委员会对两件涉案专利提出无效宣告请求。

在民事诉讼方面，向法院提交管辖权异议、中止审理请求等，将审理时间尽量推迟，为专利无效程序争取更多的时间。因在 15 天答辩期内提交了无效请求使得涉案专利处于无效阶段，因此顺利地获得了法院对该两件民事诉讼案件的中止审理。

最终，专利复审委员会对 787 号专利作出了专利权全部无效的决定，法院因此裁定驳回原告计算机公司基于 787 号专利起诉的案件。虽然专利复审委员会维持了 479 号专利权部分有效（仅部分从权因为非新创性理由被无效，独权仍然有效），但被告律师代理通信设备公司对该专利的无效决定提出行政诉讼，且理由证据较强，胜算较大。原告计算机公司综合分析后认为其在专利无效行政诉讼案件中胜算不大，为了避免维持 479 号专利有效的决定在行政诉讼中被撤销，导致专利复审委员会重新做了宣告 479 号专利全部无效，以及避免被告参与 787 号专利无效行政诉讼的审理抗辩其请求撤销宣告 787 号专利无效的诉求，基于代理律师提出的无效程序对原告形成的巨大压力，原告计算机公司主动要求与被告通信设备公司达成和解，撤回起诉，被告赢得了两个案件；且在和解程序中客户获得极为有利的和解条件，为客户扫清未来的市场障碍，最大化客户利益。

■ **办案心得**

该案中代理律师通过合理制定的民事诉讼策略和专利无效策略，尤其是在专利无效程序中，最大程度地将专利无效策略的作用发挥出来，通过专利无效对原告施加压力，不仅让其在该案中败诉，且让其花重金购买的两件专利族构成的专利包均处于可能被无效的风险中（如果涉案两件专利被无效，而专利包中其他专利与该两件专利为同族，虽然其他专利未被请求宣告无效，但按照该两件专利因为创造性被宣告无效的逻辑，其他专利同样会被被告律师在该两件专利无效案件中使用的证据影响创造性，被无效的可能性也非常大），从而迫使原告主动寻求和解，且为客户获得极为有利的和解条件。

可见，该案的重中之重是专利无效程序，此外，该案的涉案专利为通信领域的标准必要专利，对于标准必要专利提出无效请求的准备工作，其具有非标准专利无效请求的一般流程，也具有区别于一般专利无效流程的特点，通过该案，总结如下。

1. 准确理解专利内容。

通过理解专利找出专利的发明构思，专利确定发明点特征及非发明点特征，从而获得案件的关键点特征，对于发明点特征和非发明点特征的检索及评述的权重及力度会有所不同。

2. 核对专利的翻译。

大部分标准必要专利为外国专利权人，以 PCT 进入中国的方式获得中国专利，其原始申请文本为在外国申请的 PCT 文本，需要核实翻译是否有错。

3. 查阅涉案专利的全球同族专利的审查过程、找出相关文件。

一般标准专利会在全球布局至少数十件专利，查阅其同族专利的检索报告、审查意见等审查过程文件（主要是参考美国局、欧专局、日本局、韩国局的审查过程），阅读其他国家所引用的对比文件（A 类文献也要阅读）。各国审查意见所引用的对比文件已是各国审查员从海量文献中检索得到与该专利同族最接近的现有技术，先阅读这些文件判断是否可作为影响本专利新颖性、创造性的文件，即使不能作为 XY 类文献，也能获得相关线索进行下一步的追踪检索，这是获得专利无效有力证据最高效的途径，具有事半功倍的效果。

4. 摸查对应的 3GPP 会议文档文件。

找到涉案专利的对标标准（记载了涉案专利方案的 3GPP 标准），对该标准版本发布之前的 3GPP 会议文件进行检索，一般能够找到与涉案专利解决相同技术问题，提出记载了专利技术方案或者其他替代技术方案的会议文件，以及对涉案专利相关背景技术、技术方案进行详尽技术解释的会议文件，这些文件对于获得无效所使用的证据，以及无效请求理由撰写的论述具有非常大的帮助。

5. 对技术线索的追踪检索。

通过前面的步骤，对专利技术方案有了深入理解，且还通过查阅技术资料、请教技术专家，可获得与该案相关的技术线索，对这些技术线索进行顺藤摸瓜、追踪检索。

6. 全面检索。

对专利技术方案发明点关键词、分类号等进行表达，构建检索式，在各个专利数据库、3GPP 网站、学术论文网站等进行全面检索。

7. 核实优先权。

大部分标准必要专利都有要求优先权，通过前面步骤找到的对比文件往往介于优先权日和申请日之间，因此能否享用优先权的判断至关重要。

例如，该案中 479 号专利无效案件的关键证据其公开日就介于优先权日和申请日之间，但 479 号专利权利要求中记载的公式与其要求的优先权文件中记载的公式完全不一样，需要对优先权文件中的公式进行几个步骤的数字推演才能获得专利中记载的公式，这其实是479号专利的申请人看到对标准专利修改的提案中后，加入了很多优先权文件中未记载的内容对优先权文件的公式进行演进，向提案中的公式靠拢，从而得到标准提案中的公式，其根本不能享有优先权。

8. 灵活掌握无效请求理由撰写技巧。

标准必要专利因向标准内容靠拢，以标准或提案作为无效对比文件的大部分情况下，对比文件的内容和权利要求书的特征一致性很高，但有些情况下，标准专利与标准的描述思路不一样，权利要求的特征分散在对比文件的各个地方，需要对对比文件记载的内容进行全盘把握，从中毫无疑义得出。

标准必要专利技术复杂，因此专利文件一般都能挖掘出很多不清楚、不支持、修改超范围、公开不充分等理由，且有时专利权人为回应清楚这些所有的无效理由，会让其自己陷入自相矛盾的境地，也会对其规避新颖性、创造性理由带来不利影响。

9. 注意完善证据的程序要求。

标准必要专利使用的对比文件多数包含非专利文献和外文文献。非专利文献包括3GPP标准文件、3GPP会议文件、期刊论文等，外文文献包括外文专利、3GPP标准文件、外文论文等。对于非专利文献需要对非专利文献获得的过程、所获得的内容作出公证，提交公证书。对于外文文献，需要提交中文译文，可以不提交全文的译文，但对于所要用到的部分，最好将其上下文，或者说保证该部分完整性、连贯性的部分一起翻译。对于期刊论文，最好提交国家图书馆的文件收录证明。

■ 小结

标准必要专利在侵权匹配度、专利稳定度、市场价值度、侵权可视度、取证难易度方面都具有非常好的优势：

1. 技术标准中记载了标准必要专利的技术方案，而产品需要执行技术标准中记载的技术方案，因此侵权产品和标准专利的侵权匹配度高；

2. 技术标准中所记载的技术一般具有先进性和优异性，因此标准必要专利一般新创性程度高，专利的稳定性高；

3. 市场上该行业的产品均需执行技术标准，因此标准必要专利使用广泛、利润大，市场占有率高；

4. 虽然标准必要专利可能涉及底层内部的技术，但产品一定遵照技术标准执行，必然执行标准必要专利，即可以推断产品的技术特征与权利要求的全部技术特征相同，可以认为侵权可视度高；

5. 原告需提交的证据包括侵权产品、与标准必要专利对应的技术标准、产品执行该技术标准的证据等，取证稍复杂，但在标准必要专利对标成立、产品为正规产品的情况下，以上证据的取证并不难；

可见，标准必要专利可称之为"撒手锏"专利，被标准必要专利起诉后败诉、高额赔偿的可能性大，法律风险极高。

虽然标准必要专利威力极大，但是被标准必要专利起诉也不必慌了阵脚，而应该对案件积极分析，挖掘其中的抗辩点，比如专利不对标，专利应被无效。该案就是通过专利无效程序将涉案专利处于被无效的风险中，给予原告压力，促使原告主动和解；占据谈判优势，获得有利的和解条件，不仅化解了当前诉讼危机，还为客户扫清未来的市场障碍，最大化客户利益。

■ 法律链接

《中华人民共和国专利法》（2008年）第四十五条；

《中华人民共和国专利法实施细则》（2002年）第六十四条第二款；

《中华人民共和国民事诉讼法》（2017年）第一百五十条；

《最高人民法院关于审理侵犯专利权纠纷案件应用法律若干问题的解释（二）》（法释〔2016〕1号）第三条。

权要布局　授权无悔

——"立体壁纸"发明专利侵权案*

颜希文

> 专利侵权诉讼实务中，原告、被告双方会在多个战场展开攻防。从诉讼主体适格的确认，到举证责任的分配，再到证据效力的认定，以及最为重要的被诉侵权产品是否落入涉案专利权保护范围的判断，原被告双方都免不了针锋相对。该案作为涉及了多个争议焦点的发明专利侵权纠纷，在案件审理的过程中，双方在各焦点问题上的拉锯便具有一定典型意义。本文通过对该案进行梳理分析，在探讨诉讼主体资格、侵权责任承担等问题的同时，着重探讨了举证责任分配基本原则、举证责任倒置规则等举证条款的适用问题，以及禁止反悔原则、全面覆盖原则等侵权判定原则的适用问题。

■ 案情简介

一、案例背景

北京蓝海通商贸有限公司（以下简称"蓝海通公司"）和佛山市绿源纤维模塑科技有限公司（以下简称"绿源公司"）均是建筑装饰材料行业的企业。申请人梁某生在2007年7月25日申请了"立体壁纸、其生产方式及应用"发明专利，2010年1月20日获得授权，专利号为ZL200710129736.9。梁某生为蓝海通公司的法定代表人，2010年11月9日将专利权排他许可给蓝海通公司并登记备案，2011年3月23日专利局公告该许可事项，2011年1月12日梁某生转让该专利权到蓝海通公司名下。

2010年10月27日，梁某生、蓝海通公司认为绿源公司生产侵害其"立体壁纸、其生产方式及应用"发明专利的产品，损害了蓝海通公司的市场优势地位，影响了蓝海通公司的销售收入，遂作为共同原告，向法院起诉绿源公司侵犯其专利权。

二、维权诉求

蓝海通公司主张绿源公司生产的产品落入其专利权的保护范围，请求法院判令绿源公司立即停止侵害蓝海通公司的专利权，销毁侵权产品及生产模具，在报纸上公开赔礼

---

* 生效案号：（2012）粤高法民三终字第183号。

道歉，赔偿蓝海通公司的经济损失及合理维权支出，并承担全部诉讼费。

一审法院判决驳回蓝海通公司的全部诉讼请求后，蓝海通公司不服，向二审法院提出上诉。其依据的理由是：

1. 涉案专利权利要求1（3）项技术特征是产品制造方法特征，涉案专利该项权利要求是制造方法发明专利权利要求。涉案专利产品是新产品。因此应当适用"举证责任倒置"规则，由绿源公司举证证明被诉侵权产品制造方法不同于涉案专利方法。

2. 被诉侵权产品技术方案落入涉案专利保护范围。

三、抗辩意见

被告绿源公司的代理人在仔细研读该案卷宗，充分了解该案事实的基础上，发表抗辩意见如下：

1. 质证意见：原告提供的涉嫌侵权产品上没有被告的任何标记，且其取证没有经过公证，原告提供的收据文件内容并非指该被诉侵权产品。

2. 蓝海通公司作为原告主体不适格。蓝海通公司于2011年1月12日才通过转让取得涉案专利的专利权，而其起诉绿源公司的涉嫌侵权行为发生日期为2010年10月，蓝海通公司在涉嫌侵权行为发生时并非涉案专利权的专利权人，不具备原告主体资格。

3. 涉案发明专利的权利要求为封闭式权利要求，绿源公司的产品不落入其保护范围。涉案发明专利的权利要求为封闭式权利要求，字数有五百余字，根据"全面覆盖原则"绿源公司的产品必须符合其全部技术特征，才落入其保护范围。现蓝海通公司不加任何分析即武断地指控绿源公司侵犯其专利权，其主张不能被认可。

4. 涉案发明专利关于"正方形、长方形"的技术方案已经在申请过程中自行放弃，任何人均可自由使用，蓝海通公司如果主张保护其"正方形、长方形"的技术方案，则违反了"禁止反悔原则"。梁某生在涉案发明专利申请过程中，于2009年10月20日主动向国家知识产权局提交补正书，删除了权利要求中关于"正方形、长方形"的技术方案，从而获得了发明专利的授权。现蓝海通公司提供的涉嫌侵权的产品均为正方形，并主张该正方形也落入其专利权保护范围，该行为违反了"禁止反悔原则"。

5. 蓝海通公司的赔偿请求没有依据。绿源公司不侵犯蓝海通公司的专利权，蓝海通公司要求赔偿没有依据，因此，绿源公司不需承担任何赔偿责任。

综上所述，蓝海通公司的诉讼请求缺乏事实与法律依据，被告方请求法院驳回蓝海通公司的所有诉讼请求，认定绿源公司的行为不构成侵权。

随着一审的胜诉，二审中被告律师沿用了一审中的答辩策略，主张一审法院认定事实清楚，适用法律正确，请求二审法院驳回上诉，维持原判。

四、判决结果

一审法院认定，原告蓝海通公司以被告绿源公司生产、销售的立体壁纸落入其

ZL200710129736.9号发明专利权的保护范围为由,指控绿源公司侵犯其发明专利权的诉讼理由不能成立,其要求绿源公司承担立即停止侵害涉案专利权,销毁侵权产品及生产模具,在报纸上公开赔礼道歉、赔偿损失及合理费用的诉讼请求,法院依法予以驳回。据此,一审法院判决驳回原告蓝海通公司的诉讼请求。

二审法院认为,蓝海通公司主张被诉侵权产品技术方案落入涉案专利权保护范围,缺乏事实和法律依据,法院不予支持。原审判决认定事实清楚,适用法律正确,依法应予维持。上诉人蓝海通公司的上诉请求不能成立,驳回上诉,维持原判。

■ 办案心得

该案争议涉及诉讼主体适格、举证责任分配、证据采信、技术比对、侵权责任承担等数个方面,对于了解专利诉讼中的攻防要点具有典型意义。以下结合判决书中归纳的争议焦点,针对最为重要的三点展开说明。

一、"举证责任倒置"规则不应当在产品专利侵权纠纷中适用

《专利法》第六十一条第一款规定,专利侵权纠纷涉及新产品制造方法的发明专利的,制造同样产品的单位或者个人应当提供其产品制造方法不同于专利方法的证明。《最高人民法院关于民事诉讼证据的若干规定》第四条第一款第(一)项规定,因新产品制造方法发明专利引起的专利侵权诉讼,由制造同样产品的单位或者个人对其产品制造方法不同于专利方法承担举证责任。

但需要注意的是,上述法律条文和司法解释规定的"举证责任倒置"规则,其适用情形是因新产品制造方法的发明专利引起的专利侵权诉讼。在产品发明专利引起的侵权诉讼中,并不适用"举证责任倒置"规则。因此在该案中是否适用"举证责任倒置"规则,必须先判断涉案专利是否为新产品制造方法的发明专利。

从涉案专利权利要求书来看,涉案专利仅有一项权利要求,该项权利要求要么是产品权利要求,要么是方法权利要求,而权利要求的类型与权利要求的主题名称关系密切。涉案专利权利要求1的主题名称为"一种立体壁纸",该主题名称表明该项权利要求为产品权利要求,进而证明涉案专利为产品专利而不是方法专利。

关于蓝海通公司主张涉案专利权利要求1第(3)项技术特征是制造方法的问题。法院认为,即使涉案专利该项技术特征是方法特征,涉案专利权利要求1仍然为产品权利要求。当产品权利要求中的一个或多个技术特征无法用结构特征并且也不能用参数特征予以清楚地表征时,允许借助方法特征表征,但是,方法特征表征的产品权利要求的保护主题仍然是产品。据此,法院不予支持蓝海通公司提出的"涉案专利权利要求为方法权利要求"的主张。

二、被诉侵权产品技术方案是否落入涉案专利权保护范围的判断，应以专利授权文本为依据，遵守"禁止反悔原则"

涉案专利在专利授权审查的过程中，为了获得授权，删除了其他的独立权利要求，合并了多个从属权利要求，最终把所有的技术方案都写入权利要求1中，这样使得涉案专利的保护范围十分狭窄。在诉讼中，侵权产品需要完完全全落入涉案专利的保护范围，无疑是增加了侵权难度。

涉案发明专利在申请时，曾主动向国家知识产权局提交补正书，删除了权利要求中关于"正方形、长方形"的技术方案，从而获得了发明专利的授权。但蓝海通公司在诉讼中提供的涉嫌侵权产品却均为正方形，并主张该正方形也在其专利权的保护范围内，其行为明显违反了禁止反悔原则。禁止反悔原则的目的在于防止专利权人出尔反尔、两头得利，即专利权人在授权确权程序中为了获得专利授权或为了避免专利无效而对专利保护范围作出限缩性解释，或者强调某个技术特征的重要性，但在侵权程序中却拒绝做出限缩性解释或者声称该技术特征可有可无，以借助等同原则将被诉侵权产品纳入其专利权保护范围。这种行为严重破坏了专利权保护范围的确定性，不会得到法院支持。因此，该案两审判决都依据涉案专利的授权文本来认定被诉侵权产品技术方案是否落入涉案专利权保护范围，而没有采纳原告方的主张。

三、被诉侵权产品技术方案是否落入涉案专利权保护范围的判断，应当严格遵循"全面覆盖原则"

《专利法》第五十九条第一款规定，发明或者实用新型专利权的保护范围以其权利要求的内容为准，说明书及附图可以用于解释权利要求的内容。《最高人民法院关于审理侵犯专利权纠纷案件应用法律若干问题的解释》第七条规定，人民法院判定被诉侵权技术方案是否落入专利权的保护范围，应当审查权利人主张的权利要求所记载的全部技术特征。被诉侵权技术方案包含与权利要求记载的全部技术特征相同或者等同的技术特征的，人民法院应当认定其落入专利权的保护范围；被诉侵权技术方案的技术特征与权利要求记载的全部技术特征相比，缺少权利要求记载的一个以上的技术特征，或者有一个以上技术特征不相同也不等同的，人民法院应当认定其没有落入专利权的保护范围。

在该案当中，依照"谁主张谁举证"原则，蓝海通公司所提交的证据不能证明被诉侵权技术方案包含与涉案专利权利要求1第（3）项技术特征相同或等同的技术特征。此外，原被告双方在庭审技术比对时均认可，被诉侵权技术方案不具有涉案专利权利要求1第（5）项技术特征，且蓝海通公司所提交的证据不能证明被诉侵权技术方案具有与涉案专利权利要求1第（5）项技术特征等同的技术特征。因此，被诉侵权技术方案的技术特征与涉案权利要求记载的全部技术特征相比，至少有两个技术特征不相同也不等同，应当认定其没有落入专利权的保护范围。据此，蓝海通公司就被诉侵权产品技术方案落入涉案专利保护范围的主张缺乏事实和法律依据,未能得到法院支持。

■ 小结

专利侵权诉讼中纷繁复杂的争议,对诉讼任何一方都是严峻的挑战。被告律师在代理该案的过程中,也深切感受到了诉讼策略、取证思路乃至早期专利布局对于诉讼结果的重要性,具体可以归纳为以下几点。

1. 诉讼主体资格的问题:该案中,被告的涉嫌侵权行为在原告蓝海通公司受让专利权之前发生,但是由于专利权转让后,涉嫌侵权行为仍在发生,所以原告具备了提起侵权之诉的资格。可见,专利权人在提起诉讼之前,需判断自身享有专利权的时间是否与侵权行为延续的时间有重叠,以及自身权利是否有瑕疵,以此来判断己方是否具备诉讼资格。被告在进行侵权抗辩时,也可将原告的诉讼资格当作突破点,或许能够取得意想不到的效果。

2. 专利权保护范围的问题:该案最核心的争议焦点便在于涉案专利权的保护范围。对具备研发能力的市场竞争者而言,在申请专利的时候,就应该寻找资深的代理机构撰写申请文书,尽量在专利授权与权利限缩之间达到最优方案,在确保专利权稳定性的同时又不必过度限缩其保护范围。若申请时不重视撰写布局,待到诉讼时才发现权利要求的保护范围不足,却是悔之晚矣。对诉讼代理人而言,应当尽量结合说明书文字内容及附图来解释权利要求,必要的时候,还可以将现有技术或公知常识作为证据,以佐证己方解释的合理性。

3. 举证问题:在证据保全时需要注意取证的公证认证,以及证据与当事人之间的关联性证明,形成完整证据链,以免因证据的证明力不足而导致诉讼主张无法成立。同时也需重视举证责任的分配问题,要提交应当提供的证据,也要避免误交无须提供的证据。

■ 法律链接

《中华人民共和国专利法》(2008年)第五十九条第一款;

《最高人民法院关于审理侵犯专利权纠纷案件应用法律若干问题的解释》(法释〔2009〕21号)第七条。

抽丝剥茧 揭证漏洞

——黄某、于某诉潮州市某公司、东莞市万江某批发部、张某等侵害实用新型专利权纠纷申诉答辩案[*]

程跃华

> 再审申请人（一审被告、二审被上诉人）张某、某厨具批发部认为二审判决认定张某、某厨具批发部所提现有技术抗辩不成立错误，遗漏事实，论述片面，再审申请人以其在二审判决之后，通过以旧换新方式调取到在涉案专利申请日之前已经销售的与涉案产品结构完全相同的新的实物证据，足以证明被诉侵权产品的现有技术抗辩成立为由，申请再审。
>
> 针对再审申请人的申请和提交的证据，作为被申请人（一审原告、二审上诉人）黄某、于某的代理人，不仅要从正面回应二审法院在判决书及涉案专利在无效阶段专利复审委员会无效宣告决定书中的认定正确，更主要的是，要针对再审申请人在几个阶段所提交证据的矛盾，从其不符合证据三性的角度抽丝剥茧，丝丝入扣，驳斥对方。最终，再审申请人的申诉申请被最高人民法院驳回。

■ 案情简介

一、前序程序

2015年1月26日，黄某、于某向国家知识产权局申请名称为"一种节能炉灶锅架"的实用新型专利，并于2015年11月25日获得授权，专利号为ZL201520050818.4。

涉案专利的权利要求1记载：一种节能炉灶锅架，其特征在于：由内胆（1）和外壳（2）组成，内胆（1）装配在外壳（2）内，且外壳（2）侧壁与内胆（1）侧壁之间留有空隙；所述内胆（1）内设有锅具支撑装置（3）。

权利要求2记载：根据权利要求1所述的节能炉灶锅架，其特征在于：所述内胆（1）为托盆状，托盆上边缘设有外沿A（13），托盆中心开设供热源穿过的通孔A，托盆底部设有通气孔（11），通气孔（11）共多个，且均匀设在通孔A的圆周外，通孔A圆周处设有支撑圆套A（12），且支撑圆套A（12）设在托盆下端。

---

[*] 生效案号：（2020）最高法民申1840号。

权利要求5记载：根据权利要求2所述的节能炉灶锅架，其特征在于：所述外壳（2）为托盆状，托盆中心开设供热源穿过的通孔B，通孔B圆周处设有支撑圆套B（22），且支撑圆套B（22）设在托盆下端，支撑圆套B（22）套设在支撑圆套A（12）外，且与支撑圆套A（12）紧密接触，托盆上端侧壁上设有进气孔（21），进气孔（21）共多个，且沿托盆圆周均匀设在托盆上端，托盆上边缘设有外沿B（23），外沿A（13）位于外沿B（23）上方。

该案经过了通常的一审、二审及专利无效程序（在无效环节，涉案专利权利要求1-4被宣告无效，在权利要求5-9基础上维持专利有效）。该案中，黄某、于某明确请求保护涉案专利权利要求5。

在一审程序中，广州知识产权法院认为，被诉侵权技术方案包含与涉案专利权利要求5全部技术特征相同的特征，各方当事人对此均无异议，故法院认定被诉侵权技术方案落入涉案专利权保护范围。再审申请人（一审被告）主张现有技术抗辩和先用权抗辩，鉴于淘宝交易快照显示上述多幅产品视图所属的淘宝交易是在涉案专利申请日2015年1月26日前发生的，故一审法院认定上述多幅产品视图可作现有技术抗辩的对比文件，与被诉侵权产品进行比对。对比文件所涉产品与被诉侵权产品均为被告张某在淘宝上销售的产品，从产品外观而言基本相同。结合对比文件的图片，内胆和外壳从摆放位置上看应当是实际坐落在外壳里面内胆的支撑圆套尺寸略小于外壳支撑圆套的尺寸，内胆与外壳二者形成套接关系应实现内外两个支撑圆套紧密接触的效果；否则，如内胆和外壳内外两个支撑圆套没有紧密接触的话，将令产品无法正常发挥常规的整体稳定支撑作用。内胆和外壳从摆放位置及其使用效果来看，对比文件应当包含"外壳托盆下端的支撑圆套套设在内胆托盆下端的支撑圆套外，且内外两个支撑圆套紧密接触"的技术特征。因此一审法院认为张某、某厨具批发部现有技术抗辩成立，同时鉴于被告张某在专利申请日已经制造、销售与被诉侵权产品的相关技术特征相同的产品，因此其先用权抗辩成立。从而驳回了黄某、于某的诉讼请求。

同时，一审法院还认为，张某、某厨具批发部提交的手写的合约书、签订时间为2014年5月25日的合作协议、代加工协议和清单均未附产品图片，而另提交的节能罩图片则没有生成时间，因此该部分证据不能证明是在涉案专利申请日前公开的，一审法院对于张某、某厨具批发部根据该部分证据主张现有技术抗辩不予支持。

二审最高人民法院知识产权法庭在判断于涉案专利申请日之前张某在淘宝上销售的产品图片时，根据（2016）粤莞东莞第011128号公证书（以下简称"第011128号公证书"）的图片内容，认定被诉侵权产品不包含"外壳托盘下端的支撑圆套套设在内胆托盆下端的支撑圆套外，且内外两个支撑圆套紧密接触"这一技术特征，从而作出张某、某厨具批发部现有技术抗辩不成立，改判张某、某厨具批发部败诉，承担相应的侵权责任。

张某、某厨具批发部不服二审判决，认为二审判决认定其所提现有技术抗辩不成立错误，遗漏事实，论述片面。于是张某、某厨具批发部以其在二审判决之后，通过以旧换新方式调取到在涉案专利申请日之前已经销售的与涉案产品结构完全相同的新的实物证据，足以证明被诉侵权产品的现有技术抗辩成立为由，向最高人民法院申诉。

疫情防控期间，黄某、于某从潮安来到广州，委托三环应诉张某、某厨具批发部的申诉。

二、申诉应诉

针对再审申请人张某、某厨具批发部的申请和提交的证据，作为被申请人黄某、于某的代理人，不仅仅要从正面回应二审法院判决书以及专利复审委员会无效宣告决定书的认定正确，更主要的是，要针对再审申请人在几个阶段所提交证据的矛盾，从其不符合证据的三性的角度抽丝剥茧，驳斥对方。最终，再审申请人的再审申请被驳回。

■ 办案心得

1. 二审法院即最高人民法院知识产权法庭作出的（2019）最高法知民终 66 号民事判决书认定事实清楚，适用法律正确，判决结果适当。

该案再审申请人在无效宣告请求阶段提交的用以无效的证据、专利侵权诉讼一审阶段提交的用以抗辩不侵权和构成先用权的证据就是广东省东莞市东莞公证处出具的（2016）粤莞东莞第 011128 号公证书，二审阶段再审申请人未进一步提交证据。被申请人认为，第 011128 号公证书中的节能罩没有公开外壳和内胆的支撑圆套之间是否紧密接触，没有给出通过将两者设计为紧密接触来调节进气量的技术启示，也没有证据表明该结构是本领域的公知常识，一审法院的主观推测"如内胆和外壳内外两个支撑圆套没有紧密接触的话，将令产品无法正常发挥常规的整体稳定支撑作用"是错误的。

通过对该公证书所显示的技术特征跟涉案专利的比对，专利复审委员会作出了宣告涉案专利权利要求 1-4 无效，在权利要求 5-9 的基础上维持专利权有效的决定，具体的对原权利要求 5 的评述为：权利要求 5 是权利要求 2 的从属权利要求，对外壳进行了进一步的限定，其中包括附加技术特征"支撑圆套 B（22）套设在支撑圆套 A（12）外，且与支撑圆套 A（12）紧密接触"。对此请求人认为上述特征已经被附件 1 公开，同时还认为紧密接触是必须的，如果不紧密接触将会导致炉子罩体的功能就完全达不到了，因此上述特征也是不需要创造性劳动就可以得到的，所以权利要求 5 不具备新颖性和创造性。对此合议组认为，附件 1 中并未公开上述特征，根据本专利说明书第 0028 段中的记载，支撑圆套 B22 套设在支撑圆套 A12 外，且与支撑圆套 A12 紧密接触，通过调节支撑圆套 A12 下边缘与支撑圆套 B22 下边缘之间的距离，就能够调节内胆 2 与外壳 1 之间的空隙大小，进而调节进气量，附件 1 中的节能罩既没有公开外壳和内胆的支撑圆套之间是否紧密接触，也没有给出通过将两者设计为紧密接触来调节进气量的技术启示，也没有证据表明该结构是本领域的公知常识，因此请求人认为该技术特征被公开或是本领域技术人员不需要付出创造性劳动就可以得到，从而导致权利要求 5 不具备新颖性和创造性的理由均不能成立。（见无效宣告决定书第七页第三段）

一审法院通过对该公证书的解读，得出：结合对比文件的图片，内胆和外壳从摆放位置上看应当是实际坐落在外壳里面内胆的支撑圆套尺寸应略小于外壳支撑圆套的尺寸，内胆与外壳二者形成套接关系应实现内外两个支撑圆套紧密接触的效果；否则，如内胆和外壳内外两个支撑圆套没有紧密接触的话，将令产品无法正常发挥常规的整体稳定支撑作用。因此，对比文件应当包含"外壳托盆下端的支撑圆套套设在内胆托盆下端的支撑圆套外，且内外两个支撑圆套紧密接触"的技术特征。（见一审判决第 16 页倒数第十行至倒数第三行）

对此，二审法院认为：首先，从涉案专利说明书所公开的内容来看，内外两个支撑圆套紧密接触，通过调节两者下边缘之间的距离，就能够调节内胆与外壳之间的空隙大小，进而调节进气量，从而控制节能。其次，从该图片可见，炉灶锅架的内胆与外壳均为托盆状，且两者的上边缘均设有外沿，对本领域普通技术人员来说，组装时将内胆的外沿架设于外壳的外沿上方即可正常发挥常规的整体稳定支撑作用，并不必然需要内外两个支撑圆套紧密接触才能发挥整体稳定支撑作用，即"外壳托盆下端的支撑圆套套设在内胆托盆下端的支撑圆套外，且内外两个支撑圆套紧密接触"并不是通过炉灶锅架"发挥常规的整体稳定支撑作用"这一技术效果所能够直接地、毫无疑义地确定的技术特征。而且，涉案专利"外壳托盆下端的支撑圆套套设在内胆托盆下端的支撑圆套外，且内外两个支撑圆套紧密接触"这一技术特征所要实现的功能或所要发挥的作用是"通过调节两者下边缘之间的距离，就能够调节内胆与外壳之间的空隙大小，进而调节进气量，从而控制节能"。即便"内外两个支撑圆套紧密接触"能够"发挥整体稳定支撑作用"，但是因"发挥整体稳定支撑作用"并不直接地、毫无疑义地由"内外两个支撑圆套紧密接触"这一技术特征所体现的技术手段实现，还存在其他可供选择的技术手段。（见二审判决第 22 页第十二行到第 23 页第七行）

被申请人认可专利复审委员会和二审法院的观点。实际上，作为技术类的比对，专利复审委员会的几位审查员显然都属于机械类专业背景人员，而二审法院的审查更侧重从专利法的角度来评价。

被申请人认为，第 011128 号公证书中的节能罩没有公开外壳和内胆的支撑圆套之间是否紧密接触，没有给出通过将两者设计为紧密接触来调节进气量的技术启示，也没有证据表明该结构是本领域的公知常识，一审法院的主观推测"如内胆和外壳内外两个支撑圆套没有紧密接触的话，将令产品无法正常发挥常规的整体稳定支撑作用"是错误的，实际上只需要"（外壳）托盆上边缘设有外延 B23，（内胆）外延 A13 位于外延 B23 上方,从而使外壳 2 的外延 B23 支撑内胆 1,防止内胆 1 落入外壳 2 内"(见专利说明书第三页倒数第二段倒数第三行至第一行),通俗地讲,就是节能罩外壳的外延与内胆的外延上下套接好即可实现稳定支撑。

2. 再审申请人在前述程序中已经承认涉案专利与其在先申请和定型生产时的款式不相同,且其在时间、产品制造等陈述前后矛盾,显示其在行政程序和诉讼程序中缺乏诚信,伪造证据。

(1) 在行政调处答辩状中,再审申请人明确认可其在先产品与涉案专利存在不同之处。不能因为其提供了该份公证书而导致被控侵权行为不成立,不能证明其先用权和现有技术抗辩成立。

该案申请人东莞市某厨具批发部、潮州市潮安区永兴工艺有限公司(以下简称"永兴公司")、张某在 2016 年 3 月 31 日提交给潮州市专利局的答辩书中,明确抗辩"黄某、于某二人钻法律的空子,利用刘某申请专利时和定型生产时的小改动去申请专利"(见再审申请人给潮州市专利局的答辩书第三段第一行),显然,申请人当时也认为存在"小改动"。

在该份答辩书中,且提出其已向专利复审委员会提供了相关资料,用于无效涉案专利。

结合再审申请人无效请求阶段仅提交了第 011128 号公证书作为证据,直接表明,该证据显示的产品结构应与涉案专利存在不同,也不属于"小改动"。进一步说明,不能因为其提供了该份公证书而导致其先用权和现有技术抗辩成立,不能证明其被控侵权行为不成立,否则专利复审委员会早将涉案专利权利要求 5-9 也无效了。

(2) 在行政调处立案调查及口头审理阶段,再审申请人在时间、产品制造等陈述前后矛盾,显示其在行政程序和诉讼程序中缺乏诚信,伪造证据。

根据一审判决书第六页最后一段、第七页第一段,以及二审判决书第八页第二段、第九页第一段的记载,潮州市知识产权局工作人员于 2016 年 3 月 23 日前往永兴公司进行了勘验检查并对永兴公司法定代表人张某泳制作了调查笔录,张某泳承认被控侵权产品系永兴公司受客户口头委托于 2015 年 3 月开始生产,客户出资金开模、买材料,永兴公司仅负责加工。而相隔不到一个月的同年 4 月 19 日,在潮州市知识产权局口头审理时,却提交了"永兴公司与委托方签订的合约书","称被控侵权产品系 2014 年 10 月 20 日起由客户张某委托永兴公司进行生产"。

按照模具行业的基本常识,这种模具开模,至少得一个多月;实际上张某提交的其与被申请人黄某 2014 年 2 月 12 日的《合约书》就明确有"厂方 45 天完成模具试样,时间尽量提前"的记载;因此,不可能 2014 年 10 月 20 日接受委托,23 号之前即完成开模、试制产品、制造并将货由潮州发到几百里外的东莞,产品于 23 号已经上网销售了。

当然,也不应存在这样的记忆偏差,即在 2016 年 3 月 23 日现场勘验时,再审申请人只能记得大概开始生产的月份是2015年3月，没有书面的合约书；却在不到一个月之后，再审申请人连具体的合作时间都能够记起，具体到日期（2014年10月20日），且第三天不经过试制即有成熟的产品发到几百里之外的地方并在互联网销售。

在行政调处立案调查及口头审理阶段，再审申请人陈述前后矛盾，显示其在行政程序和诉讼程序中明显缺乏诚信，伪造证据。

3. 再审申请人本次提交的所谓新证据的时间将其销售被控侵权产品的时间又进一步提前到2014年10月3日，进一步证明其存在再次编造证据的行为。

其提交的新证据"编号为（2019）粤莞东莞第44523号公证书"及其证明内容记载，其称：证明申请再审人张某所开淘宝店铺的买家"爱某疯猫"（真实姓名：李曼某）在2014年10月3日所购买的产品包含"外壳托盘下端的支撑圆套套设在内胆托盆下端的支撑圆套外，且内外两个支撑圆套紧密接触"这一技术特征。

于是，按照这样的逻辑，结合再审申请人在潮州市知识产权局的陈述，其要么永兴公司2014年10月20日接受委托的陈述属于虚假陈述，因为10月20日接受委托，不可能穿越到同年10月3日交货；要么其从客户那里回收的双层防风不锈钢灶并非客户当时收到的产品，其公证环节或者公证前的环节存在伪造证据的问题。可能性更大的是，这两次陈述和证据均是虚假的。

4. 再审申请人的新证据存在伪造、变造的时间和空间的可能性，且已经有直接证据表明该伪造、变造的事实存在，因此再审申请人对其提交的新证据的真实性、合法性均不予确认，恳请再审法院不予采信其伪造的证据，驳回再审申请人的再审申请。

再审申请人在申请再审时，提交了四份公证书：（2019）粤莞东莞第44373号公证书、第44523号公证书、第44524号公证书、第44594号公证书。并称："根据（2019）粤莞东莞第44373号公证书第16-22页内容可知买家'何某鑫'所购买产品时间为2015年1月7日，第23-30页内容可知'嘟某宝贝1971'所购买产品时间为2014年10月26日，第31-37页内容可知买家'爱某疯猫'所购买产品时间为2014年10月3日。三个不同买家所购买的张某、某厨具批发部产品时间均早于涉案专利申请日2015年1月26日。""张某从买家处回收的实物产品包含了涉案专利权利要求5或6的全部技术特征，因此申请人张某、刘某厨具批发部现有技术抗辩成立。"

再审申请人这次并未提供其反复作为证据的第011128号公证书的客户交流信息及其产品。

但是不论其这次是否提交了第011128号公证书的客户交流信息及其产品，均无法证明在淘宝网名分别为"何某鑫""嘟某宝贝1971""爱某疯猫"三个买家在产品购买之后，在与张某微信交流前后，在达成回收所谓旧产品意见前后，双方是否存在其他交流，三位买家是否存在误认或者记错产品的可能性，以及发错产品的可能性。有长达数年的时间，张某与客户之间的交流脱离了公证处或其他证据保全机构的视线，因此，被申请人对该所谓四份新证据的真实性和合法性均不予确认。

进一步地,基于前述分析,2015年4月19日,张某和永兴公司在潮州市知识产权局口审时,提交了"永兴公司与委托方签订的合约书","称被控侵权产品系2014年10月20日起由客户张某委托永兴公司进行生产",但10月20日接受委托,不可能穿越到同年10月3日交货给客户"爱某疯猫"的。

因此,再审申请人的新证据存在伪造、变造的时间和空间的可能性,且已经有直接证据表明该伪造、变造证据的事实存在,因此被申请人对其提交的新证据的真实性、合法性均不予确认,恳请再审法院不予采信其伪造的证据。

总之,代理人认为,第011128号公证书中的节能罩没有公开外壳和内胆的支撑圆套之间是否紧密接触,没有给出通过将两者设计为紧密接触来调节进气量的技术启示,也没有证据表明该结构是本领域的公知常识,一审法院的主观推测"如内胆和外壳内外两个支撑圆套没有紧密接触的话,将令产品无法正常发挥常规的整体稳定支撑作用"是错误的。再审申请人在前述程序中已经承认涉案专利与其在先申请和定型生产时的款式不相同,同时其在时间、产品制造上等陈述前后矛盾,显示其在行政程序和诉讼程序中一直存在缺乏诚信和伪造证据的行为。

再审申请人的新证据存在伪造、变造的时间和空间的可能性,再审申请人本次提交的所谓新证据的时间将其销售被控侵权产品的时间由2014年10月23日提前到2014年10月3日,进一步证明其再次伪造、变造证据的事实,被申请人对其提交的新证据的真实性、合法性均不予确认。

最终,再审申请人的再审申请被最高人民法院知识产权庭驳回。

■ 小结

在案件再审环节,当事人双方的证据均已经完全出示,同时,双方的观点分别有一审法院和二审法院的观点作为支撑,如果仅仅从正面回应二审法院在判决书中及涉案专利在无效阶段专利复审委员会无效宣告决定书中的认定正确,其说服力还是不够的。如果作为被申请人的代理人仅仅以再审申请人在申诉期间提交的二审之后补充的以旧换新所"回收"节能炉灶锅架的公证没有全程公证为由,认为"回收"产品及公证书缺乏真实性、合法性,不能让再审申请人心服口服。

该案再审被申请人的代理人在系统分析了再审申请人在专利无效答辩、专利侵权案一审、专利侵权案二审及再审申请几个阶段所提交证据之后,针对各证据之间的矛盾,不能自圆其说处,从其不符合证据的三性的角度抽丝剥茧,驳斥对方,让对方毫无还手之力,起到定分止争的作用,最终再审申请人的再审申请被驳回。

该案给技术类知识产权纠纷案件的代理提供了一种从技术以外的角度抗辩的思路。

■ **法律链接**

《最高人民法院关于审理专利权纠纷案件应用法律若干问题的解释》（法释〔2009〕21号）第十四条第一款；

《中华人民共和国专利法》（2008年）第六十九条第（二）项。

巨头之争　釜底抽薪

——敏华控股与顾家家居沙发外观设计专利侵权纠纷案*

肖宇扬　罗江锋　詹海艻

2018年年底，敏华控股的多款热销沙发产品被顾家家居陆续控告侵犯其外观设计专利权。三环临危受命，代理敏华控股应诉。上海知识产权法院作出一审判决，认定两者的区别点对整体的视觉效果影响较小，被控侵权设计与涉案专利构成相似。在同步进行的专利无效宣告程序中，代理律师坚持侵权诉讼与无效宣告程序相结合的策略，如果涉案专利与被控侵权设计区别点不会对整体视觉效果产生显著影响，那么涉案专利与现有设计的区别点也不应该被认为具有明显区别。依此策略，涉案专利与侵权相关的部分被宣告无效。相继的杭州案中，三环代理敏华控股也将涉案专利成功无效，两案成为敏华控股获得了该系列案的大部分胜诉的关键。

■ 案情简介

敏华控股在1992年诞生于中国香港，始终专注沙发、床垫及智能家居领域，先后在新加坡和我国香港上市，2017年敏华控股市值突破300亿港元，旗下拥有的沙发品牌"芝华仕"享誉盛名。顾家家居股份有限公司（以下简称"顾家家居"）亦为家居领域的佼佼者，自创立以来，专业从事客餐厅及卧室家居产品的研究、开发、生产与销售。

自2018年年底，顾家家居先后以敏华控股的产品侵犯其第ZL201530500196.6号、第ZL201630430041.4外观设计专利为由，在上海知识产权法院和杭州市中级人民法院提起诉讼（以下分别简称"上海案"和"杭州案"）。敏华控股被起诉后，同步提起专利无效宣告请求。

上海案一审开庭中，被告代理律师认为，被控侵权产品靠垫均由一条两侧有白色明线压缝的皮带分隔为上下两部分，而涉案专利靠垫上下两部分分隔处并无此设计；被控侵权双人位沙发坐垫表面被白色双条缝线分割为"六宫格"，而涉案专利被自然内嵌的缝线分割为"九宫格"；被控侵权躺位沙发的坐垫两侧有交叉贯通的缝线分格设计，而涉案专利没有该设计特征；被控侵权产品坐垫与底座厚度比例与涉案专利不同；被控侵权产品扶手装饰条为棕红色，涉案专利为黑色；被控侵权产品扶手外侧有斜格子网状设

---

* 生效案号：（2020）沪民终497号。

计，而涉案专利为平滑表面；被控侵权产品扶手边沿有明线滚条设计，而涉案专利没有该设计特征。

在无效程序口审中，被告代理律师指出，在侵权诉讼与无效宣告程序中，某一设计特征对产品整体视觉效果影响的判断标准应该是相统一的。涉案专利与现有设计区别点在于靠背压线数量、底架延伸、扶手支架装饰边、坐垫表面纹路和色彩。如果在侵权诉讼中，原告认为被控侵权产品与涉案专利的区别不会对整体视觉效果产生显著影响，那么在此次无效程序中，涉案专利与现有设计的区别也不属于明显区别。

一审判决和无效决定先后作出，其结果与被告代理律师诉讼策略预期相吻合。虽然一审判决敏华公司败诉，但基于两程序中判断尺度的统一，无效决定认定涉案专利被无效。

一审判决中，法院认为，两者沙发主体部分颜色近似，坐垫格子数量、靠垫分隔装饰条形状和扶手侧面装饰条颜色也属于比较细微的差异，在产品正常使用时不容易被观察到，故上述差异对整体视觉效果不具有显著影响。另，被控侵权产品扶手侧面还有斜网格的设计，坐垫的缝线也为白色，其分割效果比涉案专利明显，扶手侧面亦有绳边条，但上述设计属于在采用与外观设计近似的设计之外额外增加的设计要素，故对侵权判断不具有实质性的影响，上述设计特征并未使两者在整体视觉效果上产生明显差异。

无效决定宣告与诉讼相关的沙发套件无效。专利复审和无效审理部认为，沙发类产品的设计空间较大；虽然扶手、坐垫、靠垫、底架等各部分的相对位置关系基本相同，但是各部分的具体性形状、相互之间的过渡衔接设计等均可以有多个设计变化从而形成不同的整体视觉效果。就该案而言，涉案专利套件3与证据1双人位沙发的整体构成、各部分的形状及相互过渡衔接设计等均基本相同，形成了较为规整、横平竖直的较为稳重的整体视觉效果。关于扶手装饰条这一区别，涉案专利套件3扶手上虽然较证据1的多了装饰条，但是该装饰条整体贴覆于扶手的顶面与侧面，且厚度较薄，鉴于外观设计专利并不保护材质本身，因此对于材质所引起的改变不考虑在内，该区别从形状上并不足以对二者均为下部扶手、上部为扶手靠包且扶手整体呈较厚实的扁平状，从沙发两侧向上弧形延伸至沙发背板的视觉效果产生显著影响；二者扶手上部弧形的区别程度较小，而扶手后部突出的区别位于整体靠后侧、扶手缝线位于侧面，相对于其他部分而言均不易受到一般消费者的关注。

在二审阶段，由于顾家家居的权利基础已经丧失，顾家家居主动撤回对敏华控股的起诉。

在杭州案中，关联的无效决定宣告涉案专利全部无效。其中认定，证据2套件2的靠垫和证据1套件2的靠垫均为独立设置在靠背上的部件，属于独立的设计特征，将证据2套件2的靠垫替换证据1套件2的靠垫属于明显存在组合启示的情形。对于涉案专利套件1的坐垫与扶手软包均由线条勾勒出轮廓边缘，证据1的套件2的坐垫和扶手软包由明显的分界线分为正面和背面这一区别点，合议组认为，虽然专利权人强调涉案专利采用的设计语言"轮廓线勾勒设计"与证据1采用的设计语言"正反面拼色"不同，但由于涉案专利未请求保护色彩，在外观设计对比时不考虑色彩因素，因此上述不同点中证据1在坐垫、扶手软包的正面和背面有明显分界线的设计与涉案专利的线条勾勒轮廓边缘的设计差异不大，且二者所呈现的独特视觉效果基本一致，因此，涉案专利的该设计变化不足以对整体视觉效果产生显著影响。由于权利基础丧失，顾家家居向杭州市中级人民法院撤回起诉。

■ 办案心得

敏华控股与顾家家居外观设计之争的两案中，代理律师充分利用了顾家家居权利基础不稳定的特点，在专利无效宣告程序中寻找突破，专利侵权诉讼案件与同步进行的无效宣告程序相辅相成。

一、两个外观设计之间区别点对视觉效果的影响，应当考虑外观设计产品的设计空间大小

在设计空间较大时，应当认定一般消费者通常不容易注意到不同设计之间的较小区别；设计空间较小时，应当认定一般消费者通常更容易注意到不同设计之间的较小区别。在上海案关联无效程序中，无效宣告请求人代理律师列举了大量现有设计沙发外观，并对沙发设计特点详细说理。代理律师秉持沙发的设计空间大，沙发各组成部分各自的形状色彩以及各组成部分之间的过渡衔接设计应该作为影响沙发整体视觉效果的最主要考量因素的观点，得到专利复审和无效审理部支持。

二、外观设计民事侵权程序与专利行政无效程序中区别设计对整体视觉效果的判断标准相统一

在上海案专利无效程序的区别点中，沙发扶手包曲线的区别是线条曲率的不同，倒"厂"字形装饰木条的曲线与扶手包曲线保持一致相贴合。而民事侵权程序中，"曲边梯形状"网格占据了沙发侧面超过一半的面积，且为规则图案，按照人们的视觉习惯，这种大面积规则排列形状是首先被注意到的设计特征。专利无效程序中的区别点相对于民事侵权程序中的区别点，应该属于更小的区别。既然民事侵权案件将如此明显的区别认定为构成近似，并且，"近似"的概念相对于"不具有明显区别"的概念，"近似"概念中两个设计的区别更小，因此，无效程序中区别点应该不属于明显的区别。两个程序认定应当保持一致的判断标准，不应使原告两头获利从而损害社会公众利益。

三、外观设计专利的简要说明在视觉效果比对时有关键影响

杭州案涉案专利的简要说明中仅要求保护其形状，并未要求保护图案及色彩。因此在对证据进行比较时，不应将图案或色彩，尤其是专利权人所提到在沙发扶手垫及坐垫边缘上的所谓"正反面拼色"的区别考虑在内。《专利审查指南》第四部分第五章 5.2.3 规定,"在涉案专利仅以部分要素限定其保护范围的情况下,其余要素在与对比设计比较时不予考虑"。在该案中的比较过程中,专利权人反复提到该专利与对比设计的主要区别点在于沙发扶手垫及坐垫边缘上的所谓"正反面拼色",也就是说专利权人强调的是两者在色彩上有不同。然而,该专利并未要求保护图案或色彩,因此对此区别应不予考虑。

■ 小结

外观设计专利侵权纠纷案件中,代理律师充分利用民事侵权程序和专利无效程序中的关于视觉效果的认定,作为另一程序中视觉效果判断的有利依据。外观设计无效宣告请求的目的不仅是为了使原告的权利基础丧失,更可以缩小原告方的权利保护范围,避免原告方两头得利。有赖于这一策略,敏华控股得以在该次家具巨头争战中获得胜利。

另外,敏华控股作为案件的委托方,在整个案件中始终认同并坚持贯彻上述诉讼策略,尤其在上海案一审判决败诉后,仍坚信三环,支持代理律师,共同努力争取胜诉,是诉讼策略得以最终产生成效的保障。

■ 法律链接

《中华人民共和国专利法》(2008 年)第二十三条第二款;

《最高人民法院关于审理侵犯专利权纠纷案件应用法律若干问题的解释》(法释〔2009〕21 号)第八条、第十一条;

《最高人民法院关于审理侵犯专利权纠纷案件应用法律若干问题的解释(二)》(法释〔2016〕1 号)第十四条;

《最高人民法院关于审理专利授权确权行政案件适用法律若干问题的规定》(法释〔2020〕8 号)第十四条。

判定视角　比对要素

——"染发梳"外观设计侵权案*

颜希文

> 该案系厘定外观设计侵权比对要素,正确理解与适用《最高人民法院关于审理侵犯专利权纠纷案件应用法律若干问题的解释》第十条、第十一条的典型案例。本文以该案例为依托,着重探讨以下内容:其一,外观设计侵权判定时,如何认定产品整体视觉效果的差异,如何针对不同种类的产品区分其影响因素大小;其二,外观设计侵权判定时,"以一般消费者的知识水平和认知能力进行判断"应作何理解,"一般消费者"的内涵应如何确定。此外,本文也对被诉侵权方采取现有设计抗辩的时机做出了探讨,即现有设计抗辩的提出应当审慎,只有在不侵权抗辩难以为继时,才考虑主张现有设计抗辩。

■ 案情简介

中山佳丽日用品化妆有限公司(以下简称"佳丽公司")和广州无与伦比企业集团有限公司(以下简称"无与伦比公司")、广州韩金靓化妆品有限公司(以下简称"韩金靓化妆品公司")、广州韩金靓电子商务有限公司(以下简称"韩金靓电商公司")均为化妆品行业的企业,且其主要经营地点均在广东,具有直接竞争关系。佳丽公司于2017年7月6日申请了"智能易染梳(2)"外观设计专利,2017年12月19日获得授权,专利号为201730293116.3,该专利权现处于有效状态。

2019年7月8日,佳丽公司认为无与伦比公司、韩金靓化妆品公司、韩金靓电商公司侵犯其外观设计专利权,挤压了其产品的市场份额,影响了其销售收入,遂将上述三公司告上法庭,起诉该三公司共同侵权。无与伦比公司、韩金靓化妆品公司、韩金靓电商公司收到应诉通知后,委托笔者作为其共同代理人,以判定不侵权或减少判赔额的判决结果为目的,积极开展诉讼准备。

笔者作为三被告的代理人,在仔细研读该案卷宗,充分了解该案事实的基础上,发表答辩意见如下:

---

* 生效案号:(2019)粤73民初1852号。

1. 被诉侵权产品使用的是自有专利设计，而非涉案专利设计。

2. 被诉侵权产品与涉案专利设计存在诸多区别点，并未落入涉案专利权保护范围。

3. 佳丽公司侵权赔偿额主张不当。被诉侵权产品是染发剂的附带使用工具，不单独售卖，染发梳所占成本是微乎其微的，且被诉侵权产品生产销售数量及时长极其有限，佳丽公司诉请的侵权赔偿数额毫无根据。

综上所述，被诉侵权产品未使用原告的专利设计，未落入专利权的保护范围，三被告不构成侵权。因此请求法院依法驳回原告的全部诉讼请求，以维护三被告的合法权益。

一、一审结果

一审法院判决认定，被诉侵权产品外观与涉案外观专利不构成相近似，被诉侵权产品不落入涉案专利的保护范围。由于被诉侵权产品不落入涉案专利的保护范围，故佳丽公司主张无与伦比公司、韩金靓化妆品公司、韩金靓电商公司构成侵权缺乏依据，法院不予支持。由于无与伦比公司、韩金靓化妆品公司、韩金靓电商公司不构成侵权，故佳丽公司主张上述被告承担侵权责任缺乏依据，法院不予支持。综上所述，佳丽公司主张权利的诉讼请求以及所依据的事实和理由均不能成立，法院依法予以驳回。最终，经法院审判委员会讨论，一审判决驳回了原告佳丽公司的全部诉讼请求。

二、二审诉争

一审法院判决驳回佳丽公司的全部诉讼请求后，佳丽公司不服，向二审法院提出上诉。其依据的理由是：

1. 从各视图来看，被诉侵权产品与涉案专利设计的整体形状相同。虽然二者的上部中间浅槽等细节设计略有差别，但该差别不影响产品的整体视觉效果。

2. 一审判决在将被诉侵权产品与涉案专利进行比对时，明显违背了以一般消费者的知识水平和认知能力作为判断标准的依据，没有通过整体观察和综合比对的方法进行比对，被诉产品的整体形状和造型与涉案专利并无实质差异，一审判决所述区别均是从设计师的角度放大了被诉产品的细节设计，忽略了产品的整体视觉效果。

针对上诉人的上述主张，我方逐一做出回应，指出一审判决已经分析了被诉侵权设计与涉案专利关于梳头、梳齿、按钮等部位的五处区别，并结合涉案专利评价报告中所述此类染发梳产品的设计要点在于形状以及梳齿的排列布局，以一般消费者的知识水平和认知能力判断，梳头形状以及梳齿的排布差异对整体视觉效果产生较大影响。综上，一审判决认定事实清楚，适用法律正确，请求二审法院驳回佳丽公司的上诉请求，维持原判。

最终，二审法院作出判决：一审判决认定事实清楚，适用法律正确，应予维持。上诉人佳丽公司的上诉理由与请求均不能成立，应当予以驳回。判决驳回上诉，维持原判。

■ 办案心得

一、外观设计侵权判定时如何认定产品整体视觉效果的差异

《最高人民法院关于审理侵犯专利权纠纷案件应用法律若干问题的解释》第十一条规定，人民法院认定外观设计是否相同或者近似时，应当根据授权外观设计、被诉侵权设计的设计特征，以外观设计的整体视觉效果进行综合判断；对于主要由技术功能决定的设计特征以及对整体视觉效果不产生影响的产品的材料、内部结构等特征，应当不予考虑。下列情形，通常对外观设计的整体视觉效果更具有影响：（1）产品正常使用时容易被直接观察到的部位相对于其他部位；（2）授权外观设计区别于现有设计的设计特征相对于授权外观设计的其他设计特征。被诉侵权设计与授权外观设计在整体视觉效果上无差异的，人民法院应当认定二者相同；在整体视觉效果上无实质性差异的，应当认定二者近似。

由上述条款可知，"整体视觉效果的差异"固然是判断外观设计侵权与否的根本标准，但若要将该标准落在实处，还需要以影响整体视觉效果的程度大小对相关设计特征做出区分。技术功能特征并非设计人的独创设计，而是实现技术功能的必要手段，自然不应在外观设计侵权比对时予以考虑；而产品的材料、内部结构（透明设计除外）等特征不会对产品的整体外观视觉效果产生影响，因此也不应予以考虑。反之，产品正常使用时容易被直接观察到的部位相对于其他部位，更能够得到消费者的关注，应当在侵权比对时重点考察；而授权外观设计的区别设计特征，是其有别于现有设计从而符合专利权授权条件的设计特征，因此该区别设计特征必然对产品整体视觉效果更具有影响，故也应当重点考察。

具体到该案中，佳丽公司主张被控侵权产品与涉案专利的整体形状相同，且涉案专利的设计要点在于形状以及梳齿的排列布局，因此二者的整体视觉效果相同。笔者在收到该案卷宗后，发现该案的难点在于，被诉侵权产品的整体形状确实与涉案专利存在一定程度的相似。若以产品的整体形状作为侵权比对的要点，那么不侵权抗辩成立的可能性便十分低。此时只有两种解法，一是检索在先文献做现有设计抗辩，二是将产品的整体形状排除在侵权比对的要点之外。第一种解法并不可行，其原因将在下文详细论述，此处暂且不表。于是便只剩第二种解法可供选择，笔者凭借生活经验，初步判断染发梳产品的整体形状为本类产品的惯常设计，秉持着这一思路，笔者对本领域在先专利文献展开了地毯式检索，发现真实状况确与笔者的直觉相符，现有设计中与涉案专利及被诉侵权产品整体形状相似的设计极为常见。那么，根据前文所述《专利侵权司法解释》第十一条的规定，该案中产品的整体形状并非授权外观设计区别于现有设计的设计特征，不应成为侵权比对的考量要点。由此，笔者将多篇在先专利文献作为反证提供给法院，以推翻原告方主张的侵权认定方式。

在反证文献强有力的支持下，一审、二审法院均采纳了我方的观点。法院认为，将被诉侵权产品与涉案专利进行对比，二者整体均由上部的梳头和下部的梳柄两部分组成，二者整体均呈长方体，梳头正面均设计有细密型针状梳齿，背面均有一泵瓶按钮，梳柄均呈椭圆柱形。但对于染发梳类产品而言，在整体形状差异不大的情况下，产品的各个部位的具体设计，尤其是梳齿的形状、排列布局等，对染发梳整体视觉效果更具显著影响。据此，该案应重点比对染发梳各个部位在具体设计方面的异同点，并以此判定二者在整体视觉效果上是否存在实质性差异。

将侵权比对的要素限定为染发梳各部位具体设计方面的异同点之后，原被告双方的形势便发生了逆转。随后，我方详尽分析了被诉侵权设计与涉案专利关于梳头形状、梳齿分布、按钮设置等五处区别设计特征，并主张这些区别设计特征足以对染发梳类产品的整体视觉效果产生巨大影响，法院也认可了我方的主张。

二、外观设计侵权判定时，"以一般消费者的知识水平和认知能力进行判断"应作何理解

《最高人民法院关于审理侵犯专利权纠纷案件应用法律若干问题的解释》第十条规定，人民法院应当以外观设计专利产品的一般消费者的知识水平和认知能力，判断外观设计是否相同或者近似。由上述条款可知，外观设计侵权的判定，应以一般消费者的知识水平和认知能力作为判定依据，但何为一般消费者的知识水平和认知能力，司法解释无法作出更进一步的说明。因此在外观设计侵权诉讼中，法院的判定有没有采取一般消费者的视角，常成为案涉双方争议的焦点。

该案中，佳丽公司即对一审判决提出了质疑。佳丽公司在二审上诉时称：一审判决在对比被诉产品与涉案专利时，明显违背了以一般消费者的知识水平和认知能力作为判断标准的依据，没有通过整体观察和综合比对的方法进行比对，被诉产品的整体形状和造型与涉案专利并无实质差异，一审判决所述区别均是从设计师的角度放大了被诉产品的细节设计，忽略了产品的整体视觉效果。

我方仍然结合一审时提交的反证，主张产品整体形状并非涉案专利设计区别于现有设计的设计特征，梳头形状以及梳齿的排布差异足以对染发梳产品的整体视觉效果产生较大影响，一审判决本就是以一般消费者的知识水平和认知能力作为判定依据，该判决并无不当。

笔者认为，对于何为"一般消费者"，相关法律法规和司法解释无法作出明确定义，也不必作出明确定义。在外观设计侵权案件中，不同产品的消费群体自然会有所差异，故对于"一般消费者"的范围，应当结合产品的实际购买、使用等情况具体确定。首先，一般消费者应为购买使用过本类产品，对本类产品有一定了解的人；其次，一般消费者应具备本类产品消费人群的平均知识水平和认知能力；最后，一般消费者应为不具有偏好和情感倾向的理性人。具体到该案中，由于染发梳是市面上常见的产品，只要是对该类产品有基本了解的人，即可作出染发梳的整体形状大都相似的初步判断。我方提交的诸多反证也为这一初步判断提供了证据支持。因此，一审、二审判决认为产品各部位的具体设计才会对产品整体视觉效果产生显著影响，这一论断绝非以设计师的视角放大了细节设计，而是以"染发梳产品的一般消费者"视角整体观察、综合比对后得出的结论。

三、被诉侵权方应审慎采取现有设计抗辩

《专利法》第六十二条规定，在专利侵权纠纷中，被控侵权人有证据证明其实施的技术或者设计属于现有技术或者现有设计的，不构成侵犯专利权。由上述条款可知，被诉侵权方在侵权抗辩时，可以被诉侵权设计属于现有设计为由，主张被诉侵权设计没有侵犯涉案专利权。现有技术/设计抗辩制度作为被诉侵权方抗辩方式的兜底选择，在实务中得以广泛适用。

既然是兜底选择，则被诉侵权方通常只有在不侵权抗辩难以成立时，才会考虑现有技术/设计抗辩。在发明侵权纠纷中，由于发明是经实质审查而授权，发明相比现有技术具有突出的实质性特点和显著的进步的事实已经通过了授权审查的考验。因此，如果被诉侵权技术方案与涉案发明专利过于接近，则其不仅难以进行不侵权抗辩，其现有技术抗辩也很难成立。而在外观设计侵权纠纷中，由于外观设计专利授权时不经过实质审查，也就是说，专利设计很有可能与某一现有设计相同或相似却获得了授权，那么即使被诉侵权设计与涉案专利设计再相似，只要被诉侵权方能够检索到这一现有设计并主张被诉侵权设计属于该现有设计，则被诉侵权设计便不会侵犯涉案专利权。当然，如果能够找到这样的现有设计，笔者更建议用该设计去无效涉案专利，但有部分当事人出于经济成本和时间成本的考虑，不愿再行提出无效请求，则可采取现有设计抗辩以避免侵权结果。

至于现有设计抗辩为何是兜底选择，这主要是出于两方面的考量。其一，被诉侵权方往往就被诉侵权设计申请了专利，采取现有设计抗辩可能会使己方专利的稳定性产生风险。如该案中我方当事人便就被诉侵权设计申请了专利并获得了授权，虽然该专利权的申请日在涉案专利申请日之后，于该案抗辩无益，但该专利权对我方当事人而言也具有相当程度的价值，不可轻易放弃。如果我方采取现有设计抗辩并得到了法院支持，那么该案的判决书便是无效我方专利的最为有力的证据，我方专利的稳定性会受到严峻挑战。其二，起诉方有可能早已在专利申请时就做好了布局，只待被诉侵权方中套。如该案原告佳丽公司便非常重视染发梳领域的专利布局，以不同主体申请了多件外观设计专利，如果我方采取现有设计抗辩，则很有可能会选到对方的专利设计，日后若对方就该专利权状告我方侵权，我方就失去了抗辩的余地。

■ 小结

该案从选定诉讼策略起，到反证的提出，再到侵权比对要素的厘定，在外观设计侵

权纠纷中都具有典型意义。外观设计侵权的判定绝非简单的形状对比，而应当以外观设计专利产品的一般消费者的知识水平和认知能力，对其整体视觉效果进行综合考察与判断。具体可以归纳为以下两点：

1. 关于整体视觉效果的判断：不同种类的产品，其设计要点大有区别。部分种类产品的设计要点在于产品整体形状，因而可将产品整体形状的差异作为整体视觉效果的考量要素。但在许多种类产品的设计中，由于受到产品使用方式和消费者习惯的限制，设计人不宜对产品的整体形状做出较大改动，此时产品的设计要点和消费者的观察重点便不会再聚焦于产品的整体形状，而会更多关注各部位的具体设计。各部位的具体设计形成一个新的"整体"，在后专利只要就该新"整体"形成的视觉效果与在先专利不同，即符合专利授权条件；同理，被诉侵权产品只要就该新"整体"形成的视觉效果与涉案专利不同，便不落入涉案专利权的保护范围。

随着新《专利法》于2021年6月正式实施，产品的局部外观设计也具备了获得专利权保护的资格。可以想见，此后的专利申请人不仅会就产品整体外观申请专利，而且会就产品设计要点所在的局部外观申请专利。在请求权利保护时，局部外观的一大优势在于其对设计要点更为聚焦，更不容易受到非设计部位区别点的影响。具体到该案中，如果原告方持有关于梳头的局部外观专利，由于梳头的整体形状难以像染发梳的整体形状一样从侵权比对要素中排除，通过对二者梳头的"整体观察、综合比对"，被诉侵权产品是否与该局部外观设计构成近似颇有争论的余地，因而法院的侧重方向及当事双方的诉讼策略都会为之做出相应的改变。由此可见，在局部外观制度实施后，权利基础的选择、局部与整体的相互影响、比对要素的确定等，都将为诉讼各方带来全新的挑战。

2. 关于一般消费者视角的判断：该案二审核心的争议焦点便在于一审判决是否以一般消费者的知识水平和认知能力作为判断依据。所谓一般消费者的视角，并非如上诉人（原告）理解的那样只能注意到产品的整体形状而无法注意到产品的具体设计，这样的人不能称之为"一般消费者"，只能称之为"无关人士"。而司法解释所规定的一般消费者，其知识水平和认知能力必定建立在对本类产品有基本了解的基础之上，不可能像"无关人士"一样只能注意到产品整体形状的区别。因此，一般消费者视角的判断，应当是一位消费者在观察本类产品后做出的综合判断，而非是一位无关人士在完全不了解本类产品时做出的孤立判断。

■ 法律链接

《中华人民共和国专利法》（2008年）第五十九条第二款、第六十二条；

《最高人民法院关于审理侵犯专利权纠纷案件应用法律若干问题的解释》（法释〔2009〕21号）第十条、第十一条。

证据支持　程序衔接

——"遥控器"外观设计专利侵权案*

颜希文

> 该案的原生纠纷系外观设计专利权侵权纠纷，在这一纠纷的基础上，双方在行政投诉、专利无效宣告、民事侵权诉讼等多个争议解决途径展开了旷日持久的拉锯战。该案对于探讨侵权诉讼中现有设计抗辩的举证问题，以及侵权诉讼与专利无效宣告的衔接配合问题，都具有典型意义。因此，本文以该案例为依托，着重分析讨论了被告在进行现有设计抗辩时应当如何举证才能得到法院支持，以及诉讼当事人如何将无效决定中关于设计要素的认定合理地应用到侵权诉讼中去。

■ 案情简介

深圳市福瑞斯保健器材有限公司（以下简称"福瑞斯公司"）和深圳市盟迪奥科技股份有限公司（以下简称"盟迪奥公司"）均是电动按摩器行业的企业。福瑞斯公司发现盟迪奥公司制造销售的按摩椅遥控器配件与福瑞斯公司设计研发的 ZL201430264916.9 号外观专利设计表达一致，涉嫌侵犯福瑞斯公司的外观设计专利权。于是，福瑞斯公司通过多种途径展开权利救济，以制止盟迪奥公司的侵权行为，维护自身合法权益。笔者作为福瑞斯公司的代理人，参与了维权救济的全过程。

首先，我方向深圳市市场监督管理局提起行政投诉，深圳市市场监督管理局进行了现场调查、拍照取证、扣押证物与并制作了勘验笔录。紧接着，为了更有效地制止盟迪奥公司的侵权行为，我方又向深圳市中级人民法院提起了民事侵权诉讼。盟迪奥公司接到侵权诉讼的法院传票后，对涉案外观设计专利提起专利权无效宣告请求，我方针对请求人的无效请求理由作出了详尽的答辩意见。

一、我方维权主张

我方的维权主张如下：
1. 我方福瑞斯公司是涉案专利权的合法专利权人；
2. 涉案专利权经国家知识产权局出具专利权评价报告认定符合授权条件，且经无效

---

* 生效案号：（2019）粤民终 906 号。

宣告程序仍然维持有效，具备稳定性；

3. 盟迪奥公司制造、销售、许诺销售的被诉侵权产品涉嫌侵犯涉案专利权；

4. 经比对，被诉侵权产品落入涉案专利权的保护范围；

5. 盟迪奥公司通过线上和线下渠道销售被诉侵权产品，其侵权获益巨大。

因此，我方请求法院判令盟迪奥公司立即停止制造、销售、许诺销售侵犯福瑞斯公司 ZL201430264916.9 号外观设计专利权产品的行为，并销毁生产模具及全部库存侵权产品；请求判令盟迪奥公司赔偿因侵权给福瑞斯公司造成的经济损失以及福瑞斯公司因调查取证、制止侵权而支付的合理费用；请求判令盟迪奥公司承担该案的全部诉讼费用。

二、对方抗辩意见

盟迪奥公司的主要抗辩意见如下：

1. 盟迪奥公司是在不知情的情况下侵权，并未获得利益；

2. 被诉侵权产品只是小配件；福瑞斯公司主张的赔偿数额无证据支持；

3. 涉案专利并非福瑞斯公司自行研发，而是福瑞斯公司将公共知识私自占为己有，抢先申请专利；

4. 盟迪奥公司早已停止了侵权行为，并未造成福瑞斯公司经济损失；

5. 被诉侵权产品并未落入涉案专利权保护范围，二者在控制按键、手柄边缘弧度、头部比例大小及厚度等方面存在差异。（上诉时提出）

故请求驳回福瑞斯公司的全部诉讼请求。

三、案件结果

在一审审理过程中，被告盟迪奥公司自知其不侵权抗辩难以得到法院认可，于是答辩期内向国家知识产权局请求宣告涉案专利权无效，意图破坏我方起诉的权利基础。经过审理，国家知识产权局作出了维持专利权有效的决定。随后，一审法院认定盟迪奥公司制造并销售了被诉侵权产品，且其现有技术抗辩不能成立，遂判令盟迪奥公司立即停止侵害涉案外观设计专利权，同时判令盟迪奥公司向福瑞斯公司赔偿经济损失及合理维权支出。后盟迪奥公司对一审判决不服，向二审法院提起上诉，二审法院也认定被诉侵权产品的外观落入了涉案专利权的保护范围，并认定一审判赔额并无不当，判决驳回上诉，维持原判。

■ **办案心得**

一、现有设计抗辩的证据支持

根据我国《专利法》第六十二条规定，在专利侵权纠纷中，被控侵权人有证据证明其实施的技术或者设计属于现有技术或者现有设计的，不构成侵犯专利权。由此可知，当被诉侵权人面临侵权控诉时，可以主张其被诉侵权设计使用的是现有设计来进行抗辩。又根据《专利法》第二十三条第四款规定，现有设计是指申请日以前在国内外为公众所知的设计。"为公众所知"，并非指所有公众都须知晓其设计，而是指该设计处于能被一般社会公众随时查看的公开状态。即被诉侵权人据以主张现有设计抗辩的设计只要在涉案专利申请日之前公开即可。但值得注意的是，现有设计公开状态和公开时间的认定，必须得到充分的证据支持。

该案被告盟迪奥公司提出了现有设计抗辩，原被告双方和法院均清楚地知道，现有设计抗辩是盟迪奥公司唯一可能避免承担侵权责任的抗辩事由。但是，由于出现了未翻译外文证据、未证明评论时间与产品上架时间的关联性等举证失误，其抗辩主张甚至没有进展到设计特征比对的阶段，就遭到了法院的否决。由此，现有设计抗辩的举证问题也引起了笔者的深入思考，经过调查学习并结合实践经验，现归结举证要素如下：

首先，无论是诉讼证据还是专利无效证据，证据中带有非中文字符的，必须对证据文字进行翻译，否则法院或专利复审委员会（现专利局复审和无效审理部）可能会不予采纳。作为证据时，即使是如"2013 best selling"般简单的英文字符，都必须予以翻译。该案盟迪奥公司提供的是外文电子商务网页证据，该网页证据的文字为全英字符，但盟迪奥公司却并没有将该证据翻译成中文，对己方举证造成了严重的负面影响。

其次，电子商务平台产品页面在作为现有设计在先公开的证据时，如果评论区的内容与产品之间的唯一对应关系难以确认，则评论区的时间便不能用以证明产品发布的日期，除非有其他证据加以印证。该案盟迪奥公司提供的证据在评论部分无产品图片，且无其他证据印证该评论时间的真实性，因此法院否定了该份证据的真实性。法院之所以会做出如此严格的认定，是因为通常情况下电商平台商品销售页中的商品是可以更换的，而评论区文字却始终维持原有记录不能删除，那么评论与商品之间的唯一对应关系便存疑无法证实，因此不能仅用评论区的时间证明产品发布的日期。

最后，使用商务平台或商务宣传中简化或口语化的文字描述作为证据时，该证据的证明内容可能存在模糊地带。在该案中，盟迪奥公司试图通过电子商务网页中的文字"2013 best selling"来证明现有设计的公开时间，但该简化表述应如何理解又成了双方争议的焦点。究竟是该机械地理解，还是在合理的范围内，多角度多方位地提供尽可能多的解释，以便更公平合理地让各方选择？在电子商务的营销语境下，"2013 best selling"并不一定指向本产品的销售，而有可能指向同类产品的销售状况，或是本公司在市场上的销售表现，这种商业化的营销文字描述并不足以证明现有设计的公开时间。

二、无效宣告认定与诉讼不侵权抗辩的配合衔接

该案民事侵权诉讼一审期间，盟迪奥公司向专利复审委员会提出无效宣告请求，以在先专利作为现有设计，请求宣告福瑞斯公司的涉案专利权全部无效，其理由是涉案专

利权不符合《专利法》第二十三条第一、第二款的规定。

经审理，专利复审委员会作出无效宣告决定，维持涉案专利权有效。无效审查决定书中认定："按摩机手控器类产品整体形状、结构、操作区域的形状以及按钮排列等具体设计变化较多，对于一般消费者而言，在关注整体结构的同时，也会关注产品的整体形状、各部分的具体形状、操作区域等细节设计，这些设计变化都会对外观设计的整体视觉效果产生影响。涉案专利与对比设计在上述各部分均具有较大差别，足以对产品外观设计的整体视觉效果产生显著影响，具有明显区别。"上述认定为我方在二审诉讼中应对盟迪奥公司"被诉侵权产品不落入涉案专利权保护范围"的主张提供了有力支持。

其一，无效决定中专利复审委员会在对涉案专利设计与现有设计之间以及现有设计相互之间做出分析比较后，得出了"按摩机手控器类产品整体形状、结构、操作区域的形状以及按钮排列等具体设计变化较多"的结论。即本类产品的设计空间较大。那么，在侵权诉讼中对涉案专利设计和被诉侵权设计进行比对时，由于本类产品较大的设计空间，两者之间细微的差异如手柄边缘弧度、部分按钮位置、产品头部厚度等便不足以对设计的整体视觉效果产生显著影响。

其二，无效决定中认定"对于一般消费者而言，在关注整体结构的同时，也会关注产品的整体形状、各部分的具体形状、操作区域等细节设计，这些设计变化都会对外观设计的整体视觉效果产生影响"。这一部分乍看之下不利于我方诉讼，但将诉侵权设计与涉案专利设计比对后发现，两者整体形状相似，均为近似呈不规则的矩形厚片状，上部较扁较方，下部向两侧并向后侧弧形鼓出，前侧面较平，有一个手指形区域，该区域内有若干按钮，上部按钮的排列方式均为两行按钮平行竖直排列，此外中间及下部有若干零散排列的按钮。可见，两者的整体形状、各部分的具体形状、操作区域等细节设计均构成近似，这些近似之处结合在一起，足以形成整体近似的视觉效果。以一般消费者的知识水平和认知能力来整体观察、综合判断，被诉侵权设计与涉案专利设计构成近似。

■ 小结

该案历经行政投诉，专利无效宣告，民事诉讼一审、二审等多个程序，对于现有设计抗辩的举证要求以及无效和诉讼之间的衔接配合，具有一定的典型意义。尤其是现有设计抗辩的举证问题在实践中非常容易被忽略，因此，笔者在这里提出以下几点建议：

1. 使用带有非中文字符的文件作为证据，应通过较为权威的翻译机构进行翻译与盖章认证，非证据相关内容部分可以选择不翻译，以减少翻译工作量与翻译费用。

2. 针对电商平台的取证，应选择相对来讲较为知名的平台，并通过购买公证、网页快照等方式以确认目标产品或网页的公开时间。

3. 针对商业简化语言、网络用语等文字描述的解释，可以提供展现同行业或同领域内用语方式的证据，以佐证己方解释的合理性。

■ **法律链接**

《最高人民法院关于审理侵犯专利权纠纷案件应用法律若干问题的解释》（法释〔2009〕21号）第八条、第十条、第十一条。

证据细节　决定胜败
——凯迪仕公司诉多灵公司侵害外观设计专利权纠纷案*

曾赟　胡碧霞

> 原告凯迪仕公司是ZL201630462539.9号"电子锁"外观设计专利的专利权人，发现被告多灵公司制造、销售、许诺销售前述专利权保护范围内的产品后，遂向上海知识产权法院提起专利侵权诉讼。一审、二审法院一致认定被告未经许可擅自生产、销售、许诺销售落入原告专利权保护范围的产品，构成侵权，其合法来源抗辩不成立，应当承担停止侵权、赔偿损失的民事责任。
>
> 该案的争议焦点在于：一、被控侵权产品是否落入涉案外观设计专利权的保护范围；二、被告的现有设计抗辩能否成立；三、被告已经提交了采购订单及发票等证据，其主张的合法来源抗辩能否成立；四、被告是否实施了生产、制造涉案产品的行为；五、如果构成侵权，被告应当承担哪些民事责任。

■ 案情简介

深圳市凯迪仕智能科技有限公司（以下简称"凯迪仕公司"）于2016年9月5日向国家知识产权局申请名称为"电子锁（TZ0031）"的外观设计专利，于2017年2月22日获得授权，专利号为ZL201630462539.9。

2018年，凯迪仕公司发现上海多灵科技股份有限公司（以下简称"多灵公司"）以生产经营为目的，大量制造、销售、许诺销售落入涉案专利权保护范围的产品。由于多灵公司的前述行为给凯迪仕公司带来了巨大经济损失，凯迪仕公司遂向上海知识产权法院提起外观设计专利侵权诉讼。

庭审过程中，多灵公司提交了与第三方苏州琨山智能科技有限公司（以下简称"琨山公司"）签订的采购合同等交易证据。但最终法院未采纳多灵公司的不侵权抗辩、现有设计抗辩及合法来源抗辩之意见，判决多灵公司立即停止生产、销售、许诺销售落入原告专利权保护范围的产品，且应当承担停止侵权、赔偿损失的民事责任。

---

* 生效案号：（2020）沪民终246号。

■ 办案心得

该案的典型之处在于：侵害外观设计专利纠纷案件中常见的抗辩理由包括现有设计抗辩、合法来源抗辩以及不侵权抗辩，在该案中都有体现，却被逐个击破而不予认可，这之中关于是否为合法来源、生产制造的应对以及论述可给予同类案件以经验与启示。

一、针对现有设计抗辩

《专利法》第六十二条规定，在专利侵权纠纷中，被控侵权人有证据证明其实施的技术或者设计属于现有技术或者现有设计的，不构成侵犯专利权。

关于此类抗辩，在实务中可以采用现有设计抗辩的三步对比法：首先，对比被诉侵权设计与现有设计，判断是否相同；其次，若被诉侵权设计与现有设计不同，则进行三方对比，确定区别设计特征；最后，分析区别设计特征对整体视觉效果的影响。

如该案中关于现有设计、涉案专利设计以及被诉侵权设计之间的比对，主要比对部分应为一般消费者容易直接观察到的部分，对于智能锁具来说即为锁头、正面的部分，而不应当拘泥于细节和局部的差异。具体来说：

1. 被诉侵权产品与现有设计1（201330424486.8）不近似，而与涉案专利近似。

（1）被诉侵权产品与该现有设计并不相似，且存在实质性差异。

（2）以上差异主要体现在锁头部位及底部两侧边的设计（即主要区别设计特征）。

（3）从一般消费者的知识水平及认知能力出发，以上区别设计特征属于显著差异，对锁体的整体视觉效果有显著性影响。被诉侵权产品与现有设计不构成近似。

（4）相较于现有设计，被诉侵权产品与涉案专利无实质性差异、两者构成近似。

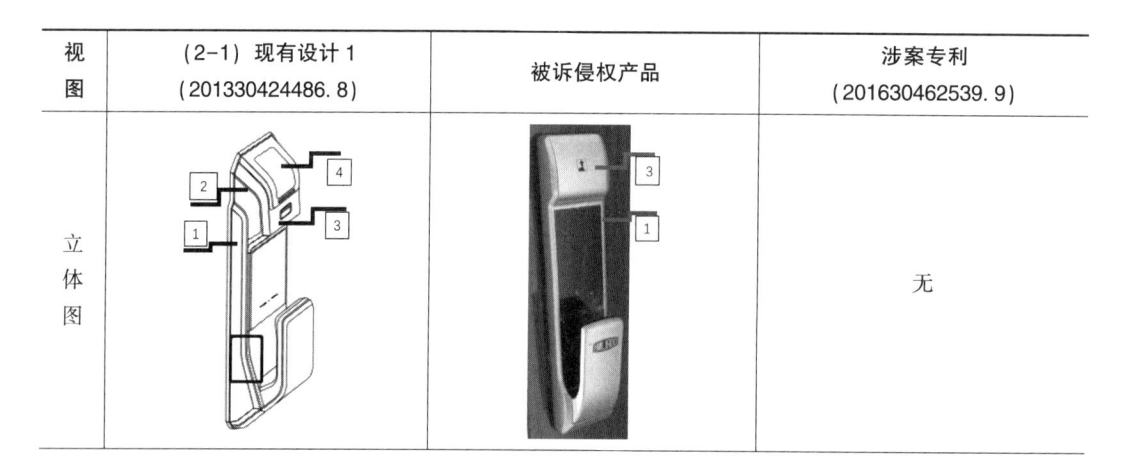

视图	（2-1）现有设计1 （201330424486.8）	被诉侵权产品	涉案专利 （201630462539.9）
立体图			无

续表

视图	(2-1) 现有设计1 (201330424486.8)	被诉侵权产品	涉案专利 (201630462539.9)
主视图			
左视图			

2. 被诉侵权产品与现有设计2（KR30-0870635）也不近似。

（1）被诉侵权产品与该现有设计的每个组成部分均存在显著、巨大的差别。

（2）以上差异包括锁头形状、控制面板大小、把手的伸出方式及装饰、侧边的曲线设计、锁体中锁头面板及把手的比例、把手部位对应的锁体分区等（即主要区别设计特征）。

（3）从一般消费者的知识水平及认知能力出发，以上区别设计特征均属于显著差异，对锁体的整体视觉效果有显著性影响。被诉侵权产品与现有设计不构成近似，且存在实质性差异。

（4）相较于现有设计，被诉侵权产品与本专利无实质性差异、两者构成近似。

视图	(2-2) 现有设计2 (KR30-0870635)	被诉侵权产品	本专利 (201630462539.9)
立体图			无

续表

视图	(2-2) 现有设计2 (KR30-0870635)	被诉侵权产品	本专利 (201630462539.9)
主体图			
左体图			

同时，在实践中，往往会出现被诉侵权设计只利用了涉案专利设计区别于现有设计的部分设计特征的情形，即三方各有相似与不同，这时便需要进一步分析这些区别设计对整体视觉效果的影响。

二、针对合法来源抗辩

《最高人民法院关于审理侵犯专利权纠纷案件应用法律若干问题的解释（二）》第二十五条规定，为生产经营目的使用、许诺销售或者销售不知道是未经专利权人许可而制造并售出的专利侵权产品，且举证证明该产品合法来源的，对于权利人请求停止上述使用、许诺销售、销售行为的主张，人民法院应予支持，但被诉侵权产品的使用者举证证明其已支付该产品的合理对价的除外。本条第一款所称不知道，是指实际不知道且不应当知道。

在侵害外观设计专利纠纷中，合法来源抗辩是否成立取决于两个条件：①产品是否为抗辩人所制造；②抗辩人是否知道相关产品未经专利权人许可而制造并出售。前者属于客观行为和事实的证明，后者属于主观状态的判断。

1. 关于被告未实施生产、制造行为的抗辩。关于制造行为，虽然《专利法》没有明确如何认定，但一审、二审法院结合实际产品外包装上的相关标识和信息、被告是否有能力控制直接制造者的生产行为以及被告是否对制造的涉案产品享有利益等因素来综合判断、推定，具有较好的实践意义。

具体来说：①通过原告律师、主审法官在庭审中的提问，被告陈述其对于涉案产品在芯片设计、电路设计等核心技术领域对生产方提供了相应的图纸和建议,原告律师因此主张其虽然可能没有直接制造的具体行为,但其前述陈述证明其参与了制造行为;②原告律师主张,多灵公司和琨山公司为关联企业,两者之间的交易合同存在价格利益关系,进而指出多灵公司享有制造利益;③一般来说,实践中,任何将自己的姓名、名称、商标或者可识别的其他标识体现在产品上,表现其为产品制造者的企业或个人的,属于"产品制造者"或者"生产者"。该案中,在涉案产品包装上只有多灵公司的商标、企业名称等信息,原告律师认为该行为同样体现了被告多灵公司属于涉案侵权产品的产品制造者。

2. 关于被告"实际不知道且不应当知道"的抗辩。主观上是否"不知道",由于其属于主观状态的判断,往往无法提供直接证据,在认定该事实时,应当正确使用民事诉讼的证据规则,合理划分举证责任。

该案中,被告多灵公司主张其在销售涉案产品时获得了第三方琨山公司提供的专利授权许可,有理由相信涉案产品实施的是被许可专利,而非涉案专利。再加上被告提交了大量涉案产品的采购合同和发票等证据,两相结合,其认为自己主观上有理由相信涉案产品有合法来源。

客观上说,在销售者提供了采购合同、发票、侵权产品的专利证书等强有力的合法来源抗辩证据,特别是主张获得了专利许可的情况下,法院一般会认定其具有合法来源。主观上,其主张获得了有效专利的专利许可,有相对充分的理由相信涉案产品具有合法来源,而且形式上看其也已经尽到了相应的注意义务。综合以上两种情形,法院一般比较倾向于认为被告的销售行为具有合法来源。这给该案原告代理人带来了较大困难去推翻、反驳被告的这一抗辩。

但原告律师综合该案证据,充分利用证据规则,从以下几个方面着手推翻了被告的这一抗辩:

首先,原告律师着眼于证据细节,从多灵公司与琨山公司签订采购订单时的日期入手,揭示后者专利彼时正处于提交申请的保密状态,实际并未授予专利权,多灵公司以琨山公司已有专利作为其已尽合理注意义务的理由显然不成立。

其次,被告提交的证据无法对应被控侵权产品的信息,反而揭示了多灵公司与琨山锁具公司为关联公司,在涉案专利侵权行为中存在意思联络,不属于合法来源抗辩中"不知道为实际不知道且不应当知道"的情形。

最后,被告系上市公司,相较于一般的市场主体,具备较为完备的法律防控能力和意识,其注意义务相对较高。涉案产品在美国苹果经营的"苹果家庭"手机软件(Apple Home)上进行销售,根据原告的举证和说明,该软件上线的产品应当进行更深入细致的知识产权风险排查,而在该案中被告本应识别、发现这一风险,但却仍然实施涉案行为,实难说明其主观上为"不知道"。

■ 小结

现有设计抗辩与合理来源抗辩均属于侵害外观设计专利纠纷案件的常见抗辩理由，两者在认定上均具有一定的复杂性。对于前者，一般可采用三步对比法，核心在于考察被诉侵权设计、现有设计以及授权外观设计三方比对的区别及其对整体视觉效果的影响。对于后者，该案有两个切入点可以为其他同类型案件所参考：其一，被告是否与制造商存在意思联络；其二，被告是否对制造行为存在控制并从中获得利益。

■ 法律链接

《中华人民共和国专利法》（2008年）第六十二条；

《最高人民法院关于审理侵犯专利权纠纷案件应用法律若干问题的解释（一）》（法释〔2009〕21号）第十四条；

《最高人民法院关于审理侵犯专利权纠纷案件应用法律若干问题的解释（二）》（法释〔2016〕1号）第二十五条。

技术来源　权属之本

——广州某盛公司诉安徽某森公司、梁某等人专利权属纠纷系列案*

谢姗珊

> 以梁某为首的离职员工窃取企业图纸和技术方案，在新入职的安徽某森公司申请了多件专利，广州某盛公司针对4项核心技术的专利提起了专利权属纠纷，并将以梁某为首的4名员工列为共同被告提起了诉讼。法院将4件专利权属纠纷合并开庭进行了审理。案件审理过程中，梁某等人提出了专利权属纠纷①过往工作经验（就职广州某盛公司以前）是涉案专利的主要技术来源、②即使存在广州某盛公司的技术贡献，也应当是专利共有等的答辩意见；梁某及安徽某森公司提出①涉案专利相较于广州某盛公司的技术有技术改进（权1），因此专利权应归安徽某森公司所有；②部分专利为现有技术，涉案专利应无效，不属于权属纠纷。代理律师依据自然人为发明人，与涉案专利的密切关联性；广州某盛公司的技术图纸与涉案专利图纸的比对、技术方案比对；专利权属纠纷的法律保护目的与对象等多个角度对多个被告的答辩进行了反驳，并逐一指出多名被告的证据逻辑问题及答辩意见的逻辑有误，有明显的违反诚实信用原则的问题。最终一审法院全面支持了广州某盛公司的诉讼请求。二审维持了一审判决。

■ 案情简介

广州某盛公司成立于2004年3月，主要经营范围包括但不限于：金属切削机床制造、金属切割及焊接设备制造、其他金属加工机械制造等。广州某盛公司成立后，一直致力于各种切割机的研发与制造，已经拥有金属切割机、激光切割机等多种类型的切割机及其相关部件的专利技术。被告安徽某森机械设备有限公司成立于2015年，其主要经营范围与广州某盛公司极其相近似，包括激光切割机、五金机电等。以梁某为首的4名员工曾就职于广州某盛公司，梁某及其余3名员工均曾深入参与广州某盛公司产品的研发、生产及质检等企业产品核心部门。梁某及其余3名员工于2016年3月至2017年3月陆续因个人原因离职。1年后广州某盛公司发现上述离职的4名员工均入职安徽某森公司。并在离职后半年内陆续申请了包括发明在内的13件专利。13件专利中有4件专利为

---

* 生效案号：（2019）皖民终621、630、632、633号。

广州某盛公司作为商业秘密保护的核心技术。为维护企业的知识产权，广州某盛公司针对 4 项核心技术的专利提起了专利权属纠纷，并将以梁某为首的 4 名员工列为共同被告提起了诉讼。法院将 4 件专利权属纠纷合并开庭进行了审理。

案件审理过程中，梁某等人提出"在认定职务发明创造时，不能仅因发明创造与本职工作或工作单位在技术领域、业务领域上相同或接近，就认定为职务发明创造。将职务技术成果与梁某等人在其从业以来在不同岗位上获得知识、技术、经验和信息混同起来，与梁某等人的个人所学的专业领域、与其工作所属的行业混同起来，把个人在其专业背景下所作出的一切技术成果不加区别地按职务成果处理，其结果是侵夺了梁某等人的非职务技术成果"，梁某还提供了大量的入职广州某盛公司前在其他企业工作时的与涉案专利技术/产品同类的设计图纸及有效的专利证书等，拟证明涉案专利技术非基于职务发明，而是过往工作经验（就职广州某盛公司以前）的延续。即使涉案专利有广州某盛公司的贡献，也应当是专利共有，而不是完全归属于广州某盛公司。另，梁某还提供了一个美国同类产品的视频，并称"视频中的内容公开了涉案专利独立权利要求，拟证明涉案专利的独立权利要求所保护的技术方案已经被完全公开，明显属于现有技术。涉案专利权权属纠纷，事实上涉案专利的独立权利要求所保护的技术方案已经被完全公开，就双方当事人而言，都没有权利获得涉案专利的所有权。现有技术作为全社会的共有财产，不应当作为私权来确认纠纷。"

代理律师通过明确职务发明的认定要素、广州某盛公司的技术图纸与涉案专利图纸的比对，技术方案比对、专利权属纠纷的法律保护目的与对象等多个角度对多名被告的答辩进行了反驳，并逐一指出多名被告的证据逻辑问题及答辩意见的逻辑有误，有明显的违反诚实信用原则的问题。最终一审法院全面支持了广州某盛公司的诉讼请求。二审维持了一审判决。

■ 办案心得

合并审理的四个案件均是基于职务发明而起的专利权属纠纷，但各被告通过不同的角度想尽办法去突破专利权属纠纷的审理范围。针对各被告人的答辩意见，代理人主要抓住了以下几个重点：

一、明确职务发明的认定要素

根据《专利法》第六条："执行本单位的任务或者主要是利用本单位的物质技术条件所完成的发明创造为职务发明创造。职务发明创造申请专利的权利属于该单位；申请被批准后，该单位为专利权人。"《专利法实施细则》第十二条"（三）退休、调离原单位后或者劳动、人事关系终止后 1 年内作出的，与其在原单位承担的本职工作或者原单位分配的任务有关的发明创造"为职务发明。也就是说，认定职务发明有两个主要要素：

①时间要素（离职后一年内）；②内容要素（在原单位承担的本职工作或原单位分配的任务相关的发明创造）。首先，时间要素，相关的法律法规从研发工作的客观情况出发，明确员工在离职后就职同类企业的情况下，1年内所从事的相关工作必然与前工作的工作经验、技术、信息等息息相关，而"1年"则为合理的技术更新期或脱密期。从广州某盛公司提供的相关员工入职、离职证据可知，各案自然人被告均是从广州某盛公司处离职后不到2个月内（1076案不到1个月）已作为被告某森公司的发明人之一提交了各涉案专利的申请，这一时间事实已满足了法律法规的"1年内"的职务发明重要时间要素。其次，内容要素，涉案发明创造要与离职员工在原单位时承担的本职工作或原单位分配的任务有关，这里的"有关"是指相关联，"近似""接触可能""工作技巧""在原单位所获得的技术概念"等一切可能让离职员工在离职后新的发明创造中所利用的可能性概念。梁某等人无论是研发部，还是绘图设计部、切割部、工艺测试部，均是围绕着广州某盛公司产品的研发、生产、投产前测试的重要技术部门，也是必然接触广州某盛公司产品设计图纸的关键部门。广州某盛公司图纸中均有梁某等人的签字，无论其签字的性质是绘制还是研发，均说明该行为是在广州某盛公司处工作时承担的本职工作或原单位分配的任务有关。

二、过往工作经验与涉案专利的关联性，须有明确的非职务发明的研发记录证明

被告一直强调梁某在入职广州某盛公司前已经掌握了涉案专利技术的核心技术，并提供了其曾经在苏州某公司及东莞某公司工作过的工作证明及参与绘制的图纸。针对梁某强调的相关技术工作经验，广州某盛公司并不否认，否则广州某盛公司也不可能招聘梁某入职从事同类工作。但梁某在入职广州某盛公司前曾经工作过的东莞企业的工作证明中明确说明梁某只是负责安装及数控，并不涉及产品研发，且东莞企业的经营范围也可知其为激光切割机的使用方，而非生产方，因此仅对相关机器有使用的能力，而没有研发生产的能力。而更早期的苏州公司，虽然梁某曾经参与过该公司的研发或图纸绘制，但均发生在2012—2013年，短短的两年内也很难说掌握了相应技术的核心内容。哪怕其掌握了核心技术，随着技术的更新迭代，到2017年已过4年，当时掌握的技术也不可能再具有新颖性。从时间逻辑上，如果涉案技术与其在苏州公司工作时研发的技术相同的话，为什么该专利不是在2012—2013年间申请，而是在其从广州某盛公司处离职后申请？从内容逻辑上，如果涉案技术与其在苏州公司工作时研发的技术相同的话，为什么涉案专利的图纸与苏州公司的研发图纸差异如此巨大，却与广州某盛公司内部图纸相同或高度相近似。且梁某及安徽某森公司均未提供任何与涉案专利相关的研发记录，仅用灵光一现来说明严重违反了技术研发的合理逻辑，是不诚实守信的表现。

三、涉案专利是否具有新颖性和创造性不属于专利权属纠纷的审理范围

审理过程中，众被告以涉案专利的技术参考来自网上的美国某光纤激光切割机视频

为由，提出了涉案专利的技术来源非广州某盛公司，并同时以同类技术被公开为由指涉案专利不具有新颖性和创造性，涉案专利的技术属于公知技术不应作为权属纠纷的对象。针对被告的意见，广州某盛公司指出，从技术比对的角度，被告所提到的美国某光纤激光切割机的视频并不能完整地体现切割机交换工作台的结构及运作所涉及的配件、结构，单纯靠一个视频的技术运作原理相近似来证明其与涉案专利的独立权利要求所公开的技术特征全部相同并不客观及科学。退一步说，即使涉案专利与美国某光纤激光切割机的视频所公开的技术原理相近似，被告是利用美国某光纤激光切割机的视频为启发申请的专利，那么涉案专利的图纸等都应当是独自设计绘制，而且在参考视频并通过借鉴的技术来申请专利也应当有相关的研究数据、研究图纸，但被告对上述资料均无法提供。被告用美国某光纤激光切割机的视频来做针对自己申请的专利的现有技术抗辩，还口口声声说涉案专利技术是现有技术，应是全社会的共有财产，这种立场完全不符合一个付出了劳动和汗水的技术人员、一个发明者该有的立场，更不符合职务发明的抗辩范畴，更是有违专利申请及司法审查的诚实信用。从法律的角度，针对专利新颖性和创造性抗辩仅依法在专利无效程序中进行审理，现有技术抗辩则是在专利侵权纠纷中审理，且现有技术抗辩审理比专利无效审理更为严格，只能单独比对，很明显本次的4件案件并不符合相关法律及事实条件。

专利权属纠纷的核心在于专利申请权、所有权的归属，哪怕涉案专利的技术不具有新颖性、创造性，作为技术真正持有人均具有专利申请的权利，至于是否会被授权由国家知识产权局审理后作出决定，依申请经审理而授权的专利以及权利人的所有权均受到法律的保护。

四、所谓技术进步性仅是技术图纸为适应专利申请所必要的修改，以及为获得发明专利授权的缩小权利保护范围的修改，对技术方案没有实质影响

梁某及安徽某森公司提供了专利授权过程中的审查意见，声称其为了应对审查意见而做出了实质性的修改，在使得专利能够获得授权的基础上，更说明其技术的进步性；经过代理人仔细核对，发现所谓的修改，仅仅是被答辩人为了保证发明专利的授权将原始申请文件中的权利要求7以及权利要求10全文提到权利要求1，缩小了保护范围，其余全部原文保留。再通过对权利要求7以及权利要求10的比对可知，全部技术特征在涉案专利附图12中披露，而涉案专利附图12与原告的证据图八相同。

梁某及安徽某森公司强调专利图纸与广州某盛公司内部图纸不同，是技术改进。但经代理人的比对可知，涉案专利附图合计19幅，最主要的11幅图在广州某盛公司所提交证据中可以找到原始图样，剩余的几幅图基本属于细节/配件的描述，部分图纸的不同并非技术改进的不同，而是技术图纸体现在专利申请图纸上的必要调整。根据《专利审查指南》对专利申请文件附图的要求："不得使用工程蓝图；应当使用包括计算机在内的制图工具和黑色墨水绘制，线条应当均匀清晰，不得着色和涂改，附图的周围不得有与图无关的框线……"可知，专利文件附图与工程实际绘图是有区别的，前者重在说明产品结构和连接方式，后者重在指明工程性质的产品结构和加工需求。这就明确了案件证据原始图样和专利附图为什么是略有不同的高度近似，其实质就是：在专利申请中，对原始工程图样依照专利法要求修改后产生了细微差别或补充了细节描述，而此细微差别或细节描述对本领域技术人员而言可忽略不计。

■ 小结

本文的 4 件案件虽是基于职务发明而起的专利权属纠纷，但案件的争议焦点除了较为常规的涉案专利是否属于履行职务外，还涉及现有技术抗辩是否属于专利权属纠纷的审查范围，技术改进的程度是否影响专利权属纠纷的认定等，这些技术角度的抗辩在专利权属纠纷中还不多见，相信随着市场的人才竞争及技术竞争的激烈化，这类抗辩会越来越多。案件从一审到二审，代理律师与法院充分论证，对复杂专利权属纠纷案件的解决有一定的借鉴作用。

■ 法律链接

《中华人民共和国专利法》（2008 年）第六条；
《中华人民共和国专利法实施细则》（2010 年）第十二条；
《专利审查指南》对专利申请文件附图的要求。

外观侵权　行政处理

——"摩托车用前侧罩"外观设计专利侵权纠纷案*

戴婷

该案涉及一件"摩托车用前侧罩"外观设计侵权纠纷的行政处理，是一起较为典型的零部件外观设计在使用状态下认定侵权的案例。代理律师将被控侵权产品和涉案专利的设计特征进行了细致对比，并按照"总结异同点（以视图为单元）→逐一判断对整体视觉效果影响程度（考虑功能性设计、设计空间等因素）→回归整体观察、综合判断"的外观设计侵权判定的步骤进行了详细分析，认为被控侵权产品与涉案专利在产品正常使用时容易被直接观察到部位的设计特征极为近似，二者存在的区别设计特征属于功能性特征，对整体视觉效果不产生影响，二者在整体视觉效果上不存在实质性差异，被控侵权产品落入涉案专利保护范围。基于此分析结果，代理律师向无锡市知识产权局提起专利侵权纠纷行政处理请求，并在案件审理过程中针对侵权人提出的现有设计抗辩、合法来源抗辩进行了逐一驳斥，最终获得无锡市知识产权局的支持。该案从行政处理请求受理至裁决花费时间3个多月，效率较高。

该案代理律师通过行政处理快速解决专利侵权纠纷的维权方式、对于外观设计侵权判定总体思路的准确把握、对于现有设计抗辩与合法来源抗辩的有效应对值得借鉴。

■ 案情简介

请求人本田技研工业株式会社就其设计开发的一款摩托车产品在中国申请了摩托车外观设计专利（专利号为ZL201630126843.6），并同时就该摩托车整车的三处设计要部（头灯罩、前侧罩、侧罩）分别申请了零部件外观设计专利，其中前侧罩的外观设计专利即为该案涉案专利（专利号为ZL201630126848.9，授权公告日为2016年8月3日）。请求人在第35届中国江苏国际新能源电动车及零部件交易会上发现被请求人无锡东马机车有限公司在其展位现场展示的一台M7型号电动摩托车的前侧罩涉嫌侵犯其上述零部件外观设计专利权，遂以拍照的方式办理证据保全公证后委托三环律所进行维权。代理律师接受委托后立即针对该案情况进行了梳理。

---

* 该案入选国家知识产权局公布的2019年度中国专利行政保护十大典型案例。生效案号：锡知（2018）纠字51号。

其一，确认涉案专利与被控侵权产品均属于二轮交通工具类（涉案专利为摩托车用前侧罩、被控侵权产品为电动摩托车前侧罩），属于同类产品，可以进行比对。

其二，关于比对的视图，虽然被控侵权产品被发现时已作为外观塑件安装在电动摩托车整车车身上，不能完整地看到六面视图，请求人仅固定到了其中的主视图、立体图1和立体图3，但综合参考涉案专利授权公告文本中的使用状态参考图，作为外观零部件，上述三幅视图已经完整展示了被控侵权产品在整车中正常使用时容易被直接观察到的部位，也是一般消费者容易观察到的视觉效果。因此，可以依据被控侵权产品的上述三幅视图照片与涉案专利的对应视图进行比对分析。

其三，关于具体设计特征的对比，代理律师按照"总结异同点（以视图为单位）→逐一判断对整体视觉效果影响程度（考虑功能性设计、设计空间等因素）→回归整体观察、综合判断"的外观设计侵权判定的步骤进行了详细分析，具体如下：

1. 总结设计特征的异同点。

将被控侵权产品和涉案专利进行比对，以各视图为单位，总结出区别设计特征和相同设计特征。

视图	涉案专利图片	被控侵权产品照片
主视图 （罩体正面）		
立体图1		
立体图3		
使用状态 参考图		

区别设计特征：①涉案专利图片的边缘设置有若干用于拼接组装的卡扣，被控侵权产品因处于整车拼装完成状态，看不到其边缘卡扣设置情况；②涉案专利无图案和色彩，被控侵权产品设计有图案和色彩。

相同设计特征：①二者均采用了动漫高达风格，表面具有平面切割般的棱线感，各切割面线条笔直硬朗；②二者整体轮廓外形一致，均呈类"⬡"状的不规则六边形；③二者在右侧位置均设有一个类"⬡"状的六边形开口，开口左侧均是一个略微凸起的三角形平面区域，且该三角形平面区域整体向后方平滑弯折，形成一定角度。

2. 逐一判断设计特征异同点对整体视觉效果影响程度。

第一步，判断区别设计特征是否为功能性特征，若是，则忽略其对整体视觉效果的造成的影响；若不是，则进入下一步分析。①卡口设置情况不同。对于摩托车外观塑件而言，其边缘的卡扣作为拼接组装构件，在整车组装完成的同时即成为最终产品的内部结构，在最终产品的正常使用中不产生视觉效果，属于功能性特征，在外观设计侵权比对中可以不予考虑。②图案和色彩不同。被控侵权产品表面的图案和色彩具有视觉上的装饰作用，不属于功能性特征，但涉案专利未请求保护色彩和图案，属于单纯形状的外观设计，因此色彩和图案不在该案的侵权比对范围内。

第二步，确定设计要点、要部，判断设计空间。通过设计要点和设计要部的确定赋予不同设计特征以不同的考量权重，同时通过分析设计空间进一步明确上述权重的划分。

关于设计要点、要部，参考涉案专利的简要说明，涉案专利产品为摩托车用前侧罩，用于安装在摩托车前侧方，其设计要点在于产品的形状。同时由于在正常使用时，其正面较背面和四个侧面更容易被一般消费者直接观察到，故罩体正面的设计相对于背面和四个侧面而言更容易对整体视觉效果产生影响。

关于设计空间，参考涉案专利评价报告中披露的10项对比设计状况，可以看出前侧罩作为摩托车车身的覆盖件，虽然局部空间相对较小，但在罩体的整体轮廓、表面线条及开口部位的形状等空间设计上仍存在较大的设计空间，故这些部位的设计特征对整体视觉效果更具影响。

第三步，基于前两个步骤，以各视图为单位，对设计特征相似程度及其对整体视觉效果的影响做综合的评价。

经前述各视图对比可直观看到，被控侵权产品正面采用了与涉案专利完全相同且在同类罩体中较为新颖的类"⬡"状外形和类"⬡"状开口的设计特征，并且罩体的整体风格、表面线条变化、凹凸起伏等设计特征均与涉案专利基本相同（如前所述相同设计特征①②③）。这些相同设计特征对整体视觉效果具有更为重要的影响。

3. 整体观察、综合判断、得出结论。

被控侵权产品与涉案专利在产品正常使用时容易被直接观察到部位的设计特征基本相同，二者存在的区别设计特征属于功能性特征，对整体视觉效果不产生影响，二者在整体视觉效果上不存在实质性差异，被控侵权产品落入涉案专利保护范围。

基于上述分析意见，代理律师向无锡市知识产权局提起专利侵权纠纷行政处理请求，在后续的口审过程中，被请求人提出现有设计抗辩和合法来源抗辩，主张被控侵权产品是按照 ZL201630116586.8 号在先外观设计专利实施，并且系其从台州一马公司购买所得。对此请求人经检索发现，ZL201630116586.8 号专利申请日为 2016 年 4 月 11 日，虽早于涉案专利申请日 2016 年 4 月 15 日，但晚于涉案专利优先权日 2015 年 10 月 16 日，现有设计抗辩不成立。此外，请求人经质证发现，被请求人用于证明合法来源的购货发票中显示的货物名称为"全套塑件及灯具"，但没有注明具体型号，且数量显示为 200 套，与其在书面答辩意见中称仅购买了 1 套塑件明显不相符，被请求人也未能提供其他符合交易习惯的证据形成完整证据链，因此合法来源抗辩亦不成立。

该案于 2018 年 10 月 18 日收到案件受理通知书，于 2019 年 1 月 24 日收到专利侵权纠纷处理决定书，结果为：被控侵权产品与涉案专利设计特征相近似，落入涉案专利的保护范围，被请求人侵权行为成立；责令被请求人立即停止许诺销售侵犯涉案专利的前侧罩产品，销毁侵犯涉案专利前侧罩产品的宣传图册，并且不得进行任何实际销售行为。

■ 办案心得

该案接受委托时，代理律师手头上最核心的证据只有一份展会上的公证书，固定到的被控侵权产品照片显示其已安装在电动摩托车整车车身上，且拍摄角度有限，相应能用于侵权对比的视图也有限。客户的首要诉求则是确认侵权并要求尽快停止侵权。对此，代理律师在接到案件后对案情进行了梳理，对侵权判定结果进行了准确的预判，并制定了符合客户诉求的行政处理策略，最终获得无锡市知识产权局的支持。该案从行政处理立案至裁决花费时间 3 个多月，效率较高。该案代理律师对于外观设计侵权判定总体思路准确把握、对于现有设计抗辩与合法来源抗辩的有效应对值得借鉴，关于外观设计侵权对比的分析也详尽充分。

该案的相关应对经验简要总结如下：

1. 在应对策略选择上，代理律师需要根据客户最关切的诉求来匹配最适合的维权方式，司法诉讼不是唯一途径。

2. 外观设计侵权判定的总体思路可以归纳为：总结设计特征异同点（以视图为单位）→逐一判断对整体视觉效果影响程度（考虑功能性设计、设计空间等因素）→回归整体观察、综合判断。

3. 在现有设计抗辩的应对上，首先判断被请求人提出的设计文件在时间节点上是否构成"现有设计"，再去判断被诉侵权设计是否与现有设计相同或相近似。

4. 在合法来源抗辩的应对上，重点审查合法来源证据链的完整性，即对于合法来源的证明事项，被诉侵权产品的使用者、许诺销售者或销售者应当提供符合交易习惯的票据等证据，形成完整的证据链。

■ 小结

专利侵权纠纷在我国有行政处理和司法诉讼两条"双轨制"解决途径，与司法诉讼相比，行政处理相对来说成本较低（绝大多数专利管理部门都不收取任何案件受理费用）、效率较高（通常会在4个月内结案），在维权实务中，若权利人首要目的在于确认侵权的同时尽快制止侵权，则可借鉴该案的做法，选择行政处理的途径解决。

■ 法律链接

《中华人民共和国专利法》（2008年）第六十条；

《最高人民法院关于审理侵犯专利权纠纷案件应用法律若干问题的解释》（法释〔2009〕21号）第十一条。

发明侵权　无效致胜

——广州丹绮环保科技有限公司发明专利侵权纠纷应诉案*

王广华　胡俊　姚招泉

> 驰扬公司针对同一产品先后以同日申请但避免了重复授权的实用新型专利、发明专利起诉广州丹绮环保科技有限公司，广州丹绮环保科技有限公司此前两次实用新型无效和实用新型侵权诉讼均失败。三环接受丹绮公司委托后，首次代理该发明专利纠纷，律师通过检索分析，成功找到区别特征最少的、最接近的现有技术，成功无效了该发明专利涉及被诉侵权产品的多项权利要求，迫使驰扬公司撤回发起的发明专利侵权诉讼。

■ 案情简介

一、丹绮公司主动发起针对同日申请的实用新型专利的无效宣告

涉案实用新型专利的专利号为：ZL201620565323.X，名称为：一种扩香设备，该实用新型在中国进行了发明专利的同日申请，且在实用新型专利授权后，发明专利审查时修改了申请文件，使得发明专利的权利要求书与实用新型的权利要求书避免了重复授权的情形。

2018年1月29日广州丹绮环保科技有限公司（以下简称"丹绮公司"）的法定代表人吴某向国家知识产权局提起针对该同日申请的实用新型无效宣告请求，国家知识产权局在2018年8月10日作出第37273号无效决定书，宣告该实用新型部分无效，双方均未提起行政诉讼。

二、驰扬公司就同日申请的实用新型专利提起侵权诉讼，诉讼中丹绮公司被动提起专利无效

广州驰扬香氛科技有限公司（以下简称"驰扬公司"）在2019年6月25日针对丹绮公司销售的型号为DB20的产品向广州知识产权法院提起实用新型侵权诉讼，在一审进行过程中，丹绮公司向国家知识产权局提起针对该实用新型无效宣告请求，2020年9月21日广州知识产权法院作出一审判决，丹绮公司不服广州知识产权法院一审判决向最

---

* 生效案号：（2021）粤73知民初1028号。

高人民法院上诉，2021年3月4日最高人民法院作出二审判决，驳回了丹绮公司的上诉请求。2021年6月18日国家知识产权局作出第50849号无效宣告决定维持该实用新型专利权部分有效（在第37273号无效宣告请求审查决定书维持有效的权利要求2-6、权利要求8-11的基础上，宣告权利要求4-6引用权利要求1的技术方案无效，维持权利要求2、权利要求3、权利要求8-11以及权利要求4-6引用权利要求2的技术方案有效）。

三、三环接受丹绮公司的委托应对发明专利纠纷

2021年9月10日丹绮公司收到广州知识产权法院应诉材料，驰扬公司以同日申请的发明专利提起诉讼，索赔100万元并要求丹绮公司停止销售等，该发明专利的专利号为：ZL201610414113.5，丹绮公司首次委托我们代理该发明专利权纠纷。

我们经过认真地研究案卷材料，特别是将被诉侵权产品与驰扬公司主张的发明专利进行了技术比对，发现落入涉案专利的保护范围的可能性极大，特别是该发明专利公告授权文本权利要求1-8。

其中，该发明专利权公告授权文本的权利要求1-8为：

1. 一种扩香设备，其包括气泵和雾化头，所述雾化头与所述气泵连接，所述雾化头还用于与精油瓶连接，其特征在于，所述雾化头设置有出气孔和出液孔，所述出气孔与所述气泵通过管路连通，所述出液孔与所述精油瓶通过管路连通，所述出气孔位于所述出液孔的一侧，所述出气孔的中轴线与所述出液孔的中轴线之间形成夹角，所述出气孔用于向所述出液孔上部吹出气流。

2. 根据权利要求1所述的扩香设备，其特征在于，所述出气孔前设置有挡块，所述挡块部分遮挡所述出气孔，所述出液孔设置在所述挡块上。

3. 根据权利要求1或2所述的扩香设备，其特征在于，所述出液孔远离所述出气孔一侧形成有导向斜面，所述导向斜面从靠近所述出气孔的中轴线向远离所述出气孔的中轴线且靠近所述出液孔的进液端方向倾斜。

4. 根据权利要求1或2所述的扩香设备，其特征在于，所述扩香设备还包括安装座，所述雾化头可拆卸地安装在所述安装座上。

5. 根据权利要求4所述的扩香设备，其特征在于，所述扩香设备还包括前壳和后壳，所述安装座和所述后壳固定连接，所述前壳和所述后壳可拆卸连接，所述气泵安装在所述安装座和所述后壳之间，所述安装座上还设置有电池座。

6. 根据权利要求5所述的扩香设备，其特征在于，所述前壳和所述后壳一端铰接，另一端卡扣式连接，且所述前壳和/或后壳上设置有锁止机构。

7. 根据权利要求1所述的扩香设备，其特征在于，所述雾化头包括雾化座、雾化芯和雾化盖，所述雾化座和所述雾化盖连接且在所述雾化座和所述雾化盖之间形成雾化腔，所述雾化座内设置有出气管，所述出气管中设置有所述出气孔，所述雾化芯位于所述雾化腔中并与所述雾化座连接。

8. 根据权利要求 7 所述的扩香设备，其特征在于，所述雾化芯与所述雾化座可拆卸连接，所述雾化芯包括雾化芯本体及设置于所述雾化芯本体上的挡块，所述挡块部分遮挡所述出气孔，所述出液孔设置在所述挡块上，所述雾化芯本体上设置有与所述精油瓶连通的进液通道，所述进液通道与所述出液孔连通，且所述进液通道的孔径大于所述出液孔的孔径。

因该专利权利要求涉及的技术特征多，结构复杂，且此前针对的同日申请的实用新型均无法避免落入保护范围，我们将主要精力放在了案件的无效上。经过我们多人连续性检索，终于找到约 10 篇专利对比文件，但是每一篇专利文件没有公开的技术特征各不相同，有些区别技术特征需要进一步再检索和分析并结合公知常识、常规技术手段等进行分析评述。2021 年 11 月 20 日丹绮公司向国家知识产权局提起无效宣告请求，专利权人于 2022 年 1 月 13 日、1 月 14 日、1 月 26 日共三次对该发明专利公告授权文本进行了修改，修改后的权利要求 1-6 为：

1. 一种扩香设备，其包括气泵和雾化头，所述雾化头与所述气泵连接，所述雾化头还用于与精油瓶连接，其特征在于，所述雾化头设置有出气孔和出液孔，所述出气孔与所述气泵通过管路连通，所述出液孔与所述精油瓶通过管路连通，所述出气孔位于所述出液孔的一侧，所述出气孔的中轴线与所述出液孔的中轴线之间形成夹角，所述出气孔用于向所述出液孔上部吹出气流，所述扩香设备还包括安装座，所述雾化头可拆卸地安装在所述安装座上，所述扩香设备还包括前壳和后壳，所述安装座和所述后壳固定连接，所述前壳和所述后壳可拆卸连接，所述气泵安装在所述安装座和所述后壳之间，所述安装座上还设置有电池座，所述雾化头包括雾化座、雾化芯和雾化盖，所述雾化座和所述雾化盖连接且在所述雾化座和所述雾化盖之间形成雾化腔，所述雾化芯位于所述雾化腔中并与所述雾化座连接；

所述雾化芯包括雾化芯本体，所述雾化芯本体上设置有与所述精油瓶连通的进液通道，所述进液通道与所述出液孔连通，且所述进液通道的孔径大于所述出液孔的孔径。

2. 根据权利要求 1 所述的扩香设备，其特征在于，所述出气孔前设置有挡块，所述挡块部分遮挡所述出气孔，所述出液孔设置在所述挡块上；

所述雾化芯与所述雾化座可拆卸连接；

所述雾化座上还设置有精油瓶连接头和气泵连接头，所述精油瓶连接头中设置有精油瓶连接管，所述精油瓶连接管与所述进液通道连通，所述气泵连接头与所述出气管连通；

所述雾化座中设置有固定座，所述固定座中还设置有导液管，所述导液管与所述精油瓶连通，所述导液管插入所述进液通道中。

3. 根据权利要求 1 或 2 所述的扩香设备，其特征在于，所述出液孔远离所述出气孔一侧形成有导向斜面，所述导向斜面从靠近所述出气孔的中轴线向远离所述出气孔的中轴线且靠近所述出液孔的进液端方向倾斜。

4. 根据权利要求 1 所述的扩香设备，其特征在于，所述前壳和所述后壳一端铰接，另一端卡扣式连接，且所述前壳和/或后壳上设置有锁止机构。

5. 根据权利要求 2 所述的扩香设备，其特征在于，所述雾化座内设置有出气管，所述出气管中设置有所述出气孔。

6. 根据权利要求 5 所述的扩香设备，其特征在于，所述雾化芯包括还包括设置于所述雾化芯本体上的所述挡块。

在本次无效过程中，丹绮公司以专利申请号为 201610119383.3、专利名称为 "一种可直接扩散精油的香薰机及香薰方法" 发明专利申请文本作为最接近的现有技术（以下也称 "对比文件 1"）。

代理律师通过认真研究对比文件 1 的权利要求书和说明书，认为针对文件 1 公开了涉案专利大部分技术特征，其中主要是以文字记载和附图说明的方式公开，但是未公开区别特征包括 "涉案专利包括前壳，前壳和后壳可拆卸连接，安装座上设置有电池座"。

双方在口审时对于对比文件 1 是否公开了涉案专利的技术特征争议较大，驰扬公司认为更多的技术特征在对比文件 1 中未公开，而丹绮公司认为除了上述区别特征外，对比文件已经公开了涉案专利其他技术特征（见表1）。

表 1　丹绮公司的具体比对意见表

涉案专利的权利要求 1	证据 1 CN105536021A
包括气泵和雾化头	说明书［0085］段：本发明揭示的一种可直接扩散精油的香薰机，包括底座 1、安装在底座 1 上的外壳 2 和设置在外壳 2 上的电气控制组件，外壳 2 上还设有精油瓶 3 和气化组件（相当于雾化头），精油瓶 3 内可放入单方精油或复方精油。外壳 2 内设有泵体组件（根据后文［0110］段可知，泵体组件为气泵）。
所述雾化头与所述气泵连接	说明书［0085］段：泵体组件（即气泵）分别与气化组件（即雾化头）、电气控制组件连接且泵体组件与气化组件连通。
所述雾化头还用于与精油瓶连接	说明书［0085］段：精油瓶 3 的开口端与气化组件（即雾化头）的下端连接且精油瓶 3 的开口端与气化组件的下端连通。
所述雾化头设置有出气孔和出液孔	说明书［0088］段：气化组件（即雾化头）包括气化腔体 9 和卡合在气化腔体 9 上的气化腔盖 10。 说明书［0089］段：具体的，气化腔体 9 包括气化腔 12、精油喷嘴 13（必然设有出液孔）、导油管 14、空气喷嘴 15 和转接头 16。 说明书［0090］段：空气喷嘴 15 包括空气喷嘴通孔 30（相当于出气孔）。
所述出气孔与所述气泵通过管路连通	说明书［0089］段：转接头 16 与泵体组件连接且与泵体组件（即气泵）连通，空气喷嘴 15（其空气喷嘴通孔 30 相当于出气孔）设置在气化腔 12 和转接头 16 之间且分别与气化腔 12 和转接头 16 连通。

续表

涉案专利的权利要求 1	证据 1 CN105536021A
所述出液孔与所述精油瓶通过管路连通	说明书［0089］段：精油喷嘴 13（必然设有出液孔）下端与导油管 14 上端连通，导油管 14 下端伸入精油瓶 3 内且导油管 14 下端面贴紧精油瓶 3 的底面，导油管 14 下端与精油瓶 3 连通。
所述出气孔位于所述出液孔的一侧	结合图 6； 说明书［0089］段：空气喷嘴 15 倾斜设置且空气喷嘴 15 一侧靠近精油喷嘴 13 的上端。 说明书［0089］段：精油喷嘴 13 上端与气化腔 12 连通，精油喷嘴 13 下端与导油管 14 上端连接（可知，精油喷嘴 13 上端为出液孔）。
所述出气孔的中轴线与所述出液孔的中轴线之间形成夹角	结合图 6，可知，出气孔的中轴线与上边的延长线 33 平行。 说明书［0097］段：上边的延长线 33 与精油喷嘴 13 中心线（相当于出液孔的中轴线）的夹角为 Q。
所述出气孔用于向所述出液孔上部吹出气流	说明书［0101］段：空气喷嘴 15 与精油喷嘴 13 的相对位置的设定，使得空气喷嘴 15 喷出的高速气流能在精油喷嘴 13 上方形成一定的负气压带。 说明书［0103］段：空气喷嘴 15 喷出的高速气流在流经精油喷嘴 13 上方时会在精油喷嘴 13 上方形成一定负压。
所述扩香设备还包括安装座，所述雾化头可拆卸地安装在所述安装座上	说明书［0085］段：本发明揭示的一种可直接扩散精油的香薰机，包括底座 1、安装在底座 1 上的外壳 2（相当于后壳）和设置在外壳 2 上的电气控制组件，外壳 2 上还设有精油瓶 3 和气化组件（相当于雾化头）。 说明书［0086］段：外壳 2 侧面上具有一放置槽（相当于安装座），精油瓶 3 与气化组件连接后置于放置槽中（即雾化头安装在安装座上），放置槽上部侧壁和底壁上分别具有导轨 4 和一窗口 5，气化组件上部具有与导轨 4 相应的导向槽 6，导轨 4 与所述导向槽 6 相配合，这样气化组件和精油瓶 3 很容易安装和拆取（公开了可拆卸安装），同时便于向精油瓶 3 内盛装液态精油，使用非常方便。
所述扩香设备还包括前壳和后壳，所述安装座和所述后壳固定连接，所述前壳和所述后壳可拆卸连接	说明书［0085］段：本发明揭示的一种可直接扩散精油的香薰机，包括底座 1、安装在底座 1 上的外壳 2（相当于后壳）和设置在外壳 2 上的电气控制组件，外壳 2 上还设有精油瓶 3 和气化组件，精油瓶 3 内可放入单方精油或复方精油。 说明书［0086］段：外壳 2 侧面上具有一放置槽（相当于安装座，即安装座与后壳固定连接），精油瓶 3 与气化组件连接后置于放置槽中。 *证据 1 未公开前壳，以及前壳与后壳可拆卸连接。
所述气泵安装在所述安装座和所述后壳之间	说明书［0085］段：本发明揭示的一种可直接扩散精油的香薰机，包括底座 1、安装在底座 1 上的外壳 2 和设置在外壳 2 上的电气控制组件，外壳 2 上还设有精油瓶 3 和气化组件，精油瓶 3 内可放入单方精油或复方精油。外壳 2 内设有泵体组件（气泵，即气泵安装在安装座和后壳之间）。
所述安装座上还设置有电池座	*证据 1 未公开电池座。 但是，证据 1 的香薰机包括"电气控制组件"，所以证据 1 隐含公开了电源。

续表

涉案专利的权利要求1	证据1 CN105536021A
所述雾化头包括雾化座、雾化芯和雾化盖，所述雾化座和所述雾化盖连接且在所述雾化座和所述雾化盖之间形成雾化腔	说明书［0088］段：气化组件包括气化腔体9和卡合在气化腔体9上的气化腔盖10（相当于雾化盖）。 说明书［0089］段：具体的，气化腔体9包括气化腔12（相当于雾化腔）、精油喷嘴13、导油管14、空气喷嘴15和转接头16。 *证据1未直接公开雾化芯。但是，结合证据1的图4，气化腔体9中，精油喷嘴13及其附属结构在整体上形成喷雾结构，工作原理和效果与雾化芯完全相同，相当于雾化芯。 气化腔体9，喷雾结构、空气喷嘴15之外的其他部分，相当于雾化座。
所述雾化芯位于所述雾化腔中并与所述雾化座连接	*证据1未直接公开雾化芯及其位置和连接关系。但是，证据1中，相当于雾化芯的喷雾结构（包括精油喷嘴及其附属结构）显然位于气化腔12（相当于雾化腔）中，且喷雾结构与气化腔体9的其他部分（相当于雾化座）连接。
所述雾化芯包括雾化芯本体，所述雾化芯本体上设置有与所述精油瓶连通的进液通道，所述进液通道与所述出液孔连通	证据1说明书［0089］段：精油喷嘴13（其必然设有出液孔，出液孔位于上端，精油喷嘴13下部分则相当于进液通道）下端与导油管14上端连通，导油管14下端伸入精油瓶3内且导油管14下端面贴紧精油瓶3的底面，导油管14下端与精油瓶3连通。 *如前所述，气化腔体9中，精油喷嘴13及其附属结构在整体上形成喷雾结构，相当于雾化芯；精油喷嘴13相当于雾化芯本体。
所述进液通道的孔径大于所述出液孔的孔径	*根据证据1记载的图4和图6，本领域技术人员可以明确，精油喷嘴13下部分相当于进液通道，该进液通道的孔径大于出液孔的孔径。

针对上述区别特征，丹绮公司主张该区别特征属于另一篇对比文件中披露的相关技术手段或属于惯用手段，并对此进行了同样详细的论述。

2022年5月20日，国家知识产权局作出无效宣告决定，支持了丹绮公司的全部请求，虽然仅仅无效了修改后的权利要求1-6，但足以避免广州知识产权法院侵权诉讼中被诉侵权产品落入该发明专利的保护范围，巧合的是其他人针对该发明专利在几乎相同的时间提起了无效请求，但所用的对比文件均与丹绮公司在此次无效中提出的不同，国家知识产权局在口审后合并作出同一个无效宣告决定，该请求人的请求意见全部未被采纳却躺赢了一次无效宣告。

■ 办案心得

针对同一产品且此前已经就同日申请的实用新型进行了两次无效和一二审侵权诉讼，丹绮公司面对的是较大败诉风险，如不能成功将专利无效掉，对于丹绮公司可能是不可承受之重，在处理该案发明专利纠纷中，国家知识产权局采纳了丹绮公司的请求意见，针对该案归纳的办案心得如下。

一、申请宣告专利无效虽是釜底抽薪之计，但也是被逼无奈之举

如该案被诉侵权产品技术之争，将被诉侵权产品与该发明专利进行技术比对，被诉侵权产品落入涉案专利保护范围的可能性极大，几乎不存在适用有效的专利侵权抗辩理由，由此将被告丹绮公司逼上专利无效的一条路上，面对专利权人100万元的索赔，丹绮公司只能将胜诉希望放在专利无效上，专利无效能从根本上否定专利授予条件，是釜底抽薪之计，但也应该看到，该案的发明专利无效难度极大，此前同日申请的实用新型进行了两次无效均没有成功避免被诉产品落入其保护范围，丹绮公司最终选择继续无效该发明专利确也是无奈之举，舍此途径难以全身而退。

二、找到最接近的现有技术是专利无效的关键

专利无效的关键是找到区别特征最少的现有技术，在此基础上找到区别特征属于公知常识的证据或者已经在另外的对比文件中公开且其在对比文件中所起的作用与在本专利中所起的作用相同。

根据《专利审查指南》的规定，判断发明专利创造性突出的实质性特点时，确定区别特征、判断显而易见性是在找到最接近的现有技术之后的重要两个步骤。然而对于一件发明专利无效宣告请求，最开始的难点是准确找到一篇最接近的现有技术，主要是公开了发明中技术特征最多的现有技术，该案的发明专利授权公告文本权利要求1技术特征较多，结构复杂。由于专利写法的多样性、专利数据库检索技术的限制，加之检索人工判断的误差，很难在专利数据库中找到一篇最接近的现有技术，找最接近的现有技术"最开始的难点"往往也是专利无效中最大的难点。该案在处理时，代理律师就特别注重团队力量的投入，一直在持续的做专利检索，同时不停地修正或者补充，终于找到一篇公开技术特征较多的对比文件作为现有技术并且找到另一篇公开了区别特征的对比文件进行结合评述其突出的实质性特点。

三、常规技术手段是专利无效中评述创造性的核心之一，也是请求人举证的难点

如该案检索分析情况，代理律师虽然竭尽全力检索分析，与一篇完美的全部公开了该专利技术特征的对比文件还相差甚远，在显而易见性的判断中，虽结合了另一篇对比文件，但多篇对比文件难免还是遗漏了该发明专利权利要求中少量的技术特征，该遗漏的少量的技术特征在穷尽全力后还是无法从现有专利技术中获取，如不能引入常规技术手段进行评述恐前功尽弃。根据《专利审查指南》的规定，存在公知常识性技术启示的情况包括：区别特征为惯用手段及教科书或工具书等披露的技术手段，然而对于何为"常规技术手段"《专利审查指南》未进行界定，通过论文及案例研究，常规技术手段的引入是成功无效的重要一环，在对比文件或者结合的对比文件中"遗漏"区别特征时，是很好的评述专利不具备创造性的理由。但也应该特别注意，在专利检索遇到困难时，不能想当然地认为某技术特征属于常规技术手段。

■ 小结

专利无效与专利侵权抗辩完全不同，在专利无效中基本涉及都是专利创造性的问题。根据《专利审查指南规定》的判定方法，专利创造性问题既是技术问题也是法律问题，而且该判定方法要求严格，不能脱离法规规定看技术，也不能脱离技术看创新，在评述创造性时只有将技术问题和法律问题完美结合才可能做成一件成功的无效。该案中，发明专利的权利要求技术特征多，结构复杂，代理律师花费了大量的时间做专利检索分析，但仍然很难找到完美接近的对比文件，在筛选最接近的现有技术时，也做了大量的分析，在选定最接近的现有技术后，还要进一步分析实际要解决的技术问题，另外的对比文件公开的区别特征、技术启示等，然而还是存在多篇对比文件中均未直接公开的区别特征，对此，本领域的常规技术手段就成为评述创造性的关键，如能成功认定为本领域技术人员的常规技术手段，无疑将有利于请求人否定专利创造性，从而争取好的案件效果。当然，也应该注意，请求人不能想当然就认为区别特征属于常规技术手段。

■ 法律链接

《中华人民共和国专利法》（2000年）第二十二条第三款。

专利复审　前置撤驳

——201910062880.8 发明专利复审案

陈旭红

> 该案涉及一件发明专利申请，该案在实审阶段以不具备创造性为由被驳回，收到驳回决定之后，申请人委托三环提交复审请求。由于三环代理人对该申请和对比文件的技术进行了细致的调查研究，深入理解了该申请的发明构思，准确把握了技术方案的本质，明确了该申请和对比文件的区别技术特征，在复审请求书中做到了分析细致，说理透彻，逻辑严密；并对权利要求1做了微小的改动，使得技术方案更明确，从而满足了专利法的相关要求。最终该案于前置审查阶段即撤销了驳回。

■ 案情简介

该案涉及一件发明专利申请，于2020年3月19日以不具备创造性为由被驳回，收到驳回决定之后，申请人找到多家代理公司咨询，均发现代理人不能深入地理解技术方案，后来找到三环，跟代理人初步沟通之后，最终决定委托三环提交复审请求。

该案涉及一种用于延长原子自旋弛豫寿命的镀膜碱金属原子气室熟化系统及使用方法。碱金属原子在量子光学的很多领域中被选作与光作用的介质，而原子气室是所有涉及光与原子相互作用的实验及应用的核心器件，被广泛应用到原子磁力仪、原子钟、原子陀螺仪、光存储、量子记忆、压缩态的制备以及新物理的探测等技术中。由于弛豫过程的存在，使得原子在原子气室内维持长时间的极化态，成为很多精密实验中的难题。弛豫过程是个自发过程，总是多种弛豫形式同时发生，共同影响原子极化态的寿命。

由于该案涉及的技术较难，三环代理人对该申请和对比文件的技术进行了细致的调查研究，通过检索大量的专利文献和科技论文，对与原子气室相关的技术进行了学习和总结。技术知识的补充使得代理人能够站在本领域技术人员的角度，深入理解该申请的发明构思，准确把握技术方案的本质，明确该申请和对比文件的区别技术特征。

该申请权利要求1如下：

一种用于延长原子自旋弛豫寿命的镀膜碱金属原子气室熟化系统，包括熟化炉模块、加热模块、制冷模块、温度控制模块；其中，所述熟化炉模块包括石墨外炉、聚丙烯内炉、导热液体，所述聚丙烯内炉中装有导热液体，外侧紧贴所述石墨外炉，在熟化过程中，镀膜碱金属原子气室的尾部朝上，所述原子气室的主体被导热液体完全浸没；

所述加热模块包括耐高温加热带，所述耐高温加热带紧密缠绕在所述石墨外炉上，用于熟化炉的加热；

所述制冷模块包括半导体制冷器、导热铜带，所述导热铜带的一端紧贴所述半导体制冷器的冷面，另一端紧密缠绕原子气室尾部以对其制冷；

所述温度控制模块包括两个热敏电阻和一多路PID自动控制电路，其中一个所述热敏电阻置于导热液体中，用于监控原子气室主体在熟化时的温度，另一个热敏电阻则紧密缠绕在原子气室尾部，用于监控原子气室尾部的温度，所述两个热敏电阻分别连接在所述多路PID自动控制电路的两路输入端口上，对原子气室主体与尾部分别进行温度控制。

其中，原子气室"尾部朝上"这一技术特征是提出复审请求时从申请文件原始记载的内容中补入的。

对比文件1（CN106767748A）公开了一种原子气室碱金属位置调整装置。

权利要求1与对比文件1的区别至少包括：

（1）熟化系统是用于镀膜碱金属原子气室熟化的，在熟化过程中，镀膜碱金属原子气室的尾部朝上；

（2）用于给气室主体传导热量的是熟化炉模块，其包括石墨外炉、聚丙烯内炉、导热液体，聚丙烯内炉中装有导热液体，外侧紧贴所述石墨外炉，在熟化过程中，原子气室的主体被导热液体完全浸没；

（3）加热模块包括耐高温加热带，所述耐高温加热带紧密缠绕在所述石墨外炉上，用于熟化炉的加热；

（4）制冷模块包括半导体制冷器、导热铜带，所述导热铜带的一端紧贴所述半导体制冷器的冷面，另一端紧密缠绕原子气室尾部以对其制冷；

（5）用于监控气室主体温度的热敏电阻置于导热液体中，用于监控气室尾部温度的热敏电阻紧密缠绕在气室尾部。

由上述区别特征可以确定，该申请实际解决的技术问题是：如何在控制镀膜碱金属原子气室碱金属原子密度的同时使气室内壁的镀膜材料均匀分布。

对于上述区别（1），为了延长原子基态弛豫寿命，本领域常用的两种手段是：a. 给原子气室充入惰性缓冲气体，以延缓碱金属原子扩散到泡壁的时间；b. 在原子气室内表面镀一层抗弛豫镀膜，以阻止碱金属原子直接与玻璃内壁发生碰撞。该申请的熟化系统针对的是镀膜碱金属原子气室，采用的是上述手段b。在熟化过程中，镀膜材料会随着温度升高而熔化，熔化的镀膜材料沿气室内壁流动，从而全面覆盖气室内壁，解决了由于镀膜覆盖不均匀，极化的原子直接接触玻璃内壁导致退极化，从而缩短原子基态弛豫寿命的问题。该申请在熟化过程中将气室尾部设置为朝上，是因为若尾部朝下，熔化的镀膜材料在重力作用下会聚集在尾部，导致堵塞碱金属原子的冷凝通道，严重影响冷凝效果，使得对碱金属原子密度的控制效果大打折扣。而对比文件1中的原子气室采用的是上述手段a，其内壁并没有镀膜，也就不存在镀膜不均匀的问题，其加热过程仅仅是为了使碱金属蒸发，与该申请中的使镀膜均匀毫无关系，也正因为其不存在镀膜，气室的尾部朝下也不会影响碱金属的冷凝。

在驳回决定中，审查员引用了对比文件2（"抗弛豫镀膜原子蒸汽室制备系统"），认为对比文件2公开了镀膜的手段，从而认为本领域技术人员容易想到在对比文件1的原子气室的基础上增加镀膜以进一步提高抗弛豫性能。然而事实上，对比文件2仅仅从理论上介绍了延长弛豫时间的两种手段，这两种手段也正是该申请的背景技术中所介绍的，即上述手段a和b。对比文件2并没有提到解决镀膜气室中镀膜不均匀的问题，更没有给出相应的解决方案。延长弛豫时间的上述手段a和b利用的是不同的原理，是两种完全不同的抗弛豫方式，现有技术中并不存在将两种方式融合使用的技术，基于本领域的普通技术知识也可以预见，将两种方式融合也未必能使抗弛豫效果更好。因此，本领域技术人员即便看了对比文件2，也不会有动机在对比文件1的气室中增加镀膜。更何况，对比文件1中的装置，由于气室尾部朝下，其根本上就不适用于具有镀膜的气室。

上述区别（2）-（5）是对热传导模块、加热模块、制冷模块及热敏电阻设置方式的具体限定。在驳回决定中，审查员认为该些区别特征均为本领域的常规选择，从而否定了本申请的创造性。事实上，通过特征对比可知，对比文件1公开的内容十分有限，其热传导的方式、加热方式和制冷方式均与本申请完全不同。存在该些区别的原因就是两者针对的原子气室的种类不同，所要解决的问题不同。对比文件1中的加热和制冷，仅仅只是需要使碱金属蒸发再冷凝，其并不存在要使镀膜均匀的问题，故其采用固体传热方式即可解决其技术问题。而本申请是需要在控制镀膜碱金属原子气室碱金属原子密度的同时使气室内壁的镀膜材料均匀分布，故采用的是液体传热方式。一方面是因为液体传热比固体传热更均匀，只有保证了气室受热均匀，才能保证气室内壁的镀膜均匀；另一方面，采用本申请的熟化炉，可以根据气室的镀膜材料相应地选择炉内的导热液体，使导热液体的沸点高于气室内壁镀膜材料的熔点，以使镀膜材料能在熟化过程中熔化，从而达到全面覆盖内壁的效果。对比文件1中并不存在要使镀膜均匀的问题，因此，本领域技术人员在对比文件1的基础上并无任何动机将固体传热方式更换为结构更复杂、成本更高的液体传热方式。采用本申请的热传导、加热及制冷方式来解决原子气室镀膜不均匀的问题，并不是本领域的常规选择，也不是本领域的常用手段，而是申请人根据实际要解决的技术问题，通过创造性的劳动才能得到的。

综上所述，该申请权利要求1与对比文件1之间存在大量的区别特征，两者的技术方案不同，解决的技术问题不同，所达到的技术效果也不同。对比文件2也没有公开该些区别特征，且对比文件2与对比文件1之间根本没有结合的动机。这些区别特征是相互联系、相互作用的有机整体，不应被割裂开来判断，其作为一个整体，是为了所要解决的技术问题服务的，在对比文件并不存在相应的技术问题的情况下，本领域技术人员没有任何动机由对比文件得到本申请的技术方案。因此，权利要求1具备《专利法》第二十二条第三款规定的创造性。

该案于2020年7月8日收到复审请求受理通知书；于2020年8月11日收到复审决定书，结论是：根据前置审查意见书的意见，撤销国家知识产权局于2020年3月19日作出的驳回决定，由原审查部门继续进行审批程序；于2020年9月4日收到授予发明专利权通知书。

复审程序是因申请人不服驳回决定而启动的救济程序，同时也是专利审批程序的延续。在收到驳回决定之日起三个月内，专利申请人可以提出复审请求。

复审程序启动后，首先由作出驳回决定的原审查部门进行前置审查。如果前置审查意见是同意撤销驳回决定，则专利局复审与无效审理部不再进行合议审查，由原审查部门继续进行审批程序。如果前置审查意见是坚持驳回决定，则案件进入复审与无效审理部，启动合议审查阶段。

该案在前置审查阶段就同意撤驳，并未进入合议审查，说明审查员确实认可了复审请求中的意见陈述，对案件走向作出了新的判断。

■ 办案心得

该案接受委托时已经临近提复审请求的最后期限，发明人为北京大学教授团队，涉及的技术比较难。在接到案件之后，代理人对案件的审查过程进行了基本的了解，对涉及的技术做了深入的调研。基于代理人丰富的复审工作经验，对该案件的授权前景进行了准确的预判，并制定了合适的复审请求策略，最终该案于前置审查阶段即撤销了驳回。该案代理人对于技术方案的深入理解、对于发明构思的正确把握都值得借鉴，复审请求书中的分析说理也可圈可点。

关于以权利要求不具备创造性为理由驳回的发明复审案件，应对经验如下：

1. 代理人要能够站在本领域技术人员的角度，深入理解专利申请的发明构思，准确把握技术方案的本质。在技术难度较大的情况下，可以通过检索专利文献和科技论文等方式补充技术知识。

2. 只有在真正理解技术的基础上，才能客观地进行事实认定。区别技术特征明确了，才能正确分析发明实际解决的技术问题。

3. 如果在现有技术中提到了与该申请的技术特征相同的术语或字眼，那也不一定就能认定对比文件公开了该申请的某些技术特征，还要判断技术特征在对比文件中和在本申请中所起的作用是否相同，在技术实现上是否切实可行。如果是采用多篇对比文件结合评价权利要求的创造性，还要考虑对比文件之间是否存在结合的启示。

4. 判断要求保护的发明对本领域技术人员来说是否显而易见，最关键的是看现有技术整体上是否存在技术启示。技术启示的判断要基于发明实际解决的技术问题，考虑本领域技术人员在面对该技术问题时，是否有动机对现有技术进行改进，并获得要求保护的技术方案。是否有动机要紧密结合技术事实。

5. 在创造性判断中，权利要求的所有特征是相互联系、相互作用的有机整体，其作为一个整体，是为了所要解决的技术问题服务的，不应被割裂开来判断。

6. 在撰写意见陈述时，分析要细致，说理要透彻，逻辑要严密。

7. 复审阶段允许对申请文件进行修改，如果发现申请文件中存在不满足专利法要求之处，可以顺便进行修改，以加快后续审查程序。

■ 小结

该案涉及发明专利申请被驳回之后的复审程序，争议焦点为创造性的判断。该案要解决的技术问题是：如何延长原子自旋弛豫寿命。代理人在准确把握技术方案的基础上，分析该申请和对比文件 1 的区别技术特征，明确了该申请实际要解决的是气室内壁镀膜材料分布不均匀的问题。由于对比文件 1 和该申请采用两种不同的技术手段来实现延长原子弛豫寿命的目的，对比文件 1 的原子气室内壁并没有镀膜，也就不存在镀膜不均匀的问题。对比文件 2 也没有提到解决镀膜气室中镀膜不均匀的问题，更没有给出相应的解决方案，本领域技术人员即便看了对比文件 2，也不会有动机在对比文件 1 的气室中增加镀膜。因此本申请的技术方案对本领域技术人员来说是非显而易见的。

代理人严格按照《专利审查指南》中"三步法"的规定来进行"突出的实质性特点"的判断，进一步得出权利要求具备创造性的结论，说理透彻，逻辑严密。审查员最终撤销了驳回决定。

■ 法律链接

《中华人民共和国专利法》（2020 年）第四十一条。

专利修改　把握本质

——关于修改超范围：说明书中方法实施例和系统实施例的关联关系判断

陈旭红

> 该案涉及一件发明专利申请的复审，实审阶段驳回理由为部分权利要求不符合《专利法》第三十三条的规定。
>
> 关于修改超范围的判断，该案的关注要点为：将记载在说明书方法实施例中的进一步限定的技术特征与记载在说明书系统实施例中的技术方案相结合，以构成对系统实施例的进一步限定的技术方案，这样的修改不会必然导致超范围；如果方法实施例和系统实施例之间关联关系紧密，在技术内容上相互依存，则这样的修改没有超出原说明书和权利要求书记载的范围。

■ 案情简介

该案涉及一件发明专利申请，实质审查阶段针对的权利要求书包括五组共 34 项权利要求，其中权利要求 1、权利要求 12、权利要求 19、权利要求 22、权利要求 27 为独立权利要求，五组权利要求如下：

权利要求 1-11 要求保护一种导出无线通信系统中用户站的种源位置的方法；

权利要求 12-18 要求保护一种在无线通信系统中具有位置的用户站中对使一个或一个以上开销消息参数的可能值与相应位置相关联的一个或一个以上数据结构进行更新的方法；

权利要求 19-21 要求保护一种在无线通信系统中具有位置的用户站中对具有使一个或一个以上参数的可能值与相应位置相关联的多个条目的一个或一个以上数据结构进行更新的方法；

权利要求 22-26 要求保护一种在无线通信系统中的用户站中对具有使至少一个参数的可能值与相应位置相关联的多个条目的数据结构进行更新的方法；

权利要求 27-34 要求保护一种在无线通信系统中具有位置的用户站。

在第一次审查意见通知书中，审查员指出部分权利要求不具备新颖性/创造性，以及其他缺陷，但整体有授权前景。

申请人答复第一次审查意见通知书时，将原从属权利要求 2 的附加技术特征分别并入独立权利要求 1、权利要求 12、权利要求 19、权利要求 22 以及权利要求 27，得到修改后的独立权利要求 1、权利要求 11、权利要求 18、权利要求 21、权利要求 26。

原从属权利要求 2 的内容如下：根据权利要求 1 所述的方法，其中所述导出包括：从所述参数导出所述用户站的第一位置估计值；尝试导出所述用户站的第二位置估计值；如果所述第二位置估计值不可用，那么将所述用户站的种源位置设定为所述第一位置估计值；如果所述第二位置估计值具有高于所述第一位置估计值的位置不确定性，那么将所述用户站的种源位置设定为所述第一位置估计值；以及如果所述第二位置估计值具有低于所述第一位置估计值的位置不确定性，那么将所述用户站的种源位置设定为所述第二位置估计值。

在第二次审查意见通知书中，审查员指出权利要求 11、权利要求 18、权利要求 21、权利要求 26 修改超范围，理由是：原从属权利要求 2 的附加技术特征仅仅记载在实施例 100 的技术方案中，并未记载在权利要求 11（参见实施例 1600）、权利要求 18（参见实施例 1900）、权利要求 21（参见实施例 2100）、权利要求 26（参见实施例 2400）的技术方案中，且上述技术内容也不能从原申请文件中直接地、毫无疑义地确定，因此，上述技术内容导致权利要求 11、权利要求 18、权利要求 21、权利要求 26 的技术方案超出了原申请文件的范围，不符合《专利法》第三十三条的规定。

基于与上述理由相同的理由，国家知识产权局专利实质审查部门于 2012 年 02 月 01 日驳回了该案。

复审请求人（即申请人）于 2012 年 03 月 20 日向专利复审委员会提出了复审请求，同时修改了权利要求书，删除权利要求 11-25。经过修改，驳回决定所针对的权利要求 11、权利要求 18、权利要求 21 已被删除，所以复审阶段争议的焦点就是判断权利要求 26 是否超范围。驳回决定所针对的权利要求 26 对应于复审请求时新修改的权利要求 11。复审请求时新修改的权利要求 11 如下：

11. 一种用于导出无线通信系统中用户站种源位置的系统，包括：

存储器，其存储使可由所述用户站从由所述无线通信系统传送的至少一个开销消息获得的可能参数值与相应位置和位置不确定性值相关联的数据结构；以及

至少一个处理器，其经配置以（1）从所述至少一个开销消息获得参数值；（2）存取所述数据结构以将所述参数值映射到相应位置；以及（3）响应于所述存取而导出所述用户站的种源位置以

从所述参数导出所述用户站的第一位置估计值；

尝试导出所述用户站的第二位置估计值；

如果所述第二位置估计值不可用，那么将所述用户站的种源位置设定为所述第一位置估计值；

如果所述第二位置估计值具有高于所述第一位置估计值的位置不确定性，那么将所述用户站的种源位置设定为所述第一位置估计值；以及

如果所述第二位置估计值具有低于所述第一位置估计值的位置不确定性，那么将所述用户站的种源位置设定为所述第二位置估计值。

关于是否超范围的判断过程如下：

《专利法》第三十三条规定：申请人可以对其专利申请文件进行修改，但是，对发明和实用新型专利申请文件的修改不得超出原说明书和权利要求书记载的范围，对外观设计专利申请文件的修改不得超出原图片或者照片表示的范围。

关于权利要求11的修改是否超范围：权利要求11是在原权利要求26的基础上增加了技术特征"从所述参数导出所述用户站的第一位置估计值；尝试导出所述用户站的第二位置估计值；如果所述第二位置估计值不可用，那么将所述用户站的种源位置设定为所述第一位置估计值；如果所述第二位置估计值具有高于所述第一位置估计值的位置不确定性，那么将所述用户站的种源位置设定为所述第一位置估计值；以及如果所述第二位置估计值具有低于所述第一位置估计值的位置不确定性，那么将所述用户站的种源位置设定为所述第二位置估计值"。以上新增加的技术特征明确记载在原权利要求2中，为原权利要求2的附加技术特征，其进一步限定了导出用户站种源位置的步骤及相应的设定用户站种源位置的步骤。

原权利要求2是对原权利要求1所述的方法的进一步限定，将权利要求2进一步限定的技术特征加入权利要求11中是否超范围的判断原则是：本领域技术人员是否能够得出权利要求11所述的系统中的位置设定可以直接地、毫无疑义地使用权利要求2的步骤。

在此情形下，判断权利要求11是否超范围的关键在于：明确原说明书中记载的方法实施例和系统实施例之间是否存在关联，判断二者在技术内容上是否密切相关。

该案的权利要求1要求保护一种导出无线通信系统中用户站的种源位置的方法，该权利要求对应说明书实施例100，具体涉及说明书附图2A、2B及说明书第6页倒数第2段至第13页第1段；权利要求11要求保护一种用于导出无线通信系统中用户站种源位置的系统，该权利要求对应说明书实施例2400，具体涉及说明书附图24-26及说明书第18页第4段至第27页。下面从原说明书的行文特点和技术内容本身这两个方面对权利要求11与权利要求1的关联性进行分析。

首先分析原说明书的发明内容部分：第1段记载了："本发明揭示一种导出用户站的种源位置的方法，……用户站接收来自无线通信系统的开销消息，并从开销消息中的参数的值导出其种源位置"；接下来在第2段记载了："举例来说，……用户站可使用例如查找表的数据结构将主机无线通信系统的识别符（例如所述系统的SID）映射到用户站的种源位置"；第5段记载了："还提供一种用于从开销消息的参数值导出用户站种源位

置的系统，存储器存储使可能参数值与相应位置信息相关联的数据结构，……以将参数值的值映射到充当种源位置的相应位置"。因此，从原说明书发明内容部分的记载可知，系统权利要求是与方法权利要求相对应的，都是通过使用例如查找表的数据结构来映射用户站的种源位置。在此情形下，复审请求人将原从属权利要求2的附加技术特征分别加入方法权利要求和系统权利要求构成权利要求1和11的技术方案是不会引入新的内容的，并且在技术上也是合理可行的。

然后分析原说明书的具体实施方式部分：在描述方法实施例时，说明书第7页第2行记载了"此实施方案预期，用户站位置的第二估计值（例如，用户站位置的先前GPS型锁定，或默认位置……）可用于与从来自开销消息的参数值导出的第一估计值的比较，且两个估计值具有相应的位置不确定性。此实施方案中的用户站种源位置设定为任一具有较低位置不确定性的估计值"；在描述系统实施例时，说明书第23页第4段记载了"现将论述用于确定用户站种源位置的高级算法。……算法都涉及评估种源位置的所有可能来源，并选择具有最低位置不确定性的来源"，可见，无论是方法实施例还是系统实施例，其在描述如何设定用户站种源位置时思路是相同的，都是通过比较，选择具有较低位置不确定性的来源作为用户站种源位置。并且在描述系统实施例接下来的段落中（说明书第23页第4段至第27页），进一步记载了用于确定用户站的种源位置的高级算法具体分为五个阶段：第一阶段，在第二位置估计值不可用的情况下，"将第一可能的种源位置设定为最近GPS锁定"（说明书第24页第1段）；第二阶段，接着将此值与默认的位置不确定性比较，……如果小于默认的位置不确定性，那么将第二实例设定为用户站种源位置，如果大于默认的位置不确定性，那么将第二实例设定为默认的位置不确定性，即将第一估计值作为用户站种源位置。实质上，以上用于确定用户站的种源位置的高级算法的第一、二阶段的步骤即对应于原从属权利要求2所限定的步骤，所不同的是，上述高级算法一共分为五个阶段，在接下来的三个阶段继续进行位置估计，确定每一阶段处的可能种源位置和相应位置不确定性，最终选择具有最低位置不确定性的来源作为用户站种源位置。虽然在系统实施例中没有明确记载原权利要求2的附加技术特征，但在系统实施例中描述了更高级的算法，并且该高级算法是以原权利要求2中的方法为基础的，由此可见，在系统实施例中仅仅是省略了相关记载，并默认为方法实施例中如何确定用户站种源位置的方法是完全可以应用在系统实施例中的，从而在此默认事实的技术基础上，进一步记载了一种更高级算法，该高级算法实质上涵盖了原权利要求2的附加技术特征。

综上所述，原说明书中记载的方法实施例和系统实施例之间的关联紧密，系统权利要求11与方法权利要求1相对应，二者的发明构思一脉相承，根据实施例中对应技术内容的分析，原从属权利要求2中所记载的确定用户站种源位置的方法必然能应用于权利要求11的技术方案中，因此，权利要求11的修改没有超出原说明书和权利要求书记载的范围,符合《专利法》第三十三条的规定。

该案于 2013 年 5 月 3 日发出复审决定书,结论是:撤销国家知识产权局于 2012 年 02 月 01 日作出的驳回决定,由国家知识产权局专利实质审查部门对本申请继续进行审查。

该案经过继续审查,于 2013 年 8 月 1 日授权。授权的权利要求书包括两组共 18 项权利要求,其中权利要求 1、权利要求 11 为独立权利要求,两组权利要求如下:

权利要求 1-10 保护一种导出无线通信系统中用户站的种源位置的方法;

权利要求 11-18 保护一种导出无线通信系统中用户站的种源位置的装置。

两组权利要求是相对应的方法与装置,分别对应于原说明书中记载的方法实施例和系统实施例,二者之间在技术内容上密切相关,发明构思一脉相承。

■ 办案心得

该案涉及《专利法》第三十三条关于修改超范围的判断,虽然独立权利要求 11 中新增加的技术特征在原从属权利要求 2(从属于独立权利要求 1)中有记载,但是独立权利要求 11 和独立权利要求 1 分别对应说明书中不同的实施例,原从属权利要求 2 的附加技术特征仅仅记载在实施例 100 的技术方案中,并未记载在实施例 2400(对应独立权利要求 11)的技术方案中,实审阶段审查员基于上述理由认为修改超范围。

该案的关注要点为:将记载在说明书方法实施例中的进一步限定的技术特征与记载在说明书系统实施例中的技术方案相结合,以构成对系统实施例的进一步限定的技术方案,这样的修改不会必然导致超范围;如果方法实施例和系统实施例之间关联关系紧密,在技术内容上相互依存,则这样的修改没有超出原说明书和权利要求书记载的范围。

该案从原说明书的行文特点和技术内容本身这两个方面对权利要求 11 与权利要求 1 的关联性进行分析。通过分析原说明书的发明内容部分和具体实施方式部分相关记载的行文特点,明确系统权利要求是与方法权利要求相对应的,都是通过使用例如查找表的数据结构来映射用户站的种源位置。在此情形下,将原从属权利要求 2 的附加技术特征分别加入方法权利要求和系统权利要求构成权利要求 1 和权利要求 11 的技术方案不会引入新的内容,并且在技术上也合理可行。

原说明书中记载的方法实施例和系统实施例之间的关联紧密,系统权利要求 11 与方法权利要求 1 相对应,二者的发明构思一脉相承,根据实施例中对应技术内容的分析,原从属权利要求 2 中所记载的确定用户站种源位置的方法必然能应用于权利要求 11 的技术方案中,因此,权利要求 11 的修改没有超出原说明书和权利要求书记载的范围,符合《专利法》第三十三条的规定。

该案复审程序在未发送复审通知书的情况下直接撤销了驳回决定,说明合议组对于审查员关于修改超范围的判断不予认可。

■ 小结

该案涉及发明专利申请被驳回之后的复审程序,争议焦点为修改超范围的判断。

代理人严格按照《专利审查指南》中关于修改超范围的判断标准,从原说明书的行文特点和技术内容本身这两个方面对权利要求 11 与权利要求 1 的关联性进行分析,得出原说明书中记载的方法实施例和系统实施例之间的关联紧密,二者的发明构思一脉相承,因此该案的修改没有超出原说明书和权利要求书记载的范围。

该案逻辑清晰,说理充分,在修改超范围的判断中,关于说明书中方法实施例和系统实施例的关联关系判断方法具有一定的可借鉴性。

■ 法律链接

《中华人民共和国专利法》(2020 年)第三十三条、第四十一条。

公知常识　无效焦点

——一种活动顶针式陶瓷砖成型排气模具无效宣告案

胡枫　李素兰

> 该案是一起多次无效宣告申请案例，最终通过以公知常识为突破点，成功无效宣告。无效宣告程序是一种行政确权程序，是职权主义色彩的体现，但是在公知常识举证问题上，采取了"谁主张，谁举证"的证明责任规则，上述规定从请求人的角度出发，体现了"当事人主义"色彩，即合议组处于中间裁决的地位。代理律师在无效宣告案例中应当充分利用这一规则，善用公知常识，找准对比文件，充分合理举证和论述无效理由。
>
> 该案为利用公知常识宣告无效提供了成功案例，提出了一些具体的举证思路和技巧，希望对日后无效宣告请求案的代理起到抛砖引玉的作用。

■ 案情简介

一、无效案件的基本情况

涉案专利授权公告文本的权利要求书的内容为：

1. 一种活动顶针式陶瓷砖成型排气模具，包括有模芯本体，模芯本体上钻有大量与模具工作面连通的排气孔，孔内设有可作伸缩动作的防堵顶针，排气孔与防堵顶针之间留有排气间隙，防堵顶针的前端部封堵排气孔出口，其特征在于：在排气间隙的侧壁上设有可吹走排气间隙内粉末的吹粉通道，在模芯本体内设有第一气道和第二气道，防堵顶针的后端部为帽状，在模芯本体内、防堵顶针后端部的朝前端部的一侧设有第一气室，另一侧设有第二气室，第一气室与第一气道连通，第二气室与第二气道连通。

案件处理机关及相应法律文书：

1. 国家知识产权局专利复审委员会：无效宣告请求审查决定（第 39809 号）
2. 国家知识产权局：无效宣告请求审查决定（第 46170 号）

二、基本案情

1. 在先生效无效决定。

无效请求人郭某于 2018 年 10 月 12 日向国家知识产权局专利复审委员会提出了无效宣告请求，其理由是权利要求不符合《专利法》第二十二条第三款的规定，被无效发明创造的权利要求 1 相对于证据 1 和公知常识的结合，或者相对于证据 1、证据 2 和公知常识的结合不具备创造性。请求宣告该专利权利要求全部无效，提交了如下证据：

证据 1：授权公告日为 2011 年 5 月 25 日，授权公告号为 CN101112770B 的发明专利。

证据 2：申请公布日为 2012 年 3 月 21 日，申请公布号为 CN102384122A 的发明专利申请。

国家知识产权局专利复审委员会于 2019 年 4 月 4 日作出了无效宣告请求审查决定（第 39809 号）。

无效宣告请求审查决定（第 39809 号）中合议组认为：根据证据 1 公开的内容可知，权利要求 1 相对于证据 1 的区别特征在于：在模芯本体内设有第一气道，防堵顶针的后端部为帽状，在模芯本体内、防堵顶针后端部的朝前端部的一侧设有第一气室，第一气室与第一气道连通，基于上述区别技术特征，权利要求 1 实际要解决的技术问题是使防堵顶针的复位同步。

证据 1 采用液压回路进行复位的技术方案，权利要求 1 采用气压回路进行复位的技术方案，液压回路和气压回路存在使用环境、部件密封性、管道设置等不同，况且证据 1 也并未明确记载液压回路的具体结构，本领域技术人员根据证据 1 公开的内容并不能获得采用前述区别特征替代液压回路的启示。此外，请求人没有给出证据以证明或者充分的说理以说明上述区别特征是本领域的公知常识，合议组对于请求人认为上述区别特征是公知常识的意见不予支持。

最终认定无效请求人关于权利要求 1 不具备创造性的所有无效理由均不能成立。决定维持 201320061592.9 号实用新型专利权有效。

2. 三环代理无效宣告案。

在上述情况下，三环律所受委托人甲所托于 2020 年 3 月 31 日向国家知识产权局提出了无效宣告请求，其认为该专利不符合《专利法》第二十二条第三款有关创造性的规定，请求宣告该专利权利要求 1 无效，同时提交了相同的最接近的对比文件，如下证据 1：

证据 1：CN101112770A；

证据 2：CN102441937A。

三、无效策略

接受委托后，代理人经过仔细地分析研究了实用新型一种活动顶针式陶瓷砖成型排气模具的专利内容、无效宣告请求书、对比文件和无效宣告请求审查决定（第 39809 号）。

分析后得出初步判断，该案的焦点在于：无效宣告请求审查决定（第 39809 号）中指出的区别特征是否为本领域的公知常识。

为此，在无效宣告过程中，代理人的工作重点在于查找有利证据证明或者充分的说理以说明"通过气压回路代替液压回路实现防堵顶针的复位"为本领域的公知常识,即现有技术中给出了相关的技术启示以形成被无效专利的技术方案,无效宣告请求审查决定(第39809号)中维持专利权有效的理由就会被推翻。

根据《专利审查指南》第四部分"复审与无效请求的审查"第八章"无效宣告程序中有关证据问题的规定"4.3.3"公知常识"的规定:主张某技术手段是本领域公知常识的当事人,对其主张承担举证责任。该当事人未能举证证明或者未能充分说明该技术手段是本领域公知常识,并且对方当事人不予认可的,合议组对该技术手段是本领域公知常识的主张不予支持。当事人可以通过教科书或者技术词典、技术手册等工具书记载的技术内容来证明某项技术手段是本领域的公知常识。

因此,无效宣告请求人举证方向关键在于查找教科书、技术词典、技术手册等工具书的相关内容以证明"通过气压回路代替液压回路实现防堵顶针的复位"为本领域的公知常识。

在公知常识证据的收集过程中,代理人发现了大量的书籍大多是关于液压传动与气压传动的单独阐述,其内容是较为零散的,具体包括液压传动的工作原理、主要组成部分和示意图,以及气压传动的工作原理、主要组成部分和示意图,而关于二者之间的关联阐述,则非常少。因此,代理人能预见较难找到直接记载用气压回路代替液压回路这一技术思路。

为此,代理人调整了公知常识的搜集方向,从液压技术、气动技术的应用领域着手,最后找到了一份直接证据,其指示了在砖块、毛坯石和瓷砖的成型机领域,大多是采用气动技术的机器设备和装置。这样,本领域技术人员有动机将气动技术应用到证据1。这样,"通过气压回路代替液压回路实现防堵顶针的复位为公知常识"这一结论基本可以敲定。

除此之外,无效宣告请求审查决定(第39809号)中指出"证据2与本专利属于不同的技术领域,证据2也没有公开上述区别特征,没有给出采用上述区别特征的启示。"为了解决以上问题,同时符合《专利法实施细则》第六十六条第二款规定,需积极查找相关对比文件以替换原证据2,补充无效理由证据。

四、案件结果

2020年7月23日的口头审理中,请求人明确其无效理由是该专利权利要求1相对于证据1与公知常识或者证据1与证据2的结合不具备创造性。专利权人认为,该次请求的无效理由与在先决定,即无效宣告请求审查决定(第39809号)涉及的无效理由构成了"一事不再理的情形",且该专利具备创造性。请求人当庭提交了3份公知常识性书籍证据以证明其主张,证据如下:

证据3:《液压气压传动与控制》,张利平编著,西北工业大学出版社2012年2月第1版第一次印刷,封面页、版权信息页、前言页、目录页第1-3页、正文第1-11页、复印件；

证据 4：《液压与气压传动技术》，苑章义等编著，北京理工大学出版社 2012 年 8 月第 1 版第 1 次印刷，封面页、版权信息页、前言页、目录页第 1-2 页、正文第 1 页，复印件；

证据 5：《液压与气压传动》，李兵等编著，华中科技大学出版社 2012 年 6 月第 1 版第 1 次印刷，封面页、版权信息页、编审委员会信息页、正文第 1-4 页，复印件。

基于以上证据，合议组认定：本次请求中的证据 1 为 CN101112770A，而在先决定中的证据 1 为 CN101112770B。二者分别为同一专利申请的公开文本和授权公告文本，在"一事不再理"原则下，可视为同样的证据。然而，本次请求中请求人还提供了公知常识性书籍（即证据 3-5），而在先决定中则是没有证据证明区别特征属于公知常识为由维持专利权有效。可见，二者的证据内容并不相同，因此不构成同样的证据，不属于《专利法实施细则》第 66 条第 2 款应当被禁止受理或审理的情形。

针对我方提出的无效宣告请求，合议组作出如下决定：证据 1 给出了可以采用气体回路以实现阀体同步顶出的启示，其中还给出了液压回路可用于实现阀体复位的启示，且本领域技术人员熟知在瓷砖的成形机中可以采用气动技术（参见证据 3 正文第 9 页），即本领域技术人员面临防堵顶针同步复位的问题时，容易从公知常识中得到采用气动的技术启示并借鉴证据 1 的类似气体回路以达到同步复位的目的，从而形成本专利权利要求 1 的技术方案。因此，该专利权利要求 1 不符合《专利法》第二十二条第三款有关创造性的规定，最终宣告第 201320061592.9 实用新型专利权全部无效。

■ 办案心得

该案经过了多次无效宣告申请，长时间的分析举证，最终在口头审理当庭提交了公知常识证据，不仅有力地反驳了专利权人"一事不再理的情形"的主张，而且成功扭转了在前无效宣告请求审查决定中的维持专利权有效的决定，涉案专利最终被宣告全部无效。在无效宣告程序中，专利复审委员会通常仅针对当事人提出的无效宣告请求的范围、理由和提交的证据进行审查，并以此为依据作出专利无效审查决定。理由和证据是无效宣告请求程序启动的形式要件，也是无效宣告请求能否取得成功的实质要件。在以上无效宣告过程中，在提供无效理由和证据方面，有以下几点心得体会。

一、善用公知常识，充分合理举证

公知常识是无效宣告申请中重要的无效手段，根据《专利审查指南》第四部分第八章关于"公知常识"的规定，"主张某技术手段是本领域公知常识的当事人，对其主张承担举证责任。该当事人未能举证证明或者未能充分说明该技术手段是本领域公知常识，并且对方当事人不予认可的，合议组对该技术手段是本领域公知常识的主张不予支持。

当事人可以通过教科书或者技术词典、技术手册等工具书记载的技术内容来证明某项技术手段是本领域的公知常识,"为确保公知常识证据得到合议组的充分支持,在举证过程中,不仅要提供有力证据,并且要对其进行充分说理。在收集证据的过程中需要综合考虑以下几个方面:

1. 在专利审查指南规定的公知常识载体范围内搜索相关证据。《专利审查指南》指出"当事人可以通过教科书或者技术辞典、技术手册等工具书记载的技术内容证明某项技术手段是本领域的公知常识"。应尽量以上述载体作为公知常识证据,如采用其他载体作为公知常识证据,如专利、期刊、报纸等,此类载体尚未达成共识,容易与合议组产生分歧,给专利权人反驳的空间。

2. 公知常识的所属领域最好与涉案专利的技术方案所要解决的技术问题相关,或者与涉案专利的技术效果相似。需要注意的是,涉案方案所要解决的技术问题和技术效果有可能与专利人认为或声称的领域不同,也有可能与发明名称中显示的领域不同,需要结合涉案专利和对比文件,具体问题具体分析。

3. 公知常识证据的选取需要从所属技术领域的技术人员角度加以判断。我国《专利审查指南》对公知常识的判断主体进行了说明,具体规定为:"发明是否具有创造性,应当基于所属技术领域的技术人员的知识和能力进行评价"。《专利审查指南》指出:"所属技术领域的技术人员也可称为本领域的技术人员,是指一种假设的人,假定他知晓申请日或者与优先权日之前发明所属技术领域所有的普通技术知识,能够获知该领域中所有的现有技术,并且具有应用该日期之前常规实验手段的能力,但他不具有创造力;如有需要,也具有从其他技术领域获知申请日或者优先权日之前相关的现有技术、普通技术知识和常规实验手段的能力"。根据以上规定,在公知常识举证过程中,不应加以创造性地选取证据,因为专利法对本领域普通技术人员并未赋予创造性能力,但是赋予了一定的合理分析和推导能力,并且能有进行有限试验的能力,如果公知常识证据需要通过逻辑推理和有限试验方能作为证据,则需要在无效宣告申请书中进行充分说理和适当提高试验数据。

证据收集完成后,为了能够最大程度上得到合议组的支持,需要在无效宣告请求书中以本领域技术人员视角进行充分说理,以涉案专利与对比文件的区别特征为论述核心,依照法条和证据全面详细地论述无效理由。

二、公知常识的举证

提供无效证据和相关文件的同时需要注意把握举证时间,以免错过举证期限。

专利法规定,在专利无效宣告程序中,无效宣告请求人的举证期限是提出无效宣告请求之日起1个月,专利权人的举证期限是收到无效宣告请求受理通知书之日起1个月,但公知常识的举证期限是口头审理辩论终结前。

在后续的专利无效行政诉讼程序中,对于举证期限内当事人提交的有关公知常识的证据，法院通常也是接受的。

最高人民法院在（2011）行提字第 8 号行政判决书中指出，虽然再审期间提交的公知常识性证据不是无效决定的依据，但根据所述证据，能够更为客观、准确地确定本领域技术人员在涉案专利申请日之前应当具有的知识水平和认知能力，准确界定该案中涉及的相关技术术语的含义，有助于对涉诉决定的合法性进行审查，因此予以采信。

综上所述，公知常识作为专利无效程序中较为特殊的证据，在专利无效程序的各个阶段都可以引入，无论是无效宣告请求人还是专利权人，在专利无效程序的各个阶段都应该积极举证以支持自己的主张。

■ 小结

无效宣告案件的成功与否与证据和无效理由息息相关，公知常识作为无效理由中的"万金油"，需要充分合理利用，并加以解释说明，在公知常识举证过程中需要注意以下几点：

1. 在《专利审查指南》规定的公知常识载体范围内搜索相关证据。尽量采用教科书或者技术辞典、技术手册等工具书载体作为公知常识证据。

2. 公知常识所属领域最好与涉案专利的技术方案所要解决的技术问题相关，或者与涉案专利的技术效果相似，或者有直接的应用领域的启示。

3. 公知常识证据的选取需要从所属技术领域的技术人员角度加以判断。

证据收集完成后，需要在无效宣告请求书内以本领域技术人员视角进行充分说理，以涉案专利与对比文件的区别特征为论述核心，依照法条和证据全面详细地论述无效理由，方能最大程度上得到合议组的支持。

除此之外，在无效宣告请求书中需要找准对比文件，对无效理由进行充分说理，避免出现低级错误，最终才能在无效宣告中占据有利地位。

该案为利用公知常识为理由获得无效宣告请求成功提供了成功案例，提出了一些具体的举证思路和技巧，希望对日后无效宣告请求案件的代理起到抛砖引玉的作用。

企业创造　技术保密
——2019105872644 发明专利复审案

胡枫　李素兰

> 该案涉及一件发明专利申请，该案在实审阶段以不具备创造性为由被驳回，收到驳回决定之后，申请人委托三环提交复审请求。三环代理人对该申请和对比文件的技术进行了细致的调查研究，同时对该案相关的公知常识做了全面了解，深入理解了该申请的发明构思，准确把握了技术方案的本质，平衡了技术保密和公开充分、满足创造性要求之间的关系，明确了该申请和对比文件的区别技术特征，在复审请求书中做到了分析细致，说理透彻，并利用审查员引用的其他对比文件作为反证，最终该案从复审请求受理至撤销驳回花费时间仅半个月，即得到了撤销驳回的决定。

■ 案情简介

该案涉及一件发明专利申请，申请号为 CN2019105872644，该案于 2020 年 2 月 3 日以不具备创造性为由被驳回，收到驳回决定之后，申请人委托三环提交复审请求。

该案涉及一种环保装饰玻璃的制备方法。现有的热转印技术都是将图案印刷在玻璃的正面，反面是白色的，该正面为使用时面向外界的那一面。这样，装饰玻璃在使用时，印刷图案容易受到外界环境以及使用场景的影响，安装、使用过程中十分容易划伤，长时间使用会脱落，影响装饰效果，不适用于户外。另一方面，目前的热转印技术只能保证正面图案清晰，而背面无图案，大大限制了玻璃的使用场景。

该案涉及的技术方案表面上看较为简单，表现为将现有技术中的粉末涂料喷涂在玻璃的正面改进为喷涂在玻璃的背面，代理人对该申请和对比文件的技术进行了细致的调查研究，对粉末涂料的喷涂和热转印技术进行了学习和总结，通过与发明人的多次沟通找到该案的发明点以及技术难点。该申请关键之处在于，采用与传统热转印或印刷技术工艺路线完全相反的逆向创新生产工艺，将图案印刷在玻璃的背面。技术难点在于，如何保证图案能从背面清晰、完整、显真地反映到玻璃正面。另外，由于该案涉及化学领域，发明人需要对部分核心的配方进行保密，这让该案的创造性争辩更为困难。

原申请文件记载的权利要求 1 如下：

1. 一种环保装饰玻璃的制备方法，其特征在于，包括：

（1）对玻璃表面进行清洁，并干燥；

（2）对清洁和干燥后的玻璃的正面进行防污保护，所述玻璃的正面在使用时面向外界；

（3）对玻璃的背面进行粉末涂料喷涂，所述玻璃的背面在使用时面向粘接基体；

（4）对喷涂粉末涂料后的玻璃进行烘烤，并冷却，形成粉末涂层；

（5）将图案印刷在玻璃背面的粉末涂层上；

（6）在印有图案的玻璃的背面涂覆与图案适配的底涂层；

（7）去除玻璃正面的防污保护材料，并清洁干净，得到成品。

驳回决定的内容如下：

审查员引用的对比文件包括：对比文件1（D1）是CN107473601A；对比文件2（D2）是CN101037300A；对比文件3（D3）是CN103694409A；《固体废物鉴别原理与方法》，第1版，周炳炎等，第280-282页，中国环境出版社，2016年10月；《包装印后加工》，第1版，张改梅等，第018页，文化发展出版社，2016年7月；《现代车用材料应用手册》，第一版，陆刚等，第403-405页，中国电力出版社，2007年9月；《塑料化学与工艺学》，第1版，W.E.德赖弗，第116页，化学工业出版社，1984年10月；并选择对比文件1作为与本发明申请最接近的现有技术。

审查员做出驳回决定是依据申请人2019年12月27日修改的权利要求书，三通答复后的权利要求1如下：

1. 一种环保装饰玻璃的制备方法，其特征在于，包括：

（1）对玻璃表面进行清洁，并干燥；

（2）对清洁和干燥后的玻璃的正面进行防污保护，所述玻璃的正面在使用时面向外界；

（3）对玻璃的背面进行粉末涂料喷涂，所述玻璃的背面在使用时面向粘接基体，所述粉末涂料为高温粉末涂料，固化温度为180-200℃，所述粉末涂料的D50粒径为15-40μm，粉末涂料喷涂的厚度为20-300μm；

（4）对喷涂粉末涂料后的玻璃进行烘烤，并冷却，形成透明粉末涂层；

（5）将图案通过热转印印刷在玻璃背面的透明粉末涂层上，热转印过程中的加热温度为60-200℃，加热时间为8-20分钟；

（6）在印有图案的玻璃的背面涂覆与图案适配的底涂层，以使玻璃背面图案能清晰完整显真地反映到玻璃正面，所述底涂层通过辊涂UV或静电粉末喷涂制得；

（7）在印有图案的玻璃背面喷涂至少一层低温固化粉末涂料或者UV涂料，所述低温固化粉末涂料的固化温度为100-160℃，固化时间为3-20分钟；

（8）去除玻璃正面的防污保护材料，并清洁干净，得到成品；

其中，步骤（3）所述的粉末涂料选用纯环氧粉末涂料、环氧聚酯粉末涂料、纯聚酯粉末涂料、聚氨酯粉末涂料、丙烯酸粉末涂料中的一种或多种；

所述纯环氧粉末涂料由80%-95%环氧树脂与5%-20%的固化剂组成；

所述环氧聚酯粉末涂料由20%-75%的羧基聚酯、20%-75%的环氧树脂、1%-10%的助剂组成；

所述纯聚酯粉末涂料由70%-95%的羧基聚酯以及5%-30%的TGIC固化剂或HAA固化剂组成；

所述聚氨酯粉末涂料由70%-90%羟基的聚酯树脂与10%-30%的异氰酸酯固化剂组成；

丙烯酸粉末涂料包括羧基丙烯酸类粉末涂料和环氧丙烯酸类粉末涂料，其中，羧基丙烯酸类粉末涂料由30%-90%羧基丙烯酸树脂，与10%-70%的TGIC固化剂组成；

环氧丙烯酸类粉末涂料主要由5%-90%的环氧丙烯酸与5%-90%的羧基聚酯，0.1%-10%的TGIC固化剂或者HAA固化剂组成；

所述粉末涂料加入硅烷，所述硅烷的加入量为0.1-5wt%，所述粉末涂料按配方选用原料，经过预混合、熔融挤出、粉碎制得。

审查员依据《专利法》第二十二条第三款的规定，认为该申请不具有创造性，具体如下：（1）透明的粉末涂料是本领域容易获得的一种涂料，将粉末涂料设置为透明，使图案能清晰完整显真的在玻璃另一侧，是本领域技术人员容易想到的设置。（2）对比文件1公开了聚酯粉末涂料，而纯环氧粉末涂料、环氧聚酯粉末涂料，聚氨酯粉末涂料以及丙烯酸粉末涂料都是本领域常用的粉末涂料种类。而且，权利要求1限定各粉末涂料的组成，并没有获得意想不到的技术效果。（3）《塑料化学与工艺学》公开了粉末涂料优选包括以下重量份的组分：聚氨树脂500-800份、固化剂42.2-102.2份、流平剂3-13份、安息香1-5份、附着力促进剂2-8份、固化催化剂2-8份、填料116-316.8份、颜料0-70份。其中，附着力促进剂可以为道康宁Z6040（即公开了硅烷）。（4）对比文件1增加了骨料，使涂层为不透明，而若需要形成透明粉末涂层时，是能够省略骨料的，省略骨料对于附着力的影响不明显。而且，并不能证明采用本申请组成，与加入填料的组成的附着效果是相近或更优的。而且，对比文件1没有提供耐水煮性能，其与本申请的耐水煮性能无法比较，但并不意味对比文件1的耐水煮性能一定劣于本申请。

申请人委托三环律所提交复审请求，驳回复审中，代理人增加"所述粉末涂料至少能在水中浸泡7天以及在沸水中煮6个小时，耐湿热500个小时"技术特征。权利要求1与对比文件1的区别至少包括：

（1）该申请和对比文件1结构层的设置不同，本申请包括依次层叠设置的玻璃基体、透明粉末涂层、图案层、底涂层以及涂料层。

（2）该申请选用固化温度为180-200℃的高温粉末涂料，直接对玻璃的背面进行粉末涂料喷涂，形成透明粉末涂层。

（3）图案通过热转印印刷在玻璃背面的透明粉末涂层上。

（4）粉末涂料选用纯环氧粉末涂料、环氧聚酯粉末涂料、纯聚酯粉末涂料、聚氨酯粉末涂料、丙烯酸粉末涂料中的一种或多种，并通过上述粉末涂料的组成，进一步限定其是不加入填料的。

（5）所述粉末涂料加入硅烷，所述硅烷的加入量为 0.1-5wt%，所述粉末涂料按配方选用原料，经过预混合、熔融挤出、粉碎制得。通过上述制备方法的描述，进一步限定硅烷的加入方式为直接加入。

所述粉末涂料至少能在水中浸泡 7 天以及在沸水中煮 6 个小时，耐湿热 500 个小时。

由上述区别特征可以确定，该申请实际解决的技术问题是：如何使图案能从背面清晰、完整、显真地反映到玻璃正面，保证图案同时在玻璃两面高清呈现。

代理人认为：对于上述区别（1），本申请包括依次层叠设置的玻璃基体、透明粉末涂层、图案层、底涂层以及涂料层。而对比文件 1 包括依次层叠设置的第一真空离子镀层、玻璃基体、涂料层、图案层以及第二真空离子镀层。

根据对比文件 1 的结构设置，对比文件 1 不可能实现图案同时在玻璃两面高清呈现，就算对比文件 1 把涂料层改为透明，其也无法取消第一真空离子镀层和第二真空离子镀层的设置。这是因为对比文件 1 采用加温到 140℃-180℃热渗透技术将图案渗透在粉末底涂层表面，是采用油墨热升华的原理，当加温到 140℃-180℃时，纸或 PET 膜上的油墨升华将图案转移到粉末涂层表面，但是这些油墨不耐溶剂，需要保护涂层才能使用，因此 D1 专利采用成本比较高、需要专用设备的金属离子镀技术。

该申请再结合区别（2）-（5）进一步限定了粉末涂料的选择以及印刷方式。该申请选用固化温度为 180-200℃的高温粉末涂料，具体是选用纯环氧粉末涂料、环氧聚酯粉末涂料、纯聚酯粉末涂料、聚氨酯粉末涂料、丙烯酸粉末涂料中的一种或多种。并且通过上述粉末涂料的组成，限定了本申请的粉末涂料是不加入填料的。

另外，再通过"所述粉末涂料加入硅烷，所述硅烷的加入量为 0.1-5wt%，所述粉末涂料按配方选用原料，经过预混合、熔融挤出、粉碎制得"的限定，由此可以确定，本发明的硅烷是直接加入的，并非通过填料分散或液体硅烷偶联剂加入。

在驳回决定中，审查员引用了公知常识《固体废物鉴别原理与方法》《包装印后加工》《汽车涂装的常用涂料与配套材料》和《塑料化学与工艺学》，认为本申请限定的粉末涂料都是常用的粉末涂料，且公知常识已经公开了在粉末涂料中加入硅烷。而且，审查员还认为，实色涂料和透明粉之间是没有区别的，只要把填料和颜料去除之后，就可以实现，进而认为本领域技术人员容易想到在对比文件 1 的基础上去掉填料，并通过在粉末涂料中直接加入硅烷，从而解决粉末涂料能牢固附着在玻璃上，且解决了图案热渗透时的收缩率问题。

然而事实上，本领域技术人员是否真的有动机去掉填料，再将硅烷直接加入粉末涂料中，这成为创造性争辩焦点所在。

代理人有效利用审查员例举的另一份对比文件，D3 在说明书背景技术中，虽然公开了有机硅烷引入到粉末涂料中，但是，其是通过普通的液体硅烷偶联剂加入粉末涂料中，而且还需要通过填料分散的方法加入粉末涂料中，只可以稍微改善涂料的附着性，同时还会对涂膜耐溶剂性、耐水煮性产生一定的不良影响。也即是说，D3 明确记载液体的硅烷偶联剂会对耐水煮性产生不良影响。

D3 中所提的是将液体硅烷偶联剂通过"填料分散"的方式加入粉末涂料中，通过填料分散的方法，硅烷偶联剂的无机端，即硅烷氧基，是和填料进行了结合，另一端和有机的树脂结合，从而提高了填料和树脂的结合力。这样的使用方法，大量的硅烷偶联剂是作用在填料上面，而不是在玻璃上面。因此，其只可以稍微改善涂料的附着性，同时还会对涂膜耐溶剂性、耐水煮性产生一定的不良影响。

结合审查员例举的 D1 和 D3，可以毫无疑义地推定 D1 不具备优秀的耐水煮性能。而本发明通过直接加入硅烷，没有填料的存在，则保证了所有的硅烷作用于玻璃的表面。该发明直接加入硅烷，摆脱了传统方法硅烷需要通过填料分散才能加入的限制，而且，该发明在省略了填料的条件下，其相应的性能并没有消失，依旧具有良好的玻璃附着力，并具有良好的耐水煮性能。根据审查指南第二部分第四章规定的要素省略的发明，"如果发明省去一项或多项要素后，依旧保持原有的全部功能，或者带来了预料不到的技术效果，则具有突出的实质性特点和显著的进步，该发明具备创造性"。因此，该发明省略填料，直接加入硅烷，这一点达到了创造性的高度。

综上所述，该申请与对比文件 1 完全是不同思路的两种技术方案。

涉案申请与对比文件 1 的结构差异详见图 1 和图 2 所示：

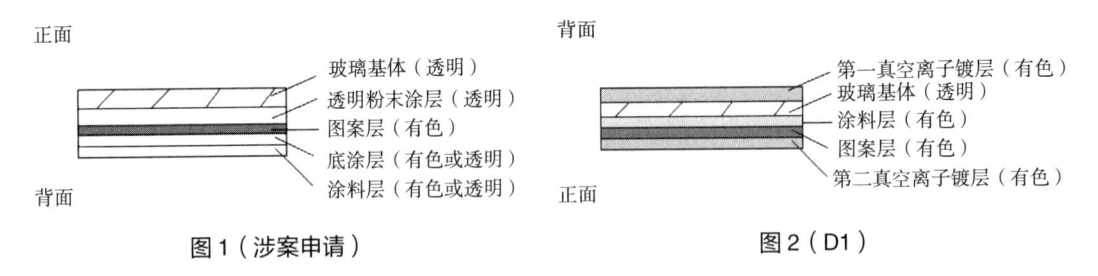

图 1（涉案申请）

正面
- 玻璃基体（透明）
- 透明粉末涂层（透明）
- 图案层（有色）
- 底涂层（有色或透明）
- 涂料层（有色或透明）
背面

图 2（D1）

背面
- 第一真空离子镀层（有色）
- 玻璃基体（透明）
- 涂料层（有色）
- 图案层（有色）
- 第二真空离子镀层（有色）
正面

D1 专利粉末涂料装饰路线：玻璃基材—附着力表面处理—喷实色粉末涂料—热渗透图案—真空离子镀（第一层和第二层）；

该申请粉末涂料装饰路线：玻璃基材—透明粉末涂料—图案装饰（热转印工艺，喷墨打印，油墨印刷）—低温粉末涂料或 100% 固含 UV 保护涂层。

该申请之所以可以实现图案同时在玻璃两面高清呈现，是因为本申请采用了与对比文件 1 完全不同的逆向思维，该申请将图案设于玻璃的背面，并解决图案设于玻璃背面带来的一系列技术难题（包括如何解决透明粉末涂料与玻璃的附着力、如何解决涂料的耐水煮和热收缩的问题，如何使得图案可以从背面清晰完整显真地反映到玻璃正面）。对比文件 1 本质上还是将图案设在玻璃的正面，该申请权利要求 1 与对比文件 1 具有类似平行的技术路线，再利用 D3 给出的结合障碍，故本领域技术人员很难有改进对比文件 1 以得到本申请的动机。综合上述区别特征，本领域技术人员对于改进对比文件 1 以得到本申请缺乏足够的可预见性，权利要求 1 记载的技术方案是非显而易见，具有突出的实质性特点。

该案于 2020 年 3 月 18 日收到复审请求受理通知书；于 2020 年 4 月 1 日收到复审决定书，结论是：根据前置审查意见书的意见，撤销国家知识产权局于 2020 年 2 月 3 日作出的驳回决定，由原审查部门继续进行审批程序；于 2020 年 5 月 26 日收到授予发明专利权通知书。

■ 办案心得

该案涉及化学领域，对核心的配方有着保密的需求，申请人希望保留部分技术细节不公开。而在已经公开的技术方案中，技术方案看似简单，实则是与现有技术完全不同思路的技术方案。由于代理人对该案件的授权前景进行了准确的预判，并制定了合适的复审请求策略，最终该案于前置审查阶段即撤销了驳回。该案从复审请求受理至撤销驳回花费时间约半个月，从撤销驳回至授权花费时间约 1 个多月，效率极高。该案代理人对于技术方案、技术难点的深入理解、利用审查员引用的其他对比文件作为反证也值得借鉴。

关于以权利要求不具备创造性为理由驳回的发明复审案件，应对经验如下：

1. 平衡技术保密、公开充分和满足创造性要求三者的关系。

在粉末涂料喷涂在玻璃正面改进为喷涂在玻璃背面的研发过程中，需要对粉料涂料进行改进设计。发明人希望对其改进的促进剂进行保密，只公开了现有粉末涂料的必要组成以及公知的硅烷促进剂。

代理人要能够站在本领域技术人员的角度，深入理解专利申请的发明构思，准确把握技术方案的本质。对于化学类专利，能够平衡申请人的技术保密和说明书公开充分之间的关系，同时还应当保证其满足创造性的要求。

2. 对于保护范围的考量。

该申请进一步限定了纯环氧粉末涂料、环氧聚酯粉末涂料、纯聚酯粉末涂料、聚氨酯粉末涂料、丙烯酸粉末涂料的具体组成，保护范围看似较小，但实则是将市场上所有类型的粉末涂料罗列了一遍，避免权利要求采用否定式的撰写方式，阐述了粉末涂料不加入填料这一核心特征。

3. 有效利用每一技术区别点。

当某一组分已经被现有技术所公开，该申请与现有技术的差别仅仅在于加入方式的不同。而且，此加入方式的不同对效果产生较大影响，这也成为创造性争辩的核心所在。

4. 对审查员引用的现有技术和公知常识的有效利用。

对比文件3原本是审查员引证来证明硅烷促进剂为本领域技术人员惯用的技术手段，但是，对比文件3在背景技术中同时记载了有利于本发明争辩的观点（现有液体硅烷偶联剂都是通过填料分散的方法加入粉末涂料中），即证实了现有的硅烷促进剂必须搭配填料使用。但恰恰相反，本发明却是省去了填料，方可保证所有的硅烷作用于玻璃的表面，依旧具有良好的玻璃附着力，并具有良好的耐水煮性能。

当审查员引用较多的对比文件和公知常识时，部分对比文件和公知常识有可能会记载有利于申请人的观点，但是其不会被审查员所引用。代理人通过认真研读审查员引用的现有技术的每一个内容，有可能使其作为该案创造性的反证。

5. 在撰写意见陈述时，分析要细致，说理要透彻，逻辑要严密。

■ 小结

技术秘密，是指在产品的生产和制造过程中的技术诀窍或秘密技术，其为非专利技术、专有技术，如产品的生产方案、工艺流程、配方质量监控等方面的技术。

该案涉及化学领域的发明专利申请，申请人对核心技术有着保密的需求，这要求代理人能够在满足客户保留技术保密需求的前提下，同时使其满足说明书公开充分，更重要的是还需要使其满足创造性的要求。

该案平衡了技术保密、公开充分和创造性三者的关系，并且提出了一些创造性的争辩思路，希望对日后专利申请和专利复审提供可借鉴的思路。

■ 法律链接

《中华人民共和国专利法》（2000年）第二十二条、第二十六条第三款；
《中华人民共和国反不正当竞争法》（2017年）第九条第三款。

抽丝剥茧　还原事实
——201810266042.8 案创造性答复案

贾允　方佳

该案涉及一件发明专利申请，在实审阶段收到三次审查意见，三次审查意见均认为现有技术给出了技术启示。虽然乍一看现有技术和该申请很接近，但经过分析仍然有实质性区别。在一通答复和二通答复时，代理师均向审查员说明对比文件2不存在技术启示，审查员仍坚持己见。三通答复时代理师换位思考，在答复中分析审查员的逻辑漏洞及原因，扭转了审查员的观点。

该案代理师在判断过程中立足于现有技术公开的事实本身，没有想当然地按照审查意见的思路理解现有技术，而是顺着审查员的审查思路分析并找到逻辑漏洞，扭转了审查员的审查思路，最终使该案得以授权。

■ 案情简介

现有手机很多配置有红外传感器，为了不影响屏占比，背景技术中红外传感器设置在显示屏下方，但是这样带来一个问题：红外传感器所发射的红外光会激发显示屏 TFT 基板中的电子并造成显示屏闪烁。为了解决这一技术问题，该发明提供了一种控制方法、控制装置、电子装置、存储介质和计算机设备。该发明公开的权利要求 1 如下所示：

一种电子装置的控制方法，其特征在于，所述电子装置包括透光显示屏和红外传感器，所述透光显示屏包括显示区，所述显示区包括窗口区，所述红外传感器设置在所述窗口区下方，所述红外传感器用于发射红外光并接收被物体反射的红外光以检测所述物体至所述电子装置的距离，所述控制方法包括步骤：

判断所述红外传感器的工作状态，所述工作状态包括开启和关闭；和

在所述红外传感器开启时，控制所述窗口区的像素单元关闭以减弱所述红外传感器发射的红外光对所述透光显示屏的干涉。

本发明的显示屏 13（如图 1 所示）包括窗口区 1320，红外传感器 16 设置在窗口区 1320 下方，在红外传感器 16 开启时，控制窗口区 1320 的像素单元关闭，以减弱红外传感器 16 发射的红外光对透光显示屏 13 的干涉，由此解决了红外传感器所发射的红外光干涉显示屏并造成显示屏闪烁的技术问题。

图1

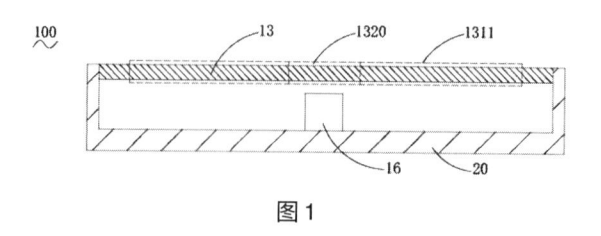

针对该发明，审查员引用对比文件1（CN107767835A）和对比文件2（CN107330415A）。

对比文件1公开了一种显示屏组件及电子设备（如图2所示），电子设备包括透光显示屏21以及接近传感器22，接近传感器22包括信号发射器222a。显示屏21包括显示区域和非显示区域，其中，显示区域执行显示屏21的显示功能，显示屏21的显示区域内设置有开孔213，信号发射器222a位于开孔213下方，开孔213允许光信号、声波信号等信号通过。信号发射器222a用于发射探测信号A，探测信号A通过开孔213以及显示屏21传输到外界。

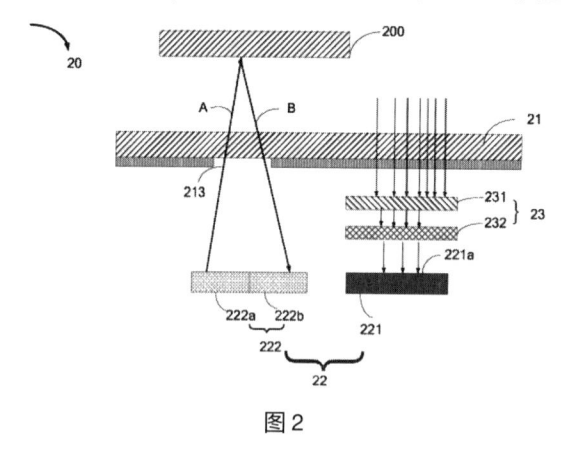

图2

该发明相对于对比文件1的区别技术特征在于：判断红外传感器的工作状态，工作状态包括开启和关闭；在红外传感器开启时，控制窗口区的像素单元关闭以减弱红外传感器发射的红外光对透光显示屏的干涉。

针对该区别技术特征，审查员检索到了对比文件2，其公开了一种电子装置（如图3和图4所示），电子装置包括虹膜摄像头20与有机发光二极管显示屏10，有机发光二极管显示屏10中集成有红外二极管12，红外二极管12用于发射红外光线，以满足虹膜摄像头20在工作时的补光要求，辅助虹膜摄像头20获取虹膜图像。有机发光二极管显示屏10包括多个像素单元16。当处理器40控制多个像素单元16用于显示图像信息时，处理器40控制红外二极管12停止工作（或关闭），以避免红外二极管12发射的红外光线对像素单元16显示图像信息产生影响，从而提升显示屏10的显示效果。当处理器40控制红外二极管12用于发射红外光线以辅助虹膜摄像头20获取虹膜图像时，处理器40控制像素单元16停止工作，以避免像素单元16发出的光线对虹膜摄像头20获取虹膜图像产生影响。

图 3

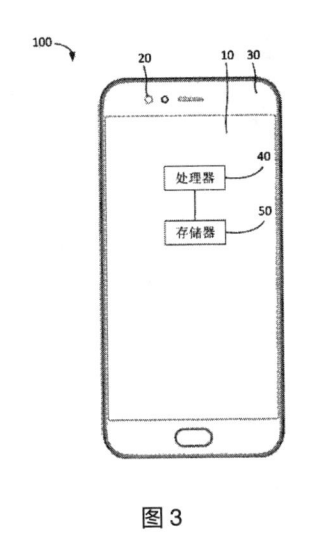

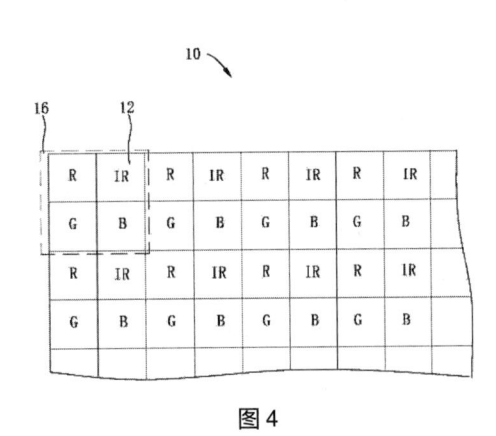

图 4

第一次审查意见通知书评述了全部的权利要求，并认为对比文件 2 存在技术启示。在一通的意见陈述书中，代理师针对两个方面撰写意见陈述书；第一方面分析了区别技术特征在对比文件 2 中的作用，对比说明区别技术特征在对比文件 2 中的作用与其在本申请中的作用不同，但审查员没有认可；第二方面从说明书中加入新的技术特征，论述其未被现有技术公开并且不是公知常识。

第二次审查意见通知书评述了全部的权利要求，针对一通意见陈述书的第一方面审查员仍认为对比文件 2 存在技术启示，针对一通意见陈述书的第二方面审查员补充检索了对比文件 3（CN107135290A）。在二通意见陈述书中，代理师从另一角度论述区别技术特征在对比文件 2 中的作用与其在本申请中的作用不同，阐述对比文件 2 的技术特征无法起到审查员所声称的作用，但审查员仍然没有认可。

第三次审查意见通知书评述了全部的权利要求，审查员未补充检索并且坚持认为对比文件 2 存在技术启示。该案的第三次审查意见如下：

对于区别（1），对比文件 2（CN107330415A）公开了一种电子装置（参见说明书第 0031-0052 段）：本发明实施方式的电子装置 100 包括有机发光二极管（OLED）显示屏 10。有机发光二极管显示屏 10 中集成有红外光有机发光二极管 12，红外光有机发光二极管 12 用于发射红外光线。OLED 显示屏 10 包括多个像素单元 16。当处理器 40 控制多个像素单元 16 用于显示图像信息时，处理器 40 控制红外光有机发光二极管 12 停止工作（或关闭），以避免红外光有机发光二极管 12 发射的红外光线对像素单元 16 显示图像信息产生影响，从而提升显示屏 10 的显示效果。当处理器 40 控制红外光有机发光二极管 12 用于发射红外光线以辅助虹膜摄像头 20 获取虹膜图像时，处理器 40 控制像素单元 16 停止工作，以避免像素单元 16 发出的光线对虹膜摄像头 20 获取虹膜图像产生影响。即对比文件 2 公开了红外传感器发出的红外光会对透光显示屏产生干涉影响，为了避免该影响，红外传感器和透光显示屏不同时工作。本领域技术人员在面对如何减弱红外传感器发射的红外光对透光显示屏的影响这一技术问题时,有动机采用对比文件2的方案,通过关闭像素单元来减弱红外光对显示屏的影响。

■ 办案心得

由于已经符合了驳回时机,而且审查员态度比较坚决,因此代理师在答复三通时格外慎重。代理师结合三次审查意见和两次答复内容分析后,认为只有找到审查员认为对比文件2存在技术启示的原因,才能得到审查员的认可。因此,在三通的意见陈述书中,代理师分析了审查员的审查思路和逻辑漏洞,提供了更加严谨、充分的论证内容,论述区别技术特征在对比文件2中的作用与其在该申请中的作用不同。具体采用以下思路进行分析:

第一,判断现有技术是否公开区别技术特征。

该案例中,对比文件2公开了"当处理器40控制红外二极管12用于发射红外光线以辅助虹膜摄像头20获取虹膜图像时,处理器40控制像素单元16停止工作",可见对比文件2公开了区别技术特征。

第二,确定区别技术特征在现有技术中的作用。

对比文件2记载"当处理器40控制红外二极管12用于发射红外光线以辅助虹膜摄像头20获取虹膜图像时,处理器40控制像素单元16停止工作,以避免像素单元16发出的光线对虹膜摄像头20获取虹膜图像产生影响",红外二极管12发射红外光线以向虹膜摄像头20补光,红外光线被虹膜反射并由虹膜摄像头20捕获而形成虹膜图像,但是像素单元16发出的光线会影响虹膜摄像头20获取虹膜图像,因此对比文件2采用控制像素单元16停止工作的技术手段以避免像素单元16发出的光线影响虹膜摄像头20获取虹膜图像。可见区别技术特征在对比文件2中的作用是"避免显示屏光线影响虹膜图像"。

第三,对比区别技术特征在本发明中的作用与区别技术特征在现有技术中的作用。

区别技术特征在本发明中的作用是"避免红外传感器发出的红外光引起显示屏闪烁",而区别技术特征在对比文件2中的作用是"避免显示屏光线影响虹膜图像",可见区别技术特征在本申请中的作用与区别技术特征在对比文件2中的作用不同,对比文件2不存在技术启示。

至此,已经分析认定对比文件2不存在技术启示,通常情况下只需要按照逻辑反驳审查意见即可。但在该案中,如果将分析止步于此,在意见陈述书中仅按照自己的逻辑进行阐述,则很可能会陷入与审查员之间各说各话的窘境中,无法扭转审查思路。笔者认为,只有从根源上指出审查意见产生逻辑漏洞的原因才能更有力地说服审查意见,因此需要进行第四步。

第四,分析审查意见产生逻辑漏洞的原因。

代理师进一步地分析对比文件 2 和审查意见后,发现对比文件 2 中存在两种控制情况,而审查意见产生逻辑漏洞的根源正在于混淆了两种控制情况。分析发现,对比文件 2 "不同时工作"包括了两种情况:情况 1,像素单元开启时关闭红外二极管(手段 a),对应解决的技术问题是"如何避免红外光影响像素单元(问题 A)";情况 2,红外二极管开启时关闭显示屏像素单元(手段 b),对应解决的技术问题是"如何避免显示屏光线影响虹膜图像(问题 B)"。

可见,对比文件 2 中手段 a 和手段 b 所对应解决的技术问题不同,"如何避免红外光影响像素单元(问题 A)"只是手段 a 所解决的技术问题,而手段 b 不是用于解决"如何避免红外光影响像素单元(问题 A)"。审查意见认为对比文件 2 中的两种手段都能够解决"如何避免红外光影响像素单元(问题 A)",这显然与对比文件 2 记载的内容不符。

就该案而言,对比文件 2 的确可以起到"避免红外二极管发射的红外光线对像素单元显示图像信息产生影响"的作用,也公开了"像素单元工作时红外二极管不工作,红外二极管工作时像素单元不工作"的技术特征;正因如此,审查意见将产生"避免红外二极管对像素单元显示图像信息产生影响"这一作用的技术特征混淆为"红外传感器和透光显示屏不同时工作",进而根据"不同时工作"推导出"红外光开启时,关闭像素单元来减弱红外光对显示屏的影响",因此,审查意见认定对比文件 2 存在技术启示。审查意见没有立足于对比文件 2 本身公开的内容,没有将对比文件 2 的特征和作用一一对应,而是将对比文件 2 中手段不同、作用不同的两个方案相互结合、拼凑、概括,然后得出一个能影响本申请创造性的结论,这不符合事实。

经过三通的答复,审查员最终认可了答复意见。

因此,在意见陈述书的撰写过程中,可以对审查意见的原因进行阐述和分析,帮助审查员正确理解现有技术的技术方案,从而达到更快授权的目的。

■ 小结

现有技术中存在技术启示不仅要求现有技术公开了区别技术特征,而且要求区别技术特征在现有技术中的作用与其在该申请中的作用相同。但在具体的案例中,审查意见往往只重视现有技术是否公开区别技术特征,而忽略区别技术特征在现有技术中的作用,使得技术启示的判断出现偏差。

代理师在判断现有技术是否存在技术启示时,除了要判断现有技术是否公开区别技术特征之外,还必须要准确认定区别技术特征在现有技术中的作用,进而判断区别技术特征在该发明中的作用与区别技术特征在现有技术中的作用是否相同。在判断过程中需要立足于现有技术本身，厘清技术特征与作用之间的对应关系，避免想当然地按照审查意见的思路理解现有技术。

不管是审查员还是代理师对现有技术的理解都要尊重原文，任何对原文进行概括、解读、组合、拼接的行为都可能导致事实的扭曲和误读。该案是非常典型的一个案例，因此，代理师要在实务工作中具备抽丝剥茧、求真务实、厘清事实真相的能力和敏感度。

釜底抽薪　一劳永逸

——201711013114.X 发明专利无效案

杨子亮

该案涉及一件发明专利的无效宣告，该专利申请于 2019 年 11 月 5 日获得授权，随后权利人四川梓冠光电科技有限公司以侵犯该发明专利权为由状告四川莱特索斯光电科技有限公司侵权。受被告四川莱特索斯光电科技有限公司委托，三环律所代理提交了针对该发明专利权的无效宣告请求，请求宣告该发明专利权利要求全部无效。经过代理人前期对该专利技术方案、实审阶段审查意见及意见陈述深入细致的理解和研究，中期全面的证据检索，后期沉着稳健的口审答辩，最终该案被专利复审和无效审理部以全部权利要求不具备创造性、不符合《专利法》第二十二条第三款的规定为由宣告无效。

该案代理人对于技术方案的深入理解、对于发明构思的正确把握都值得借鉴，无效宣告请求书中的分析说理也可圈可点。

■ 案情简介

该案涉及一件发明专利申请，权利人四川梓冠光电科技有限公司以侵犯该发明专利权为由状告四川莱特索斯光电科技有限公司侵权。收到法院传票后，被告第一时间找到三环律所，委托三环代理提交无效宣告请求。

一、涉案专利情况

该案涉及一种小体积光纤延迟器，属光纤延迟器技术领域，包括滑块、固定在滑块上的光学导向元件、U 形固定件和设置在 U 形固定件一侧板上的电机，所述电机的输出轴上连接有丝杆，所述滑块通过螺孔套接在丝杆上，所述 U 形固定件的两侧板之间设置有与底板垂直的导轨固定板，所述导轨固定板上固定有对滑块移动限位的导轨，所述导轨和光学导向元件分别设置在滑块的两侧。其将导轨、光学导向元件设置在滑块的两侧，由于电机的宽度较宽，导轨、光学导向元件充分利用电机宽度的空间，进而减小光纤延迟器的高度，缩小体积。

由于涉案专利为发明专利，实审阶段已经经历过审查员的一番审查，因此，实审阶段的审查意见和申请人的意见陈述成了代理人在前期技术方案理解时的重要参考依据。

经过对专利申请文件、实审审查意见及申请人意见陈述的充分理解，代理人明确了该案的主要发明点在于：①将导轨从 U 形固定件的底部调整到侧面，利用导轨固定板对其进行固定，并将光学导向元件从滑块的上方调整到侧面，通过将导轨、光学导向元件设置在滑块的两侧，由于电机的宽度较宽，导轨、光学导向元件充分利用电机宽度的空间，进而减小光纤延迟器的高度，缩小体积；②滑块上设置有与导轨匹配的槽体，槽体的侧壁上沿导轨方向设置有导槽，所述导槽内设置有滚珠，槽体的侧壁内设置有导孔，导孔与导槽连通，在槽体的侧壁上设置导槽，在导槽内安放滚珠以减小摩擦力，提高调节的准确度，减小电机的负荷，在侧壁内设置导孔，导孔与导槽连通，滚珠在导孔和导槽内排满，滚珠与滚珠点接触，滑块不管是朝哪个方向移动，滚珠均同向转动，可有效减小与槽体的摩擦力，进一步地提高调节的准确度，减小电机的负荷。

涉案授权权利要求 1 如下（可结合涉案专利说明书附图 1 帮助理解技术方案）：

1. 一种小体积光纤延迟器，包括滑块（1）、固定在滑块（1）上的光学导向元件（7）、U 形固定件（2）和设置在 U 形固定件（2）一侧板上的电机（4），所述电机（4）的输出轴上连接有丝杆（5），所述滑块（1）通过螺孔套接在丝杆（5）上，其特征在于：所述 U 形固定件（2）的两侧板之间设置有与底板垂直的导轨固定板（3），所述导轨固定板（3）上固定有对滑块（1）移动限位的导轨（6），所述导轨（6）和光学导向元件（7）分别设置在滑块（1）的两侧；所述滑块（1）内设置有槽，所述丝杆（5）上套有弹簧（11），所述丝杆（5）上还套接有挡块（12），所述弹簧（11）和挡块（12）均置于槽内且弹簧（11）位于挡块（12）和滑块（1）的槽壁之间；所述滑块（1）上设置有与导轨匹配的槽体，所述槽体的侧壁上沿导轨方向设置有导槽（15），所述导槽（15）内设置有滚珠（16）；所述槽体的侧壁内设置有导孔，所述导孔与导槽（15）连通。

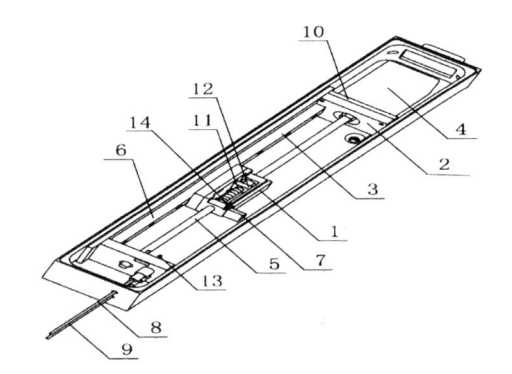

1. 滑块；2. U 形固定件；3. 固定板；4. 电机；5. 丝杆；6. 导轨；7. 光学导向元件；8. 输入光纤准直器；9. 输出光纤维；10. 转接板；11. 弹簧；12. 挡块；13. 光电开关；14. 挡片

涉案专利说明书附图 1

其中技术特征"所述滑块（1）内设置有槽，所述丝杆（5）上套有弹簧（11），所述丝杆（5）上还套接有挡块（12），所述弹簧（11）和挡块（12）均置于槽内且弹簧（11）位于挡块（12）和滑块（1）的槽壁之间；所述滑块（1）上设置有与导轨匹配的槽体，所述槽体的侧壁上沿导轨方向设置有导槽（15），所述导槽（15）内设置有滚珠

(16)；所述槽体的侧壁内设置有导孔，所述导孔与导槽（15）连通"是申请人在答复第一次审查意见时所做的修改。

在检索过程中，代理人发现无论如何构建检索式都很难检索到公开了"将导轨从U形固定件的底部调整到侧面，利用导轨固定板对其进行固定，并将光学导向元件从滑块的上方调整到侧面"的相关对比文件。面对这种看似平常却又少见的改进方式，代理人陷入了一定的迷茫，考虑到这个技术特征为该案主要发明点，如果这里不能拿下，那么无效前景将极为凶险。困难之际，代理人与委托人进行沟通，作为该领域内的技术专家委托人给出了自己的意见"将常规的光纤延迟器侧着放，不就导轨从底部调整到侧面、光学导向元件从滑块的上方调整到侧面了吗？"代理人瞬间豁然开朗，这个技术特征确实只是取决于你如何放置整个光纤延迟器，该案说明书中所声称的充分利用电机宽度的空间，进而减小光纤延迟器的高度，缩小体积的效果是基于电机宽度较宽，比电机高度尺寸更大的前提下得到的，而权利要求1并未限定电机的宽度尺寸较高度尺寸更大，此外，根据权利要求1的限定也无法得出如将导轨、滑块和光学导向元件在高度方向上设置，则叠加后的尺寸会超过电机高度，因此，由权利要求1的方案仅能达到充分利用电机宽度方向的空间设置导轨、光学导向元件的效果，不能明确得到其能够实现减小光纤延迟器的高度以及缩小光纤延迟器体积的效果。

搞定这个最难啃的骨头之后，代理人又针对其他发明点进行了针对性的检索，最终得到如下无效证据：

①对比文件1（D1）：中国实用新型专利CN204515189U，公告日为2015年7月29日；

②对比文件2（D2）：中国发明专利申请CN1269474A，公开日为2000年10月11日；

以上证据公开日或公告日均在本专利申请日之前，因此可以用来评价本专利的创造性。

其中对比文件1（CN204515189U）公开了一种电控光可调光纤延迟线，相当于该案中的小尺寸光纤延迟器。

权利要求1与对比文件1的区别至少包括：

①所述丝杆（5）上套有弹簧（11）；

②U形固定件（2）和设置在U形固定件（2）一侧板上的电机（4）；所述U形固定件（2）的两侧板之间设置有与底板垂直的导轨固定板（3），所述导轨固定板（3）上固定有的导轨（6），所述导轨（6）和光学导向元件（7）分别设置在滑块（1）的两侧；

③所述槽体的侧壁上沿导轨方向设置有导槽（15），所述导槽（15）内设置有滚珠（16）；所述槽体的侧壁内设置有导孔，所述导孔与导槽（15）连通。

上述区别所要解决的问题是如何设置弹簧的位置，如何设置电机、光纤准直器的位置，如何设置导轨和光学导向元件的位置以减小光纤延迟器的高度，以及如何减小滑块沿导轨移动的摩擦力。

关于区别①，为了更好地给弹簧定位而将弹簧套设在丝杆上使其在丝杆上伸缩这是本领域技术人员的常用技术手段。

关于区别②，关于U形固定板的相关特征，对比文件1在盒体12内底部设置导轨6，并且设置电机2的侧板以及安装光纤准直器的安装板分别在位于盒体12底部的底板的两侧，由于对比文件1这类的光纤延迟器需要设置电机和光纤准直器，为了便于模块化装配，本领域技术人员容易想到单独设置一个底板，并将设置电机的侧板和设置光纤准直器的安装板直接安装在底板的两侧，形成一个U形固定板，用以安装电机和光纤准直器，由此U形固定板及电机可以模块化装入不同盒体内，这是本领域技术人员对电机和光纤准直器装配连接的常规选择。

关于导轨固定板的相关特征，如前所述，我司认为由权利要求1的方案仅能达到充分利用电机宽度方向的空间设置导轨、光学导向元件的效果，不能明确得到其能够实现减小光纤延迟器的高度以及缩小光纤延迟器体积的效果。由此，将对比文件1中的导轨6和角锥棱镜3改为设置在滑块5在电机的宽度方向的两侧只是对导轨6和角锥棱镜3设置位置的简单改变，利用与电机对应的高度方向上的空间还是横向空间设置位于滑块5两侧的导轨6和角锥棱镜3是本领域技术人员能够根据实际需要而做出的常规选择。而在选择于滑块的横向空间两侧分别配置导轨6和角锥棱镜3时，为了方便固定导轨6而在由底板、侧板及安装板所构成的整体结构即U形固定件的两侧板之间形成与底板垂直的导轨安装板用以固定导轨，是本领域技术人员用以固定导轨的常用技术手段。

此外，代理人认为对比文件1说明书及图1、图2也无法看出电机的宽度尺寸明显超过高度尺寸。而且，导轨和光学导向元件在滑块的上下两侧或者在滑块对应电机宽度的横向方向上的两侧设置，都能实现配置于滑块上的光学导向元件相对导轨移动的工作方式。对于本领域技术人员而言，追求缩小光纤延迟器的体积是本领域的一贯追求，因此当电机在宽度方向上的尺寸较多地超过高度方向上的尺寸时，为了合理利用空间使设备整体较为紧凑，本领域技术人员容易想到利用U形固定件内与电机宽度方向相对应的较为宽裕的空间来设置导轨和光学导向元件，即将导轨和光学导向元件的位置调整为在电机宽度方向上设置在滑块的两侧，这是本领域技术人员根据实际需要作出的常规技术选择，并不会带来任何预料不到的技术效果。

关于导轨从U形固定件的底部调整到侧面，利用导轨固定板对其进行固定，并将光学导向元件从滑块的上方调整到侧面的设置方式，合议组最终采纳了我司的上述主张。

关于区别③，对比文件2公开了一种线性运动轴承，具体公开了（参见说明书第6页第10行至第7页第25行，图1-图3）：线性运动轴承包含轴向延伸的滑轨1，滑行于滑轨1上的滑座2，多列的滚动体3；借由滚动体3在排列于滑轨1左右两侧的轨道11，以及相对应且排列于滑座2内的轨道21中运转，而滑行于滑轨1上的滑座2；滑座2包括钢体20；钢体20具有侧块22，两侧块22内侧各有至少一轴向排列作为滚动体轨道的沟槽21。钢体20两侧至少各有一对滚动体回转道5，滚动体回转道5由内引导面6及外导引面 7 形成，其一端部与滚动体轨道沟槽 11、21 端部连接，另一端部与回流通道 4 端部连接，形成滚动体 3 循环运行所需的循环通道，钢体 20 也因此可在滑轨 1 上无限行程地滑行。滚动体 3 提供了更平稳的运行及更小的噪声。

可见，滑轨 1、滚动体 3 和滑座 2 相当于本专利的导轨、滚珠和滑块，滑座 2 两侧向下延伸的侧块 22 之间形成的槽形结构相当于滑块内设置的与导轨匹配的槽体，并且在该槽内侧上沿滑轨 1 的方向形成有用作滚动体轨道的沟槽 21，该滚动体轨道沟槽 21 相当于本专利中在槽体的侧壁上沿导轨方向设置的导槽，钢体 20 内设置的滚动体回转道 5 及回流通道 4 相当于本专利的导孔。滚动体回转道 5 将滚动体轨道沟槽 21 与回流通道 4 连接，公开了特征"导孔与导槽连通"，但专利权人认为对比文件 2 的领域与本专利不同，我司代理人对此予以驳斥，我司认为对比文件 2 公开的滑轨和滑座结构及该两者通过滑槽与轨道进行配合是基本的机械运动结构，而在该结构中，通过设置滚动体 3 实现了减小摩擦力、平稳运行的作用，本领域技术人员容易想到将对比文件 2 中的滚动体 3 及由滚动体轨道沟槽 21、滚动体回转道 5 及回流通道 4 构成的滚动体循环运动路径的相应结构应用到含有滑轨和滑座相配合的包含但不限于光纤延迟器等具体设备中用以减小滑动过程的摩擦力，例如应用到对比文件 1 的滑块 5 结构上以形成滚动体轨道沟槽或导槽、滚动体回转道及回流通道结构并在其形成的循环通道内配置滚珠。因此将对比文件 2 结合到对比文件 1 对本领域技术人员而言并不存在技术障碍，合议组最终采纳了我司的上述意见。

因此将对比文件 2 结合到对比文件 1 对本领域技术人员而言并不存在技术障碍。因此，本领域技术人员在对比文件 1 的基础上结合对比文件 2 和本领域常用技术手段得到权利要求 1 的技术方案是显而易见的，权利要求 1 不具备创造性，不符合《专利法》第二十二条第三款的规定。

从属权利要求 2-5 的附加技术特征或被对比文件 1、对比文件 2 公开，或为本领域的常规技术手段，因此也不具备创造性，不符合《专利法》第二十二条第三款的规定。

该案于 2021 年 11 月 29 日收到无效决定书，结论是：宣告 201711013114.X 号发明专利权全部无效。

■ 办案心得

该案的背景是客户多次遭遇同一个竞争对手的专利阻击战，因此，该案最终的结果会直接影响侵权诉讼的判决，进而影响客户的企业发展战略。

关于以权利要求不具备创造性为理由的发明无效宣告案件，应对经验如下：

1. 无效宣告针对的对象是权利要求书中明确记载的技术方案，代理人必须站在本领域技术人员的角度，深入理解目标专利权利要求书中的技术方案，准确把握技术方案的本质，不能被目标专利带偏，主观地认为目标专利权利要求书中记载的技术方案就一定能够解决其所声称要解决的技术问题，获得其所声称能够获得的技术效果。

2. 只有在真正理解技术方案的基础上，才能客观地进行事实认定。区别技术特征明确了，才能正确分析发明实际解决的技术问题。

3. 当某一技术特征在本领域中未检索到相关对比文件时，要学会在相近领域，从解决的技术问题出发，寻找能够给出结合启示用以结合最接近的现有技术以得到目标专利技术方案的对比文件。

4. 在撰写无效请求事实和理由时，分析要细致，说理要透彻，逻辑要严密，尽量多检索一些对比文件，采取多种组合方式去无效目标专利权利要求。

5. 无效阶段允许补充证据，如果发现对比文件存在瑕疵要有补充检索并提交补充证据的意识，但要注意补充证据的时限，另外，对于公知常识，尽量多举证，特别是针对实用新型专利的无效。

6. 不要闭门造车，多与客户相关技术人员沟通，让他们站在本领域技术专家的角度给出一些实质性的看法和建议。

■ 小结

该案涉及发明专利的无效宣告程序，争议焦点为发明实际解决技术问题的判断。该案声称要解决的技术问题是：如何减小光纤延迟器的高度以及缩小光纤延迟器体积。代理人在准确把握技术方案的基础上，分析该申请和对比文件 1 的区别技术特征，明确了该申请实际要解决的是如何设置导轨和光学导向元件的位置以减小光纤延迟器的高度的问题。而对于本领域技术人员而言，当电机在宽度方向上的尺寸较多地超过高度方向上的尺寸时，为了合理利用空间使设备整体较为紧凑，本领域技术人员容易想到利用 U 形固定件内与电机宽度方向相对应的较为宽裕的空间来设置导轨和光学导向元件，即将导轨和光学导向元件的位置调整为在电机宽度方向上设置在滑块的两侧。这是本领域技术人员根据实际需要作出的常规技术选择，并不会带来任何预料不到的技术效果。因此该申请的技术方案对本领域技术人员来说是显而易见的。

该案代理人从把握技术方案实质出发，严格按照《专利审查指南》中"三步法"的规定来进行"突出的实质性特点"的判断，进一步得出全部权利要求不具备创造性的结论，说理透彻，逻辑严密。专利复审和无效审理部接受了代理人的意见，最终宣告该案全部权利要求无效。

■ 法律链接

《中华人民共和国专利法》（2020 年）第四十五条、第四十七条第一款。

必要特征　依法认定

——201510690821.7 发明专利无效案

麦小婵

《专利法实施细则》第二十条第二款规定："独立权利要求应当从整体上反映发明或者实用新型的技术方案，记载解决技术问题的必要技术特征"。当一件专利或专利申请不符合该规定时，称为"缺少必要技术特征"。那么，"缺少必要技术特征"所对应的技术问题及必要技术特征究竟如何确定呢？本文结合 ZL201510690821.7 发明专利无效宣告请求案进行探讨。

■ 案情简介

该无效宣告请求涉及申请日为 2015 年 10 月 22 日、授权公告日为 2017 年 6 月 16 日、名称为"实现移动终端通信连接的方法及移动终端"的 201510690821.7 号发明专利。针对本专利，无效宣告请求人于 2019 年 10 月 29 日向国家知识产权局提出了无效宣告请求，请求宣告本发明专利权全部无效。专利权人委托我公司办理无效宣告程序有关事务，代理人结合相关法规对该案进行细致分析，一一辩驳请求人提出的无效理由，最终国家知识产权局于 2020 年 8 月 18 日决定维持本专利权有效。

请求人提出的其中一个无效理由为：该专利权利要求 1 缺少解决技术问题的必要技术特征，不符合专利法实施细则第 20 条第 2 款的规定。本文主要探讨"缺少必要技术特征"所对应的技术问题及必要技术特征究竟如何确定。

该专利涉及"移动终端在漫游地如何接入运营商网络"技术领域，在现有技术中，通常在移动终端出厂时就固定地预写入一个或多个与特定运营商关联的软 SIM 卡，在漫游地只能使用预写的软 SIM 卡接入关联的特定运营商网络，无法根据移动终端所处的环境动态地为用户选择其他更优质的运营商网络服务。而本专利提供一种实现移动终端通信连接的方法，在漫游地，移动终端先从存储的软 SIM 卡组里选取一个共享软 SIM 卡，接入临时通信网络，通过该临时通信网络与配卡服务端连接，并向该配卡服务端发出配卡请求，以申请接入漫游地的更优质的运营商网络；配卡服务器为移动终端分配一个与配卡请求相匹配的专用软 SIM 卡，然后移动终端注销共享软 SIM 卡的临时通信连接，再通过该专用软 SIM 卡接入漫游地更优质的运营商网络，因此在漫游地能够动态地为用户选择运营商网络以实现通信连接，提高用户的通信质量和降低通信资费。此外，移动终端注销共享软 SIM 卡的临时通信连接后，能够释放所述共享软 SIM 卡的资源，使该共享软SIM卡可被其他移动终端使用,降低共享软SIM卡供应方运营成本。

权利要求1的内容如下:

1. 一种实现移动终端通信连接的方法,其特征在于,包括:

根据预先配置的共享软SIM卡组规则,从移动终端本地存储的共享软SIM卡组中选取一个用于接入通信网络的共享软SIM卡;其中,……;

通过所述共享软SIM卡接入通信网络;

通过所述通信网络向配卡服务端发送配卡请求,所述配卡请求包含所述移动终端的网络制式及其所在当地的运营商信息;

接收所述配卡服务端返回的配卡信息;其中,所述配卡信息包含与所述配卡请求相匹配的专用软SIM卡;

注销所述共享软SIM卡与所述通信网络的连接;

通过所述专用软SIM卡接入通信网络。

针对本专利的权利要求1,请求人认为:根据权利要求1的记载,移动终端通过通信网络向配卡服务端发起配卡请求,配卡请求包括移动终端的网络制式及其所在地当地运营商信息,本领域技术人员能够理解,配卡服务端必然存在多个与所述配卡请求相匹配的专用软SIM卡。因此,配卡服务端向移动终端返回的配卡信息中可能包括多个与所述配卡请求相匹配的专用软SIM卡。此时,如要实现通过专用软SIM卡与通信网络的连接,移动终端应当从服务端返回的多个专用软SIM卡中选取唯一一个专用软SIM卡用于与通信网络进行连接,否则,无法实现通过专用软SIM卡接入通信网络。因此,权利要求1缺少必要技术特征"从与所述相匹配的专用软SIM卡中选取一个专用软SIM卡用于接入通信网络"。

代理人接到专利权人的委托之后,针对请求人提出的无效理由,对相关法律规定进行深入理解,准确把握本专利技术方案的本质,并明确本专利的技术问题及必要技术特征。

一、"缺少必要技术特征"所对应的技术问题如何确定?

判断一个独立权利要求的技术方案是否缺少必要技术特征,首先应该正确认定《专利法实施细则》第二十条第二款所称的"技术问题"。

《专利法实施细则》第二十条第二款的规定,旨在进一步规范说明书与独立权利要求的对应关系,使得独立权利要求限定的技术方案能够与说明书中记载的内容,尤其是背景技术、技术问题、有益效果等内容相适应。由此,不难理解,《专利法实施细则》第二十条第二款所称的"技术问题",应当是指专利说明书中记载的发明所要解决的技术问题,是专利申请人基于其对说明书中记载的背景技术的主观认识而在说明书中声称要解决的技术问题。需要注意的是,这与涉及创造性审查时,审查员会将专利申请与检索到的现有技术对比之后,根据区别技术特征来重新确定专利实际解决的技术问题是不同的。在判断权利要求是否具有创造性时,重新确定技术问题的目的,是为了规范自由裁量权的行使,使得对现有技术中是否存在技术启示的认定更为客观,对专利是否具有创造性的认定更为客观,该目的与《专利法实施细则》第二十条第二款的立法目的存在本质区别。

因此，在该案中，在进行"缺少必要技术特征"判断时，其对应的"要解决的技术问题"应当是专利说明书中所记载的技术问题。根据本专利说明书第 2、第 3、第 77 段的记载可知，本专利所要解决的技术问题是：如何根据移动终端所处的环境，动态地为用户选择更优质的运营商网络服务，并降低成本。

二、解决技术问题的必要技术特征如何确定？

《专利审查指南》第二部分第二章第 3.1.2 节规定：必要技术特征是指，发明或者实用新型为解决其技术问题所不可缺少的技术特征，其总和足以构成发明或者实用新型的技术方案，使之区别于背景技术中所述的其他技术方案。判断某一技术特征是否为必要技术特征，应当从所要解决的技术问题出发并考虑说明书描述的整体内容，不应简单地将实施例中的技术特征直接认定为必要技术特征。

独立权利要求是否缺少必要技术特征，关键要分析独立权利要求是否记载了解决技术问题的全部必要技术特征。并不是发明内容部分中的每一个技术特征或实施方式中的所有技术特征都能直接、简单地被认定为必要技术特征。认定必要技术特征时，应从其申请文件所记载的整体内容出发，明确说明书记载的其所要解决的技术问题，以及为了解决该技术问题具体采用的技术手段，进而判断哪些技术特征是解决其技术问题所不可缺少的必要技术特征，如果独立权利要求中缺少这些必要技术特征中的一个或多个，则该权利要求不符合《专利法实施细则》第二十条第二款规定。对于本领域技术人员来说，即使未记载在发明的权利要求中但并不影响实现其发明目的的技术特征，通常不属于必要技术特征，无须记载在独立权利要求中。

在该案中，为解决说明书中记载的技术问题，本专利所采取的方法是：通过从移动终端存储的软 SIM 卡组中选取一个共享软 SIM 卡，与配卡服务端进行临时通信，以申请并获取一个专用软件 SIM 卡，再通过该专用软 SIM 卡接入漫游地的运营商网络，因此能够根据移动终端所处的漫游地，动态地为用户选择更优质的运营商网络服务。与此同时，注销共享软 SIM 卡的通信连接，释放共享软 SIM 卡的资源，使该共享软 SIM 卡可被其他移动终端使用，降低共享软 SIM 卡供应方运营成本。

而权利要求 1 已经记载了"根据预先配置的共享软 SIM 卡组规则，从移动终端本地存储的共享软 SIM 卡组中选取一个用于接入通信网络的共享软 SIM 卡……；通过所述共享软 SIM 卡接入通信网络；通过所述通信网络向配卡服务端发送配卡请求，所述配卡请求包含所述移动终端的网络制式及其所在当地的运营商信息；接收所述配卡服务端返回的配卡信息；其中，所述配卡信息包含与所述配卡请求相匹配的专用软 SIM 卡；注销所述共享软 SIM 卡与所述通信网络的连接；通过所述专用软 SIM 卡接入通信网络"，可见权利要求 1 已经记载了为解决其技术问题的全部必要技术特征。

对于请求人提出的"配卡服务端向移动终端返回的配卡信息中可能包括多个与所述

配卡请求相匹配的专用软 SIM 卡，移动终端需要从多个专用软 SIM 卡中选取唯一一个专用软 SIM 卡用于接入通信网络"，因此认为权利要求 1 缺少必要技术特征"从与所述相匹配的专用软 SIM 卡中选取一个专用软 SIM 卡用于接入通信网络"。然而，事实上，根据该专利说明书第 77 段的记载："与配卡服务端连接，申请并获取一个专用软 SIM 卡"，以及说明书第 89 段的记载："具体实施时，配卡服务端只根据移动终端提供的网络制式及其所在当地的运营商信息，即可分派一个可用的专用软 SIM 卡给移动终端使用"，可知，该专利在具体实施时，配卡服务端根据移动终端的配卡请求只分配一个可用的专用软 SIM 卡，而并非如请求人所说的"配卡服务端向移动终端返回的配卡信息中可能包括多个与所述配卡请求相匹配的专用软 SIM 卡"，因而并不需要移动终端"从多个相匹配的专用软 SIM 卡中选取一个专用软 SIM 卡用于接入通信网络"。因此，请求人提出的"从与所述相匹配的专用软 SIM 卡中选取一个专用软 SIM 卡用于接入通信网络"并非本专利的技术特征，更加不是本专利解决技术问题的必要技术特征。

最终，经审查，国家知识产权局作出无效宣告请求审查决定，认定权利要求 1 已经记载了为解决其技术问题的全部必要技术特征，符合《专利法实施细则》第二十条第二款的规定。

在该案中，请求人对本专利的技术方案的理解存在偏差，其并未从本专利申请文件所记载的整体内容出发，明确说明书记载的为解决技术问题而具体采用的技术手段，从而未能准确地把握独立权利要求应包含的全部必要技术特征。

■ 办案心得

关于请求人以"独立权利要求缺少必要技术特征"为理由请求宣告专利权无效，作为专利权人方的代理人，应对经验如下：

（1）代理人要正确理解《专利法实施细则》第二十条第二款所称的"技术问题"和"必要技术特征"，只有在真正理解法条的基础上，才能客观地进行事实认定。

（2）站在本领域技术人员的角度，深入理解专利申请的发明构思，准确把握专利所要解决的技术问题，以及解决该技术问题的全部必要技术特征，从而明确独立权利要求是否缺少必要技术特征。

（3）专利审查过程中的答辩意见，在将来专利侵权纠纷认定时，可作为确定权利范围的依据。因此代理人在答辩时，注意不能对权利范围做不必要的限定或错误限定，以避免对专利权人的利益造成损害。

■ 法律链接

《中华人民共和国专利法实施细则》（2010 年）第二十条第二款。

深度检索　巧取证据

——201330438817.3 外观设计专利无效案

张艳美

该案缘自外观设计专利侵权纠纷。代理人在比较了涉案专利及其提供的涉案产品后，发现两者相同部分占比较多，仅有小部分差别，又向其了解了涉案产品及相关系列产品的开发、面市、发展时间脉络及行业内的分布脉络后，认为该案突破口应当是检索现有设计证据，以期找到有利的现有设计证据做现有设计抗辩或以现有设计证据限缩解释其专利保护范围而做不侵权抗辩，并同时准备在答辩期内对涉案专利提起无效宣告程序。最终广州知识产权法院认为涉案产品与涉案专利既不构成相同，也不构成相似，涉案产品不落入涉案专利的保护范围，判决驳回原告诉讼请求，国家知识产权局对涉案专利宣告专利权全部无效。

外观设计专利看似简单，但对其无效并不易，现有设计的检索要有一定的技巧。该案中涉案专利由室外机和室内机两部分组成，查看了大量外观设计专利后，均没有发现满意的证据。为此，代理人将检索范围扩大至网页检索，终于在京东的该款产品销售链接下发现一条晒图评论，评论日期在涉案专利申请日之前，可作为现有设计。但所晒图仅是室外机，还缺室内机的证据，为此，代理人又扩大至发明和实用新型专利的检索，很幸运，在一件实用新型专利的附图中看到了很相近的室内机，又针对所剩区别点做了补充检索。至此，涉案专利的全部设计特征基本找齐了现有设计证据。

■ 案情简介

一、基本案情

聂某是深圳市康某智能科技有限公司（以下简称"康某公司"）法定代表人，经营门铃、门禁、无线对讲等产品，与东莞市嘉某电子科技有限公司（以下简称"嘉某公司"）是同行竞争关系。2016 年 7 月 26 日，聂某以嘉某公司在其官网展示并淘宝网销售的电子猫眼侵权为由对嘉某公司向广州知识产权法院提起侵权诉讼。嘉某公司委托三环积极应诉并反诉其专利无效。在此重点介绍专利无效程序。

涉案专利为于 2013 年 9 月 12 日申请，名为"电子猫眼（PH50）"的中国外观设计专利第 201330438817.3 号。

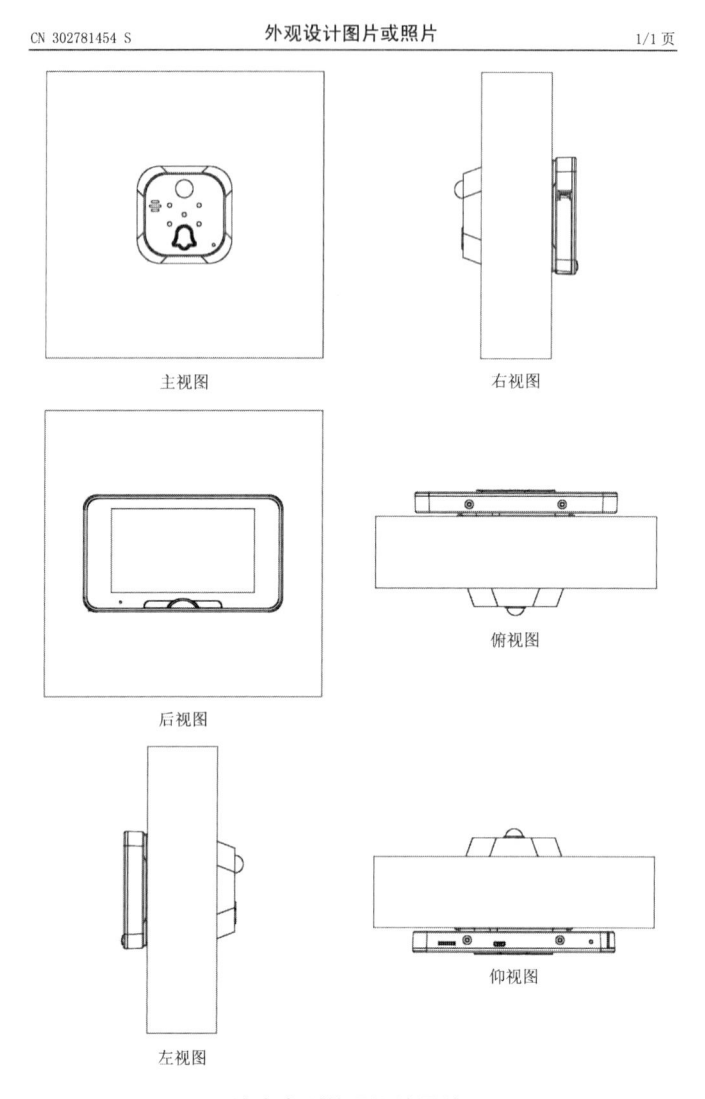

涉案专利外观设计图片

2016 年 8 月 17 日向国家知识产权局提出无效宣告请求，理由是涉案专利不符合《专利法》第二十三条第二款的规定，并提交了如下证据。

证据 1：广东省东莞市东莞公证处出具的（2016）粤莞东莞第 032100 号公证书，公证书中网页内容的获得方式是：打开浏览器，输入网址 http://item.jd.com/1020847789.html，进入后获得若干页面，点击其中第 16 页中的"晒图有礼 分享一下"，获得评价和晒图。该晒单和晒图显示某银牌会员于 2013 年 6 月 25 日发表评价："东西不错，金属机头感觉安全多了"，同时公开了 3 幅商品图片。

证据1截图

证据2：专利号为201220606025.2的中国实用新型授权公告文本，专利名称"基于码分多址的无线电子猫眼可视门铃"，授权公告日"2013年5月29日"。

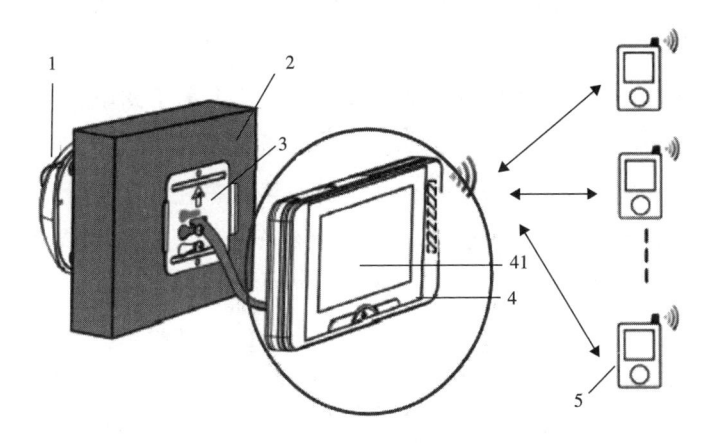

证据2说明书附图

注：图中○为本文作者所画。

证据3：专利号为201330080608.6的中国外观设计授权公告文本，专利名称"智能可视猫眼"，授权公告日"2013年7月10日"。

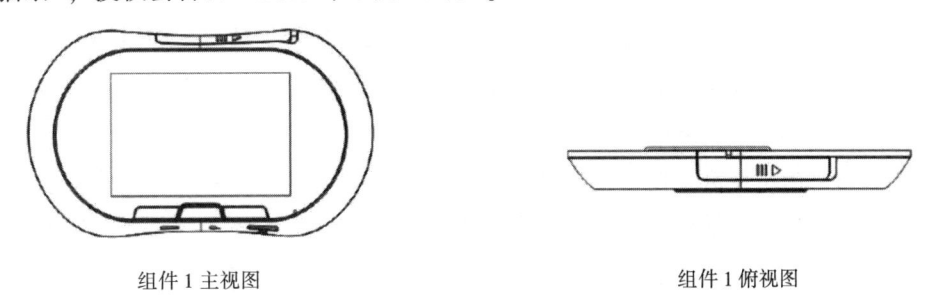

组件1主视图　　　　　　　　　　组件1俯视图

证据3外观设计图片

组件 1 后视图　　　　　　　　　　　　　　组件 1 仰视图

证据 3 外观设计图片（续）

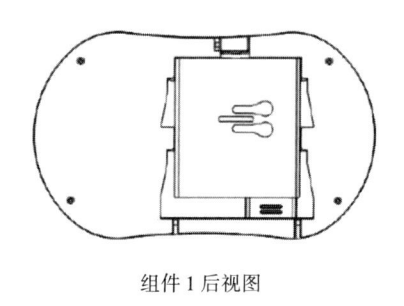

请求无效理由是涉案专利与证据 1 的室外机、证据 2 的室内机，以及证据 3 的室内机上的 TF 卡槽与 USB 接口等所示设计特征的组合相比，不具有明显区别，且证据 2 附图中显示室内机部分和室外机部分可以相对安装，证据 2 与证据 1 存在结合启示，涉案专利不符合《专利法》第二十三条第二款的规定。

2016 年 8 月 17 日国家知识产权局受理了该案，于 2016 年 11 月 30 日进行口头审理，2017 年 1 月 4 日作出第 31107 号《无效宣告请求审查决定书》：宣告专利权全部无效。

决定理由：证据 1 和证据 2 所示产品种类相同，均为电子猫眼，且均包含室内机和室外机，室内机、室外机的结构相对独立，室外机通常安装于门上，监控室外情况，室内机与其配合使用，向观察者提供室外信息，因而按照一般消费者对常用设计手法的常识性了解，将证据 1 的室外机与证据 2 的室内机组合使用是极其容易想到的设计手法，属于明显存在启示的情形。同时，证据 2 中已公开了室内机可与室外机固定于门板的相对位置处，因此，涉案专利同证据 1 和证据 2 组合后的证据相比，其区别在于：①摄像头开孔的大小不同；②夜视灯数量不同；③有无麦克风开孔；④人体侦测探头凸起程度；⑤室内机上下侧面有同心圆状图案，下侧面一端有一小圆形，右视图显示的侧面有凹槽。对于区别①②③，摄像头、夜视灯及麦克风的开孔在整体设计中所占比例较小，仅为局部细微设计，其变化不足以对整体视觉效果产生显著影响；对于区别④，呈球形凸起的人体侦测探头为电子猫眼产品中的常见设计，一般消费者通常不会对其施以关注，因而其凸起程度的变化也不足以对整体视觉效果产生显著影响；对于区别⑤，当室内机与室外机相对应的悬挂于门上时，为了便于观察室外状况，室内机的屏幕位置通常与一般消费者的视线平齐，因此，室内机的侧面属于使用时一般消费者不会关注且不容易看到的部位，而 TF 卡槽和 USB 接口为电子产品的常用接口，证据 3 中亦公开了上述接口及其可设置于室内机的下侧面，因而上述差异不足以对整体视觉效果产生显著影响；关于涉案专利中室内机与室外机之间的正方块（通常为门板），电子猫眼产品安装在门板上属于该类产品惯常的安装使用方式，即使证据中未明确公开上述表示安装位置的正方块，也不足以对该案的对比判断产生影响。涉案专利与证据 1-3 所示设计特征的组合相比不具有明显区别，涉案专利不符合《专利法》第二十三条第二款的规定。

■ **办案心得**

专利权无效宣告案件在只有专利性可挑战的情况下，现有技术/现有设计证据的检索工作是核心环节，证据强弱直接决定了案件的结果。

该案在现有设计的证据检索环节，并非一帆风顺。涉案专利由室外机和室内机两部分组成，开始查看大量的外观设计专利，均没有发现满意的证据。后来扩大至网页检索及发明和实用新型专利的检索才柳暗花明。代理人认为该案的现有设计证据涉及以下几个重点问题。

一、网络电子证据的使用、证据的真实性及在先公开的证明力

随着互联网经济、技术的发展，随着电子交易方式和文化传播方式对传统交易和文化传播方式的根本性改变，互联网上存有大量已公开、销售、使用的技术/设计可能成为专利法意义上的现有技术/现有设计，是现有技术/现有设计检索时不可忽视的一块宝地。但网络电子证据具有易篡改、易灭失、易伪造的先天缺陷，其真实性和在先公开性如何举证及是否可得到认可需要做好案例检索。一般来说，专利权人的网站和知名度高、信誉度好的第三方的网站其内容的真实性更容易得到国家知识产权局和法院的认可。而在先公开性则要从网站的信息发布或生成机制、修改删除机制、公开范围等管理机制看，能否得出公开时间在专利申请日之前。

该案中，因专利权人康某公司经营范围包含涉案专利产品，首先优选以康某公司的品牌康某检索，结果出现大量涉案专利产品的销售链接，涉及多个销售平台，再根据案例检索，挑选可被认可真实性和在先公开性的网页作为证据及进行证据保全，得到证据1。

该案中合议组对证据1的真实性予以确认，合议组认为，该商品晒单来自京东网，京东网站属于信誉度较高的知名商品交易网站，网站上的商品晒单内容真实记录了顾客在购买商品后对其所购商品拍照上传并发表文字评论，照片上传及评价的生成时间由服务器自动形成，所有数据维护由网站进行管理，买卖双方或第三人均无法自行修改。因此，在没有相反证据的情况下，可以确认晒单商品在其评价时间已在互联网上公开销售。该案中，商品晒单及评价时间早于涉案专利申请日，因此公证书第20页的晒图所示的产品的外观可以作为涉案专利的现有设计。此认定过程和推断逻辑可以借鉴。

总之，在使用网络电子证据时，至少要证明两个关系成立。一是网页所显示的信息发布时间与所显示的内容的唯一对应性，这要从该网络平台对信息发布或生成机制、修改删除机制等方面推定，如果其管理机制已经被业界所熟知或者有多个案例采信，则可直接使用，如果其管理机制业界不熟悉或者查不到案例，则要设法举证，比如实例演示、询问客服等。二是该网络信息上传服务器后应被置于向不特定公众公开的状态，这要从

该网络平台对公开范围的管理机制来推定,一样可以借助案例判断或实例演示法。对于不能唯一推定的情况,则看是否可结合其他证据推定,比如在先产品的实际销售情况或展出情况,比如多方面的网络信息结合推定高度盖然性。

二、发明和实用新型专利中的附图也可以作为现有设计证据

《专利法》第二十三条第四款对现有设计进行了定义"本法所称现有设计,是指申请日(有优先权的,指优先权日)以前在国内外为公众所知的设计。"《专利审查指南》对现有设计进一步具体化列举"现有设计包括申请日以前在国内外出版物上公开发表过、公开使用过或者以其他方式为公众所知的设计。"发明和实用新型专利作为出版物上公开发表的文献,只要公开日/公告日在外观设计专利的申请日之前,只要发明和实用新型专利文件中用于辅助说明技术方案的附图能够呈现产品的外观设计特征,就符合《专利法》和《专利审查指南》所定义的现有设计范畴,就可以作为外观设计专利无效的证据。

该案中,证据2是实用新型授权公告专利文献。国家知识产权局对该证据的评述是:合议组对其真实性予以确认,其公开日是2013年5月29日,在涉案专利的申请日之前,其中所示的产品的外观可以作为涉案专利的现有设计,评价涉案专利是否符合《专利法》第二十三条第二款的规定。涉案专利的室内机与证据2的室内机相比,两者的整体形状以及显示屏、按键的设计基本相同。证据2对该案的结果至关重要。

由该案可以得到启示,在外观设计专利无效过程中,进行证据检索时,不能局限于外观设计专利的检索,发明和实用新型专利中的附图也可以作为现有设计证据。

三、证据间的结合启示问题

在用《专利法》第二十三条第二款"授予专利权的外观设计与现有设计或者现有设计特征的组合相比,应当具有明显区别"为无效理由时,还应重点陈述证据间的结合启示问题。

该案中,证据2附图中显示室内机部分和室外机部分可以相对安装,可以说证据2与证据1存在结合启示。再者,室内机、室外机的结构相对独立,室外机通常安装于门上,监控室外情况,室内机与其配合使用,向观察者提供室外信息,因而按照一般消费者对常用设计手法的常识性了解,将证据1的室外机与证据2的室内机组合使用是极其容易想到的设计手法,也属于明显存在启示的情形。

■ 小结

近年来,由于企业的快速发展、维权意识和主动排除风险意识的增强,专利无效案件越来越多。在无效请求过程中,取得强有力的现有技术/现有设计证据是无效成功的第

一步，证据的检索就是核心环节，至关重要。本文拟在抛砖引玉，以在检索思路上有所启发和拓宽。

■ 法律链接

《中华人民共和国专利法》（2008 年）第二十三条。

结构相似 实质不同

——"电池平衡电路"专利申请的驳回复审案

龙莉苹

> 涉案专利在实际审查时经过了三次审查后依然被驳回，在三次审查意见中，申请人通过三次不同的修改，以及相关陈述，均未说服审查员。而申请人坚持认为，涉案专利所要保护的技术方案与对比文件存在实质区别，并提供了相应意见要求复审。但申请人提供的意见相对于之前的三次审查意见没有突破性，而且涉案专利的具体电路结构与对比文件1的具体电路结构极为相似，其区别貌似仅在于实施方式不同。
>
> 为此，代理人进行细致分析，发现了对比文件1相对于涉案专利的一个核心器件具有的一个重要隐含特征，该隐含特征使涉案专利与对比文件1具有结构和工作原理上的实质区别，从而寻找出实质区别点，得以说服专利复审委员会。

■ 案情简介

一、案情前要

原始独立权利要求1：

1. 一种用来平衡复数个电池单元的平衡电路，其特征在于，包含：

复数个平衡模块，分别耦接于复数个所述电池单元，其中每一所述平衡模块包含：

一第一开关单元；

一第二开关单元；

一第一电感组件，耦接于所述第一开关单元与所述平衡模块所耦接的一电池单元之间；以及

一第二电感组件，耦接于所述第二开关单元，其中所述第一电感组件耦合于所述第二电感组件；

其中复数个所述平衡模块包含一第一平衡模块与一第二平衡模块，所述第一平衡模块与所述第二平衡模块分别耦接至复数个所述电池单元的一第一电池单元与一第二电池单元；所述第一平衡模块的第一电感组件依据所述第一平衡模块的第一开关单元的开关状态取走所述第一电池单元的一多余能量，并将对应所述多余能量的一感应能量储存于所述第二平衡模块；以及所述第二平衡模块的第二电感组件依据所述第二平衡模块的第

二开关单元的开关状态来将所述感应能量提供给所述第二电池单元。

授权的独立权利要求：

1. 一种用来平衡复数个电池单元的平衡电路，其特征在于，包含：

复数个平衡模块，分别耦接于复数个所述电池单元，其中每一所述平衡模块包含：

—第一开关单元；

—第二开关单元；

—第一电感组件，耦接于所述第一开关单元与所述平衡模块所耦接的一电池单元之间；

—第二电感组件，耦接于各平衡模块所耦接的所述电池单元与各平衡模块的所述第二开关单元之间，其中所述第一电感组件耦合于所述第二电感组件；复数个所述平衡模块的第一电感组件彼此耦合；以及复数个所述平衡模块的第二电感组件彼此耦合；以及

—控制单元，具有一自激式振荡器，其中所述自激式振荡器用以产生一振荡讯号，以及所述控制单元依据所述振荡讯号来产生一驱动讯号以控制所述第一开关单元与所述第二开关单元之至少其一的开关状态；

其中复数个所述平衡模块包含一第一平衡模块与一第二平衡模块，所述第一平衡模块与所述第二平衡模块分别耦接至复数个所述电池单元的一第一电池单元与一第二电池单元；

当所述第一电池单元的电压过高时，控制单元控制所述第一平衡模块的第一开关单元由关断状态切换为导通状态，所述第一平衡模块的第一电感组件取走所述第一电池单元的一多余能量，并透过第一电感组件与其他电感组件之间的耦合关系来将多余的能量转换为一感应能量，进而将所述感应能量同时储存于各平衡模块的所述第二电感组件之中；以及当所述第二电池单元的电压过低时，控制单元控制所述第二平衡模块的第二开关单元由关断状态切换为导通状态，所述第二平衡模块的第二电感组件将所述感应能量提供给所述第二电池单元。

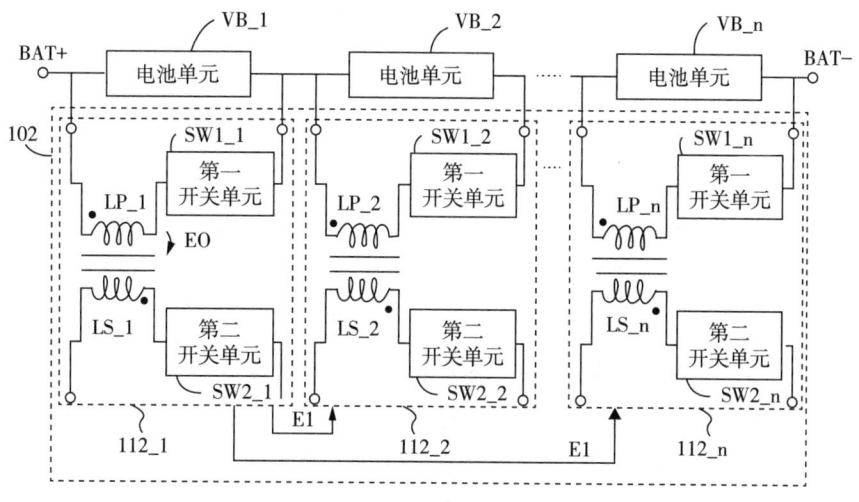

涉案专利说明书附图

对比文件：

对比文件1：CN202333889U，电动汽车动力电池智能均衡装置。

对比文件1的均衡模块4与电池组相连，由若干个相同的均衡单元5组成，每个单体电池对应一个均衡单元，每个均衡单元5均由一个电子变压器T、两个功率开关管VT、两个续流二极管VD和保护电路组成。

当第n个单体电池的电压过高时，VT（2n-1）开通，单体电池、变压器原边绕组、VT（2n-1）形成串联电路，单体电池对变压器充电；当VT（2n-1）的驱动信号为低电平时储存在变压器中的磁场能通过由变压器副边绕组、电池组、VD（2n）组成的电路对电池组充电。

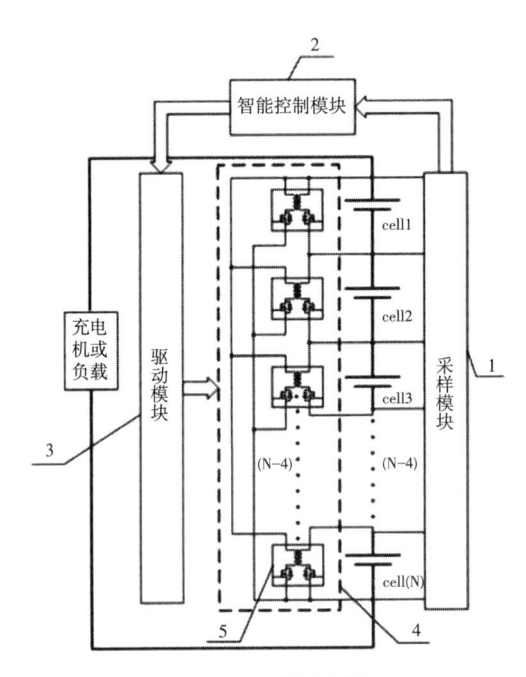

对比文件1说明书附图

代理人接手涉案专利时，该专利申请已经经过了三次审查意见通知书并收到了驳回决定。

第一次审查意见通知书认为，对比文件1公开了涉案专利原权利要求1的所有技术特征，原权利要求1不具备创造性。

申请人在审查意见一中，将原权利要求3的附加技术特征"各平衡模块的所述第二电感组件耦接于各平衡模块所耦接的所述电池单元与各平衡模块的所述第二开关单元之间；复数个所述平衡模块的第一电感组件彼此耦合；以及复数个所述平衡模块的第二电感组件彼此耦合。"并入原权利要求1中，认为修改后的权利要求"是一种主动式平衡电路，是利用多个彼此耦合的电感组件以及控制开关元件的开关状态来将具有较高电压的电池单元的多余能量存储于电感组件中，之后再将该多余能量直接传递给了具有较低电压的电池单元。在此过程中，多余能量不需要回到电池单元，从而具有快速完成电池平衡的功效。"，而对比文件1中"多余能量必须回到电池组中，经过电池组的重新分配以实现电池平衡的目的"，二者明显不同。

审查员认为，为了提高能量转换的效率，在对比文件1公开了将电压过高的单体电池中的能量通过变压器转移出来存储在整个电池组中的技术特征的前提下，为了能够对电池组进行均衡，将电压高的电池与电压低的电池之间进行均衡是本领域常规技术手段。故审查员对此不予认可并发出了第二次审查意见通知书。

申请人在审查意见二中，将原权利要求2的附加技术特征"所述感应能量同时储存于各平衡模块的所述第二电感组件之中"并入权利要求1中。认为修改后的权利要求所保护的技术方案将第二电感组件作为能源存放位置，无须经过电池组进行能量转移和平衡。而对比文件1的均衡电路是将电压过高的单体电池的多能能量先传递至电池组，再通过电池组重新分配该多余能量给所有的单体电池。

审查员认为审查意见二依然没有解决原有问题，以相同于第二次审查意见通知书的理由，发出了第三次审查意见通知书。

申请人在审查意见三中，将技术特征"一控制单元，具有一自激式振荡器，其中所述自激式振荡器用以产生一振荡讯号，以及所述控制单元依据所述振荡讯号来产生一驱动讯号以控制所述第一开关单元与所述第二开关单元之至少其一的开关状态；""当所述第一电池单元的电压过高时，控制单元控制所述第一平衡模块的第一开关单元由关断状态切换为导通状态，所述第一平衡模块的第一电感组件取走所述第一电池单元的一多余能量，并透过第一电感组件与其他电感组件之间的耦合关系来将多余的能量转换为一感应能量，进而将所述感应能量同时储存于各平衡模块的所述第二电感组件之中；以及当所述第二电池单元的电压过低时，控制单元控制所述第二平衡模块的第二开关单元由关断状态切换为导通状态，所述第二平衡模块的第二电感组件将所述感应能量提供给所述第二电池单元"加入权利要求1中。

申请人认为，涉案专利的平衡方式与对比文件1不同，涉案专利是通过电感组件、开关单元以及控制单元将高能量的电池单元的多余能量取走并存储于另一电感组件中，从而实现高低电池间的平衡。对比文件1是将电压过高的单体电池的多余能量先传递至电池组，再通过电池组重新分配该多余能源给所有的单体电池，因此二者的平衡方式并不相同。对比文件1并未揭露"将高电压和低电压的电池之间直接使用电感组件进行能量转移"这一技术特征。电感组件与对比文件不同，电感组件具有传输能量和存储能量的功能，而对比文件1的电感组件仅具有传输能量的功能。

审查员不予接受并发出了驳回决定。驳回决定中指出，对比文件1的结构和涉案专利的结构都是相同的，都是通过变压器的方式将电压高的电池中的能量取出，又通过变压器将能量传送给电压低的电池，涉案专利与之相比区别技术特征为：取走能量后，将多余的感应能量同时存储于各平衡模块的所述第二电感组件中。然而，对比文件1也公开了将电压过高的单体电池中的能量通过变压器转移出来存储在整个电池组中的技术特征，为了能够对电池组进行均衡，将电压高的电池与电压低的电池之间进行均衡是本领域常规技术手段。在对比文件1通过变压器中的电感元件暂时存储能量的启示下，本领域技术人员很容易想到将电压高与电压低的电池之间直接使用电感元件进行能量转移，以使均衡能够迅速进行。故，在对比文件1的基础上结合本领域公知常识即可得到权利要求1的技术方案，权利要求1不具备创造性。

对此，申请人坚持认为涉案专利和对比文件1具有实质不同，委托代理人进行复审，并向代理人提供了自己的意见。申请人认为：①申请文件的平衡电路是利用彼此耦合的电感组件进行能量储存及传递，而对比文件1是利用电子变压器进行能量交换及电磁隔离。②电感组件由多重卷绕的导线（称为"线圈"）所组成，而变压器则是由磁芯与多个线圈绕组所组成。电感组件的作用是抵抗电流的变化；而变压器的主要用途是升降交流电的电压、改变阻抗及分隔电路。③对比文件1中的变压器是隔离变压器，用于隔离初级侧和次级侧，并未具有储存能量的功能。④申请文件是单体电池与单体电池的能量交换，对比文件1则是单体电池与电池组的能量交换，将电压高与电压低的电池之间直接进行均衡并非本领域的常规技术手段。

二、基本案情

代理人接到复审委托和申请人提供的意见后认为变压器的线圈绕组与电感组件的实质是相同的，其本身的特性也决定了其具有存储能量、转移能量的作用，申请人提供的意见中的1-3点不足以是说服审查员。

对于申请人提出的第4点意见，电池均衡的目的就是将电压高的电池与电压低的电池之间进行均衡，至于采用哪种手段均衡取决于控制单元的控制方式，以此来说服审查员，风险依然很大。

为此，代理人重新分析了原专利文件，并对申请人提出的第4点区别进行深入分析，发现涉案专利与对比文件1形成第4点意见提及的区别点的实质原因在于：电感元件与变压器有一个本质区别，变压器的单元自身与其他变压器之间是相互独立的，不同变压器的原边之间不能彼此耦合，不同变压器的副边之间也不能彼此耦合。

也就是说，对比文件1的变压器相对于涉案专利中的电感元件实质还有一个隐含的不同之处：变压器内的多个电感元件外设置有屏蔽元件，使得变压器整体是独立的。故对比文件1中，电池的能量只能通过对应的均衡模块的变压器原副边传递到整个电池组，通过整个电池组作为能量中介进行均衡，不能将能量提供给其他变压器的绕组进行储存。

而涉案专利中，电感元件之间可以彼此耦合，故申请文件权利要求1与对比文件1的实质区别应该在于：复数个所述平衡模块的第一电感组件彼此耦合；以及复数个所述平衡模块的第二电感组件彼此耦合，该区别技术特征使得申请文件可以通过各个平衡模块中第二电感组件作为能量存储的中介，实进行电量转移。

故，在复审请求中，代理人并未进一步对权利要求进行限缩，在当前权利要求所要保护的范围主要通过以下几点进行理由陈述：

（1）电感元件和变压器的结构不同，不同的电感组件之间可以相互感应，而不同变压器的线圈绕组是相互独立的，不能产生互感，所以驳回决定中认为的"申请文件和对比文件1都是通过变压器的方式将电压高的电池中的能量取出，又通过变压器将能量传送给电压低的电池"并不成立。

（2）由于变压器是独立的，一个变压器的原边绕组并不能同另一变压器的原边绕组或副边绕组互感，故对比文件1只能是单体电池与电池组之间进行能量交换的核心，而不能在单体电池和单体电池之间进行能量交换。对比文件1中的能量交换方式与申请文件的能量交换方式本质不同，对比文件1缺乏实现本涉案专利能量交互方式的基础，不存在相应的技术启示。

（3）申请文件的平衡电路是将具有较多能量的电池单元透过相对应的电感组件与其他电感组件之间的耦合关系，来将多余能量直接转移、存储至其他平衡模块的电感组件中，充电速度快，平衡速度快。对比文件1采用多个独立的变压器，各个均衡单元之间相互独立，利用电池组在多个独立的变压器之间进行能量转换，充电速度慢，平衡速度慢。

实质审查部门在前置审查中认为：变压器是利用原边和副边之间的感应传输能量，这与申请文件使用具有两个对应的电感元件进行能量传输的方式是相同的；同时，感应线圈本身具有短暂的存储感应能量的作用，这是本领域公知的技术特征；（2）能量直接从高电压电池传输到低电压电池，还是通过中间手段进行传输，这都是本领域公知技术手段；（3）在串联主动均衡时，如何将能量传输到低电压电池是本领域公知常识。因此，坚持驳回决定。

针对驳回决定和前置审查意见，专利复审委员会认为：对于电路的结构和控制方法应作为整体来考虑，申请文件的电池均衡结构不同，电感组件的结构和耦合关系也不同，工作原理和工作过程也不相同，是完全两种不同的均衡电路和均衡控制方式。申请文件中这种均衡电路结构和控制方式也不属于本领域公知常识。对于本领域技术人员而言，很难想到将对比文件1的均衡结构及控制方式调整或者替换为申请文件的均衡结构及控制方式，因此独立权利要求具备创造性。

最后，专利复审委员会认同了复审请求中的意见陈述，发出了复审决定书，撤销了实质审查部门发出的驳回决定。

■ **办案心得**

该案的迷惑之处在于，当申请文件的技术方案中每一结构单元均可以在对比文件中找寻到，而且不同结构单元之间的连接关系相同时，申请文件所要保护的技术方案与对比文件貌似实质相同。即使二者工作时，具体运行方式不同，也会被认为是依据实际需要进行的选择，属于公知常识，难以真正说服审查员。

在答复时，即使考虑到变压器相对于电感组件还具有其他部分，也经常因疑似创造性要素省略而被人们忽略，由此进入了思维误区。

对于这种案子，当遇到时应该从结果进行逆向思考：

对比文件1是否可以实现申请文件的电量转移方式？

如果不可以，为什么？

为什么对比文件1不采用申请文件中更加直观快速的电量转移方式，而采用电池组作为中介转移？

在思考后会发现，虽然对比文件1中变压器原边绕组和次边绕组貌似等同于第一电感组件和第二电感组件，但是对比文件1的变压器还具有一个隐含条件：变压器一般会设置磁芯，在外设置屏蔽层，使得变压器中的绕组只可以彼此耦合，而不能和其他变压器或者变压器外面的电感组件耦合。如果想明白这一点，就能很直观地看出权利要求所要保护的技术方案与对比文件1公开的技术方案之间的根本区别。

由此，就会发现对比文件1的结构貌似和涉案专利申请的结构相同，但其实质上，由于隐含条件，使得不同变压器的绕组之间无法彼此耦合。以上使得申请文件与对比文件1具有一个实质区别技术特征：复数个所述平衡模块的第一电感组件彼此耦合；以及复数个所述平衡模块的第二电感组件彼此耦合。

所以，当对比涉案专利申请文件的技术方案和对比文件时，即使二者主要结构相同甚至一样，也应该通过逆向思考分析，对比文件的隐含特征是否会使得二者具有实质区别。而不是一味地正面论述涉案专利的技术方案与对比文件的不同之处。

需要注意的是，该实质区别技术特征"复数个所述平衡模块的第一电感组件彼此耦合；以及复数个所述平衡模块的第二电感组件彼此耦合"在前几次答复时，均有强调，但一直不被审查员所接受。里面有着申请人方的疏忽，未能实质寻找到结构的不同之处，仅从控制方式的不同进行答复，说服力不强。但是即使在复审时，代理人强调了隐含条件造成涉案专利技术与对比文件1技术在结构上的实质区别，在前置审查依然未被实质审查部门所接收。

这从另一方面也说明，此类涉案专利每一结构特征和连接关系在对比文件中均能找到时，仅工作过程的不同，很容易让人认为二者极为接近，从一者就很容易想到另一者。

但是，结构特别相似，工作过程特别相似，貌似极为相近，和实质是否相同是有很大不同的。结构相似、工作过程相似也不代表从一者可以很容易想到另一者。就该案而言，对比文件1的隐含条件使得对比文件1的结构和涉案专利均衡结构具有实质上的不同，使得对比文件1无法实现涉案专利所进行的均衡控制方式。

当然，该案依然有着其遗憾之处，由于申请人并未同意代理人的意见，在复审时未放弃审查意见三中进行的修改，使得授权后的权利要求保护范围较小。

■ 小结

处理审查意见和驳回时，应该破除视觉障碍，从更深层的角度分析问题，对于审通中指出的问题，除了正面突破，也应考虑从题外入手，迂回解决问题。

■ 法律链接

《中华人民共和国专利法》（2008年）第二十二条。

多方切入　层层递进

——202111156991.9 案创造性答复案

孙朝锐

> 该案涉及一件发明专利申请，在实审阶段收到两次审查意见，第一次审查意见以两篇专利文献为现有技术，认为该案的全部权利要求无创造性，第二次审查意见审查员补充检索了一篇网络证据，认为现有技术给出了技术启示，该案的全部权利要求仍无创造性。在一通答复时，代理律师从区别特征、技术问题和技术启示的角度进行答复。在二通答复时，代理律师分为两个层次，首先重点对网络证据的真实性、公开性以及公开时间进行了反驳，在此基础上，假设网络证据成立时对现有技术的启示进行答复，获得审查员的认可，最终该申请得以授权。

■ 案情简介

该案背景技术记载：现有 Java orm 框架可通过正向工程从 Java 代码生成数据库表，也可以通过逆向工程从数据库表生成 Java 代码。根据编码规范性和数据库设计规范性的要求，代码需要添加明确的注释，数据库表也需要添加明确的注释。通常情况下，数据库表和 Java 对象存在一一对应的情况，即数据库表的字段与 Java 对象中的属性一一对应。因此，数据库表字段的注释和 Java 对象属性的注释也应该一一对应，但实际操作中，往往存在注释（或注解）缺失或不一致的情况。人工进行匹配不但效率低，也很难达到完全匹配正确的目的。为了解决现有类与数据库表的注释注解匹配难度高的技术问题，该案提供了一种类与数据库表的匹配方法、装置、设备及介质。

该案公开本的权利要求 1 如下：

一种类与数据库表的匹配方法，其特征在于，用于电子设备，所述方法包括：获取目标类的代码；基于所述代码，检查所述目标类的注解和/或注释的存在情况；根据所述目标类的注解和/或注释的存在情况，对所述目标类的注解和/或注释进行更新，获得更新目标类；基于所述更新目标类，更新所述目标类对应的数据库表以及所述数据库表的注释。

该案公开本的权利要求 7 如下所示：

一种类与数据库表的匹配方法，其特征在于，用于电子设备，所述方法包括：获取数据库表资源以及代码模板；基于所述代码模板和所述数据库表资源，获取所述数据库表对应代码的存在情况；根据所述数据库表对应代码的存在情况，以及所述数据库表资源，更新所述数据库表对应的目标类和目标类属性，获得更新目标类；获取所述更新目标类的注解和/或注释的存在情况；根据所述数据库表资源，以及所述注解和/或注释的存在情况，更新所述更新目标类的注解和/或注释。

该案的权利要求1和权利要求7的匹配方法通过从代码到数据库表的逐一自动对应更新，或者从数据表到代码的逐一自动对应更新，避免了人工查找更新造成的不准确，解决了类与数据库表的注释注解匹配难度高的技术问题，达到了使类与数据库表的注释注解高效且准确匹配的技术效果。

针对该案的权利要求1和权利要求7，审查员引用对比文件1（CN110471694A）和对比文件2（CN112000320A）。

对比文件1公开了一种注释信息处理方法，具体公开了：获取用户对项目代码文件的修改记录；根据所述修改记录确定所述项目代码文件的代码修改行数，以及所述代码修改行数对应的修改内容和修改时间；解析所述代码修改行数所属的目标函数；根据所述修改内容以及所述修改时间生产目标注释信息；将所述目标注释信息添加至所述目标函数的注释处。

对比文件2公开了一种自动化代码生成方法，具体公开了：创建基于数据持久化框架mybatis的自动代码生成工程，在所述自动代码生成工程中导入预设版本的jar包；在所述自动代码生成工程的资源目录下，创建所述jar包的配置文件；在所述配置文件的代码生成器配置节点下，添加预设的插件引入代码，以将预设的序列化插件和数据库访问接口插件引入所述自动代码生成工程；接收代码自动生成指令，根据所述代码自动生成指令生成简单的java对象pojo；通过所述数据库访问接口插件，为所述pojo添加数据库表字段注释；通过所述序列化插件，对添加有所述表结构注释的pojo进行序列化处理，得到序列化文件。

第一次审查意见中，认为该案的权利要求1相对于对比文件1的区别技术特征在于：基于目标类进行注释和/或注释更新。基于此解决的技术问题为：如何设置注释和/或注解的粒度。针对该区别技术特征，审查员认为目标类进行注释和/或注释更新是本领域惯用技术手段。因此，在对比文件1的基础上结合本领域惯用技术手段得到该案权利要求1请求保护的技术方案。

第一次审查意见中，认为该案的权利要求7相对于对比文件1的区别技术特征在于：基于目标类进行注释和/或注释更新；获取数据库表资源以及代码模板；基于所述代码模板和所述数据库表资源，获取所述数据库表对应代码的存在情况；根据所述数据库表对应代码的存在情况，以及所述数据库表资源，更新所述数据库表对应的目标类和目标类属性；根据所述数据库表资源，更新所述更新目标类的注解和/或注释。基于此解决的技术问题为：如何设置注释和/或注解的粒度，以及如何更新注释和/注解。针对该区别技术特征，审查员认为对比文件 2 公开了上述区别特征，且本领域人员可以根据实际需要对目标类进行注释和/或注解。因此，在对比文件 1 的基础上结合本领域惯用技术手段和对比文件 2，可以得到该案权利要求 1 请求保护的技术方案。

代理律师在第一次审查意见答复中，对权利要求 1 和权利要求 7 同时进行了修改，将"注释和注解相互生成"的特征添加到权利要求 1 和权利要求 7 中，并主要从三个方面进行了意见陈述：第一，纠正了该次审查意见中对于区别特征认定以及技术问题定义的问题；第二，在重新划定的区别特征和重新定义的技术问题的基础上，重点针对"注释和注解相互生成"的特征并不是公知常识进行了详细的论证和说明；第三，从"改进动机"的角度阐述缺乏根据代码更新数据库表以及进行注释和注解间的转换的改进动机。最终，第一审查意见答复获得了审查员的认可，其认可"注释和注解相互生成"的特征未被对比文件 1、对比文件 2 和公知常识公开，但补充检索了一篇网络证据（http://blog.csdn.net/wangbin316/article/details/112258747），作为对比文件 3，并认为对比文件 3 公开了"注释和注解相互生成"的特征。

第二次审查意见通知书评述了全部的权利要求。代理律师在第二次审查意见答复中，分三个层次，层层递进，进行了意见陈述：首先，对网络证据（对比文件 3）的真实性、公开性以及公开时间进行了质疑，具体从网络信息的发布者无管控导致信息不可信、信息公开时间的可篡改性以及网络证据并不符合《专利审查指南》关于对比文件的规定等三个方面进行了网络证据真实性、公开性以及公开时间的答复；其次，假设对比文件 3 有效，对比文件 3 和对比文件 1 的记载并没有给出结合启示；最后，为了加快授权，再次修改了权利要求（非实质性修改），然后基于与一通答复大致一致的理由，从第三个层次论述了该案具有创造性。最终获得审查员的认可，该案获得授权。

■ 办案心得

一、网络证据作为一种在法律意义上的证据首先必须满足证据的"三性"

证据的"三性"，第一为客观真实性，包括形式上的真实和实质上的真实两个方面。第二为关联性，即证据必须是与案件所要查明的事实存在逻辑上的联系，从而能够说明案件事实。第三为合法性，即证据必须由当事人按照法定程序提供，或由法定机关、法定人员按照法定的程序调查、收集和审查。

此外，作为在专利法中的现有技术，还需要判断网络证据是否出现在申请日以前以及是否为公众所知。也就是，需要判断网络证据的公开性和公开时间。由于网络证据的内容易被篡改、公众可获得的范围不同、公开时间不易确定，因此，与常规的公开出版物作为现有技术证据不同，在网络证据作为现有技术证据时，对其真实性、公开性及公开时间的审查应适用特殊的认定规则。

因此，在审查意见答复时，首先需要关注对比文件的真实性、公开性以及公开时间。如果对比文件不满足其中的任一，那审查员的审查意见便没有任何说服力，因此，如果发现对比文件的"三性"存在疑问，那从该点入手可以事半功倍。对比文件分为多种，网络证据属于其中一种。在该案中的网络证据也称为互联网证据，是指互联网上获取的非权威途径的"公开物"，其公开的内容都是由不受技术审核限制的个人发布，如论坛、博客、短视频等。因此，根据真实性、公开性以及公开时间的要求，本文中的网络证据包括如下特点：

1. 信息本身不可信。发布在网络论坛、博客上的文章，作者资质无法确定，任何人都可以随意注册用户后发帖子和博文，其发布的帖子和博文仅代表个人观点，其本身是否准确无从考证，因此，其发布的信息本身不可信。

2. 信息本身公开时间的可篡改性。首先，从实践经验来看，网络证据的电子日期经处理可以变更（例如，某宝上有此服务项目），其随意性比较大，而且不留任何痕迹，其公开日期难以确认。因此，不能仅凭从网络上下载的文件及记载日期，证明其在该记载日期公开发表。其次，从技术上分析来看，一般网站的基本结构包括三层：用于处理显示逻辑的显示层、用于处理业务逻辑的业务层和用于处理数据逻辑的数据层。其中，栏目管理员是指对于网站的某个具体栏目加以维护和管理的人员，其通常的权限在于上载以及删除该栏目的相关内容。系统管理员指的是对于整个网站加以维护和管理的人员，其具有对服务器上的数据任意修改的权限，又被称为"超级管理员"。此外，显示给网络使用者的网页内容由网站的栏目管理员或者系统管理员生成并且存储在数据层的数据库中。在应用服务器中，通过JDBC接口或者JDBC-ODBC桥的方式，业务层从数据库中提取该数据。然后，业务层对该数据进行数据加工以及数据处理。最后，通过显示层将该数据展现给网络使用者。网页数据的修改也是采用上述流程进行。也就是说，从技术实现来看，在网页数据的生成以及修改过程中，网站的栏目管理员或者系统管理员具有改动部分数据的权力或者改动全部数据的权力，其安装上述更改逻辑也十分方便。特别是可以批量更改整个网站的所有文档的日期。

3. 不符合《专利审查指南》对于对比文件的规定。首先，基于《专利审查指南》第二部分第三章2.3记载"在实质审查程序中所引用的对比文件主要是公开出版物"，其中，出版物包括电子出版物，根据《出版管理条例》第九条及第十六条，电子出版物应当由出版单位出版，即由具备法人资格的出版社出版，并由全部法人财产独立承担民事责任，而审查员提供的网页证据不符合规定，所以不属于电子出版物，不能作为评价本申请的对比文件。其次，对于提供论坛博客等网络证据的网站，其域名注册公司的资质一般都不具有电子出版物的资质，也就是说，此网站根本没有信息发布资质，其发布的根本不属于审查指南中规定的出版物。

由此可知，非权威途径的网络证据大多存在不符合真实性、公开性以及公开时间的问题，一旦遇到非权威途径的网络证据，可以从以上几个方面去质疑，有助于提高答复成功率。

二、在当前提速增效的大趋势下，审查周期在缩短，二通已经到达驳回时机

当遇到二通被补充检索对比文件时，表明审查员有主观认为该案无创造性的可能，且二通已经到了驳回时机，因此在答复二通时要格外慎重。此时，可以从多个层次进行强有力的答复，层层递进，尽可能地堵住审查员的反驳之路，可以提高获得授权的概率。

就该案而言，首先，对非权威途径的网络证据（对比文件3）的真实性、公开性以及公开时间进行了质疑，具体从网络信息的发布者无管控导致信息不可信、信息公开时间的可篡改性以及网络证据并不符合《专利审查指南》关于对比文件的规定等三个方面进行了证据真实性、公开性以及公开时间的答复；其次，假设对比文件3有效，对比文件3和对比文件1的记载并没有给出结合启示；最后，为了加快授权，再次修改了权利要求（非实质性修改），然后基于与一通答复大致一致的理由，从第三个层次论述了该案具有创造性。最终获得审查员的认可，该案获得授权。虽然对非权威途径的网络证据真实性、公开性以及公开时间的答复很有力度，但是并不能完全保证审查员会接受，因此，代理律师又从技术方案本身出发，对创造性进行答复，并策略性地修改权利要求，既给审查员足够的压力，也给了审查一定的"台阶"。因此，经过二通的答复，审查员最终接受了答复意见。

■ 小结

在答复实操中，代理人往往忽视对比文件是否满足真实性、公开性以及公开时间的问题，拿到审查意见就直奔"三步法"，节奏被审查员牢牢把控。但是，对比文件的真实性、公开性以及公开时间的问题在审查意见中并不少见，如果对比文件无效，那审查员的审查意见便没有任何说服力，因此，如果发现对比文件的真实性、公开性以及公开时间存在疑问，那从该点入手可以事半功倍。

在答复实操中，代理人需要有全局考虑，结合目前的审查环境，对审查员的心理和认知进行一些推测，从而在不同答复阶段针对不同的审查意见，策略性地进行答复。在该案中，在当前提速增效的大趋势下，审查周期在缩短，二通已经到达驳回时机的条件。因此，当遇到二通被补充检索对比文件时，表明审查员有主观认为该案无创造性的可能，且二通已经符合了驳回时机，因此在答复二通时需格外慎重。此时可以从多个层次进行强有力的答复，层层递进，尽可能地堵住审查员的反驳之路，提高获得授权的概率。

■ 法律链接

《中华人民共和国专利法》（2008年）第二十二条。

审通答复 结合分析

——201711164051.8 发明专利复审案

牛丽霞

该案涉及一项发明专利申请，撰写和实审阶段的答复均由申请人之前委托的代理机构代理完成，被驳回后，转由三环代理复审请求。

代理人通过审慎的、严格的对比，理清本申请和对比文件的技术方案的思路，从整体技术方案的角度分析区别技术特征的实质性特点，结合技术问题和技术效果，突破审查员的拆分技术方案、然后组合多个对比文件各个击破的否定方式，提出复审请求，该申请最终获得授权。

■ 案情简介

一、基本案情

该案涉及一项发明专利申请，于 2020 年 6 月 3 日以不具备创造性为由被驳回。收到驳回决定之后，申请人和原代理机构均认为已经在实质审查阶段对该案的创造性进行了充分的阐述，对是否提出复审请求，以及复审请求的结果如何表示迷茫。代理人仔细分析后，认为仍有答辩余地，建议申请人提出复审请求。

该发明公开了一种聚羧酸减水剂用聚醚大单体的制备方法，包括以下步骤：（1）取部分甲基烯丙醇先与催化剂一反应，后将反应后的产物投入剩余的甲基烯丙醇中，并通入环氧乙烷和环氧丙烷反应；（2）将上述甲基烯丙基无规低聚物与催化剂二和催化剂三反应后，后通入环氧乙烷和环氧丙烷反应；所述催化剂一为钠、钾、氢化钠中的一种或多种；所述催化剂二为 18-冠-6、15-冠-5 中的一种或多种；所述催化剂三为六氯环三磷腈。与现有技术相比，本发明具有有效产物含量高、副产物含量低，分子量分布窄，双键保留率高等优点，分子量分布系数小于 1.05，双键保留率大于 98.0%。

由于该案的主题是一种制备方法，所以，方法中所有步骤的顺序、每个步骤中的原料、催化剂的种类、原料与催化剂的匹配、产物，是分析的主要对象，而所有分析均需围绕要解决的技术问题和技术方案可实现的技术效果。代理人就是根据这样的思路查阅本领域的专业资料、与发明人深入沟通，理解了发明点的核心思想，找到准确区别技术特征，了解其在整个方案中起到的技术效果，从而整理出复审请求的理由。

该申请于申请日递交的权利要求书如下：

1. 一种聚羧酸减水剂用聚醚大单体的制备方法，其特征在于包括以下步骤：

（1）取部分甲基烯丙醇先与催化剂一反应，后将反应后的产物投入剩余的甲基烯丙醇中，并通入环氧乙烷和环氧丙烷反应制得甲基烯丙基无规低聚物；

（2）将上述甲基烯丙基无规低聚物与催化剂二和催化剂三反应后，后通入环氧乙烷和环氧丙烷反应制得甲基烯丙基无规聚醚；

所述催化剂一为钠、钾、氢化钠中的一种或多种；

所述催化剂二为18-冠-6、15-冠-5中的一种或多种；

所述催化剂三为六氯环三磷腈。

2. 根据权利要求1所述的聚羧酸减水剂用聚醚大单体的制备方法，其特征在于：所述步骤（1）具体为，部分甲基烯丙醇先与催化剂一反应的温度为20-55℃，时间为0.5-1.0小时；反应结束后加入剩余的甲基烯丙醇中，氮气置换，通入环氧乙烷和环氧丙烷，环氧乙烷和环氧丙烷参加反应时的反应温度为70-105℃，反应时间为3.0-6.0小时；反应结束后，降温到70℃，得甲基烯丙基无规低聚物。

3. 根据权利要求1所述的聚羧酸减水剂用聚醚大单体的制备方法，其特征在于：所述步骤（2）具体为：甲基烯丙基无规低聚物与催化剂二和催化剂三反应的温度为20-55℃，时间为0.5-1.0小时；反应结束后氮气置换，通入环氧乙烷和环氧丙烷，环氧乙烷和环氧丙烷参加反应时的反应温度为80-110℃，反应时间为4.0-6.0小时；反应结束后，降温到80℃，脱气10-30分钟，得甲基烯丙基无规聚醚。

4. 根据权利要求1所述的聚羧酸减水剂用聚醚大单体的制备方法，其特征在于：在步骤（1）中，所述全部甲基烯丙醇与环氧乙烷和环氧丙烷的投料重量比为1：2.2-5.5：0-2.0。

5. 根据权利要求1所述的聚羧酸减水剂用聚醚大单体的制备方法，其特征在于：所述催化剂一用量为甲基烯丙基无规低聚物的重量百分比的0.2‰-1.0‰。

6. 根据权利要求1所述的聚羧酸减水剂用聚醚大单体的制备方法，其特征在于：在步骤（2）中，所述甲基烯丙基无规低聚物与环氧乙烷和环氧丙烷的投料重量比为1：1.5-3.0：0.3-1.3。

7. 根据权利要求1所述的聚羧酸减水剂用聚醚大单体的制备方法，其特征在于：所述催化剂二和催化剂三用量为甲基烯丙基无规聚醚重量百分比的0.2‰-1.2‰。

8. 根据权利要求1所述的聚羧酸减水剂用聚醚大单体的制备方法，其特征在于：所述的甲基烯丙基无规低聚物的分子量为300-500。

9. 根据权利要求1所述的聚羧酸减水剂用聚醚大单体的制备方法，其特征在于：所述甲基烯丙基无规聚醚的分子量为1000-5000。

第一次审查意见引入三份对比文件，认为和最接近的对比文件1相比，权利要求1采用的催化剂不同，然而，对比文件2和对比文件3分别公开了权利要求1与对比文件1

不同的两种催化剂，本领域技术人员在面对权利要求 1 的技术问题时，容易想到采用对应的技术特征，因此权利要求 1 不具备创造性。原代理机构将权利要求 1、权利要求 5、权利要求 7 合并成为新的权利要求 1，认为对比文件 2 产物的分子量分布系数和权利要求 1 有差别；对比文件 3 和权利要求 1 采用的催化剂不同，导致制备工艺参数也不同，因此权利要求 1 具有创造性，审查员不认同。第二次审查意见中，审查员基本延续了第一次审查意见的思路。针对第二次审查意见，原代理机构将原权利要求 1、权利要求 8、权利要求 9 合并，认为和对比文件 1-3 相比，权利要求 1 采用的催化剂均不同，导致技术效果也不同，但是仍然没有说明在不同的步骤中采用不同的催化剂的原因、作用、效果的区别，更没有突出步骤（2）中，为什么同时采用催化剂二和催化剂三，导致本申请被驳回。

驳回决定认为，对比文件 1（CN107200839A）公开了类似的制备方法，产物性能也近似，而对比文件 2（CN102924709A）和对比文件 3（CN104311813A）分别公开了对应的催化剂，且功能和效果均与本申请近似，因此，在对比文件 1 的基础上结合对比文件 2 和 3 就可以获得本申请的核心技术方案。

二、案件分析与驳回复审策略

代理人认为，审查员显然采用了化工领域常用的"将完整的技术方案分解为单个技术特征，然后通过不同的对比文件将分解后的技术特征进行各个击破"的方式。其中，不可避免地会出现以下问题：忽略整体发明构思、忽略发明目的、忽略各个技术特征之间的关联等。

1. 对权利要求书的修改。

将原权利要求 1、权利要求 7、权利要求 8、权利要求 9 合并成为新的权利要求 1，从而将催化剂二和催化剂三的用量以及步骤（1）和步骤（2）的产物的分子量作为必要技术特征，形成完整的技术方案。

2. 和最接近的对比文件 1 相比，确定权利要求 1 的区别技术特征和权利要求 1 解决的技术问题。

区别技术特征：（1）步骤（2）采用的催化剂不同：权利要求 1 中采用催化剂二和催化剂三，其中催化剂二为 18-冠-6、15-冠-5 中的一种或多种，催化剂三为六氯环三磷腈；而对比文件 1 中的催化剂一和催化剂二均为钠、钾、氢化钠中的一种或多种，即权利要求 1 的催化剂二和三与对比文件 1 的催化剂均不同。（2）催化剂二和催化剂三的用量为甲基烯丙基无规聚醚重量百分比的 0.2‰-1.2‰。（3）所述的甲基烯丙基无规低聚物的分子量为 300-500，而对比文件 1 中甲基烯丙基无规低聚物的分子量为 400-1000。（4）所述甲基烯丙基无规聚醚的分子量为 1000-5000。

上述区别技术特征解决的技术问题是：提供一种分子量分布较窄、双键保护率较高、相对分子质量较大的无规聚醚的合成方法。

3. 驳回决定认为：对比文件2公开了采用18-冠-6等冠醚作为催化剂降低聚醚产物的分子量分布，给出了将该技术特征用于对比文件1解决其技术问题的启示，因此，权利要求1不具有创造性。

复审请求意见：对比文件2明确记载了其采用的催化剂包括碱性化合物1份，冠醚0.1-2份。可见，在对比文件2中，催化剂包括碱性化合物和冠醚，二者同时使用。而权利要求1中，步骤1采用碱性化合物催化剂，步骤（2）同时采用的催化剂是18-冠-6、15-冠-5中的一种或多种、六氯环三磷腈；而且，权利要求1中催化剂一的作用和催化剂二、三的作用显然不同：催化剂一的作用是，与部分甲基烯丙醇反应，生成的产物投入剩余的甲基烯丙醇中，并通入环氧乙烷和环氧丙烷反应制得甲基烯丙基无规低聚物；而催化剂二和三的作用是，同时与步骤（1）制得的甲基烯丙基无规低聚物反应后，通入环氧乙烷和环氧丙烷反应制得甲基烯丙基无规聚醚。对比文件2中，碱性化合物和冠醚共同组成的催化剂的作用均在"含活泼氢原子的起始剂先后和环氧乙烷和/或环氧丙烷反应得到嵌段聚醚"的反应过程中。可见，权利要求1相对于对比文件2，催化剂应用的环节、环境均不同，因此，对比文件2中的冠醚与权利要求1中的冠醚的作用不同。

在技术效果方面，对比文件2的实施例中可以看出，D>1.15，而本申请明确记载了制得的甲基烯丙基无规聚醚的分子量分布系数D<1.05。显然，对比文件2和本申请的分子量分布系数有较大差距，所以对比文件2中使用18-冠-6等冠醚作为催化剂可以降低聚醚产物的分子量分布并不能取得分布系数D<1.05的效果。

4. 驳回决定还认为：对比文件3公开了六氯环三磷腈可以作为制备聚醚多元醇的催化剂，本领域技术人员容易想到可以使用其作为本申请步骤（2）中的催化剂三。

复审请求意见：首先，对比文件3和权利要求1解决的技术问题不同。对比文件3解决的技术问题是：提供一种抗氧化聚醚多元醇，具有较好的抗氧化效果，减少抗氧剂的使用量。显然，与权利要求1解决的技术问题完全不同。

其次，从技术方案的角度，对比文件3的权利要求书明确记载了：制备抗氧化聚醚多元醇，原料为起始剂、催化剂、环氧丙烷、环氧乙烷，催化剂为碱金属催化剂或磷腈类催化剂。可见，对比文件3与权利要求1制备的产品不同、采用的原材料不同，其采用的催化剂与上述区别技术特征（1）不同。对比文件3的权利要求5公开了抗氧化聚醚多元醇的制备方法：将起始剂与催化剂溶解至均相，置换，升温，滴入环氧丙烷、环氧乙烷反应制得粗聚醚；粗聚醚经水洗、中和、吸附、干燥、过滤制得成品聚醚，显然，该制备方法与权利要求1的制备方法完全不同。

更具体的，对比文件3中，碱性化合物和六氯环三磷腈是择一使用即可，可以相互替代，且作用均在"制备粗聚醚"的反应过程中；而本申请的权利要求1中，碱性化合物作为催化剂一，其作用在于与甲基烯丙醇反应，反应后的产物投入剩余的甲基烯丙醇中，并通入环氧乙烷和环氧丙烷反应制得甲基烯丙基无规低聚物，六氯环三磷腈作为催化剂三，必须与催化剂二（18-冠-6、15-冠-5中的一种或多种）共同使用，与甲基烯丙基无规低聚物反应，从而制备甲基烯丙基无规聚醚。可见，权利要求1相对于对比文件3，同样的催化剂六氯环三磷腈使用的方式、环节、环境均不同，因此，对比文件3中的六氯环三磷腈与权利要求1中的六氯环三磷腈的作用不同。

最后，在技术效果方面，权利要求1的步骤（2）反应时间为4-6h，而对比文件3中的实施例2的反应时间为18h，实施例3的反应时间为20h，从反应时间来看，本申请步骤（2）使用六氯环三磷腈和冠醚与对比文件3中使用六氯环三磷腈相比反应时间缩短3-4倍。

权利要求1中，步骤（1）中通过以钠、钾、氢化钠的一种或它们的混合物作为催化剂，其与甲基烯丙醇反应时生成相应的烷氧基离子和氢气，氢气以气体方式排出，避免了常规碱催化剂与甲基烯丙醇反应生成水、低沸点醇等；步骤（2）加入磷腈类催化剂，克服常规碱性催化剂制得的聚醚相对分子质量较小，分布宽等缺点，同时加入大环醚类化合物，将体系中的阴离子催化机理转化为类配位催化机理，极大地降低反应物的活化能，从而降低反应温度，提高不饱和度。这是对比文件1-3没有提出的技术问题和原理，也没有提供任何技术启示。

以上，从技术问题、技术方案及技术效果等各个方面均对驳回决定进行了有力反驳。

三、案件结果

2020年9月10日递交复审请求后，2020年9月15日收到《复审请求受理通知书》，2020年10月15日收到《复审决定书》，结论是：根据前置审查意见书的意见，撤销国家知识产权局于2020年6月3日作出的驳回决定，由原审查部门继续进行审批程序。2020年11月3日该发明申请授权。

该案在前置审查阶段就同意撤驳，并未进入合议审查，说明审查员认可了复审请求中的意见陈述，肯定了本申请的创造性。

■ 办案心得

该案中，原代理机构在实审阶段的两次答复中，均没有将"为什么权利要求1和对比文件2、3要采用不同的催化剂"这一点分析透彻，这是导致驳回的根本原因。而如何使用催化剂，恰恰是该申请的发明点所在。

根据《专利法》第二十二条第三款关于创造性的规定，提出复审请求时，或者答复审查意见时，要始终不忘从"突出的实质性特点"和"显著的进步"这两个方向考虑。

关于"突出的实质性特点"的判断，根据《专利审查指南》第二部分第四章3.2.1节中所述判断标准和方法，遵守"三步法"原则，即：确定最接近的现有技术（一般由审查意见或驳回决定认定）、确定发明的区别技术特征和发明实际解决的技术问题、判断要求保护的发明对本领域的技术人员来说是否显而易见。而事实上，在大多数情况下，发明所要解决的技术问题是技术方案的根源，如果本申请和对比文件解决的技术问题不同，那么要实现的技术效果也就不同，即使有部分技术特征是相同或者相近似的，其在整个技术方案中所起的作用也很可能不同，（如权利要求2和对比文件2均采用了18-冠-6等冠醚作为催化剂，但是权利要求1中，该催化剂的作用是将体系中的阴离子催化机理转化为类配位催化机理，极大地降低反应物的活化能，从而降低反应温度，提高不饱和度，而在对比文件2中，在碱性物质中添加18-冠-6的目的是窄化嵌段聚醚分子量），也就不能用于否定该申请的创造性，但该案的原代理机构的答复中显然忽略了这个方向。同样的，在判断要求保护的发明对本领域的技术人员来说是否显而易见时，也要考虑多项对比文件所要解决的技术问题，是否具有相结合的基础，或者两项对比文件中审查员认为对应的技术特征所解决的技术问题差别很大，则没有结合基础；或者，从技术效果入手，采用的逻辑相似。在分析对比文件的技术问题时，要结合该对比文件的背景技术一起考虑。

该案中，权利要求1很显然是在不同的步骤中采用了不同的催化剂，而且，三种催化剂的使用顺序也是明确的，这就意味着，每种催化剂所要解决的技术问题不同，而且，三种催化剂的使用顺序也符合产品制备的逻辑和原理，每种催化剂均有其特定的作用，以及需要实现的技术效果，但原代理机构的两次答复均没有对此进行详细的、深入的分析和说明。

■ 小结

该案涉及发明专利申请被驳回之后的复审程序，争议焦点为创造性的判断。该案要解决的技术问题是：如何制备一种高性能的无规聚醚，从而提高减水剂性能。该案代理人将技术方案作为整体来梳理，找到发明点在于催化剂的种类选择，以及使用的具体环节。虽然对比文件1-3公开了权利要求1的全部催化剂，但是在每一对比文件中，均只是使用了权利要求1的部分催化剂，且在对比文件中，该催化剂的使用方法和作用与权利要求1均不同，实现的技术效果也不同，本领域技术人员没有动机将对比文件1-3或者其中的任意两项相结合获得权利要求1的技术方案。因此该申请的技术方案对本领域技术人员来说是非显而易见的。

该案代理人严格按照《专利审查指南》中"三步法"的规定来进行"突出的实质性特点"的判断，进一步得出权利要求具备创造性的结论，说理透彻，逻辑严密，使得审查员最终撤销了驳回决定。

第二部分
商标和地理标志

二十五载　荣华之争

——关于"荣华"商标的三件行政纠纷案

香港荣华饼家有限公司（以下简称"荣华公司"）与佛山市顺德区勒流苏氏荣华食品商行（经营者苏某）（以下简称"苏氏荣华商行"）之争从 1997 年开始，迄今已经 25 年，谁是正宗的"荣华月饼"相信生产商、销售商、消费者等相关公众自有定论。三环在为香港荣华饼家有限公司服务过程中，投入了大量的精力，产生了不少的典型案例。伴随着我国商标法的理论和实践的完善，其中部分案例惊心动魄，跌宕起伏，让人掩卷深思。由于双方纠纷案众多，现选择其中代表性的三个案例进行收录。

案例一：一定影响　可禁抢注

——第 30 类第 3865608 号"荣华"商标异议复审行政纠纷案*

董咏宜　温旭

> 荣华公司用在月饼上的"荣华"字样，属于知名商品特有名称及在先使用并有一定影响的商标。苏氏荣华商行将被异议的"荣华"商标申请指定使用在糕点、月饼商品上的行为，属于以不正当手段抢先注册他人已经使用并有一定影响商标的情形。在该争议焦点上，一审法院与二审法院作出截然相反的判决，最终北京市高级人民法院二审判决，认定荣华公司实际使用的"荣华"商标属于《商标法》第三十一条规定的"他人已经使用并有一定影响的商标"，维持商标评审委员会[1]作出的关于被异议的"荣华"商标在糕点、月饼商品上不予核准注册的商标异议复审裁定。

---

* 生效案号：（2014）高行终字第 2010 号。
[1] 即原国家工商行政管理总局商标评审委员会，为尊重原来案件文书表述和读者阅读习惯，本书统一称其为"商标评审委员会"。

> 该案的裁判要旨明确了以下两个判定原则，一是在类似商品有近似的在先注册商标存在，但只要在先商标权人没有追究的前提下，若在后使用人是基于善意使用且已形成固定的消费群体、稳定的社会秩序的，仍然可以产生受法律保护的权益或权利。二是先后两个申请注册在类似商品上的近似商标之间不具有当然延续关系，在后商标是否能获得注册，仍需要看申请时的证据与事实。

■ 案情简介

被上诉人苏某系苏氏荣华商行经营者。2003年12月29日顺德市勒流苏氏荣华食品厂向商标局申请注册第3865608号"荣华"商标（以下简称"被异议商标"），指定使用于第30类"糕点、月饼、咖啡、糖果、蜂蜜、龟苓膏、冰糖燕窝"等商品，后被异议商标注册人名义依法变更为佛山市顺德区勒流苏氏荣华食品商行。

第533357号"荣华及图"商标由山东省沂水县永乐糖果厂于1989年11月14日申请注册，于1990年11月10日经核准注册，核定使用于第30类糕点、糖果商品上，专用期限经续展至2030年11月9日止。1997年12月28日，将该商标转让给顺德市勒流镇荣华面包厂，随着苏某开办的个体工商户名称变更，商标注册人名义也数次变更，并于2011年6月7日变更为苏氏荣华商行。

针对被异议商标，荣华公司向商标局提出异议。商标局于2009年6月10日作出（2009）商标异字第08246号商标异议裁定，裁定被异议商标予以核准。荣华公司不服商标局裁定，于2009年7月20日向商标评审委员会提出异议复审申请。2013年4月22日，商标评审委员会经审查作出商评字〔2013〕第11087号《关于第3865608号"荣华"商标异议复审裁定书》（以下简称"第11087号裁定"）认定，被异议商标在糕点、月饼商品上不予核准注册，在其余商品上予以核准注册。

苏某因不服商标评审委员会作出的第11087号裁定，遂向北京市第一中级人民法院提起诉讼，请求撤销第11087号裁定。北京市第一中级人民法院作出（2013）一中知行初字第2895号判决书，认定：案证据尚不足以认定在第533357号"荣华"商标的申请注册之前，荣华公司在月饼上使用的"荣华"已经构成知名商品的特有名称。在第533357号"荣华"商标核准注册之后，荣华公司在月饼等商品上使用"荣华"字样必然与第533357号"荣华"注册商标专用权冲突，构成侵权。商标评审委员会认定被异议商标指定使用在糕点、月饼等商品上构成对荣华公司在先的知名商品特有名称的损害，属于以不正当手段抢先注册他人已经使用并有一定影响商标的情形，缺乏事实和法律依据。因此撤销了商标评审委员会作出的第11087号裁定。

对此，商标评审委员会与荣华公司均不服一审判决，遂向北京市高级人民法院提起上诉。

北京市高级人民法院认为：该案应适用2001年修订的《商标法》进行审理。2001年《商标法》规定，"侵犯商标专用权"的行为必须是"未经商标注册人的许可"的使用行为。该案中，荣华公司未经第533357号"荣华及图"商标注册人的许可使用"荣华"商标，是构成侵害第533357号"荣华及图"商标专用权必须具备的构成要件。虽然第533357号"荣华及图"商标于1997年12月28日被依法转让，但其在转让前的商标注册人并不因为该转让行为而发生变化，即在转让前第533357号"荣华及图"商标的注册人依然是沂水县永乐糖果厂。该案现有证据不能证明荣华公司自1990年11月10日被核准注册至1997年12月28日被转让这一期间，使用"荣华"商标属于"未经商标注册人的许可"的行为。原审法院认定"香港荣华公司在月饼等商品上使用'荣华'字样必然与第533357号'荣华'注册商标专用权冲突，构成侵权"证据不足。

该案中，虽然第533357号"荣华及图"商标早在1989年11月14日申请注册并于1990年11月10日被核准注册，但在苏某实际控制的顺德市勒流镇荣华面包厂于1997年12月28日依法受让第533357号"荣华及图"商标前，在案证据并不能证明第533357号"荣华及图"商标的原注册人沂水县永乐糖果厂实际使用了该商标，也不能证明荣华公司在同期使用"荣华"商标的行为构成对第533357号"荣华及图"商标原所有人沂水县永乐糖果厂的注册商标专用权的侵犯。荣华公司在该商标于1997年被核准转让前已经在珠三角地区大量实际使用的事实，包括在被异议商标申请注册前荣华公司在包括珠三角在内的地区持续大量使用"荣华"商标行为并持续至今的事实，认定荣华公司实际使用的"荣华"商标在被异议商标申请注册前属于《商标法》第三十一条规定的"他人已经使用并有一定影响的商标"，荣华公司实际使用"荣华"商标的行为能够形成合法权益并且应当受到法律保护。

因此，北京市高级人民法院判决：（1）撤销北京市第一中级人民法院（2013）一中知行初字第2895号行政判决；（2）维持商标评审委员会作出的商评字〔2013〕第11087号《关于第3865608号"荣华"商标异议复审裁定书》。

■ 办案心得

该案的争议焦点在于：（1）被异议商标是否构成《商标法》第三十一条所指的以不正当手段抢注他人已经使用并有一定影响的商标的情形；（2）被异议商标可否认定为在先注册的第533357号"荣华及图"商标的延续。本文也围绕该两个争议焦点进行论述。

一、恶意抢注商标条款中"他人已经使用并有一定影响的商标的情形"的认定，要结合在先商标的实际使用情况以及在后使用人的主观意图及实际影响

荣华公司认为，其涉案的荣华月饼在苏某受让的第533357号"带圈荣华"于1990年核准注册前，已经在国内至少7个省市销售。为此，其"荣华"商标在1990年前应被认定为"在先使用并有一定影响的商标"。在被异议商标2003年申请注册前，荣华公司通过在荣华月饼上的持续使用，"荣华"商标的显著性得到进一步加强，更应认定是在先使用并有一定影响的商标。被异议商标与荣华公司的荣华商标构成近似，商品构成类似，为此，不应核准注册。

在审理被异议商标确权的案件中，一审法院得出荣华公司在月饼等商品上使用"荣华"字样必然构成侵权的结论，是未审先认定，严重超出了该案法院审理的范围，对荣华公司而言极为不公。

1. 该案是商标行政确权案件，非商标侵权案件，在没有任何生效裁决认定荣华公司在月饼商品上使用"荣华"字样构成商标侵权的情况下，原审法院直接得出荣华公司构成侵权的结论不但认定事实错误，且严重超出了法院的审理范围。

2. 即使荣华公司的"荣华"月饼不享有知名商品特有名称权，也不代表其在月饼上使用"荣华"字样必然与他人的注册商标专用权冲突，并构成侵权。因为商标侵权的认定标准，除了考虑商标是否相同近似，商品是否相同类似以外，还要考虑是否会造成混淆及混淆由谁造成的，原审法院不能想当然地推论荣华公司的行为构成商标侵权。

3. 一审法院在苏氏荣华商行没有主张也不能主张侵权的商标行政确权案件中，在没有其他证据证明荣华公司的行为构成商标侵权的情况下，直接推论出荣华公司的行为构成商标侵权，不但认定事实错误、程序违法，而且会被苏氏荣华商行使用在双方的其他纠纷案件中，这对荣华公司而言是极不公平的。

北京市高级人民法院判决认为，2001年《商标法》第三十一条规定："申请商标注册不得损害他人现有的在先权利，也不得以不正当手段抢先注册他人已经使用并有一定影响的商标"。如果申请人明知或者应知他人已经使用并有一定影响的商标而予以抢注，即可认定其采用了不正当手段。在中国境内实际使用并为一定范围的相关公众所知晓的商标，即应认定属于已经使用并有一定影响的商标。有证据证明在先商标有一定的持续使用时间、区域、销售量或者广告宣传等，可以认定其有一定影响，对于已经使用并有一定影响的商标，不宜在不相类似商品上给予保护。这里必须指出的是，明知他人有在先注册商标相同或近似商标的，只有在该在先商标注册人明确表示追究该使用行为的，该使用行为才可能构成侵犯注册商标专用权的行为。但是，如果在先商标取得注册后在较长期限内并未进行合法有效的实际使用，而该在先商标注册人明知或者应当知道他人在相同或类似商品或服务上使用与其注册商标相同或近似的商标，且这种使用还具有一定程度的正当性，如这种使用并非基于对在先注册商标的觊觎，而是基于其在境外长期实际使用取得的声誉以及这种使用对我国境内可能产生的影响等客观事实，但在先商标注册人却在较长期限内无意或者怠于追究该使用行为，则在后商标使用人对其商标的使用客观上同样会可能会聚集一批较为稳定的消费群体，并形成相对稳定的市场秩序，从而可能形成某种合法权益，此时对在后商标的实际使用行为应当给予一定程度的关注和保护。

该案中，虽然第533357号"荣华及图"商标早在1989年11月14日申请注册并于1990年11月10日被核准注册，但在苏某实际控制的顺德市勒流镇荣华面包厂于1997年12月28日依法受让第533357号"荣华及图"商标前，在案证据并不能证明第533357号"荣华及图"商标的原注册人沂水县永乐糖果厂实际使用了该商标，也不能证明荣华公司在同期使用"荣华"商标的行为构成对第533357号"荣华及图"商标原所有人沂水县永乐糖果厂的注册商标专用权的侵犯。荣华公司在该商标于1997年被核准转让前已经在珠三角地区大量实际使用的事实，包括在被异议商标申请注册前荣华公司在包括珠三角在内的内地持续大量使用"荣华"商标行为并持续至今的事实，认定荣华公司实际使用的"荣华"商标在被异议商标申请注册前属于2001年《商标法》第三十一条规定的"他人已经使用并有一定影响的商标"，荣华公司实际使用"荣华"商标的行为能够形成合法权益并且应当受到法律保护。

二、先后两个注册在类似商品上的近似商标之间不具有当然延续关系，在后商标是否能获得注册，仍需要看申请时的证据与事实

苏氏荣华商行认为，其早已在第30类商品上获得"荣华及图"商标的注册，苏氏荣华商行申请注册被异议商标是早已注册的"荣华"商标的延续，并非对荣华公司商标的抄袭或模仿。

荣华公司认为，两个商标之间不必然具有延续关系，若有也是商誉延续，也就是基础注册商标一定要经过在先使用产生知名度，从而使得相关公众将其在后在相同或类似商品上申请注册的相同或者近似商标联系在一起，并认为两个商标之间均来源于同一权利人或者存在特定联系，才有可能构成延续关系。而该案，虽然苏氏荣华商行有第533357号"荣华及图"基础商标，但其没有提交任何使用证据，因而不能证明该商标在月饼等商品上长期持续使用产生知名度。相反，苏氏荣华商行在荣华公司的"荣华"商标在先使用、并有一定影响的情况下，没有合理避让，反而以抄袭模仿荣华公司的使用方式申请注册被异议商标。为此，法院不应认定被异议商标与其第533357号"荣华及图"商标存在商标延续关系。

北京市高级人民法院认为，审查判断诉争商标是否损害他人现有的在先权利，一般以诉争商标申请日为准，但如果在先权利在诉争商标核准注册时已不存在，则不影响诉争商标的注册。

该案中，虽然第533357号"荣华及图"商标早在1989年11月14日申请注册，并于1990年11月10日被核准注册，且于1997年12月28日经商标局核准转让给顺德市勒流镇荣华面包厂，但是两个注册在类似商品上的近似商标之间不具有当然延续关系，在后商标是否能获得注册，仍需要看申请时的证据与事实。

被异议商标

第 533357 号"荣华及图"商标

■ **小结**

从这个案件当中，得到两点启示：一是在类似商品有近似的在先注册商标存在，但只要在先商标权人没有追究的前提下，若在后使用人是基于善意使用且已形成固定的消费群体、稳定的社会秩序的，仍然可以产生受法律保护的权益或权利；二是先后两个注册在类似商品上的近似商标之间不具有当然延续关系，在后商标是否能获得注册，仍需要看申请时的证据与事实。

■ **法律链接**

《中华人民共和国商标法》（2001 年）第三十一条、第五十二条。

案例二：名称装潢　独立判断

——关于第3301751号商标异议复审行政纠纷案*

温旭　董咏宜

> 苏氏荣华商行与荣华公司各自申请注册的图形商标是否构成近似商标产生纠纷。案件经过异议、异议复审、一审、二审、再审审查，最终最高人民法院裁定维持苏氏荣华商行所申请注册的商标不予核准的决定。
>
> 该案主要两个裁判观点：第一，在近似商标的判断上，应当结合各商标图形的构图及颜色，或者各要素组合后的整体结构，以及相关公众的一般注意力为标准，并考虑请求保护的引证商标的显著性和知名度进行综合判断；第二，知名商品特有名称、特有包装、特有装潢是三个不同的权益，在一定条件下是可以分离的，是否享有知名商品特有名称的权益，并不影响其特有包装、特有装潢的权益。

■ 案情简介

苏氏荣华商行主要经营月饼、礼饼、面包等产品。2002年9月10日苏氏荣华商行向商标局申请注册第3301751号图形商标（以下简称"被异议商标"），2003年11月28日该商标初审公告。荣华公司认为该商标与其在先申请注册的引证商标构成类似商品上的近似商标，同时损害其在先享有的知名商品特有包装装潢的权益。违反了2001年《商标法》第二十八条、第三十一条的规定，向商标局提起异议申请。

2008年8月4日，商标局裁定该商标予以核准注册。荣华公司不服向商标评审委员会提出异议复审。商标评审委员会认为，被异议商标的图形与引证商标的图形在构图要素、设计风格上近似，仅存在细节差异，整体外观相近。综合核定使用的商品类型、引证商标的知名度，苏氏荣华商行与荣华公司所处地域相邻等因素，相关公众施以一般注意力容易对商品来源产生混淆误认。荣华公司提交的证据足以证明其商品为知名商品，其使用的牡丹花及月亮图形包装特征显著，属于反不正当竞争法所指的具有区别商品来源的知名商品特有装潢。苏氏荣华商行与荣华公司所处地域毗邻，其在相同商品上使用

---

* 该案被广东省律师协会评为2014年广东律师十大知识产权审判典型案例。生效案号：(2013) 知行字第108号。

视觉上基本无差异的牡丹花及月亮图形商品特有装潢，足以造成相关公众对商品来源或商品提供者之间是否存在特定联系的混淆与误认。2010年8月2日，商标评审委员会裁定异议复审申请成立，该商标不予核准注册。

苏氏荣华商行不服商标评审委员会裁定，向北京市第一人民法院提起行政诉讼。2012年12月18日，北京市第一人民法院判决撤销商标评审委员会裁定，要求商标评审委员会重新裁定。荣华公司不服，向北京市高级人民法院上诉。2013年9月18日，北京市高级人民法院判决撤销北京市第一人民法院的一审判决，维护商标评审委员会的裁定。苏氏荣华商行不服，向最高人民法院申请再审。2014年8月4日，最高人民法院驳回苏氏荣华商行的再审申请，维持北京市高级人民法院的判决，即被异议商标不予核准注册。

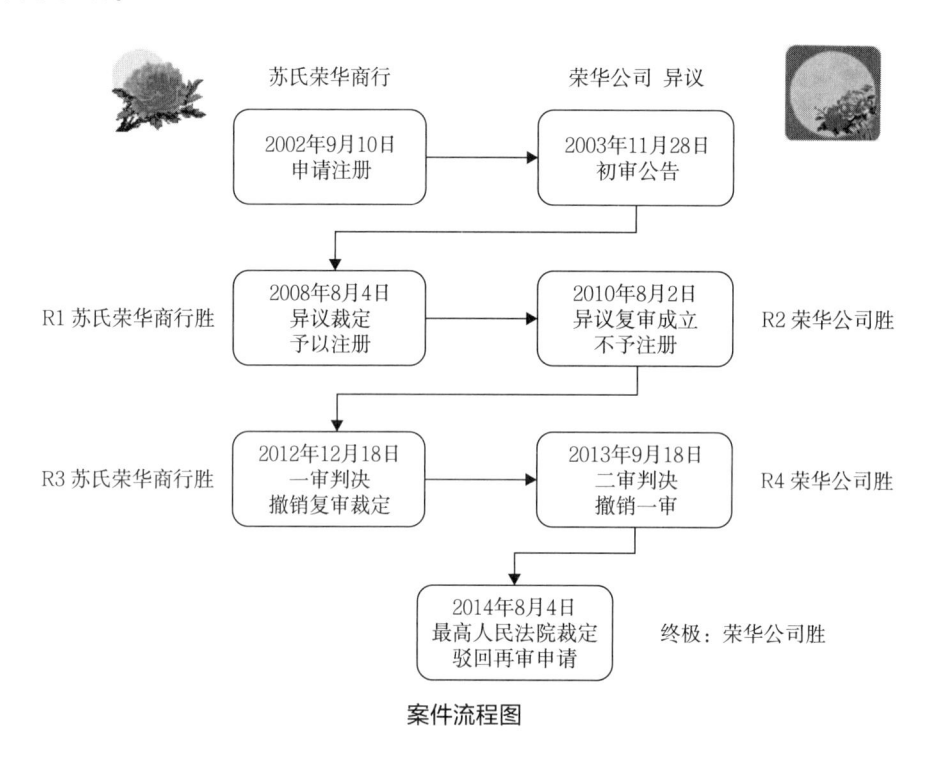

案件流程图

■ 办案心得

该案主要的争议焦点有两个：一是被异议商标的申请注册是否违反2001年《商标法》第二十八条；二是被异议商标的申请注册是否侵犯荣华公司在先享有的知名商品特有装潢权益，是否违反《商标法》第三十一条。

一、判断两个商标是否近似，应以相关公众施以一般注意力为标准并综合考虑各种因素

判断两个商标是否近似，不能只是简单的在两个标识之间进行比对，还需要综合考虑以下因素：

1. 引证商标的显著性。引证商标"花好月圆"的组合是荣华公司首创使用在月饼上，具有较强的显著性，苏氏荣华商行虽提供了一些案外人将"牡丹花"申请为商标的证据，但表现形式与引证商标完全不同，也没有使用牡丹花与月亮组合的图样，而该案被异议商标表现形式与引证商标完全相同，都是牡丹花与月亮的组合，倾斜角度、花与月亮所占比例大致相当，可以说二者表现形式完全相同，理应判定为近似商标。另外，案外人的这些商标的存在也说明，牡丹花的使用可以有千万种表现形式，完全可以各不相同。而该案被异议商标的图形构成要素、排列方式、颜色均与引证商标完全相同，反过来足以说明苏氏荣华商行具有模仿恶意，被异议商标不应核准注册。

2. 引证商标的知名度。引证商标"花好月圆"组合经过荣华公司长期、广泛、持续性地商业使用，具有较高知名度。《最高人民法院关于审理商标民事纠纷案件适用法律若干问题的解释》第十条规定"人民法院依据商标法第五十二条第（一）项的规定，认定商标相同或者近似按照以下原则进行：……（三）判断商标是否近似，应当考虑请求保护注册商标的显著性和知名度。"

从荣华公司提交的证据可以证明荣华公司长期、广泛、持续性地商业使用引证商标，使其具有较高的知名度，对此苏氏荣华商行也予以确认。而依据商标法相关司法解释，判定商标是否近似，要将引证商标的知名度情况纳入认定依据，对知名度越高的商标，保护力度应越大，在判断商标是否近似时标准应越宽松。该案中，引证商标的较高知名度与多年的使用历史，已使得相关公众将牡丹花与月亮的组合固化为荣华公司月饼的标志，被异议商标与之共存必将导致混淆，二者应判定为近似商标。

3. 被异议商标权利人的主观因素。广东省与香港毗邻，而苏氏荣华商行所在的顺德地区与香港直线距离仅有150公里。1997年苏氏荣华商行生产的月饼的包装装潢就被法院生效判决认定为侵犯荣华公司的知名商品特有包装装潢，被异议商标虽然与其1997年的包装装潢有所不同，但仍然以月亮、牡丹花为主要元素，月亮和牡丹花叠合的角度、构成部分及比例与引证商标构成近似。相关消费者施以一般注意力的情况下，对两者之间的细微区别根本不会考虑，相关消费者仍然会将两者混淆。苏氏荣华商行使用被异议商标，显然有"傍名牌""搭便车"的恶意，是商标法所不容许的商标侵权行为。

综上，法院在判断被异议商标与各引证商标是否构成近似商标，不仅应考虑商标图形的构图及颜色，还应对各引证商标的显著性和知名度做充分的考虑，那些具有较高知名度的引证商标，在判断近似性标准上应适当宽松，对其保护范围会相对扩大。结合该案，法院认为荣华公司的引证商标为其使用多年的注册商标，经过长期、大量、持续性地使用，已经具有了较高的知名度，在判断商标的近似性标准上应当综合把握，尽可能划清商业标志间的界限，避免造成相关公众的混淆与误认。最后认定被异议商标与引证商标构成近似。

二、知名商品特有名称、特有包装、特有装潢是三个不同的权益，在一定条件下可以分离

苏氏荣华商行认为，最高人民法院作出的（2012）民提字第 38 号民事判决撤销了荣华公司享有"荣华月饼"知名商品特有名称的认定，而荣华公司月饼商品的包装装潢依附于"荣华月饼"这一商品名称，失去了商品名称，包装装潢权益将当然不复存在，不构成法律意义上的特有名称的包装装潢。

荣华公司认为，事实并非如此，知名商品特有包装、特有装潢和特有名称是反不正当竞争法所保护的不同权益。知名商品特有包装、特有装潢在发挥商品方便携带、储运及美化功能的基础上，会产生识别商品来源的作用。商品名称通常标示在商品包装上，但不能因此证明包装、装潢不具有独立识别商品来源的价值。

结合该案，荣华公司是否享有知名商品特有名称权益，不影响其商品特有包装、特有装潢依法受到保护。荣华公司以"花好月圆"组合作为其月饼盒的主要装潢，经过荣华公司的长期、广泛、持续性地商业使用，具有较高的知名度，单凭装潢部分足可以区别商品来源，为此构成知名商品特有包装、特有装潢。

综上，知名商品特有名称与知名商品特有包装、特有装潢是不同的权益，在一定条件下是可以分离的，是否享有知名商品特有名称的权益，并不影响其特有包装、特有装潢的权益，法院最终认定荣华公司月饼的装潢为特有装潢，引证商标与其构成近似。

■ 小结

该案是拥有知名商标的权利人面对他人恶意抢注而及时维权的案例。当一个品牌享有较大影响力时，难免会有其他市场经营主体企图通过申请与知名商标近似的商标的方式去"打擦边球""傍名牌""搭便车"，利用其品牌效益获得不正当经济利益，此时权利人一定要积极维权。

该案的被异议商标与引证商标存在一定的区别，若只是简单对两个标识进行比对，就有可能像商标局那样，得出两者不近似的结论。但代理人没有放弃，强调商标是否近似，需要以相关公众的一般注意力为标准进行综合判断，不但考虑各商标图形的构图及颜色，也要考虑各要素组合后的整体结构，更要考虑请求保护的引证商标的显著性和知名度，综合判断相关公众是否会对商品的来源产生误认或者认为来源间存在特定的联系。

另外，代理人在为委托人制定维权方案时，应关注到同一商品上可分的不同权益,即使在某一权益主张受挫时,也不放弃其他可主张的权益,做到全盘考虑,步步为营。

■ 法律链接

《中华人民共和国商标法》(2001 年)第二十八条、第三十一条;

《最高人民法院关于审理商标民事纠纷案件适用法律若干问题的解释)》(法释〔2002〕32 号)第九条、第十条。

案例三：香港榮華　终获注册

——第 6799828 号"香港榮華"驳回复审行政纠纷案*

董咏宜　温旭　张满兴

> "香港榮華"商标的申请注册历时 12 年，经历商标驳回、驳回复审、一审、二审、再审审查、再审审理 6 个程序，经过被商标评审委员会、北京知识产权法院、北京市高级人民法院均驳回"香港榮華"商标的注册后，荣华公司及代理律师仍不懈努力，申请再审并获最高人民法院提审并改判，在 2020 年终于获得了最高人民法院的定性：认为"香港榮華"商标与顺德荣华的"荣华加圈"商标不构成近似商标，两者共存不会导致混淆误认。该案体现了能动司法、注重纠纷的实质解决，不仅有利于解决双方历时 20 多年的商标争议，还为双方划清商业标识之间的界限，为双方的发展指明了方向；也有利于法院为审判此类因历史原因形成的商标确权案件提供了审理思路。

■ 案情简介

荣华公司及其关联企业在 1950 年开始生产、销售"荣华月饼"，随着 1978 年改革开放的进行，在中秋时节，"荣华月饼"成为送礼佳品。香港荣华月饼在我国特别是珠三角地区及海内外具有非常高的知名度。

2008 年 6 月 23 日，荣华公司申请注册第 6799828 号"香港荣华"商标，商标评审委员会作出了《商评字〔2015〕第 75967 号关于第 6799828 号"香港荣华"商标驳回复审决定书》（以下简称"被诉决定"）：认为"香港榮華"商标构成 2014 年《商标法》第十条第二款的情形，即县级以上行政区划的地名或者公众知晓的外国地名，不得作为商标。同时引证苏氏荣华商行名下的第 533357 号"荣华加圈"商标，认为"香港榮華"跟苏氏荣华商行的第 533357 号"荣华加圈"商标构成近似商标，违反 2014 年《商标法》第三十条规定，驳回了"香港榮華"商标的注册。

---

* 该案入选广东知识产权保护协会评为 2020 年度知识产权典型案例；入选 2020 岭南知识产权诉讼优秀案例；入围 2020 年商标授权确权司法案例 20 强；获 2019—2022 年粤港澳大湾区法律服务优秀案例一等奖；获广州市律师协会 2020 年度业务成果奖。生效案号：（2020）最高法行再 178 号。

香港榮華

第6799828号诉争商标

第533357号引证商标

荣华公司不服该驳回复审决定，向北京知识产权法院提起诉讼，请求撤销被诉决定。

北京知识产权法院（2016）京73行初1205号一审判决认为："香港榮華"商标与"荣华加圈"商标已经构成使用在同一种或者类似商品上的近似商标。此外，"香港"是我国县级以上行政区划的地名，虽然荣华公司表示放弃"香港"二字的专用权，但是在相关公众易将诉争商标进行整体认读的情况下，诉争商标违反了《商标法》第十条第二款的规定。

荣华公司不服该一审判决提起上诉，北京市高级人民法院（2016）京行终5212号二审判决认为："香港榮華"商标完整包含了引证商标的中文部分"荣华"，和引证商标在文字外观呼叫发音等方面近似，易使相关公众对商品或服务的来源产生混淆误认。且"香港榮華"指定使用的商品与引证商标核定使用的商品已构成相同或类似商品。荣华公司提交的证据不足以证明"香港榮華"商标经过使用已形成了相对稳定的市场秩序。

荣华公司不服二审判决，向最高人民法院提起再审申请，最高人民法院决定提审，并在2020年9月30日作出（2020）最高法行再178号行政判决书。

最高人民法院认为：根据《最高人民法院关于审理商标授权确权行政案件若干问题的规定》第六条，"商标标志由县级以上行政区划的地名或者公众知晓的外国地名和其他要素构成，如果整体上具有区别于地名的含义，人民法院应当认定其不属于商标法第十条第二款所指情形。"该案中，"香港榮華"商标的申请人荣华公司是在我国香港特区注册和经营的公司，虽然诉争商标"香港榮華"含有申请人荣华公司所在的县级以上行政区划地名"香港"，但其同时包含文字"荣华"，因此，诉争商标"香港榮華"整体上已经具有区别于地名的含义，具有显著特征，诉争商标"香港榮華"的申请注册不构成《商标法》第十条第二款规定的情形。

同时认为，"香港榮華"与苏氏荣华商行的"荣华加圈"商标两者不构成同一种或者类似商品上的近似商标，其共存不会导致相关公众的混淆误认。

该案中，诉争商标"香港榮華"与引证商标"荣华加圈"虽然均含有文字"荣华"，但是，诉争商标中的"榮華"是繁体字，引证商标中的"荣华"是经过艺术加工后的字体，被整体置于一个圆圈中，诉争商标"香港榮華"与引证商标"荣华加圈"的构成要素和整体视觉效果均有明显不同。诉争商标"香港榮華"在"榮華"文字之外还包含"香港"文字，与引证商标的呼叫不同，进一步突显了诉争商标"香港榮華"与其申请人荣华公司的联系，并增强了诉争商标与引证商标的可区分性。

此外，根据法院查明的事实，荣华公司的"荣华"商标在引证商标申请日之前已经在香港长期实际使用并对我国境内产生影响,并且在引证商标于 1997 年被核准转让前在珠三角地区大量实际使用,而引证商标"荣华加圈"在 1997 年之前并无使用证据,上述实际使用情况形成的稳定市场秩序,在客观上使相关公众能够区分诉争商标"香港榮華"与引证商标"荣华加圈"。因此,诉争商标与引证商标不构成同一种或者类似商品上的近似商标,其共存不会导致相关公众的混淆误认,诉争商标的申请注册不构成《商标法》第三十条规定的情形。被诉决定和一审、二审判决的相关认定存在错误,法院予以纠正。

至此,自 2008 年申请的"香港榮華"商标,至 2020 年历时了 12 年,最高人民法院终审定性"香港榮華"商标应予以核准注册。

广东省东莞市第二人民法院于 2023 年 2 月判决禁止顺德荣华使用注册的第 533357 号" "注册商标,并禁止其关联企业使用"荣华"作为字号。

■ 办案心得

一、该案准确把握商业标识授权确权的条件,妥善审理对于历史原因形成的商标共存案件,为此类案件的审判指明考量因素

对于因历史原因造成的两商标共存的案件,应当视案件具体情况,要尊重历史和维护已形成的市场秩序,在考虑历史因素和使用现状的基础上,公平合理地判断两标识的近似程度,是否会构成混淆误认,而不宜简单、机械地认定两者构成近似。对于在先使用、长期使用、善意使用,为相关公众所知悉,具有一定知名度的商标,允许通过增加地域标识使得两者更具有区分度,应当准予注册。

此类型案件中,最高人民法院认定商标是否准予注册的考量因素包括如下主要因素:(1)诉争商标与引证商标之间是否具有可区分度;(2)诉争商标的使用情况,是否在先使用、善意使用;(3)引证商标的使用情况,是否有实际使用、善意使用等情况;(4)诉争商标与引证商标共存是否会构成相关公众混淆误认。

四个考量因素在该案中的体现:(1)"香港榮華"与"荣华加圈"两者不属于相同商标,两者的标识明显不同,本身具有一定区分度;(2)香港荣华一直是在先使用、长期使用、善意使用,有非常高的知名度和美誉度,为相关公众所熟知;(3)引证商标"荣华加圈"在顺德荣华受让前并无实际使用,顺德荣华在受让引证商标"荣华加圈"后,其实际使用存在搭香港荣华便车、攀附香港荣华商誉的不正当行为,不具有正当性;(4)"香港榮華"经过自 1950 年以来的长期使用,已经形成了稳定的市场秩序,在客观上使相关公众能够区分诉争商标"香港榮華"与引证商标"荣华加圈"。

对于在 1987 年 9 月至 1989 年 9 月期间,荣华公司在香港报纸《今天日报》《明报》

《华侨日报》《信报》《成报》共刊载6期其关联企业生产的"荣华月饼"广告,销售主体包括"省港直通车""油麻地广州飞翔船""九广铁路沿线餐厅""港穗直通车"等的使用证据是否为在先使用有争议,但坚持到今日,最高人民法院在该案及相关案件中已明确认定属于在先使用的情形,即荣华公司于1987年9月至1989年9月期间对"荣华"的使用已经由香港扩展到内地并产生影响,其对"荣华"的使用早于第533357号"荣华加圈"注册商标的申请日即1989年11月14日。

而苏氏荣华商行受让第533357号"荣华加圈"商标后却不使用,反而以"香港榮華"的字体及特有的花好月圆图案结合使用繁体的荣华商标,正好说明香港荣华通过长期使用形成了稳定的使用价值,"香港榮華"一直是在先使用、善意使用,而一直存在恶意使用、搭便车的反而是受让第533357号"荣华加圈"商标的顺德荣华。

正如最高人民法院所认为的,诚实信用原则是一切市场活动参与者所应遵循的基本准则。一方面,它鼓励和支持人们通过诚实劳动积累社会财富和创造社会价值,并保护在此基础上形成的财产性权益,以及基于合法、正当的目的支配该财产性权益的自由和权利;另一方面,它又要求人们在市场活动中讲究信用、诚实不欺,在不损害他人合法利益、社会公共利益和市场秩序的前提下追求自己的利益。因此,该案以诚实信用为基本原则,结合"香港榮華"一直在先使用、善意使用、持续使用"荣华"标识,该案中最高人民法院没有机械理解法律及对标识进行简单比对,而是坚持以诚信为本,考虑谁在先,谁开拓了荣华月饼的市场,并且通过增加地域,划清两个争议已久的"荣华"商标之间的界限,注重纠纷的实质解决,为双方的发展指明了方向。

二、该案中法院发挥能动司法、服务大局的积极作用,注重案件争议的实质性解决

中共中央办公厅、国务院办公厅《关于加强知识产权审判领域改革创新若干问题的意见》强调"充分发挥知识产权司法保护主导作用",既是对司法在知识产权保护体系中主导作用的充分肯定,又是对司法保护知识产权主导作用发挥程度、深度和广度的进一步期许。

该案是司法发挥知识产权审判职能、司法保护知识产权主导作用的案件。最高人民法院关注到"香港榮華"与苏氏荣华商行的"荣华加圈"之间关于"荣华"品牌二十多年的纷争不断,充分考虑了是由于历史原因,造成了"香港榮華"与苏氏荣华商行的"荣华加圈"这两个"荣华"商标共存于月饼市场上,且"香港榮華"一直是在先使用、长期使用、善意使用荣华商标,具有极高的知名度,已经形成自己稳定市场,得到广大消费者的认同和赞誉。

因此最高人民法院并没有机械地比对"香港榮華"和"荣华加圈"商标的近似度,而是发挥知识产权审判能动性,从服务大局角度出发,注重案件争议的实质性解决,并以诚实信用为基本原则,尊重历史和现状,全面、审慎、客观地考量各种因素,以尽可能地以划清商业标识之间的界限为指引,作出"香港榮華"商标与"荣华加圈"商标可以区分，两者共存不会导致相关公众混淆误认的认定，"香港榮華"商标应当核准注册这一公平、合理的裁判结果。

■ 小结

在荣华公司由于已存在在先商标和被他人抢注"荣华"商标，导致自己所申请注册的"荣华"商标屡屡被驳回、无法注册下来的情况下，该案代理律师综合荣华公司的使用"荣华"标识的客观历史情况、对方使用情况、我国法律适用等情况，具有远见地建议荣华公司申请注册该案的"香港榮華"商标，最高人民法院给予荣华公司核准注册"香港榮華"商标的定性结果，体现了知识产权专业律师在品牌保护的重要性。

知识产权的案件有些历时较长，如该案"香港榮華"商标历时12年才获准注册，不禁想起毛主席所作诗句"雄关漫道真如铁，而今迈步从头越"。复杂疑难知识产权案件，需要办案律师具有顽强的毅力、刻苦的精神，攻克各种法律适用问题，即便遇到难题，秉持不畏困难，迎难而上，心中坚持正义，终将为客户品牌保护闯出一条开阔大道。

■ 法律链接

《中华人民共和国商标法》（2002年）第十条第二款、第三十条。

罪与非罪　天差地别

——不在同一种商品上使用，重审二审改判不构成假冒注册商标罪，十四名被告人无罪案*

程跃华

多米诺印刷科学有限公司是一家生产喷码机产品的英国公司，其国际注册第G709885号商标，通过领土延伸指定到我国并获得保护，申请使用在商标注册用商品和服务国际分类第九类商品上，该商标核定使用的商品包括："喷墨打印装置；喷墨标示装置……"等商品。被告人谢某先后设立拓某科技、杜某公司，自2003年起，招收包括另13名被告人在内的员工，按各自职能分工共同研发、生产、销售喷码机、零配件及耗材等。2012年3月，各被告人在公司内被公安机关抓获归案，现场缴获涉嫌假冒多米诺注册商标的喷码机、零配件一批及相应的合同、单据等。

该案经过一审、发回重审、重审一审、二审终审，历时两年多，最终二审法院认为，涉案喷码机属于《类似商品和服务区分表》中的第七类商品，与多米诺公司第G709885号注册商标核定使用的第九类商品并非同一种商品，原审法院认定各被告人构成假冒注册商标罪适用法律不当，判决撤销重审一审刑事判决，改判14名被告人无罪。

本文是在重审二审部分辩护意见的总结，认为假冒注册商标罪的"同一种商品"应当考虑尼斯分类、国家工商总局商标局[1]及商标评审委员会的裁决、国际知名品牌喷码机商标注册信息、国家工商总局商标局关于该案的复函的角度；并从涉案喷码机功能、用途、主要原料、消费对象、销售渠道等方面进行分析论证；同时指出认定"同一种商品"，应当在权利人注册商标核定使用的商品和行为人实际生产销售的商品进行比较，而不应当将权利人实际使用的商品与行为人实际生产销售的商品之间进行比较；公诉机关主张的多米诺公司主张权利的商标专用权具体指向的商品必须明确，认定假冒注册商标罪，应当先查清被假冒注册商标对应的核定使用的商品名称，否则不应限制各被告人的人身自由权。

---

* 该案先后入选广州法院2014年知识产权十大案例、2014年度广州市知识产权十大案例、广东省高级人民法院2014年十大知识产权案例、2014年度广东省知识产权十大案件、2014年度中国法院50件典型知识产权案例，程跃华也获得广东省律师协会2014年度十大知识产权典型案例奖、中华全国律师协会知识产权专业委员会2015年度十大知识产权典型案例奖，助手作为第三被告人的辩护人获得了广州市律师协会2014年度业务成果奖。生效案号：（2014）穗中法知刑终字第21号。

[1] 即原国家工商行政管理总局商标局，为尊重原案件文书表述和读者阅读习惯，本书统一称其为"国家工商总局商标局"。

■ 案情简介

一、基本案情

多米诺印刷科学有限公司（Domino Printing Sciences plc，以下简称"多米诺公司"）是一家生产喷码机产品的英国公司，该公司的国际注册第 G709885 号商标，1999 年根据《商标国际注册马德里协定》和《商标国际注册马德里协定有关议定书》的规定，通过领土延伸指定到我国并获得保护，申请使用在商标注册用商品和服务国际分类第九类商品上，该商标核定使用的商品包括："喷墨打印装置；喷墨标示装置；激光标示装置；喷墨打印机；上述商品的电动、电子控制装置；控制工业喷墨打印机、工业喷墨标示装置和工业激光标示装置的运行状况的计算机软件；喷墨打印机的打印头；上述商品的零配件"等商品，有效期自 2009 年 1 月 28 日至 2019 年 1 月 28 日。

2012 年，多米诺公司声称自己的商标被假冒，向广州市越秀区警方报案。之后，该案顺利侦结。

检察机关指控，被告人谢某于 2003 年 8 月 26 日成立广州市拓某科技有限公司（以下简称"拓某公司"），2008 年 3 月 18 日与被告人谢某标共同成立广州市杜某机电有限公司，招收被告人罗某、淡某、谢某桃、李某诗、孔某明、梁某荫、艾某、苏某彬、李某武、胡某强、刘某坚、郑某等人，按各自职能分工共同研发、生产、销售喷码机、零配件及耗材等。2012 年 3 月 21 日，各被告人在公司内被公安机关抓获归案。公安机关在杜某公司缴获涉嫌假冒多米诺注册商标的喷码机、零配件一批及相应的合同、单据等，涉及的机型为 A200 型喷码机和 E50 型喷码机，其中 A200 型喷码机由杜某公司自主生产并使用了回收的多米诺公司的二手主板，E50 型喷码机是对原装 E50 型多米诺喷码机进行了墨盒改装的机器。经查，缴获的涉嫌假冒多米诺注册商标的喷码机 34 台，价值为人民币 1 054 000 元。根据对查获的杜某公司送货单及国际订单进行审查检验，在 2010 年 1 月 4 日至 2012 年 3 月 14 日期间，销售涉嫌假冒多米诺注册商标的喷码机 134 台，销售金额为人民币 4 175 700 元。广州市越秀区人民检察院指控上述被告人犯假冒注册商标罪，于 2012 年 9 月 28 日向广州市越秀区人民法院提起公诉。

二、原审裁判

广州市越秀区人民法院经审理认为：谢某等 14 人犯假冒注册商标罪。

广州市越秀区人民法院判决：各被告人分别被判处 1 年 6 个月至 4 年有期徒刑，并处罚金，其中谢某被判处有期徒刑 4 年，并处罚金 70 万元；扣押在案的商品予以没收。

宣判后，14 名被告人均不服一审判决，提出上诉，广州市中级人民法院将该案发回原审法院重新审理。

广州市越秀区人民法院重审认为：

第一，被害单位多米诺公司享有"多米诺"和图形多米诺商标的专用权，其生产的"喷码机"属于核定使用的商品之一。

多米诺公司在国家工商总局商标局第九类商品上注册的G709885号"DOMINO及图"商标，其核定使用商品包括"喷墨标示装置"。根据国家工商总局商标局出具的商标函字〔2014〕10号关于第G709885号"DOMINO"商标有关情况的复函，核定使用的商品"喷墨标示装置"包括符合第九类分类标准的"喷码机"，且证明"喷码机"并非为《类似商品和服务区分表》所列商品名称，其所及的商品较为宽泛，需要根据具体商品的功能、用途、销售渠道、消费对象等方面确定其所属的类别。根据国家工商总局商标局复函第三点，"喷码机"的功能、用途等和"与计算机连用的打印机"类似的，属于第九类；功能、用途等和"塑料导线印字机""工业打标机"类似的，属于第七类，证实多米诺喷码机的主板分为三层，每层都有一个中央处理器（CPU）。此外主板上还有储存，输出输入装置，有外部接口可与其他计算机相连，故多米诺公司生产的喷码机在机器结构和功能上均可以与计算机连用，其属于第九类注册商标的商品。现阶段，"喷码机"商品有在7类注册的情形，也有在9类注册的情形。庭审中，各被告人也确认喷码机就公众所理解之范畴均用于工业用途，而不存在办公用途的喷码机，因此，功能、用途等与"计算机连用的打印机"类似的在9类注册的喷码机也同样适用于工业用途。多米诺A200型和E50型喷码机在功能、用途和"与计算机连用的打印机"类似，是符合第九类分类标准的喷码机，包括在通过领土延伸指定到我国并获得保护的"多米诺"商标核定使用商品"喷墨标示装置"中，不能简单、片面地将该商品的某项用途指向的销售渠道、消费对象就将其定义在"工业打标机"类似的商品上。

第二，杜某公司的行为系假冒注册商标的行为。

经查，杜某公司生产的A200型喷码机，据报告人供称该机型是仿制多米诺公司A200型喷码机，而E50型喷码机只是对墨路系统进行改造，由此可见，杜某公司涉案的上述两件型号喷码机不但在外形上与多米诺原厂生产的基本一致，最关键的是在功能和用途上是完全一致的，且均用于工业用途。可以认定杜某公司生产、销售的涉案喷码机与多米诺公司在注册商标核定使用的商品属于"同一种商品"。

杜某公司是合法成立多年的公司，其主要产品是喷码机及其配件，也申请有自己的注册商标，但是，杜某公司并没有在涉案喷码机上标明自己公司的注册商标。从杜某公司生产的产品来看，大多都与多米诺品牌产品有关，而没有使用自己的注册商标，由此可见其真正目的还是让公众误认其产品是多米诺品牌产品。

杜某公司生产的A200型喷码机，除了在外观上足以让公众产生一定的误导之外，还在开机界面显示"DOMINO"标识，公众在开机使用过程中必然会看到"DOMINO"标识。因杜某公司在该款机型外观上未显示任何商标标识，其开机显示"DOMINO"标识更直接让公众误认为该商品来源于多米诺公司。杜某公司卖给其客户的喷码机从外观、操作方式、型号、保养方式、适用墨水、配件等均与之前从多米诺公司采购的喷码机一样,开机界面同样显示"DOMINO"的商标。

第三,被告人及其辩护人认为不构成假冒注册商标的辩解意见和辩护意见均不成立。

广州市越秀区人民法院认为,广州市杜某机电有限公司未经注册商标所有人许可,在同一种商品上使用与其注册商标相同的商标,情节特别严重,各被告人均参与作案,其行为构成假冒注册商标罪,在该案中,被告人谢某起主要作用是主犯,其他被告人起次要作用是从犯。

重审判决:谢某刑期为3年11个月,并处罚金70万元;其他被告人分别判处1年3个月至2年2个月有期徒刑,并处罚金;扣押在案的商品予以没收。

三、重审二审判决

宣判后,14名被告人均不服重审一审判决,提出上诉。

广州市中级人民法院经审理认为:

第一,杜某公司生产、销售的喷码机应属于工业用机械设备。

根据商标局2014年118号复函,区分属于第七类或第九类的喷码机并非以是否与计算机控制为标准,而是根据功能、用途、销售渠道、消费对象等方面进行分类。属于第七类的喷码机主要为工业用机械设备或工业成套设备的组成部分,属于第九类的喷码机则为家用或普通商用的小型电子设备。经查,首先,多米诺A200型喷码机,E50型喷码机及杜某公司生产的涉案喷码机属于工业用途,且多米诺A200型、E50型喷码机属于连续式喷码机(Continuous ink jet printer),对上述事实,多米诺公司与各上诉人均无异议。其次,根据上诉人一方提交的《连续式喷码机(Continuous ink jet printer)》的国家标准,该标准是由全国包装机械标准化技术委员会提出并归口,且该标准的起草单位包括了多米诺公司,该标准引用的文件中包括了《工业产品使用说明书》。包装机械属于工业用机械设备,其在《类似商品和服务区分表》属于第七类商品中的0721群组。再次,从涉案喷码机的功能、喷印速度、销售渠道和消费对象看,其不属于家用或普通商业用的电子设备。由于涉案喷码机属于工业用机械设备,故其应属于第七类商品。

第二,喷码机行业的倾向性意见是喷码机商品属于第七类商品。

第三,该案现有证据不能证实第G709885号注册商标核定使用的第九类商品中具体哪一个商品包括了杜某公司生产的喷码机。权利人、商标局对于涉案喷码机应属于第G709885号注册商标核定使用的第九类商品中的具体哪一个商品,意见不一致。

第四,从多米诺公司的商标注册情况看,其最初在喷码机商品上使用的商标是申请注册在第七类商品上的。

第五,商标评审委员会在审理案外人李某贵认为在第七类商品上申请注册的"多米诺""DOMINO"商标的异议裁定和异议复审裁定时认定,第七类的印刷机器、喷墨印刷机、喷码机（印刷工业用）等商品与第九类的喷墨打印装置等商品不属于"同一种商品"。

第六，原审判决根据多米诺公司生产的喷码机在机器结构和功能上均可与计算机连用来判断涉案喷码机属于第九类商品，理由不成立。商标局2014年118号复函已经明确表明"区分属于第七类和第九类的喷码机并非以是否与计算机控制为标准，而是根据功能、用途、销售渠道、消费对象等方面进行分类"，故该意见已经推翻了商标局2014年10号复函中关于喷码机"功能、用途等和计算机连用的打印机类似的喷码机，属于第九类；功能、用途等和塑料导线印字机、工业打标机类似的，属于第七类"的意见。

二审法院认为，涉案喷码机属于《类似商品和服务区分表》中的第七类商品，与多米诺公司第G709885号注册商标核定使用的第九类商品并非同一种商品，原审法院认定各被告人构成假冒注册商标罪适用法律不当，经审判委员会讨论决定，判决撤销广州市越秀区人民法院（2013）穗越法知刑重字第3号刑事判决，改判各被告人无罪。

■ 办案心得

该案在委托三环代理之前，已经经过一审、发回重审、重审一审程序，各被告人先后共聘请有约50名律师，但仍然获得了重审一审的判决结果。代理律师分析相关材料后，认为，该案的焦点就是各被告人生产销售的商品是否与权利人"多米诺"注册商标核定使用的商品相同；当然，在阅卷及辩护过程当中，代理律师仍然发现原来的程序中存在这样那样的问题。本文主要探讨是否构成相同商品问题。

杜某公司生产销售的涉案产品喷码机是一种通过软件控制、使用非接触方式在产品上进行标识的设备，其运用带电的墨水微粒，利用高压电场偏转的原理，在各种物体表面喷印上文字、图案和数码。可用于喷印生产日期、批号、产品有效期、条形码、商标图案、防伪标记等。

《刑法》第二百一十三条规定："未经注册商标所有人许可，在同一种商品上使用与其注册商标相同的商标，情节严重的，处三年以下有期徒刑或者拘役，并处或者单处罚金；情节特别严重的，处三年以上七年以下有期徒刑，并处罚金。"在案件审理中，最大的争议焦点在于涉案喷码机与涉案注册商标的核定使用商品是否构成了《刑法》第二百一十三条所规定的"同一种商品"。

对此，该案代理律师认为：

第一，从尼斯分类的角度，该案涉案产品喷码机属于第七类0705组印刷工业用机械及器具。

根据多米诺公司第G709885号和第1984308号注册商标注册当时的《类似商品和服务区分表》（第七版）的记载，涉案产品属于第七类0705组印刷工业用机械及器具。而根据现行《类似商品和服务区分表》(第十版)的记载,涉案产品属于第七类0716组工业用雕刻、打标机械。《类似商品和服务区分表》(第七版)记载,第七类商品为机器和机床,马达和发动机等,其中0705组为印刷工业用机械及器具,包括有如下产品:贴标签机(机器)、在金属薄板上使用的印刷机器、塑料套管印字切割机、塑料导线印字机等。与此同时,第九类商品为科学、航海、测地、电气等,其中0901组为电子计算机及其外部设备,其中包括计算机、与计算机联用的打印机、扫描仪(数据处理设备等)等。显然,将其划分为第七类商品更为合适。《类似商品和服务区分表》(第十版)记载,第七类0716组工业用雕刻、打标机械,包括塑料导线印字机、工业打标机等;且该组记载"本类似群与第十版及以前版本0705塑料套管印字切割机,塑料导线印字机,0742电线印号机交叉检索"。从第十版区分表来看,其仍然属于第七类商品。

第二,从国家工商总局商标局及商标评审委员会的裁决的角度,该案涉案产品喷码机属于第七类0705组印刷工业用机械及器具。

从该案使用的喷码机商品和第七类商标异议审查和驳回复审审查实践来看,商标局最初是认为其与第七类商品不近似,商标评审委员会认为两者仅仅属于近似,而不是相同。多米诺公司早在1997年1月28日就已经在第7类上申请注册了第938241号商标,核定使用的商品为"印刷机械、喷墨印刷机的印刷头(机器零件)、喷墨印刷机、贴标签机、上述产品的零部件",而该商标在2007年1月27日专用权期限届满后却未进行续展。由此造成李某贵于2008年7月16日,向商标局分别申请注册了第6844051号"DOMINO"、第6844050号"多米诺"商标,指定使用在第7类包装机(打包机)、贴标签机(机器)、印刷机器、喷码机(印刷工业用)等商品上,经商标局初步审定并公告后,多米诺公司提出异议。商标局审理裁定异议理由不成立,认为引证商标即该案多米诺公司主张该案权利的两项商标与待注册商标不构成近似,被异议商标被核准注册。该商标后经异议复审程序被商标评审委员会不予核准注册,商标评审委员会的理由认为"经综合考虑,'多米诺'商标和'DOMINO'商标与多米诺公司拥有的第9类第G709885、1984308号商标同时使用在上述关联性较强的商品上,易导致消费者对商品来源产生混淆,已构成了《商标法》第二十八条所指的使用在类似商品上的近似商标"。因此,从该案商标来看,商标局最初是认为其与第七类商品不近似,商标评审委员会认为两者仅仅属于近似,而不是相同。

第三,从国际知名品牌喷码机商标注册信息的角度,该案涉案产品喷码机属于第七类0705组印刷工业用机械及器具。

国家工商总局商标局查询的信息,喷码机的国内和国际知名品牌,包括但不限于伟迪捷、马肯依玛士、KGK、科诺华、申瓯、镭德杰、法玛诺、小霸王、来宾格都是在商品国际分类第七类进行的注册,商品列表中有的已经写明了"喷码机"。公诉人当庭出示的第九类的商标恰恰包括有"传真机、复印机"等商品,而不包括喷码机。

第四，从国家工商总局商标局关于该案的复函来看，该案涉案产品喷码机属于第七类0705组印刷工业用机械及器具。

从国家工商总局商标局《关于第G709885号"DOMINO"商标有关情况的复函》（商标函字2014年第10号）看，涉案产品喷码机属于第七类0705组印刷工业用机械及器具。该函第三部分记载为"'喷码机'并非为《类似商品和服务区分表》所列商品名称，且其所及的商品较为宽泛，需要根据具体商品的功能、用途、销售渠道、消费对象等方面确定其所属的类别。例如，功能、用途等和'与计算机连用的打印机'类似的，属于第九类；功能、用途等和'塑料导线印字机''工业打标机'类似的，属于第7类"。撇开该逻辑是否合适不谈，按照此逻辑，判断该案涉案产品是何类别，可以从其是否与计算机连用来考虑，由于E50型机器根本不存在与计算机连用的接口，无需与计算机连接即可实现其基本喷码功能；而A200型喷码机与外部计算机连接是一个可选项目，即需要使用另行附加的RS232通信接口可选套件，才能实现与计算机连接；在实际使用中，通常不与计算机相连接，即能实现喷码功能，因此，其两者均不属于第9类商品；而应当是功能、用途等和"塑料导线印字机""工业打标机"类似的第7类商品，同样是在工业上应用，在商品包装上打标、喷码。

第五，该案涉案商品喷码机，其功能、用途、主要原料、消费对象、销售渠道等方面与喷墨打印器具并非指向同一种事物，不属于"同一种商品"。

《最高人民法院、最高人民检察院、公安部关于办理侵犯知识产权刑事案件适用法律若干问题的意见》（法发〔2011〕3号）第五条规定了"关于刑法第二百一十三条规定的'同一种商品'的认定问题"。名称相同的商品以及名称不同但指同一事物的商品，可以认定为"同一种商品"。"名称"是指国家工商总局商标局在商标注册工作中对商品使用的名称，通常即《商标注册用商品和服务国际分类》中规定的商品名称。"名称不同但指同一事物的商品"是指在功能、用途、主要原料、消费对象、销售渠道等方面相同或者基本相同，相关公众一般认为是同一种事物的商品。

代理律师认为，该案的涉案商品是喷码机，其功能、用途、主要原料、消费对象、销售渠道等方面与喷墨打印器具并非指向同一种事物，不属于"同一种商品"。理由如下：

1. 功能不同：喷码机具有在任意介质上实现打印的功能；而喷墨打印器具，与计算机连用，在计算机驱动下具有在纸质上打字绘图的功能。

2. 用途不同：喷码机用于在产品包装上打印生产日期、批号、产品有效期、条形码、商标图案、防伪标记等；属于印刷工业用器具或者打包设备，属于国际分类的第七类商品，属于工业用途。从喷码机的国家标准来看，其是国家包装机械标准化技术委员会提出，喷码机（英文"Continuous ink jet printer"）的国家标准（GB/T 29017—2012）至少引用了三个包装机械类的国家标准，分别是GB/T7311包装机械分类与型号编制方法，JB/T7232 包装机械噪声声功率级的测定，JB7233 包装机械安全要求，很显然，喷码机应当属于包装机械类商品。

而喷墨打印器具从放在第九类的分类来看，更多倾向的是一种办公器具，与计算机连用，主要用于办公室人员打字绘图。

3. 消费对象：喷墨打印器具主要消费对象是办公室工作人员、企业及个人；而喷码机主要消费对象为工厂、生产型企业，例如该案中，公安机关取证的燕塘牛奶公司、风行牛奶公司等。

4. 销售渠道：喷墨打印器具主要销售渠道为电脑城、办公文具等销售电脑的地方，展销会通常是办公用品、办公设备展销会；而喷码机销售渠道是包装设备市场、工业设备市场等，参加包装展会、工业设备展会等。

5. 对于相关公众而言，喷码机的终端销售价一般在 5 万元至 10 万元，而喷墨打印机一般在 500 元至 3000 元，所以两者的相关公众不同，喷码机的相关公众一般将喷码机理解为喷墨印刷类机器，而不会理解为只是一台喷墨打印机；喷墨打印机的相关公众多数并不了解喷码机；根本不会将喷码机和喷墨打印器具认为是同一种商品，不会混淆、误认。

因此，无论从国际、国内知名品牌喷码机的实际注册信息来看，还是从国际商品与服务分类表来看，无论是从国家工商总局商标局针对该案的批复来看，还是从商标局针对个案的审查决定及商评委的评审决定来看，无论是从功能、用途、销售渠道、消费对象来看，甚至以多米诺公司自身注册商标的动机和自我陈述的意见来看，该案涉案产品应属于国际商品和服务分类表第七类"印刷工业机械及器具"。

第六，认定"同一种商品"，应当在权利人注册商标核定使用的商品和行为人实际生产销售的商品之间进行比较，而不应当将权利人实际使用的产品与行为人实际生产销售的商品之间进行比较。

公诉人认为涉案的杜某喷码机与多米诺公司使用了第 G709885 号商标图案的喷码机产品在功能、用途等方面相同，从而得出杜某公司谢某构成假冒注册商标罪。实际上，一审法院在一审和一审重审时也是采取这一错误观点。代理律师当庭指出，公诉人和一审法院的这种比对方式犯了比对对象的错误，《最高人民法院、最高人民检察院、公安部关于办理侵犯知识产权刑事案件适用法律若干问题的意见》第五条关于《刑法》第二百一十三条第二款规定：认定"同一种商品"，应当行为人实际生产销售的商品与权利人注册商标核定使用的商品之间进行比对；而不是与所谓权利人实际使用的商品进行比对。基于正确的比对方式，由于杜某公司实际生产的喷码机属于第七类的商品，该案当然不构成假冒注册商标罪。

第七，在该案重审二审法庭调查时，在举证环节，代理律师反复强调，该案公诉机关主张的多米诺公司主张权利的商标专用权具体指向的商品必须明确；认定假冒注册商标罪，对于被假冒注册商标核定使用的商品名称均没有查清，如何能据此限制被告人的人身自由权？

该案中，代理律师带领助手是在重审二审时才介入的，在此之前，该案中14个当事人，在公安机关介入初期，均聘请了律师，且各律师的专业水平参差不齐，辩护观点不一致，有罪轻辩护的，有无罪辩护的。据当事人声称，前后共计聘请50名律师参与该案，但是，似乎都没有关注到在该案中，权利人多米诺公司通过领土延伸指定到我国并获得保护的国际注册第G709885号商标据以主张采取刑事保护的核定使用的商品到底是什么商品。

代理律师介入后，及时向国家工商总局商标局调取了该注册商标的注册信息和内档信息，并制作了商标注册证明和内档信息一览表。

经过比对，代理律师发现，该案中，多米诺公司分别于2011年、2012年两次开具商标注册证明，并且这两次商标注册证明的商品不完全一致，同时与商标局商标档案中的核定使用的商标信息也不一致，而商标档案中马德里国际商标审查底稿与商标档案中的商品也不一致，进一步地，该案中多米诺公司申请马德里国际注册时，使用的语言是英文作为官方语言。通过比对2011年、2012年商标注册证明与商标局商标档案，代理律师发现，各次商标信息主要是第二个商品不一致，其中，2011年商标注册证明显示为"喷墨绘图器具"，2012年商标注册证明显示为"喷码机"，而商标档案显示为"喷墨标示装置"，进一步查马德里国际商标审查底稿，则显示为"喷墨绘图器具"，再查马德里国际商标英文档案，对应的第二个商品则为"ink jet marking apparatus"。而公诉人和多米诺公司却主张喷码机应为"ink jet printer"，该英文名在马德里英文国际注册信息中排在第四个商品名称，但是该核定使用的商品无论在马德里国际商标审查底稿还是在商标局商标档案，还是在2011年、2012年商标注册证明中均翻译为"喷墨打印机"。在指出了上述问题后，代理律师指出，其核定使用的商品应当以最原始的商标审查底稿档案为准还是以商标档案为准，公诉机关和人民法院需要明确。认定假冒注册商标罪，对于究竟被假冒的注册商标核定使用的商品名称均未查清，如何能据此限制被告人的人身自由权？

二审法院在该院认为部分充分地肯定了代理律师的质疑，认为"现有证据不能证实第G709885号注册商标核定使用的第九类商品中具体哪一个商品中包括了杜某公司生产的喷码机"，并进一步指出"权利人、商标局对于涉案喷码机应属于第G709885号注册商标核定使用的第九类商品中的具体哪一个商品意见不一致"，权利人认为喷码机的英文通用名称为"ink jet printer"的意见并未得到商标局的认可。

最终，二审法院充分采纳了代理律师的辩护意见，结合代理律师提交的证据以及商标局2014年118号复函中明确表明的"区分属于第七类和第九类的喷码机并非以是否由计算机控制为标准，而是根据功能、用途、销售渠道、消费对象等方面进行分类。属于第七类的喷码机主要为工业用机械设备或为工业成套设备的组成部分；属于第九类的喷码机则为家用或普通商用的小型电子设备",最终认定"涉案喷码机属于《类似商品和服务区分表》中的第七类商品,即杜某公司生产、销售的喷码机与多米诺公司第G709885号注册商标核定使用的第九类商品并非同一种商品",判决谢某等14被告人无罪。

■ 小结

我国《刑法》第二百一十三条仅将"未经注册商标所有人许可""在同一种商品上使用与他人注册商标相同的商标""情节严重"的行为规定为犯罪,对于在类似商品上使用相同商标、在相同商品上使用近似商标、在类似商品上使用近似商标等侵权行为均不以假冒注册商标罪论处。对于该罪的理解应当严格依据我国的有关规定来理解,构成该罪的前提一是必须是同一种商品,二是必须是相同商标,三是要注意比对对象是与权利人的注册商标相比较;追究行为人的刑事责任、限制行为人的人身自由,应当慎之又慎,坚持罪刑法定的原则,罪与非罪,天差地别,绝不应把一般违法行为当作犯罪来处理。

该案诉讼结案后,杜某公司与多米诺公司又发生了至少两起案件,分别是杜某公司起诉多米诺公司(及英国领事馆)商业诋毁纠纷案,以及多米诺公司诉杜某公司侵害商标专用权民事案件,后者一直打到最高人民法院。实际上,在案件发动之前,该案代理律师就曾理性地向当事人分析商业诋毁案件的不利前景,以及虽然该案刑案能够胜诉,但是民事赔偿案件应当着力在减少损害赔偿上,同时区分各行为的具体性质,充分运用权利一次用尽等原则,减少损害赔偿金,但这一观点未得到杜某公司的积极响应。实为憾事。

■ 法律链接

《中华人民共和国刑法》(2011年)第二百一十三条;

《最高人民法院、最高人民检察院、公安部关于办理侵犯知识产权刑事案件适用法律若干问题的意见》(法发〔2011〕3号)第五条。

维权诉讼　迅速驰名

——广东康宝公司与商标评审委员会、江苏康宝电器有限公司商标争议行政纠纷案[*]

董咏宜　张满兴　温旭

企业通过自身的维权诉讼，不仅可以维护企业的正当合法权益免受不法侵害，保护企业的经济利益和品牌价值，还有可能同时起到宣传企业品牌，提升品牌知名度的效果。

该案中，权利人广东康宝公司的"康宝"品牌在"消毒碗柜"上具有相当高的市场知名度和影响力，由于"消毒碗柜"与"冰箱"虽然同在第 11 类上，但是两者不属于类似商品。江苏康宝公司在明知"康宝"品牌的知名度的情况下洞悉"商机"，在"冰箱"商品上注册了"康宝"商标。广东康宝公司发现市场上存在的"康宝"牌冰箱，造成了相关公众的混淆，对其品牌造成一定影响。广东康宝公司为维护"康宝"品牌价值，针对江苏康宝公司"康宝"商标提起了无效宣告，并由此引发该案。

最终，由于最高人民法院认为关于尊重已经形成的市场格局，实现包容性发展的司法政策，应当限于因复杂历史因素或者其他客观因素所导致的善意共存，不提倡随意扩伸，对于江苏康宝公司的抗辩不予支持。故广东康宝公司不仅成功认定其"康宝"品牌在"消毒碗柜"产品领域为中国驰名商标，也成功无效了江苏康宝公司的"康宝"商标，成功维权。该案对于理解和适用"市场格局论"具有参考作用。

■ 案情简介

一、案件情况

广东康宝电器股份有限公司（以下简称"广东康宝公司"）申请注册了第 864699 号"康寳 KANGBAO 及图"商标、第 1042677 号"康寳"商标、第 1042678 号"KANG-

---

[*] 该案认定"康宝"为驰名商标，入选 2016 年广东律师十大知识产权审判典型案例、2017 年全国律师协会知识产权专业委员会年会（昆明）全国优秀案例、2018 年全国律师协会知识产权专业委员商标业务年会（北京）十佳商标案例，荣获 2016 年广州市律师协会业务成果奖。生效案号：（2017）最高法行申 73 号。

BAO"商标、第 1626115 号"康宝"商标、第 1685957 号"KANGBAO"商标（以下分别称引证商标一、引证商标二、引证商标三、引证商标四、引证商标五）核定使用在第 11 类"电子消毒柜、干燥消毒柜、消毒碗柜"等商品上。

沈某于 2003 年 12 月 16 日申请注册了争议商标第 3847860 号"康宝 KANGBAO"商标，于 2005 年 9 月 14 日被核准注册，核定使用在第 11 类"冰箱、冰柜、冷却设备和装置"等商品上。后转让给江苏康宝电器有限公司（以下简称"江苏康宝公司"）。

广东康宝公司于 2010 年 9 月 13 日对争议商标提出争议申请（2014 年 5 月 1 日新《商标法》修正后改为无效宣告申请），认为在争议商标申请日前五引证商标已符合驰名商标的认定，争议商标的注册违反了《商标法》第十三条第二款、第四十一条第一款以及《民法通则》《反不正当竞争法》的规定。

2014 年 1 月 7 日，商标评审委员会作出商评字〔2013〕第 149119 号《关于第 3847860 号"康宝 kangbao"商标争议裁定书》（以下简称"第 149119 号裁定"），认为在争议商标申请注册日之前，广东康宝公司指定使用在干燥消毒柜商品上的"康宝"商标具有较高知名度，可以认定为驰名商标。争议商标指定使用的冰箱、冰柜等商品与干燥消毒柜商品虽不属于类似商品，但具有特定的联系和较强的关联性，争议商标的主要认读部分"康宝"与引证商标"康宝"完全相同，易导致公众混淆、误认，裁定争议商标予以撤销。

江苏康宝公司不服第 149119 号裁定，于 2014 年 3 月 17 日向北京市第一中级人民法院提起行政诉讼。北京市第一中级人民法院认为，江苏康宝公司与广东康宝公司通过各自较大规模的宣传使用，双方分别在消毒柜商品和冷柜商品上形成了各自的消费群体和市场认知，以及较为稳定的竞争秩序，争议商标的注册不会造成相关公众的混淆、误认，也不构成对引证商标的复制、摹仿。因此撤销商标评审委员会第 149119 号裁定，并责令重新作出裁定。

广东康宝公司不服一审判决，向北京市高级人民法院提起上诉，北京市高级人民法院认为，广东康宝公司的引证商标四在争议商标申请注册日之前，"康宝"产品销售区域遍布全国近 20 个省市，市场销售份额大，消毒柜产品的产量在行业排名靠前，宣传报道范围广，已经获得较高市场声誉，并为相关公众广为知晓。因此商标评审委员会认定引证商标四在核定使用的干燥消毒柜商品上构成驰名商标并无不当。争议商标构成对引证商标四的复制、摹仿，违反了 2001 年《商标法》第十三条第二款的规定。因此北京市高级人民法院撤销一审判决，并驳回江苏康宝公司的诉讼请求。

江苏康宝公司不服二审判决，向最高人民法院申请再审，最高人民法院驳回了江苏康宝公司的再审申请。

二、代理要点

1. 一审判决以争议商标经过在后的使用形成一定的知名度，可以与引证商标相区别为由，撤销商评标审委员会的裁定，是认定事实与适用法律错误，这等于间接鼓励他人恶意抢注，只要抢注人经过在后的大量使用就可以"漂白"。

该案并不是由于历史原因造成的两种产品在市面上的善意共存，争议商标的原商标权人沈某的恶意抢注行为不符合商标法的"诚实信用原则"基本原则与立法精神。

广东康宝公司发现沈某及其关联企业生产的"康宝"冰箱涉嫌构成商标侵权及不正当竞争后，马上采取维权行动，并没有怠于维权，沈某授权生产的冰箱一直处于被控侵权当中，最后广州市中级人民法院也认定为侵权产品，并没有建立较高的市场声誉。

2. 广东康宝公司提交的证据足以证明引证商标是驰名商标，由于争议商标与引证商标注册的商品不是类似商品，为此，有认定该案的引证商标为驰名商标的必要性。

（1）本案判决也认定了广东康宝公司提供的证据可以证明引证商标在争议商标申请日之前在消毒柜等商品上具有较高的知名度。

（2）广东康宝公司提交了争议商标申请前三年的证据，足以证明涉案商标是驰名商标，并不以现在的证据来主张驰名。广东康宝公司从1988年开始在先并持续使用引证商标至今已22年。广东康宝公司的康宝消毒柜销售范围广，早在2003年前，广东康宝公司的康宝消毒柜已销售至北京、上海、天津、重庆、黑龙江、吉林、辽宁、广东、广西、江苏、浙江、湖南、湖北、河南、河北、陕西、安徽、新疆、贵州、福建、云南、四川、江西、山东、海南等需要使用消毒柜的省、自治区、直辖市，并出口至美国等海外地区。

（3）广东康宝公司的"康宝"是广东康宝公司所臆造，因消毒柜是改变人们的生活习惯，给人们带来健康文明生活方式的产品，为此广东康宝公司取"健康之宝"的含义，独创性地为该产品取名为"康宝"。"康宝"是广东康宝公司自创的文字组合，非常见词语，为广东康宝公司臆造出来的，是《现代汉语词典》《新华字典》等现行字、词典均没有记载的，具有独创性。

（4）广东康宝公司通过长期大量的使用，已使"康宝"与消毒碗柜形成一一对应关系。就像说起"格兰仕"人们就会想起微波炉，说起"格力"人们就会想起空调一样，说起"康宝"人们也会想起消毒碗柜，说起消毒碗柜，人们也会马上联想到"康宝"，人们之所以会这样联想，与广东康宝公司在消费碗柜的知名度上，密不可分。

三、判决结果

一审：撤销商标评审委员会作出的商评字〔2013〕第149119号关于第3847860号"康宝kangbao"商标争议裁定；责令商评委针对第三人广东康宝公司就第3847860号"康宝kangbao"商标所提争议申请重新作出裁定。

二审：撤销一审判决，驳回原告江苏康宝公司的诉讼请求。

再审：驳回江苏康宝公司的再审申请。

最终：第 149119 号裁定已经生效，即第 3847860 号"康宝 kangbao"商标予以撤销。

■ **办案心得**

该案第三人广东康宝公司是在电器产品（特别是消毒柜）行业内的知名企业，沈某在知悉广东康宝公司的"康宝"消毒柜知名度非常高的情况下，在同为家电行业的电冰箱上申请注册"康宝"商标并自己使用及许可他人使用。该案中，争议商标的受让人江苏康宝公司的主要抗辩理由是其在冰箱商品上持续使用"康宝 KANGBAO"标识长达 5 年具有一定知名度，意图证明"康宝 KANGBAO"冰箱与"康宝"消毒柜可以共存并不会造成市场混淆，两者已形成各自稳定的市场格局。在此背景下，该案的难点主要如下：

1. 最高人民法院 2010 年 4 月 20 日颁布《关于审理商标授权确权行政案件若干问题的意见》（法发〔2010〕12 号）后，诉争商标的权利人往往用"市场格局理论（即形成各自的市场格局）"来进行抗辩，但该案代理律师认为只有在善意的情形下注册的诉争商标才有考虑"市场格局理论"的需要，对于一些存在明显搭便车、不正当利用他人市场声誉及具有攀附他人商誉的意图而申请注册、使用的商标缺乏法律保护的正当性基础，不应当适用"市场格局理论"。

《关于审理商标授权确权行政案件若干问题的意见》第一条曾明确其政策导向，即"……对于使用时间较长、已建立较高市场声誉和形成相关公众群体的诉争商标，应当准确把握商标法有关保护在先商业标志权益与维护市场秩序相协调的立法精神，充分尊重相关公众已在客观上将相关商业标志区别开来的市场实际，注重维护已经形成和稳定的市场秩序。"

"市场格局论"是司法实践中抽象出来的一个相对上位的裁判规则，具有特殊考量性，目前不同的法院对其适用前提认识不同。

在该案中，一审法院认为江苏康宝公司提供的证据可以证明其对争议商标已进行了长期、广泛的宣传使用，其电冰箱、冰柜产品作为全国家电下乡项目的中标产品已经销往国内众多省市，取得了较高的市场声誉和荣誉。江苏康宝公司与广东康宝公司通过各自较大规模的宣传使用，双方分别在消毒柜商品和冷柜商品上形成了各自的消费群体和市场认知，以及较为稳定的竞争秩序，争议商标的注册不会造成相关公众的混淆、误认，也不构成对引证商标的复制、摹仿。

二审法院纠正了一审法院"市场格局论"的适用条件。二审法院认为，商标授权确权程序的总体原则仍是遏制搭便车的抢注，保护他人的在先商标，尽可能消除商标标志混淆的可能性。对于在先商标具有很高的知名度情况下，同业竞争者应相应的具有更高的注意和避让的义务。

此外，即便结合江苏康宝公司的使用证据，不足以证明争议商标已经达到了与构成驰名商标的广东康宝公司的"康宝"商标相当的知名度，进而两商标已经形成了有效的市场区分和稳定的市场秩序。

从二审法院的裁判考量可以看出，考察争议商标申请、使用的主观意图是否为善意，应当是最高人民法院关于尊重已经形成的市场格局，实现包容性发展的司法政策使用前提之一。

在该案中，广东康宝公司提交了江苏康宝公司及其法定代表人沈某抢注其他知名电器商标等证据来证明江苏康宝公司申请争议商标的恶意，具体如下：

（1）在沈某申请争议商标前，广东康宝公司的康宝消毒柜已大量在其所在的浙江地区广泛销售与宣传，沈某必然知道。

（2）沈某申请争议商标是为了搭广东康宝公司知名品牌的便车，并采取了一系列不正当的竞争行为。

首先，沈某先是在深圳设立深圳华宝电冰箱有限公司生产"康宝"冰箱。

其次，沈某在冰箱商品及宣传册上除印了深圳华宝电冰箱有限公司外，还印上深圳市康宝电器有限公司、宁波康宝电冰箱有限公司生产销售的字样，并在对外宣传时称深圳市康宝电器有限公司、宁波康宝电冰箱有限公司与广东康宝公司是同一家企业，广东康宝公司是宁波康宝电冰箱有限公司在广东设的厂，主要生产小家电，宁波康宝电冰箱有限公司与深圳市康宝电器有限公司则主要生产冰箱，刻意误导消费者。

同时，沈某在使用"深圳市康宝电器有限公司"企业名称时，还擅自冠上"广东"字样，写为"广东深圳市康宝电器有限公司"，与广东康宝公司"广东康宝电器有限公司"的企业名称相比极为近似，而深圳市康宝电器有限公司的投资人、法定代表人罗某与广东康宝公司同在广东省佛山市顺德区。

经广东康宝公司查证，深圳华宝电冰箱有限公司、深圳市康宝电器有限公司在深圳没有实体工厂或办公地方，联系人都是沈某，其所有的联系方式及实际经营地址都在浙江省慈溪市的宁波康宝电冰箱有限公司，为此，深圳华宝、深圳康宝、宁波康宝实为三个牌子一套人马的企业。

最后，广东康宝公司在网上搜索广东康宝电器有限公司时，显示的却是宁波康宝电冰箱有限公司的地址；沈某的经销商在销售沈某的康宝电冰箱时说是广东康宝公司的产品；深圳市康宝电器有限公司、宁波康宝电冰箱有限公司生产的冰箱质量不合格，被消费者投诉，亦被投诉到广东康宝公司处。沈某的种种行为都使消费者对两者产品构成误认，或将沈某的企业误认为广东康宝公司。

（3）沈某还在第11类冰箱、空调等商品上申请注册"DONGLING 东菱"商标，在第7类洗衣机、干衣机上申请注册"华宝 HUABAO"等商标。这些商标都是具有相当高知名度的商标,都显示了沈某一直在刻意仿冒他人。

由此可见,沈某注册及使用争议商标的目的就是为了搭他人知名品牌的便车,是明显违反诚实信用、公平竞争的行为,明显具有恶意。

2. 企业在证明商品已具有一定知名度时,一般都会提交该商品多年的审计报告用以说明其销售量大,如何对这部分的证据提出质证及提出可以证明销售量小的相反证据也是该案的关键所在。

江苏康宝公司为证明争议商标的使用情况,其中一份重要证据是该公司2010—2012年度审计报告,显示其2010年度的主营业务收入为9700多万元,2011年度主营业务收入超过1.08亿元,2012年度的主营业务收入超过1.24亿元,这也是一审法院予以认定江苏康宝公司在冰柜上形成了自己的消费市场的重要证据。

广东康宝公司在二审中及时提交了江苏康宝公司2008—2012年公司年检报告,江苏康宝公司成立及变更资料等,予以证明江苏康宝公司2009—2012年度实际上一直处于亏损状态,且江苏康宝公司的主营业务除了冰箱、冷柜以外,还涉及洗衣机等。

这一关键证据的提交,使得法院对其使用情况存疑,结合江苏康宝公司恶意注册等证据,最后二审法院认为,即便结合江苏康宝公司的使用证据,不足以证明争议商标已经达到了与构成驰名商标的引证商标四第1626115号"康宝"商标相当的知名度,因此,不能证明两商标已经形成了有效的市场区分和稳定的市场秩序。

■ 小结

《最高人民法院关于审理商标授权确权行政案件若干问题的意见》(法发〔2010〕12号)第一条曾明确其政策导向,即"……对于使用时间较长、已建立较高市场声誉和形成相关公众群体的诉争商标,应当准确把握商标法有关保护在先商业标志权益与维护市场秩序相协调的立法精神,充分尊重相关公众已在客观上将相关商业标志区别开来的市场实际,注重维护已经形成和稳定的市场秩序"。对此业界称之为"市场格局论"。

对于市场格局论的使用,需要特别谨慎,法院在该案中明确了"商标授权确权程序的总体原则仍是遏制搭便车的抢注,保护他人的在先商标,尽可能消除商标标志混淆的可能性。对于在先商标具有很高的知名度的情况下,同业竞争者应相应的具有更高的注意和避让义务"。

对于商标被抢注企业来说,其意义在于:要积极维权,穷尽所有的救济程序,而且要行政诉讼与民事诉讼并行,以及收集和整理对于案件中有利的证据,如该案通过提交江苏康宝公司2008—2012年公司年检报告,江苏康宝公司成立及变更资料等,予以证明江苏康宝公司2009—2012年度实际上一直处于亏损状态这一关键性证据,案件得以胜诉。

对于抢注并企图通过大量使用使得商标"漂白"的企业来说，也有很好的警醒作用，让这类型的企业不要抱有侥幸心理，应诚实地培育自有品牌才是最好的出路。

■ **法律链接**

《中华人民共和国商标法》（2001年）第十三条；

《最高人民法院关于审理商标授权确权行政案件若干问题的规定》（法发〔2017〕2号）第十三条。

至善至正　屡战屡胜

——教育品牌"培正"商标争议案*

刘孟斌

广州市培正中学向国家商标部门申请注册校名、校徽为学校商标被驳回,其原因是该校名、校徽已被广东培正学院申请注册。为了夺回被抢注的商标,广州市培正中学向商标评审委员会提起申请,请求依法撤销广东培正学院恶意抢注的商标,商标评审委员会经审查,认为被申请人广东培正学院注册争议商标的行为,已构成《商标法》第三十一条所指的行为,于是作出撤销涉案注册争议商标的裁定。培正学院不服裁定,向北京市第一中级人民法院提起行政诉讼。一审法院根据该案中的证据及各方当事人的陈述,认定在原告培正学院申请注册争议商标时,"培正"二字及第三人的校徽是第三人培正中学已经使用并有一定影响的商标,原告培正学院申请注册争议商标的行为,属于《商标法》第三十一条规定的不得注册的情形,判决驳回原告培正学院的诉讼请求。培正学院不服一审判决,提起上诉。二审法院根据合法有效的证据及当事人的有关陈述,查明了相关事实,认为培正学院在明知"培正及图形"是培正中学使用一百多年的校名和校徽的情况下,仍然申请注册,违反了《商标法》第三十一条的规定等,上诉人培正学院的诉讼请求缺乏事实及法律依据,判决驳回上诉,维持一审判决。

这是一起名校捍卫自身知识产权的典型案例,虽然案件最终以撤销培正学院不当注册的商标而结束,但其过程费时之长、耗力之多,在同类案件中实属罕见。该案也给国内名校敲响了警钟:承载着名校历史、文化、声誉和校友感情的校名、校徽等无形财产,是学校多年积累、难以重置的宝贵财产,不仅要好好珍惜,还要懂得保护、善于保护。

■ 案情简介

一、基本案情

广州市培正中学(以下简称"培正中学")是广州百年名校之一,在国内及粤港澳、东南亚一带均享有盛名,历史上享有"北有南开,南有培正"之赞誉。培正中学的

---

* 该案被评为2009年度全国律协十佳知识产权案例及广东十大知识产权案。生效案号:(2008)高行终字第434号。

前身是成立于 1889 年 12 月 1 日的"培正书塾",它于 1903 年改称为"培正学堂",蜚声中外,并先后开设西关分校、香港分校。抗战时期,学校先迁广东鹤山县,再迁澳门。抗战胜利后,复校广州东山。1953 年以后,培正校园依旧,但校名多次更改,东山及西关小学亦未例外。香港培正及澳门培正则于 1950 年分别改名为"香港培正中学"及"澳门培正中学"。至 1984 年冬,东山母校及西关、东山小学分别复名,消失了 31 年的"广州市培正中学"校名终得恢复。虽然历经风风雨雨,但包括香港培正中学、澳门培正中学在内的全世界七十多个培正同学会及培正校友都认定培正的"根"在广州市培正中学。

2000 年,广州市培正中学向国家商标部门申请注册校名、校徽为学校商标被驳回,其原因是该校名、校徽已于 1999 年被广东培正学院(以下简称"培正学院")申请注册(该商标于 2000 年 11 月获得授权,即第 1475419 号"培正 PEIZHENG 及图形"商标)。为了夺回被抢注的商标,2002 年 6 月,广州市培正中学向商标评审委员会提起申请,请求依法撤销广东培正学院恶意抢注的商标,2007 年 8 月 15 日,商标评审委员会经审查认为广东培正学院注册争议商标的行为,已构成《商标法》第三十一条所指"以不正当手段抢先注册他人已经使用并有一定影响的商标"的行为,于是作出撤销涉案注册争议商标的裁定。

培正学院不服裁定,向北京市第一中级人民法院提起行政诉讼。

二、审理过程

一审法院判决认定,《商标法》第三十一条明确规定:"申请商标注册不得损害他人现有的在先权利,也不得以不正当手段抢先注册他人已经使用并有一定影响的商标"。根据该案中的证据及各方当事人的陈述,可以认定,在原告申请注册争议商标时,第三人已在教育教学服务领域具有一定的知名度。第三人多年来将"培正"二字作为校名的主体和最显著的部分与该校校徽同时使用,使"培正"二字及该校校徽成为标识其教学服务内容的主要标志。应该认定在原告申请注册争议商标时,"培正"二字及第三人的校徽是第三人已经使用并有一定影响的商标。在原告申请注册争议商标之前,原告的董事长梁尚立先生曾任第三人的董事长,并曾担任第三人创校百周年大庆筹委会主任,且原告在筹建之初,亦曾租借第三人的楼房用于办公和教学。说明原告申请注册争议商标时,知晓第三人校名和校徽的使用情况。在此情况下,原告仍将"培正"及与第三人校徽标志近似的图形申请注册为商标,属于《商标法》第三十一条规定的不得注册的情形。第 5273 号裁定认定基本事实清楚,适用法律正确,程序合法,应予维持。原告的诉讼主张证据不足,理由不充分,其请求不予支持。据此,依照《最高人民法院关于执行〈中华人民共和国行政诉讼法〉若干问题的解释》(法释〔2000〕8 号)第五十六条第(四)项之规定,判决驳回培正学院的诉讼请求。

培正学院不服一审判决,提起上诉。

二审法院根据合法有效的证据及当事人的有关陈述,查明了相关事实:1999年11月2日,民办培正商学院(即培正学院前身)向国家工商总局商标局提出争议商标的注册申请,2000年11月14日,国家工商总局商标局对争议商标核准注册,核定使用在第41类学校(教育)、教学等服务上。2001年,培正教育基金有限公司受让了该商标,2002年6月4日,培正中学对争议商标提出撤销注册申请,其争议申请主要理由是:其成立于1889年,是华人自办、华人捐助、华人任校长的教会学校,中华人民共和国成立后,校名几经变更,1984年,复名为广州市培正中学;"培正及图形"是其已使用百年并名扬海内外的校名、校徽,在社会上享有很高的知名度;培正学院成立于1996年,培正学院在明知"培正及图形"是培正中学使用一百多年的校名和校徽的情况下,仍然申请注册,违反了《商标法》第三十一条的规定等。培正中学向商标评审委员会提交了培正中学法人证书及海外华侨捐资兴建的校舍图片、广州市人民政府1984年同意培正中学恢复名称的复函、广州市东山区侨务志、培正中学建校百年纪念专刊及筹建百周年纪念堂征信录、香港培正中学、澳门培正中学及广州市培正中学全体师生出具的函及声明、内地及香港报纸关于培正中学校名被抢注的新闻报道、培正学院简介,作为支持培正中学主张的证据。商标评审委员会予以受理。2004年,争议商标转让予民办培正商学院,后民办培正商学院更名为广东培正学院。培正学院声明承受争议商标原注册人的地位,参加后续评审程序并承担相应的评审后果。

■ 办案心得

该案是校名校徽商标注册争议案。该案的焦点问题为争议商标的申请注册是否属于《商标法》第三十一条所指的"以不正当手段抢先注册他人已经使用并有一定影响的商标"规定的行为。

围绕上述焦点,可以将问题分解为以下几方面:(1)争议商标与培正中学使用的校名、校徽等标志是否构成使用在类似服务上的近似商标。(2)培正中学使用的校名、校徽在争议商标申请注册前是否已经使用并有一定影响。(3)培正学院申请争议商标是否具有主观恶意。

培正学院认为,(1)培正中学与1889年建立的培正书院毫无关系,培正中学前身是1962年在原校址建立的另一所学校"广州侨光中学",直到1985年才开始使用与"私立广州培正中学校"几乎相同的校名——广州市培正中学,并无百年历史,培正中学故意将自身和"私立广州培正中学校"教学服务和香港、澳门培正学校的教学服务相混淆,培正中学的复名并未报国家宗教事务局核准。(2)培正中学使用的含有"至善至正"内容的校徽并未经政府批准,"至善至正"宗教含义有违我国的教育方针。近年来,培正中学与隶属于境外教会组织的香港、澳门浸信会联络,违背"教学与宗教事务相分离"

的原则。（3）培正学院是一所由广东省教育厅主管的全日制民办普通高等学校，与浸信会没有任何联系，申请注册争议商标符合商标法的规定。因此请求维持争议商标的注册。培正学院向商标评审委员会提交了筹建及建立广州侨光中学的相关文件、广州市教育局关于恢复培正中学校名问题的意见、培正中学变更情况相关文件、培正学院成立的相关材料及宣传资料等作为支持培正学院主张的证据。

商标评审委员会认为，该案焦点问题为争议商标的申请注册是否属于《商标法》第三十一条所指的"以不正当手段抢先注册他人已经使用并有一定影响的商标"规定的行为。在考察该焦点问题之前，首先是如何看待培正中学的历史沿革，即培正中学与历史上的"培正书院"的关系问题。一所学校的历史是其自身开展教育活动和培养人才的历史，并不会仅仅因为校名的更改或校址的变迁而导致学校历史的变化。一所学校所包含的不仅仅是校址、校舍等有形资产，更多的是长期以来围绕学校发展而形成的一种人文精神和价值取向。该案中，虽然培正中学的名称也发生了一些变化，但在中华人民共和国成立前，"培正"一直作为培正中学名称的主体部分。中华人民共和国成立后，培正中学改造成为社会主义学校，由于历史的而非培正中学自身的原因，培正中学"培正"名称的使用曾中断，但在1984年名称得以恢复后，一直使用"培正"作为校名的主体部分。因此，纵观培正中学发展历史，培正中学使用"培正"名称可以看作是连续的，将培正中学作为"培正"及校徽的使用主体也是尊重历史和符合法律规定的。

第三人广州市培正中学同意商标评审委员会的意见，并发表代理观点如下：

1. 争议商标与培正中学使用的校名、校徽等标志是否构成使用在类似服务上的近似商标。

根据教育行业的特点，学校名称、校徽等标志是用来区分不同学校教学服务的主要标志，实际上起到了商标的作用，因此，培正中学的校名、校徽可以视为培正中学长期使用的商标。培正中学校徽由"培正中学""至善至正""PUI CHING MIDDLE SCHOOL"及图形组成。争议商标由"培正""PEI ZHENG"及图形组成。从认读及呼叫方面，"培正"均为两商标的主要组成部分。两商标的图形部分，在构图、表现形式等方面也近似。两商标同时使用在学校（教育）、教学等服务上，构成了使用在同一种或类似服务上的近似商标。

2. 培正中学使用的校名、校徽在争议商标申请注册前是否已经使用并有一定影响。

培正中学长期以来，致力于教育事业，为社会培养了一批优秀的人才，同时也取得了一系列的荣誉称号，可以说，在争议商标申请注册前，培正中学使用的"培正"及校徽标志在教育领域已经具有了一定的影响力。

3. 培正学院申请争议商标是否具有主观恶意。

培正学院董事长梁某立曾为培正中学董事长，1989年，梁某立曾担任培正中学创校百周年大庆筹委会主任。培正学院在筹建之初，曾租借培正中学的楼房作为办公和教学之用。因此，培正学院完全知晓"培正"是培正中学的校名，并一直作为商标使用。在此情况下，培正学院仍然将"培正"及与培正中学校徽标志近似的图形申请注册为商标，主观上具有恶意。

综上所述，培正学院注册争议商标的行为已构成《商标法》第三十一条所指的"以不正当手段抢先注册他人已经使用并有一定影响的商标"的行为。

二审法院认为，《商标法》第三十一条规定："申请商标注册不得损害他人现有的在先权利，也不得以不正当手段抢先注册他人已经使用并有一定影响的商标。"在教育行业，作为区分不同学校教学服务主要标志的校名校徽等标志实际上起到了商标的作用。该案中，培正中学的校名、校徽可以视为培正中学长期使用的商标。经过长期的努力，在争议商标申请注册前，培正中学为标识其教学服务内容使用的"培正"及校徽标志已在教学服务领域使用并具有一定影响。商标评审委员会认定：在争议商标申请注册前，培正中学使用的"培正"及校徽标志在教育领域已经具有一定的影响力正确。该案争议商标由"培正""PEI ZHENG"及图形组成，培正中学校徽由"培正中学""至善至正""PUI CHING MIDDLE SCHOOL"及图形组成。从认读及呼叫方面，"培正"均为两商标的主要组成部分，两商标的图形在构图、表现形式等方面也近似。因此，商标评审委员会认定两商标同时使用在学校（教育）、教学等服务上，构成了使用在同一种或类似服务上的近似商标正确。该案争议商标申请注册前，培正学院的董事长梁某立先生曾为培正中学董事会董事长，并曾担任培正中学创校百周年大庆筹委会主任，且培正学院在筹建之初，曾租借培正中学的楼房用于办公和教学。说明培正学院在申请注册争议商标时，知晓培正中学的校名和校徽的使用情况。因此，商标评审委员会据此认定培正学院将"培正"及与培正中学校徽标志近似的图形申请注册为商标属于《商标法》第三十一条规定的不得注册的情形正确。商标评审委员会认定培正学院注册争议商标的行为已构成《商标法》第三十一条所指的"以不正当手段抢先注册他人已经使用并有一定影响的商标"的行为，并据此作出第5273号裁定合法，一审判决维持第5273号裁定合法。上诉人培正学院的诉讼请求缺乏事实及法律依据。

判决驳回上诉，维持一审判决。

■ 小结

这是一起名校捍卫自身知识产权的典型案例。这一争议涉及多个法律程序，前后持续近七年。培正学院先是以培正中学历史上曾经易名来否定培正中学的社会影响与历史渊源，后又以培正中学"与境外宗教势力相勾结"为由要求有关部门介入调查，致使审理进程一波三折。虽然案件最终以撤销培正学院不当注册的商标而结束，但其过程费时之长、耗力之多，在同类案件中实属罕见。该案也给国内名校敲响了警钟：承载着名校历史、文化、声誉和校友感情的校名、校徽等无形财产,是学校多年积累、难以重置的宝贵财产,不仅要好好珍惜,还要懂得保护、善于保护。

■ **法律链接**

《中华人民共和国商标法》(2001年)第三十一条。

此"诸葛亮" 彼"诸葛酿"
——"诸葛亮"商标诉讼案*

董咏宜 温旭 吴瑾

> 该案中,原告享有"诸葛亮"商标,起诉被告使用"诸葛酿"构成商标侵权。三环律所代理被告抗辩"诸葛亮"商标显著性不高,商标的保护范围与显著性有关,"诸葛酿"与"诸葛亮"商标不构成近似。同时,被告的"诸葛酿"产品生产并投入市场的时间先于原告商标的申请时间,且在原告商标核准注册前,被告的产品已具规模。在原告开始使用"诸葛亮"商标时,被告的"诸葛酿"已构成知名商品特有名称,不会使相关公众造成混淆。一审、二审、再审法院均认定被告不构成商标侵权。
>
> 该案作为最高人民法院知识产权审判指导案例的入选理由为:该案明确在判断是否构成侵犯注册商标专用权意义上的近似时,需要综合相关因素进行认定。首先,应从二者的音、形、义上进行比较;其次,需考虑商标的显著性及二者的实际使用情况。该案对同类案件中侵犯注册商标专用权意义上近似的认定具有指导意义。

■ 案情简介

一、基本案情

1999年6月18日,武汉同和实业有限公司在第33类"酒(饮料)、食用酒精"等商品上申请了第1494413号"诸葛亮"商标,2000年12月21日核准注册。2002年10月28日,该商标转让给泸州千年酒业有限公司(以下简称"千年酒业公司")。2002年7月22日,千年酒业公司申请"诸葛酿"商标。2003年6月15日,千年酒业公司许可四川诸葛亮酒业有限公司(以下简称"诸葛亮酒业公司")使用"诸葛亮"商标。2003年8月1日,四川诸葛酿酒有限公司(以下简称"诸葛酿酒公司")登记成立,正式生产诸葛酿酒。

1999年6月5日,四川江口醇酒业(集团)有限公司(以下简称"江口醇集团")正

---

* 该案作为"最高人民法院知识产权年度报告2009年第17号案",收录于《最高人民法院知识产权审判案例指导(第二辑)》。生效案号:(2007)民三监字第37-1号。

式生产"诸葛酿"酒,并在广东销售。2002年江口醇集团的"诸葛酿"酒获中国商业名牌产品,2003年江口醇集团获全国守合同重信用企业等称号。2002—2004年江口醇集团生产的"诸葛酿"酒主要在广东省、四川省、湖南省等地销售,销量较好,该酒在我国南方局部地区具有一定的影响力和知名度。2003年1月起,江口醇集团多次请求四川省、广东省工商部门对生产仿冒"诸葛酿"酒的行为进行查处。

2004年9月24日,千年酒业公司、诸葛亮酒业公司、诸葛酿酒公司起诉江口醇集团,要求判令被告立即停止商标侵权行为,并由江口醇集团赔偿原告损失50万元。

二、审理结果

一审法院经审理认为,"诸葛酿"与"诸葛亮"构成要部相同,可以视"诸葛酿"近似"诸葛亮"。但由于"诸葛酿"在"诸葛亮"商标申请前,已经开发、使用并生产、销售;在"诸葛亮"商标核准注册前,"诸葛酿"酒已具规模。而在2002年6月千年酒业公司受让"诸葛亮"商标前,"诸葛亮"商标未被使用过,2002年10月,千年酒业公司才开始生产、销售"诸葛亮"酒。而此时江口醇公司的"诸葛酿"酒已成为"中国名牌产品",销售达到了三千多万元,在广东省、四川省、湖南省等地享有较高知名度,为相关公众所知晓,可以认定被告的"诸葛酿"酒具有知名商品的特有名称权,一般公众只要施以一般注意力,就不易将被告的"诸葛酿"酒产品误认为系原告所生产和销售,不会对商品的来源产生混淆和误认。"诸葛酿"是一个新创专用名称,具有显著性,而"诸葛亮"是一个历史名人,不具有独创性,显著性要弱一些。相关公众见到"诸葛酿"酒就知道是被告所生产和销售,不会导致相关公众混淆。一审判决驳回千年酒业公司、诸葛亮酒业公司、诸葛酿酒公司的诉讼请求。

千年公司、诸葛酿酒业公司不服一审判决,提起上诉。

二审法院经审理认为:江口醇集团生产的"诸葛酿"酒先于武汉同和实业有限公司向国家工商总局商标局申请的"诸葛亮"商标投放市场,使用在先,并且在"诸葛亮"商标核准注册前,"诸葛酿"酒已具规模,至2003年8月后,已成为中国名牌产品,在广东省、四川省、湖南省等地享有较高的知名度,为相关公众所知晓。有证据证明在千年酒业公司使用"诸葛亮"商标生产白酒前,市场上已经大量出现仿冒"诸葛酿"酒的行为并被查处,更有2003年9月28日注册成立的诸葛酿酒公司,其也生产带有"诸葛亮"商标的"诸葛酿"酒,与江口醇集团生产的"诸葛酿"酒的包装盒外观和商品名称、字体相近似,足以证明江口醇集团生产的"诸葛酿"酒作为商品在市场上具有一定的知名度,属于为相关公众所知悉的商品,故应认定该商品为知名商品。

"诸葛酿"作为酒名使用为江口醇集团首创,具有显著性,没有证据证明在江口醇集团使用前,有过"诸葛酿"的结合使用,所以,"诸葛酿"应为商品的特有名称。由于"诸葛酿"属于商品名称,而不是作为商标使用,故不属于《商标法》第五十二条第(一)项规定的行为。"诸葛酿"之所以能够成为知名商品的特有名称,与其大量广告宣传和投入，历年销售数量增加，在市场上具有一定影响力和知名度密不可分，属于江口醇集团作为经营者的市场成果，故可以认定"诸葛酿"为江口醇集团商品的特有名称。

《最高人民法院关于审理商标民事纠纷案件适用法律若干问题的解释》第十条规定："判断商标是否近似，应当考虑请求保护的注册商标的显著性和知名度。"根据该规定，可以理解为，一个商标或商标标识受保护的强弱理应取决于商标标识自身的显著性和知名度，"诸葛亮"作为著名历史人物，非后人创造，其显著性不强，被后人合理使用也已成为一种共识。而"诸葛酿"作为一种商品名称，特别是与白酒相联系，其显著性就更加突出。作为商品名称的"诸葛酿"在先使用，在"诸葛亮"注册商标核准前，在市场上就已经具有一定影响力，在千年酒业公司受让前，已为相关公众所知悉，并具有一定的知名度，一般消费者施以一般注意力不会对"诸葛酿"酒系列商品与"诸葛亮"注册商标的商品产生误认。因此，江口醇集团使用"诸葛酿"作为商品名称不构成对千年酒业公司"诸葛亮"商标的侵权。因此，二审判决驳回上诉，维持原判。

千年公司、诸葛酿酒业公司不服二审判决，向最高人民法院申请再审。

最高人民法院经审理认为：该案的争议焦点为"诸葛酿"和"诸葛亮"是否构成侵犯注册商标专用权意义上的近似，而认定是否构成近似需要综合相关因素进行考虑。

首先，从二者的音、形、义上进行比较。千年酒业公司受让的注册商标"诸葛亮"与江口醇集团作为商品名称使用的"诸葛酿"在读音和文字构成上确有相近之处。但是，在字形上，"诸葛亮"注册商标为字体从左到右横向排列的普通黑体字的文字商标；江口醇集团作为商品名称使用的"诸葛酿"三个文字为从上到下的排列方式，字体采用古印体为主，融合魏体和隶书特点，在字体周边外框加上印章轮廓，在具体的使用方式上，与"诸葛亮"商标存在较为显著的不同。而且，在文字的含义上，"诸葛亮"既是一位著名历史人物，又具有足智多谋的特定含义；"诸葛酿"非单独词汇，是由"诸葛"和"酿"结合而成，用以指代酒的名称，其整体含义与"诸葛亮"不同。就该案而言，由于"诸葛亮"所固有的独特含义，使得二者含义的不同在分析比较"诸葛亮"注册商标和"诸葛酿"商品名称的近似性时具有重要意义，即这种含义上的差别，使相关公众较易于将二者区别开来。

其次，认定"诸葛亮"与"诸葛酿"是否构成侵犯注册商标专用权意义上的近似，需要考虑"诸葛亮"注册商标的显著性及二者的实际使用情况。"诸葛亮"因其固有的独特含义，在酒类商品上作为注册商标使用时，除经使用而产生了较强显著性以外，一般情况下其显著性较弱。在千年酒业公司受让前，"诸葛亮"注册商标尚未实际使用和具有知名度。千年酒业公司等也未提供证据证明"诸葛亮"注册商标经使用后取得了较强的显著性。在此种情况下，"诸葛亮"注册商标对相近似标识的排斥力较弱，"诸葛酿"商品名称与其在读音和文字构成上的近似，并不足以认定构成侵犯注册商标专用权意义上的近似。而且，在"诸葛亮"商标申请注册前，江口醇集团已将"诸葛酿"作为商品名称在先使用，不具有攀附"诸葛亮"注册商标的恶意。在"诸葛亮"商标核准注册前，"诸葛酿"酒已初具规模。至2003年8月标有"诸葛亮"注册商标的产品进入市场后，"诸葛酿"白酒已多次获得中国名牌产品等荣誉称号，在广东省、四川省、湖南省等地享有较高的知名度，为相关公众所知晓，具有一定的知名度和显著性，经使用获得了独立的区别商品来源的作用。结合上述"诸葛酿"商品名称字体特点和具体使用方式，以及"诸葛亮"注册商标的显著性较弱，原审法院认定相关公众施以一般的注意力，不会导致混淆和误认并无不当。因此驳回了千年公司、诸葛酿公司和诸葛亮公司的再审申请。

■ 办案心得

该案在原告拥有有效的注册商标，被告不具有注册商标，以及被告使用了在读音和文字构成上与原告具有一定近似程度的商品名称的情况下，最终各级法院均认定不构成商标侵权。该案代理被告胜诉的关键在于主张原告商标本身的显著性较弱且未经使用获得显著性，故对其的保护范围较小、排斥性较弱。同时，被告使用"诸葛酿酒"的时间早于"诸葛亮"商标的注册时间，且已经达到了一定的知名度。

法院采纳了被告代理律师上述观点，在判断是否构成近似时综合考虑了以上因素。从该案可知，在商标侵权案件中，被告可从以下方面进行抗辩：

1. 在判断商标是否近似时，应从商标本身的音、形、义和整体表现形式等方面，以相关公众的一般注意力为标准，并采取整体观察与对比主要部分的方法。

在读音上，原告的"诸葛亮"商标与被告的"诸葛酿酒"有一定的近似。在字形上，"诸葛亮"注册商标为字体从左到右横向排列的普通黑体字的文字商标；"诸葛酿"三个文字为从上到下的排列方式，字体采用古印体为主，融合魏体和隶书特点，在字体周边外框加上印章轮廓，在具体的使用方式上，与"诸葛亮"商标存在较为显著的不同。在含义上，"诸葛亮"既是一位著名历史人物，又具有足智多谋的特定含义；"诸葛酿"非单独词汇，是由"诸葛"和"酿"结合而成，用以指代酒的名称，其整体含义与"诸葛亮"不同。鉴于在字形和含义上的区别，以相关公众的一般注意力能将二者区分。

2. 在判断商标是否近似时，应考虑权利商标显著性。

（1）商标本身的固有显著性。该案中，"诸葛亮"作为著名历史人物，不具有独创性，其固有显著性不强。

（2）商标经过使用获得显著性。获得显著性是指商标本身不具有显著性，但通过使用使得能区分和识别商品或服务的来源。该案被告在使用涉案商品名称时原告并未实际使用其商标，并未通过使用获得显著性。

（3）注册商标受保护强度的大小与商标标识的显著性有关。显著性越强，则受保护程度越强；显著性越低，则受保护程度越弱。该案原告商标固有显著性弱，也未通过实际使用获得显著性，因此受保护程度弱。

3. 在判断商标是否近似时，应考虑双方的使用情况，即双方的知名度。

（1）原告的使用情况。注册商标受保护强度的大小与商标标识的知名度有关。知名度越高，则受保护程度越强；知名度越低，则受保护程度越弱。原告在被告使用被控商品名称前并未投入使用，故对其的保护强度也较弱。

（2）被告的使用情况。该案中，被告通过其销售时间、规模、销售区域、所获荣誉等证据证明，在"诸葛亮"商标申请前，被告已经在销售"诸葛酿酒"，在原告受让及使用其注册商标前，被告使用涉案商品名称已经具有一定的市场规模和知名度，为相关公众所知悉，因此一般消费者施以一般注意力不会对二者产生混淆、误认。同时也可以证明被告不具有搭傍原告商标的主观故意。

（3）从原告诸葛酿酒公司获得"诸葛亮"商标许可，却在商品上同时使用"诸葛酿酒"，也能证明江口醇集团"诸葛酿酒"的知名度。

4. 在判断商标是否近似时，应考虑是否会导致相关公众的混淆。

该案中，由于被告"诸葛酿酒"的使用时间早于原告注册"诸葛亮"商标的时间，在原告开始生产"诸葛亮"酒时，被告的"诸葛酿酒"已经具有较高知名度及市场占有率，相关公众施以一般注意力便能区分，不会对商品的来源产生混淆和误认。且在被告"诸葛酿酒"具有较高知名度时，原告诸葛酿酒公司使用"诸葛亮"商标的同时也使用"诸葛酿酒"，即使有混淆，也是原告想要搭傍被告的知名度而故意为之。

■ 小结

行政程序中曾被认定构成近似的两个标识，在商标侵权案件中法院却认定不构成侵权，很重要的原因在于原告的商标并未使用，而被告的商品名称却经使用达到一定规模和知名度。商标通过使用才能区分商品或服务的来源，《商标法》（2019年）第四条规定"不以使用为目的商标申请，应当予以驳回"，第四十九条规定"撤销连续三年不使用制度"，第六十四条规定"注册商标未使用，被控侵权人不承担赔偿责任"等，均强调了商标使用的重要性。

该案在证明被告使用"诸葛酿酒"的时间早于"诸葛亮"商标申请时间的关键性证据在于被告提供了一张1999年6月5日"诸葛酿酒"的销售发票。由于被告曾搬迁厂房，导致材料不齐，在被告法定代表人对代理律师陈述其有印象在"诸葛亮"商标申请前已经生产时，代理律师一再坚持被告需发动一切力量寻找相关证据，多方面启发并整理相关线索，甚至发布有奖征集使用证据的公告，最终找到能证明比"诸葛亮"商标申请日早 13 天使用的决定性证据（一张税务局开具的可供查询的正规销售发票），结合如出厂单、发货单等其他证据形成完整的证据链，从而证明"诸葛酿酒"使用的时间至少比诸葛亮公司的使用时间早 13 天，且实际生产、销售的日期则更早于发票的开具日期。由于诸葛亮公司申请"诸葛亮"商标后并没有投入生产，在其开始使用"诸葛亮"商标时"诸葛酿酒"已形成稳定的市场格局，这足以说明代理律师引导当事人收集证据的重要性。

同时，在商标侵权案件中，判断商标是否近似及是否会造成相关公众的混淆、误认是极其重要的一环。原告在举证时除了要证明注册商标和被控标识从音、形、义上构成近似外，还需要证明有实际使用及两者已经或可能造成相关公众的混淆、误认。被告在进行不侵权抗辩时，在强调两者区别的同时，还可通过原告不使用或不规范使用注册商标，被控标识在先使用及知名度高，以及已经形成稳定的市场秩序，不会造成消费者误认等方面进行陈述。该案对商标侵权案件中被告抗辩的策略和思路值得借鉴。

■ 法律链接

《中华人民共和国商标法》（2001 年）第五十二条；

《中华人民共和国商标法实施条例》（2002 年）第五十条；

《最高人民法院关于审理商标民事纠纷案件适用法律若干问题的解释》（法释〔2002〕32 号）第四条、第九条、第十条；

《中华人民共和国反不正当竞争法》（1993 年）第五条。

通用与否 如何定夺

——"3E 椰梦维"商标侵权诉讼案*

董咏宜 张满兴

> 原告起诉被告商标侵权，被告抗辩原告的注册商标为通用名称，缺乏显著性，被告的行为不构成商标侵权。一审、二审法院作出截然不同的判决，该案对如何厘清商标侵权与合理使用的边界类案有参考作用。
>
> 该案入选杭州法院知识产权司法保护十大案例的理由为：该案对注册商标是否演变为通用名称的认定思路及标准，对同类案件的审理具有借鉴和参考意义。通用名称的认定关乎商标权利边界，以及商标权人和社会公众利益的平衡。法定通用名称由法律规定或国家、行业标准等规范性文件确定，判断相对简单；约定俗成的通用名称认定一直是司法实践中的难点。认定注册商标是否已演变为通用名称，应综合考量相关公众的认知情况、使用的地域范围及时间等案件事实，严格把握、审慎评判，依法认定。

■ 案情简介

昆山吉美川纤维科技有限公司（以下简称"吉美川公司"）是床垫等产品的生产厂家，发现用传统工艺（即通过胶水将材料进行粘合）生产的床垫存在甲醛残留的问题，为此 2010 年独创新工艺，研发出无需使用胶水就能粘合的椰棕垫产品。为推广这一产品，吉美川公司独创了"3E 椰梦维"这一品牌。因新型椰棕垫产品具有环保的特点，相比之前的工艺成本更低、更经济，以及相比于其他产品更为优质，故吉美川公司将取 Environmental（环保）、Excellent（优质）、Economic（经济）三个英文的首字母，称为"3E"。"椰梦维"是考虑到新型椰棕垫的主要原料是椰子外壳纤维，吉美川公司希望给广大消费者带来美梦，维持美梦，故臆造出"3E 椰梦维"这一品牌。

"3E 椰梦维"品牌椰棕垫产品于 2011 年推出市场后广受欢迎。同时，吉美川公司也注册了第 14236826 号商标，核定使用商品类别为第 20 类，包括家具；床垫；床等。

吉美川公司发现佛山市阿里某某家具有限公司（以下简称"被告"）未经许可，在

---

* 该案入选 2018 杭州法院知识产权司法保护十大案例、2018 广东律协十大知识产权典型案例，获得 2018 年广州律协业务成果奖，被评为 2018 年岭南知识产权诉讼优秀案例。生效案号：（2018）浙 01 民终 3330 号。

其生产、销售的床垫产品及网页宣传上，多处使用与吉美川公司注册商标近似的"3E椰梦维"标识，故以商标侵权为由诉至杭州市余杭区人民法院，请求判令被告停止侵权、赔偿经济损失及合理维权费用共计100万元。

一审法院经审理认为：百度等网络上将"椰梦维"或者"3E椰梦维"作为一种床垫内芯的新型环保椰棕材料的描述，同时涉案注册商标的知名度不高，且经过相关公众使用，"3E椰梦维"即使尚不构成"无胶水椰棕板"的通用名称，其商标识别性及显著性已日渐削弱和淡化。被告在店铺首页及产品包装显著位置标注了其商标"林氏木业"，使用"3E椰梦维"目的在于描述所销售的床垫内芯材料包含无胶水环保椰棕的事实，相关公众以一般注意力即可区分产品来源，不易产生混淆，故被告使用"3E椰梦维"标识的行为属于合理使用，不构成商标侵权，判决驳回吉美川公司的诉讼请求。

吉美川公司不服一审判决，提起上诉。

二审杭州市中级人民法院经审理认为：首先，"3E椰梦维"本身是臆造词，具有较强的显著性，在国家标准、行业标准、专业工具书及辞典中均没有将"3E椰梦维"作为无胶水环保椰棕垫材料名称的记载，不属于法定的通用名称。其次，从一般消费者的知识水平和认知能力出发，也不会将"3E椰梦维"和无胶水环保椰棕垫材料直接联系起来。百度贴吧等网页内容并非由主流媒体或权威机构发布，仅能代表个人观点，而不具有行业内的普遍性和权威性，不足以证明"3E椰梦维"已成为"无胶水环保椰棕垫"约定俗成的通用名称，故被告的使用行为不构成合理使用。最后，从被告的使用方式来看，其在销售的床垫商品标题、商品详情、商品参数、发货清单、商品的标签、产品合格证中均使用了含有"3E椰梦维"的字样，上述使用方式使相关公众在浏览及购买商品时，很容易观察到被控侵权标识"3E椰梦维"，客观上起到了区分商品来源的作用，应认定为商标意义上的使用。一审法院认定被告使用被控侵权标识的行为系合理使用不当，其行为构成商标侵权。

综上，杭州市中级人民法院撤销一审判决，改判被告立即停止侵权，并赔偿吉美川公司经济损失及维权合理费用15万元。

■ 办案心得

通用名称的认定标准一直是商标法理论界和实务界颇具争议的问题，在司法实践中认定商业标识是否已演变为通用名称，需要秉持严格把握和审慎评判的态度，否则商标权的效力和边界将会存在很大的不稳定性和不确定性。该案如何证明"3E椰梦维"具有显著性，没有被淡化，更没有演变成为通用名称，被告的使用不构成合理使用等，代理律师主要从下面两个方面重点突破。

一、判断商业标识是否演变成通用名称需从严把握

1. 通用名称是指能够反映一类商品与另一类商品根本区别的规范化称谓，或是相关公众经过长时间使用而在全国或全行业对某种商品约定俗成的统一称谓，其包括法定的商品名称和约定俗成的商品名称。在考虑商业标识是否演变成通用名称时应考虑商业标识的独创性和显著性、国家标准、行业标准、专业工具书及辞典对于商业标识的记载，并从一般消费者的知识水平和认知能力出发，进行从严把握，审慎评判。

2. 百度贴吧的内容并非由主流媒体或权威机构发布，仅能代表个人观点，而不具有行业内的普遍性和权威性。"3E椰梦维"商标是吉美川独创并持续使用的注册商标，现存在少量媒体将其作为通用名称的使用或解释，而这些少量媒体并不具有如国家标准、行业标准、专业工具书及辞典的权威性，故不能以此认定"3E椰梦维"是通用名称。

3. 结合该案证据，"3E椰梦维"为吉美川公司所臆造、最先使用在床垫及环保椰棕垫上的商标，并非固有词汇，且吉美川公司自2011年至今长期、持续使用，已具有一定知名度，起到了识别商品来源的作用，没有演变成为通用名称。

二、对他人注册商标的合理使用必须满足必要性、合理性和非混淆可能三个条件

由于对他人注册商标的合理使用，已经进入到商标权的专有控制范围，属于对商标权的限制，因此这种使用必须满足必要性（即如果不使用他人的商标，自己的产品或服务将难以描述）、合理性（即限制在适度与合理的范围内）和非混淆可能三个条件。

结合该案，第一，涉案行为可使用其他词语进行描述，而非必要使用"3E椰梦维"。被告使用"3E椰梦维"在于描述被告销售的床垫内芯材料包含无胶水环保椰棕垫的事实，那被告使用"无胶水环保椰棕垫"更能清晰说明，其使用"3E椰梦维"行为并非无法避免的使用。第二，涉案侵权行为具有多次使用、突出使用"3E椰梦维"的情形，使得相关公众很容易观察到"椰梦维"或"3E椰梦维"，客观上起到了区分商品来源的作用，超出适度与合理的范围内。第三，客观上造成相关公众的混淆与误认。因此涉案侵权行为不属于对"椰梦维"或"3E椰梦维"的合理使用。

因此，二审法院采纳了吉美川公司的上诉理由，撤销一审判决，认定被告使用"椰梦维"或"3E椰梦维"标识的行为构成商标侵权。

■ 小结

该案的缘起与朗科公司的"U盘"商标案、"金俊眉"红茶案、"阿司匹林"药品案等是类似的，均是企业突破性地研发出新产品并对产品赋予一个全新的名称。为了使新产品快速推向市场，为经销商及消费者所采纳，没有将商标与商品名称很好地分开宣传，使得部分公众将该新的商标直接作为该产品名称，若不及时制止，就有可能演变成为通

用名称。

但该案与上述商标情况不同,不仅在于"3E椰梦维"本身为臆造词,固有显著性较高,并且经过吉美川公司多年使用,在市场上已具有较高知名度,更是由于吉美川公司具有一定的知识产权保护意识,不仅较早地注册了"3E椰梦维"商标,并委托代理律师快速对涉嫌侵权者展开维权行动,从而保护了其合法权益。

建议企业在推出创新性的新产品的同时,要注意做好商标与商品名称的区分,在宣传上有所区别,避免商标被淡化而权益无法受到保护。

■ 法律链接

《中华人民共和国商标法》(2013年)第十一条,第五十七条第(一)、第(二)、第(七)项,第六十三条。

火眼金睛　识别真假

——广东宝凯实业有限公司诉奥妮集团（香港）有限公司、奥妮化妆品有限公司等侵犯"奥妮"注册商标专用权纠纷案*

董咏宜　张满兴　温旭

> 立白集团关联企业宝凯公司通过法院拍卖程序，拍得与该案有关的第1154259号、第1166473号、第1452450号、第1903377号奥妮系列注册商标的专用权。随后，宝凯公司发现市面上有大量涉嫌侵害其商标专用权的产品，遂委托代理律师对奥妮香港公司、重庆奥妮等3名被告提起了商标侵权诉讼。历时四年半，被称为"中国日化商标第一案"的纠纷终于以宝凯公司的全面胜诉而落幕，立白集团终于迎来了完整的"奥妮"。

■ 案情简介

一、案件缘由

立白集团作为我国民族日化领军企业，"立白"品牌的洗衣粉家喻户晓，"立白"二字作为一个暗示性商标，给人"立即白净"之意，并不适用于所有商品，如立白集团想要拓展的新领域——洗发水。但想要注册一个寓意好听的商标存在几个问题，一是商标资源有限，朗朗上口的商标已被注册；二是商标注册周期长，顺利情况下都需要一年半左右才能拿到商标证，如果此时竞争对手提起异议的话，注册时间就更长，不利于市场开拓。正在苦恼的立白集团知晓了一个信息，那就是奥妮化妆品有限公司（以下简称"奥妮公司"）注册在洗发水产品上的"奥妮"品牌在法院进行拍卖。

"奥妮"曾是本土洗发水的第一品牌，其高峰期销售收入逾八亿元，市场占有率达12.5%，仅次于宝洁旗下的飘柔，但因资不抵债而被法院拍卖。"奥妮"品牌自身拥有较好的市场基础，不需要企业斥资进行品牌推广，立白集团作出决策，要拍下"奥妮"商标。

此时，"奥妮"商标拍卖的竞争对手，有同为做洗发水的"霸王"品牌，也有奥妮

---

* 该案被广东省高级人民法院评为2010年广东十大知识产权案例，入选2012年全国律师协会知识产权专业委员会年会（重庆）全国十佳案例。生效案号：（2011）民申字第700号。

集团（香港）有限公司（以下简称"奥妮香港公司"）等多个竞争对手，在通过激烈的竞拍后，立白集团下属的广东宝凯实业有限公司（以下简称"宝凯公司"）以 3100 万元拍得与该案有关的第 1154259 号、第 1166473 号、第 1452450 号、第 1903377 号注册商标的专用权。随后，宝凯公司发现市面上有大量涉嫌侵害其商标专用权的产品。遂委托代理律师对奥妮香港公司、重庆奥妮等 3 名被告提起了商标侵权诉讼。宝凯公司为了维护其合法权益，通过公证程序购买了涉嫌侵权产品。其中澳思美日用化工（广州）有限公司（以下简称"澳思美公司"）生产的"奥妮啤酒香波"就是其中一种。澳思美公司在其产品上注明其使用的奥妮注册商标来源于奥妮香港公司的授权。而奥妮香港公司称其拥有的奥妮注册商标使用权来源于奥妮公司的授权。

二、双方意见

宝凯公司诉称：2006 年 5 月 8 日，其通过重庆市第一中级人民法院拍卖程序，花费 3100 万元拍得 23 项奥妮系列注册商标。其中第 3 类有 12 项，商品的注册项目包括了香波、浴液等。在该案中主张第 1154259 号、第 1166473 号、第 1452450 号、第 1903377 号奥妮注册商标的专用权。宝凯公司发现澳思美公司生产的"奥妮啤酒香波"使用了奥妮注册商标，因此澳思美公司的行为应构成商标侵权。

宝凯公司认为，奥妮公司与奥妮香港公司之间的商标许可合同是虚假的，澳思美公司未经许可，擅自在同类别商品上使用宝凯公司的注册商标构成商标侵权。同时，奥妮公司与奥妮香港公司没有合法的来源授权他人使用宝凯公司的奥妮注册商标与澳思美构成共同侵权。

据此，请求法院判令：（1）三被告停止侵害原告注册商标专用权的行为；（2）三被告共同赔偿原告经济损失 100 万元；（3）三被告在《广州日报》《羊城晚报》上公开赔礼道歉，内容由法院审定；（4）该案一切诉讼费用由三被告承担。

澳思美公司辩称：（1）宝凯公司的诉请没有法律依据。澳思美公司是经奥妮香港公司合法授权加工相关产品的，不存在假冒行为。（2）宝凯公司认为奥妮公司与奥妮香港公司之间的商标许可虚假没有法律依据。（3）宝凯公司索赔 100 万元没有法律依据。宝凯公司并没有制造、销售奥妮产品，不存在其产品的市场份额被侵占的情况，所以不存在经济损失。而且宝凯公司于 2006 年 7 月 28 日才获得奥妮商标，到 2006 年 12 月 24 日起诉，短短几个月不可能损失 100 万元。综上，请求法院驳回宝凯公司全部诉请。

奥妮香港公司辩称：（1）奥妮香港公司经奥妮公司许可取得独占使用奥妮商标的权利。宝凯公司取得奥妮商标后，可以向被许可人收取许可费，但应该承认其取得商标权之前存在商标许可合同的事实。（2）宝凯公司认为奥妮公司与奥妮香港公司之间商标许可合同是虚假的没有任何依据。奥妮香港公司不仅与奥妮公司签订了商标许可合同，并且双方自签约以来一直在履行该商标许可合同。（3）宝凯公司在奥妮商标拍卖前就应当知道该商标已经许可他人使用的事实。综上，请求法院驳回宝凯公司全部诉请。

奥妮公司辩称：(1) 2006 年 7 月 28 日之前奥妮公司是奥妮商标唯一注册人，有权许可他人使用该商标。所以，奥妮公司将奥妮商标许可奥妮香港公司使用，不构成侵权。(2) 根据合同法及最高人民法院的相关司法解释，即使涉案商标许可合同没有备案，也不影响其效力，并且在奥妮商标转让后，仍然有效。(3) 宝凯公司在 2006 年 7 月 28 日后才取得奥妮商标专用权，其只对该日期后发生的侵权行为享有诉权。宝凯公司没有任何证据证明澳思美公司生产的产品是 2006 年 7 月 28 日后生产的。(4) 宝凯公司在竞买奥妮商标时知道或应当知道商标许可合同的存在的，其应当承担不利后果。(5) 宝凯公司没有提交 100 万元损失的证据。(6) 宝凯公司没有任何证据证明其商誉受到损害，主张登报赔礼道歉没有任何依据。综上，请求驳回宝凯公司全部诉请。

双方争议的焦点是：

1. 独占的《商标许可合同》是否具有证明效力。

2. 宝凯公司是否为善意第三人，未备案的《商标许可合同》是否可以对抗宝凯公司。

三、一审法院判决

1. 关于取得涉案四项奥妮商标专用权的时间。法院认为，重庆市第一中级人民法院将涉案商标过户给宝凯公司的裁定，只是宝凯公司向商标局办理转让申请的依据，并非取得商标专用权的时间。根据商标法规定，注册商标转让须经商标局核准并公告，受让人才能取得商标专用权。商标局于 2006 年 7 月 28 日出具涉案四项奥妮商标已核准转让给宝凯公司的证明。所以，宝凯公司取得涉案四项奥妮商标专用权的时间应为 2006 年 7 月 28 日。

2. 关于被控侵权产品的生产者及该产品是否使用了涉案四项奥妮商标。法院认为，被控侵权产品上标明奥妮香港公司荣誉授权、澳思美公司制造。且奥妮香港公司也提交了其委托澳思美公司生产的奥妮啤酒香波产品实物，标示的厂家信息情况与被控侵权产品一致。所以，被控侵权产品是香港奥妮公司授权澳思美公司生产。

被控侵权产品使用了"奥妮""OLIVE+徽章图形"及"OLIVE+帽子及飘带图形"商标。将被控侵权产品使用的"奥妮"商标与涉案四商标进行对比，主要部分相同，且以相关公众的一般注意力为标准，容易使相关公众对商标的来源产生误认或者认为其来源与宝凯公司注册商标的商品有特定的联系，所以构成近似商标。

3. 关于澳思美公司、奥妮公司、奥妮香港公司抗辩是否成立。(1) 奥妮公司与奥妮香港公司之间 2004 年 11 月 30 日签订《商标许可合同》《商标独占许可授权书》以及 2006 年 1 月 1 日签订的《商标独占许可授权书》明确授权许可的 7 个商标，与涉案四项奥妮商标有关的只有第 1166473 号商标。奥妮香港公司主张的涉案另三项奥妮商标是从商标，主商标有许可，从商标也应视为许可的主张不成立。(2)《最高人民法院关于民事诉讼证据的若干规定》第七十三条规定，双方当事人对同一事实分别举出相反的证据，但都没有足够的依据否定对方证据的，人民法院应当结合案件情况，判断一方提供证据的证明力是否明显大于另一方提供的证明力，并对证明力较大的证据予以确认。针对《商标许可合同》效力双方分别举证，凭签约代表的身份存在交叉任职的情况，涉案四项奥妮商标先许可后转让的情况，涉案四项奥妮商标备案情况、涉案商标拍卖时被许可人是否提出异议的情况，但都没有足够依据否定对方证据，结合双方举证情况，认定原告证据的证明力明显大于被告证据证明力，《商标许可合同》系倒签或虚假的合同。

(3) 宝凯公司是否为善意第三人。《最高人民法院关于审理商标民事纠纷案件适用法律若干问题的解释》第十九条规定，商标使用许可合同未经备案的，不影响许可合同的效力，但当事人另有约定的除外。商标使用许可合同未在商标局备案的，不得对抗善意第三人。关于被告提交的证明宝凯公司竞买奥妮商标具有恶意的三份证据，法院认为，第一份证据《资产评估报告书》是复印件，难以确认其真实性，即使是真实的，也不能证明宝凯公司在拍卖前知道该报告书。第二份证据奥妮香港公司提出的拍卖《异议书》，法院在收到异议书并未中止拍卖，之后至今也未撤销拍卖。而且，也不能证明宝凯公司在拍卖前知道其提出异议事实。关于第三份《奥妮集团低调竞投"奥妮"商标》的报道，法院认为，拍卖公告并未标注该商标有许可合同，重庆中院也没有告知竞拍人，尽管报道提及了许可方面的内容，但与拍卖公告和法院态度相比，后者更具有公信力。所以不能证明宝凯公司不是善意第三人。

4. 关于被告的侵权责任。

被告共同侵犯了原告涉案四项奥妮商标专用权，需停止侵权行为。

关于赔偿损失的数额，原告未提供其因侵权行为遭受的经济损失的证据或两被告因侵权获利数额的证据，鉴于因侵权造成的直接损失或因侵权所得利润难以计算确定，故法院依法酌定两被告的赔偿数额。

关于原告要求被告登报公开赔礼道歉的诉请，由于原告并未证明其商誉因被告的侵权行为受到损害，故对此项诉请法院不予支持。

综上所述，根据《商标法》第五十一条、第五十二条第（一）项、第五十六条第一款、第二款，《最高人民法院关于审理商标民事纠纷案件适用法律若干问题的解释》第十六条第一款、第二款、第十七条第一款的规定，判决如下：

（1）被告澳思美公司、被告奥妮香港公司、被告奥妮公司于判决生效之日起立即停止生产销售侵犯原告宝凯公司第1154259号、第1166473号、第1452450号、第1903377号奥妮注册商标专用权的行为。

（2）被告澳思美于判决生效之日起10日内赔偿原告宝凯公司经济损失5万元。

（3）被告奥妮香港公司于判决生效之日起10日内赔偿原告宝凯公司经济损失10万元。

（4）被告奥妮公司于判决生效之日起10日内赔偿原告宝凯公司经济损失10万元。

(5) 三被告之间对上述赔偿数额互负连带清偿责任。

(6) 驳回原告宝凯公司的其他诉讼请求。

三被告不服一审判决，均提起上诉。

四、二审法院判决

1. 关于《商标许可合同》抗辩不侵权理由是否成立的问题。法院认为，各方当事人对四份商标许可合同所加盖的公章的真实性并无异议，在没有直接的证据证明涉案四份《商标许可合同》为倒签或者虚假的情况下，该案现有证据无法证实和确定四份《商标许可合同》真实与否。

2. 关于宝凯公司是否为善意第三人的问题。上诉人提交的《资产评估报告书》中记载的"注册商标许可合同"是否就是该案涉及的《商标许可合同》并无证据证明，二者缺乏唯一性。至于上诉人向重庆市第一中级人民法院提交的《异议书》由经办陈法官在2006年4月17日14时收到，故拍卖前或者拍卖时（2006年4月17日上午），宝凯公司并不知道或者不应当知道该案存在竞拍商标被许可的情况。虽然《奥妮集团低调竞投"奥妮"商标》的报道提及了许可方面的内容，但拍卖公告并未标注该商标有许可合同，重庆市第一中级人民法院也没有告知竞拍人，与拍卖公告和法院态度相比，后者更具有公信力。所以认定宝凯公司是善意第三人。

3. 关于上诉人是否应承担责任问题。上诉人的不侵权抗辩不能成立，上诉人的行为共同侵犯了被上诉人涉案四项奥妮商标专用权，被上诉人要求上诉人停止侵权行为，应予支持。由于被上诉人未提供其因侵权行为遭受的经济损失的证据或上诉人因侵权获利数额的证据，原审法院分别酌定承担赔偿的数额并无不妥，法院予以支持。由于该行为属共同侵权行为，因此应对赔偿数额承担连带清偿责任。

综上所述，原审判决认定事实清楚，适用法律正确，应予维持。

奥妮公司不服终审判决，申请再审。

五、再审法院认为

1. 041130商标许可合同的证明效力问题。由于宝凯公司提交的证据及分析意见足以让法院对041130商标许可合同的真实性产生合理怀疑，而再审申请人并没有提交进一步的证据证明自己的主张，或者对存在的疑点作出令人信服的解释。因此原审判决不认定041130商标许可合同的证明效力，并无不当，也不存在分配举证责任不当的问题。

2. 宝凯公司是否为善意第三人的问题。申请人奥妮公司提交的《资产评估报告书》中提到的注册商标许可合同并不能证明就是041130商标许可合同。针对《奥妮集团低调竞投"奥妮"商标》的报道，宝凯公司没有法定或合理的注意义务，且也没有证据表明拍卖公司后委托拍卖的法院向竞拍人告知过商标许可合同的存在。申请人提交的《异议书》也是在拍卖结束后才送到法院的。原审判决综合上述证据材料和相关事实，认定宝凯公司是善意第三人，并无不当。

3. 关于奥妮公司申请再审的其他理由。（1）原审法院根据涉案四项奥妮商标的声誉、宝凯公司为制止侵权的合理开支等因素，酌定的赔偿额未违反法律规定，判决三公司对宝凯公司承担连带清偿责任，适用法律并无不当。（2）针对原审法院未去重庆法院或评估公司调取资产评估报告的附件，该证据不属于当事人因客观原因不能自行收集的证据。因此原审法院并不违反法定程序。

综上所述，奥妮公司申请再审的理由不能成立，驳回奥妮化妆品有限公司的再审申请。

■ 办案心得

《最高人民法院关于民事诉讼证据的若干规定》第七十三条规定，"双方当事人对同一事实分别举出相反的证据，但都没有足够的依据否定对方证据的，人民法院应当结合案件情况，判断一方提供证据的证明力是否明显大于另一方提供证据的证明力，并对证明力较大的证据予以确认。因证据的证明力无法判断导致争议事实难以认定的，人民法院应当依据举证责任分配的规则作出裁判。"

这体现了民事诉讼的证据要求由"客观真实"向"法律真实"转变。所谓"法律真实"是指在案证据呈现的事实，尽管最终认定的事实与客观事实不完全吻合，裁判结果也应当认为是公正的。

"法律真实"这一证据必然要求"高度盖然性"的证明标准。盖然性，是指一种可能而非必然的性质。高度盖然性是指在证据无法达到确实、充分的情况下，从事物发展的概率中推定案件事实、评价案件证据，对证明待证事实发生概率比较高的证据予以认定。

在适用"高度盖然性"标准时，应注意以下几个问题：

第一，法官的自由心证不是对证据的随意认定，法官应当依照法定程序，全面、客观地审核证据，依据法律的规定，遵循法官职业道德，运用逻辑推理和日常生活经验，对证据有无证明力和证明力大小独立进行判断。

第二，裁判文书不能仅仅公布法官自由心证的结论，还应在裁判文书中载明判断的具体理由，要有细致的推理过程，要把法官形成内心确信的过程通过文字呈现出来。

上述案件中，法官结合在案证据，考虑到日常商业习惯等因素，最终认定《商标许可合同》系伪造的，合理、合法。

■ 小结

正所谓"魔鬼藏在细节中"，办理任何案件均需要有一双发现"真相"的眼睛。该案原告宝凯公司的代理律师正是通过"火眼金睛",并举出相反证据和分析意见足以让法院对关于涉案商标"奥妮"许可合同的真实性产生合理怀疑,而被告奥妮香港公司却并没有提交进一步的证据证明自己的主张,或者对存在的疑点作出令人信服的解释。因此根据法律规定,双方举出相反证据证明事实证据盖然性占优势一方的主张可以成立,故法院最终对涉案商标"奥妮"许可合同的效力不予认可。

  品牌一直是企业的生命线,在20世纪90年代,"奥妮"在宝洁、联合利华、花王的旗下品牌的激烈竞争下,脱颖而出,以"植物一派 百年润发"之势占领消费者心智,成为本土洗发水的第一品牌、"国货之光",而后立白集团以3100万元成功拍卖到"奥妮"商标,并与该案代理律师共同努力赢得"奥妮",维护了品牌的正当合法权利,"奥妮"品牌本应作为立白集团旗下品牌做大做强,也许立白集团基于自身发展的考虑,暂时没有发挥其本应有的品牌优势,但好品牌,值得信赖,我们相信"奥妮"作为民族品牌会继续发挥其品牌优势和实力,重焕光彩。

■ 法律链接

《最高人民法院关于审理商标民事纠纷案件适用法律若干问题的解释》(法释〔2002〕32号)第十九条第二款;

《中华人民共和国商标法》(2001年)第四十条第三款。

涉外定牌　责任认定

——长林五金制品（珠海）有限公司与江某某侵害商标专用权纠纷案[*]

程跃华

> 同种商品上使用与其注册商标相同的涉外定牌加工行为是否构成商标侵权，需要考虑行为人是否已尽合理的注意义务，是否对境外委托方的资质和商标专用权进行了合理的审查。
>
> 该案系广东省首例在同种商品上使用与其注册商标相同的涉外定牌加工行为不被认定为商标侵权的商标侵权纠纷案。

■ 案情简介

一、基本案情

原告江某某诉称长林五金制品（珠海）有限公司（以下简称"长林公司"）生产带有"SIRO"标识的金属拉手和金属挂钩的行为，侵犯其于2008年11月28日被核准注册的第5040205号"SIRO"注册商标专用权，在提起商标侵权诉讼前已向工商行政部门投诉和公安部门报案，当地工商行政部门已于2012年2月10日对长林公司进行行政查处，公安部门未继续介入侦查，长林公司与工商部门在行政诉讼中达成谅解而撤回对工商部门的起诉。

原告、被告双方提供了证据，用以支持以下事实：

1. 长林公司从2003年11月28日起就接受奥地利SIRO公司的授权，生产带有"SIRO"标识的金属拉手和金属挂钩，奥地利SIRO公司在包括奥地利在内的多个国家合法拥有涉案产品同类别的"SIRO"注册商标，且长林公司生产带有"SIRO"标识的金属拉手和金属挂钩全部经海关出口至奥地利，因此属于合法授权且在先使用的涉外定牌加工。

2. 江某某在工商局称"自注册该SIRO商标以来，未曾转让该商标，未曾授权任何单位或个人使用该商标，也未曾委托任何单位或个人生产标有该商标的商品"，在开庭

---

[*] 该案入选广东省高级人民法院2013年典型案例、2013年度广东律师十大知识产权典型案例，以该案为题材的论文获得了当年全国律师协会知识产权专业委员会十佳论文奖。生效案号：（2013）粤高法民三终字第148号。

时，江某某的代理人未提供任何江某某在注册商标后的生产、销售的凭证。

3. 江某某作为法定代表人的企业是奥地利SIRO公司在2005年期间受托加工企业之一，江某某未经奥地利SIRO公司授权或同意，于2005年12月5日申请注册了"SIRO"注册商标；该案发生前后，奥地利SIRO公司以江某某违反《商标法》第十五条等为由已向国家工商总局商标局提起商标争议申请。

4. 江某某的第5040205号"SIRO"注册商标虽然于2008年11月28日被核准注册，但在其核准注册前案外人已对该注册商标提出异议，而异议的裁定结果在2011年4月20日才予公告；而工商局的行政查处既涉及2008年11月28日至2011年4月20日之间的行为，也涉及2011年4月20日之后的行为，且未作区分，均认为属于侵权行为。

二、法院裁判

1. 一审法院认定的事实和判决结果。

一审法院经审理认为，江某某申请的"SIRO"商标已经向国家工商总局商标局核准，依法享有商标专用权。现有法律法规对注册商标争议的处理明确规定了行政处理的前置程序，江某某注册的"SIRO"商标是否违反《商标法》（2001年）第十五条的规定，不属于人民法院的审理范围。一审法院明确认定该案属于涉外定牌加工行为，但以《商标法》（2001年）第五十二条第一项，结合《最高人民法院关于审理商标民事纠纷案件适用法律若干问题的解释》第九条"商标相同"的定义规定，认定在同种商品上使用与其注册商标相同的商标侵权行为时，不需要考虑混淆因素，只需要考虑是否构成正当合理使用。从该案来讲，未经江某某许可的涉外定牌加工，构成了商标侵权；在江某某申请商标之前的在先使用未注册的"SIRO"商标标识的行为并不当然产生受法律保护的在先权利。一审法院还错误地理解了《商标法实施条例》（2001年）第二十三条第三款的规定，认定江某某的注册商标专用权应自2008年1月28日起计算，长林公司的损害赔偿应当从该日起计算。鉴于江某某在该次诉讼中仅提出损害赔偿，未提出停止侵权的诉讼请求，一审法院判决酌定长林公司赔偿若干。

2. 二审法院认定的事实和判决结果。

该案代理律师代表长林公司基于该案涉外定牌加工的事实，以及一审法院以商标授权日作为商标侵权起算日、未区分异议裁定生效前后的被控产品生产出口数量，以事实不清、适用法律错误为由向广东省高级人民法院提起上诉，同时基于《商标法》（2013年）第七条诚实信用原则、商标的使用明确表示为"用于识别商品来源的行为"及"容易导致混淆"作为认定商标侵权要件的立法精神，提出只有在加工的产品进入了委托方的国家面对该国的消费者以后，才存在"用于识别商品来源的行为"，才属于商标意义上的使用，而该案不构成商标性使用的观点，二审法院最终认定该案涉外定牌加工行为不属于商标性使用，长林公司对SIRO公司的资质及商标注册专用权进行了必要的审查，已尽合理的注意义务，撤销了一审判决，改判驳回原告江某某的全部诉讼请求。

■ 办案心得

定牌加工（Original Equipment Manufacture，OEM），是指加工方根据合同约定，为定作方加工使用特定商标或者品牌的商品，并将该商品交付给定作方，定作方根据约定向加工方支付加工费的贸易方式。涉外定牌加工，是指境外委托方提供商标，委托我国境内加工方加工产品并将商标印刷在加工产品上，加工产品全部交付给委托方境外销售，委托方向境内加工方支付加工费的贸易方式。

关于涉外定牌加工是否构成商标侵权，法律和司法解释均未明确规定，各地法院的司法判例也是观点迥异。

广东省高级人民法院此前曾作出同种商品相似商标的"鳄鱼恤"案件不构成商标侵权的二审判决❶，审理该案的时任广东省高级人民法院知识产权庭审判长岳利浩撰文指出，在处理具体案件时，应当考虑个案以下几个方面的因素：一是商品或服务的类别和近似程度；二是国内加工方对国外定牌加工委托方的商标等相关情况是否尽到合理审查义务；三是加工的产品是否全部出口交付给境外的委托方，不在中国境内销售；四是加工方是否有逃避法律责任的情况，即应当"采用区别案件的具体情况予以处理"。但若按照前述广东省高级人民法院的观点，个案的第一个要考虑的因素恰恰不同，尽管加工方已尽到商标审查义务、产品全部出口、不存在逃避监管等情节，该案似乎也难以下判。

为此，结合商标法理论和 2013 年《商标法》，对该案进行分析。

一、2013 年《商标法》将诚实信用原则明确规定为申请注册和使用商标原则

2013 年《商标法》第七条第一款规定："申请注册和使用商标，应当遵循诚实信用原则"，诚实信用原则是我国民法的基本原则，被誉为"帝王条款"；实际应用中，往往用来作为法律解释的依据和具体法律规定不明时的具体补充。

该案中，基于江某某系中国公民，且其担任法定代表人的企业曾接受奥地利 SIRO 公司的委托为其加工涉案产品；根据 2013 年《商标法》第十五条第二款的规定，"就同一种商品或者类似商品申请注册的商标与他人在先使用的未注册商标相同或者近似，申请人与该他人具有前款规定以外的合同、业务往来关系或者其他关系而明知该他人商标存在，该他人提出异议的，不予注册"，因此，只要奥地利 SIRO 公司根据 2013 年《商标法》第三十三条规定在异议期内提出异议或者根据第四十五条提出无效宣告，江某某的商标显然应当不予注册或被宣告无效。

---

❶ 2011 年广东省十大知识产权审判典型案件之一。

而法院在审理该案例过程中，也可以依据长林公司在江某某注册"SIRO"商标之前双方均曾接受过 SIRO 公司的委托，加工标示该商标产品的事实，以及江某某注册"SIRO"商标之后并无实际使用仅用来作为高价转让或许可筹码的事实，直接得出江某某商标注册行为违反诚实信用原则，不待该商标被撤销，径行判决长林公司不构成侵权，无须承担损害赔偿责任；从另一方面来说，长林公司基于与奥地利 SIRO 公司长期合作和双方的互信，在江某某未注册商标以前，其委托加工合同受法律保护，而在江某某抢注了"SIRO"商标后，双方却不能合作了，明显损害了双方的互信，损害了双方的利益，江某某的行为不应获得支持。

二、2013 年《商标法》四十八条规定了"商标的使用"概念

2013 年《商标法》第四十八条规定："本法所称商标的使用，是指将商标用于商品、商品包装或者容器以及商品交易文书上，或者将商标用于广告宣传、展览以及其他商业活动中，用于识别商品来源的行为。"其将原实施条例第三条的规定直接写入商标法中，并加上"用于识别商品来源的行为"的后缀。

2001 年《商标法》未指出商标法上的商标使用必须是商业活动中的使用，加之第五十二条将未经许可使用、销售、制造商标标识等并列为侵犯商标权的行为，导致实际当中对商标使用的机械理解，即将商标标贴附于商品或其包装、容器，就是商标法上的商标使用，就构成侵权，至于该商品是否用于销售，在所不问。直接导致了涉外定牌加工的商标与国内商标相同、近似时被认定侵权的结果的发生。

根据张玉敏教授的解释，"根据目的解释，商标法上的商标使用，应当是为了实现商标功能的使用"，"商标法上的商标使用，应当是与流通相联系的使用"，"在定牌加工中，加工人按照委托人的要求将商标贴附于加工之产品上，就其性质而言，属于加工行为的一部分，而且加工人并不销售加工产品，而是将产品全部交付委托人，因此，其行为人不构成商标法上的商标使用"。

而只有在该加工的产品进入了委托方的国家面对该国的消费者以后，才存在"用于识别商品来源的行为"。

三、2013 年《商标法》明确将"容易导致混淆"作为认定商标侵权的要件

2013 年《商标法》第五十七条第（一）项、第（二）项规定，"（一）未经商标注册人的许可，在同一种商品上使用与其注册商标相同的商标的；（二）未经商标注册人的许可，在同一种商品上使用与其注册商标近似的商标，或者在类似商品上使用与其注册商标相同或者近似的商标，容易导致混淆的"，其中第（二）项将同一种商品上使用类似商标和类似商品上使用相同或近似商标直接认定为侵权的规定，增加了"容易导致混淆"的限定条件。

从该案来看，其仍然属于 2013 年《商标法》第五十七条第一款的情形，虽然该款并

未规定混淆条款,但可参照前述分析,以其不在中国境内销售为由,认为不会造成国内消费者的误认,不会构成混淆,但是不如前述两个新规定更有说服力。

四、从损害赔偿的规定来看,2013年《商标法》规定了被损害人不承担赔偿责任的条件

2013年《商标法》第六十四条第一款规定:"注册商标专用权人请求赔偿,被控侵权人以注册商标专用权人未使用注册商标提出抗辩的,人民法院可以要求注册商标专用权人提供此前三年内实际使用该注册商标的证据。注册商标专用权人不能证明此前三年内实际使用过该注册商标,也不能证明因侵权行为受到其他损失的,被控侵权人不承担赔偿责任。"这一规定,较之更早前的《最高人民法院印发关于当前经济形势下知识产权审判服务大局若干问题的意见的通知》第七条:"请求保护的注册商标未实际投入商业使用的,确定民事责任时可将责令停止侵权行为作为主要方式,在确定赔偿责任时可以酌情考虑未实际使用的事实,除为维权而支出的合理费用外,如果确无实际损失和其他损害,一般不根据被控侵权人的获利确定赔偿;注册人或者受让人并无实际使用意图,仅将注册商标作为索赔工具的,可以不予赔偿;注册商标已构成商标法规定的连续三年停止使用情形的,可以不支持其损害赔偿请求",对于商标权人未实际投入商业使用时,要求侵权行为人通常需承担合理维权费用的规定进一步对被控侵权人有利;实际上,赋予了被控侵权人不必通过商标行政撤销、无效途径、可直接通过民事救济程序不必承担赔偿责任的权利。

五、关于2013年《商标法》第三十六条第二款的理解和适用

2013年《商标法》第三十六条第二款将2002年《商标法实施条例》第二十三条第二款的规定直接规定进来,避免了各地法院在法律适用上的错漏和法律理解上的偏差,根据该规定除非使用人在商标公告期满之日起至准予注册决定作出前,恶意使用该商标,并且给商标注册人造成了损失,才应当给予赔偿。这一规定进一步表明,该案例中,一审法院将2008年11月28日至2011年4月20日之间使用"SIRO"商标的加工行为认为属于侵权行为,应当承担赔偿责任,属于对法律理解的错误。实际上,该案代理人正是因为抓住了一审法院这一事实认定错误,向二审法院表示,该案要么径行判决长林公司不构成商标侵权、驳回江某某诉讼请求,即该案二审的判决结果;要么如认定长林公司构成商标侵权,由于长林公司不属于恶意使用,则应当区分2008年11月28日至2011年4月20日之间(无需赔偿)以及2011年4月20日后(需要赔偿)两个阶段认定损害赔偿,以一审法院认定事实不清、适用法律错误为由,发回一审法院重审,则一审法院将增加一件错案,而二审法院则少了一件典型案例。

最后,该案二审法院认定该案涉外定牌加工行为不属于商标性使用、被告已尽合理的审查义务,作出撤销一审判决、改判驳回原告的全部诉讼请求。

■ 小结

该案二审判决书关于该案的涉外定牌加工行为不属于商标性使用、被告已尽合理的审查义务的观点，对同类案件具有借鉴和指导意义。

在该案之后，最高人民法院在"PRETUL"商标涉外定牌加工案（〔2014〕民提字第38号）再审判决认为，该案中，储伯公司系墨西哥 PRETUL 文字或 PRETUL 及椭圆图形注册商标权利人。亚环公司受储伯公司委托生产，在挂锁上使用"PRETUL"相关标识，该批挂锁全部出口至墨西哥，并不在中国市场上销售。该标识不会在中国境内发挥商标的识别功能，不具有使我国相关公众将贴附该标识的商品与莱斯公司（第3071808号 PRETUL 及椭圆形商标在国内的权利人）生产的商品的来源产生混淆和误认的可能。商标作为区分商品或服务来源的标识，其基本功能在于商标的识别性，亚环公司依据储伯公司的授权，使用"PRETUL"相关标识的行为，在中国境内仅属物理贴附行为，为储伯公司在其享有商标专用权的墨西哥使用其商标提供了必要的技术性条件，在中国境内并不具有识别商品来源的功能。因此，亚环公司在委托加工产品上贴附的标识，既不具有区分所加工商品来源的意义，也不能实现识别该商品来源的功能，不具有商标的属性，该公司在产品上贴附标识的行为不能被认定为商标意义上的使用行为。

江苏省高级人民法院在最高人民法院"PRETUL"商标之后，审理的"DONGFENG+东风"商标涉外定牌加工案〔苏知民终字第00036号〕中则认为，常佳公司作为接受印尼 PTADI 公司委托贴牌生产的国内加工商，应当知晓上柴公司涉案商标系驰名商标，也应当知晓上柴公司与印尼 PTADI 公司就"东风"商标在印度尼西亚长期存在纠纷，且其曾经承诺过不再侵权，但其仍受托印尼 PTADI 公司贴牌生产，未尽到合理注意与避让义务。2016年，最高人民法院提审了该案，作出（2016）最高法民再339号判决书，认为涉外定牌加工的产品全部用于出口，不进入中国市场销售，并未影响国内商标权利人注册商标在国内市场上的正常识别区分功能，不会导致相关公众的混淆误认。

而最高人民法院发布的2019年典型案例之一——本田技研工业株式会社与重庆恒胜鑫泰贸易有限公司、重庆恒胜集团有限公司侵害商标权纠纷案，最高人民法院（2019）最高法民再138号民事判决书则认为涉外定牌加工和出口行为构成商标使用，认定是否构成商标侵权，应该以是否具有混淆可能性为标准，而非以实际造成混淆为标准来判断。因此，只要被诉商标与国内商标权人的商标构成近似且商品为类似商品，就可以判断出是否具有混淆可能性，而不需要再考虑是否实际造成混淆的因素。即可以得出结论：即使涉外定牌加工产品全部用于出口，仍然存在被相关公众实际接触并引发混淆可能性，因此涉外定牌加工可能构成侵权。

目前看来，最高人民法院和各地法院在涉外定牌加工案件的审理，尚未形成统一的意见，但"必要审查注意义务+实质性损害"的裁判标准仍然是这类案件的主流观点，同时我们应当倡导诚信的商标注册氛围，遏制恶意抢注行为的发生，根据不同情形个案认定涉外贴牌加工行为是否构成商标侵权，更加符合我国经济社会发展的实际。

■ 法律链接

《中华人民共和国商标法》（2013年）第七条、第十五条、第三十三条、第四十四条。

不侵权案 四大要件

——广州蕉叶诉杭州蕉叶确认不侵犯注册商标专用权纠纷案*

董咏宜　温旭

杭州蕉叶起诉广州蕉叶侵犯其第 1459310 号"蕉叶；BANANAL LEAF"注册商标专用权，后双方协商和解，杭州蕉叶撤诉。此后，广州蕉叶以"其在先使用'蕉叶'企业字号及相关服务标识，不构成对他人的注册商标的侵权，而杭州蕉叶起诉又撤诉的行为严重影响其正常经营"为由，于 2010 年 3 月在广州市天河区人民法院起诉，要求法院确认其不侵犯杭州蕉叶的注册商标专用权。

该案是确认不侵害商标专用权纠纷，是一种特殊类型的诉讼。最高人民法院于 2002 年 7 月 12 日就某请示案件作出（2001）民三他字第 4 号批复，引入了知识产权领域的确认不侵权制度。2010 年 1 月 1 日开始实施的《最高人民法院关于审理侵犯专利权纠纷案件应用法律若干问题的解释》第十八条规定了确认不侵权的要件。该案一审起诉的时间为 2010 年 3 月 23 日，法院认为该案的受理条件应当参照适用确认不侵害专利侵权纠纷的受理条件予以处理，以防止诉权的滥用。该案确认了知识产权诉讼中受理确认不侵害商标专用权的司法判定要件，具有开拓创新的典型意义。

■ 案情简介

一、基本案情

原告原名广州市东山区蕉叶风味屋于 1997 年 11 月 20 日登记成立，经营范围为东南亚风味菜式，行业类型为餐饮业。1999 年 6 月 15 日，更名为广州蕉叶饮食服务有限公司（以下简称"广州蕉叶"），并于 1999 年 8 月 26 日登记成立，现注册地址为广州市天河区。2003 年 3 月 27 日，原告上海分公司成立，经营地址在上海市卢湾区。

第 1949418 号图形商标注册人为原告，注册地址在广东广州市麓湖路，申请日期为 2001 年 5 月 18 日，经核准的有效期从 2002 年 10 月 7 日至 2012 年 10 月 6 日，核定服务项目第 42 类。原告在其店铺内、招牌、餐巾、菜单等上使用标识中的"广州蕉叶"中英

---

* 该案被 2013 年全国律师协会知识产权专业委员会年会（温州）评定为全国律协年度十佳知识产权案例。生效案号：（2011）穗中法民三终字第 119 号。

文组合与图。原告法定代表人罗定民和原告先后获得业内的多项奖项和全国媒体的广泛报道。

被告登记成立于2006年11月1日，经营范围包括服务：餐饮管理等。第1459310号"蕉叶；BANAAL LEAF"（"咖喱屋"、CURRY HOUSE放弃专用权）商标的申请日为1999年7月12日，注册公告日为2000年10月14日，原注册人为蕉叶咖喱屋，2007年3月14日经核准被转让给亚洲蕉叶饮食集团有限公司（以下简称"亚洲蕉叶"），有效期经核准续展至2020年10月13日，核定服务项目为第42类的餐厅、自助食堂、快餐馆、自助餐馆。被告与亚洲蕉叶于2007年10月10日签订《注册商标使用许可合同》，亚洲蕉叶许可被告在中国范围内（不包括香港、澳门、台湾）独占使用第1459310号商标，许可合同的有效期限为自双方在合同上签字盖章之日起的8年。根据《注册商标使用许可合同》，被告一旦发现任何上述侵权行为，有权单独对侵权者提起诉讼或采取其他相关法律行动。

2008年8月被告向上海市第一中级人民法院起诉原告上海分公司擅自在其餐馆门口店牌广告、宣传手册、包装袋、餐牌、餐巾纸、毛巾、员工工服、员工工号牌上使用的"蕉叶"中英文组合与其第1459310号商标相近似，导致相关公众误认，侵犯其商标专用权（〔2008〕沪一中民五（知）初字第278号），在该案中，被告申请追加原告为该案共同被告并被上海一中院准许。2009年7月14日，上海市第一中级人民法院以（2008）沪一中民五（知）初字第278号民事裁定书裁定准许该案被告撤回该案的起诉。

杭州蕉叶在该案中提交广州蕉叶代理人在（2008）沪一中民五（知）初字第278号案审理期间传真的调解方案一份以证明原告及其上海分公司要求和解并明确向法官表示不再以被告所指控侵权的方式使用商标，并在今后的经营中对其所用标识规范使用。在此情况下，杭州蕉叶才撤回了诉讼，表明双方的争议已厘清，不存在广州蕉叶所称的"权利不稳固的状态"。广州蕉叶认为该调解方案与该案无关，根据最高人民法院的证据规则，一方在调解中所做的让步不能作为证据使用。双方确认在（2008）沪一申民五（知）初字第278号案中，被告指控的原告上海分公司所使用的标识样式为"蕉叶"中英文组合与图。

二、裁判要旨

一审法院的裁判要旨，归纳如下：

第一，广州蕉叶能否提起该案确认不侵权之诉。该案属于请求确认不侵犯知识产权诉讼，是制约权利人滥用权利或敦促权利人及时行使权利的补救性诉讼，目的是使相关民事主体主动行使诉讼权利，以排除自己是否侵犯他人知识产权处于不确定状态的干扰。法院认为，被告在上海一中院的起诉使原告面临承担侵权责任的危险，该案撤诉后被告未再及时依法启动纠纷解决程序使得原告就涉案标识所享有权利的法律性质仍处于未定状态。因此，原告为使其就涉案标识的权利的法律性质处于确定状态有权对在商标侵权纠纷中具有独立诉讼地位的独占被许可人——被告提起该案诉讼。

第二，能否确认广州蕉叶不构成商标侵权。

首先，从权利的获得时间来看，原告对"蕉叶"字号的使用可以追溯到1997年11月20日，相对于被告独占使用的注册商标而言，原告的企业名称权为合法在先权利，原告对于"蕉叶"字号的使用先于被告独占使用的商标的核准注册。

其次，关于原告在标识中使用其企业名称的简称"广州蕉叶"及英文"banana leaf"是否合法的问题。原告使用"广州蕉叶"简称，不仅没有明显的不正当竞争意图，也没有对相关公众造成混淆误认的后果，还能够有效地将其与中国餐饮市场上同时存在的亚洲蕉叶、杭州蕉叶区分开来，避免相关公众的混淆。至于英文"banana leaf"，其本身只是中文"蕉叶"的英文翻译，属于公共领域的范畴，原告将其"蕉叶"字号的英文翻译连同企业简称使用并无不当。

一审判决：确认原告广州蕉叶使用商业标识中的"广州蕉叶"及"Banana Leaf"不侵犯被告杭州蕉叶餐饮管理有限公司独占使用的第1459310号注册商标"蕉叶；BANANAL LEAF"（"咖喱屋""CURRY HOUSE"放弃专用权）的商标专用权。

二审法院的裁判要旨，归纳如下：

法院认为，该案是确认不侵害商标专用权纠纷，是一种特殊类型的诉讼。根据《中华人民共和国民事诉讼法》一百零八条的规定和2011年2月18日修订后的《民事案件案由规定》确认不侵害商标专用权纠纷的案由，人民法院可以受理该类案件。

该案一审起诉的时间为2010年3月23日，《最高人民法院关于审理侵犯专利权纠纷案件应用法律若干问题的解释》自2010年1月1日起开始施行，关于该案确认不侵害商标专用权纠纷的受理条件应当参照适用确认不侵害专利侵权纠纷的受理条件予以处理以防止诉权的滥用。

"起诉后又撤诉"是否能视同为侵权警告。权利人发出的侵权警告是一种私力救济手段，起诉是一种公力救济手段，"起诉后又撤诉"是原告依照《民事诉讼法》第一百三十一条第一款对其诉讼权利的合法合理处分，是当事人意思自治原则在诉讼程序中的运用。若起诉后又撤诉视为侵权警告，法院审理的原告撤诉的案件是否都赋予被告提起确认不侵权诉讼的权利，广州蕉叶提出的该意见既不符合法理，在司法实践中也难于操作，将导致确认不侵权纠纷适用的泛化，有违设立该救济程序初衷。"起诉后又撤诉"与确认不侵权纠纷中的侵权警告不能等同，权利人一旦起诉将使侵权警告事项置于司法机关裁决的项下，权利人的起诉是被警告人和利害关系人丧失提起确认不侵权纠纷的条件。

经初步审查，在该案受理前，杭州蕉叶从未对广州蕉叶就"广州蕉叶饮食服务有限公司使用的商业标识中的'广州蕉叶'及'Banana Leaf'不侵犯杭州蕉叶餐饮管理有限公司独占使用的第1459310号商标的商标专用权"的问题提出任何侵权警告，也未提出侵权警告而不起诉上述标识是否侵权的事实。广州蕉叶在未收到杭州蕉叶就"广州蕉叶""Banana Leaf"提出侵权警告且杭州蕉叶未有不起诉的状态下,广州蕉叶的起诉不符合该类案件受理的条件,故依法应当予以驳回。

二审法院经审判委员会讨论决定,裁定如下:(1)撤销广州市天河区人民法院(2010)天法知民初字第140号民事判决;(2)驳回被上诉人广州蕉叶的起诉。

■ 办案心得

被告杭州蕉叶代理律师在抗辩上做了两道防线:第一道是程序抗辩,认为该案不符合确认不侵权之诉的提起条件,以便让法院裁定驳回广州蕉叶的起诉;第二道是实体抗辩,论证广州蕉叶的使用侵犯杭州蕉叶的注册商标专用权。而对于第一道防线,其难点在于商标法及其司法解释并没有明确规定提起确认不侵权商标权之诉的受理条件,同时"起诉后又撤诉"是否等同于侵权警告也存在争议。下面从该两方面进行论述。

一、关于确认不侵犯注册商标专用权的受理条件及法律适用

1. 与确认不侵权之诉有关的法律依据。

虽然商标法及其司法解释并没有提起确认不侵权商标权的相关法律规定,但还是能找到一些与确认不侵权之诉相关的法律依据。

(1) 2007年《民事诉讼法》第一百零八条;(2)《最高人民法院关于苏州龙宝生物工程实业公司与苏州朗力福保健品有限公司请求确认不侵犯专利权纠纷案的批复》;(3)《最高人民法院关于审理侵犯专利权纠纷案件应用法律若干问题的解释》第十八条,《〈最高人民法院关于审理侵犯专利权纠纷案件应用法律若干问题的解释〉的理解与适用》第十点;(4)由最高人民法院民事案件案由规定课题小组编著的《最高人民法院民事案件案由规定理解与适用》;(5)2012年4月20日《最高人民法院知识产权案件年度报告(2011)》第四十条"确认不侵犯知识产权之诉的受理条件"。

2. 根据上述规定,代理律师认为确认不侵犯注册商标专用权纠纷的受理条件有四个:(1)以权利人为被告;(2)权利人向他人发出侵权警告;(3)被警告人或利害关系人经书面催告权利人行使诉权;(4)权利人不撤回警告也不提起诉讼。

上述四个要点,缺一不可。由此可见,权利人向他人发出侵权警告是提起该类型案件的前提。而该案中,杭州蕉叶除了曾向广州蕉叶提起诉讼外,没有其他形式的侵权警告,为此,"起诉后又撤诉"是否等同于确认不侵权纠纷中的侵权警告是该案审理的关键。

二、"起诉后又撤诉"是否等同于确认不侵权纠纷中的侵权警告

《最高人民法院民事案件案由规定理解与适用》中明确权利人已经提起诉讼或者申

请诉前临时措施并且有关程序正在进行的，当事人不能再提起确认不侵权诉讼，即侵权诉讼不属于法定的侵权警告或侵权威胁。而二审法院更是对为何"起诉后又撤诉"不能视同为侵权警告做出了详细论述，在此不再重复。

代理律师考虑若诉讼属于侵权警告，那"撤诉"是否属于"撤回警告"。一审法院认为杭州蕉叶撤回案件起诉的行为使两者的侵权关系在法律上仍然处于不确定状态所以广州蕉叶可以提起确认不侵权诉讼。代理律师认为这是没有法律依据的，法律规定的"撤回警告"是没有附加条件的，没有规定"撤回警告"是以双方就是否侵权有一个明确的结果为前提。而且按同样的逻辑，权利人通过律师函的形式发出警告后又撤回警告，那也不排除权利人再次发函或直接起诉的可能，那涉嫌侵权人是否侵权，仍然处于不定的状态，那这里的涉嫌侵权人是否也可以提起确认不侵权之诉？从专利法的司法解释可见，答案明显是否定的。所以，无论起诉是否能视同为确认不侵权纠纷中的侵权警告，该案都不符合确认不侵权的受理条件。

■ 小结

1. 对于特殊类型的案件法律不一定有直接的明文规定，为此要从原则上考虑，多查找同类型案件，及参考其他知识产权案件的处理方法，更要从诉讼原理及立法的角度去思考。

2. 由于有确认不侵权案件类型的存在，律师在为当事人就他人涉嫌侵权案件发律师函时，要相当谨慎；发函前，对于是否可能构成侵权，律师一定要有一个初步判断。

■ 法律链接

《中华人民共和国民事诉讼法》（2007年）第一百零八条；

《最高人民法院关于审理侵犯专利权纠纷案件应用法律若干问题的解释》（法释〔2009〕21号）第十八条；

《中华人民共和国商标法》（2001年）第二十九条、第三十一条；

《中华人民共和国商标法实施条例》（2002年）第五十条。

服务商标 规范使用

——雅文饰品公司诉金钥匙礼品公司侵犯商标权纠纷案*

王广华

> 金钥匙礼品公司在其产品的广告宣传册中使用了与雅文饰品公司"金锁匙"图文组合商品商标相同或相近似的图形、文字,而且所宣传的商品中包含了雅文饰品公司已经在先注册的商品商标的核定使用商品,如饰物、扣牌等;金钥匙礼品公司在经营场所使用的标牌上的图形、文字也与雅文饰品公司注册商标相同或相近似。金钥匙礼品公司的上述行为落入了雅文饰品公司注册的商品商标的保护范围,在消费者中足以造成对商品来源的混淆或误认,应认定构成侵犯商标权。
>
> 金钥匙礼品公司虽合法取得相同图案的服务商标,但其不能在其营业场所、介绍产品的广告宣传册中使用与雅文饰品公司商标相同或近似的商标。

■ 案情简介

一、当事人的基本情况

原告东莞市雅文饰品有限公司(以下简称"雅文饰品公司")原名东莞雅文首饰制品有限公司,于 1999 年 7 月 28 日变更为现用名称。雅文饰品公司是一家主要经营设计、制作、发布匙牌广告,产销五金首饰(不含金银)、礼品等项业务的企业。

雅文饰品公司于 1987 年 7 月 10 日,注册取得第 383195 号"金锁匙"图文组合商标,核定使用商品为第 26 类扣牌。该商标组合图形为钥匙美术图案、下面为"金锁匙"中文文字、旁边为"GOLDEN KEY"英文文字。雅文饰品公司同时亦注册取得商标第 292719 号"金锁匙"图文组合商标,该商标核定使用商品为第 14 类(原为第 56 类),即首饰、饰针、项链、戒指、奖章。两项商标的图文组合内容相同(见附图)。经雅文饰品公司申请,两项注册商标的有效期限均续展至 2007 年 7 月 9 日。

被告北京金钥匙礼品制作有限公司(以下简称"金钥匙礼品公司")于 1997 年 4 月 16 日注册成立,经营范围包括制作销售工艺美术品、广告礼品等。1997 年 5 月 1 日,金钥匙礼品公司与南京金钥匙经贸公司签订商标使用许可合同,约定南京金钥匙经贸公

---

* 该案入选北京市高级人民法院民三庭主编的北京知识产权审判丛书《知识产权经典判例》。生效案号:(2001)高知终字第 23 号。

司将 1994 年 11 月 21 日取得的第 955915 号钥匙图案服务商标，许可金钥匙礼品公司在第 35 类"辅助经营管理等服务"上使用。使用期限自 1997 年 5 月 1 日起至 2004 年 11 月 20 日止。

第 955915 号钥匙图案商标的商标权人为南京金钥匙经贸公司，核定服务项目为第 35 类辅助经营管理、商业询价、张贴广告、室外广告、进出口代理、商业信息代理、传播广告业务、标准木材估价、广告材料更新、样品散发、商店橱窗布置、广告（宣传）。该注册商标的"钥匙"图形与原告的前述两项注册商标中的"钥匙"图形相同。

二、案件一审阶段

雅文饰品公司发现，金钥匙礼品公司未经其许可，擅自在相同或类似产品的销售场所牌匾和礼品广告宣传册上使用与其"金锁匙"注册商标近似的商标，侵犯其商标专用权。具体为：

（1）金钥匙礼品公司营业场所门外正上方有一长方形广告标牌，该标牌整体为绿色，有字体大致相同的白色"中协服务开发中心金钥匙礼品制作有限公司"字样，标牌左侧八分之一面积内，印有黄色钥匙图案，图形下方标有"金钥匙"小字，右侧标有"R"注册标记。该场所门外右侧长方形金属标牌以及玻璃门上方，均署有金钥匙礼品公司企业名称和钥匙图案与"金钥匙"文字的组合图案。

（2）金钥匙礼品公司的礼品广告宣传册封面印有钥匙图案及下面的"金钥匙"文字，宣传册大部分内页中，印有钥匙图案与"金钥匙"文字及英文（GOLDEN KEY）的组合图案。该宣传册内容为金钥匙礼品公司产品简介、为客户设计制作的饰物礼品展示。其产品简介标明其生产的产品有饰品等，包括耳环、胸花、项链、手链、戒指、钥匙链、领带夹、各类商标标牌等，饰物礼品展示有领带夹、项链、胸针、纪念章、钥匙链、标牌等。

金钥匙礼品公司辩称：原告的起诉是一场误会。"金锁匙"图形也是其公司的注册商标。金钥匙礼品公司于 1994 年 11 月 21 日注册"金锁匙"图形商标，注册证号 772036，注册类别为第 35 类，即可以在"商业询价、张贴广告、室外广告、商业信息代理、传播广告业务、广告材料更新、样品散发、商品橱窗、广告宣传"等业务范围内使用。金钥匙礼品公司在产品宣传画册、资料及名片中使用"金锁匙"图形商标，属于在与原告不相同或类似的商品和服务上使用自己的注册商标，是行使自己的"金锁匙"图形注册商标的专用权，不构成对原告商标专用权的侵犯。

一审法院认为：被告金钥匙礼品公司在其销售首饰、饰针、项链、戒指、奖章、扣牌商品的经营场所牌匾上和商品广告宣传画册中，使用与原告雅文饰品公司注册的第 383195 号和第 292719 号商标相近似的钥匙图案及"金钥匙"和"GOLDEN KEY"文字，其行为构成对原告商标权的侵害。被告的抗辩理由根据不足，法院不予支持，被告对其侵权行为应当承担停止侵权行为并赔偿由此给原告造成的经济损失的侵权责任。

三、案件二审阶段

金钥匙礼品公司不服一审判决，提起上诉。其上诉理由为：金钥匙礼品公司在涉案范围内使用的商标是经合法方式取得的注册商标，对其的使用并未超出服务商标的使用范围；金钥匙礼品公司在广告宣传中使用的"金钥匙"字样是公司名称，并不构成侵权。请求二审法院依法撤销一审判决，驳回雅文饰品公司的诉讼请求。

二审法院认为：金钥匙礼品公司在其销售首饰、饰针、项链、戒指、奖章、扣牌商品的经营场所牌匾上和商品广告宣传画册中，使用与雅文饰品公司注册的第383195号和292719号商标相近似的钥匙图案及"金钥匙"和"GOLDEN KEY"文字，其行为构成了对雅文饰品公司商标权的侵害，原审法院对此的认定是正确的。

金钥匙礼品公司应当规范使用其企业名称，但其在广告宣传中单独使用"金钥匙"字样已超出规范使用企业名称的范围。

四、案件结果

该案经一审、二审程序，形成终审判决，判决内容主要为：（1）被告北京金钥匙礼品公司停止侵犯原告商标专用权的行为；（2）被告北京金钥匙礼品公司赔偿原告雅文饰品公司经济损失。

■ 办案心得

雅文饰品公司发现金钥匙礼品公司擅自在与其相同或类似的产品的广告宣传画册、资料及名片中，使用与其注册的"金锁匙"商标相类似的商标，侵害了雅文饰品公司的商标专用权。金钥匙礼品公司在其主要营业地等地大肆散发上述侵犯其商标权的广告宣传材料，误导广大客户，借以推销其商品，谋取非法利益，给原告造成了重大经济损失。

代理律师经过仔细分析，认为金钥匙礼品公司在其经营场所及广告宣传画册上使用了与原告相同及近似的标识，且金钥匙礼品公司经营场所内所销售的商品以及广告宣传画册中介绍的商品与雅文饰品公司注册商标核定使用商品类别相同，金钥匙礼品公司的行为会使普通消费者认为金钥匙礼品公司销售的相关商品来源于雅文饰品公司或与雅文饰品公司存在某种联系，导致误认或者混淆。可见，金钥匙礼品公司的行为构成对雅文饰品公司商标权的侵犯。

代理该案，总的来说，主要有如下两点体会。

一、在经营场所及广告宣传册上使用是否属于第35类服务商标的核定范围

《商标类似商品和服务区分表》中对于第35类服务的解释："广告；商业经营；商业管理；办公事务，注释：第三十五类主要包括由个人或组织提供的服务，其主要目的在于：（1）对商业企业的经营或管理进行帮助；（2）对工商企业的业务活动或者商业职

能的管理进行帮助；以及由广告部门为各种商品或服务提供的服务，旨在通过各种传播方式向公众进行广告宣传。"

该案中，被告金钥匙礼品公司以签订商标使用许可合同的方式，取得第三人享有、核定使用范围为第35类辅助经营管理等的钥匙图案服务商标的许可使用权。被告金钥匙礼品公司拥有使用权的商标与原告雅文饰品公司的商标图形相同，在这种情况下，双方的商标在各自核定的使用范围内受到保护。根据商标的核定使用范围，被告金钥匙礼品公司可以在介绍相关服务的活动中使用钥匙图案商标，但不能在原告雅文饰品公司商标核定使用范围内使用该商标。

需特别指出的是，被告金钥匙礼品公司商标的核定使用服务中的商店橱窗布置、广告（宣传），其使用方式仅为在被告金钥匙礼品公司进行广告经营服务及商店橱窗布置经营服务中使用该商标，并不意味着被告金钥匙礼品公司在所有商业行为中使用该商标作广告均受保护。被告金钥匙礼品公司在销售原告商标核定使用范围内商品的过程中使用钥匙图案商标，应属于在原告雅文饰品公司商标权利范围内的使用。

二、金钥匙礼品公司的行为是否构成侵犯商标权

混淆可能性是认定侵害注册商标专用权行为的判断基准，而商标的相同或近似和商品的相同或类似又是混淆可能性认定中最重要的两大因素。因此，相同或近似商标和相同或类似商品的认定是商标侵权判定中的关键步骤。该案中，主要通过如下几个方面论述了商标权侵权的认定。

1. 相同或近似商标的认定。

原告雅文饰品公司在该案诉讼中主张权利的两项"金锁匙"商标为图形和文字组合商标，由钥匙图案、下面的"金锁匙"文字、旁边的"GOLDEN KEY"文字三部分内容组合构成，其中钥匙图案与下面的"金锁匙"文字组合的组合图形，具有较强的区别性、显著性，均属于该商标的显著特征及主要内容。

被告金钥匙礼品公司在其销售商品的经营场所牌匾上和商品广告宣传画册中使用的钥匙图案及"GOLDEN KEY"文字与原告商标的相关部分一致；"金钥匙"文字虽与原告商标的"金锁匙"文字中有一字不同，但二者在字形、词义上均近似，在与原告商标的钥匙图案共同使用的情况下，普通消费者很难加以区分，构成近似。

虽然被告在其经营场所仅使用了原告商标的钥匙图案和下面的"金钥匙"文字，未使用商标中的"GOLDEN KEY"文字，但因钥匙图案与下面的"金锁匙"文字组合的组合图形系原告商标中的主要内容，具有较强的区别性、显著性，其独立使用亦足以使消费者产生其与原告商标相同的认识。

据此可以认定，被告在其经营场所及广告宣传画册上使用了与原告相同及近似的商标。

2. 相同商品的认定。

被告金钥匙礼品公司的经营场所内所销售的商品以及被告金钥匙礼品公司广告宣传画册中介绍的商品有饰品等，包括耳环、胸花、项链、手链、戒指、钥匙链、领带夹、各类商标标牌等；饰物礼品展示有领带夹、项链、胸针、纪念章、钥匙链、标牌等。

原告雅文饰品公司是两项"金锁匙"图文组合注册商标的商标权人，获得第 14 类和第 26 类包括在首饰、饰针、项链、戒指、奖章、扣牌商品上使用该商标的专用权。原告的商标专用权依法受到保护，他人在未经原告许可的情况下，不得在相同或类似商品上使用该商标。

经对比可知，被告金钥匙礼品公司的经营场所内所销售的商品以及被告金钥匙礼品公司广告宣传画册中介绍的商品与原告雅文饰品公司注册商标核定使用商品类别相同。

3. 容易导致混淆。

经营场所公开布置的标志及介绍产品的广告宣传画册，对消费者识别商品来源会产生引导作用，对消费者选购商品产生影响。

被告金钥匙礼品公司使用与原告雅文饰品公司注册商标相同及相似的商标标识的行为，会使普通消费者认为被告销售的相关商品来源于原告或与原告存在某种程度的联系，对相关商品的生产来源、产品质量产生误认，足以造成混淆。

■ 小结

混淆可能性是认定侵害注册商标专用权行为的判断基准，而商标的相同或近似和商品的相同或类似又是混淆可能性认定中最重要的两大因素。

当被告拥有使用权的商标与原告的商标图形相同时，在这种情况下，双方的商标在各自核定的使用范围内受到保护，任何一方都不能在另一方核定的使用范围内使用相同或近似商标。根据商标的核定使用范围，金钥匙礼品公司可以在介绍相关服务的活动中使用钥匙图案商标，但不能在雅文饰品公司商标核定使用范围内使用该商标。

■ 法律链接

《中华人民共和国商标法》（2001 年）第五十二条。

判断混淆　因素诸多

——第4543057号"东鹏DOPEN"商标无效宣告行政纠纷案*

董咏宜　张满兴

> 针对争议商标第11类第4543057号"东鹏DOPEN"商标是否应予以无效，国家知识产权局与北京知识产权法院的判断完全不同，源于两者对于第11类"供水设备"与第19类"建筑砖瓦"产品上是否存在较大差异，是否会造成相关公众混淆的判断不同。
>
> 该案代理律师认为，北京知识产权法院正确适用了判断商品关联度的标准，正确把握了混淆、误认可能性判定因素，因此作出了认定"供水设备"与"建筑砖瓦"产品在销售渠道、消费群体等存在一定重合这一认定，判决争议商标应当予以无效。该案不仅赢得胜诉结果，还成功将"东鹏DONGPENG及图"商标再次认定为驰名商标，极大维护了广东东鹏的品牌。

■ 案情简介

原告广东东鹏控股股份有限公司、广东东鹏文化创意股份有限公司（以下简称"广东东鹏"）对开平市东鹏卫浴实业有限公司（以下简称"开平东鹏"）的第11类第4543057号"东鹏DOPEN"商标提起了无效宣告请求，认为该商标违反了《商标法》第十三条规定，侵犯广东东鹏第19类第1212844号"东鹏DONGPENG及图"（以下简称"引证商标一"）驰名商标权利，应予以宣告无效。国家知识产权局虽然认为开平东鹏注册争议商标具有恶意，引证商标一已达到驰名商标的程度，但认为争议商标核定使用的"供水设备"商品与引证商标一的"建筑砖瓦"商品存在较大差异，因此不支持广东东鹏的请求，维持争议商标的注册，故广东东鹏向北京知识产权法院提起了行政诉讼。

广东东鹏的起诉主要观点为争议商标的注册已构成对引证商标一的复制、摹仿、翻译，争议商标核定使用商品"坐便器、抽水马桶"等卫浴产品与引证商标所核定使用的"建筑砖瓦"的瓷砖产品为关联性较大的产品，容易使得相关公众产生混淆、误认，违反《商标法》第十三条的规定，应当予以宣告无效，主要有两点理由：

1. "抽水马桶"等卫浴商品与原告引证商标一核定使用的"建筑砖瓦"的"瓷砖"

---

*该案被评为2019岭南知识产权诉讼优秀案例。生效案号：（2019）京73行初1340号。

商品为关联度较大的产品，多个在先判例甚至认定"抽水马桶"等卫浴商品与"瓷砖"为类似商品，因此两者关联度非常大。

2. 国家知识产权局已经认定了广东东鹏的引证商标为驰名商标，认为在非类似商品上扩大对已注册驰名商标的保护应当以存在使相关公众产生混淆、误导或者使驰名商标受到损害的可能性为前提。但混淆、误导可能性的判定，应当综合考虑系争商标与引证商标的近似程度，引证商标的独创性、知名度及系争商标与引证商标各自使用商品或服务的关联程度等因素。综合各要素来分析，引证商标已构成驰名商标，争议商标的申请及使用会造成相关公众的混淆与误认，违反《商标法》第十三条规定，应当予以无效宣告。

为证明上述观点，广东东鹏在案件中提供了2500多页的证据，用以证明广东东鹏的引证商标一的知名度、瓷砖与陶瓷卫浴的关联证据（如判决书、市场走访情况等），以及开平东鹏的恶意证据等。

第三人开平东鹏在该案中的主要意见如下：认为争议商标与引证商标一构成完全不同，文字的写法很艺术，不管是呼叫还是构成都明显不同。认为建筑砖瓦与瓷砖的销售渠道不同。但开平东鹏并没有提交证据予以证明。

争议商标第11类
第4543057号

引证商标一
第19类第1212844号

该案一审判决查明案件事实后认定如下：引证商标一由中文"东鹏"及对应拼音与抽象的大鹏图形构成，争议商标由中文"东鹏"和呼叫、发音接近的"东鹏"的字母"DOPEN"组合而成。两者的显著识别部分均为"东鹏"。因此，两商标高度近似。引证商标一自1998年起就已经在瓷砖商品上开始使用，并在诉争商标申请日前获得极高知名度，而第三人与引证商标一当时的注册人广东东鹏陶瓷股份有限公司同处广东省佛山市石湾区，第三人理应知晓也实际知晓广东东鹏陶瓷股份有限公司在建筑砖瓦商品上使用引证商标一。虽然第三人于2001年起开始使用"东鹏"字号，并在水龙头、淋浴、花洒等商品上申请注册"东鹏"商标，但均晚于引证商标一的核准注册日。因此，第三人在后续申请注册东鹏商标时，应进行合理避让，防止相关公众产生误导。诉争商标核定使用的供水设备商品，在销售渠道、消费对象等方面具有一定的关联，相关公众也有较大程度的重合。将与引证商标一高度近似的诉争商标使用在供水设备商品上，容易使得相关公众认为其提供者与二原告具有一定关联，从而误导公众。因此，第三人在明知广东东鹏陶瓷股份有限公司在先在建筑砖瓦商品上使用引证商标一，并已具有极高知名度的情况下，仍在供水设备商品上申请注册诉争商标，难谓没有攀附他人商誉的意图。二原告提出的无效宣告请求符合法律规定。因此，第三人申请注册诉争商标构成对引证商标一的复制、摹仿，并可能减弱引证商标一的显著性，产生误导公众的后果，从而损害二原告的利益。诉争商标的注册违反2001年《商标法》第十三条第三款的规定。

因此一审法院在2019年7月18日判决撤销商标评审委员会作出的商评字〔2018〕第0000237541号《关于第4543057号"东鹏DOPEN"商标效宣告请求裁定书》，并判令国家知识产权局重新作出裁定。双方当事人均没有提起上诉，一审判决生效。

■ 办案心得

根据《国家知识产权局商标局评审法务通讯总第1期》报告，2018年商标评审部门共收到一审判决10 633件（含裁定561件），其中败诉案件2840件，因情势变更导致败诉的案件1205件，占了败诉总量的42.4%，刨除情势变更败诉案件，实际的一审败诉率为15.4%，换言之，即商标行政诉讼案件原告的一审胜诉率为15.4%，在如此严峻的情形下，该案代理律师通过以下两点，攻克该案难点，赢得案件胜诉。

一、在适用《商标法》第十三条第三款的驰名商标保护条款的要件时，准确把握如何判断商品关联度，混淆、误导可能性的考量因素，以及判断各因素如何相互影响

根据《商标审查与审理标准》，适用《商标法》第十三条第三款的驰名商标保护条款的适用要件：（1）他人商标在系争商标申请日前已经驰名且已经在中国注册；（2）系争商标构成对他人驰名商标的复制、摹仿或翻译；（3）系争商标所使用的商品/服务与他人驰名商标所使用的商品/服务不相同或不相类似；（4）系争商标的注册或使用，误导公众，致使该驰名商标注册人的利益可能受到损害。

在审理实务中，根据《最高人民法院关于审理商标授权确权行政案件若干问题的规定》第十三条及《商标审查与审理标准》规定，第4要件"混淆、误导可能性"的判定，应当综合考虑如下因素：（1）争议商标与引证商标的近似程度；（2）引证商标的独创性（显著性）；（3）引证商标的知名度；（4）争议商标与引证商标各自使用商品或服务的关联程度；（5）相关公众的重合程度及注意程度；（6）与引证商标近似的标志被其他市场主体合法使用的情况或其他相关程度，以认定诉争商标的使用是否足以使相关公众认为其与驰名商标具有相当程度的联系，从而误导公众，致使驰名商标注册人的利益可能受到损害。

因此，该案代理律师认为被告国家知识产权局在判断商品的关联度，混淆、误导可能性中所考虑因素的比重及相互影响的判断是不符合法律规定的，通过该案提供证据、代理词等方面的工作，让人民法院查明该案事实，并纠正了被告认定事实和适用法律的错误。

该案中，被告国家知识产权局与北京知识产权法院在以下两点适用上存在不同：

（1）在判断商品或服务关联度上的适用标准不同；（2）混淆、误导可能性中所考虑因素的比重及相互影响的判断不同。

1. 在判断商品或服务关联度上的适用标准不同。

被告国家知识产权局仅从产品名称上进行粗略判断，虽第11类"供水设备"商品与第19类"建筑砖瓦"商品，在产品名称上会让人初步判断产品关联度不大。但代理律师认为判断商品或服务的关联程度，应当从日常生活经验出发，结合商品的原料、用途、生产部门、销售渠道、消费群体等是否相同或者具有较大关联性。因此一审法院正确地适用了关联商品的判断标准，认为"供水设备和建筑砖瓦在销售渠道和消费对象等方面具有一定关联，相关公众也有较大程度的重合"。

2. 混淆、误导可能性中所考虑因素的比重及相互影响的判断不同。

第一，混淆、误导可能性的考虑因素有很多（如上所列6点），而被告国家知识产权局在考虑混淆、误导可能性时只着重考虑了商品关联度，认为没有商品关联度就不会产生混淆、误导可能性，这样的判断标准只考虑了一个因素，较为单一、简单。

北京知识产权法院不仅考虑两商品存在一定关联度，同时还考虑了如下因素：（1）两商标之间的高度近似程度，即两者的显著识别部分均为"东鹏"；（2）引证商标的独创性，即"东鹏"商标由原告最先使用；（3）引证商标的已达到驰名商标程度的知名度；（4）开平东鹏公司的主观故意，开平东鹏公司存在攀附他人商誉的意图。因此一审法院是从多项因素进行综合考量认定争议商标的使用是否足以使相关公众认为其与引证商标这一驰名商标具有相当程度的联系，从而误导公众，致使驰名商标注册人的利益可能受到损害。

第二，一审法院还考虑到了近似、知名度、恶意和关联程度之间的相关作用和影响。判断是否误导公众，并不存在一个客观且确定不变的结论，不能用对或错、是或否进行一概判断，应该是多个因素之间的相互作用，正如王闯法官2017年在《授权确权规定》的答记者问中所提到的，"对于完全相同或者高度近似的商标，在商品类别范围上可能放宽；而如果是在同一类商品上，对近似程度的要求可能降低；在先商标具有较高的知名度和显著性，即使商标本身近似程度弱一些，也可能造成混淆；相关公众注意程度低的商品，更容易造成混淆"。

该案中，虽然"供水设备"与"建筑砖瓦"两者关联度可能不是特别紧密，但一审法院充分考虑了争议商标与引证商标均为"东鹏"商标，为高度近似的商标，且广东东鹏"东鹏"商标具有极高的知名度，因此对商品关联程度适度放宽，综合判断认定在"供水设备"商品上申请、使用争议商标，仍会误导公众，减弱引证商标一的显著性。

因此，该案一审法院准确判断商品的关联度，混淆、误导可能性应该考虑哪些因素，以及各因素是如何相互影响的，为我们提供了生动的案例，作为将来商标维权的参考、指导和借鉴。

二、该案代理律师在组织证据、展示证据上体现了专业、细致，让法官形成内心确信，最终赢得案件胜诉，维护客户品牌利益

商标行政诉讼案件，是知识产权律师较常处理的代理业务之一，而商标行政诉讼案件服务质量及案件成功率，体现的是知产律师及律师事务所的专业程度。原告代理律师为了让法官形成"供水设备"和"建筑砖瓦"商品具有一定关联度的内心确信，对广州、佛山多个建材市场均进行实地走访，并一一收集证据，提供了大量建材市场上的将两者商品共同销售的证据，以及两种商品实际使用的场景证据，同时找寻了全国各地法院将"供水设备"和"建筑砖瓦"认定类似商品或具有一定关联度的判例提供给法院参考，以更好地证明两者商品的关联关系。同时，代理律师在法庭上以图表形式进行生动展示，结合所提供的关于广东东鹏的大量知名度证据，最终成功说服法官，法院判决认定争议商标核准使用"供水设备"商品与引证商标的"建筑砖瓦"商品存在关联度，存在误导公众的情况，致使驰名商标注册人的利益可能受到损害，争议商标的申请违反了《商标法》第十三条的规定。该案不仅赢得胜诉结果，还成功将"东鹏 DONGPENG 及图"商标再次认定为驰名商标。

■ 小结

对相关公众误导可能性是商标案件永恒的命题，如何更好地适用该条款，代理律师建议应该结合个案情况、法条理解及司法判例适用等多方面在个案中进行综合运用。混淆、误导可能性的判断因素运用了"程度"的概念，是动态的判断，个案当中以哪一要素为主，应该如何突出案件判断的要点，考验代理律师的专业水平。

就该案而言，原被告商品关联度的判断并不一定需要证据证明，但如从日常经验出发判断有所困难时，律师则应当从商品本质、相关公众的关注要点及认知程度出发收集证据，以更好达到证明目的。

■ 法律链接

《中华人民共和国商标法》（2013年）第十三条；

《最高人民法院关于审理商标授权确权行政案件若干问题的规定》（法释〔2017〕2号）第十三条。

在先使用　依法保护

——第 12268211A 号"台电 TECLAST 及图"商标无效宣告行政纠纷案[*]

温旭　董咏宜　张满兴

虽然广州商科在第 9 类享有在先注册商标第 1792662 号"台电 TECLAST 及图"商标，但由于深圳台电享有"TAIDEN""TAIDEN 台电"注册商标专用权，当在后的争议商标的注册存在混淆深圳台电享有"TAIDEN""TAIDEN 台电"商标可能性时，即便在相关的商品上注册完全相同的第 12268211A 号"台电 TECLAST 及图"争议商标，也不必然能够核准注册，还要考虑一些其他的相关因素。

该案通过商标评审委员会、北京知识产权法院、北京市高级人民法院、最高人民法院四个程序的审理，明确了在涉及突破《类似商品和服务区分表》时所需要考虑的众多因素，不仅仅要从商品关联度角度予以考虑，同时也要考虑争议商标与引证商标的使用情况、引证商标知名度等情况。在涉及中文商标与外文商标近似性的判断时，不仅仅要从商标本身的构成要素进行判断，更要从相关公众施以一般注意力的情况下是否易造成对商品或服务的来源混淆或误认的角度判断。

■ 案情简介

一、深圳台电与广州商科的介绍

该案深圳市台电实业有限公司（以下简称"深圳台电"）享有第 9 类"TAIDEN"和"台电 TAIDEN"商标，是全球领先的会议系统设备研发及制造商之一、会议系统国家标准主编单位，在无纸化多媒体会议系统、全数字会议系统、无线会议系统、同声传译系统、大型表决系统等多个领域居国际领先水平。

深圳台电自 1996 年成立并同年开始在会议系统产品上使用"台电""TAIDEN"商标及"台电"字号，享有第 1141482 号"TAIDEN"（"台电"的音译）注册商标、第 4289111 号"TAIDEN 台电"注册商标、第 5641744 号"TAIDEN 台电"注册商标。经过 20 多年的发展，深圳台电的会议系统产品在我国 34 个省自治区直辖市广泛使用，并进入全球 120 多个国家和地区。在国内，深圳台电为全国人民代表大会、各省市人民代表大

---

[*] 该案入选广东知识产权保护协会 2020 年度知识产权十大典型案例。生效案号：（2019）最高法行申 3199 号。

会、最高人民法院、最高人民检察院、各地政府、机关单位、企事业单位等几百家部门、单位提供会议系统设备及后续的维护服务；在国际上，深圳台电公司为联合国总部、欧洲委员会（COE）总部、世界银行和IMF年会等重大国际组织提供会议系统设备及后续的维护服务，已具有极高的知名度。

广州商科信息科技有限公司（以下简称"广州商科"）于2005年1月13日成立，是一家从事计算机硬件、外设、数码等产品的企业，于2006年10月28日从案外人广州市天想电脑科技有限公司受让第1792662号"台电TECLAST及图"商标，该商标于2002年6月21日核准注册在计算机等商品上。广州商科在2013年3月15日在第9类上申请注册了第12268211A号"台电TECLAST及图"商标（以下简称"争议商标"），核准使用在"平板电脑、平板电脑包、平板电脑套"商品上。

二、关于争议商标在商标评审委员会和一审、二审的认定情况

商标评审委员会（机构改革后，由国家知识产权局应诉）支持了深圳台电对广州商科的争议商标的无效宣告请求，作出被诉裁定，认为：争议商标主要识别文字为"台电"，引证商标一由字母"TAIDEN"构成，引证商标二、引证商标三由汉字"台电"及字母"TAIDEN"组合而成，鉴于引证商标一曾在台湾地区被认定为驰名商标，且引证商标一、引证商标二、引证商标三所核定使用的商品已经进行了广泛使用，深圳台电提交的证据能够证明其引证商标已具有较高知名度，相关公众容易认为"台电"与"TAIDEN"存在特定的联系。争议商标指定使用的"平板电脑"商品与引证商标一、引证商标二、引证商标三核定使用的"录音机、对讲机、无线电话"等商品在功能、用途、消费渠道等方面具有一定的共同性，争议商标与引证商标一至三在同一种或者类似商品上并存注册与使用，容易使相关公众认为存在某种关联，进而对商品来源引起混淆和误认，已构成《商标法》第三十条所指的使用在同一种或类似商品上的近似商标，因而宣告争议商标无效。

该案争议商标经历了一审、二审法院审理，其中一审北京知识产权法院认为争议商标与引证商标一至三核定使用的商品不类似，判决撤销商标评审委员会的裁定，维持了该商标有效；而二审北京市高级人民法院作出的认定与北京知识产权法院不同，认为争议商标与引证商标一至三所核定使用的商品具有一定的共同性，相互交叉，关联程度较高，争议商标应当予以无效宣告；因而撤销了一审法院的判决，改判维持商标评审委员会的裁定。

三、再审情况

因该案引证商标二第4289111号"TAIDEN台电"商标被宣告无效，故广州商科以有新的事实及证据为由提起了该案再审申请，该案代理律师临危受命，接受深圳台电的委托，针对该案争议焦点提交相关证据及代理意见，最终最高人民法院支持了深圳台电

的答辩意见，驳回广州商科的再审申请。

该案的争议焦点有两个，第一是引证商标一"TAIDEN"与"台电"是否构成一一对应关系；第二是引证商标一、引证商标三所核定使用的商品与争议商标的商品是否构成类似商品。

1. 针对争议焦点一，深圳台电认为"TAIDEN"与"台电"经过多年使用，已形成了一一对应关系，该观点被最高人民法院所支持。

深圳台电分别从以下几个方面予以论证：（1）"TAIDEN"本身的含义，即"TAIDEN"是"台电"的音译。（2）深圳台电在1996年成立时，字号就叫"台电"，并且同年申请"TAIDEN"商标，从1996年开始就将"台电"作为字号及未注册商标用于广告宣传、交易文书上。经过深圳台电的长期及持续使用组合，形成了一一对应的关系。（3）大量生效的法律文书，也认定了"TAIDEN"与"台电"已产生一一对应的关系。

最高人民法院最终认定争议商标"台电TECLAST及图"与引证商标一"TAIDEN"构成使用在同一种或类似商品上的近似商标，正是采纳了深圳台电的代理观点，即"TAIDEN"与"台电"已产生一一对应的关系，而争议商标"台电TECLAST及图"的显著识别部分为"台电"，二者已构成近似商标。

2. 针对争议焦点二，深圳台电认为争议商标所核定使用的商品"平板电脑"等与"TAIDEN""台电TAIDEN"商标核定使用的"麦克风、无线电话"等商品已经构成类似商品，二者具有一定重合度和交叉，该观点也被最高人民法院所支持。

虽然根据《类似商品和服务区分表》（以下简称《区分表》），争议商标核定使用的"平板电脑"与引证商标一、引证商标三核定使用的"麦克风、无线电话"等商品是不构成类似商品的，但该案代理律师通过以下五方面成功说服法院，突破《区分表》的审理标准，采纳了两者构成类似商品的观点：

第一，通过收集、整理和提交近一万页的使用证据，证明自1996年至2014年近30年来，引证商标"TAIDEN""台电TAIDEN"已具有相当高的知名度。

第二，通过多方面的论证，证明"TAIDEN""台电TAIDEN"与争议商标"台电TECLAST及图"构成近似商标。

第三，通过提交互联网发展报告、"平板电脑"和"麦克风、无线电话"等会议系统产品的使用情况，证明两者具有较强的关联性。

第四，通过收集、整理和提交关于广州商科的主观恶意情况，证明广州商科申请争议商标的恶意。

第五，通过举证证明了"TAIDEN"与"TAIDEN台电"长期共同使用，相关公众已经将"TAIDEN"与"台电"形成特定联系，而争议商标的显著识别部分为"台电"，两者共存于市场容易导致相关公众混淆误认。

最终，最高人民法院采纳了深圳台电的代理意见，认定争议商标的注册存在损害

"TAIDEN""TAIDEN 台电"商标的情形，违反《商标法》第三十条的规定，应当无效宣告，从而驳回了广州商科的再审申请。

■ 办案心得

一、电子阅卷省时、省力，提高效率

该案是因有新证据引发的再审，代理律师是临时受命，接受委托，并没有代理原来一审、二审程序，且原审材料不齐全的情况下，代理律师及时申请网上阅卷，方便、快捷、全面了解原审的所有卷宗材料。

该案为商标确权案件，一审、二审法院均在北京；由于该案一审、二审审结时间为2018年，至该案再审审查案件听证时的2019年，案卷已归档。该案代理人熟知可通过北京法院审判信息网，提交相关案件的授权材料后，可向人民法院调取已归档卷宗。在有限的时间上，完整、清晰地调取了该案原一审、二审的卷宗材料，也为当事人节省了前往北京阅卷的时间及费用成本，也争取到了更多的时间去研究案件。

二、准确把握突破《类似商品和服务区分表》认定商品构成类似所需要考虑的条件，为类似案件明确了考量因素

《类似商品和服务区分表》中类似群组的划分是建立在混淆可能性判断基础上的，反映了当前市场中商品之间的客观联系。《类似商品和服务区分表》所确立的类似商品关系基本符合商品的客观属性以及社会公众对商品认知的一般规律。以此为基础确立的注册商标权利空间如被任意突破，将导致商标审查案件无所适从，这显然有违商标注册制度设计的目的和初衷。因此，突破《类似商品和服务区分表》时应考虑以下几种情况：（1）在先商标具有较强的显著特征；（2）在先商标具有一定的知名度；（3）系争商标与在先商标具有较高的近似度；（4）系争商标所使用的商品或服务与在先商标核定使用的商品或服务具有较强的关联性；（5）系争商标所有人主观恶意明显；（6）系争商标的注册或者使用，容易导致相关公众混淆和误认。

如上所述，该案代理律师正是以突破《类似商品和服务区分表》所需的考量因素进行一一阐述，以成功说服最高人民法院，该案认定争议商标与引证商标核定使用的商品构成类似商品，在功能、用途、消费渠道、消费群体等存在一定重合，容易使得相关公众对商品的来源产生误认混淆，符合突破《类似商品和服务区分表》的情形。

三、该案为英文商标与中文商标之间近似性认定所需考虑的因素给出了指导意见

该案中，引证商标一为"TAIDEN"，争议商标为"台电 TECLAST 及图"商标，最高人民法院认定英文商标"TAIDEN"与争议商标的显著识别部分"台电"构成近似主要考虑以下几个方面：（1）相关公众对外文含义的认知程度；（2）中文商标与外文商标在含义、呼叫等方面的关联性或者对应性；（3）引证商标的显著性、知名度和使用方式；

（4）诉争商标实际使用的情况。

该案代理律师通过以下几方面的论证，证明"TAIDEN"与"台电"存在对应关系，与争议商标的显著识别部分"台电"构成近似：第一，"TAI"是"台"字的拼音，"DEN"是"电"的意思，代理律师通过提交百度百科上认定"TAIDEN"翻译为"台电"，以及市场上有多个主体在注册商标时也将"DEN"与"电"进行一一对应，证明相关公众知晓"台电"是"TAIDEN"的含义。第二，"TAIDEN"本身是"台电"的音译，因此"TAIDEN"与"台电"本身在呼叫上就具有极强的对应性和关联性；第三，通过20多年的"TAIDEN台电"中英文组合商标的长期、组合使用，"TAIDEN台电"组合商标已具有极高的知名度和显著性，且深圳台电公司将"TAIDEN"与"台电"两者常常共同使用，相关公众容易认为相互存在特定联系、对应关系；第四，代理律师通过对广州商科所有证据的梳理，整理出诉争商标从未规范使用，反而是一直突出使用"台电"，存在攀附深圳台电的明显恶意。

据此，最高人民法院采纳了代理律师的上述代理意见，认定争议商标"TAIDEN"与"台电"存在对应关系，与争议商标的显著识别部分"台电"构成近似，驳回广州商科的再审申请。

■ 小结

商标注册人对其注册的不同商标享有各自独立的商标专用权，先后注册的商标之间并不当然具有延伸关系。在先商标注册后、在后商标申请前，他人在同一种或者类似商品上注册与在后商标相同或者近似的商标并持续使用且产生一定知名度，在在先商标未使用或者虽然使用但未产生知名度、相关公众容易将在后申请的商标与他人之前申请注册并有一定知名度的商标相混淆的情况下，在后商标申请人主张其系在先商标的延续的，不应予以支持。就该案而言，深圳台电对于"台电"标识一直是在先使用、持续使用，故争议商标即便与在先商标完全相同，但不同商标享有各自独立的商标专用权，不具有当然的延伸关系，在后商标还存在侵犯深圳台电"TAIDEN台电"商标的情形，应当予以宣告无效。

■ 法律链接

《中华人民共和国商标法》（2013年）第三十条。

暗示商标　使用增显

——"雅客来头等舱"商标无效宣告行政纠纷案*

董咏宜　张满兴　胡洁倩

> 敏华公司享有"头等舱"注册商标专用权，但国家知识产权局认定"头等舱沙发"多用于指宽敞度和舒适度比拟飞机或者轮船头等舱的功能性沙发，该认定等于否定了"头等舱"注册商标专用权，严重损害已实际使用了十几年的敏华公司的"头等舱"商标的权利。该案代理律师在客观证据、事实的基础上，正确适用法律，成功说服北京知识产权法院认定争议商标的申请违反了《商标法》第三十条规定的情形，判决撤销了国家知识产权局的被诉裁定。该案典型和疑难之处在于如何准确把握"暗示性商标"与"通用名称"的界限，同时该案对于商标权人如何增强暗示性商标显著性，加强企业的品牌保护及管理意识，特别是对于防止使用多年的暗示性商标演变为通用名称，具有警示和启发作用。

■ 案情简介

原告敏华实业有限公司（以下简称"敏华公司"）是中国家具行业的领军企业之一，敏华公司集团总部位于香港，在内地成立了多家全资子公司或关联企业，如珠江三角地区的敏华家具制造（惠州）有限公司、敏华家具制造（深圳）有限公司、广州敏华家具有限公司、佛山嘉年名华家具有限公司、中山敏华家具有限公司等。敏华公司荣获众多荣誉，如2014年，敏华入选首批"沪港通"，为家具业唯一入选企业，在家具行业具有极高的知名度。

"头等舱"品牌是敏华公司主打品牌之一，敏华公司自2008年开始，在"家具、沙发"等产品上进行了大量的广告宣传及实际使用，并通过多年销售，"头等舱"品牌沙发已经销售至全国，在市场上具有极高的知名度和美誉度。

敏华公司发现第三人戴某在第20类家具、沙发等商品上申请注册了第20531245号"雅客来头等舱"，认为其违反《商标法》第三十条的规定，严重损害了敏华公司"头等舱"商标权利，遂向国家知识产权局对第20531245号"雅客来头等舱"提起商标无效宣告申请。

---

* 该案入选广东知识产权保护协会2020年度知识产权推荐学习案例。生效案号：（2019）京73行初3715号。

但国家知识产权局认为"头等舱沙发"多用于指宽敞度和舒适度比拟飞机或者轮船头等舱的功能性沙发，争议商标中"头等舱"部分用于沙发等商品上显著性较弱，主要识别部分为"雅客来"，故与引证商标"头等舱"有所区别，不易致使消费者对商品的来源产生混淆、误认，维持争议商标有效，驳回敏华公司的主张。

国家知识产权局该裁定实际上否认了"头等舱"商标专用权，对敏华公司经营了多年的"头等舱"品牌产生了非常严重的影响，为此敏华公司提起了诉讼。

该案代理律师接受敏华公司的委托后，通过以下两方面成功说服法院，取得该案胜诉：

第一，通过从国家标准、行业标准、学术文章等对沙发及功能沙发的概念及分类予以界定和明晰可知，皮革沙发、布艺沙发、布革沙发、普通沙发、多功能沙发五种沙发名称才是沙发的种类名称，并不包括"头等舱沙发"，"多功能沙发"才是功能性沙发商品的商品通用名称，并非"头等舱"，国家标准、行业标准等均未将"头等舱"或"头等舱沙发"收录其中，从而证明"头等舱"并非沙发的类型，或沙发的通用名称。

第二，通过提供大量的使用证据证明"头等舱"商标经过长期、大量、广泛的使用、宣传，"头等舱"品牌的知名程度已达到驰名程度，相关公众在看到"头等舱"商标时即会联想到敏华公司及其沙发、家具商品，可以准确识别商品来源，已成为敏华公司沙发的特定品牌，与敏华公司形成单一而稳定的对应来源关系。争议商标"雅客来头等舱"在"头等舱"商标的基础上增加其他文字，将会一定程度淡化并转移敏华公司"头等舱"品牌的价值，严重影响敏华公司"头等舱"沙发的权益。

最终，北京知识产权法院认定"头等舱"商标具有显著性，争议商标"雅客来头等舱"包含了敏华公司"头等舱"这一显著识别部分，争议商标的申请注册违反了《商标法》第三十条的规定，判决撤销国家知识产权局的商标无效宣告请求裁定并责令其重新作出裁定，该案各方均无提起上诉，一审判决生效。

■ 办案心得

该案典型和疑难之处在于如何准确把握"暗示性商标"与"通用名称"的界限，该案对于此类案件具有一定的借鉴和示范意义，同时该案对于商标权人如何增强暗示性商标显著性，加强企业对品牌的保护及管理意识，防止注册商标特别是防止已经使用多年的暗示性商标演变为通用名称，具有警示和启发作用。

准确把握"暗示性商标"与"通用名称"的界限，应从概念自身进行严谨厘清，防止实际使用多年的"暗示性商标"被认定为"通用名称"。

暗示性商标对于消费者来说具有吸引力，也便于记忆，在国内外市场中暗示性商标都是较为常见的。日常生活中"暗示性商标"并不少见，如饮料商标"红牛"、汽车商标"野马"、捕虫器商标"Roach Hotel"等，该案使用在沙发产品上的"头等舱"商标也是暗示性商标。该案代理律师从以下两个方面准确把握"暗示性商标"与"通用名称"的界限，对类似案件具有借鉴意义。

一、厘清不同概念的关系，概念认定需严谨，切忌主观臆测

"暗示性商标"是指以隐喻、暗示的手法提示商品的属性或某一特点的商标，其通常由常用词汇构成。"暗示性商标"需要一定程度的演绎、解释、说明或想象才能将标志与商品或服务的特点相对应，表面看起来可能与商品、商品成分或其功能没有明显的联系，但旨在创造出一种能与该商品发生联系的指定的思维结构。《最高人民法院关于审理商标授权确权行政案件若干问题的意见》（法发〔2010〕12号）第九条规定："如果某标志只是或者主要是描述、说明所使用商品的质量、主要原料、功能、用途、重量、数量、产地等特点，应当认定其不具有显著特征。标志或者其构成要素暗示商品的特点，但不影响其识别商品来源功能的，不属于上述情形。"该规定对"暗示性商标"作出了较为明确的说明。"暗示性商标"大多暗示了产品的特点、性质、成分或用途等，虽然显著性可能较低，但能识别商品或服务的来源，仍是受法律保护的客体。

"通用名称"是指相关公众普遍认为能够指代一类商品的某一名称。为了证明某一名称构成通用名称，首先，要从相关公众的认知、使用习惯、历史传统等角度进行证明。其次，词典、工具书将其列为通用名称的，可以作为参考。最后，如果法律规定为通用名称的，或者国家标准、行业标准中将其作为商品通用名称使用的，应当认定为通用名称。

概念的界定是科学的、客观的、明确的，正因为以上特性，概念才会是我们认识事物的基础，反映客观事物一般的、本质的特征，不同商品的概念有助于我们认识商品各自的属性，了解商品之间的区别，所以为了更好地认识事物的本质，在对事物下定义时不可先入为主，主观臆测，必须以证据为支撑，用事实说话，做到有据有理。

该案中，国家知识产权局认为"头等舱沙发"多用于指宽敞度和舒适度比拟飞机或者轮船头等舱的功能性沙发，是严重出于主观臆测的概念错误，将"头等舱沙发"直接等同于"功能性沙发"。

故该案代理律师通过查找公开资料，从国家标准、行业标准、学术文章、字典、词典、商标查询等对"功能性沙发""头等舱"的概念进行厘清，并制作了相关图表供法院审查，并提出如下代理意见：

1."功能性沙发"是指可调节沙发，即通过非电动或电动方式使折叠机构运动，从而改变使用者坐姿状态的可调节的沙发，这种沙发可以满足人体躺靠需求或躺卧需求的功能。下图所示为"功能性沙发"的种类并不包含"头等舱沙发"。

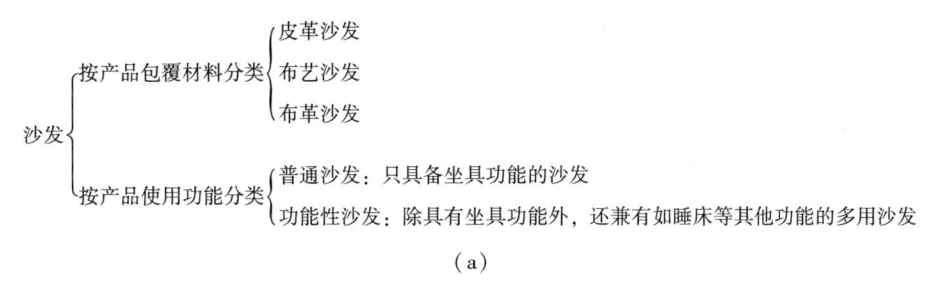

```
                    ┌ 皮革沙发
       ┌ 按产品包覆材料分类 ┤ 布艺沙发
       │            └ 布革沙发
 沙发 ─┤
       │            ┌ 普通沙发：只具备坐具功能的沙发
       └ 按产品使用功能分类 ┤
                    └ 功能性沙发：除具有坐具功能外，还兼有如睡床等其他功能的多用沙发
```

(a)

```
   功能性沙发
 ┌─────────────────┐   ┌ 以调整姿态为主的功能沙发
 │ 又称多功能沙发，是指相对于 │   │
 │ 普通沙发而言，增加了姿态调 ├──┤ 以变形为主的功能沙发——实现折叠、推拉、拼合等功能，即沙发床
 │ 整、形态变换功能，甚至在坐 │   │
 │ 卧功能之外还具有储藏、助  │   │              ┌ 具有保健按摩的功能沙发，俗称"按摩椅"
 │ 力、保健按摩等附加功能的一 │   └ 添加附加功能的沙发 ┤
 │ 类新型软体家具。      │                  └ 在调姿功能沙发的基础上增加了音乐播放功能、
 └─────────────────┘                    储物功能等功能的沙发
```

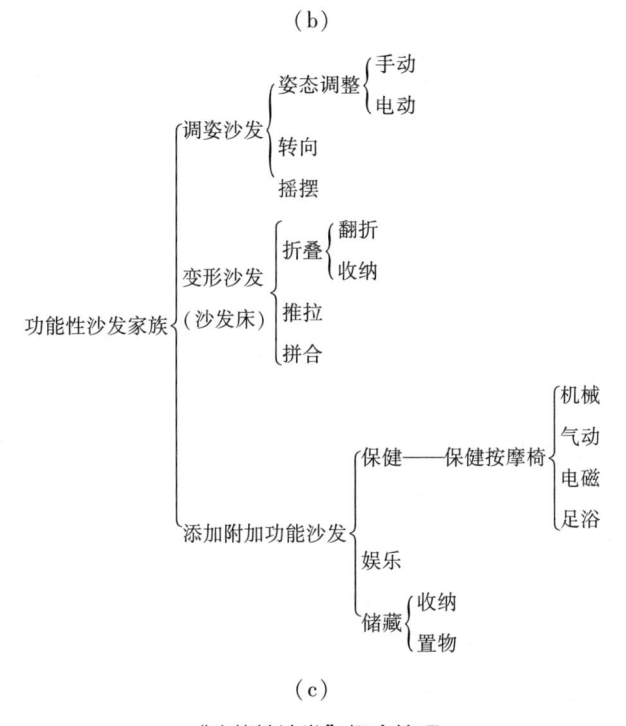

(b)

```
                    ┌ 姿态调整 ┌ 手动
              ┌ 调姿沙发 ┤       └ 电动
              │      ├ 转向
              │      └ 摇摆
              │
              │      ┌ 折叠 ┌ 翻折
              │      │    └ 收纳
 功能性沙发家族 ┤ 变形沙发┤ 推拉
              │ (沙发床)│
              │      └ 拼合
              │                       ┌ 机械
              │             ┌ 保健──保健按摩椅 ┤ 气动
              │             │                └ 电磁
              │             │                  足浴
              └ 添加附加功能沙发┤ 娱乐
                            │
                            └ 储藏 ┌ 收纳
                                 └ 置物
```

(c)

"功能性沙发"概念梳理

2. "头等舱"是固有词汇，第一含义是指在飞机、轮船等最高档次的舱位。从商标局的公开查询情况来看，"头等舱"商标不仅被核准注册在家具、沙发类别上，同时也核准注册在其他的类别上。多达30多个类别上都核准注册有"头等舱"商标，可以证明"头等舱"本身是一个具有显著性的商标，其不论是使用在沙发上，还是电灯、汽车等商品上都具有显著性。

3. "头等舱沙发"并不是一个固有的词语组合，其最早出现是敏华公司在其生产销售的高档沙发上使用了"头等舱"商标，并在宣传时常与"沙发"一并使用，指示敏华公司的"头等舱"品牌的沙发。

从上述分析来看，"头等舱"≠"沙发"≠"功能性沙发"，"头等舱"并非指代"功能性沙发"的通用名称。

敏华公司"头等舱"商标选取了常用词汇"头等舱"一词，该词一般出现于交通运输行业，文字含义指飞机等交通运输工具上价格较高、服务档次较好的舱位，旅客选择头等舱舱位通常考虑头等舱的空间宽敞、私密性强、服务更为细致等多方面因素，其本身与沙发、家具等商品无直接关联性。"头等舱"可以进一步引申为高级的品质和服务，但其指向的也是交通运输行业的服务，显然并非沙发等家具行业常用的直接性描述商品的质量、功能等特点的用语，消费者看到"头等舱"商标后需要进行一定程度的演绎、联想、转换才能关联到沙发等家具商品上，进而得知其含义，所以"头等舱"作为商标是具有显著特征的暗示性标志。

因此，准确把握"暗示性商标"与"通用名称"的界限应该首先从概念本身出发，根据字典、词典、行业标准、国家标准等，进行对于不同概念的界定，切忌先入为主，主观臆测，应从严把握。

二、"暗示性商标"经过长期大量的使用，已经具有极高知名度，不应轻易被认定为"通用名称"

商标的"显著性"是指商标所具有的标示企业商品或服务出处并使之区别于其他企业之商品或服务的属性，《商标法》第九条和第十一条均有所提及。商标的显著性越强，识别功能就越明显，一般公众对商标与商品或服务关联的认知也就越容易，在市场中商标造成混淆和误认的概率就低。反之，倘若商标使用不当则会使商标的显著性变弱，商标的可识别功能降低，则有可能演变为通用名称。商标显著性的认定作为商标保护的核心，在商标法律制度中占有极为重要的地位，而商标通用名称化的判定关系到商标权利的有无，其重要性自然不言而喻。在商标保护实务中，商标的显著性和通用名称化认定还未形成规范统一的共识，如何证明商标的显著性和否定商标的通用名称化，对于律师来说显得尤为重要，也是对律师专业水平和办案能力的一大考验。

该案中，在代理律师与敏华公司的共同努力下，收集了自2008年至2017年十多年以来在家具、沙发上使用"头等舱"标识的大量使用证据，提供了荣誉、宣传材料、经销合同、证明书等证据，证明了敏华公司的"头等舱"品牌家具，在浙江杭州、宁波、南浔、广西玉林、桂林、山西朔州、运城、河北秦皇岛、衡水、唐山、安平、辛集、邢台、江苏启东、金湖、镇江、如东、泰州、上海、湖北武汉、仙桃、贵州仁怀、都匀、凯里、遵义、山东济宁、枣庄、淄博、莱芜、河南郑州、周口、南阳、驻马店、漯河、济源、许昌、广东广州、珠海、佛山、深圳、惠州、海南省、四川成都、湖南株洲、内蒙古鄂尔多斯、呼和浩特，江西，福建福州等全国二十多个省份，五十多个城市进行销售，销售地域广泛，销售时间长；且经过在中央电视台一套、二套、三套、六套、十三套进行了广泛的宣传，该品牌在市场上享有较高的品牌知名度，赢得了广大消费者的良好口碑，"头等舱"品牌与敏华公司已经形成唯一、固有的来源联系。

该案通过翔实的证据，并结合法律适用，成功说服法院认定该案引证商标"头等舱"并非指代是"功能性沙发"，"头等舱"一词自身具有显著性，经过长期使用后其知名度与显著特征增强，不应轻易被认定为"通用名称"。故法院认可了"头等舱"具有很高的显著性，认为争议商标"雅客来头等舱"完整包含了引证商标的显著识别部分"头等舱"，争议商标的注册违反《商标法》第三十条规定的情形，最终撤销了国家知识产权局的裁定，敏华公司使用多年的"头等舱"品牌得到了保护。

■ 小结

该案对于商标权人如何增强暗示性商标的显著性，加强企业对品牌的保护及管理意识，防止注册商标特别是防止多年使用的暗示性商标演变为通用名称，具有警示和启发作用。

该案中敏华公司具备良好的商标战略意识，重视商标全面布局，通过大量使用、宣传"头等舱"商标的措施，大大提高了"头等舱"商标的显著性，避免其演变成为通用名称，并通过积极维权，针对如该案争议商标"雅客来头等舱"提出无效等法律措施，有效地保护了自身的合法权益。

在当今知识产权战略盛行的经济社会，品牌效应深入人心，商标在企业乃至国家的发展中扮演着极为重要的角色，商标作为一种无形资产，是开拓市场的重要资本，若商标被淡化而演变成行业通用名称，将会严重损害商标权人的商标专用权。因此，企业一定要加强品牌保护及商标管理的意识，重视暗示性商标的规范使用、长期使用，增强"暗示性商标"的显著性，强化商标与商品或服务之间的关联，凸显商标的识别功能，才能防止"暗示性商标"演变为通用名称，避免呕心沥血的经营为他人做了嫁衣。

■ 法律链接

《中华人民共和国商标法》（2013年）第九条、第十一条、第三十条、第四十五条。

"旅游购物" 何为出路

——"PUMA"旅游购物出口商标侵权案*

刘孟斌　孟午君

> 原告彪马公司根据广州海关的行政处罚提起民事侵权诉讼，主张被告Z公司销售侵犯"PUMA"商标权的商品构成商标侵权。被告代理律师发掘出该案涉案商品属于"旅游购物"贸易中的货物，这可能对案件的定性和处理带来重要影响。于是被告代理律师向法院清晰地表达了"旅游购物"贸易模式及其对该案的影响，引起法院高度重视，法院开具调查令委托代理律师向广州海关调查相关事实，并向广州市商务委发函征询意见。最终法院认定该案侵权商品属于旅游购物出口货物，且被告作为旅游购物贸易试点企业，其在该案中的行为并非生产、销售等直接侵权行为，仅应依据《商标法》第五十七条第（六）项的"间接侵权"限定相关责任。在此基础上，该案及双方的其余类似案件达成全面调解。
>
> 随着经济和外贸方式的多样化发展，在知识产权保护方面也面临着与时俱进的要求。代理律师认为，"旅游购物"等新型外贸经营模式与传统经营不同，从事其中的不同主体其行为分工各不相同，承担的义务和责任也应当合理界定，并应划分合理的责任边界。

■ 案情简介

一、基本案情

2013年11月，广州海关查扣了一批带有"PUMA"与豹图形标识的运动服装，经调查，广州海关认定该货物属于侵犯"PUMA"与豹图形等商标专用权的货物，并对出口单据上标记的"经营单位"和"发货单位"Z公司进行了行政处罚。2016年2月，彪马欧洲公司向法院提起民事诉讼，认为Z公司销售出口侵犯"PUMA"与豹图形等商标专用权的商品，构成商标侵权，要求Z公司停止侵权并赔偿经济损失50万元。

按照以往一般贸易出口类似案件的处理，该案案情似乎非常"清晰"，Z公司"显然"需要承担销售侵犯商标权商品的责任。然而，在向Z公司了解相关情况之后，我们发现，该案事实存在有别于一般贸易出口的显著差异，而这将可能对案件的定性和最终

---

* 该案入选2016年度广东知识产权保护协会十大知识产权典型案例。生效案号：（2016）粤0112民初799号。

处理带来重要影响。

涉案侵权商品是"旅游购物"贸易方式中的出口货物。旅游购物是指："境外旅游者用自带外汇购买的或委托境内企业托运出境5万美元以下的旅游商品或小批量订货，监管方式代码'0139'，简称'旅游购物商品'"。"旅游购物"避免了在外汇、税收、出口主体等方面存在的问题，提供了一种便捷的途径，让外国旅游者个人可以将其在中国市场上买到的商品顺利出口，从而吸引了大量外国旅游者在中国公开市场购买商品。这种新型外贸模式自2006年率先在义乌试行以来，取得了良好的成效，逐渐在全国推行（2013年开始在广州试行），目前，旅游购物已成为广州市在一般贸易、加工贸易后的第三大贸易方式。与传统的"一般贸易"出口方式不同，"旅游购物"出口业务流程主要包括：境外采购商采购→与市场经营户完成结算→委托货物代理公司预定船期、仓位、组柜装箱→办理报检报关手续→发运货物和清关提货。其参与的主体数量较多，包括市场经营户、境外采购商、外贸公司、货运代理公司、报关行、仓储物流公司等。这与主要由"出口企业、货物代理公司和进口商"参与的一般贸易方式有很大的区别。其中各参与者的角色也完全不同。但是，这种"参与"，并非商品的生产或者销售，而是对于报关、运输等出口环节的参与。为规范管理，广州市商务委专门挑选了包括Z公司在内的部分企业，进行"旅游购物商品出口企业备案"，为方便管理，在实际操作中把上述备案的企业视为"旅游购物"贸易方式中的"经营单位""发货单位"参与到"旅游购物"出口的报关环节。

也就是说，Z公司作为具有旅游购物出口资质的企业，其并非涉案侵权商品的生产者或销售者，仅仅是与Y公司（报关公司，后被追加为该案第三人）建立业务合作，当"旅游购物商品"贸易中的货运代理公司将相关业务委托Y公司进行报关时，为其提供代理服务。而且，在现行的监管制度下，面对大量以多个采购主体组柜、拼箱方式为特点的旅游购物货物，无论是Z公司还是Y公司，均没有条件也没有能力对于其是否侵权逐一开箱验货并进行判断。在此情况下，Z公司认为，这种侵权商品的出现，在一定程度上来说，甚至是"不可避免的"。

二、争议焦点

该案争议的主要焦点有三点。

1. "旅游购物"贸易模式是否应当作为认定侵权时的考量因素？

在该案中，首要考虑的问题就是"旅游购物"外贸模式是否应当作为认定侵权时的考量因素。这是因为：首先，涉案货物构成侵权已经是不争的事实；其次，出口单据上虽显示"贸易方式"为"旅游购物"，但并没有记载涉案货物货主的信息，反而写明经营单位和发货单位均为Z公司；同时，海关的行政处罚决定书也是以Z公司为被处罚人。因此，如果不考虑"旅游购物"外贸模式的情况，认定Z公司存在《商标法》第五十七条第三款规定的侵权商品的销售行为，构成直接侵权，并无不妥。

与此相对，因为如果能够认定该案侵权商品是"旅游购物"贸易中的出口货物，那么就等于明确了，按照"旅游购物"出口业务流程，Z公司仅仅是作为出口代理企业，并没有实施《商标法》第五十七条第三款规定的"销售行为"。

2. Z公司的行为性质。

在侵权行为的角度，该案彪马欧洲公司主张Z公司实施了侵犯商标权的行为，主要依据广州海关的《行政处罚决定书》。《行政处罚决定书》中写道："广州海关经调查，认为当事人出口的货物标有'PUMA'等商标……根据《中华人民共和国商标法》第五十七条第（一）项的规定，该货物属于侵犯'PUMA'等商标专用权的货物。当事人出口上述货物的行为已构成出口侵犯他人商标专用权货物的行为"，据此，彪马欧洲公司主张Z公司存在《商标法》第五十七条第（三）项规定的"销售行为"。

但是，《行政处罚决定书》的内容，是否可以直接证明Z公司存在《商标法》第五十七条第（三）项规定的"销售行为"呢？《行政处罚决定书》中写明，该处罚的依据是《中华人民共和国海关行政处罚实施条例》第二十五条第一款，即"进出口侵犯中华人民共和国法律、行政法规保护的知识产权的货物的，没收侵权货物，并处货物价值30%以下罚款"。也就是说，海关做出涉案行政处罚的依据，是根据海关的行政条例，认定货物"属于侵权货物"，且存在"出口行为"，从而进行行政处罚。并没有认定被告存在构成商标侵权的"销售"行为。换句话说，海关并没有进一步区分行政处罚相对人的这种"出口行为"是否属于"销售"，还是仅属于"代理出口"。直接将《行政处罚决定书》认定存在行政法规规定的"出口行为"，等同于商标法规定的"销售行为"似乎并不妥当。

3. 旅游购物企业的义务和责任。

如果Z公司作为旅游购物企业，在进行旅游购物贸易中仅仅作为侵权商品的出口代理者，不构成直接侵权。那么在被查验出其代理出口的商品属于商标侵权商品时，Z公司应当承担什么义务和责任呢？

在旅游购物贸易方式中，其商品流通环节发生在国内公开市场，当外国旅游者在国内公开市场完成商品的购买后，交易行为已经结束。Z公司依法依规，仅在交易行为结束后的报关环节作为买方的代理人提供报关服务，其行为方式符合行业交易习惯，已在力所能及的范围内进行了合理审查并如实申报，即便由于监管力所不及，需要承担出口监管责任，也属于海关行政法规中的行政责任，且在该案涉案货物被海关查扣和调查的过程中，已承担了相关行政责任。

而且，"旅游购物"贸易方式在促进外贸迅速发展的同时，也不可避免地带来了一些问题。例如，（1）目前的海关报关系统中，对于"旅游购物"贸易方式并没有专门的申报规范，除去"贸易方式"一栏需如实申报为"旅游购物商品"外，其余申报材料仍需参照"一般贸易"的方式填写和提交。在此情况下，不得不引入被告这类具有"旅游购物企业备案"的主体，作为该批货物的"经营单位"和"发货单位"等，而实际的货主"外国旅游者"无法在填报材料中予以体现。(2)"旅游购物商品"往往采用拼装货柜出口,每个货柜商品品种繁杂,监管难度大。尤其是在知识产权监管方面,对于拼柜后货物的实际情况,以及某件货物是否属于侵权产品等问题,即使是对海关等可以行使公权力的行政机关来说,也是难上加难,更不要说仅仅作为报关代理的企业。

对此,海关部门目前的做法是,将旅游购物既作为一种"贸易方式",同时也作为一种"监管方式"。也就是说,在Z公司将"贸易方式"如实申报为"旅游购物商品"时,该批货物即进入海关H2010通关系统进行审核,通过海关H2010通关系统风险分析以及专业审单等方式,会根据不同贸易方式等因素对商品进行不同严格程度的监管(包括低风险快速放行、低风险单证审核、中风险单证审核、高风险重点审核四类)。海关可在这一过程中实现对旅游购物商品加大监管力度,该案被控侵权商品就可能是在这种情况下被抽检到的。

通过上述事实,可以看出,在"旅游购物"这种新型的贸易模式下,知识产权监管尚存在很大难度。而对于Z公司而言,其仅仅作为出口环节的代理商,货物出现知识产权问题对其有百害而无一利,从某种意义上来讲,Z公司(以及其他出口代理商)的立场和监管部门(甚至包括该案原告)的立场是一致的,都希望货物不存在知识产权问题,可以顺利出口,旅游购物贸易可以蓬勃发展。在此情况下Z公司承担的责任范围和依据是什么呢?

三、法院认定

经过辩论和调查,法院认为,虽然报关单上的经营单位、发货单位以及买卖合同等材料显示出卖方为Z公司,但从货物的报关情况、外汇核销情况、出口退税情况等角度可以认定该案涉案货物为旅游购物出口商品。但是,Z公司作为旅游购物出口企业,对于外商提供的货物具有法定的审查义务,Z公司未能举证证明其履行了审查义务或者其他法定的、合理的注意义务,放任外商侵犯知识产权导致侵权后果的发生,对于帮助外商侵犯原告商标权具有主观上的故意,属于《商标法》第五十七条第(六)项规定的"故意为侵犯他人商标专用权行为提供便利条件,帮助他人实施侵犯商标专用权行为",即间接侵权。

同时考虑到旅游购物出口作为一种新型外贸方式,尚无配套的法律法规予以规范,试点企业在经营过程中权利义务界定不清晰,难免会触碰法律底线,该案在法院主持下调解结案。

■ 办案心得

在该案中,被告代理人申请法院向广州海关调取了行政处罚涉案档案,查阅并提交了大量旅游购物政策法律及资料文献,法院也对该案高度重视,向广州市商务委等部门发函核实相关情况，最终认定该案侵权商品是旅游购物出口的货物，且 Z 公司作为旅游购物企业，其在该案中的行为并非生产、销售等直接侵权行为。

在 Z 公司责任的划分上，法院引用了《商标法》第五十七条第（六）项"间接侵权行为"条款。"间接侵权行为"，即《商标法》第五十七条第（六）项规定的"故意为侵犯他人商标专用权行为提供便利条件，帮助他人实施侵犯商标专用权行为"条款，是 2013 年《商标法》中新增加的规定，在现有的司法实践中，主要应用在电子商务交易平台、市场经营管理者在其管理的电商平台、市场中出现侵权商品时的责任认定中，很少出现在其他情况下。法院在该案中援引了这一条款，值得研究和重视。商标权作为知识产权的类型之一，具有知识产权所具有的排他性。商标权以一系列法律规定的"专有权利"为核心，任何人在没有合理抗辩的情况下，未经商标权人许可，使用其商标，皆构成对商标权的侵犯，而不论其是否具有过错，称之为"直接侵权"。也就是说，侵权者的主观过错并不是认定"直接侵权"是否成立的要件，"过错"形态只影响侵权者最终应当承担的责任。而"间接侵权"是指明知某种行为构成侵权，仍然教唆、引诱他人去实施这种行为，或者对他人的这种侵权行为提供实质性帮助，应当对侵权后果承担责任。"间接侵权"在一定程度上扩大了商标权的保护范围。因此对于"间接侵权"的适用，应当考虑以下因素。

1. 主观过错。

《商标法》第五十七条第（六）项"间接侵权行为"条款适用的前提条件必须是行为人存在"故意"。由于没有直接侵犯商标人权利，为了避免知识产权保护范围的过分扩大，对无过错的行为人显失公平，行为人主观过错的认定对于间接侵权十分重要。在该案中，从事实角度，Z 公司从货代公司收取的旅游购物商品已经是完成拼柜的整装货物，根本不知道其中是否有商品构成侵权，更谈不上"故意"为侵权提供便利；从监管义务角度，"旅游购物"作为新型外贸模式，仍处在推广和试点过程中，其自身的操作和规范尚有待完善，即便是对于有权部门监管也存在诸多难题。各种旅游购物相关规程上也并没有清晰列明旅游购物企业的监管权利和义务。在此情况下认定 Z 公司存在主观故意似乎违背了"法不强人所难"的原则。至少其中"法定的、合理的注意义务"应当是清楚、明确的，且有切实可行的操作方法。

2. 排除情况。

为了限制商标"间接侵权"的扩大化认定，在"间接侵权"经常适用的电子商务领域，还存在"避风港原则"的救济，即《侵权责任法》第三十六条规定的"通知-删除"制度。但是，在该案中，既没有明确的法律法规规范界定旅游购物出口企业的义务，又没有类似"避风港原则"的救济，认定 Z 公司具有"主观故意"，构成间接侵权，未免过于严苛。代理律师认为，对于商标间接侵权的认定应更为严格，而不应成为直接侵权的"兜底条款"。

3. 责任边界。

近年来，随着我国经济形势的不断发展和变化，外贸交易形势也随之不断发生变化，一些新型外贸模式正在不断试点、提倡和推广，"旅游购物"（目前在义乌地区已发展为"市场购物"）便是其中极具代表性的一种，在一般出口贸易逐渐步入发展平缓期的情况下为外贸出口行业带来新的繁荣。然而作为一种新的经济变化产物，其也不可避免地带来一些法律问题，尤其是在知识产权的保护上，体现出一定的复杂性和监管难度。例如在该案中，"旅游购物"贸易的经营模式决定了参与其中报关、运输等出口环节主体数量较多，包括市场经营户、境外采购商、外贸公司、货运代理公司、报关行、仓储物流公司等。而报关、运输等出口环节发生在国内公开市场交易（即商品买卖行为）结束之后，对于前一交易环节，这些主体均没有法律法规赋予的监管权力，也没有检查判断货物是否侵权的能力，而且，由于"旅游购物"的货物大多为组柜拼货，根本无法逐一开箱验货。如果在海关抽检环节查验出有侵权货物，且认定出口代理公司应当承担出口侵权货物的行政责任以及商标侵权的民事责任，那么与之相应的，旅游购物各个环节中的其他参与者（如市场经营户、境外采购商、外贸公司、货运代理公司、报关行、仓储物流公司等）又应当各自承担什么样的责任呢？显然，对于商标权人（原告）来说，直接主张像 Z 公司这样的出口代理公司最为便利，但这样做是否明显有失公平呢？

■ 小结

该案代理律师认为，一方面，随着经济和外贸方式的多样化发展，在知识产权保护方面也面临着与时俱进的要求。如该案涉及的旅游购物贸易方式中，外国旅游者在中国公开市场采购到被控侵权商品，其问题发生在市场流通环节，应依靠商标权人自行加大对公开市场的调查和维权力度，以及市场监管部门根据政策和实际情况相应调整监管要求。另一方面，"旅游购物"等新型外贸经营模式与传统经营不同，从事其中的不同主体其行为分工各不相同，承担的义务和责任也应当合理界定，并应划分合理的责任边界。

■ 法律链接

《中华人民共和国海关行政处罚实施条例》（2004 年）第二十五条第一款；
《中华人民共和国商标法》（2014 年）第五十七条；
《中华人民共和国侵权责任法》（2009 年）第三十六条。

"售后混淆" 侵权新扰

——阿迪达斯有限公司诉林某等侵害商标权纠纷案*

刘孟斌 郭俊艳

> 原告阿迪达斯有限公司发现被告林某和被告晋江市帝盛鞋塑有限公司在未经原告的合法授权的情况下,生产、销售带有与原告在鞋、运动鞋、足球鞋等商品上注册的第 G730835 号 "三条纹" 商标相同的 "三条纹" 及近似的 "四条纹" 标识的鞋,原告认为两被告的上述行为侵害了原告第 G730835 号注册商标的专用权,因此将两被告诉至法院。经一审、二审审理,两审法院均认定两被告的行为构成共同侵权,应当共同承担侵权责任。
>
> 该案属于商标侵权的新形态 "售后混淆",对于 "售后混淆" 这种混淆的新形态,目前学术界和司法实践都存在一定的争议。司法实际中有些法院认为这还是初期个案,问题还不是很突出,这种需求还不强烈而倾向于不认可售后混淆。但该案代理律师认为 "售后混淆" 这类案件中,被仿冒的商标往往知名度较高,有些知名度甚至极高,对此类混淆行为不受追究,势必会对较高知名度的商标所有人的商誉、品牌造成极大的负面影响,最终也会扰乱良好的市场经营秩序。
>
> 该案的两审法院正是看到了上述隐患,对此类不诚信的市场经营行为表明了态度,彰显出人民法院的价值取向。该案判决在依法对当事人的具体行为进行认定处理的同时,还兼顾了案件的社会影响和价值导向,充分体现了法律的惩罚功能和教育功能。

■ 案情简介

一、基本案情

阿迪达斯有限公司是一家世界知名的体育用品设计制造商,商品涵盖了运动鞋、服装等。自多年前第一双 ADIDAS 运动鞋首次亮相起,一直致力于公司的商标及品牌的宣传推广,使得其 "ADIDAS" 商标及品牌影响遍及全球,并得到公众的信赖。除了 "ADIDAS" 商标外,阿迪达斯有限公司在中国先后经中华人民共和国国家工商总局商标局核准注册了在第 25 类商品上的第 G730835 号、第 3938968 号、第 1485570 号、第

---

* 该案被评为 2014 年度广州法院十大知识产权典型案例。生效案号:(2014)穗中法知民终字第 267 号。

1493353号、第1493354号等注册商标（统称为"三条纹"商标或"三条杠"商标），核定使用商品涵盖鞋、运动鞋、足球鞋等。阿迪达斯有限公司的"三条纹"标识自1949年起正式作为商标在足球鞋上使用，经过长期的宣传和使用，尤其是阿迪达斯有限公司于2005年成为2008年北京奥运会的赞助商之一对"三条纹"商标的大力宣传和使用，使得"三条纹"商标在世界范围内及中国建立了极高的知名度，在消费者中建立了牢固的产源对应关系：消费者见到"三条纹"商标，就会自然而然联想到阿迪达斯的品牌。

2012年9月17日，阿迪达斯有限公司的代理人在公证员的监督下，在广州市广州大道南新华南鞋城一区的85-86档铺买了标有"SHENGWEINIAO"字样的运动鞋十双，该店铺内挂有"广州市海珠区帝盛鞋业经营部"字样的营业执照。所购买的鞋在两侧鞋帮位置处均使用了"三条纹"或"四条纹"商标（分别封存了两双"三条纹"和"四条纹"的运动鞋），所购买鞋的包装盒和标签上使用了"盛威鸟+图案"商标。经查，林某是该注册商标的所有人，商标注册号为第6613793号。另外，在所购买鞋的吊牌及塑料袋上标注的生产商为"晋江市帝盛鞋塑有限公司（以下简称'帝盛公司'）"，在鞋盒上标注的生产商为"晋江市帝盛鞋业有限公司"，经查，"晋江市帝盛鞋业有限公司"并未依法登记注册。

二、法院审理过程

原告阿迪达斯有限公司诉称，林某在其经营的"广州市海珠区帝盛鞋业经营部"销售的运动鞋上使用的"三条纹"及"四条纹"商标，与原告在鞋、运动鞋、足球鞋等商品上注册的第G730835号等"三条纹"商标相同或者相似。而原告的"三条纹"商标经长期使用、宣传，已具有极高的知名度，尤其是已有各地法院的多份生效判决认定原告的"三条纹"商标具有高知名度。两被告林某与帝盛公司作为鞋经营单位，应知原告的"三条纹"商标具有极高的知名度，却在未经原告的合法授权的情况下，生产、销售带有与原告"三条纹"商标相同的"三条纹"及近似的"四条纹"标识的鞋，极易造成相关公众的混淆，或暗示两被告与原告存在某种特定的关联。两被告的行为具有很强的主观恶性，已经构成侵权，且已构成不正当竞争，给原告造成了很大的经济损失和商誉损失。据此，请求法院判令：（1）被告林某立即停止侵犯原告第G730835号"三条纹"注册商标权的行为，包括停止生产销售带有"三条纹"或"四条纹"标识的侵权鞋，销毁该侵权商品；（2）被告帝盛公司立即停止侵犯原告第G730835号"三条纹"注册商标权的行为，包括停止生产销售带有"三条纹"或"四条纹"标识的侵权鞋，销毁该侵权商品；（3）两被告就其侵权行为在《广州日报》《中国知识产权报》上刊登声明以消除影响；（4）两被告连带赔偿原告经济损失及维权合理开支50万元；（5）两被告承担该案诉讼费用。

被告林某辩称，其并没有生产原告所述的侵权产品；其销售的涉案产品上有自己的注册商标，注册的商标与原告所主张的商标不一致；而且其销售的涉案产品数量并不多，是从福建省晋江市万通市场进货的，因此不同意原告的诉讼请求。

被告帝盛公司未到庭也未提交答辩意见。

一审法院审理认为：原告依法取得第G730835号、第3938968号、第1485570号、第1493353号、第1493354号、第1493355号商标的专用权，该案注册商标处于有效保护期内，依法受法律保护。注册商标的专用权以核准注册的商标和核定使用的商品为限。他人未经原告许可，不得在第25类商品上使用上述商标。原告的上述商标经长期使用并通过大量宣传，在中国相关消费者中建立了较高的知名度。

被告林某在其经营的广州市海珠区帝盛鞋业经营部销售涉案侵权运动鞋，其中两双有三条白色斜杠的标识，与原告的第G730835号商标相同，两双有四条白色斜杠的标识，与原告的第G730835号商标相似，该产品未经原告授权生产，易使相关公众对商品的来源产生误认，虽然被告林某辩称被诉侵权鞋都标有第6613793号商标，但该商标标注位置不显著，而斜杠标识所占面积更大，视觉效果更显著，客观上起到了标识商品来源的作用，属于商标意义上的使用，故被诉侵权运动鞋属于侵犯原告第G730835号商标的产品。

至于该被诉侵权鞋的生产者，这些鞋子的塑料袋和吊牌上均标有"制造商：福建省晋江市帝盛鞋塑有限公司，地址福建省晋江市洋埭中华路某号"，而被告帝盛公司经本院依法传唤未到庭应诉答辩，故本院依据现有证据确定被告帝盛公司是被诉侵权鞋的生产商，另外，鞋子上标注的第6613793号商标为被告林某所有，www.alibaba.com.cn的网页上显示晋江市帝盛鞋塑有限公司的地址，正是林某经营的广州市海珠区帝盛鞋业经营部的经营地址，而且被告林某亦确认被诉侵权鞋的版型是其确定的，可见两被告对涉案鞋子的生产行为有侵权合意，故法院依法认定是两被告共同生产被诉侵权鞋，应承担停止侵权并赔偿经济损失的侵权责任。

关于赔偿损失的数额，原告未提供其因侵权行为遭受的经济损失的证据或两被告因侵权获利数额的证据，鉴于因侵权造成的直接损失或因侵权所得利润难以计算确定，故法院依法酌定两被告的赔偿数额。

关于原告要求被告登报公开消除影响的诉请，由于原告并未证明其商誉因被告的侵权行为受到损害，判决被告侵权和赔偿损失已可弥补原告损失，故对此项诉请法院不予支持。

综上所述，根据《中华人民共和国商标法》第五十一条、第五十二条第（一）、（二）项、第五十六条第一款、第二款，最高人民法院《关于审理商标民事纠纷案件适用法律若干问题的解释》第十六条第一款、第二款、第十七条、第二十一条第一款的规定，判决如下：（1）被告林某在本判决生效之日起立即停止生产销售侵犯原告阿迪达斯有限公司第G730835号商标的鞋，销毁库存侵权产品。（2）被告晋江市帝盛鞋塑有限公司在本判决生效之日起立即停止生产销售侵犯原告阿迪达斯有限公司第G730835号商标的鞋。(3) 两被告在本判决生效之日起 10 日内赔偿原告经济损失及维权合理开支共计人民币 10 万元。

被告林某不服一审判决，提起上诉。

二审法院审理认为：关于被诉侵权产品是否构成侵权的问题，第一，要确定被诉侵权产品对"三条纹"和"四条纹"的使用是否构成商标法意义上"商标的使用"。从审理查明的事实来看，阿迪达斯有限公司的"三条纹"系列商标经多年使用及大量宣传，已具有较高的知名度和显著性，消费者可以在"三条纹"或者类似图案与阿迪达斯有限公司的运动鞋产品之间建立起对应和指向关系。且从运动鞋的形状来看，鞋的两侧所占面积较大，视觉效果更为显著，在鞋的两侧采用相关标识，客观上可以起到区分商品来源的作用。第二，将被诉侵权产品与阿迪达斯有限公司涉案第 G730835 号商标进行比对，被诉侵权产品是运动鞋，与第 G730835 号商标核定使用的商品属于同一种类；被诉侵权产品有两款，鞋侧分别印有白色的"三条纹"和"四条纹"标识，第 G730835 号图形商标为一只运动鞋，其中主要起识别作用的即为鞋侧的黑色"三条纹"，两者从整体上看，构成近似。第三，被诉侵权产品的该种使用是否容易导致相关公众的混淆。根据商标法有关规定，相关公众是指与商标所标识的某类商品或者服务有关的消费者和与前述商品或者服务的营销有密切关系的其他经营者；而混淆是指相关公众对商品的来源产生误认或者认为其来源与权利人注册商标的商品有特定关系。因此，从范围来判断，相关公众并不仅限于购买产品的消费者；从时间上考量，混淆也不仅限于消费者购买产品时对商品或服务来源产生的混淆。就该案而言，林某确已在被诉侵权产品及鞋盒等外包装上明确标注了自己的商标，细心的消费者不至忽略不见，且决定购买的消费者还可以通过售货环境、商品价格等因素明知被诉侵权产品并非由阿迪达斯有限公司制造、销售。但是这些消费者一旦购买并穿着被诉侵权产品之后，吊牌及外包装不再随附在产品上，鞋子内部的标识也无法看到，且由于鞋子穿着的特点，其他人通常根据被诉侵权产品两侧的显著标识来判断鞋子的品牌，而对穿着鞋子上位于鞋舌、鞋帮等处的小标记一般不会施以注意或清晰辨别。在此情况下，其他人无法分辨购买者穿戴鞋子的真伪，极易对被诉侵权产品的来源产生混淆，将其误认为阿迪达斯有限公司的产品。因此，该案的关键在于，林某在被诉侵权产品上同时使用了自己的注册商标，也仅仅是防止了部分消费者在购买时的混淆，而不能避免被诉侵权产品销售后对其他相关公众所造成的混淆。林某的行为借用了阿迪达斯有限公司涉案商标的商誉，纵容了一部分消费者攀附名牌和"搭便车"的心理，不利于保障正品消费者的利益，挫伤了权利人通过商标创立良好信誉的积极性，损害了权利人的合法权益。

关于林某与原审被告帝盛公司是否构成共同制造被诉侵权产品的问题，根据法释〔2002〕22 号《最高人民法院关于产品侵权案件的受害人能否以产品的商标所有人为被告提起民事诉讼的批复》的意见，任何将自己的名称、商标或者可资识别的其他标识体现在产品上，表示其为产品制造者的企业或个人，均属于《民法通则》第一百二十二条规定的"产品制造者"和《中华人民共和国产品质量法》规定的"生产者"。该案中，根据审理查明的事实及林某的陈述，林某委托帝盛公司加工涉案被诉侵权产品，并在产品上使用了自己的注册商标，然后销售了被诉侵权产品。故可认定林某是被诉侵权产品的制造者和销售者，而帝盛公司接受林某的委托，实际生产了被诉侵权产品，该案中帝盛公司无正当理由拒不到庭应诉，而林某主张帝盛公司提供侵权产品的样板，故法院认定两者共同制造了被诉侵权产品，构成共同侵权，应当共同承担侵权责任。

综上，林某的上诉理由均不能成立。原审判决认定事实清楚，适用法律正确，本院予以维持。依照《民事诉讼法》第一百七十条第一款第（一）项之规定，判决如下：驳回上诉，维持原判。

■ 办案心得

商标"售中混淆"与"售后混淆"的认定是该案的焦点。

传统商标侵权中的混淆误认是单纯的冒用商标所有人的商标导致鱼目混珠，由于商标近似使得消费者在购买时将侵权人的产品当成了商标所有人的产品。在这种混淆之下，侵权人通过利用商标所有人的商誉，从商标所有人那里拿走了销售机会。这就是传统中典型的"售中混淆"。

不过，随着知识产权知识的普及和宣传、权利人维权意识的增强，近年来出现了通过添附、变形等各种手段打"擦边球"的新情况，如该案中被告林某在被诉侵权运动鞋上使用原告阿迪达斯有限公司商标的同时也使用了自己的商标。虽然侵权人通过添附手段意在消费者购买时不会产生混淆误认，但是当消费者购买后以穿戴等方式使用时，这些添附物被剔除或者被遮挡后，商标所有人的商标就突显出来，必然导致其他相关公众尤其是潜在消费者对侵权产品的来源产生混淆误认。这就是近年来出现的商标"售后混淆"，"售后混淆"是指购买者对于商品来源并未产生混淆误认，但购买之后其他人看到该商品后对于该产品的来源产生了误认。

对于"售后混淆"这种混淆的新形态，目前学术界和司法实践都存在一定的争议。司法实际中有些法院认为这还是初期个案，问题还不是很突出，这种需求还不强烈而倾向于不认可售后混淆。不过，该案代理律师认为"售后混淆"这类案件中，被仿冒的商标往往知名度较高，有些知名度甚至极高，如该案阿迪达斯有限公司的"三条纹"系列商标、"ADIDAS"商标等，若允许侵权人通过添附、变形等各种手段打"擦边球"，实质上是给其他潜在的效仿者提供了错误信息，认为此类行为不受追究。而对此类侵权行为的纵容或变相鼓励将会使此类行为一发不可收，侵权人在得到仿名牌的"便利"的同时，其侵权行为势必会对经过长期使用宣传才在消费者中取得较高知名度的商标所有人的商誉、品牌造成极大的负面影响，最终也会扰乱良好的市场经营秩序。

■ 小结

该案的两审法院正是看到了这种隐患，对此类不诚信的市场经营行为表明了态度，彰显出人民法院的价值取向。二审法院在判决书中，对"相关公众"的概念进行了相当到位的解释，对"售后混淆"的危害性进行了充分阐述，并旗帜鲜明地对部分消费者攀附名牌和"搭便车"的心理表明了"不纵容"的态度。判决说理充分，表达清晰，逻辑性强，在依法对当事人的具体行为进行认定处理的同时，还兼顾了案件的社会影响和价值导向，充分体现了法律的惩罚功能和教育功能。

■ 法律链接

《中华人民共和国商标法》（2001年）第五十一条、第五十二条、第五十六条；

《最高人民法院关于审理商标民事纠纷案件适用法律若干问题的解释》（法释〔2002〕32号）第十六条、第十七条、第二十一条。

春风化雨　诚信获取

——韩国 paparecipe 春雨面膜商标侵权案*

刘孟斌　沈伟英

原告广州 LT 国际贸易有限公司发现被告广州市韩陌生物科技有限公司未经原告授权许可，在淘宝网购物平台上销售"春雨面膜韩国正品 paparecipe 保湿补水收缩毛孔蜂蜜面膜贴黄 10 片"产品，该产品的包装上突出使用了与原告第 25308658 号商标相近的标识，原告认为被告的上述行为侵害了原告商标专用权，因此将被告诉至法院。被告通过积极举证，证实在该案原告的商标获得注册之前，被控侵权产品的标识已在国内被多次使用，最终被告的在先权利抗辩得到法院认可，法院一审判决驳回了原告的全部诉讼请求，原被告双方皆没有上诉，一审判决生效。

该案不属于典型的合法来源抗辩成立案件，亦非典型的在先使用抗辩，不宜简单地套用上述抗辩理由，被告代理律师拓宽思路，直接从被控侵权产品为合法正品入手，化被动为主动，以被控侵权产品所使用的标识具有在先权利，系对注册商标的合法使用来进行抗辩。另外，该案中被告的证据几乎都是间接证据，被告代理律师对被告的间接证据进行严密的安排，将它们连成一条完整的证据链，最终被告的抗辩理由得到法院认可。该案对同类案件具有指导和借鉴意义。

■ 案情简介

一、基本案情

原告广州 LT 国际贸易有限公司于 2017 年 7 月 13 日向国家商标局申请了注册第 25308658 号商标，该商标于 2018 年 7 月 7 日予以核准注册，核准注册使用的商品包含：化妆品；研磨剂；牙膏；空气芳香剂；清洁制剂；抛光乳膏；香精油；动物用化妆品；洗发液；香，注册有效期为 2018 年 7 月 7 日至 2028 年 7 月 6 日。原告发现被告

---

* 该案被评为 2019 年度华南知识产权优秀诉讼案例。生效案号：(2019) 粤 0111 民初 4313 号。

广州市韩陌生物科技有限公司（以下简称"韩陌公司"）未经原告授权许可，在淘宝网购物平台上销售"春雨面膜韩国正品 paparecipe 保湿补水收缩毛孔蜂蜜面膜贴黄 10 片"产品，该产品的包装上突出使用了 봄비 标识。原告认为，被告所销售的产品的包装突出使用的标识与原告的第 25308658 号注册商标构成相同，造成相关公众对产品的来源产生了混淆、误认，根据《商标法》第五十七条的规定，被告的上述行为侵害了原告第 25308658 号注册商标的专用权。原告因此诉至法院，请求判令：（1）被告立即停止侵害原告第 25308658 号注册商标专用权的行为；（2）被告赔偿原告经济损失 10 万元，以及原告为制止被告的侵权行为所支付的公证费、律师费等合理费用 28370 元，合计 128370 元；（3）该案的诉讼费由被告承担。

被告代理律师接手案件后，对案件进行了研究、分析，并跟当事人多次沟通，了解案件相关信息。

被告广州市韩陌生物科技有限公司成立于 2017 年 4 月 24 日，注册资本为 100 万，经营范围为生物技术开发服务、生物技术咨询、交流服务、营养健康咨询服务、化妆品及卫生用品批发、零售等。被控侵权产品由被告在淘宝网店上销售，系韩国品牌 paparecipe 春雨面膜正品，该产品包装上使用了 标识。

被告销售的被控侵权产品是由案外人东莞唯兰颂电子商务有限公司（以下简称"东莞唯兰颂公司"）授权销售，而东莞唯兰颂公司是案外人韩国公司 COSTORY Co., Ltd［中文翻译为：（株）靠匙头丽公司，以下简称"韩国公司"］paparecipe 面膜产品在中国的唯一总代理。

案外人金某（K，韩国公民）系第 20518617 号商标、第 16643752 号商标、第 16666375A 号商标、第 22404051 号商标等商标的注册人，同时也是韩国公司的法定代表人，其主要使用在面膜产品上的标识早于原告商标在中国申请及注册，并在原告商标申请前已经在中国开始广泛使用、宣传推广。

被告代理律师发现，标识中间部分含有文字及图形 봄비，而原告的商标 봄비 恰恰与此高度近似。

据此，被告韩陌公司代理律师组织了庭审答辩观点：（1）被告销售的被控侵权产品是从东莞唯兰颂公司进货的，而东莞唯兰颂公司是韩国公司正式授权的被控侵权产品总经销，产品上的商标是经合法注册并享有专用权的注册商标。因此，被告销售的被控侵权产品有合法来源。（2）原告提出商标注册申请的时间是 2017 年 7 月，而在此之前，被告已于 2017 年 4 月成立并开展包括销售被控侵权产品在内的相关业务，因此享有在先使用权。（3）原告是中国企业，主要市场及消费群体也在中国，却匪夷所思地使用小语种韩文字符进行商标注册。商标所起的作用是区分商品或者服务的不同来源，这种区分靠的是商标的读音、含义、造型在消费者当中所引起的知觉反应。但原告却使用一种中国广大消费者以及原告自己既不会读、也不会写、更不知道确切含义的小语种文字（韩文）在中国进行商标注册，这显然违背生活常识。（4）原告涉案商标的注册实际上是把他人已经注册的商标截取、阉割部分文字及图形后再次进行注册，属于恶意注册，基于这种恶意注册的所谓维权也是一种恶意维权。

二、审理过程

法院经审理后认为：案外人金某是第 20518617 号商标、第 16643752 号商标、第 16666375A 号商标注册人，上述商标均在该案原告的涉案商标的注册日之前已获得商标注册，且核定使用范围与该案被控侵权产品基本一致，上述两商标中中间部分图形 与原告涉案商标 整体结构相同，构成元素相同，仅有右上角细微区别，构成近似。而被控侵权产品的外包装标识与第 20518617 号商标、第 16643752 号商标、第 16666375A 号商标基本一致。根据被告提交的证据，确认被告销售的被控侵权产品来源于案外人东莞唯兰颂公司，以及确认被控侵权产品是依法进口的合法产品；结合被告提交的《著作权登记证书》以及当庭展示的 paparecipe 天猫店铺和 paparecipe 微博内容，足以证实在该案原告的商标获得注册之前，被控侵权产品的标识已在国内被多次使用。因此被告的在先权利抗辩成立，确认被告销售被控侵权商品的行为不构成对原告涉案商标权的侵犯，且被告的产品来源于案外人的在先权利，原告要求被告停止侵权、赔偿损失的诉讼请求依据不足，法院不予支持。

法院一审判决驳回了原告的全部诉讼请求，原被告双方皆没有上诉，一审判决生效。

■ 办案心得

从严格意义上讲，该案不属于典型的合法来源抗辩成立案件。《商标法》（2013）第六十四条第二款规定：销售不知道是侵犯注册商标专用权的商品，能证明该商品是自己合法取得并说明提供者的，不承担赔偿责任。因此，典型的合法来源抗辩通常以侵犯注册商标专用权为前提。

该案亦非典型的在先使用抗辩。《商标法》（2013）第五十九条第三款规定：商标注册人申请商标注册前，他人已经在同一种商品或者类似商品上先于商标注册人使用与注册商标相同或者近似并有一定影响的商标的，注册商标专用权人无权禁止该使用人在原使用范围内继续使用该商标，但可以要求其附加适当区别标识。因此，在先使用抗辩，主要对象是"非注册商标"。而该案被控侵权产品面膜包装上所使用的标识已经在第三类面膜等商品上进行了注册，并且其申请日早于原告商标的申请日。

因此，被告的答辩思路显然不宜简单地套用上述抗辩理由。

综合案件事实分析，被告对注册商标的使用属于合法使用，从表面上看似乎不成问题，问题的难点和关键在于，该案的被告并非在先注册商标权人或其公司，也非其在中国的直接授权方，而是经过二次授权的网店销售商。依照惯常的销售侵权抗辩思路，往往是试图证明被控侵权产品具有合法来源，需要销售商提供进货单、送货单、合同、发票等证据，但该案被告手上只有一份由东莞唯兰颂公司出具的正品认证书，再无其他证据。显然，仅凭这样一份正品认证书来作合法来源抗辩，证明力是不足够的。

被告代理律师拓宽思路，从被控产品为合法的正品入手，决定直接从不侵权的角度来进行抗辩。经多次与被告、总经销东莞唯兰颂公司以及韩国公司沟通，被告代理律师掌握了被控侵权产品及其标识信息，以及相关证据：

1. 案外人金翰均在原告商标申请前已经在先相同/类似的商品上在中国申请并注册了被控侵权产品包装上所使用的标识 ；

2. 被控侵权产品所使用的标识在原告商标申请注册前已经在中国使用、宣传推广；

3. 案外人金翰均还对被控侵权产品所使用的标识在中国进行了版权登记；

4. 东莞唯兰颂公司对被控侵权产品的销售享有韩国公司（法定代表人为金翰均）的授权；

5. 被告销售被控侵权产品得到案外人东莞唯兰颂公司的授权；

6. 原告的商标与案外人金翰均在先注册的 商标的中间部分图案高度近似，前者来源于后者，系从后者部分截取变造而成；

7. 案外人金翰均已经对涉案的原告商标向国家知识产权局提出了注册商标无效宣告申请。

被告代理律师向被告及案外人东莞唯兰颂公司、案外人韩国公司收集了以下证据：（1）paparecipe品牌正品认证书；（2）第20518617号、第16643752号商标等多份商标注册证书；（3）作品登记证书（两份）；（4）授权书及公证认证材料；（5）东莞唯兰颂电子商务公司营业执照；（6）paparecipe品牌进口中国部分海关报关单；（7）东莞唯兰颂公司部分paparecipe品牌化妆品渠道代理商经销合同；（8）渠道代理经销商部分paparecipe品牌产品订单表、出库单、发票；（9）金翰均对原告权利商标提出无效宣告申请等证据。同时，代理律师根据案件情况自行收集了原告涉案商标的状态流程信息、paparecipe品牌天猫官方旗舰店网站页面及paparecipe品牌官方微博页面，总共13份证据。

被告代理律师对以上证据材料进行了整理、编排，并对证明内容进行了详细说明，很好地将各组证据衔接在一起，形成了一条完整的证据链。这些证据不但证明了被控侵权产品具有合法来源，而且还证明了被控侵权产品包装上的标识已在先注册，系对注册商标的合法使用，不构成侵权。最终被告的抗辩理由成立，法院驳回了原告的全部诉讼请求。律师的工作为当事人争取到了最大的合法利益，案件取得了完美的结果。

■ 小结

1. 代理思路。被告代理律师刚接到案件，初始分析时觉得案件对被告并不利，因为中间环节复杂、交易习惯不规范等原因，被告无法提供充分、有效的证据来证明自己销售的被控侵权产品具有合法来源。但被告代理律师没有陷于合法来源抗辩的惯常思路，而是转换了角度，直接从被控侵权产品为合法正品入手，以被控侵权产品所使用的标识具有在先权利，系对注册商标的合法使用来进行抗辩。因此，对一个非典型的案件，需要拓宽思路，根据案件实际情况选择对当事人最有利的角度切入，化被动为主动。

2. 案件证据。该案中，被告的证据几乎都是间接证据，证据组织时必须做到目标（证明目的）清晰、有所取舍、环环相扣、无缝连接，通过严密的安排将它们连成一条完整的证据链，这是案件抗辩成功的关键。而在开庭审理时，代理律师还特意安排了案外人韩国公司、东莞唯兰颂公司的相关人员到庭旁听，虽不作为证人，但在心理上也增加了法官对被控侵权产品有合法来源的内心确信。

3. 案件意义。该案被控侵权产品 paparecipe 春雨面膜是韩国公民金某在韩国创立的一个面膜品牌，该产品在原告商标申请注册前已经进入中国市场，通过微博、官网、旗舰店、经销商等在中国宣传、使用，产品受到中国消费者的欢迎，具有一定的知名度及影响力。该案法官虽然由于审理范围及审判职权等原因没有对原告恶意申请注册商标的行为进行评论，但从实施民事法律行为的角度，申请注册商标同样应当遵循诚实信用的基本原则。原告阉割、窃取他人在中国已经使用并具有一定知名度的商标标识进行注册，并堂而皇之地反过来对销售正品的商家提起"商标侵权"诉讼，上演了一出"李鬼打李逵"的闹剧，是对诚实信用原则的挑战。从这个意义上说，该案的争议不仅是个案当事人之间的个体利益之争，而且关乎营商环境的改善，关乎经济秩序的稳定，关乎社会诚信体系的建立与维护。

■ 法律链接

《中华人民共和国商标法》（2013年）第五十七条、第五十九条第（三）款、第六十四条第（二）款。

一字千金 扭转乾坤

——陈某与中山某特机电有限公司商标权撤销行政纠纷案[*]

王广华

> 某正公司与某特公司均是制造电风扇的厂商，双方素来竞争激烈，其中商标、专利诉讼纠纷不断，某正公司顺风顺水，未尝败绩。但在有关"CARRO"商标的对抗中，某正公司接连失利，商标被某特公司申请宣告无效并随后被诉侵权；某正公司对某特公司的"CARROO"商标发起的撤销申请也未奏效。在最关键的一战——撤销三年不使用商标案的行政诉讼二审阶段，我们作为某正公司的代理方，在对方数千页的七本使用证据中发现了合同主体信息与公章不一致的致命漏洞，并将相关质证意见提交至法院，法院采信我方意见，撤销对方商标，最终我方胜诉。
>
> 该案是一起比较典型的撤销三年不使用商标获得成功的案例。在目前的司法实践中，撤销三年不使用商标的案件中，被申请方为了证明实际使用往往会提交数量庞大的证据，其中真正有效的证据可能少之又少，甚至存在伪证的可能。该案从诉讼策略的部署、质证的角度、细节的把控，最终逆转商标局、商标评审委员会及一审法院的认定，对撤三案件的实务处理具有指导和借鉴作用。

■ 案情简介

佛山市某正电气有限公司（以下简称"佛山某正公司"）系第13168193号注册商标"CARRO"的权利人，该商标申请日期为2013年8月30日，核准使用的商品类别为汽车灯；空气净化用杀菌灯；风扇（空气调节）；空气调节设备。

中山市某特机电有限公司（以下简称"中山某特公司"）系第6433535号注册商标"CARROO"的权利人，该商标申请日期为2007年12月13日，核准使用的商品类别为电筒；水龙头；电炊具；冰柜；沐浴用设备；消毒设备；个人用电风扇；电暖器；油炉；打火机。

因中山某特公司涉嫌侵犯佛山某正公司专利权、商标权，佛山某正公司进行维权，取得了一系列的胜利。之后，中山某特公司发现佛山某正公司的"CARRO"商标之前还有一个"CARROO"商标。于是中山某特公司通过受让方式获得"CARROO"商标，随

---

[*] 生效案号：（2018）京73行初6737号。

后对佛山市某正公司"CARRO"商标提起无效宣告，并起诉某正公司使用"CARRO"商标构成侵权，与此同时，还恶意抢注与某正公司"CARRO"商标相近似的商标。

面对对方的组合拳攻击，佛山某正公司（以陈某的名义）提起对"CARROO"撤销三年不使用商标的回击，但在商标局、商标评审委员会、一审法院均败诉，最终佛山某正公司找到委托三环代理该案，通过代理律师的努力，在行政诉讼二审阶段取得胜诉。

具体地，二审法院认为，中山某特公司与广州市某阳太阳能科技有限公司、中山市某企贸易有限公司签订的购销合同及发票，用以证明其在指定期间内销售了使用"CARROO"商标的商品。但是，上述购销合同上加盖的公章与广州市某阳太阳能科技有限公司及中山市某企贸易有限公司的名称不符，在我方提出疑问的情况下，对方未能作出合理解释。鉴于上述合同的真实性难以确认，二审法院不予采信。在缺乏有效销售证据的情况下，仅凭包装盒订购合同、产品说明书以及产品图片等证据，不能证明使用"CARROO"商标的商品已实际进入市场流通领域。因此，对方提交的证据不足以证明其在指定期间内对"CARROO"商标在核定的"个人用电风扇"商品上进行了真实、合法、有效的商业使用。

最终判决撤销北京知识产权法院（2018）京73行初6737号行政判决（一审判决）；撤销原国家工商行政管理总局商标评审委员会作出的商评字〔2018〕第81926号《关于第6433535号"CARROO"商标撤销复审决定书》；国家知识产权局针对陈某就第6433535号"CARROO"商标提出的撤销复审申请重新作出决定。最终，"CARROO"商标被撤销。

■ 办案心得

该案是一起商标撤销行政纠纷案件，双方的一系列知识产权纠纷不断，在代理人接受委托时，局面已是非常被动。佛山某正公司己方商标被知识产权局（原商评委）宣告无效、一审行政诉讼败诉；而向对方商标提起的撤销三年不使用案，在经过商标局、商标评审委员会、一审行政诉讼均告败，对方中山某特公司商标予以维持，并因此对佛山某正公司提起了巨额侵权索赔。为此，代理人在二审中将精力主要放在撤三案件，通过对最为关键的商标使用证据进行质证，在撤三案件中取得重大突破，最终"CARROO"商标被宣告撤销。总的来说，代理该案有如下两点体会。

一、如何通过案件分析来准确制定诉讼策略

在最后的二审阶段，从以下方面展开了分析以及部署。

1. 皮之不存，毛将焉附？纠纷根源在于双方注册商标之有效性。

经商标局核准注册的商标为注册商标，商标注册人享有商标专用权，受法律保护。商标获得注册是获得法律保护的权利基础，对方对我方发动一连串的无效、侵权攻击正是基于"CARROO"是注册商标,具备权利基础。同理,针对对方的攻击,我方亦要采取相应的无效申请或者撤销三年不使用申请来动摇对方的商标基础,只有动摇"CAR-ROO"商标的权利根基,对方针对"CARRO"商标的攻击才将归于无效。

2. 无效案:对方商标与我方商标确实近似,核定使用商品类别也构成类似,无效案答辩空间极小。

	图样	类别
我方商标	carro	汽车灯;空气净化用杀菌灯;风扇(空气调节);空气调节设备
对方商标	CARROO	电筒;水龙头;电炊具;冰柜;沐浴用设备;消毒设备;个人用电风扇;电暖器;油炉;打火机

(1) 从字形来看,"CARRO"与"CARROO"均由英文字母构成,虽然两商标均经过特殊艺术字体设计,前五个字母均是由C、A、R、R、O的大写或小写字母组成,且排列顺序完全一致,"CARROO"仅比"CARRO"多了一个字母O,基于普通消费者的角度来认知是极易构成混淆或误认的。

从读音来看,"CARRO"与"CARROO"均是由"CA"和"RO"两个音节发音,发音基本一致。

从含义来说,"CARRO"与"CARROO"两个商标均是臆想创造的,没有实际含义,无法区分两者的含义。

(2) 我方商标核准使用的类别中"风扇(空气调节)"与对方商标核准使用的类别中"个人用电风扇"在功能、用途、生产部门、销售渠道、消费对象等方面都相同。

综上,对方商标与我方商标确实近似,核定使用商品类别也构成类似,对方提起的无效案件,我方可以答辩的空间极小,无法通过无效答辩的方式保住"CARRO"商标,只能另辟蹊径。

3. 釜底抽薪——选择撤三案件进行突破。撤三案件胜败之关键在于:对于对方商标使用证据的质证。

要动摇对方商标的权利基础,既然申请无效走不通,唯有通过撤销三年不使用商标进行突破。对方为了应对提交了足足七本厚接近3000页的证据,而撤三案件的胜败关键便是对商标使用证据的质证。

其中就对方提供的证明使用诉争商标的购销合同,从购销合同的框架、内容、提供的方式等方面,能直接得出购销合同之间的相互矛盾和不符合常理处,是对方为应诉而特意制作的虚假证据。

对方与中山市小榄镇某纸品厂签订的四份产品订购合同,其中一份显示系于2017年6月20日签订,而该纸品厂在2017年6月2日已注销,在该公司注销之后却仍继续商务往来,这与常理显然不符。

再者，根据四份订购合同的编号规律，可得知编号由字母"RT"+"合同订购年月日"+"序号"形成，如2016年6月10日签订的合同，合同编号为：RT2016061001；2016年6月15日签订的合同，合同编号为：RT2016061501；2016年6月28日签订的合同，合同编号为：RT2016062801；而2017年6月20日合同的编号却是"RT2016062001"。可见合同存在明显矛盾。

进一步讲，从常理分析订购合同的内容：没有权利义务条款、没有不良产品的要求、没有违约条款设计等；一个月的四批量产品交易，没有不合格产品的退货，共计29272个纸箱没有出现一个瑕疵品等；却附上带有商标的纸箱图片。这些都不符合现实中正常商业交货状况，不符合常规业务合同签订习惯。

对方与中山市某企贸易有限公司分别于2016年6月1日、10日、20日签订的购销合同，但三个不同时间段签订的合同，其内容完全一样，在合同同样之处出现同样的错误，如"以下简称乙方"的错别字。基于合同同样存在上述的内容、条款和格式的不符合常理处，由此可知，第三人是在同一时间，依据特定的发票金额，特意制作的这三份合同。

以上证据显示的合同格式、内容和条款都极不符合市场交易习惯，也再次引起我方对这些购销合同真实性的怀疑，但上述怀疑都不能成为直接证据用以证明对方提供的证据是虚假的证据。

于是，代理人对这几份关键的购销合同一遍一遍地翻看，细致入微地关注每一个细节，最后发现了对方无法反驳的致命漏洞。

代理人发现对方与广州市某阳太阳能科技有限公司于2016年8月签订的购销合同，对方前后五次提交了购销合同的原件或者复印件，从合同中印章所处的位置，发现对方每一次提交的购销合同都不一样。并且对方在不同程序中提交的上述销售合同内容虽然一致，但合同落款处加盖公章显示为"广州某阳太阳能科技有限公司"，公章少了"市"字；对方与中山市某企贸易有限公司签订的购销合同落款处加盖公章显示为"中山某企贸易有限公司"，同样也少了一个"市"字。以此代理人认定对方的关键证据《购销合同》是伪造的。于是，代理人在二审诉讼程序中补充提交了广州市某阳太阳能科技有限公司及中山市某企贸易有限公司的企业信息登记查询结果。上述证据用以证明对方提交的与广州市某阳太阳能科技有限公司及中山市某企贸易有限公司签订的购销合同上加盖的公章与公司名称不符，购销合同系伪造，对方对此质疑无法作出合理解释。

二、商标撤三案件中如何有效质证

在撤三案件中最为关键的是对商标使用证据的质证，即判断商标使用资料是否真实、合法、有效。

《商标法》第四十八条规定，本法所称商标的使用，是指将商标用于商品、商品包装或者容器以及商品交易文书上，或者将商标用于广告宣传、展览以及其他商业活动中，用于识别商品来源的行为。

所谓"商标的使用"行为，应当是具有真实的使用意图，而非少量偶然地象征性使用。且应是能够区分商品/服务来源的、进入市场流通领域的公开、合法的商业使用，如果仅仅是内部资料，一般不视为是有效的使用。对于上述证据的质证，可以从以下几个方面寻找漏洞予以突破。

1. 在证据中出现的主体，可以通过相关系统查询目标商标的商标注册人、注册地等基本信息，有无其他相同或近似商标，查询商标的转让、许可信息。商标的使用包括商标权人的使用和许可他人的使用，要注意证据中商标的使用主体是不是商标权人或者被许可人。若使用证据显示的使用人并非商标权人，则需证明使用主体与商标权人间的关系，提供证据证明存在许可使用的授权关系。

2. 商品的实物照片、产品手册大多数是自行制作的，形成时间难以证明，需要与其他客观证据比如相关产品的销售合同，并有相关发票相佐证，才可以形成完整的证据链条，证明证据的真实性。该案中，某特公司提交的两本产品手册，分别为英文和阿拉伯文，未附有译文，形式不合法，并且产品手册没有显示生成时间，无法证明商标在规定三年期限内进行了使用。此外，某特公司提供的发票未显示具体的产品型号，与其提供的产品手册中的产品型号无法对应，不能认定商标进行了实际的使用。综上，如果商标权人提供的证据仅系进入市场前的准备材料，无其他证据证明附有涉案商标的商品实际进入了市场流通领域，则可以对证据真实性提出疑问或认为仅为象征性使用而非商标法意义上的实际使用。所以针对此类证据，要着重审查销售发票和销售产品所记载的型号是否一致，销售产品是否附有诉争商标。

3. 对于产品生产销售的质证，最为核心的是要审查各类合同是否有能证明实际履行的资料（如发票、汇款凭证等）并核实其真实性以及关联性。审查合同的重点就是要核实其合同主体、合同所涉商标商品内容是否与涉案商标商品一致、签订时间、金额、落款盖章等内容是否符合行业习惯，注意把控关键细节如纸张字体的颜色可能会发生改变、骑缝章可能有缺漏、关键页被替换等。在该案中，四份销售合同的其中一份与年份无法对应、没有权利义务条款、没有不良产品的要求、没有违约条款设计等；一个月的四批量产品交易，没有不合格产品的退货，共计29272个纸箱没有出现一个瑕疵品等，却很蹩脚地附上带有商标的纸箱图片，某特公司与广州市某阳太阳能科技有限公司及中山市某企贸易有限公司签订的购销合同上加盖的公章与公司名称不符，这些都不符合现实中正常商业交货习惯，不符合常规业务合同签订规则，最终合同真实性不予认定。

此外，还需注意相关合同是否有证明合同实际履行的佐证资料例如发票、银行的汇款凭证等。在商标所有使用证据中，发票类的证据是较为客观重要的定案证据，应当仔细审查其真实性。经发票查验平台核实后发现发票票号、日期、公司主体、金额一致，也只能说明发票是真实的，但发票涉及的业务是否真实发生还需考察其他事实要素。该案中，某特公司在一审中自认是为了诉讼便利而找合同相对方"说说好话"从而获得多份的购销合同，某特公司也并未能提供这些合同所涉产品的出库单、提货单、送货单等，上述与交易习惯严重不符的情况可侧面反映出，即使发票是真实的，交易也并未实际发生，而是某特公司为了证明商标使用所做的伪证。

4. 商标权利人往往会通过各类媒体进行广告宣传以展示商标。其中的证据资料主要包括以下两种：一是在报纸、刊物等传统广告媒体上进行宣传推广的资料。二是在互联网、微信公众号、抖音等新兴媒体上的宣传资料。三是在各类展会上进行宣传推广的资料。在以上所有证据材料中，均应力求显现商品外观、名称以及商标的标识，可以通过相关的报刊原件、网页截图、展览照片等核实广告是否真实发布以及相关的合同及付款凭证是否存在且吻合。

5. 对于其他资料，比如各种荣誉证书，可以核实颁发主体、获奖情况是否真实，着重核实获奖内容或信息是否与涉案商标相关联，商标使用是否符合核准使用的类别、获奖时间是否与商标使用时间一致等。对于产品说明书、检验报告、产品合格证、卫生许可证等这些证据，仅单纯地反映产品的属性、特征、安全标准等，并不能直接证明商标进行了实际使用，是否进入了流通领域。若全案只存在上述证据，无法与其他证据相印证的，则可以主张与商标使用不具有关联性，不应采信。

■ 小结

商标获得注册是获得法律保护的权利基础，中山某特公司对佛山某正公司发动一连串的无效、侵权攻击正是基于"CARROO"是注册商标，具备权利基础。只有动摇"CARROO"商标的权利根基，中山某特公司针对"CARRO"商标的攻击才将归于无效。中山某特公司商标与佛山某正公司商标确实近似，核定使用商品类别也构成类似，无效案答辩空间极小。该案中申请无效走不通，此时唯有通过撤销三年不使用商标进行突破。

商标撤三案件的质证应从证据的具体情况和特征入手，以怀疑一切的精神、审慎的态度质疑每一份证据，不断地去伪求真，抓住关键漏洞寻求突破，影响裁判者对证据的真实性和证明价值的判断，令其产生有利于撤三方的内心确信，达到让裁判者相信撤三方主张的目的。

■ 法律链接

《中华人民共和国商标法》（2013年）第三十条、第四十五条第（一）款、第四十九条第（一）款。

真假强人　去假存真

——中山市强人集团有限公司诉河南 B 公司等商标侵权纠纷案[*]

王广华

原告中山市强人集团有限公司系第 1103031 号、第 1316486 号、第 3392633 号"强人"注册商标专用权人。被告一佛山市 A 食品饮料有限公司、被告二河南 B 食业有限公司将被告二拥有的第 4508568 号"QIANGREN 及图"进行不规范变形,使用于乳酸菌、椰汁、芒果果汁饮料、蓝莓果汁饮料等产品上,涉嫌侵犯原告的注册商标专用权。二审期间,被告二 B 公司还曾就涉嫌侵权组合商标获得核准注册。

经过原告代理律师的多方论证,一审、二审法院均认定被告将自有注册商标进行不规范使用的行为,即使该标识曾经获得注册(后被无效),同样侵犯了原告的注册商标专用权。

该案是一起典型的被告恶意攀附原告注册商标知名度的商标侵权案件。代理律师论述涉案侵权标识构成近似、使用商品构成类似,以及应对审判过程中被告取得注册商标专用权的方式值得借鉴。

■ 案情简介

一、基本案情

原告中山市强人集团有限公司(以下简称"中山强人集团")成立于 1997 年 5 月,经营范围包括食品生产、食品流通、制造塑料容器制品等。

"强人"品牌为原告重点经营管理项目,经申请注册,原告是"强人"系列商标的商标专用权人。该案案涉商标包括第 1103031 号"强人"商标,于 1997 年 09 月 14 日核准注册,续展至 2027 年 09 月 13 日,核定使用商品为第 29 类"牛奶饮料(以牛奶为主)"等;第 1316486 号"强人"商标,1999 年 09 月 21 日核准注册,续展至 2029 年 09 月 2 日,核定使用商品为第 30 类"果汁饮料(冰)"等;第 3392633 号"强人"商标,2004 年 07 月 19 日核准注册,续展至 2024 年 07 月 18 日,核定使用商品为第 30

---

[*] 生效案号:(2020)最高法民申 3028 号。

类"加奶可可饮料"等。

经调查，市面在售大量使用""标识的乳酸菌、椰汁、芒果果汁饮料、蓝莓果汁饮料等产品。被告一佛山市 A 食品饮料有限公司（以下简称"A 公司"）在多个网站上宣传使用""标识的产品。

标识""为第 4508568 号注册商标，商标专用权人为被告二河南 B 食业有限公司（以下简称"B 公司"）。产品委托方均为被告一 A 公司，被告三至被告九为受委托方。

另外，被告二 B 公司与原告中山强人集团存在多起商标权纠纷。B 公司曾申请注册第 5544923 号"强人"商标、第 13464697 号"强人 QIANGREN"商标，均因中山强人集团的异议，被不予注册或驳回。

被告一 A 公司因委托生产标有""标识的复合蛋白乳酸菌饮品、生榨椰汁等饮品，于 2017 年 3 月 20 日被佛山市南海区市场监督管理局处以行政处罚。

二、判决结果

1. 一审判决：判令被告停止使用侵权标识赔偿经济损失。

一审认定，被诉侵权产品乳酸菌饮品、生榨椰汁植物蛋白饮料以及蓝莓、芒果果汁饮料均为饮料类商品，与中山强人集团涉案注册商标核定使用类别在生产部门、销售渠道、消费对象等方面基本相同，构成类似商品。

被诉侵权标识""是组合商标，其中"强人"作突出显示，是被诉侵权标识的主要认读部分，与中山强人集团涉案商标"强人"二字基本相同，构成近似商标。

综合考虑中山强人集团注册商标的知名度，以相关公众的一般注意力判断，九被告在类似商品上使用与中山强人集团注册商标相近似的""商标，容易造成相关公众对商品来源的混淆或误认为二商品的生产者存在特定联系，故其行为侵犯了中山强人集团的注册商标专用权。A 公司在网站宣传介绍被诉侵权产品时使用""商标的行为，同理也侵犯了中山强人集团的注册商标专用权。

B 公司的注册商标是""，而被诉侵权标识是""，即 A 公司将""与"强人"二字进行组合使用，该使用方式已明显改变了""注册商标的显著特征，不属于对""的合理使用，B 公司该主张缺乏理据。

中山强人集团的"强人"二字具有一定的知名度，为相关公众所知悉，被告二至九在被诉侵权产品上使用"强人"字样的标识，被告一在推销产品的网站上使用带"强人"字样的标识，容易引起消费者误认，其擅自使用中山强人集团企业字号的行为，构成不正当竞争。

2. 二审判决：驳回上诉，维持原判

二审期间，B公司称"强人"商标已经准予注册，该案被诉行为属于合理使用，不构成侵权。对此法院认定，中山强人集团已就该决定向国家知识产权局提起异议申请，准予注册决定尚未生效。即使该决定生效，"强人"商标也是在该案一审判决后方获得核准注册。即被诉侵权行为发生时，B公司尚未获得"强人"商标核准注册，故B公司在实施被诉行为时，并无合法使用或合理使用的依据。

更为重要的是，B公司及其关联公司与中山强人集团之间自2004年始就围绕"强人"商标发生争议，B公司的多个"强人"商标均因与中山强人集团涉案三注册商标相近似而被不核准注册或宣告无效。在明知中山强人集团在先拥有"强人"商标且有一定知名度情况下，B公司本应合理避让，避免在类似商品上使用与"强人"相近似的标识，其却仍在毫无依据的情况下使用被诉标识，攀附中山强人商标知名度，割裂中山强人与"强人"商标间的联系，主观恶意明显。

据此，二审支持一审法院观点，判决驳回上诉，维持原判。

三、再审判决：原审判决并无不当，驳回B公司的再审申请

最高人民法院同样认定，"强人"商标经过长期持续推广宣传，已经具有一定市场知名度。B公司授权A公司使用的注册商标标识为"强人"，涉案被控侵权产品上实际使用的是"强人"标识，系将前述授权商标"强人"与"强人"汉字组合使用。"强人"与中山强人集团据以注册权利的涉案注册商标标识"强人"，主要识别部分均为汉字"强人"，构成近似商标标识。

B公司与中山强人集团间就"强人"商标注册和使用长期存在争议。B公司在对中山强人集团涉案注册商标理应知悉的情形下，本应主动采取措施避免误认，但却纵容A公司突出使用"强人"二字刻意制造混淆，主观故意明显。

综上，最高人民法院再审裁定驳回B公司的再审申请。

■ 办案心得

一、九被告的行为构成侵权

1. 主张被控侵权产品与涉案"强人"注册商标核定使用商品类似。

首先，我方从商品功能用途和使用场所、生产部门和生产工艺、销售对象和购买时间、销售场所和销售渠道等多个维度，分析论证被控侵权产品"乳酸菌饮品""植物蛋白饮料""果汁饮料"等，与三个涉案商标核定使用的商品类别构成类似商品。

B公司还主张其第20823172号商标为第32类，而中山强人集团第1103031号商标核定类别为第29类；第1316486号商标和第3392633号商标核定类别为第30类，因此二者保护范围不同。

对此，我方认为，判断商品是否类似应当以功能用途等进行判断，而不是简单地以商标核定类别为第几类来进行判断。

综上所述，被控侵权产品与中山强人集团注册商标核定使用的商品在功能、用途、生产部门、销售渠道、销售场所、消费群体等方面均存在较大关联性，构成类似商品。

2. 被控侵权标识与被上诉人涉案"强人"注册商标构成近似商标。

（1）二者视觉效果和构成要素相似。

被控侵权标识中最显著部分即为"强人"汉字，主要构成要素也是"强人"汉字。上诉人在涉案"强人"商标"强人"基础上加上的人形图形，只是上诉人为了抢注被上诉人商标所采取的恶劣行径。因此，被控侵权标识中新增图形毫无特定具体含义。

（2）二者读音和呼叫方式相似。

被控侵权标识文字部分为"强人"，拼音部分"QIANGREN"同样为"强人"。因此涉案商标与被控侵权标识二者读音完全相同。

（3）被控侵权标识显著部分与涉案"强人"商标完全相同，二者构成近似。

涉案"强人"商标为"强人"，与被控侵权标识中的汉字部分"强人"完全相同，且其拼音部分"QIANGREN"同样为"强人"。作为普通消费者而言，看到被控侵权标识首先会注意到的显然是其中文部分"强人"，而这与被上诉人涉案商标完全相同。

上述分析充分证明，被控侵权标识和被上诉人涉案"强人"商标构成了在相同或类似商品上注册的近似商标。

二、诉讼期间对方获得注册商标权利的应对方式

B公司于二审期间主张第20823172号"强人"商标已获注册，被诉行为系合法使用注册商标，同时提交商标初步审定公告和商标注册信息，以及商标局作出的第（2019）商标异字第0000007275号《第20823172号"强人QIANGREN及图"商标准予注册的决定》予以证明。

对此，我方认为：

1. 第20823172号商标核准注册的商品类别并未涵盖其生产销售的全部被控侵权产品。

A公司辩称"乳酸菌"饮品属于32大类的范围，故属于第20823172号商标核准商品范围内。但是其生产的"乳酸菌"饮品标贴的成分为大豆、牛奶发酵而成，第

20823172号商标核准注册的商品类别为"无酒精饮料；果汁；水（饮料）；蔬菜汁（饮料）；花生乳（无酒精饮料）；果子粉；植物饮料；无酒精果汁；富含蛋白质的运动饮料；果子晶"，显然不包括大豆、牛奶发酵饮料，故上诉人在乳酸菌饮料等被控侵权产品上使用被控侵权标识无任何合法性。

2. 上诉人实施侵权行为在前，获得第20823172号注册商标在后，其侵权行为主观恶意明显，全部侵权行为均无任何合法性。

首先，B公司系先实施被控侵权行为，之后才进行注册申请。我方已经证明涉案注册商标在第20823172号商标申请之前就已经具有较高的显著性、知名度和影响力。B公司明知"强人"商标，仍然在与涉案商标类似的核定使用类别上申请注册近似商标，并在被诉侵权产品上使用该标识，其攀附中山强人集团涉案注册商标知名度的主观恶意明显，而且容易导致相关公众的混淆误认，损害了我方的合法权利。

其次，我方提交了广东省高级人民法院在先类似判决（〔2018〕粤民申7999号），证明对于在实施被控侵权行为之后将被控侵权标识申请注册为商标的情形，法院仍然以其侵权行为在前，获准注册在后，攀附知名度的主观恶意明显，而且该行为容易导致相关公众的混淆误认为由，认定构成侵权。

3. B公司此前与中山强人集团发生过多次商标权纠纷与商标侵权纠纷，对于"强人"商标的知名度十分了解，但上诉人仍然申请注册第20823172号商标，具有明显恶意。

首先，被告二B公司申请注册的多个"强人""强人QIANGREN"商标，均因中山强人集团的异议，被不予注册或驳回。

其次，A公司、B公司还在实际生产销售中多次实施仿冒"强人"品牌的商标侵权行为，多次受到工商行政部门查处，并被法院判决侵权，主观上具有极强的恶意性。实际上，就连上诉人B公司的成立，都是其法人孟新照为了逃避另一家由其实际控制的漯河市天利食业发展有限责任公司（以下简称"天利公司"）的法律责任而成立的。

三、如何证明被告一、二存在侵权的共同意思表示

1. B公司授权A公司使用"⬚"注册商标，作为商标许可人，其负有监督A公司商标使用行为的义务。该案被诉侵权产品生产、销售持续时间较长，B公司理应知悉A公司将其"⬚"注册商标与"强人"进行组合使用。在此情况下，B公司仍然继续许可A公司使用其商标，反映B公司与A公司有使用被诉侵权标识的共同故意。

2. B公司曾多次申请注册与中山强人集团注册商标相近似的"强人"或"强人QIANGREN"文字商标，均因中山强人集团提出异议被商标局裁定不予注册，说明B公司知悉中山强人集团的商标注册情况。

在明知"强人"商标为中山强人集团注册商标情况下，B公司仍然同意A公司将其

商标与"强人"组合使用，体现了其存在仿冒中山强人集团注册商标的故意，印证了其与 A 公司有使用被诉侵权标识的共同意思联络。

四、如何证明佛山市 C 食品饮料厂、佛山 E 食品有限公司实施了被控侵权行为，为被控侵权产品的生产者

佛山市 C 食品饮料厂（以下简称"C 厂"）、佛山 E 食品有限公司（以下简称"E 公司"）于二审称，其从未生产被诉侵权产品，系 A 公司擅自使用其名称生产被诉侵权产品，且二公司已就 A 公司冒用其名称的事实另案提起诉讼，该案应中止诉讼。

对此，我方认为：

首先，上诉人 C 厂、E 公司都明确过与原审被告 A 公司签订过委托合同，存在委托关系，且委托时间与该案被控侵权行为发生的时间吻合。

其次，C 厂当庭承认 A 公司将标贴和内容物送至 C 厂，由 C 厂进行罐装生产。C 厂对此没有任何异议，表明其知悉 A 公司标贴的内容并予以认可。A 公司也当庭承认与其他委托生产的厂家也都是这样的合作模式。

再次，该案于 2017 年一审立案，而 C 厂直到 2019 年 6 月 17 日才对 A 公司提起侵犯名称权的诉讼，其目的完全是为了应付二审开庭。而 E 公司于 2017 年起诉后，却一次都没开庭，所谓"无法送达 A 公司"的理由也根本站不住脚，其目的显然也是为了应付该案二审。

最后，A 公司当庭承认其自身没有生产能力，但市场上却出现众多侵权产品，而且也未明确否认是 C 厂、E 公司生产。C 厂、E 公司也未提出任何反证证明其不是该案被控侵权产品的生产商。按照《最高人民法院关于产品侵权案件的受害人能否以产品的商标所有人为被告提起民事诉讼的批复》，应当认定上诉人 C 厂和 E 公司为被控侵权产品的生产者。

■ 小结

实践中傍名牌的形式层出不穷。代理律师应从原告商标的知名度、注册或使用时间先后的角度着手展开论述，维护注册商标专用权人的合法权益。

此外，还应实时监控争议双方商标注册情况，对对方当事人的商标注册申请及时提出异议。对于已经获得核准注册的商标，应积极准备无效及行政诉讼。同时防止己方基础核心商标被对方以三年未使用等理由撤销或无效。

■ 法律链接

《中华人民共和国商标法》（2013 年）第五十七条。

字号突出　被判侵权

——广东阿诗丹顿电气有限公司诉宁波阿诗顿电器有限公司等商标权侵权纠纷案*

王广华

> 广东阿诗丹顿公司就宁波阿诗顿公司在被控侵权产品上、网站上突出使用"阿诗顿"标识，向法院提起商标权侵权之诉。通过代理人的据理力争成功帮助原告获得较高额赔偿，维护了原告的合法权益。
>
> 该案是一起利用他人较高知名度的注册商标、字号作为企业字号并突出使用从而搭便车的典型案件。对此，原告一般可通过主张商标权侵权从而制止侵权人的侵权行为，维护自身合法权益。该案对于该类搭便车行为是否构成商标侵权具有突出的参考价值。

■ 案情简介

一、当事人的基本情况

原告广东阿诗丹顿电气有限公司（以下简称"广东阿诗丹顿公司"）成立于2003年，经营范围包括研发，生产，销售电热水器、灶具、烟机等家用厨卫电器，集产品专业研发、制造、销售和服务为一体。

广东阿诗丹顿公司享有"阿诗丹顿"系列商标在第11类上的商标专用权（以下统称引证商标）。具体包括了第3483750号"阿诗丹顿"商标，所注册的商品包括："电热水器，电饭锅，电磁炉，风扇（空气调节），热水器，厨房用抽油烟机，冰箱，燃气炉，消毒碗柜，抽湿机"等商品；第8307301号"阿诗丹顿"商标，所注册的商品包括"电炊具，电热壶，电热水器，风扇（空气调节），家用干衣机（电烘干），煤气灶，燃气炉"等商品；第9536995号"阿诗丹顿"商标，所注册的商品均包括"电热水器、燃气炉"等商品。而且，阿诗丹顿公司对上述注册商标进行了持续的广泛的宣传和使用，其"阿诗丹顿"商标曾经被商标评审委员会在商评驰字〔2015〕16号文件中认定为驰名商标。

---

* 生效案号：（2020）粤03民终25801-258033号。

被告一宁波阿诗顿电器有限公司（以下简称"宁波阿诗顿公司"）成立于2012年，经营范围包括家用电器、数码产品、电子元件、水暖管件、五金产品研发、制造、加工及批发。

被告二至美（深圳）科技贸易有限公司（以下简称"至美公司"）成立于2015年，经营范围包括厨具、大家电、生活电器、厨房电器、家纺、家具、灯具、生活日用品、五金家装用品等的批发与销售。

被告三深圳市晶东电器有限公司（以下简称"晶东公司"）成立于2017年，经营范围包括厨具用品、家用电器、家居用品、家纺产品、家具、灯具、生活日用品等的批发与零售。

二、案件审理过程

广东阿诗丹顿公司在京东购物平台上发现一家名为"至美厨房电器专营店"的网店大量销售型号分别为AF320、AF280、AF260的"阿诗顿"空气炸锅（以下简称"被控侵权产品"）。同时，被告二在其销售网页中多处突出使用"阿诗顿"标识（以下简称"被控侵权标识"），属于商标使用，而非正常的商号使用。而且，被告一在被控侵权产品及网站中、被告二在网站中均使用"美国阿诗顿工业有限公司""宁波阿诗顿电器有限公司"字样。

经过对比，代理人认为，被控侵权产品所使用的"阿诗顿"标识和广东阿诗丹顿公司的"阿诗丹顿"商标构成近似，被控侵权产品和广东阿诗丹顿公司的"阿诗丹顿"商标所指定的商品构成类似商品，被控侵权产品构成商标权侵权。

其中，"至美厨房电器专营店"的经营者是被告二，而被控侵权产品的生产者是被告一，被告三作为被告二销售被控侵权产品的开具发票方和收款方，被告一、被告二和被告三构成共同侵权。

因此，三环律师代理广东阿诗丹顿公司主张对方构成商标侵权并赔偿经济损失。

宁波阿诗顿公司、至美公司和晶东公司的答辩：被告一是正常使用自身字号和英文商标。被告一在涉案产品及外包装上使用的是注册在第11类的"Ashton"系列英文商标，同时在外包装上印有具体的授权企业和生产企业，使用"阿诗顿"字样是因为企业字号中包含该字样。原告的主营业务包含电热水器、燃气灶、抽油烟机等相关产品，而不涉及该案被控侵权产品，商品类别、功能用途差异甚远。因此，被告使用"Ashton"及企业字号不会造成消费者误认或混淆，也不会损害原告的合法权益。

同时，被告二的销售网店并没有在链接的关键词上使用"阿诗顿"中文字样，而是以"美国品牌Ashton"为关键词，可以证明被告在主观上没有依附原告品牌的主观恶意。被告一使用"Ashton"品牌的来源与原告无关，而是借鉴美国手工烟斗"Ashton"品牌，被告一因该情况被所在地市监局处罚过，可以侧面证明被告一使用涉案标识与原告无关。

一审法院认为：被告宁波阿诗顿公司未经原告许可，在类似商品空气炸锅上使用与

"阿诗丹顿"注册商标近似的"阿诗顿"标识,构成商标权侵权;被告至美公司销售侵犯原告注册商标专用权的商品,被告晶东公司为被控侵权产品的发票出具方,即涉案侵权获利系由被告晶东公司直接收取,该二被告同样构成商标权侵权。

对三案予以综合考量,综合考虑涉案商标知名度、被告主观过错、被告侵权行为的持续时长、规模、性质及原告为维权支出的合理费用等因素,酌定三被告赔偿原告80万元。

三、案件结果

广东阿诗丹顿公司和宁波阿诗顿公司均上诉。

二审中,经二审法院主持调解,各方当事人达成调解协议,主要内容如下:宁波阿诗顿公司、至美公司、晶东公司立即停止侵犯广东阿诗丹顿公司第3483750号、第8307301号、第9536995号注册商标专用权的行为。宁波阿诗顿公司、至美公司、晶东公司赔偿广东阿诗丹顿公司调解款项共计人民币65万元。如宁波阿诗顿公司、至美公司、晶东公司未能按照约定履行付款义务,则应当按照本三案一审判决金额80万元向广东阿诗丹顿公司履行赔偿义务,广东阿诗丹顿公司可就此申请人民法院强制执行。一审案件受理费由广东阿诗丹顿公司自行负担,二审案件受理费由广东阿诗丹顿公司、宁波阿诗顿公司各自依法负担。

■ 办案心得

广东阿诗丹顿公司发现宁波阿诗顿公司等突出使用"阿诗顿"标识,造成消费者的误认和混淆,宁波阿诗顿公司等的搭便车行为对其造成了巨大经济损失。在代理该案过程中,代理人通过论述被告在产品上、网站上突出使用"阿诗顿"标识属于商标性使用、被控侵权产品与涉案注册商标的核定使用商品属于类似商品、被控侵权标识"阿诗顿"与涉案注册商标构成近似,从而认定商标权侵权。同时,代理人通过收集证据证明被告通过销售被控侵权产品获得了巨大利益,结合被告的侵权产品款式数量、各产品的销售量、被告主观恶意以及原告商标、商号的知名度和影响力,主张被告赔偿损失,最终成功维护了原告的合法权益。代理该案,总的来说,核心有二。

一、突出使用企业字号构成商标权侵权的认定

商标权侵权的认定,可通过如下几个方面进行分析:一是被控侵权标识在产品上的使用行为是否属于商标性使用;二是被控侵权产品与涉案注册商标的核定使用商品是否属于类似商品;三是被控侵权标识与涉案注册商标是否构成近似。

该案中,被控侵权产品的生产者即被告宁波阿诗顿公司企业名称中带有"阿诗顿"字样,故被告均提出其商标性使用的仅为"Ashton"英文标识,对"阿诗顿"文字不构

成商标性使用，而是正常的商号使用。

认定是否构成商标性使用应考虑标识自身特性及使用方式，该案被控侵权标识"阿诗顿"属于臆造词，本身具有一定的显著性，与英文"Ashton"共同使用在外包装正反两面的正标位置，指引消费者将产品与"阿诗顿"品牌及被告宁波阿诗顿公司联系起来，即该使用行为起到了识别产品来源的作用，使用方式超出了描述性或功能性意涵。因此，从消费者认知的角度，应当认定被控侵权标识在产品上的使用构成商标性使用。

关于第二个方面，被告提出"空气炸锅"与涉案注册商标核定使用商品不属于类似商品，未落入《商标法》第五十七条第（二）（三）项之规定的规制范围。

类似商品是指在功能、用途、生产部门、销售渠道、消费对象等方面相同，或者相关公众一般认为其存在特定联系、容易造成混淆的商品。《商标法》司法解释规定，认定商品或服务是否类似，应当以相关公众对商品或服务的一般认识综合判断，《类似商品和服务区分表》可以作为判断类似商品或服务的参考。空气炸锅利用高速空气循环，快速将热空气循环至烤箱各部件，代替油炸达到煎炸食物的效果，与涉案商标核定使用的电饭煲、电压力锅、电炊具等商品均属于烹饪用电器，在生产部门、销售渠道、消费对象等方面存在密切关联，结合《类似商品和服务区分表》1104"烹调及民用电器加热设备（不包括厨房用手工用具、食品加工机器）"类似群所列商品，足以认定被控侵权产品与涉案注册商标核定使用商品属于类似商品。

关于第三个方面，"阿诗丹顿"为臆造词，读音有顿挫节奏感，有较强的显著性。经比对，"阿诗顿"完整包含于涉案注册商标"阿诗丹顿"中，不仅选字、排列顺序完全一致，读音的顿挫特征也相同，易使相关公众对商品来源产生混淆，构成近似。

二、如何有效主张赔偿数额

关于赔偿数额，可依据被告通过销售被控侵权产品获得的非法利益，结合被告侵权产品款式的数量、各产品的销售量、被告的主观恶意以及原告商标、商号的知名度和影响力综合确定。该案中，代理人分别从如下四个要点论述了主张赔偿数额的合理性：

1. 被告生产、销售的被控侵权产品型号多、款式多，销售手段和销售途径非常广泛。

首先，根据原告的公证取证可以看到，被告生产、销售的"空气炸锅"的型号除了原告起诉的AF260、AF280、AF320型号外，还有AF210、AF420型号的空气炸锅。这些不同型号的空气炸锅，在网页名称及宣传图片中均使用了"阿诗顿"标识。也就是说，被告所实施的被控侵权行为不仅仅是原告起诉的AF260、AF280、AF320型号，还包括了AF210、AF420等型号，被告生产、销售的被控侵权产品型号多、款式多。

其次，根据原告的公证取证可以看到，被告除了在该案的至美公司的京东旗舰店进行销售外，还在被告的京东阿诗顿旗舰店、淘宝的阿诗顿科而士专卖店等进行网络销售。由此可见，被告销售被控侵权产品的途径多、范围广。

2. 被控侵权产品的销售量巨大，被告获得了巨额的利润。

被控侵权产品的销售量非常大，总销售额接近 800 万，被告获得了巨额的利益。

（1）针对 AF260 产品（一审案号：10133 号），根据原告所进行的公证可以看到，型号为 AF260 的被控侵权产品的总销量金额高达 719.8 万元。其中，在阿诗顿旗舰店上被控侵权产品的总销售金额是 101.5 万元，在至美厨房电器专营店上被控侵权产品的总销售金额是 551.87 万元，在淘宝的阿诗顿科而士专卖店上被控侵权产品的总销售金额是 66.5 万元。

（2）针对 AF280 产品（一审案号：9545 号），根据原告所进行的公证可以看到，型号为 AF280 的被控侵权产品的总销量金额高达 71.8 万元。其中，在阿诗顿旗舰店上被控侵权产品的总销售金额是 13.7 万元，在至美厨房电器专营店上被控侵权产品的总销售金额是 19.9 万元，在淘宝的阿诗顿科而士专卖店上被控侵权产品的总销售金额是 38 万元。

（3）针对 AF320 产品（一审案号：9544 号），根据原告所进行的公证可以看到，型号为 AF320 的被控侵权产品的总销量金额高达 7 万多元。

另外，根据原告在一审中提供的证据能证明空气炸锅的利润大概在营业收入的 20%。而被控侵权产品在三个案件中的总销量金额是 800 万元，则获利应为 160 万元。

3. 被告的侵权行为性质恶劣，具有主观恶意，依法应当判决被告承担惩罚性赔偿的责任。

（1）原告与被告宁波阿诗顿公司之间存在商标异议、商标无效、商标行政诉讼等多个商标确权程序纠纷，并且已有多份决定书或者裁定书认定"阿诗顿"和"阿诗丹顿"构成近似商标，被告宁波阿诗顿公司的侵权行为是明知而为之的。

（2）被告宁波阿诗顿公司申请的 11 类"阿诗顿"商标早就被商标局驳回，被告宁波阿诗顿公司也明知其不能在第 11 类上使用"阿诗顿"商标而继续使用。

（3）被告宁波阿诗顿公司和至美公司在一审开庭时仍在网络中大量销售被控侵权产品，并且销售量巨大。被告并未及时采取任何措施防止侵权范围的扩大，而是持续地实施侵权行为，情节严重。

综上，被告是一种明知而为之的侵权行为，具有主观恶意应当依法承担惩罚性赔偿的责任。

4. 原告的"阿诗丹顿"商标具有很高的声誉。

原告的"阿诗丹顿"商标曾被认定为驰名商标，原告的"阿诗丹顿"广告也遍布全国各地，原告的"阿诗丹顿"商标具有很高的声誉。

■ 小结

将企业字号突出使用，应认定构成商标性使用，而不是正常的商号使用。认定是否构成商标性使用应考虑标识自身特性及使用方式，该案被控侵权标识"阿诗顿"属于臆造词，本身具有一定的显著性；将"阿诗顿"标识突出使用，指引消费者将产品与"阿诗顿"品牌及被告宁波阿诗顿公司联系起来，起到了识别产品来源的作用，应认定构成商标性使用。

将与他人注册商标近似的标识作为企业字号并突出使用一般应认定商标权侵权。当下，利用他人较高知名度的注册商标、字号作为企业字号并突出使用从而搭便车的现象时有发生，该案即是这种现象的缩影。

■ 法律链接

《中华人民共和国商标法》（2013年）第五十七条、第五十八条。

合作外贸　抢注无道

——3D 国际有限公司反商标抢注维权系列案[*]

申元林　黄禹强

美国 3D 公司的原中国大陆地区总经销商悠某贸易公司在解除经销商代理关系之后在中国抢先注册了多个与"3D"商标相同或近似的商标，并反过来在多地对其新的总经销商常州五金公司先后发起了行政投诉与商标侵权诉讼，导致他们无法正常在中国使用"3D"商标并开展相关业务，严重侵害了美国 3D 公司和常州五金公司的合法权益。

三环律师接受美国 3D 公司和常州五金公司的委托，经过认真分析，首先启动了针对抢注商标的商标异议和商标无效程序，然后择机启动了行政投诉程序，并针对对方提起的商标侵权诉讼进行积极应诉。最终，将对方抢注的一个主商标成功行政无效，对另一个刚刚获批的抢注商标提起了新的无效，行政投诉也成功查处和罚款，商标侵权诉讼也迫使对方撤诉，有效地维护了当事人的正当权益。

■ 案情简介

常州广某五金工具有限公司（以下简称"常州五金公司"）是一家从事汽车护理产品的生产和销售公司。除了自身生产和销售汽车五金产品之外，还代理了美国 3D 公司的系列汽车美容产品。美国 3D 国际有限责任公司（以下简称"美国 3D 公司"）是美国加州一家大型汽车护理产品生产和研发企业，有超过 20 年研究和开发汽车护理产品的经验，致力于研发能够达到三维立体环保效果的汽车美容产品，是一家集研发、设计、生产、销售为一体的多元化专业公司，产品远销亚洲、北美、南美、欧洲和大洋洲等多个国家和地区，在行业内享有知名声誉。随着业务的发展，美国 3D 公司开始进入中国市场，并在产品、包装、宣传册上等大量使用"3D"系列商标。

常州五金公司经常收到广东佛山一家竞争对手佛山市悠某贸易有限公司（以下简称"悠某贸易公司"）的商标侵权指控，不但有直接起诉到法院的商标侵权诉讼，还有在各种展会上的所谓打假投诉，严重干扰了常州五金公司的正常经营。

经代理人仔细调查后发现，2012 年，美国 3D 公司曾与悠某贸易公司签订经销合同，

---

[*] 生效案号：（2022）粤 0604 民初 17811 号。

授权悠某贸易公司作为美国 3D 公司在中国大陆地区的总经销商，并开始在中国境内销售 3D 商标的汽车美容产品。之后，由于悠某贸易公司销售额未能达到合同要求，美国 3D 公司于 2017 年年末与悠某贸易公司解除了双方的经销关系并开始与常州五金公司合作。

一段时间之后，美国 3D 公司发现悠某贸易公司及其关联公司仍在继续大量销售使用"3D"商标的产品，于是在 2019 年初要求悠某贸易公司停止使用相关商标。但此时，悠某贸易公司经营者梁某、万某已经将多个"3D"商标相同或近似的商标抢先在国家商标局申请注册，之后又将部分商标转让至侯某名下。在美国 3D 公司与常州五金公司签订协议后，悠某贸易公司与侯某利用抢注的商标在多个展会对常州五金公司提出多起行政投诉，并于 2019 年以侯某的名义向深圳市福田区人民法院对常州五金公司提起商标侵权诉讼。

代理人经过认真分析后认为，此案的关键是"3D"系列商标的商标权，只要能将对方抢注的商标无效，那么所有案件都将迎刃而解。据此代理人首先启动了针对抢注商标的商标异议申请和商标无效申请。在商标无效和异议申请中，突出了美国 3D 公司的悠久历史、研发能力、广告投入和市场美誉度，特别强调和论证了多个被申请人之间的利害关系和主观恶意。然后再择机启动了行政投诉程序以及针对对方商标侵权诉讼的应诉。对于商标侵权诉讼的应诉，代理人主要说明了商标法律状态的不稳定性，并且提交了中止诉讼申请并得到批准。在行政投诉方面，代理人考虑到国内 3D 商标当时还是由侯某所有，所以避开了商标的争议，而是针对悠某贸易公司及其关联公司在商标之外的其他不正当竞争行为，如冒用美国 3D 公司网址、电话、包装等行为，积极协助常州五金公司和美国 3D 公司向悠某贸易公司所在地的市场监督行政部门进行行政投诉。代理人提供了大量证据证明了美国 3D 公司在先使用情况以及在行业内的知名度。最终，将对方恶意抢注的一个主商标成功行政无效，对另一个刚刚获批的抢注商标提起了新的无效申请，行政投诉也得以成功查处和罚款，商标侵权诉讼也迫使对方因为商标无效而撤诉。上述措施有效地维护了当事人的正当权益，得到了常州五金公司和美国 3D 公司的一致好评。

■ 办案心得

商业合作中产生的商标抢注问题一直是企业维权的难点。在该案中，代理人通过采取不同法律程序并相互配合，最终为系列案件争取到了理想的结果，为商标抢注的维权问题的应对和解决提供了一定的借鉴。

该案是一起涉及商标抢注与维权的典型系列案件。其特点有以下几点：（1）涉及多个主体和客体且关系错综复杂，既有中国公司，又有外国公司；既有总代理公司，也有抢注公司；既有商标转让人，又有受让人。（2）涉及多个法律关系和程序。既涉及了产品经销关系又涉及了商标获得、使用、管理以及商标侵权等法律关系，涵盖了从商标申请、异议、无效到行政查处、侵权诉讼等多个法律程序。

在接受当事人委托后，代理人主要是从以下角度对案件进行了重点分析，确认了相应的应对策略：

1. 找出侯某、梁某与悠某贸易公司存在利害关系。

通过认证分析发现，万某名下所有的悠某贸易公司、Z公司，梁某名下的R公司及侯某名下的N公司之间存在利害关系，知识产权关系高度混同，相互共享商标权，共用一套商标保护体系，这又证明了梁某、万某、侯某三人之间的关联性，可以该证据为突破点证明梁某、万某抢注商标，及侯某受让商标的主观恶意。

2. 强调抢注商标法律状态的不稳定性。

悠某贸易公司具有前经销商的身份，在经销商身份被解除后，利用其关联个人在多个类别上抢注多个与美国3D公司之主商标"3D"商标相同或近似商标，其主观上是有恶意的。虽然后面多次变更商标申请人、持有人，也难以掩盖商标抢注之事实，其商标的权利基础是不稳定的。因此，我们决定对涉案的争议商标首先提出异议、无效，以首先否定其权利基础。

3. 行政查处的应对与反击。

考虑到在争议商标在异议、无效成功前，侯某仍为争议商标名义上的合法所有人，因此对于悠某贸易公司等指控常州五金公司商标侵权的行政投诉我们都提供了大量的证据并重点强调悠某贸易公司及其关联方商标法律状态是不稳定的，从而排除了对方的干扰。对于悠某贸易公司及其关联公司除商标之外的其他不正当竞争行为，如冒用美国3D公司网址、电话、包装等行为，代理人积极协助常州五金公司和美国3D公司向悠某贸易公司所在地的市场监督行政部门提出了行政投诉，并提供大量证据证明美国3D公司的在先使用情况，从而成功赢得了行政投诉而且坐实了悠某贸易公司等的侵权行为并使其被处以行政罚款。

4. 积极应诉商标侵权诉讼。

对于悠某贸易公司针对常州五金公司提起的商标侵权诉讼，代理人认为案件的关键也是在于涉案商标，也就是对方抢注商标的稳定性，如果能够无效掉对方的抢注商标，对方就失去了权利的基础，该案也就迎刃而解。否则由于美国3D公司及其经销商常州五金公司长期使用的"3D"商标与侯某受让而来的争议商标十分相似，侵权诉讼的应诉将会十分困难。如前所述，鉴于涉案商标的恶意注册，代理人在对争议商标提出行政无效申请的同时，向法院提交了全套无效的申请材料作为证据，以证明涉案商标的法律状态极不稳定，并据此向法院提出了中止诉讼的请求，以争取主动和应对时间。最后，代理人将对方涉案商标成功行政无效，迫使对方不得不撤回了针对常州五金公司的商标侵权诉讼，维护了常州五金公司的合法权益。

■ 小结

该案经过了一年多的努力，经历了侵权诉讼、商标无效及多起由双方各自发起的行政查处，最终在诉讼、行政查处及商标无效三方面均取得了理想的结果。对于企业来讲，代理人认为有以下几点启示。

1. 商标保护必须先行。

纵观整个案件，最关键的一点就是由于美国 3D 公司没有在第一时间在中国对其商标进行注册，从而导致了商标被他人抢注，然后给自己和后续的经销商带来了麻烦。因此，该案的启示之一就是，对于走向海外的中国企业来说，包括商标在内的知识产权保护必须先行。企业要在商品实际出口到国外市场之前就要在即将进入的市场进行知识产权包括商标和专利的布局，以免出现类似该案的被动情况。

2. 商标保护要综合策划、全面保护。

如果商标不幸被他人抢注之后，一定不要慌张，可以请有经验的专业律师帮助进行维权。因为有多个法律程序可以利用，所以对于抢注商标的反击，要进行综合策划，全面保护。在该案中，一切矛盾的基础就是因为商标被抢注，所以应当优先否定、无效对方抢注的商标，并围绕着这个重点，结合不同法律程序的要求、时间长短、费用多少、难易程度，分步推进、互相配合、各个击破。

■ 法律链接

《中华人民共和国商标法》（2013 年）第十五条第一款；
《中华人民共和国产品质量法》（2009 年）第五条。

拆分使用　商标侵权

——贵州金沙窖酒酒业有限公司诉贵州金沙梦酒酒业有限公司等侵害商标权纠纷案[*]

程跃华　何传锋

《商标法》第五十六条规定，注册商标的专用权以核准注册的商标和核定使用的商品为限。《商标法》第四十九条规定，商标注册人在使用注册商标的过程中，自行改变注册商标、注册人名义、地址或者其他注册事项的，由地方工商行政管理部门责令限期改正；期满不改正的，由商标局撤销其注册商标。那么当在后注册商标权利人存在超出核定商品的范围或者以改变显著特征、拆分、组合等方式使用注册商标的，与原告在先注册商标相同或者近似的，根据《最高人民法院关于审理注册商标、企业名称与在先权利冲突的民事纠纷案件若干问题的规定》（法释〔2008〕3 号，现已修根据新法规定，做了适应性修改）第一条第二款的规定，原告起诉到法院的，人民法院应当受理。也就是说，商标注册人在使用注册商标的过程中，自行改变注册商标、注册人名义、地址或者其他注册事项的，由地方市场监管部门责令限期改正；但当其自行改变注册商标，超出核定商品的范围或者以改变显著特征、拆分、组合等方式使用注册商标，导致与在先权利人商标发生冲突的，除了承担前述行政责任之外，在先权利人可以要求其承担民事责任。

该案中，原告在酒类产品上在先注册的"金沙"商标是当地县级行政区划名称，被告方抗辩称根据《商标法》第五十九条的规定，注册商标中……含有的地名，注册商标专用权人无权禁止他人正当使用；法院经审理认为，被告使用了"金沙"标识作为其白酒商品名称中主要识别商品来源的元素，并非使用"金沙"作为商品产地并合理提示相关公众进行识别，该使用行为并非正当使用；被告方注册"金沙梦及图"商标后，存在拆分使用注册商标、在同类酒类产品上作为商标性突出使用"金沙梦"文字的行为，易使相关公众误认为系原告三商标"金沙"的"梦"系列的子品牌，构成了对原告注册商标的侵犯。该案对于在后注册商标拆分侵权案件以及地名商标维权案件具有参考意义。

---

[*] 生效案号：（2021）黔民 1340 号。

■ 案情简介

一、基本案情

原告贵州金沙窖酒酒业有限公司（以下简称"金沙酒业"），位于贵州省金沙县，经营范围主要包括生产、销售白酒等，经过了数十年的经营积淀，获得多个国内外荣誉与奖项，销售市场遍及全国 31 个省自治区直辖市。其在第 33 类"酒"商品上拥有第 124667 号"金沙及图"文字图形组合注册商标、第 9019800 号横向排列的"金沙"文字注册商标、第 9019810 号纵向排列的"金沙"文字注册商标。其中第 124667 号"金沙及图"商标还曾于 2010 年被国家工商总局商标局认定为驰名商标。原告企业及原告的"金沙"系列商标享有较高的知名度和影响力。

被告贵州金沙春秋酒业有限公司（以下简称"春秋酒业"）、贵州金沙源窖酒业有限公司（以下简称"源窖酒业"）、贵州金沙梦酒酒业有限公司（以下简称"金沙梦酒业"）的经营地址相同，与原告金沙酒业同处于贵州省毕节市金沙县。其公司办公大楼很有气派，装修豪华，厂区占地广阔。春秋酒业大股东及法定代表人张某曾经是原告金沙酒业的工作人员。

2013 年 12 月 3 日，四川省泸州神玉酒厂（以下简称"神玉酒厂"）在第 33 类鸡尾酒等商品上注册了第 13659513 号"金沙梦及图"商标，2019 年 7 月 10 日授权给被告春秋酒业独占使用。2020 年 1 月转让给了被告金沙梦酒业。神玉酒厂曾经与原告金沙酒业有业务往来。神玉酒厂、金沙梦酒业多次注册"金沙梦"文字商标均被商标局驳回。

三被告对第 13659513 号商标进行拆分使用，在其共同生产或单独生产、销售的白酒产品上突出使用和单独使用"金沙梦"文字。原告金沙酒业发现后，即向金沙县市场监督管理局投诉，金沙县市场监督管理局曾向春秋酒业发出整改通知，责令春秋酒业纠正，春秋酒业认可金沙县市场监督管理局的整改内容，同意停止生产、销售侵权产品，并于 2020 年 2 月 28 日前召回所有侵权产品。但实际上并未召回，或者新改款后与原告产品更为接近。

此后，原告发现市面上仍在销售由三被告共同生产或单独生产的突出使用和单独使用"金沙梦"文字的白酒产品，遂针对三被告的侵权行为向贵州省贵阳市中级人民法院提起商标侵权诉讼；并为了避免被告抗辩其为合法使用注册商标，同时针对金沙梦酒业公司第 13659513 号"金沙梦及图"商标提起商标无效宣告请求。

2020 年 11 月 30 日，国家知识产权局对金沙梦酒业公司第 13659513 号"金沙梦及图"商标宣告无效，金沙梦酒业公司不服，向北京知识产权法院提起行政诉讼；2021 年 9 月 1 日，北京知识产权法院作出行政诉讼一审判决书（〔2021〕京 73 行初 1153 号），判决驳回金沙梦酒业公司诉讼请求，金沙梦酒业公司不服，向北京市高级人民法院提起行政诉讼上诉；2021年9月10日，贵州省贵阳市中级人民法院作出民事诉讼一审判决书（〔2020〕黔01民初1481号），判决认定三被告构成商标侵权，三被告不服，向贵州省高级人民法院提起民事诉讼上诉；2021年12月27日，贵州省高级人民法院作出民事诉讼二审判决书（〔2021〕黔民1340号），判决驳回上诉，维持原判；2022年3月24日，北京市高级人民法院作出行政诉讼二审判决书（〔2022〕京行终614号），判决驳回上诉，维持原判。

二、法院审理

原告金沙酒业以其为第124667号、第9019800号、第9019810号注册商标的所有人，原告及其"金沙"商标及相关金沙系列酒品在行业内和市场上具有很高的知名度和市场占有率；三被告共同实施了侵犯原告涉案商标专用权的行为，易使相关公众误认为"金沙"牌的"梦"系列酒，且主观恶意明显；三被告应当承当停止侵权、赔偿损失等法律责任，向法院提起诉讼。

三被告共同辩称：（1）"金沙梦及图"商标，系其依法受让、合法使用的注册商标。（2）其使用的"金沙梦"商标，并未侵犯原告商标权。"金沙"一词作为县级行政区域名称，具有共同属性，而非指原告的商标专用权。"金沙"作为县级行政区划名称，并非原告方的专用商标名称，依据法律，商标中含有地名，注册商标专用权人无权禁止他人正当使用。其使用的"金沙梦"标识，系自己合法商标的一部分，是为了大众识别才在小部分商品上将其拆分使用，系对自己商标权的拆分，且其使用的"金沙梦"的书写字体系其原创作品。（3）其拆分自己商标的不规范使用行为，并没有给原告造成任何损失，更没有因为拆分而使自己生产的商品侵害了原告的权利。（4）原告已申请宣告其"金沙梦"商标无效，故应驳回原告起诉。

2020年12月，在一审判决以前，原告将国家知识产权局关于第13659513号"金沙梦及图"商标无效宣告请求裁定书提交给了一审法院。

一审法院认为：

（1）原告系涉案第124667号、第9019800号、第9019810号注册商标的权利人，该商标处于有效期内，其商标专用权受法律保护。考虑到原告第124667号商标曾作为驰名商标，"金沙"标识应用在白酒类商品上与原告具有较强的关联性，虽然前述三被告的"金沙梦"标识与原告案涉三商标的表现形式不完全一致，然在隔离比对的情况下，易使相关公众误认为"梦"品牌系原告涉案三商标商品的子品牌等，对商品的来源产生误认或者认为其来源与原告注册商标的商品有特定的联系。（2）被告使用的标识"金沙梦"拆分或改变了其第13659513号"金沙梦及图"商标，属于人民法院受理并依据商标相关法律规范裁判的范围。（3）被告使用了"金沙"标识作为其白酒商品名称中主要识别商品来源的要素，并非使用"金沙"作为商品产地并合理提示相关公众进行识别，应认定被告使用案涉标识的行为足以使相关公众误认商品来源，该使用行为并非正当使用等。

一审判决：（1）三被告立即停止生产、销售、许诺销售涉案产品的侵权行为，并收回市场上的侵权产品、销毁侵权包装材料；（2）三被告共同于本判决发生法律效力之日起15日内共同向原告赔偿经济损失及维权合理开支人民币若干元。

三被告不服一审判决，提起上诉。

春秋酒业、源窖酒业、金沙梦酒业三被告共同上诉称：（1）上诉人所拥有或通过合法授权使用的"金沙梦及图"商标通过国家知识产权局注册，其商标注册证号为第13659513号，其核定的种类为第33类，虽然与被上诉人所拥有的"金沙"商标具有相同的"金沙"名称，但整体使用及隔离辨识，均不产生混淆；（2）金沙作为县级行政区划的地理名称，具有显著的地理标志，任何消费者在识别带有"金沙"字样的酒类产品时，首先想到的是金沙地区的酒类产品，而不会认为是被上诉人公司生产的产品，如按一审法院的逻辑，以"金沙"为文字的酒类产品均不能注册使用，被上诉人产品就成垄断产品；（3）2020年8月25日，中共金沙县委宣传部在"金沙县白酒产业宣传工作方案"及《金沙官媒》，均要求金沙县城内的白酒企业（包括该案各方当事人）在对外宣传时，统一使用"神奇酱香、金沙味道"为主题进行推广，这更进一步证实"金沙"这一公共品牌，并非专指被上诉人的产品，因此，公共资源不能、也不应当作某一企业的私有品牌；（4）上诉人在使用"金沙梦"商标时，均在其商品上标注了产地、厂址、商品名称等足以使一般消费者识别的标识、标志，并未侵害被上诉人的商标专用权。

金沙酒业答辩意见为：（1）三被答辩人对于一审法院认定其共同实施了侵权行为没有提出异议；（2）三被答辩人对于一审法院酌定三被告共同承担的民事赔偿、金沙酒业维权费用的合理开支以及停止侵权的责任的判决没有提出上诉；（3）三被答辩人在被诉侵权产品上使用"金沙梦"明显具有攀附金沙酒业第124667号、第9019800号、第9019810号商标声誉的故意，其上诉没有任何事实根据。金沙酒业并将北京知识产权法院关于驳回金沙梦酒业公司诉讼请求、维持国家知识产权局关于宣告第13659513号"金沙梦及图"商标无效的裁定的行政诉讼一审判决书（〔2021〕京73行初1153号）提交给了二审法院，并在答辩状中进行了说明。

二审法院经书面审理认为：（1）金沙酒业三件"金沙"商标受法律保护，第124667号商标曾作为驰名商标，"金沙梦"标识应用在白酒类商品上与金沙酒业具有较强的关联性，易使相关公众误认为"梦"品牌系金沙酒业涉案三商标商品的子品牌等，对商品的来源产生误认或者认为其来源与金沙酒业注册商标的商品有特定的联系，三上诉人的行为构成商标侵权；（2）金沙县系县级行政区划名称，但春秋酒业、源窖酒业、金沙梦酒业使用的"金沙"标识是作为其白酒商品名称中主要识别商品来源的要素，并非使用"金沙"作为商品产地并合理提示相关公众进行识别。即三上诉人使用的"金沙"标识是作为商标性使用的，一审据此认定三上诉人的行为足以使相关公众误认商品来源，该使用行为并非正当使用，并无不当。

二审判决：驳回上诉，维持原判。

■ 办案心得

我国商标法采取商标注册原则，注册商标的专用权以核准注册的商标和核定使用的商品为限，要求商标权人在核定使用的范围内规范使用其注册商标。当商标权人自行改变注册商标、注册人名义、地址或者其他注册事项的，地方市场监管部门有权责令限期改正；但当其自行改变注册商标，超出核定商品的范围或者以改变显著特征、拆分、组合等方式使用注册商标，导致与在先权利人商标发生冲突的，除了承担前述行政责任之外，在先权利人可以要求其承担民事责任。

该案中，由于原告金沙酒业享有较高知名度，其在先注册的三件"金沙"注册商标也拥有较高知名度和较高影响力，因而导致周围不少企业趁机傍名牌、搭便车。根据《最高人民法院关于审理商标民事纠纷案件适用法律若干问题的解释》（法释〔2002〕32号）第十条"人民法院依据商标法第五十二条第（一）项的规定，认定商标相同或者近似按照以下原则进行：……（三）判断商标是否近似，应当考虑请求保护注册商标的显著性和知名度"的规定，原告举证"金沙"注册商标也拥有较高知名度和较高影响力的目的既可以为判断商标近似提供依据，又可以为提高赔偿额增加筹码。

从商标侵权的构成要件来看，根据《商标法》第五十七条的规定，"（一）未经商标注册人的许可，在同一种商品上使用与其注册商标相同的商标；（二）未经商标注册人的许可，在同一种商品上使用与其注册商标近似的商标，或者在类似商品上使用与其注册商标相同或者近似的商标，容易导致混淆的；……"。可见，是否构成商标侵权并不以被告有主观过错为要件。但实际上，为了进一步查明被告方的行为是否构成商标侵权，原告方会花大量力气用来证明被告的主观过错，从而使得裁判者在判断是否构成商标近似或者商品类似上，以及是否容易导致相关公众混淆上，能够形成内心确信。该案中，各被告明显是具有攀附的主观恶意的，其中被告春秋酒业的法定代表人及大股东张某曾是原告员工，神玉酒厂曾与原告曾在业务往来，金沙梦酒业公司的唯一股东便是神玉酒厂，金沙梦酒业公司成立第二天便是办理受让神玉酒厂第13659513号"金沙梦及图"商标手续，三被告合署办公，在金沙梦酒业公司多次注册"金沙梦"文字商标或者突出"金沙梦"文字的商标均被驳回后，其仍然强行拆分其"金沙梦及图"商标，在其生产、销售的酒产品上突出使用或单独使用"金沙梦"文字。并且在原告向金沙县市场监督管理局投诉、金沙县市场监督管理局向被告春秋酒业发出整改通知后，三被告仍然一意孤行生产、销售侵权产品，可见各被告的恶意极其明显。同时，为了证明各被告具有攀附原告"金沙"品牌的故意，笔者提交了大量在各网络销售平台销售的"金沙梦"酒产品的宣传页面，其上有将该款侵权酒产品的品牌标注为"金沙"，部分宣传上使用"中国梦　金沙梦"字样，直接向相关公众表达其为"金沙"品牌，让人误以为涉案产品为"金沙"酒的"梦"系列产品，从而更进一步地向法院证明各被告存在"搭便车"的主观恶意。

同时，代理人为了避免不必要的因权利冲突导致案件无法裁判的结果，在该案提起之前，便以违反《商标法》第三十条等为由，对被告春秋酒业"金沙梦及图"商标提起了无效宣告。在国家知识产权局出具"金沙梦及图"商标的无效宣告裁定书后，代理人立即将其作为证据提交至一审法院，不久一审法院即出具了一审判决书，认定被告构成侵权。

此外，为了提高判赔数额，代理人向法院提交了大量关于"金沙梦"酒产品销售情况的证据，由代理人指导原告前往各被告经营所在地进行实地取证获得的关于各被告具有较大规模的证据，以及三被告的办公场所装修高档豪华气派、具有较大的生产规模和偿付能力，以证明各被告侵权获利丰厚。

两级法院均认定，在当前"中国梦"的时代主题下，"金沙梦"酒产品很容易使得相关公众误认为是原告旗下的"梦"系列产品的事实，由此认定各被告拆分使用"金沙梦"文字标识的行为并非正当使用，构成侵权；同时，法院考虑到涉案侵权产品销售渠道广、销售数量大，以及各被告办公场所豪华，最终判定各被告共同连带承担的赔偿金数十万元。

另外，根据《中华人民共和国商标法》第五十九条的规定，注册商标中含有本商品的地名的，注册商标专用权人无权禁止他人正当使用，如何证明各被告是非正当使用商品地名？

该案中，各被告关于"金沙"地址的使用，并非按照《产品质量法》的要求标明厂名厂址等方式使用"金沙"，而是作为商标拆分使用方式，甚至直接在广告宣传中宣传品牌"金沙"，被告突出使用或单独使用"金沙梦"文字的行为是商标性行为，而非用于指示商品来源地的正当使用行为。

在办案过程中，代理人通过商标无效等手段，排除了法院以权利冲突为由，难以判决的顾虑，使得该案的判决更经得起考验。在该案二审判决后不久，被告方的"金沙梦及图"商标行政诉讼二审判决就收到了，该终审判决维持了一审法院关于维持国家知识产权局关于宣告第13659513号"金沙梦及图"商标无效的裁定。

■ 小结

商标注册人在使用注册商标的过程中，自行改变注册商标、注册人名义、地址或者其他注册事项的，地方市场监管部门有权责令限期改正；但当其自行改变注册商标，超出核定商品的范围或者以改变显著特征、拆分、组合等方式使用注册商标，导致与在先权利人商标发生冲突的，除了承担前述行政责任之外，在先权利人可以要求其承担民事责任。该案中，金沙酒业除要求各被告方承担民事责任以外，针对其商标注册的不当行为，提起了商标无效，最终成功无效了被告方的商标，从根本上减少了侵权行为的发生。该案对于类似案件的维权具有一定的参考价值。

■ 法律链接

《中华人民共和国商标法》（2019年）第五十七条、第六十三条；

《最高人民法院关于审理商标民事纠纷案件适用法律若干问题的解释》（法释〔2002〕32号）第十条；

《最高人民法院关于审理注册商标、企业名称与在先权利冲突的民事纠纷案件若干问题的规定》（法释〔2008〕3号）第一条第二款。

商标近似 动态判断

——第 12306379 号"哈总 HA ZONG 及图"商标无效宣告案*

董咏宜 张满兴

> 商标是品牌的依附,企业的所有无形资产价值都最终凝聚于品牌中,保护品牌就是保护生产力。该案"哈药"品牌通过哈药集团、哈药总厂在医药行业内兢兢业业、不懈追求,自 20 世纪 50 年代以来持续经营了近 60 年,在医药行业中具有极高的知名度和影响力。
>
> 而该案争议商标申请人吉林哈总集团企图通过受让"哈总"商标来攫取"哈药"品牌的商誉,攀附"哈药"品牌的知名度。该案正是通过无效"哈总"商标,以"釜底抽薪"之方式,阻止吉林哈总集团傍名牌、搭便车的企图,成功制止了吉林哈总集团以披着合法的注册商标"哈总"的外衣,行掠夺哈药集团、哈药总厂多年经营"哈药"品牌商誉的行为。

■ 案情简介

一、涉案企业与品牌商标情况介绍

哈药集团有限公司(以下简称"哈药集团")旗下拥有哈药集团制药总厂(以下简称"哈药总厂")、哈药三精、哈药六厂、哈药世一堂、哈药中药二厂、哈药生物、哈药疫苗等国内知名药品制造企业和哈药人民同泰、哈药营销有限公司商业流通企业。集团主营涵盖抗生素、非处方药及保健品、传统与现代中药、生物医药、动物疫苗及医药商业六大业务板块。

哈药集团自成立以来因诚信经营受到社会各界及行业内的肯定,在医药行业具有非常高的知名度和影响力。哈药总厂隶属于哈药集团,是集研发、生产和销售为一体的高新技术企业。在医药行业具有非常高的知名度和影响力。

哈药集团享有引证商标一第 3126576 号"哈药"商标、引证商标二第 3826267 号"哈药"商标、引证商标三第 3826270 号"哈药"商标,三引证商标分别核定使用在第 5 类"原料药、口服液、颗粒剂"及第 30 类"非医用营养液"等商品上。哈药集团及哈

---

* 生效案号:(2019)京行终 5166 号。

药总厂作为"哈药"商标的注册人及被许可人，多年来持续使用"哈药"商标在药品上，荣获较多奖项，如 2005 年被中国行业国际市场列为"十大品牌"，并曾被认定为中国驰名商标等荣誉，具有很强的品牌号召力和美誉度。

吉林省哈药业集团有限公司（以下简称"吉林哈总集团"）于 2015 年 11 月 11 日成立，其住所地在吉林省，与哈药集团、哈药总厂所在的黑龙江省毗邻，基于"哈药"品牌具有非常高的品牌号召和市场声誉，该公司阴某某作为医药行业的从业人员，非常熟悉"哈药"品牌和产品，从案外第三人处受让争议商标"哈总"，企图傍名牌、搭便车。

争议商标第 12306379 号"哈总"是由案外人李某在 2013 年 3 月 22 日申请，并经过多次转让，在 2015 年 12 月转让至吉林哈总集团名下。吉林哈总集团受让后，变更企业名称，使用"哈总药业集团"字样来企图贴近"哈药集团"，在宣传上、销售"哈总"药品时同时使用"哈总药业集团"、在药品上使用与哈药集团多年使用、并享有外观设计专利的"红色海浪"图案相同或近似图案等行为。

吉林哈总集团在第 5 类等类别分别注册"哈总药业集团""哈总药业""哈总集团""哈总药师""哈总药""哈总厂""哈总一厂""哈总二厂""哈总三厂""哈总四厂""哈总五厂""哈总六厂""哈总七厂""哈总八厂""哈总九厂"等商标，与哈药集团旗下公司"哈药总厂""哈药二厂""哈药三厂""哈药四厂""哈药六厂"企业名称高度近似。

吉林哈总集团的一系列行为均是有意识地与哈药集团、哈药总厂的相关产品相同或近似，具有造成相关公众混淆或误认，企图使得相关公众以为两者存在关联关系的故意。

二、案件诉讼程序及认定

1. 国家知识产权局认定争议商标应予以无效。

哈药集团、哈药总厂提起了对吉林哈总集团的第 5 类第 12306379 号"哈总 HA ZONG 及图"商标（以下简称"争议商标"）无效宣告请求，认为该商标违反了商标法第三十条等规定，侵犯哈药集团"哈药"商标（以下简称"三项引证商标"），应予以宣告无效。国家知识产权局认为争议商标"哈总"与三项引证商标"哈药"构成近似，所核定使用的商品构成类似，违反《商标法》第三十条的规定，并作出争议商标应予以无效宣告的裁定（以下简称"被诉裁定"）。

2. 北京知识产权法院、北京市高级人民法院支持被诉裁定，驳回吉林哈总集团的诉讼请求。

吉林哈总集团不服，提起该案诉讼，主要的理由是争议商标与引证商标一至三不构成近似商标，也不构成类似商品，共存于市场，不足以造成相关公众混淆、误认。

该案一审、二审法院对吉林哈总集团的诉讼请求不予支持，一审、二审均认为：诉争商标由汉字"哈总""HA ZONG"及椭圆形图形组成，其中"哈总"为诉争商标的显著识别部分及主要认读部分，与引证商标一至三"哈药"在文字构成、读音、字形、含义上均较为相近,已构成近似商标。在商品类似的判断上,一审、二审法院认为《类似商品和服务区分表》为参考,判断商品是否类似应通过销售渠道、消费对象等方式进行认定,最终两审法院均认为争议商标核定使用的"消毒纸巾、中药袋"产品与引证商标使用的"原料药"等商品均属于医药商品,容易使相关公众对商品来源产生混淆或误认。因此认为争议商标的注册违反了商标法第三十条的规定。

商标	争议商标第12306379号	引证商标一第3126576号 引证商标二第3826267号 引证商标三第3826270号
商标图样	哈总	哈药
实际使用	哈总 哈总	哈药®
实际药品包装	诺氟沙星胶囊 复方丹参片	哈药 诺氟沙星胶囊

■ 办案心得

一、判定商标近似,既有静态判断,也有动态判断

该案在判断争议商标与引证商标构成近似时,采用了2019年4月24日发布的《北京市高级人民法院商标授权确权行政案件审理指南》第15.2条,即"适用商标法第三十条、第三十一条时,可以综合考虑商标标志的近似程度、商品的类似程度、引证商标的显著性和知名度、相关公众的注意程度以及诉争商标申请人的主观意图等因素,以及前述因素之间的相互影响,以是否容易造成相关公众混淆为标准"。

简而言之,即商标近似不仅有静态判断,也有动态判断。例如在商标申请注册时,两商标之间处于静态判断,审查员仅比较前标与后标的区别。但商标进入到公开阶段,即存在第三人通过提交知名度或显著性或主观意图或其他证据对两商标进行近似判断时,此时就进入到动态判断,该动态过程会影响到两商标的近似程度。

正如最高人民法院王闯法官2017年在《最高人民法院关于审理商标授权确权行政案件若干问题的规定》发布会的答记者问中所提到的,"对于完全相同或者高度近似的商标,在商品类别范围上可能放宽;而如果是在同一类商品上,对近似程度的要求可能降低;在先商标具有较高的知名度和显著性,即使商标本身近似程度弱一些,也可能造成

混淆；相关公众注意程度低的商品，更容易造成混淆"。

该案属于商标标志存在一定差异，但被认定构成近似商标的例子。该案中，两审法院首先对诉争商标与引证商标进行静态比对，肯定了二者的显著识别部分构成近似商标；同时结合动态比对，即考虑引证商标"哈药"在诉争商标"哈总"申请日前已经具有较高知名度，两者均核定使用在第5类药品上，以及着重考虑了关于争议商标权利人吉林哈总集团在受让后的实际使用情况及主观恶意，例如在产品宣传上使用与哈药集团公司多年使用的产品包装"红色海浪"、使用"哈总""哈总药业集团""哈总六厂"等字样，还恶意抢注了多项与"哈药"近似的商标，并且二者还均在东北地区，攀附哈药集团商誉的恶意非常明显，认定争议商标违反了《商标法》第三十条的规定。

二、判断商品是否类似，不能机械适用《类似商品和服务区分表》

该案中，争议商标"哈总"核定使用商品"中药袋、消毒纸巾"两个商品与引证商标一至三"哈药"核定使用商品在《类似商品和服务区分表》上是不构成类似商品的，但法院在认定两者商品构成类似商品时，没有机械适用《类似商品和服务区分表》。法院认为，判断商品是否类似，应当考虑商品的功能、用途、生产部门、销售渠道、消费群体等是否相同或者具有较大关联性，是否容易使相关公众认为相关商品是同一主体提供的，或者其提供者之间存在特定联系。因商标的使用情况、知名度等个案因素不同，且市场交易情况不断变化，故《商标注册用商品和服务国际分类表》《类似商品和服务区分表》可以作为判断类似商品或服务的参考，但不能机械适用。

因此认定类似商品所主要是考虑如下因素：（1）商品的功能、用途、生产部门、销售渠道、消费群体等是否相同或者具有较大的关联性；（2）是否容易使相关公众认为相关商品是同一主体提供的，或者其提供者之间存在特定联系；（3）各商标使用的情况；（4）知名度情况；（5）市场交易情况。

该案中，争议商标所指定使用的"消毒纸巾、中药袋"商品与引证商标一核定使用的"原料药、片剂、颗粒剂"等商品均属于医药类商品，二者虽在具体的原料、用途等方面存在一定差别，但在目前的商业环境下，一个厂商或药店同时生产或销售消毒纸巾、中药袋、颗粒剂等商品的情形较为多见，且两者消费对象基本相同，销售渠道一致，易使相关公众对商品来源产生混淆或误认，因此争议商标指定使用的"消毒纸巾、中药袋"商品与引证商标一核定使用的"原料药、片剂、颗粒剂"等商品属于类似商品。

■ 小结

该案争议商标是吉林哈总集团从案外人处受让而来，受让后通过使用与哈药集团近似的包装装潢、企业字号等进行涉嫌商标侵权及不正当竞争恶意竞争行为，虽然商标标识近似程度上存在一定差异，但考虑到我国对于攀附他人商誉，傍名牌、搭便车的恶意抢注行为一直予以打击，对于知识产权采取强保护的司法政策，故哈药集团及时对争议商标提起无效宣告申请，合法合理维护了哈药集团的"哈药"品牌权利及消费者的利益。

因此，建议知识产权从业人员在办理案件时，做到对每个案件均制定独特的方案，用心研究有利于每件个案的有利因素，如该案中，代理律师提交了大量关于吉林哈总集团涉嫌商标侵权及不正当竞争的恶意证据，争议商标申请人主观恶意也是该案胜诉的重要因素之一，代理律师及哈药集团、哈药总厂在多个城市通过多种途径，不懈努力购买到吉林哈总集团的"哈总"牌产品，并提供了市场调研报告证明已产生实际混淆，最终取得了胜诉的结果。

■ 法律链接

《中华人民共和国商标法》（2013年）第三十条。

药品医械　类似商品

——"花城制药"商标无效及行政诉讼案*

程跃华

> 该案经历了异议、无效和行政诉讼三个环节，最终花城制药厂成功无效了涉案商标。该案给我们的启示是，对于可能严重影响企业经营的他人的商标申请和注册行为，应当及时拿起法律武器，穷尽救济手段，终能实现满意的结果。

■ 案情简介

一、基本案情

广州花城制药厂（现名广州白云山花城药业有限公司，以下简称"花城制药厂"）是一间以中成药生产销售为主业的药品生产经营企业，使用在商品国际分类第五类药品、中成药等商品上的"花城"商标在国内享有一定的知名度，一直是广东省和广州市著名商标。

同为广东省的阳江市阳东锦龙医疗器械有限公司（以下简称"锦龙公司"）作为相关领域医疗器械领域的企业，明知花城制药厂的知名度和企业名称的简称的事实，故意混淆视听，在与药品相类似的领域医疗器械领域，申请与花城制药厂的企业名称简称完全相同的"花城制药"商标，花城制药厂在该商标通过国家商标局初步公告后，为了避免因该混淆视听的商标注册和使用造成的损害，立即展开了维权行动。

二、案件处理过程

涉案商标"花城制药"，指定商品为"医疗器械和仪器；医用体温计；牙科设备；理疗设备；医用冰袋；奶瓶；避孕套；植发用毛发；矫形用物品；缝合材料"，申请人锦龙公司，商标申请号第11246952号，于2012年7月24日向商标局申请注册，于2013年9月20日初审公告。

该案经历了异议、无效宣告、行政诉讼三个程序。

---

* 生效案号：（2016）京73行初6054号。

1. 异议阶段。

在异议阶段，花城制药厂提出被异议商标"花城制药"指定使用的商品为第 10 类"医疗器械和仪器、医用体温计"等，异议人三个引证商标"HUACHENG 花城"指定使用的商品为第 5 类"人用药、医药用糖浆"等，双方指定使用的商品功能、用途相近，销售渠道相同或相近，销售对象相同，应当属于类似商品；被异议商标的申请，损害了异议人著作权、商号权，被异议商标的注册和使用易造成消费者混淆误认，易产生不良影响。花城制药厂的观点未获商标局支持。

2. 无效宣告阶段。

花城制药厂不服，在代理人的说服和建议下，在被异议商标获准注册后，花城制药厂及时向商标评审委员会请求宣告涉案商标无效。

花城制药厂的主要理由是花城制药厂在相关行业享有较高的知名度和美誉度，"花城"是花城制药厂的企业字号，也是花城制药厂独立创造的品牌，争议商标侵犯了花城制药厂的商号权。花城制药厂享有著作权，争议商标与引证商标构成类似商品上的近似商标，且"制药"两字具有误解、虚假宣传的含义，会产生误导公众的社会效果，造成不良影响等。

锦龙公司答辩称争议商标未违反 2013 年《商标法》第二十八条和三十一条，与引证商标未构成类似商品上的近似商标，共存不易引起公众混淆。花城制药厂无法证明自己享有著作权，花城制药厂不能证明争议商标违反 2013 年《商标法》第十条第一款第（七）、第（八）项的规定，其理由不成立。

商标评审委员会认为，争议商标和三引证商标在功能、用途、服务对象等方面区别明显，不构成使用在类似商品上的近似商标；"花城"不构成在医疗器械和仪器等商品上使用的商号权；在先著作权也不成立；其他理由也不成立；从而作出了"争议商标予以维持"的裁定。

3. 行政诉讼阶段。

北京知识产权法院经审理，认为：

（1）争议商标在医疗器械和仪器类别上与引证商标上属于类似商品上的近似商标。法院认为，争议商标"花城制药"的文字部分完整包含引证商标一、引证商标二的文字"花城"；图形部分均为菱形；"花城两字处于图形中央，竖向排列"，因此两者在字形、含义、构图上极为近似，构成近似商标。关于类似商品，法院认为，根据花城制药厂提交的证据及相关的医疗管理条例，医疗器械中的体外诊断试剂与部分体外用药形状、功能均近似或相同，销售渠道存在重合，一般公众无法区分二者所属类别，属于类似商品。

（2）花城制药厂主张的在先商号权的诉讼请求，应予支持。

法院认为，结合花城制药厂在行政程序阶段和诉讼阶段所提交的全部证据来看，花城制药厂在争议商标申请日之前已经连续数年达到较大的营业额,并对"花城制药"这一商号进行了大量的宣传使用,具有一定数量的行政保护记录,在医药领域具有一定的知名度及影响力。根据证据,在争议商标申请之前,"花城制药"作为花城制药厂的简称,已经跟其建立了唯一对应关系。虽然药品和医疗器械属于不同的商品类别,但二者同属于医疗领域,关联度很高,其经销渠道、消费对象有较大程度的重合,"花城制药"的商号在医药领域的知名度能覆盖到医疗器械领域,争议商标"花城制药"的使用易使消费者对商品来源产生混淆,从而对花城制药的商号造成损害。花城制药厂主张的在先商号权的诉讼请求,应予支持。

(3) 关于争议商标的注册是否违反了修改前的《商标法》第四十四条第一款的规定。法院认为,该条规定的立法精神是诚实信用原则,而花城制药厂的权利已经通过修改前的《商标法》第三十一条获得了救济,因此不再评述。

法院没有支持花城制药厂关于争议商标的注册违反了修改前的《商标法》第十条第一款第(七)、第(八)项的规定的意见。

法院判决,撤销商标评审委员会关于维持"花城制药"商标的裁定,判令重新作出裁定。

■ 办案心得

通过监控,花城制药厂发现有企业在相关类别抢注"花城制药"商标后,尊重律师意见,及时安排异议、无效。

在商标评审委员会作出维持涉案商标有效的裁定后,花城制药厂不服该裁定,不得不继续通过行政诉讼手段,起诉原国家工商行政管理总局商标评审委员会。在起诉时,除坚持原有的意见以外,继续补充提交证据,夯实事实和理由。

1. 花城制药厂历史悠久,在医药行业享有较高的知名度和美誉度,涉案商标损害了花城制药厂的在先商号和企业名称权,违反了2013年《商标法》第三十二条"申请商标注册不得损害他人现有的在先权利"的规定。

在市场上,花城制药厂的产品在医药行业享有较高的知名度和美誉度,获得众多荣誉,已成为医药行业的知名企业,具有较高的市场占有率,为社会创造了巨大的财富。"花城制药"是广州市花城制药厂的简称,已与花城制药厂建立了唯一对应关系,为广大消费者熟知。为此,我们在诉讼中并提交了大量的"花城制药"指代花城制药厂的新闻报道和广告的证据。

锦龙公司擅自将花城制药厂的商号和企业名称注册为商标,由于花城制药厂的商号和企业名称在涉案商标申请前就已具有一定知名度,尤其在广东省内已成为相关公众所熟知，锦龙公司应当知晓，其注册与花城制药厂商号和企业名称完全相同的涉案商标使用在医疗器械等商品上，容易使得消费者将花城制药厂与锦龙公司的产品相混淆，侵犯了花城制药厂的商号和企业名称权，损害了花城制药厂的利益。

2. 涉案商标"花城制药"与花城制药厂在先注册的商标"HUACHENG"构成近似，且使用在类似商品上，违反了2013年《商标法》第三十条的规定。

（1）花城制药厂的"HUACHENG"商标享有较高的知名度和美誉度。

早在涉案商标申请日2012年7月24的八年前，花城制药厂的"HUACHENG"注册商标已经获得了广州市工商行政管理局和广东省工商行政管理局颁发的广州市著名商标证书和广东省著名商标证书；一直被延续认定为广州市著名商标和广东省著名商标。

（2）涉案商标"花城制药"与花城制药厂在先注册的商标"HUACHENG"构成近似，依法不应被核准注册。

涉案商标与花城制药厂在先注册商标在中文文字上构成相同，图案近似，整体上构成近似，属于相近似商标。

第一，涉案商标是由"花城"+图形+"制药"构成，其中，文字"花城"与花城制药厂在先注册的三个引证商标文字部分完全相同，而文字"制药"则是商品或服务的通用名称，在商标中显著性较弱。因此，涉案商标完整地包含了三引证商标的文字部分。第二，涉案商标"花城"文字之外的菱形外框图案与三引证商标"花城"文字之外的菱形外框图案无论其角度、朝向均是相同的，因此其图案也是相似的。第三，涉案商标"花城"文字之外的菱形外框图案以及由外框和"花城"文字组成的整体视觉效果与三引证商标的整体布局十分相似，使得整体的视觉效果十分近似，而左右侧文字"制药"两字恰恰属于"在他人在先商标中加上本商品的通用名称、型号，易使相关公众对商品或者服务的来源产生误认"的情形，因此，涉案商标与花城制药厂在先注册的三引证商标在中文文字上构成相同，图案近似，整体上构成近似，属于相近似商标。

（3）涉案商标与花城制药厂在先注册商标指定使用的商品类似。

《最高人民法院关于审理商标民事纠纷案件适用法律若干问题的解释》（法释〔2002〕32号）第十一条规定："商标法第五十二条第（一）项规定的类似商品，是指在功能、用途、生产部门、销售渠道、消费对象等方面相同，或者相关公众一般认为其存在特定联系、容易造成混淆的商品。类似服务，是指在服务的目的、内容、方式、对象等方面相同，或者相关公众一般认为存在特定联系、容易造成混淆的服务。商品与服务类似，是指商品和服务之间存在特定联系，容易使相关公众混淆"。第十二条规定：

"人民法院依据商标法第五十二条第（一）项的规定，认定商品或者服务是否类似，应当以相关公众对商品或者服务的一般认识综合判断；《商标注册用商品和服务国际分类表》《类似商品和服务区分表》可以作为判断类似商品或者服务的参考"。

《最高人民法院关于审理商标授权确权行政案件若干问题的意见》（法发〔2010〕12号）第十五条规定："人民法院审查判断相关商品或者服务是否类似，应当考虑商品的功能、用途、生产部门、销售渠道、消费群体等是否相同或者具有较大的关联性；服务的目的、内容、方式、对象等是否相同或者具有较大的关联性；商品和服务之间是否具有较大的关联性，是否容易使相关公众认为商品或者服务是同一主体提供的，或者其提供者之间存在特定联系。《商标注册用商品和服务国际分类表》《类似商品和服务区分表》可以作为判断类似商品或者服务的参考"。

因此，在判断商品或者服务是否构成类似时，《类似商品和服务区分表》中对于类似群组的划分仅仅是作为判断类似性时的一种参考，而并非具有法律法规强制性规定的效力，商品或者服务是否构成类似应当根据案件的实际情况个案判定。

涉案争议商标指定商品为"医疗器械和仪器；医用体温计；牙科设备；理疗设备；医用冰袋；奶瓶；避孕套；植发用毛发；矫形用物品；缝合材料"，引证商标一、引证商标二指定商品为"中成药""人用药；医药用糖浆；药用胶囊；医药制剂；化学药物制剂；医用药物；解热剂；药用化学制剂；药用酵素；抗菌素；片剂；膏剂"。众所周知，药品的用途在于预防、治疗、诊断人体的疾病；而医疗器械则是对疾病的预防、诊断、治疗、监护、缓解起一定的辅助作用的仪器、设备，彼此之间甚至可以相互替代使用，涉案商标的商品与引证商标指定使用的商品功能、用途相似，销售渠道相同，一般均在医院、药店销售，消费对象相同，均为病患者使用。因此，涉案商标与引证商标指定使用的商品在功能、用途、销售渠道、消费对象，以及相关公众等方面均具有明显的重合，实际上，与体外用药性状、功能等均相同的体外诊断试剂在分类上却直接属于医疗器械，符合《最高人民法院关于审理商标民事纠纷案件适用法律若干问题的解释》第十一条、《最高人民法院关于审理商标授权确权行政案件若干问题的意见》第十五条，以及《商标审查及审理标准》中关于"类似商品"的判定标准。涉案商标与引证商标指定使用的商品构成类似，容易导致消费者的混淆误认。

为了进一步说明相关事实，该案代理律师检索了相关信息并提交了各网站上的销售页面和已购买产品的证据，发现在实际生产、销售环节，锦龙公司实际生产、销售了"医用退热贴"和"通气鼻贴"产品；锦龙公司销售和摆卖的这些产品，消费者难以区分其属于医疗器械还是药品，这些商品与原告药品同台销售，消费人群相同，销售渠道相同，功能相似，构成类似产品。且通过当庭演示，商标评审委员会代理人无法明确区分锦龙公司生产的"医用退热贴"和"通气鼻贴"产品是属于医疗器械还是药品，作为审理商标行政案件专家的审判员和陪审员，需要在原告代理人的具体提示下，通过反复查看，才能区分锦龙公司的产品属于医疗器械而不是药品。该案代理律师还补充提交了距离北京知识产权法院仅数百米的一间药店的照片及相关销售产品的信息，该店中同时在销售属于医疗器械的鸿茅颈痛贴和属于药品的狗皮膏药，而药店营业员首先推荐的是价格贵的鸿茅颈痛贴，而不是属于药品的狗皮膏药。该案代理律师认为商标评审委员会代理人关于医疗器械属于通过物理作用外用而药品属于内服的观点是完全错误的。药品既有口服，也有外用，当然还有注射剂型，而作为广大患者，面对具体的药店销售的产品时，根本无法区分何者属于药品，何者属于医疗器械。该案的锦龙公司，也正是利用消费者的这一点，企图利用消费者对原告的熟知，注册与原告引证商标相近似的商标，达到鱼目混珠的目的。因此，涉案商标与引证商标指定使用的商品在功能、用途、销售渠道、消费对象，以及相关公众等方面均具有明显的重合。

3. 锦龙公司与花城制药厂同属医药行业，且处于同一地域，其申请涉案商标主观上具有利用花城制药厂商标、企业名称权的知名度和影响力搭便车、牟取不正当利益的故意，违反了修改前的《商标法》第四十四条第一款的规定。

该案代理律师在诉讼中进一步举证，锦龙公司除了抢注原告的"花城制药"商标以外，还刻意地抢注了在医药领域具有一定知名度的"曼咽舒宁""众生""正克达宁""九济堂""诺优能"，更有甚者，同样抢注属于广东同一地区的另一家药厂广东亚洲制药有限公司的"亚洲制药"商标。

锦龙公司的这种大量抢注医药相关领域具有一定知名度的商标的行为，明显属于主观故意的范畴，其搭便车、利用相关企业知名度，从而达到鱼目混珠、欺骗消费者的目的昭然若揭。

该案代理律师认为商标评审委员会认为尚未达到主观故意的程度，是主观臆测和未考虑双方证据的表述。难道非得要让锦龙公司抢注了"广药""哈药""同仁堂"甚至更著名的医药企业的商标、市场上出现了多种锦龙公司生产的"广药""哈药""同仁堂"牌医疗器械、有患者大量死亡的时候，才能认定为锦龙公司的恶意？

4. 涉案商标中的"制药"两字属于动词，具有引人误解、虚假宣传的含义，是商品或服务的通用名称，显示使用该商标的商品不是"医疗器械和仪器"，而是"药品"，期望消费者误认使用该商标的商品并非"医疗器械和仪器"等商品，而是制药厂的药品，从而产生混淆、误认甚至误购；药品和医疗器械仪器均涉及人类的身体健康和生命安全，两者存在明显的差异，而患者将药品和医疗器械和仪器混为一谈甚至误购误用，后果不堪设想，这将对社会公共利益和公共秩序造成重大不良影响，违反了2013年《商标法》第十条第一款第（七）项、第（八）项的规定。

代理人的意见，大部分获得了法院的支持，法院认为涉案商标"花城制药"与三引证商标"HUACHENG 花城"属于类似商品上的近似商标，"花城制药"的商号在医药领域的知名度能覆盖到医疗器械领域，花城制药厂主张的在先商号权的诉讼请求，应予支持；遂判决，撤销商标评审委员会关于维持"花城制药"商标有效的裁定，判令重新作出裁定。

■ 小结

该案经过了商标异议、无效和行政诉讼三个环节，企业在通过商标异议、商标无效程序均无法解决相关事宜时，应当适时检讨方案，该案中，代理人在诉讼阶段增加了"花城制药"作为企业商号权的思路，除提交书面证据外，进一步当庭提交了法院旁边药店内销售的锦龙公司商标核定使用产品与花城制药厂生产的药品同台销售、消费者相同、销售渠道相同的证据，增加了案件直观的感性认识，从而使得法院既支持了花城制药厂商号权的主张，又支持了核定使用的商品属于类似商品的主张，并最终获得了行政诉讼案件胜诉的结果。

在获得胜诉后，企业应当适时进行防御商标的注册，避免类似情形再次发生。

■ 法律链接

《中华人民共和国商标法》（2001年）第二十八条、第三十一条；

《最高人民法院关于审理商标民事纠纷案件适用法律若干问题的解释》（法释〔2002〕32号）第十一条、第十二条；

《最高人民法院关于审理商标授权确权行政案件若干问题的意见》（法发〔2010〕12号）第十五条。

企业状态　注册障碍

——广东百家投资咨询有限公司商标驳回复审案

江韵华

> 该案是一起比较有特点的驳回复审案例，该案的审理焦点并没有单纯限制在被驳回商标是否与引证商标构成近似上，而是扩展至引证商标的权利主体本身，以及引证商标是否还能发挥商标应有的作用。虽然引证商标仍为有效商标，但因其权利主体已注销，所以不作为被驳回商标能否注册的在先权利障碍，被驳回商标通过复审成功获得注册。在目前商标注册申请过程中，很多企业或个人都遇到过被国家知识产权局驳回注册申请的情况，而只有少部分的企业或个人选择申请复审，其中一个重要的原因是驳回复审的成功率不高，担心花费了金钱却没获得理想的结果。在该案中，代理律师没有从常规的被驳回商标与引证商标不构成近似的角度提出复审申请，而是从引证商标权利主体的企业状态去找复审突破点，从商标的作用、商标的使用等角度出发，提出驳回复审申请。希望该案的办理经验，能为后续的驳回复审案件提供一些借鉴和启发。

■ 案情简介

申请人广东百家咨询有限公司于2019年7月31日在第41类"提供不可下载的在线电子出版物，组织教育或娱乐竞赛，组织游戏，文字出版（广告宣传文本除外），娱乐服务，组织文化活动，培训，提供不可下载在线视频，俱乐部服务（娱乐或教育），假日野营娱乐服务"服务项目上向国家知识产权局提交了"秒懂健康"商标的注册申请，国家知识产权局于2019年12月3日发出了《商标驳回通知书》，驳回在上述全部服务项目上使用该商标的注册申请。理由是，审查员认为被驳回商标与北京罗计兄弟科技有限公司在类似服务项目上已注册的"秒懂30"商标近似。申请人不服国家知识产权局的商标驳回决定，特委托代理律师提出复审申请。

代理律师经过仔细的查证，发现引证商标权利人北京罗计兄弟科技有限公司已注销，注销日期为：2019年6月21日，且没有发现引证商标被新的权利主体承继。即引证商标早在2019年已因其商标权利人丧失了市场经营主体的资格而无法继续在市场上使用，引证商标已不再具有区分商品和服务来源标志的作用。代理律师随即针对该情况制定了较为全面的商标驳回复审策略，准备了相关证据以及详细的复审申请文书。

国家知识产权局在审理后认为，引证商标权利人已被市场监管部门核准注销，其作为商标权利主体的资格已灭失。虽然引证商标仍为有效注册商标，但其权利主体已经注销，且并无证据显示引证商标已被新的权利主体所承继，该引证商标实际上已经无法发挥区分服务来源的作用。因此，引证商标不应作为评判被驳回商标能否获准注册的在先障碍。

■ 办案心得

在遇到商标注册申请被驳回时，大部分商标申请人的心态是：商标被驳回了，那么提交驳回复审的成功率肯定会非常低，不愿意去提出复审申请。作为代理人，应该根据被驳商标的具体情况、引证商标的具体情况以及两者之间的近似度，进行详细的分析，给商标注册申请人一个合理的分析意见，再由申请人自行决定是否提出复审申请。

实际上，商标驳回复审并不是由商标初审时的同一批人员处理，而是由专门负责办理商标评审案件的审查人员处理的，与商标初审时的审理方式有一定差异。在一开始提交商标注册申请时，商标由国家知识产权局初审人员结合在先已经注册的商标进行比较，在发现近似商标时，遵循在先注册驳回在后注册的原则审核商标，其中存在一定的主观意识。而商标驳回复审时，由三名专门负责商标评审工作的审查员组成合议组，结合驳回理由、申请复审的事实理由、被驳回商标使用证据等方面进行综合判断，更具有客观性和全面性。所以想要在商标驳回复审阶段获得更大的优势，应在复审阶段选择最有利的复审理由，并尽可能全面地提供与复审理由相对应的证据。

常用的驳回复审理由有两种，一种是从商标构成要素、整体外观、显著部分、含义等方面阐述被驳回商标与引证商标有着明显的区分，通过提供商标拥有显著性的证据，进而增强说服力度。另一种是提供商标使用证据，用以证明被驳回商标经过长期的使用与宣传，具备了商标应有的区分性，不会造成消费者混淆，且能辨识出商品的来源。

在办理该案时，代理律师没有采用常用的两种复审理由，而是从引证商标的使用情况、引证商标权利人的企业状态、从商标的根本作用出发，向审查人员详细阐述了商标在市场上对服务和商品来源进行区分的作用，提出在考虑商标近似的同时，还需要对引证商标权利人的经营状态，以及引证商标权利人的商标注册情况进行考虑。另外，还从是否可能造成消费者混淆的角度出发，阐述了引证商标权利人经营资格已经灭失，且没有证据证明引证商标已被新的主体所承继，由此可见，即使引证商标依然为有效注册商标，但已不可能在市场上使用，发挥区分服务来源的作用，也没有造成相关公众混淆的可能性。商标最基本的功能是区别商品或者服务的来源，商标是商标权人知名度、美誉度以及市场价值的重要载体。如果注册了商标却不使用，将会导致商标的识别功能和市场价值无从体现。上述观点最终得到了审查人员的采纳，该案被驳回商标的注册申请在复审阶段被予以初步审定。

■ 小结

商标的生命在于使用，若商标不进行使用，对商标专用权的保护将缺乏实际意义。只有商标实际被用于商品或服务，使相关公众能够通过其识别特定的商品或服务的提供者，商标的经济价值才得以实现。如果商标权利人已灭失不存在，那么该商标将无法进入流通领域，用于区分商品和服务来源的功能亦随之丧失，相关公众通常不会将该商标与其他商标相混淆，从而该商标也就不能成为阻碍在后商标获得注册的在先权利。

在商标资源越来越紧缺的今天，作为商标权利主体的企业应特别注重保护名下商标，在企业发生变故，如遇到企业合并、分立、注销、重组等情况时，应对名下商标及时办理相应的变更或转让手续。尤其是进行企业注销程序前应及时安排新的权利主体承继名下商标，继续发挥商标区分商品服务来源的作用，以免使商标成为闲置商标，浪费本已获得的注册商标权利。

而作为商标申请人，企业在其商标注册申请遇到驳回时，先别慌，应该先综合考虑被驳回商标与引证商标的近似情况，引证商标以及其权利人的状态，被驳回商标的使用情况，可提供的证据情况，该商标对企业发展的重要性，综合分析评价决定是否要进行复审申请。否则，可以选择放弃复审重新递交新修改或新设计后的商标，或者选择收购引证商标等其他商标方案。

如果企业决定要进行复审申请，应制定全面的复审策略，向国家知识产权局充分阐述复审观点，并且有针对性地提供证据。在该案中，正是因为申请人在商标注册申请被驳回后，没有放弃复审，在复审阶段选择了正确的复审理由，最后被驳回商标成功获得了注册。

该案关键是针对权利人注销、无证据证明存在权利义务承受主体的引证商标来说，认定其不会与在后商标相混淆，不构成在后商标申请注册的权利障碍。该案的处理方法对今后处理类似驳回复审案件具有一定的参考和借鉴的作用。

■ 法律链接

《中华人民共和国商标法》（2013 年）第三十条、第三十四条；
《中华人民共和国商标法实施条例》（2014 年）第五十二条。

公益商标　复审视角
——第23190908号"图形"商标驳回复审案

韦东梅　毛文芳

"创益菊城"是"中山市小榄镇资产经营有限公司"（以下简称"申请人"）开展"创益菊城"公益活动的重要标识，"创益菊城"公益活动自2012年开展至今，在中山市小榄镇乃至整个珠江三角洲地区都具有较高的知名度和影响力。因此，切实保护"创益菊城"标志已经迫在眉睫。

2017年3月17日，结合每年举行的慈善募捐活动，申请人在第36类"募集慈善基金"等项目上向国家商标局提出了注册申请，即第23190908号"　"商标（以下简称"申请商标"）和第23190518号"创益菊城"商标。

2017年12月23日，申请商标在注册申请过程中被国家商标局驳回，委托三环提交驳回复审申请，复审成功。2018年9月29日收到驳回复审决定（申请商标予以初步审定）。申请商标后续也顺利获得商标注册证。

由于公益商标不同于投入市场经营获利的商业商标，本文重点介绍公益商标在商标驳回复审案中的复审要点。

■ 案情简介

2012年10月，广东省中山市小榄镇启动"创益菊城"行动，次年3月，小榄镇公益事业发展中心成立。"创益菊城"行动通过公益创新大赛征集优秀公益项目，并通过孵化、培育品牌及特色项目，提高公益项目的服务质量和扩大覆盖面，先后培育了九大类200多个优秀公益项目，让群众享受到专业化、个性化和便捷的公益服务。

小榄镇公益事业发展中心开展各类创新、实效的创投活动，链接社会各方资源，用于支持公益项目开展公益服务，保证项目可持续发展。"创益菊城"行动得到社会各界的鼎力支持，先后共有381多家爱心企业参与，社会热心人士广泛支持，5年来，共筹集善款近2323万元。

从资助者、受助者、服务者等需求出发，通过体验式的参与，创建联动发展的模式，发展多种多样的公益项目，满足不同群体的需求，减少社会不公，促进社会融合和社会团结，努力实现社会的长治久安。"创益菊城"已经成为"中山市小榄镇资产经营有限公司"开展"创益菊城"公益活动的重要标识。

2017年12月23日，中山市小榄镇资产经营有限公司（以下简称"申请人"）作为受托管理集体资产的主体，其申请注册在第36类募集慈善基金项目的第23190908号" "商标被国家商标局驳回。商标局根据2013年《商标法》第三十条的规定，认定该商标和他人的多个图形商标近似，予以驳回。各商标对比如下：

申请商标	引证商标一	引证商标二	引证商标三	引证商标四
第23190908号	第8444206号	第7510555号	第18753919号	第17906222号

申请人委托三环向商标评审委员会提出驳回复审申请，复审成功，2018年9月29日收到驳回复审决定（申请商标予以初步审定），并顺利获得商标注册证。

■ 办案心得

由于公益商标不同于投入市场经营获利的商业商标，该案重点介绍公益商标在商标驳回复审案中的复审要点：

1. 重点说明申请商标和公益活动紧密关联的含义，表明申请商标的独创性和显著性。证明申请商标和各引证商标在含义、组成、整体形象等方面的显著区别。

申请商标是申请人根据"创益菊城"公益活动的精神而独创的商标，申请人在公益活动中使用的具体商标设计是" "。

首先，"创益菊城"一词中，"菊城"是广东省中山市小榄镇的别称，对应申请人的所在地——广东省中山市小榄镇。由于该小榄镇的家家户户都爱菊种菊，每年小榄镇人民政府更是举行盛大的菊花展会，展出各种不同的菊花，因此，人们将小榄镇美称为"菊城"。因此，"创益菊城"中的"菊城"对应的是申请人的所在地。

其次，"创益菊城"一词中，"创益"就是指"创新公益"。这个和申请人开展的公益活动的精神是一致的，即力求开展各类创新、实效的创投活动，链接社会各方资源，用于支持公益项目开展公益服务，保证项目可持续发展。

紧紧围绕小榄镇"创益菊城"活动创新、互助、公益的宗旨，申请人独创设计了申请商标。申请商标是由5片菊花花瓣变形成一个手掌，菊花象征着菊城——小榄。手掌的 5 个手指又象征着政府、企业、公益机构、热心人士和志愿者五股公益力量，这五股力量用手掌寓意凝聚在一起，发挥各自在公益领域的创意和作用。而"手"又有"动手""做"的含义，寓意着大家一起行动和践行公益，而"5"又有"多"的含义，象征着"人人公益"的愿景。

总的来说，申请商标是由 5 片菊花花瓣形成的手，是互助之手，象征着公益活动互助的精神。申请人在公益活动中使用的"创益菊城"设计完整地表达了"创益菊城"公益活动的内涵。

申请商标和"创益菊城"公益活动、"菊城"（小榄镇）具有密切的联系，其独特的商标设计，决定了其具有很高的显著性特征。而且，申请商标多年来在"创益菊城"公益项目中得到了大量的使用和宣传，申请商标的显著性特征更加进一步地加强。相关公众一看到申请商标，就会自动地联想到"创益菊城"公益活动，不容易使相关公众混淆。

下面是结合商标的含义、组成、整体形象等方面，证明申请商标和各引证商标存在明显区别。

（1）申请商标和引证商标一对比。

申请商标是由 5 片菊花花瓣组成的一个手掌。而引证商标一是多个小支流由上而下流淌，最终汇聚成一个大支流。引证商标一的这一含义是与引证商标一的商标权人"山东汇森投资担保有限公司"担保、资本投资的经营活动紧密结合的。引证商标一中，水流由上而下流淌，寓意资金的快速流通，而资金的快速流通对于引证商标权人担保、资本投资的经营活动是至关重要的，该商标寄托了引证商标权人对自身资金流通快速的美好期望。其次，多个小支流最终汇聚成一个大支流寓意引证商标权人的资本投资活动成功，各个投资途径的资金如水一样汇聚到引证商标权人名下。

可以说，引证商标一无论是其组成方面还是其含义方面，都是和引证商标权人的担保、资本投资的经营活动紧密相连的，完全不具有申请商标的公益活动的含义。

更重要的是，申请商标和引证商标一在整体形象方面区别明显。首先，申请商标是菊花花瓣形成的一只手掌，引证商标一是河流流淌，多个小支流由上而下流淌，最终汇聚成一个大支流。其次，申请商标颜色鲜艳，由蓝色、黄色、红色、紫色组成，对应不同菊花花瓣的颜色；而引证商标一是黑白图形，没有艳丽的色彩。鲜艳色彩的申请商标和黑白的引证商标一，在视觉上给相关公众带来了完全不同的视觉感受。再且，申请商标没有黑色圆形作为背景，而引证商标一是以黑色圆形作为背景。

总的来说，在商标的组成、含义、整体形象方面，申请商标和引证商标一具有较大区别，不容易使相关公众混淆。申请商标和引证商标一不构成类似服务上的近似商标。

（2）申请商标和引证商标二对比。

申请商标是菊花花瓣组成的一只手掌图案，象征着大家动手做公益、人人参与公益。

而引证商标二酷似一个烟斗，烟斗头朝左，烟斗嘴朝右。

因此，申请商标和引证商标二所表达的含义完全不同。其次，申请商标和引证商标在商标的色彩设计上完全不同，导致申请商标和引证商标在整体上形象上的区别更加明显，相关公众不容易混淆。具体来说，申请商标由蓝色、黄色、红色、紫色组成，而引证商标二由红色、橙色、绿色组成，两者的颜色组成区别明显。基于不同颜色对于人们视觉感观带来的冲击，相关公众是能够轻易区分不同颜色、不同形状的申请商标和引证商标二的。

（3）申请商标和引证商标三对比。

在商标的组成方面，申请商标是纯图形商标，不含有文字；而引证商标三是由图形和中文"春雷精审"组成。引证商标三的文字"春雷精审"更是设计独特，甚至设计罕见，独特的文字设计，使得申请商标和引证商标三区别明显，也能够促使相关公众轻易区分。另外，在图形部分的对比上，申请商标的图形和引证商标三的图形部分也是区别明显的。申请商标是彩色的5个花瓣组成的手掌，而引证商标三的图形是背部朝下、头部朝上的鸟，且鸟尾部的羽毛众多。因此，申请商标的图形和引证商标三的图形是对应完全不同的事物。

另外，在商标的含义方面，引证商标三的文字部分"春雷精谇"和引证商标权人的商号"春雷精谇"基本一致，相关公众一看到引证商标"春雷精审+图形"就十分容易自动地联想到引证商标权人——北京春雷精谇会计师事务所，相关公众就更加不容易混淆申请商标和引证商标三了。

可以说，申请商标和引证商标三除了文字组成不同外，就连图形部分都是对应不同的事物，商标整体的含义也不同。当然，申请商标和引证商标三由于组成、设计、表达方式上的不同，带给了相关公众完全不同的视觉感受和第一印象，申请商标和引证商标三的整体形象也是不同的。申请商标和引证商标三不构成类似服务上的近似商标。

（4）申请商标和引证商标四对比。

在商标的组成、含义方面，申请商标是由5个菊花花瓣组成的手掌，对应申请人举行的慈善募捐活动人人动手做公益、人人参与公益的宗旨。而结合引证商标四的商标权人"北京云鸟科技有限公司"的商号"云鸟"，引证商标四就是一只云中飞翔的小鸟。因此，申请商标的含义是手掌，引证商标四的含义是小鸟，两者所指向的事物完全不同。申请商标和引证商标四在商标的组成、含义方面区别明显。并且，正是由于申请商标和引证商标四指向不同的事物，带给了相关公众不同的视觉感受和第一印象，申请商标和引证商标四在整体形象方面完全不同。

我国《最高人民法院关于审理商标民事纠纷案件适用法律若干问题的解释》第九条第二款规定，《商标法》第五十二条第（一）项规定的商标近似，是指被控侵权的商标与原告的注册商标相比较，其文字的字形、读音、含义或者图形的构图及颜色，或者其各要素组合后的整体结构相似，或者其立体形状、颜色组合近似，易使相关公众对商品的来源产生误认或者认为其来源与原告注册商标的商品有特定的联系。

根据以上规定，申请商标和各引证商标在商标的组成、设计、含义方面具有较大区别，更在商标的整体形象方面完全不同，不容易使相关公众产生混淆、误认。因此，申请商标和各引证商标不构成类似服务上的近似商标。申请商标未违反《商标法》三十条的规定。

2. 申请商标作为"创益菊城"公益活动的标志，申请商标所对应的"募集慈善基金"服务属于公益性质，不进入竞争市场，和引证商标是不构成市场竞争关系的，根本不会造成相关公众混淆。

《最高人民法院关于审理商标授权确权行政案件若干问题的意见》（法发〔2010〕12号）第十六条指出，人民法院认定商标是否近似，既要考虑商标标志构成要素及其整体的近似程度，也要考虑相关商标的显著性和知名度、所使用商品的关联程度等因素，以是否容易导致混淆作为判断标准。

上述《意见》明确指出，认定商标是否近似，必须以是否容易导致混淆的结果为判断标准。在该案中，结合申请商标的实际情况，第23190908号申请商标作为"创益菊城"公益活动的标志，申请人开展的慈善募捐活动、申请商标所对应的"募集慈善基金"服务属于公益性质，不进入竞争市场，申请商标和引证商标是不构成市场竞争关系的，根本不会造成相关公众混淆。申请商标的核准注册，是不会造成引证商标对应的商标权人的利益受损的。

3. 相关公众主动、积极地参与到慈善公益活动中，是主动识别申请商标，而不是被动地挑选服务提供者和服务商标，这一主动参与活动、主动识别申请商标的特征，相关公众是不容易将申请商标和引证商标混淆的。

申请人在慈善募捐公益活动中提供的"创益菊城"募集慈善基金这一公益服务的时候，相关公众是主动、积极地参与到该公益活动中，而不是面对不同的服务提供者、不同的服务商标，进而挑选服务的。相关公众这种积极参与、主动识别申请商标的特殊情况，相关公众是更加容易区分申请商标和引证商标的。

4. 相关公众参加慈善募捐活动，必然十分关注慈善基金的管理单位、受赠单位，即"募集慈善基金"服务的提供者的，也就是说相关公众必然是知道服务提供者的，根本不容易产生混淆的结果。

对于慈善募捐活动，相关公众必然十分关注慈善基金的管理单位、受赠单位，相关公众必然十分关注他们所捐出的慈善款项是由谁管理、如何使用、最终成效如何等等。这些种种的关注，甚至可以说是监督慈善工作的情况下，相关公众必然是知道"募集慈善基金"服务的提供者，即申请人"中山市小榄镇资产经营有限公司"的，根本不容易产生混淆的结果。

■ 小结

公益商标由于其本身的非营利性质，不同于投入市场经营获利的商业性商标。该案在阐明涉案申请商标与各引证商标在图形的构图及颜色，或者其各要素组合后的整体结构不相似的基础上，同时重点阐明申请商标和公益活动紧密关联的含义，表明申请商标的独创性和显著性，以及强调相关公众主动参与公益、主动识别商标并不易对服务来源造成混淆等方面，最终获得国家商标局的核准注册。该案申请商标获准注册为公益商标的驳回复审提供了一个新思路。

除了以上第 36 类募集慈善基金项目商标外，三环还代理申请人成功注册了第 41 类教育、第 43 类养老院服务 " " " 创益苑城 " 商标，为申请人顺利开展

" 创益苑城 " 公益活动保驾护航。

■ 法律链接

《中华人民共和国商标法》（2013 年）第三十条；

《最高人民法院关于审理商标民事纠纷案件适用法律若干问题的解释》（法释〔2002〕32 号）第九条第二款；

《最高人民法院关于审理商标授权确权行政案件若干问题的意见》（法发〔2010〕12 号）第十六条。

版权在先　杜绝抢注

——第 33263212 号"凤鸣粤韵艺术团及图形"商标异议申请案

温乾

张某和蒋某同为粤剧艺术团的成员，张某在明知蒋某于 2015 年 9 月 8 日委托设计室完成的粤剧艺术团标志的情况下，以"中山市某文化传媒有限公司"的名义于 2018 年 9 月 2 日向国家商标局提交了与其在构成要素、视觉效果等方面完全相同的第 33263212 号商标的注册申请，并获得初审公告。

蒋某委托代理律师对以上商标提出异议申请，商标局认定张某应当知晓以上图形为蒋某享有著作权的作品，在未经蒋某许可的情况下，将蒋某的作品作为商标申请注册，损害了蒋某享有的著作权，违反了《商标法》第三十二条的规定，第 33263212 号被异议商标不予注册。

由于国家版权局对于著作权登记只进行形式审查，不对作品的创作完成日进行实质审查。在作品的创作完成日早于被异议商标申请日，而著作权登记日晚于被异议商标申请日的情况下，如果仅仅提供版权局颁发的《作品登记证书》，国家商标局往往不予认定异议人享有在先的著作权，从而不予认定被异议商标损害了异议人在先的著作权。

该案例重点阐明，在以上情况下，如何结合著作权登记证书和其他的证据，证明创作完成日的真实性，证明在被异议商标申请日前异议人就依法享有著作权。此外，该案例重点阐明，被异议人存在接触异议人在先著作权的证据收集思路。

■ 案情简介

为了筹划成立"凤鸣粤韵艺术团"这个粤曲演唱为主的民间团体，于 2015 年 9 月 3 日，蒋某和某设计室签订了《委托设计协议》，委托后者设计"凤鸣粤韵艺术团"用于开展粤剧表演等活动的标识。2015 年 9 月 8 日，设计室设计完成了"凤鸣粤韵艺术团"的标识 。张某和蒋某同为艺术团的成员，张某在明知以上作品的情况下，以"中山市某文化传媒有限公司"的名义于 2018 年 9 月 2 日向国家商标局提交了第 33263212 号 商标的注册申请，并获得初审公告。蒋某委托三环对该商标提出了异议申请。

在异议申请一案中，蒋某（以下简称"异议人"）主张第 33263212 号商标损害了其在先享有的著作权。异议人提交了国家版权局出具的"凤鸣粤韵艺术团"作品著作权登记证（创作完成日期为 2015 年 9 月 8 日，登记日期为 2019 年 6 月 24 日）。此外，异议人还提交了委托设计协议、设计费收据、设计室出具的委托设计人为蒋某的设计声明，商标局认定：在无相反证据予以推翻的情况下，可以认定异议人对以上"凤鸣粤韵艺术团"作品享有著作权。

另外，异议人提供的成员关系证明、艺术团演出视频、演出照片证据证明，在被异议商标申请日前，被异议人法定代表人张某和异议人蒋某同为"凤鸣粤韵艺术团"成员，异议人及凤鸣粤韵艺术团在商业活动中已经使用了"凤鸣粤韵艺术团"作品，被异议人接触并知晓异议人作品。被异议商标图形与异议人作品在构成要素、设计手法、视觉效果等方面完全相同。被异议人亦未说明其设计具有合理来源。

综上，国家商标局认定被异议人应当知晓以上图形为异议人蒋某享有著作权的作品，在未经异议人许可的情况下，将异议人的作品作为商标申请注册，损害了异议人享有的著作权，违反了《商标法》第三十二条"申请商标注册不得损害他人现有的在先权利"的规定，第 33263212 号商标不予注册。

■ 办案心得

未经著作权人的许可，将他人享有著作权的作品申请注册商标，应认定为对他人在先著作权的损害，系争商标应当不予核准注册或者予以无效宣告。适用要件如下：

（1）在系争商标申请注册之前他人已在先享有著作权；

（2）系争商标与他人在先享有著作权的作品相同或者实质性相似；

（3）系争商标注册申请人接触过或者有可能接触到他人享有著作权的作品；

（4）系争商标注册申请人未经著作权人的许可。

该异议申请案中，由于被异议商标和异议人作品完全相同，均为 ，显而易见，完全构成以上适用要件（2）。而适用要件（4）的举证责任在被异议人。因此，该案的焦点是要证明以上适用要件（1）在系争商标申请注册之前他人已在先享有著作权、适用要件（3）系争商标注册申请人接触过或者有可能接触到他人享有著作权的作品。

一、证明在被异议商标申请日前，异议人已经享有著作权

在先享有著作权是指，在系争商标申请注册日之前，他人已经通过创作完成作品或者继承、转让等方式取得著作权。

该案用于证明异议人享有著作权的《作品登记证书》上，载明的创作完成日（2015年9月8日）早于被异议商标申请日，但是登记日（2019年6月24日）晚于被异议商标申请日。由于国家版权局对于著作权登记只进行形式审查，不对著作权登记证书的创作完成日进行实质审查。在作品的创作完成日早于被异议商标申请日，而著作权登记日晚于被异议商标申请日的情况下，如果仅仅提供著作权登记证书，国家商标局往往不予认定异议人享有在先的著作权，从而不予认定被异议商标侵犯了异议人在先的著作权。

因此，为了证明创作完成日的真实性，证明被异议商标申请日前异议人就享有著作权，异议人提供了以下一系列的证据来证明：

序号	证据内容	证明事实
1	《作品登记证书》	异议人自2015年9月8日享有"凤鸣粤韵艺术团"作品的著作权
2	委托设计协议	异议人于2015年9月3日开始委托设计室设计"凤鸣粤韵艺术团"作品
3	设计室的营业执照	
4	设计费收据	设计室收取了作品的设计费
5	设计室关于作品的设计声明	设计室是受异议人委托，于2015年9月8日设计完成"凤鸣粤韵艺术团"作品
6	异议人电脑现存的"凤鸣粤韵艺术团"图形信息	"凤鸣粤韵艺术团"图形的创建时间为2015年9月8日

通过以上一系列的证据可以证明，异议人是委托设计室设计"凤鸣粤韵艺术团"作品，并于2015年9月8日设计完成。商标局也认定了在被异议商标申请日前，异议人就享有"凤鸣粤韵艺术团"作品的著作权。

二、证明在被异议商标申请日前，被异议人已经接触过异议人享有著作权的作品

被异议人的法定代表人张某和异议人都是"凤鸣粤韵艺术团"的成员，张某在明知"凤鸣粤韵艺术团"标识的前提下，以"中山市某文化传媒有限公司"的名义将"凤鸣粤韵艺术团"标识恶意注册为被异议商标，损害了异议人的著作权。

为了证明被异议人的法定代表人"张某"和异议人都是"凤鸣粤韵艺术团"的成员，双方认识并存在交集，异议人提供了下列的证据证明：

序号	证据内容	证明事实
1	蒋某和张某都是"凤鸣粤韵艺术团"成员的证明以及证明人的身份证复印件	共11个"凤鸣粤韵艺术团"成员签名证明蒋某和张某都是"凤鸣粤韵艺术团"的成员之一
2	"凤鸣粤韵艺术团"外出旅游、演出视频	蒋某和张某曾经共同参与凤鸣粤韵艺术团的活动，并且活动中多次出现异议人蒋某"凤鸣粤韵艺术团"的作品
3	"凤鸣粤韵艺术团"外出旅游、演出照片	

续表

序号	证据内容	证明事实
4	被异议人"中山市某文化传媒有限公司"的工商信息	张某是被异议人的法定代表人

以上一系列证据可以证明，被异议人的法定代表人张某存在接触、知悉异议人享有著作权的"凤鸣粤韵艺术团"作品。

被异议人向商标局申请被异议商标"凤鸣粤韵艺术团"的申请日是2018年9月2日，而早在该商标申请日之前的2015年9月8日，异议人就享有"凤鸣粤韵艺术团"的著作权。更重要的是，被异议商标和异议人享有著作权的"凤鸣粤韵艺术团"设计完全相同。

因此，异议人享有"凤鸣粤韵艺术团"标识的著作权在先，张某以"中山市某文化传媒有限公司"的名义注册被异议商标在后，被异议商标损害了异议人在先的著作权。被异议人的恶意抄袭注册被异议商标的行为，违背了商标注册的诚实信用原则。

《商标法》第七条第一款规定，申请注册和使用商标，应当遵循诚实信用原则。《商标法》第三十二条规定，申请商标注册不得损害他人现有的在先权利，也不得以不正当手段抢先注册他人已经使用并有一定影响的商标。

总的来说，《作品登记证书》、异议人电脑现存的"凤鸣粤韵艺术团"证据，和异议人已经提交的《委托设计协议》、设计费收据、"某设计室"的设计声明、"凤鸣粤韵艺术团"成员的签名证明、"凤鸣粤韵艺术团"举办的活动照片等证据结合，能够证明这一事实：异议人是"凤鸣粤韵艺术团"的合法著作权人，被异议人的法定代表人张某和异议人都是"凤鸣粤韵艺术团"的成员，张某在明知"凤鸣粤韵艺术团"标识的前提下，以"中山市某文化传媒有限公司"的名义将"凤鸣粤韵艺术团"标识恶意申请为被异议商标，损害了异议人的著作权在先。被异议商标违反了《商标法》第七条、第三十二条的规定。

■ 小结

我国《商标法》第三十二条规定"申请商标注册不得损害他人现有的在先权利"，在先权利是指在系争商标申请注册日之前已经取得的，除商标权以外的其他权利，包括字号权、著作权、外观设计专利权、姓名权、肖像权以及应予保护的其他合法在先权利和法益。

首先，在商标异议或者无效宣告案件中，如果涉及在先著作权的认定，商标注册证或者晚于系争商标申请注册日进行登记的著作权登记证书，都不能单独作为认定著作权成立的定案证据。该案异议人提供晚于被异议商标申请注册日进行登记的著作权登记证书的同时,一并提供其他证据(如:委托设计合同、设计费收据、设计室关于作品的设计声明、异议人电脑现存的作品时间属性信息)来共同证明异议人在被异议商标申请日之前享有在先著作权。

其次,证明系争商标申请人接触过或者可能接触过异议人在先享有著作权的作品。该案中,异议人蒋某邀请艺术团的其他成员来签名证明,蒋某和被异议人的法定代表人张某都是"凤鸣粤韵艺术团"的成员之一,且提供艺术团活动的视频、照片予以佐证。由于异议人在先享有著作权的作品是作为艺术团的标识使用,因此艺术团活动的视频、合影照片基本都有异议人的作品。蒋某和张某都是"凤鸣粤韵艺术团"成员的证明、证明人的身份证复印件以及"凤鸣粤韵艺术团"活动的视频、合影照片,共同证明了被异议人存在直接接触异议人"凤鸣粤韵艺术团"作品的事实。

在商标异议申请案件或者商标无效宣告申请案件中,异议人或者无效宣告申请人主张著作权作为在先权利的情况下,如果作品登记日晚于系争商标申请日,必须结合具体的案情,提供其他的证据佐证作品的完成日或者发表日是早于系争商标申请日。并且结合具体案情,提供证据证明系争商标申请人接触过或者可能接触过异议人或者无效宣告申请人在先享有著作权的作品。

一旦出现著作权登记日晚于系争商标申请日,而著作权人主张著作权作为在先权利的情况下,著作权人需要提供一系列的证据佐证著作权登记日的真实性。现实案件中,存在部分著作权人无法举证或者证据不合格的情形。为了避免出现这一繁杂的举证环节,著作权人在作品创作完成后应当及时向国家版权局办理版权登记,完善保护自身合法的著作权。

■ 法律链接

《中华人民共和国商标法》(2013 年)第七条第(一)款、第三十二条。

通俗图形　合理使用

——衍康中医诊疗（广东）有限公司第 44245813 号"图形"商标驳回复审案

邹国珊　廖珮伶

> 因申请商标含有普见的、商家喜用的爱心图形，国家知识产权局引证多个含有手拉手爱心造型的引证商标以驳回申请人第 44245813 号"图形"申请商标。我们在复审时，论述了申请商标具有极强的显著性，且申请商标的整体视觉效果与引证商标存在明显区别，以及相关公众在区分服务商标时的特殊性，相关公众施以一般注意力观察时不易混淆，不构成近似商标。最终国家知识产权局决定，申请商标与引证商标不构成近似商标，申请商标予以初审公告。

■ 案情简介

衍康中医诊疗（广东）有限公司（以下简称"申请人"）于 2020 年 2 月 27 日向商标局在第 35 类上提出申请注册"图形"商标，申请号为第 44245813 号。

国家知识产权局以申请商标违反《商标法》第三十条、第三十一条的规定为由驳回了申请商标，引证商标为第 38929501 号商标、第 8199616 号商标、第 10226097 号商标、第 7931106 号商标、第 31067819 号商标、第 44230140 号商标。

第 44245813 号申请商标

申请人委托三环向国家知识产权局申请复审。申请人认为，申请商标是申请人基于自身的经营理念而独创臆造的商标，具有极强的显著性和识别度，而且，申请商标和各引证商标在商标的组成、构图、含义、读音、整体形象方面区别明显，申请商标和各引证商标不构成类似服务项目上的近似商标。申请商标未违反《商标法》第三十条、第三十一条的规定。

另外，考虑到第 35 类"广告；替他人推销"等商业服务项目的特殊性，普通消费者是能够轻易区分申请商标和各引证商标的，是清楚知道服务提供者的，根本不容易产生混淆服务来源的结果。

因此，申请人请求撤销商标驳回决定，并核准第 44245813 号商标在所申请的所有服务项目上予以初审公告。

国家知识产权局经复审认为，申请商标与驳回决定中引证商标在整体构成和视觉效果上均存在差异，指定使用在广告等服务项目上，普通消费者施以一般注意力观察时不易混淆，未构成《商标法》第三十条、第三十一条所指的使用在同一种或类似服务项目上的近似商标。申请商标予以初审公告。

■ **办案心得**

因申请商标含有普见的、商家喜用的爱心图形，国家知识产权局引证多个含有手拉手爱心造型的引证商标以驳回申请商标。我们从申请商标的显著性、商标不近似和相关公众识别服务商标的特殊性等角度，论述了相关公众施以一般注意力观察时不易混淆。最终，国家知识产权局支持了我们的观点。

代理该案具体有如下三个要点：

一、强调申请商标的显著性和易识别性

我们首先说明申请商标是申请人基于自身的经营理念而独创、臆造的商标，具有极强的显著性和识别度，一般公众完全可以凭借其具备的极强显著性实现与各引证商标的区分。

根据申请商标的图样，我们从以下几个方面阐述说明申请商标的极强显著性：

1. 申请人的经营理念：秉承"药食同源、健康之源"的理念，精心选用天然草本，采用现代工艺制作呵护每一款产品，致力于儿童成长过程中不同的健康和营养需求，为儿童和广大消费者享受健康生活而不懈努力。

2. 在商标的组成、构图方面：申请商标富含了申请人的经营理念以及巧心设计，其中每一构成部分均是不可忽视的显著部分。

具体来说，申请商标的上下部分是"玉如意"的卡通图案，具体设计形式为"▧""▧"，二者对称地置于上方、下方，有"称心如意、吉祥如意"的寓意。

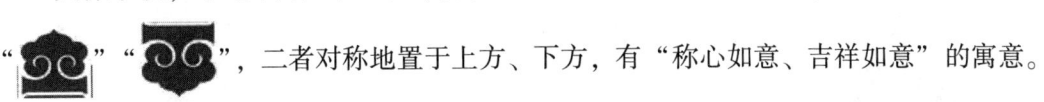

申请商标的中间部分实际是小孩和大人手拉手所形成的爱心造型设计，寓意"以人为中心，用心呵护儿童的健康成长"。

而申请商标的左右部分是"草本植物"的艺术化设计，其与爱心造型设计相伴，意指用心以草本产品呵护儿童的健康，和"申请人精心选用天然草本，采用现代工艺制作呵护每一款产品"

大人 ＋ 小孩 ＝ 大人和小孩手拉手的情景再现

申请商标中间部分设计含义

的经营理念相呼应。可以说，申请商标的整体构图十分巧妙，每一处构图尽显申请人的独特构思及寓意，是申请人独特设计而成的。

3. 在商标的整体形象方面：申请商标是由申请人精心设计的"玉如意""小孩与大人手拉手""草本植物"的艺术化、形象化图案设计组合而成的，整体风格十分独特，从外观上看，申请商标整体上更像是一块玉佩。而且，在商标的用色方面申请商标还采用了鲜艳的大红色，和爱心造型设计相呼应，不仅给一般公众留下强烈的视觉冲击，还会留下欢乐活泼的视觉感觉。申请商标的独特设计、巧妙用色，进一步彰显了申请商标在指定服务项目上的极强显著性。

4. 在商标的含义方面：申请商标主要表现为"申请人精心选用天然草本，采用现代工艺制作呵护每一款产品，以草本产品呵护儿童的健康成长，从而使大人（爸爸妈妈）称心如意"。

综上所述，申请商标为申请人原创，具有极强的显著性，与引证商标共存于市场，完全不会被消费者混淆误认，其理应予以核准注册。

二、从音、形、义、整体视觉效果等多角度论述申请商标与引证商标不构成近似

判断商标是否近似，应该从商标的组成、构图、含义、读音、整体形象方面判断，而不能单独判断其中一部分而片面认定申请商标和各引证商标构成近似商标。爱心造型是各行各业都喜用的图形，申请商标和各引证商标在各方面均有具有巨大差异，不易使消费者产生混淆误认，不属于近似商标。

1. 在商标的组成、设计方面，申请商标和各引证商标区别明显，共存于市场，完全不会引起相关公众的混淆误认。

正如前文所述，申请商标的上方、下方是"玉如意"的艺术化图形，中间部分为"小孩与大人手拉手"爱心造型艺术设计，左右部分为"草本植物"的艺术化图形设计。因此，申请商标是多图形元素的、指定红色的图形商标，明显不含有文字（中文或英文）元素。

引证商标一至四和六是由图形及文字组合而成，其中引证商标一、引证商标三、引证商标四、引证商标六为黑白图文组合，仅引证商标二为彩色图文组合。引证商标五则为黑色的纯图形商标，没有指定颜色。

可见，各引证商标均不具备申请商标的"玉如意""草本植物"等图形设计，申请商标也不具备引证商标的中文或英文元素，二者在组成上具有明显差异。

至于图形设计部分，申请商标的爱心造型部分实际上是大人和小孩手拉手的情景的艺术化表现，大人和小孩的头部距离也是比较远的，在有"玉如意""草本植物"艺术图形相伴的情况下，申请商标中的图形设计与各引证商标的图形设计是具有极大差异的。

引证商标一是双手拼成的爱心造型；引证商标二右边部分" "跳跃感十分强；引证商标三黑色线条里也明显出现几处白色等反光要点；引证商标四的图形形成的爱心非常对称，且爱心上方两个圆点靠拢；引证商标五爱心造型呈现左低右高，线条上方存在交叉；引证商标六的图形实际上是一个微笑表情。

综上，申请商标和各引证商标在商标的组成、设计方面均区别显著，不容易使普通消费者对服务的来源产生混淆或误认。

2. 在商标的含义方面，申请商标和各引证商标区别显著，共存于市场，根本不会导致消费者产生混淆或误认。

首先，申请商标的含义为"申请人精心选用天然草本，采用现代工艺制作呵护每一款产品，以草本产品呵护儿童的健康成长，从而使大人（爸爸妈妈）称心如意"。

其次，由于文字元素比图形元素的识别度更高，因此，当商标既包含图形又包含文字的时候，普通消费者更多地趋向于主动识别商标文字部分，从而将文字部分认定为商标的含义。

引证商标一至四和六均是图文商标，其主要含义应当分别是"众爱班""天下福娃""俊嘉""贝盈"和"添添实惠"。引证商标五的商标权人还向商标局提交第35类第31074811号"龙康LONG KANG及图形"商标注册，可见引证商标五的实质含义为"龙康"。

由上可见，申请商标和各引证商标在整体含义、实际含义方面均具有较大差异，二者共存于市场上，极不容易导致消费者对服务的来源产生混淆误认。

3. 在商标的读音方面，申请商标和各引证商标具有明显差异，共存于市场，完全不会引起消费者混淆或误认。

申请商标不具备可识读部分。反之，各引证商标是具备可识读部分的。根据可识读部分，引证商标一至六的读音分别为"zhong ai ban""［wɜ：ld］fu wa""jun jia""Bei ying""long kang"和"tian tian shi hui"。

所以，从读音上看，申请商标和各引证商标区别十分明显，各引证商标均具有可识读部分，共存于市场，根本不会造成消费者的混淆误认。

4. 在商标的整体形象方面，申请商标和各引证商标有着天壤之别，所带给消费者的记忆印象是截然不同的，根本不会使消费者混淆或误认。

由于不同的组成、不同的设计、不同的含义、不同的读音，使得申请商标和各引证商标带给消费者截然不同的视觉感受和第一印象。二者是完全不同的商标。

判断商标是否近似，更应该从商标设计风格、整体视觉效果方面判断，而不能单独判断其中一部分而片面认定申请商标和各引证商标构成近似商标。爱心造型是各行各业都喜用的图形，申请商标和各引证商标在设计风格、整体视觉效果上是具有巨大差异的。

正如前文所述，申请商标为指定颜色商标，整体色调为红色。申请商标是由"玉如意""草本植物""大人和小孩手拉手"的艺术化图形组合而成，从整体外观上看更像是一块红色玉佩，不仅给人留下强烈的视觉冲击感，还给人一种生机勃勃的感觉。

反之，各引证商标明显不具备红色玉佩的整体视觉效果，也不具备生机勃勃的感觉。具体而言，引证商标一白色的图形、白色的文字置于黑色的正方形背景中，给人一种庄重的感觉。引证商标二亦为指定颜色商标，其采用玫红色线条，黄色的圆点以及玫红色的字体设计，右边部分设计十分跳跃，整体上给人一种舞动、跳跃的感觉。而且玫红色与黄色在外观上的视觉差别以及形状上的差别不言而喻。引证商标三、四、五、六均是黑白商标，带给消费者一种沉静的感觉，加之，引证商标三、四、六存在文字要素，这些要素无不导致了和申请商标存在着极大的区别。

可见，申请商标和各引证商标在整体外观均有极大的区别，无论是整体的构图形式，还是商标的要素组成、字体风格以及颜色，均存在着极大的差异。从视觉上消费者完全能够非常容易将申请商标和各引证商标实现区分，二者不构成类似服务项目上的近似商标。

三、强调第 35 类"广告；替他人推销"等商业服务的特殊性

申请商标和各引证商标均是注册在第 35 类服务类别的商标，而服务类别与商品类别是有很大区别的。在商场里，是多个不同牌子的商品摆放在同一地方供消费者挑选，消费者是被动地去识别不同商标和厂家的产品。

而服务商标则不同，服务商标的服务提供者大多有自身特定的经营门店，消费者是根据服务提供者的声誉、服务质量、服务态度，到特定的门店购买特定的服务的，甚至会有专门的服务人员和消费者进行对接服务。例如，消费者挑选理发店时，是先认可理发师的服务质量、服务态度，再到指定的门店接受理发服务的，有专门的理发师对消费者跟进服务。

面对商品商标，消费者更多地趋向于被动识别商品商标和厂家。面对服务商标，消费者是主动地去挑选服务商标和服务提供者。在这种主动识别商标、主动挑选服务提供者的情况下，消费者是能够轻易发现申请商标和引证商标的区别的，根本不容易产生混淆服务来源的结果。

此外，服务商标是依附于服务提供者的服务而存在的，消费者是先认可服务提供者的服务质量、服务态度，再对服务商标留有美好印象。相对于商品商标，服务商标和服务提供者之间具有更加紧密的联系。

更重要的是，在本案中，申请商标和引证商标均是申请注册在"广告；替他人推销"等商业服务上，商场如战场，基本上每个公司、每个经营者在挑选商业服务的时候，必然是对服务提供者、服务质量、服务内容进行详细的了解，更有甚者，是消费者和服务提供者双方订立正规的服务合同。在此实际情况下，消费者（市场经营者）是必然清楚知道服务提供者，根本不容易产生混淆的结果。

在此，考虑到第35类"广告；替他人推销"等商业服务的特殊性，普通消费者是清楚知道服务提供者的，是能够轻易区分申请商标和各引证商标的，根本不容易产生混淆服务来源的结果。申请商标未违反《商标法》第三十条的规定，申请商标依法应当予以注册。

■ 小结

判断商标是否近似，应该从商标设计风格、整体视觉效果方面判断，类似本案中因其一部分而认定申请商标和各引证商标构成近似商标的案件，可从商标风格等整体效果进行申诉。

另外，第35类服务商标具有其特殊性，面对商品商标，消费者更多地趋向于被动识别商品商标和厂家；面对服务商标，消费者是主动地去挑选服务商标和服务提供者。在这种主动识别商标、主动挑选服务提供者的情况下，消费者是更加能够轻易发现申请商标和引证商标的区别的，不容易产生混淆服务来源的结果。

■ 法律链接

《中华人民共和国商标法》（2013年）第三十条、第三十一条；

《最高人民法院关于审理商标民事纠纷案件适用法律若干问题的解释》（法释〔2002〕32号）第九条第二款。

恶意囤积　商标无效

——第 23809511 号"亲亲屋"商标无效宣告案

卢静芬　张瑞芳

商标是相关公众识别商品或服务来源的特定标记，驰名商标因承载了经营者多年累积的商誉而价值不菲。近年来，伴随着商标注册程序优化、注册周期缩短、注册成本降低，出现了以傍名牌为目的的恶意申请和大量囤积注册商标转让牟利等问题。

该案第 23809511 号第 25 类争议商标"亲亲屋"即这类恶意囤积注册商标牟利的案例。

代理人依据《商标法》第四十四条第一款、第三十二条、第三十条等法律法规，于 2019 年 8 月请求国家知识产权局对该注册商标予以宣告无效。

国家知识产权局于 2020 年 12 月下发《关于第 23809511 号"亲亲屋 QINQIN-WU"商标无效宣告请求裁定书》（商评字〔2020〕第 0000197048 号），依法宣告该注册商标在全部核定注册商品上无效。

■ 案情简介

福建亲亲股份有限公司（以下简称"申请人"）是福建省农业产业化重点龙头企业，公司始创于1985 年，目前拥有员工 2800 多名，现公司旗下设立 7 个生产基地及 16 家商贸分公司。产品行销全国 30 个省，并出口欧美、俄罗斯及东南亚一带。现在全国设有经销商 2000 多个，"亲亲"虾条、果冻等主导产品销售额和市场占有率居全国同行业前列，先后被中国食品工业协会认定为"中国名优食品""福建省名牌产品""中国名牌产品""中国绿色食品"；2005 年"亲亲"商标（3293583 虾味条、3293585 果冻）已被认定为中国驰名商标（〔2005〕哈民初字第 23 号），在争议商标申请注册日（2017 年 4 月 26 日）之前，申请人及其"亲亲"品牌已在国内相关公众中享有高知名度和美誉度，已经为公众所熟知。被申请人违反诚实信用原则，在第 25 类抢注与申请人驰名商标"亲亲"相近似的"亲亲屋"商标，致使申请人的品牌被淡化，其行为违反了《商标法》相关规定，应当予以规制。

该案第 23809511 号"亲亲屋"商标（以下简称"争议商标"）由司某某（该案

被申请人）于 2017 年 4 月 26 日提出注册申请，核定使用在第 25 类"童装；服装；婴儿全套衣；鞋（脚上的穿着物）；运动鞋；围巾；帽子；袜；手套（服装）"商品上，2018 年 4 月 14 日获得核准注册。

2019 年 8 月，该案申请人福建亲亲股份有限公司委托三环维权。

接受委托后，代理人即对争议商标的法律状态、实际使用情况、被申请人的背景等展开调查，发现该商标注册后并没有使用，而是在"预售"状态（通过商标检索工具查询可知，争议商标第 23809511 号于 2018 年 4 月 4 日获得核准注册，商标预售栏备注：面议），被申请人作为个体工商户，却短时间内申请注册 300 多个商标，其中 219 个为第 25 类且均显示"预售"，且申请的商标不乏模仿、抄袭他人知名品牌。综合调查取得的证据材料，依据《商标法》第三十条、第三十二条、第四十四条第一款相关规定，向国家知识产权局提起该商标注册无效宣告。

国家知识产权局经审理认为：争议商标显著认读汉字"亲亲屋"完整包含引证商标三显著认读汉字"亲亲"，呼叫、文字构成、视觉效果等方面相近，构成近似标识。争议商标核定使用的服装商品与引证商标三上核定使用的婚纱商品属于类似商品。争议商标与引证商标三并存使用在上述类似商品上，易使消费者产生混淆误认，故争议商标在服装商品上与引证商标三已构成 2013 年《商标法》第三十条所指的使用在同一种或类似商品上的近似商标。

2013 年《商标法》第四十四条第一款"以欺骗手段或者其他不正当手段取得注册"的"其他不正当手段"是指其他欺骗手段以外的扰乱商标注册秩序、损害公共利益、不正当占用公共资源等情形。被申请人名下除该案争议商标外，还先后在多个类别商品上申请注册了"凡柔 FANROU 及图""恋佰芝""比比聪""韩尊 HAGZUML""舞动童话"等与知名商标相近似的商标。被申请人前述商标注册行为具有复制、抄袭他人高知名度商标的故意，明显具有主观恶意，属大量注册囤积商标的行为，不具备注册商标应有的正当性。该类不正当注册行为不仅会导致相关消费者对商品来源产生误认，且明显超出了正常的生产经营需要，扰乱了正常的商标注册管理秩序，有损于公平竞争的市场秩序，违反了公序良俗原则，已构成 2013 年《商标法》第四十四条第一款"以欺骗手段或其他不正当手段取得商标注册"之规定。

国家知识产权局于 2020 年 7 月 24 日依据 2013 年《商标法》第三十条、第四十四条第一款、2019 年《中华人民共和国商标法》第四十五条第一款、第二款的规定，裁定第 23809511 号"亲亲屋 QINQINWU"争议商标予以无效宣告。

被申请人未就该案提起诉讼。

■ 办案心得

在该案提起无效申请时，适逢《商标法》第四次修改，该案的程序问题适用 2019 年新修订的《商标法》，实体问题适用 2013 年《商标法》。

《商标法》第四次修订，对商标申请人的行为规范有了新的规制条款，代理人敏锐地把握这一形势变化，结合第四十四条第一款"以其他不正当手段取得商标注册的行为"的审理标准，重点调查了被申请人的经营资质为个体工商户，短时间内商标注册申请量达到 300 多件明显不符合商业惯例，属于囤积商标注册；所注册商标的构成集中在第 25 类达 219 件之多、明显超出正当经营需要和实际经营能力；商标注册后被申请人没有真实使用意图而是挂牌出售，明显具有牟取不正当利益和扰乱正常商标注册秩序的意图；被申请人申请注册模仿"亲亲"以及与他人在其他类别在先使用并具有一定知名度的商标构成相同或近似的商标，其行为明显具有攀附他人已经形成的商誉的主观恶意，违反诚实信用原则。

2013 年《商标法》第三十条规定："申请注册的商标，凡不符合本法有关规定或者同他人在同一种商品或者类似商品上已经注册的或者初步审定的商标相同或者近似的，由商标局驳回申请，不予公告。"

申请人引证了三个第 25 类的在先注册商标（见下表），就商标的相同近似以及核定注册商品项目的类似及关联性做了分析比对。

在掌握争议商标具体情况的基础上，针对案件适用的法律条款，提交了相关证据材料。我们的主张得到了国家知识产权局的支持。国家知识产权局依据 2013 年《商标法》第三十条、第四十四条第一款，2019 年《商标法》第四十五条第一款、第二款对争议商标予以宣告无效。

	争议商标	引证商标一	引证商标二	引证商标三
注册号	第 23809511 号	第 3455467 号	第 1273545 号	第 16651441 号
商标图样	亲亲屋 QINQINUU	亲亲 QINQIN	親親	亲亲 Qinqin
核准注册商品	童装；服装；婴儿全套衣；鞋（脚上的穿着物）；运动鞋；围巾；帽子；袜；手套（服装）	服装，童装，舞衣，体操鞋，帽，鞋，婚纱，运动衫，裤子，内衣	游泳衣，雨衣，袜，手套，领带，皮带（服饰用）	婚纱
类似群组	2501、2502、2503、2504、2505、2507、2508、2509、2510、2511、2512 群组	2501、2505、2506、2508、2507、2513 群组	2503、2504、2509、2510、2511、2512 群组	2513 群组
申请日	2017-04-26	2003-02-09	1998-02-26	2015-04-07

■ 小结

2019 年《商标法》的第四次修改，加强了对于恶意注册行为的规制手段，增强商标使用义务，从源头上制止恶意申请注册行为，使商标申请注册回归以使用为目的的制度本源。

增加第四条"不以使用为目的的恶意商标注册申请，应当予以驳回"的规定，并在审查阶段予以适用，实现打击恶意注册的关口前移，并将其作为提出异议和请求宣告无效的事由，直接适用于异议程序和无效宣告程序。修改了第四十四条第一款，规定"已经注册的商标，违反本法第四条、第十条、第十一条、第十二条、第十九条第四款规定的，或者是以欺骗手段或者其他不正当手段取得注册的，由商标局宣告该注册商标无效；其他单位或者个人可以请求商标评审委员会宣告该注册商标无效。"这一系列新的法律规定有效规制了恶意囤积商标申请注册行为。

■ 法律链接

《中华人民共和国商标法》（2013年）第三十条、第四十四条。

品牌助力　火荔无限

——海口火山荔枝地理标志证明商标申请案

莫小娜

> 海口火山荔枝虽种植历史悠久，种植面积也在逐年增长，火山岩上种植的荔枝个头大、汁水足、味道醇美，但因未能达到规模化和产业化，经常出现丰收不增收的情况，甚至出现果农宁愿烂在果园里也不愿意摘果的现象，严重制约海口火山荔枝产业发展、农民增收。三环代理"海口火山荔枝"成功认定为地理标志证明商标后，有效地改变这一现象，进一步带动了产业的发展。
>
> 代理人团队，在了解海口市政府的需求后，深入海口火山荔枝种植基地，调研海口火山荔枝的种植情况，分析海口火山荔枝两个品种的产品特征，制定海口火山荔枝地理标志申报方案。在海口市政府审批通过申报方案后，组织撰写申报材料、完成 logo 设计及审查意见答复等相关工作，最终成功申报"海口火山荔枝"地理标志证明商标。

■ 案情简介

海口市辖秀英区、龙华区、琼山区、美兰区 4 个县级区，位于东经 110°07′22″－110°42′32″，北纬 19°31′32″－20°04′52″，属于热带海洋气候。海口市夏无酷暑，冬无严寒，日照充足，雨量和热量适宜。火山荔枝性喜温湿，光照需求大。海口拥有独一无二的火山地质土壤，土地肥沃，以红土壤、沙土壤为主，排水良好，具有发展火山荔枝产业得天独厚的天然优势。

海口火山荔枝有 2000 多年的种植历史。海口市秀英区永兴镇有很多荔枝古树，树龄有几百年，被誉为世界荔枝基因种源库。2017 年 9 月，"海口羊山荔枝种植系统"被农业部[1]认定为第四批中国重要农业文化遗产，是我国唯一获得这一称号的荔枝种植系统。"海口火山荔枝"因地理优势（北纬 18°）和气候优势，因此其成熟时间比其他地区要早上很多，每年都可以赶在广东、广西等荔枝主产地之前上市，是每年最先上市的荔枝。且因为种植在富含矿物质的火山沃土之中，在阳光和山水的滋润下，海口火山荔枝果肉似凝脂，晶莹清脆，味道醇美，富含营养。

---

[1] 2018 年国务院机构改革，将农业部的职责整合，组建中华人民共和国农业农村部，不再保留农业部。

海口火山荔枝包含紫娘喜和妃子笑两个荔枝品种，其中：紫娘喜品种果大核特小，呈歪心形，果皮紫红色，较厚，果肩微耸，果顶尖圆，龟裂片大而隆起，呈多角形，排列不整齐，裂片峰钝，缝合线微凹，果肉晶莹多汁，质地嫩滑，酸甜中带有蜜香。妃子笑品种果大核小，近圆形或卵圆形，果皮青红色，较薄，有鳞斑状突起，果肉厚而饱满，色如白蜡，爽脆多汁，味清甜带香。单果重42-52克，可食率≥82%，可溶性固形物为18%-21%，酸含量0.18%-0.26%；妃子笑品种果大核小，近圆形或卵圆形，果皮青红色，较薄，有鳞斑状突起，果肉厚而饱满，色如白蜡，爽脆多汁，味清甜带香。单果重23.5-31.5克，可食率77%-82%，可溶性固形物为17%-20.5%，酸含量0.23%-0.34%。

为了改变海口火山荔枝果优价低、凸显海口火山荔枝的价值，2018年5月8日，海口市政府邀请地质学专家实地考察，认为琼山区三门坡镇和秀英区永兴镇荔枝均生长在火山及其岩石、土壤区域。为突出三门坡镇和永兴镇荔枝的共性，形成合力，提升火山荔枝的核心价值和知名度，海口市政府决定将"海口火山荔枝"申报为地理标志，统一打造海口火山荔枝品牌，从而实现产业增效、农民增收。

地理标志证明商标属于区域公共资源。地理标志证明商标申请人应当是当地的具有监管能力，依法登记并具有法人资格的不以营利为目的团体、协会或者其他组织，一般为社会团体法人、事业单位法人，其业务范围与所监督使用的地理标志产品相关。

我们根据地理标志申请人资质要求，为"海口火山荔枝"地理标志申报筛选符合要求的申请人。

海口市农业技术推广中心成立于1992年3月，为海口市农业农村局下属公益类事业单位法人，其宗旨和业务范围为：推广种植业技术，促进农业发展，负责全市农业技术的试验、示范、推广、培训、咨询指导和种子管理、农药管理、植物检疫等工作。海口市农技推广中心拥有多名高级农艺师，承担着多个省市级农业重点项目试验和实施，多个项目获得了全国农牧渔业丰收奖、省科技成果转化奖、海口市科技进步奖等奖项。

代理人认为将海口市农业技术推广中心确定为"海口火山荔枝"地理标志证明商标申请人，既符合地理标志申请主体资格规范要求，又可以充分发挥海口市农业技术推广中心在农业技术推广、培训指导、管理方面的优势，促进海口火山荔枝种植技术推广，使海口火山荔枝规范化、标准化发展。

因此建议海口市政府将"海口市农业技术推广中心"确定为"海口火山荔枝"地理标志申请人。

《集体商标、证明商标的注册和管理办法》第七条规定："以地理标志作为集体商标、证明商标注册的，应当在申请书件中说明下列内容：（一）该地理标志所标示的商品的特定质量、信誉或者其他特征；（二）该商品的特定质量、信誉或者其他特征与该地理标志所标示的地区的自然因素和人文因素的关系；（三）该地理标志所标示的地区的范围。"

"海口火山荔枝"地理标志证明商标地域保护范围为海口市现辖行政区域，包括：秀英区、龙华区、琼山区、美兰区共4个县级区。海口市地处海南岛北部，东邻文昌市，南接定安县，西连澄迈县，北临琼州海峡与广东省隔海相望。地理坐标为：东经110°07′22″-110°42′32″，北纬19°31′32″-20°04′52″。

2018年5月4日，受海口市农业技术推广中心委托，代理团队向国家知识产权局提交了第31类"海口火山荔枝"地理标志证明商标注册申请，国家知识产权局于2019年3月27日核准"海口火山荔枝"为地理标志证明商标。

海口市农业技术推广中心为海口火山荔枝的标准化生产，制订了《妃子笑荔枝花穗期管理措施》《妃子笑荔枝幼果期管理措施》，为海口火山荔枝种植提供科学化管理措施，以利于海口火山荔枝产业发展。

海口火山荔枝商标

■ 办案心得

一、根据产品特点，制定申报方案

目前地理标志申报产品大部分集中在农产品初级产品，产品情况各异。需要在充分调研、了解产品的特性后，根据产品的实际情况，制定切合产品自身情况的申报方案、选择合适的申报途径。

根据农业农村部规定，申报农产品地理标志，必须提供人文历史情况：包括登记产品形成的历史、人文因素、独特的文化底蕴等内容，产品形成的历史应为20年以上。

国家知识产权局规定，申报地理标志证明商标须提交地理标志产品客观存在及信誉情况证明材料，是地理标志确权的重要依据。该证明材料包括公开出版的县志、农业志、产品志、年鉴、教科书、国家级专业期刊等，可以是原件，也可以是加盖出具单位公章的封面、版权页、内容页的复印件。但对产品形成的历史没有具体规定。

海口火山荔枝虽然有2000多年的种植历史，产品品质优良，有一定的史料记载，但历史记载不完全，没有体现"火山荔枝"文字记载，不符合农产品地理标志的申报要求。因此我们向申请人主管部门建议，将"海口火山荔枝"申报为地理标志证明商标。

因前期调研充分，制定的申报方案理由充分合理，申请单位及主管部门均采纳了我们的方案。

"海口火山荔枝"地理标志最终也通过审查，于2019年获批为地理标志证明商标。

二、与主管部门保持良好的沟通

《集体商标、证明商标注册和管理办法》第六条规定：申请以地理标志作为集体商标、证明商标注册的，还应当附送管辖该地理标志所标示地区的人民政府或者行业主管部门的批准文件。

在地理标志申报工作中，政府主管部门起着决策作用。从确定申报产品、申报主体、申报产品，到主体资格和地域保护范围的批复、相关经费拨付等，都与政府部门的决策密切相关。因此无论是地理标志证明商标、农产品地理标志，在申报过程中都需要与政府主管部门进行相应的沟通。

"海口火山荔枝"申请人为海口市农业技术推广中心，需要与海口市相关主管部门进行沟通，以取得上级主管单位的支持，以利于申报工作顺利开展。

三、解决商标障碍

虽然《商标法》第十条规定，"县级以上行政区划的地名或者公众知晓的外国地名，不得作为商标。但是，地名具有其他含义或者作为集体商标、证明商标组成部分的除外；已经注册的使用地名的商标继续有效。"但在申报地理标志证明商标时，依然会遇到在先存在近似或相同商标注册的问题，对地理标志证明商标的申请构成障碍。

因此在申报地理标志证明商标时，我们会对拟申请地理标志产品名称进行在先近似商标查询，确定是否存在在先注册的相同或近似商标，影响地理标志证明商标的申请。针对存在商标障碍的情况，需要制定相应的商标策略。

"海口火山荔枝"在申报地理标志证明商标时，经过查询，代理人团队发现在第31类存在近似商标第1726972号"火山"商标。为确保"海口火山荔枝"地理标志证明商标在申报过程中不出现因近似商标被驳回的情况，根据在先近似商标情况（"火山"商标为本地申请人持有），代理人团队建议采用最快最稳的方式：与在先商标注册人沟通，将在先近似商标"火山"转让至地理标志申请主体名下。经沟通协商后，第1726972号"火山"商标注册人同意将该商标转让至地理标志申请主体海口市农业技术推广中心名下。

四、申报材料撰写

向国家知识产权局商标局申报地理标志证明商标所需资料包括：申请人主体资格政府批复文件、地域范围划分证明文件、商标图样、人文历史佐证材料、证明商标使用管理规则、产品实物图片及媒体报道等其他相关证明材料。

地理标志申报是否能顺利通过审查，申报材料撰写质量，特别是地理标志证明商标使用管理规则，地理标志所标示产品的特定质量、信誉和特征与当地自然、人文因素关系的说明等材料的撰写质量，起着非常关键的作用。

为确保"海口火山荔枝"地理标志证明商标申报材料撰写质量，我们通过查阅资料、实地调研、请教专家，了解产品的种植情况、产品品质特点、产品与当地人文因素的关系等，通过反复地核实修订，最终完成"海口火山荔枝"地理标志申报材料的撰写工作。

■ **小结**

通过申报地理标志可以增加农产品的附加值，有利于农业经济的提质增效，从而促进地方经济发展、农民增收致富。

虽然海口火山荔枝的种植历史已有千年，品质优异，但因缺乏品牌宣传，很大程度上制约了海口火山荔枝规模化、产业化发展。将其申报为地理标志，不仅可以有效地保护海口火山荔枝这一具有海南特色的产品，同时在地理标志申报成功后，通过各种宣传推广途径，进一步进行品牌的打造，还可以增加农产品的附加值，真正实现增效，带动地方经济发展。

2019年海口火山荔枝申报地理标志成功后，海口市政府通过举办"山清水秀　美荔田园"等系列主题活动，将水果采摘、田园慢游和美丽乡村体验融合于一体。同时制定"海口火山荔枝"果品标准，对海口火山荔枝进行品质管控，维护海口火山荔枝的品质，推动海口火山荔枝规范化生产，提升海口火山荔枝市场竞争力，促进荔枝产业增效和农民增收，实现"海口火山荔枝"作为地理标志的现实意义。

■ **法律链接**

《中华人民共和国商标法》（2013年）第十条；

《集体商标、证明商标的注册和管理办法》（2003年）第六条、第七条。

椰乡扬名　地标赋能

——文昌椰子地理标志认定案

罗秀梅

> 代理人团队，在了解文昌市政府的需求后，对文昌椰子的种植情况、历史进行调研，分析文昌市的特色、文昌椰子产品特征，与设计团队沟通文昌椰子 logo 设计方向，以凸显文昌市、文昌椰子特色为设计目标，制定文昌椰子地理标志申报方案。在文昌市政府审批通过申报方案后，组织撰写申报材料，完成包括：logo 设计、产品抽样检测、品质鉴评、专家评审、审查意见答复等相关工作，最终成功申报"文昌椰子"农产品地理标志和地理标志证明商标。

■ 案情简介

文昌市属北回归线以南，系低纬度地带，地处热带北缘，属热带海洋季风气候。文昌市年平均气温为23.9℃，年均降水量约1886.2毫米，年平均相对湿度在85%左右，太阳辐射能量足，年平均日照时数均在1800小时以上。

文昌市土壤划分有水稻土、砖红土、潮沙泥土、滨海盐渍沼泽土、滨海盐土、滨海沙土；文昌市河流总长556.6公里，总流域面积为2384.6平方公里，年集雨量为39.44亿立方米，年地表径流量为18.69亿立方米。

文昌市生态环境优越，气候温和，夏无酷热，冬无严寒，四季常青，雨水充沛，日照充足。独特的气候、土壤条件，十分适宜椰树生长。

文昌市种植椰子已有1200多年历史，该地最早记载到椰子的文献是明代正德《琼台志》："树如槟榔，状如棕榈，叶如凤尾，高十数丈。有黄、红、青三种，黄性凉，青热。出文昌多。"

"文昌椰子半海南"，文昌椰子种植面积和产量占全省的50%以上，是海南椰子树的主要种植地，拥有"椰乡"之美誉。

文昌椰子具有以下特定品质：果型近圆形或卵圆形，果肩圆润，果脐凸出或部分凹陷，呈三棱形；果皮和种壳较厚，鲜果外皮翠绿或绿色；鲜果清香，果肉白色嫩滑，椰水甘甜香醇。其典型品质特征为"树体高大、椰果翠绿清香、果肉白色嫩滑"。

为了更好地保护文昌椰子这一具有历史渊源、地域特色的产品，文昌市人民政府决定将"文昌椰子"申报为地理标志。

地理标志属于区域公共资源。地理标志申请人应当是当地的具有监管能力，依法登记并具有法人资格的不以营利为目的团体、协会或者其他组织，一般为社会团体法人、事业单位法人，其业务范围与所监督使用的地理标志产品相关。

中国热带农业科学院椰子研究所（以下简称"椰子所"）位于文昌市文清大道496号，是具有独立事业法人资格的公益性科研所，始建于1980年，隶属农业部，前身为华南热带作物科学研究院椰子试验站，1993年更名为中国热带农业科学院椰子研究所。椰子所是中国唯一以椰子、油棕、槟榔等热带木本油料作物和热带经济棕榈作物为主要研究对象、以服务"三农"为宗旨、具有鲜明研究特色的公益性研究机构，重点开展种质资源创新利用、丰产高效栽培、重大病虫害防控以及产品加工综合利用等基础和应用基础研究，承担热带油料产业发展重大关键技术集成、示范和推广工作。

中国热带农业科学院椰子研究所作为海南省规模最大的椰子新品种育苗基地，年育苗量达20万株。

代理人认为将中国热带农业科学院椰子研究所确定为"文昌椰子"地理标志申请人，既符合地理标志申请主体资格规定要求，又可以充分发挥中国热带农业科学院椰子研究所在椰子研究、种苗培育、技术推广方面的优势，助力文昌椰子产业的发展、壮大。因此建议文昌市政府将中国热带农业科学院椰子研究所确定为"文昌椰子"申报主体。

《集体商标、证明商标的注册和管理办法》第七条规定："以地理标志作为集体商标、证明商标注册的，应当在申请书件中说明下列内容：（一）该地理标志所标示的商品的特定质量、信誉或者其他特征；（二）该商品的特定质量、信誉或者其他特征与该地理标志所标示的地区的自然因素和人文因素的关系；（三）该地理标志所标示的地区的范围。"

文昌椰子地理标志保护的地域涵盖整个文昌市，境内有：文城镇、重兴镇、蓬莱镇、会文镇、东路镇、潭牛镇、东阁镇、文教镇、东郊镇、龙楼镇、昌洒镇、翁田镇、抱罗镇、冯坡镇、锦山镇、铺前镇、公坡镇17、罗豆农场共18个镇（场）。地理坐标为：东经110°28′-111°03′、北纬19°21′-20°10′。

2016年7月29日，受中国热带农业科学院椰子研究所委托，代理人团队向农业部提交了"文昌椰子"农产品地理标志登记申请；2017年7月4日，代理人团队受托向国家知识产权局提交了"文昌椰子"地理标志证明商标申请。2017年9月1日，"文昌椰子"获批农产品地理标志；2018年10月28日，"文昌椰子"获批地理标志证明商标。

■ 办案心得

一、根据产品特点，制定申报方案

目前地理标志申报产品大部分集中在农产品初级产品，产品情况各异。充分调研、了解产品的特性，根据产品的历史记载情况，制定切合产品自身情况的申报方案、选择合适的申报途径，确保申报成功率。

根据国家农业农村部规定，申报农产品地理标志，必须提供人文历史情况：包括登记产品形成的历史、人文推动因素、独特的文化底蕴等内容，产品形成的历史应为 20 年以上。

国家知识产权局规定，申报地理标志证明商标须提交地理标志产品客观存在及信誉情况证明材料，是地理标志确权的重要依据。该证明材料包括公开出版的县志、农业志、产品志、年鉴、教科书、国家级专业期刊等，可以是原件，也可以是加盖出具单位公章的封面、版权页、内容页的复印件。但对产品形成的历史没有硬性规定。

"文昌椰子"种植历史悠久，历史记载资料完整、充分，政府确定的申请主体为中国热带农业科学院椰子研究所，为独立事业法人资格的公益性科研所，符合申报主体资格要求。无论是产品自身因素，还是申请主体，"文昌椰子"既符合申报地理标志证明商标要求，亦符合申报农产品地理标志，为了更好保护"文昌椰子"这一特色产品，打造"文昌椰子"品牌，代理人团队建议"文昌椰子"同时申报地理标志证明商标和农产品地理标志。

因前期调研充分，制定的申报方案理由充分合理，文昌市政府最终采纳代理人团队的建议，将"文昌椰子"同时向国家知识产权局、农业农村部申请地理标志。

二、与主管部门保持良好的沟通

《集体商标、证明商标注册和管理办法》第六条规定：申请以地理标志作为集体商标、证明商标注册的，还应当附送管辖该地理标志所标示地区的人民政府或者行业主管部门的批准文件。

在地理标志申报工作中，政府主管部门起着决策作用。从确定申报产品、申报主体、申报产品，到主体资格和地域保护范围的批复、相关经费拨付等，都与政府部门的决策密切相关。因此无论是地理标志证明商标、农产品地理标志，在申报过程中都需要与政府主管部门进行相应的沟通。

在"文昌椰子"申报地理标志过程中，代理人团队与文昌市主管部门保持密切联系，根据申报代理工作需求，提前准备各类申报文件，提供相关的参考数据，以便于主管部门能够更快速地进行决策，出具相应的批准文件等。

三、解决商标障碍

虽然《商标法》第十条规定，"县级以上行政区划的地名或者公众知晓的外国地名，不得作为商标。但是，地名具有其他含义或者作为集体商标、证明商标组成部分的除外；已经注册的使用地名的商标继续有效。"但在申报地理标志证明商标时，依然存在在先近似或相同商标注册的问题，造成地理标志申请存在商标障碍。

因此在申报地理标志证明商标时，我们会对拟申请地理标志产品名称进行在先近似商标查询，确定是否存在在先注册的相同或近似商标，影响地理标志证明商标的申请。针对存在商标障碍的情况，需要制定相应的商标策略。

"文昌椰子"在启动申报之初，我们便开始进行商标检索，确认没有在先注册相同或近似的商标对"文昌椰子"地理标志证明商标申报构成障碍。

四、申报材料撰写

向国家知识产权局申报地理标志证明商标所需资料：申请人主体资格政府批复文件、地域范围划分证明文件、商标图样、人文历史佐证材料、证明商标使用管理规则、产品实物图片及媒体报道等其他相关证明材料。

向农业农村部申报农产品地理标志所需材料：申请人主体资格政府批复文件、地域范围划分证明文件、农产品地理标志产品的证明材料（包括但不限于农产品地理标志登记申请书、申请人资质证明、联合声明、产品品质鉴定报告、产品抽样单、现场核查报告等）、拟申请的农产品地理标志产品的质量控制技术规范、人文历史佐证资料等相关材料。

地理标志申报是否能顺利通过审查，申报材料撰写质量，特别是地理标志证明商标使用管理规则，产品的质量控制技术规范，地理标志所标示产品的特定质量、信誉和特征与当地自然、人文因素关系的说明等材料的撰写质量，起着非常关键的作用。

为确保"文昌椰子"地理标志申报材料撰写质量，我们通过查阅资料、实地调研、产品检测等途径，了解产品的种植情况、产品品质特点、产品与当地人文因素的关系等，通过反复地核实修订，最终完成"文昌椰子"地理标志申报材料撰写工作。

五、标识设计

文昌市位于海南岛海南省东北部，东、南、北三面临海，海岸线绵延不断，沙滩洁白如银。椰子树树体高大、翠绿欲滴，椰果翠绿清香、果肉白色嫩滑。我们结合椰子本身及文昌市的特点，将椰树、沙滩、椰子、海浪平面化处理，色彩上采用标志元素本身色彩为基础，适当调整颜色对比，以鲜艳清爽的冷色系为主，给人一种清凉的视觉感，同时代表着天然、绿色、新鲜、健康的产品理念，设计出贴合产品的图样。这样地理标志证明商标在后续使用过程中更加形象和美观，同时也作为后续产业发展壮大的一个鲜明标志，便于消费者识别。

■ 小结

"地理标志，是指标示某单品来源于某地区，该商品的特定质量、信誉和其他特征，主要由该地区的自然因素或人文因素所决定的标志"。

《国家知识产权战略纲要》"专项任务"中要求：完善地理标志保护制度。建立健全地理标志的技术标准体系、质量保证体系与检测体系。普查地理标志资源，扶持地理标志产品，促进具有地方特色的自然、人文资源优势转化为现实生产力。

椰子是最具文昌地域优势和特色的农产品，作为享誉海内外的"椰子之乡"，文昌的知名度、美誉度都十分响亮，但随着时代的发展，无论是椰子加工产业的需求，还是农业经济增长的需要，都迫切需要"椰子之乡"要与时俱进，要转型升级，要跨越式发展。

数据显示，海南岛椰子每年产量不到 3 亿个，椰子加工产业的需求量却是 30 亿个，其中近九成靠进口。椰子加工原材料不足的问题一直困扰着椰子产业的发展。

面临如此巨大的差距，要满足海南椰子加工产业发展需求，椰乡升级的路还很长，必须加快升级的步伐。

将文昌椰子申报为地理标志，不仅可以有效地保护文昌椰子这一特色产品，还可以提升"椰子之乡"的美誉，放大"文昌椰子半海南"的品牌效应，打造区域地标品牌、推动全域旅游发展、延伸椰子相关产业链、促进农民持续增收、按期完成贫困人口全面脱贫任务。

2019 年 12 月 23 日，文昌椰子入选"中国农产品百强标志性品牌"，区域品牌效应正在形成，"文昌椰子"正在引领海南椰子产业实现跨越式发展。

■ **法律链接**

《中华人民共和国商标法》（2013 年）第十条；
《集体商标、证明商标的注册和管理办法》（2013 年）第六条、第七条。

第三部分
著作权

由点及面　终获胜诉

——北京长地万方科技有限公司诉深圳市中佳讯科技有限公司、凯立德欣技术（深圳）有限公司、深圳市凯立德计算机系统技术有限公司侵犯著作权纠纷*

温旭　潘莹　高劲松

> 导航地图本身是大量数据的集合，包含无数的测绘信息，判断一款地图是否抄袭了另一款地图，需要比对两款导航地图之间是否相同或者实质性相似，而由于导航地图本身数据量之庞大，比对工作存在极大的难度。该案对此类案件，提供了应对思路。
>
> 该案件被称为"导航电子地图第一案"，并入选 2009 年中国法院知识产权司法保护 10 大案件，入选十大案件的理由为：该案涉及导航电子地图的著作权保护，二审判决对于地图作品出版的审核批准程序与著作权保护的关系、电子地图作品抄袭的认定、赔偿数额的确定等问题的处理具有指导意义。首先，该案被告主张第四版《道图》与原告向国家测绘局提交的送审盘内容不符，属于非法出版物。但电子地图作品是否属于非法出版物，系测绘行政主管部门监管问题，与其作为具有独创性的作品而禁止他人抄袭，二者并不排斥。该案中也无测绘行政主管部门认定第四版《道图》属于非法出版物的结论。即使存在违反有关行政管理规定不能出版的问题，作者仍然可以基于其享有的著作权而制止他人侵权。其次，该案是近年来司法实践中为数不多的在损失或获利均难以准确证明的情况下在法定赔偿额之上确定赔偿数额的案件，其判决比较好地贯彻了《最高人民法院关于当前经济形势下知识产权审判服务大局若干问题的意见》中有关司法政策，遵循了全面赔偿原则，充分保护了权利人利益。最后，电子地图涉及海量信息，该案选取恰当的侵权对比方法，对涉案作品进行个性化对比，有利于对两个作品之间的异同进行有效认定，节约了诉讼成本，提高了审判效率。

■ 案情简介

该案件原告为北京长地万方科技有限公司（以下简称"长地万方公司"），该公司成立于 2003 年 2 月 19 日，原名北京长地友好制图技术有限公司。2005 年 5 月 13 日长地万方公司获得国家测绘局颁发的甲级测绘资质证书，拥有导航电子地图制作资质。长地

---

* 该案被称为"导航电子地图第一案"，获评 2009 年中国法院知识产权司法保护 10 大案件。生效案号：（2008）粤高法民三终字第 290 号。

万方公司独立测绘并制作完成第四版《"道道通"导航电子地图》（以下简称"第四版《道图》"），并于 2006 年 8 月 16 日由中国地图出版社向国家测绘局提出地图审核申请，2006 年 8 月 17 日获得国家测绘局签发的《地图审核批准书》。

2007 年，长地万方公司发现深圳市中佳讯科技有限公司生产的"中佳讯 DH-105GPS 导航器"产品附带的光盘中搭载有《凯立德全国导航电子地图（362 城市）》（以下简称《362 图》）与其第四版《道图》相似，《362 图》显示版权与制作人为凯立德欣技术（深圳）有限公司，而深圳市凯立德计算机系统技术有限公司则为《362 图》的编制者。长地万方公司认为凯立德公司、凯立德欣公司、中佳讯公司的行为构成著作权侵权，于是提起诉讼。

一审法院在肯定长地万方公司享有第四版《道图》的基础下，结合凯立德公司、凯立德欣公司、中佳讯公司存在相关侵权行为及获利的情况，判决凯立德公司、凯立德欣公司、中佳讯公司立即停止侵犯长地万方公司第四版《道图》著作权的行为，销毁其尚未出售的侵权产品《362 图》；同时判决凯立德公司、凯立德欣公司自判决生效之日起 30 日内在《中国测绘报》上刊登声明，向长地万方公司公开赔礼道歉，并赔偿长地万方公司经济损失 1000 万元。

中佳讯公司、凯立德欣公司及凯立德公司不服一审判决，向广东省高级人民法院提起上诉。二审法院经过审理后，认为长地万方公司对第四版《道图》享有著作权，中佳讯公司生产销售的 DH-105GPS 导航器所附《362 图》系凯立德欣公司、凯立德公司生产、销售，凯立德公司《362 图》抄袭、剽窃了长地万方公司第四版《道图》。就赔偿金额方面，二审法院认为原审法院得出凯立德公司和凯立德欣公司侵权获利数额在 1000 万元人民币以上的结论依据不足，但二审法院同样突破了当时《著作权法》法定赔偿最高限额 50 万元的限制，综合考虑涉案作品的性质及被告行为的恶劣性，判决凯立德公司和凯立德欣公司赔偿长地万方公司经济损失 100 万元，并全额支持了长地万方公司主张的律师费等合理维权费用合计 80 余万元。

■ 办案心得

该案的作品为导航电子地图，由于电子地图所记载的信息量的庞大，原始测绘图纸多达数十箱，乃至摆满整个法庭，开庭时间长达一个月。由此可见，逐一比对两款地图产品，不现实也无法做到，如何进行有效率的侵权比对是案件的难点。

为解决两款地图产品的比对问题，原告代理律师首先需要证明被告存在相应的抄袭行为。结合电子地图导航产品每隔一段时间便需要更新数据的特点，原告律师指导原告利用更新数据的时机，在第四版《道图》产品中，插入了不影响产品使用的多个错误地标或者错别字等作为"暗记"。所插入的暗记包括：安徽省安庆市黄岭小学，将"岭"

字故意误写成"领"字；广东省中山市延康堂参茸药店，将"延"字误写成"廷"字；广西柳州市鹿寨镇政府小区、贵州省贵阳市修文人大等地方就是有点无路；大量虚设了实际并不存在的信息点作为自己的暗记，如"万方礼品店""友好日杂店""万方服装店""大水泥墩""青年林"等。实地并不存在观景点的名称，是长地万方公司项目负责人在采集过程中自行命名后采集到长地万方公司的地图上去的……在原告在地图中插入大量暗记之后，被告的地图产品同样存在一模一样的错误，可见是被告在持续抄袭的过程中，将这些错误的地标及错别字等原封不动地抄了下来，被告的抄袭行为得以坐实。

原告律师采用的第二步，便是创造性地提出"由点及面"的比对方法，通过列举两个地图中的12个方面的比对结果，进而以此作为推论基础。基于民事证据的高度盖然性标准，推导出被告作品整体与原告作品构成实质性相似。

具体来讲，为了论证两作品间的实质性相似，原告代理律师列举了如下方面的比对：(1) 请求保护的作品中的字误在被控侵权作品中同样出现；(2) 请求保护的作品中出现的不规范简称同样出现在被控侵权作品中；(3) 被控作品存在有点无路的情形，不符合正常电子地图的创作规律和表达方式；(4) 二者对信息点的取舍相同；(5) 二者虚设地址相同；(6) 二者简化前的全称相同；(7) 二者均存在相同的表述不当之处；(8) 请求保护的作品中对同一种类地点使用的多种表达方式亦出现在被控作品的相同地点；(9) 二者特制信息，如具有个性特征的观景点及过量停车区信息；(10) 长地万方公司的内部版本号出现在被控侵权作品中；(11) 二者错误相同；(12) 请求保护的作品中个性化的标注方式同样出现在被控作品中。

对于代理律师提出的此种比对方法，法院对此予以认可。具体的，法院认为长地万方公司主张从12个方面，采取列举具有个性特征的信息点的对比方式，对长地万方公司第四版《道图》与凯立德公司《362图》是否相同或实质相似进行对比，鉴于导航电子地图信息量巨大的作品特点，该种举例说明的证明方法，可以有效地对两个作品之间的异同进行认定。从整体对比情况看，凯立德公司《362图》与长地万方公司第四版《道图》存在虚设地址相同、长地版本号相同、特制信息相同、个别字误相同、表述不当相同、同类地点的多种表述相同、不规范简称相同、未简全称相同、信息取舍相同、被控作品存在有点无路的不合理情形、两者所犯错误相同、位置关系标注相同的情况。虽然电子地图中的具体地理信息是客观存在的，但对于地理信息的采集需要实地勘查，付出劳动。而对于地理信息的筛选、取舍以及表达方式，会体现不同作品的独创性。因此，不同企业制作的电子地图不可能存在上述大量的不同类别的雷同，更不可能在被控侵权作品中出现请求保护作品的版本号"暗记"。该案中凯立德公司《362图》与长地万方公司第四版《道图》出现的雷同，明显超越了常理，显然不属独立创作之巧合。特别需要指出的是，在存在上述不合理雷同的情况下，至开庭之日，凯立德公司等被控侵权人均无法提交任何证据证明自己投入资金、人员制作了《362图》。仅以其提交的无法证明真实性的差旅费复印件看,总额仅为 2 万余元。一个庞大的导航电子地图作品,仅仅依靠 2 万元差旅费来进行全国范围的测绘,是完全不可能的。在两者之间有若干不合理雷同的情况下,被控侵权人无法提供任何独立创作被控侵权作品的证据,法院最终认定凯立德公司《362 图》抄袭、剽窃了长地万方公司第四版《道图》。

■ 小结

该案涉及导航电子地图的著作权保护,导航电子地图信息量巨大,如何进行有效的比对认定另一电子地图构成侵权是难点问题之一。该案取得胜诉结果,与代理律师采取"由点及面"且极其细致的比对策略,以及原告在相关地图发布前嵌入了广泛的防范暗记密不可分。为论证凯立德《362 图》构成侵权产品,原告律师选择了 12 个切入点分别进行细致的比对分析,最终成功论证二者构成实质性相似。

此外,该案最终的判决金额也是亮点之一。彼时的《著作权法》,在无法准确计算原告损失及被告获利的情况下,最高法定赔偿额为 50 万元。但代理律师在案件中提交了大量证据证明长地万方公司的实际损失或者凯立德公司和凯立德欣公司侵权获利已经明显超过 50 万元的法定赔偿最高限额,法院充分考虑了涉案作品为全国导航地图,需要投入大量的人力物力进行制作,以及凯立德公司侵权性质恶劣、侵权时间长,且市场占有份额高,并存在拒不提供相关财务账册的行为,最终突破性地判决被告承担 100 万元的损失赔偿责任,并且全额支持了律师费等合理维权费用。

该案经办律师认为,此案件仍存在美中不足之处,尽管该案件二审最终的赔偿金额已高达百万,但损失金额的认定相对保守。涉案作品是导航地图,在当时的制作过程中,需要依靠人工丈量汇点,说是"一步一步地走过每个角落"也不为过。无论是考虑到原告制作该导航地图投入成本之巨、该导航地图制作难度之大,还是被告持续不断的恶意侵权行为,都应当获得更高的赔偿额。

此外,该案一审二审开庭数十次,案件材料堆满法庭,经办律师在其中付出了极大的心血、分析比对了大量的案件材料,抽丝剥茧,最终将两地图的相同点呈现在法庭之上。同时得益于经办法官的耐心,所有的材料得以完整地呈现。虽然案件最终赔偿金额未达经办律师预期,但判决除赔偿金额外,全额支持了 80 万元的律师费,亦是此案难得之处,该判项也体现了经办律师的工作价值及在其中付出的努力。

■ 法律链接

《中华人民共和国著作权法》(2001 年)第三条、第四十八条。

法律护航　余音绕梁

——中国音乐著作权协会诉深圳市清华深讯科技发展有限公司侵犯音乐作品著作权侵权纠纷案（手机铃声侵权涉诉第一案）*

刘孟斌

深圳市清华深讯科技发展有限公司在未征得作者和中国音乐著作权协会许可，并且没有向权利人支付使用费的情况下，将98首音乐作品通过其经营的"蛙仆网"，以提供铃声下载的方式向公众传播。经多次交涉未果后，中国音乐著作权协会以侵犯著作权为由将深圳市清华深讯科技发展有限公司告上法庭。案件经历了一审、二审后以原告获得胜诉结束。

该案是我国"手机铃声下载引发侵权"的第一案，涉及在网络环境下引发的知识产权侵权纠纷，属于当时新技术条件下出现的新的法律问题，具有指导和借鉴意义。该案原告中国音乐著作权协会是依法代表音乐著作权人行使权利的音乐著作权集体管理组织，该协会作为诉讼主体积极维权，有效地维护了音乐著作权。

■ 案情简介

一、基本案情

2001年2月，深圳市清华深讯科技发展有限公司在未征得作者和中国音乐著作权协会许可，并且没有向权利人支付使用费的情况下，将《少年壮志不言愁》《渴望》《好人一生平安》《心情不错》《愚公移山》等98首音乐作品通过其经营的"蛙仆网"，以提供铃声下载的方式向公众传播。经多次交涉未果后，中国音乐著作权协会于2001年12月25日以侵犯著作权为由，将深圳市清华深讯科技发展有限公司告上法庭（从诉讼策略上考虑，原告只挑取了作曲家雷蕾的《少年壮志不言愁》《渴望》《好人一生平安》三首作品作为诉讼客体）。法院经过审理后作出了"被告立即侵犯上述音乐作品著作权的行为、赔偿原告经济损失15000元、被告承担全部案件受理费"的判决。

判决以后，被告履行了法院的上述判决。但对于原告提出的支付其他未涉案作品的

---

* 该案被中国音乐著作权协会评为"20年维权典型案例"，广东省高级人民法院评为"2004年广东省三大知识产权案"之一。生效案号：(2004) 粤高法民三终字第137号。

使用费要求予以拒绝。经交涉未果，原告只好于 2003 年 2 月，就上述 98 首作品中的 40 首另行起诉被告，并经历了一审、二审后再次获得胜诉……

二、案情实录

原告中国音乐著作权协会是经中华人民共和国国家版权局批准成立、依法代表音乐著作权人行使权利的音乐著作权集体管理组织，是中国音乐著作权人以集体管理的方式行使权利的非营利性社会团体法人。其宗旨是尽可能有效地维护音乐著作权，推动音乐的创作和使用，促进音乐在中国的繁荣。

被告深圳市清华深讯科技发展有限公司于 2001 年 2 月 11 日在北京市工商行政管理局登记注册了"蛙仆网"网站，之后，被告将大量音乐作品（乐曲）上传到蛙仆网服务器，提供给该网站的客户作为手机铃声下载。2001 年 3 月，原告发现被告上传的音乐作品中包括了原告协会会员的至少 98 首音乐作品，而被告的这一行为事先均没有得到音乐作品著作权人和原告的许可。2001 年 3 月 8 日，原告向被告发出律师函提出警告。2001 年 3 月 14 日，被告向原告复函，表示愿意就上述音乐作品的使用许可和使用费问题同原告进行协商，但未果。2001 年 6 月 27 日和 7 月 4 日，原告委托北京市公证处对被告公司蛙仆网站使用上述音乐作品的行为进行了公证，并将整个公证过程录像并制成光盘，准备作为日后提交法庭的有力证据。

由于经过多次交涉，双方都没有就上述音乐作品的使用许可和使用费问题达成协议，中国音乐著作权协会于 2001 年 12 月 25 日以侵犯著作权为由将深圳市清华深讯科技发展有限公司告上法庭。从诉讼策略上考虑，原告只挑取了作曲家雷蕾的《少年壮志不言愁》《渴望》《好人一生平安》三首作品作为诉讼客体。原告认为根据其与作者签订的《音乐著作权合同》，原告对涉案作品（乐曲）享有公开表演权、诉讼权等权利。被告（深圳市清华深讯科技发展有限公司，下同）在未经原告允许的情况下擅自上传音乐牟取利益，违反了著作权法规定，构成侵权。要求被告停止侵权行为、赔礼道歉并赔偿经济损失。法院经过审理后认为，原告经作者授权后，享有获益权并可作为当事人进行涉及著作权的诉讼活动。被告的行为侵害了音乐著作权人的使用权和获得报酬权，法院作出了"被告立即侵犯上述音乐作品著作权的行为、赔偿原告经济损失 15000 元、被告承担全部案件受理费"的判决。

首次诉讼判决以后，被告履行了法院的上述判决。但对于原告提出的支付其他未涉案作品的使用费要求予以拒绝。经交涉未果，原告只好于 2003 年 2 月再次起诉被告（出于诉讼策略考虑，从上述音乐作品中挑了 40 首）。

原告认为，根据其与会员卞某、何某等人签订的《音乐著作权合同》及其补充协议，对作者卞留念的《心情不错》《愚公移山》，何占豪的《别亦难》等的音乐作品共 40 首行使权利。

被告在未征得作者及原告许可的情况下，擅自将上述音乐作品通过其经营的"蛙仆网"以提供铃声下载的方式向公众传播,并牟取非法得益,其行为已经构成对涉案作品著作权的侵犯。原告请求法院:(1)判令被告停止一切侵犯作者卞留念等21人音乐著作权的行为;(2)判令被告在"蛙仆网"上公开赔礼道歉;(3)判令被告赔偿原告经济损失及该案的合理支出20万元。

被告在庭审中辩称:被告承认侵权事实的存在,但被告主观上没有侵权故意;且被告已于2001年9月以后停止了侵权行为,积极与原告协商,应按一般使用标准支付使用费,其他的赔偿请求不应支持。

一审法院审理查明:音乐作品《心情不错》《愚公移山》的曲作者卞留念,《中国娃》的曲作者戚建波,《青藏高原》《嫂子颂》的曲作者张千一,《珠穆朗玛》《一二三四五六七》的曲作者藏云飞,《篱笆墙的影子》《命运不是轱辘》《苦乐年华》《不白活一回》《不能这样活》的曲作者徐沛东,《相约一九九八》的曲作者肖白,《小草》《三千宠爱在一身》《两地书,母子情》的曲作者王祖皆,《西北汉子的红腰带》的曲作者付林,《我为祖国献石油》的曲作者秦咏诚,《小鸭子》《小蜜蜂》的曲作者潘振声,《中国,我可爱的家乡》《长城长》《想家的时候》《别挤啦》的曲作者孟庆云,《人生啊,是一个海》的曲作者陆在易,《弯弯的月亮》《我的爱对你说》的曲作者李海鹰,《军营男子汉》的曲作者姜春阳,《红星照我去战斗》的曲作者傅庚辰就包括该案上述音乐作品在内的作者所属音乐作品,分别与原告签订《音乐著作权合同》,合同约定:作者同意将其音乐作品的公开表演权、广播权和录制发行权授权原告以信托的方式管理;作者保证享有授权原告管理的权利;合同第一条所称的音乐作品,指作者现有的和今后将有的作品;原告为有效管理作者授权的权利,有权以自己的名义向侵权者提起诉讼,双方另有约定的除外;原告管理作者授权的权利带来的收益,应按照协会的章程每年向作者分配两次;合同不影响作者在本合同签订之日前与第三方建立的著作权关系;合同有效期为三年,至期满前60天作者未提出书面异议,合同自动续展三年,之后亦照此办理;作者有权通过终止本合同收回授权协会管理权利,但应在协会收到作者书面通知一年后生效。双方还签订了《补充协议》,约定:作者同意在主合同约定的条件下,将其音乐作品在互联网络上传下载及传输的权利授权原告以信托的方式管理,该授权从双方签订的主合同生效之日起生效。此外,《别亦难》的曲作者何占豪,《蓝精灵》的曲作者郑秋枫,《唱脸谱》的曲作者姚明,《中国的月亮》《父老乡亲》的曲作者王锡仁,《世界需要热心肠》《烛光里的妈妈》的曲作者谷建芬,《打起手鼓唱起歌》的曲作者施光南(已去世)的妻子洪如丁就包括该案上述音乐作品在内的作者所属音乐作品,分别与原告签订《音乐著作权转让合同》,合同约定:作者同意将享有著作权的音乐作品之公开表演权、广播权和录制发行权在合同约定的条件下转让给原告;原告保证作者转让的音乐著作权得到尽可能有效的管理;合同第一条所称的音乐作品,指作者现有的和今后将有的作品。双方也签订了《补充协议》,约定:作者同意在主合同约定的条件下,将其音乐作品在互联网络上传下载及传输的权利授权原告以信托的方式管理，该授权从双方签订的主合同生效之日起生效。另外，《山寨相亲》的曲作者徐沛东，《七子之歌澳门》的曲作者李海鹰以及《青青世界》的曲作者谷建芬在签订上述合同时未将上述三首歌曲列入合同中的作品登记表，但是合同双方在上述合同中均约定了合同第一条所称的音乐作品，指作者现有的和今后将有的作品，被告在庭审中没有就该问题提出异议，法院对原告就该三首歌曲享有的权利予以确认。关于洪某与原告签订的上述两份合同，洪某在《作品登记表》备注上注明的内容是：作者著作权人施光南于1990年5月2日突发脑出血去世。其继承人为施光南的遗孀洪某及其女儿施某蕾。施某蕾目前在美国定居，所有有关施光南著作事宜授权洪某。但原告没有提供施某蕾和其他第一顺序继承人授权洪某或放弃继承的相关材料。

被告公司于1999年3月30日成立。2001年2月11日，被告公司在北京市工商行政管理局登记注册了"蛙仆网"网站，网站域名为（www.168wap.com），网站注册号为2027000001031。蛙仆网站成立后，被告将上述音乐作品的乐曲上载到蛙仆网服务器，以提供给该网站的客户作诺基亚手机铃声下载服务。2001年3月，原告发现被告未经音乐作品著作权人和原告的许可，擅自使用包含上述音乐作品在内的98首音乐作品，遂于2001年3月8日，向被告发出律师函提出警告。2001年3月14日，被告向原告复函，表示就上述音乐作品的使用许可和使用费问题愿意同原告进行协商，双方协商未果。2001年6月27日和7月4日，原告委托北京市公证处对被告公司蛙仆网站使用上述音乐作品的行为进行了公证，并将整个公证过程录制成光盘向法庭提交。被告承认其于2001年2月至2001年9月在蛙仆网站上使用了原告的上述音乐作品的曲子，2001年9月以后已停止了该音乐作品曲子的使用。双方当事人对被告公司网站使用上述音乐作品的事实和使用期限均无异议。

三、裁判结果

一审法院认为，该案涉及以下三个问题：

1. 关于原告的主体资格。原告是著作权集体管理组织，该案除施光南之外的20位作者，就包括该案39首歌曲在内的音乐作品与原告签订《音乐著作权合同》和《补充协议》，原告依据上述合同即经过作者的明确授权，获得对20位作者的《心情不错》《愚公移山》等39首歌曲的著作权行使管理和提起诉讼的权利，是该案的诉讼主体。由于作者施光南已去世，是其妻子洪某将其音乐作品委托原告行使有关权利，原告没有出示遗嘱继承或者除其妻子洪某外的第一顺序其他继承人明确放弃继承权洪某办理委托事项的相关证据，其妻子洪某对原告的授权在形式上存在瑕疵，就该音乐作品，法院对该主张不予支持。

2. 关于是否侵权。任何单位和个人非依法律规定未经音乐著作权人及与音乐作品著作权有关的权利人的授权，不得擅自使用音乐作品。被告未经音乐著作权人及原告的许可,以商业营利为目的,将上述音乐作品以数字化的形式在互联网络上进行传播,该传播方式虽然与著作权法意义上的公开录制发行、播放等方式有所不同,但都是向公众提供作品,使公众可以在其个人选定的时间或者地点获得作品,实现作品向社会公众的传播。因此,被告的行为属于使用作品的一种方式,其行为侵害了音乐著作权人对作品享有的使用权和获得报酬权,被告应承担侵权的民事责任。

3. 关于损失赔偿。法院支持原告对该案所直接发生的合理的必要的调查费用,综合考虑侵权行为的性质、侵权持续的时间和范围、主观过错程度等因素予以确定损失赔偿。

综上,一审判决如下:

1. 被告立即停止侵犯《心情不错》《愚公移山》等该案所涉39首歌曲音乐作品著作权的行为。

2. 被告赔偿原告中国音乐著作权协会经济损失25 000元。

3. 驳回原告的其他诉讼请求。

原告对本判决不服,上诉于广东省高级人民法院。诉称:施光南的音乐作品《打起手鼓唱起歌》是上诉人协会会员的作品,应该得到保护,而不以其妻是否授权为前提;原判赔偿数额畸低,违反公平原则,客观上起到了鼓励侵权的作用;原判有重大遗漏,未判决被上诉人承担赔礼道歉,消除影响的责任、未就赔偿数额的构成情况作出说明、未明确案件受理费由谁负担。

二审法院经开庭审理后认为:音乐人施光南于1990年5月2日突发脑出血去世后,其遗留的音乐作品而产生的著作权财产权益,依法应由其法定继承人继受,其第一顺序的法定继承人配偶、父母、子女,均有权实施维护施光南音乐作品免受他人侵犯的行为,该案中,洪如丁作为施光南第一顺序的法定继承人之一,其为维护施光南音乐作品免受他人侵犯,而与上诉人签订的《音乐著作权转让合同》及《补充协议》,并未侵犯施光南其他第一顺序法定继承人的合法权益,反而更有利于今后施光南音乐作品著作权财产利益的实现,故对洪如丁的积极作为应依法予以支持。至于因施光南音乐作品著作权而产生的财产利益如何分配,应由施光南的第一顺序法定继承人协商解决,或通过其他合法途径解决,属另一法律关系,与该案无关。原判认定事实基本清楚,但以洪某对上诉人的授权在形式上存在瑕疵为由,而对施光南的音乐作品著作权在该案中不予保护,依据不足,应予纠正。

对被上诉人侵犯施光南音乐作品《打起手鼓唱起歌》著作权的赔偿标准,考虑到原判对39首歌的判赔只是酌情适当赔偿,并未具体明确每首歌的赔偿标准,故二审法院认为应将被上诉人对施光南该首音乐作品的赔偿款一并计入原判25000元的赔偿数额之中,不予另行计赔。至于上诉人上诉主张原判未判决被上诉人承担赔礼道歉、消除影响的责任。因从上诉人分别与22位音乐人签订的《音乐著作权合同》《音乐著作权转让合同》及《补充协议》的内容分析,音乐人只是将其享有音乐作品著作权中的部分财产权益委托或转让给上诉人管理，并未将音乐著作权中的人身权益委托或转让给上诉人管理，而民事责任中的赔礼道歉责任只适用于行为人对受害人的人身权益侵害，而不适用于对财产权益的损害赔偿。故对上诉人的此项诉请，缺乏法律依据和理由，不予支持。

综上，二审法院支持了原告的部分诉讼请求，改判"被上诉人（被告）立即停止侵犯《心情不错》《愚公移山》等该案所涉40首歌曲音乐作品著作权的行为"及"由被上诉人（被告）承担一审及二审的全部诉讼费用"。

■ 办案心得

该案是一起由著作权集体管理组织中国音乐著作权协会作为诉讼主体进行诉讼的著作权侵权纠纷案件，主要涉及的法律问题是著作权集体管理组织依据《著作权法》（2001年）第八条的规定以及与著作权人的书面合同约定，以自己的名义对侵权者提起诉讼时，行使诉讼权利范围权限的问题。

著作权包括两方面内容：一是精神权利，即人身权；二是经济权利，即财产权。在国外立法中有精神权利可以转让和许可他人行使权利的规定，我国立法中没有规定精神权利可以转让和许可他人行使。根据我国《著作权法》第十条的规定，著作权人对其享有的财产权可以许可他人行使权利，可以全部或者部分转让，并依照约定或者本法有关规定获得报酬，此规定明确了著作权人对作品拥有的经济权利，即著作权的财产权可以转让和许可他人行使。该案中，著作权人将其音乐作品的公开表演权、广播权、录制发行权、互联网络上载下载及传输的权利授权原告中国音乐著作权协会以信托的方式进行管理，管理活动均以原告名义进行，发生纠纷时，原告有权以自己的名义向侵权者提起诉讼。2001年3月，原告发现深圳市清华深讯科技有限公司未经音乐作品著作权人和原告的许可，擅自使用上述音乐作品，已构成侵权。原告以自己的名义向法院提起诉讼，请求法院判令被告停止侵权、赔礼道歉、赔偿经济损失。对原告请求被告停止侵权、赔偿经济损失，法院予以支持。对原告请求被告赔礼道歉是否予以支持有两种意见，一种意见认为：我国《民法通则》（1987年）第一百二十条规定，公民的姓名权、肖像权、名誉权等精神权利受到侵害的，有权要求停止侵害，赔礼道歉。而精神权利专属于著作权人，当其受到侵害时，只有著作权人可以请求赔礼道歉。原告主张赔礼道歉缺乏法律依据，不予支持。另一种意见认为：赔礼道歉，是承担民事责任的一种方式。根据《著作权法》（2001年）第八条的规定，原告作为著作权集体管理组织被委托授权后，可以以自己的名义为著作权人和与著作权有关的权利人主张权利，并可以作为当事人进行涉及著作权或者与著作权有关的权利诉讼、仲裁活动。因此，原告请求被告赔礼道歉，理由正当，应予以支持。两种意见反映了我国目前有关著作权立法及相关司法解释的规定尚有待完善，应加强立法的前瞻性。

■ 小结

1. 该案是我国"手机铃声下载引发侵权"的第一案（首件诉讼在 2001 年 12 月起诉），涉及在网络环境下引发的知识产权侵权纠纷，属于当时新技术条件下出现的新的法律问题。在案发当时，相关的法律规定是不明确的。

2. 涉案的音乐作品达数十件（首），不仅数量多，而且都是人民群众所喜闻乐见的优秀作品，其中不少堪称经典；涉及的作者（作曲家）都是我国音乐界的代表性人物，因此在社会上及 IT 界、音乐界引起广泛关注。

3. 该案原告中国音乐著作权协会是依法代表音乐著作权人行使权利的音乐著作权集体管理组织，该协会作为诉讼主体积极维权，有效地维护了音乐著作权，该案具有指导和借鉴意义。

■ 法律链接

《中华人民共和国著作权法》（2001 年）第八条、第十条；
《中华人民共和国民法通则》（1987 年）第一百二十条。

华盖敲诈 如何应诉

——一起积极应诉华盖图片著作权侵权纠纷迫使华盖撤诉案[*]

程跃华

> 华盖创意公司在国内提起了至少几千例的著作权维权诉讼,绝大多数以其胜诉告终,法院判决赔偿费用从几千到十几万元不等;基于法院判决的强大威慑力,北京华盖通过非诉讼方式,可能在更多的图片使用人处,通过《版权确认函》《律师函》获取了远远超过诉讼所获得的赔偿,据估计达几十亿。
>
> 从一般诉讼案件讲,北京华盖仅提供了两份公证书及一份上有水印的图片网页打印件用以作为其拥有版权和诉权的证明,其中一份公证书是美国盖帝某高管自述的授权书,另一份是中英文网站链接的公证,没有其他进一步证明美国盖帝或者北京华盖实际享有著作权的证据。该案也不例外。实际上,相关资料显示,盖帝公司对大部分图片并不享有版权,仅仅是非独占的分销商而已。
>
> 该案的工作就是从证明美国盖帝公司仅是该案图片的非独占的分销商入手,从而证明其不拥有诉权,迫使对方撤回其起诉。

■ 案情简介

一、基本案情

华盖创意公司是美国盖帝图像有限公司(以下简称"美国盖帝")与其全资子公司优力易美(北京)图像技术有限公司于2005年在北京设立的一家中外合资企业。华盖创意公司成立后,凭美国盖帝的授权在中国"展示、销售和许可他人使用"指定的图片。此后,华盖创意公司以中国的许多企业未经许可使用了其图片为由,依据该授权和《图像许可和销售服务协议》的条款,以原告的身份在中国境内开展了大规模诉讼。

2011年4月,华盖创意公司在某展销会上收集到被告佛山鹰某公司产品宣传册上有如下图片(不含gettyimages© 水印),随后向佛山鹰某公司发送版权确认函及图片打印件,称其对该图片享有著作权,要求该公司支付版权费;6月,向佛山鹰某公司发送最后通知;在佛山鹰某公司未明确回应的情况下,于当年11月向法院提起了诉讼。

---

[*] 该案获得广州市律师协会2013年度业务成果奖。生效案号:(2011)佛城法知民初字第377号。

涉案图片 [华盖创意公司在某展销会上收集到被告佛山鹰某公司产品宣传册上有如下图片（不含gettyimages© 水印），向佛山鹰某公司发送版权确认函及图片打印件，声称其对该图片享有著作权，该图片属于《著作权法》第三条规定的摄影作品，华盖创意网站信息显示：标题：Smiling girl，图片编号：73722720，摄影师：Datacraft，品牌：imagenavi。]

二、华盖创意公司的诉求

华盖创意公司声称根据美国盖帝的授权（证据显示为美国盖帝某高管的自述授权），主要通过参加展销会、购买书籍及软件扫描（近年来，视觉中国基于图像大数据与人工智能技术自行研发了"鹰眼"——图像版权网络追踪系统，能够追踪到该公司拥有图片在网络上的使用情况）等方式获取他人使用其网站上图片的证据，然后向图片使用人发送《著作权确认函》《律师函》等，要求赔偿；若被拒绝或者就赔偿数额达不成协议的，即向法院起诉。每年在华提起的系列案件就有上千起，这几年已经达数千起之多。而这些案件大部分以调解或华盖创意公司胜诉结案，在胜诉判决中的赔偿数额从上千元到数万元不等；在视觉中国的黑洞事件❶中，引起众怒的正是"疯狂诉讼"下的收入模式：从个案小额赔偿的诉讼开始，到谈判以较大金额和解，再到购买后续使用的授权，金额都是由小变大，继而形成可持续的稳定收入。

该案中，华盖创意公司向佛山鹰某公司索赔15000元，并要求被告承担诉讼费。

三、案件处理与结果

在该案中，通过在中国商标网及美国USPTO商标电子查询网上检索，发现美国盖帝的商标"imagenavi"属于日本公司（datacraft. co., ltd）所有；经过图片检索，发现有数十家网站自称享有著作权或在类似相同图片上打上水印；以"datacraft"作为关键词，在

---

❶ 2019年4月10日，人类历史上首张黑洞照片公布，这张动用了全球8台望远镜，"冲洗"过程花费两年的历史性图片，随即吸引了众多目光。然而图片在经历一夜的网络传播后，4月11日，主打所谓"正版商业图片"的"视觉中国"网站上出现了这张黑洞图片，并被打上"视觉中国"标签。图片旁边的基本信息栏注明"此图为编辑图片，如用于商业用途，请致电或咨询客户代表"。尚未从这场来自外太空的美妙照片中尽兴的人们，瞬间被这充满商业味道和版权声明的"视觉中国"雷到了。人们首先关注的是，"视觉中国"是否拥有所有权；或者其次，"视觉中国"是否取得黑洞照片著作权人的许可。网友们发现，在照片发布当晚，中科院院士吴向平就明确表示，"（照片）一旦发布了，就是全世界可以使用的，媒体上也可以看见，只要标注是哪来的就行了。"4月12日，欧洲南方天文台称，未将黑洞照片版权授权给视觉中国。网友们还发现，有国旗、国徽等照片，在"视觉中国"上也被标注版权所有。共青团中央官微直接点名问"视觉中国"："国旗、国徽的版权也是贵公司的？"

datacraft.co.，ltd日本和美国公司网站上均检索到涉案图片，并在庭后检索和补交了日本公司在中国代理商的信息及对涉案图片声称享有版权的权属证明等。

另外，通过比对华盖创意公司和美国盖帝中英文网站信息的不同，被告律师在庭上揭露了华盖创意公司在中文网站上隐瞒了创作者为datacraft的信息，迫使华盖律师当庭承认"摄影师"为datacraft。同时基于当事人诉讼地位平等原则、"对等原则"，说服法院接受被告域内网络证据同样无须办理公证手续，节约了当事人的诉讼成本。通过当庭巧妙的发问，迫使华盖律师不得不承认涉案图片的创作人即属于案外人的日本公司，与该图片的商标权人一致。结合日本公司网站相关涉案图片的信息与庭后提交的分销商的信息，在大量的事实面前，华盖创意公司不得不向法院撤回了起诉。实际上，在当日与佛山鹰某公司一起参加庭审的其他被告也获得了较少赔偿额的判决，想必佛山鹰某公司的抗辩对法官的心证也产生了一定的动摇。

该案以华盖撤诉结案，打破了法院依据《著作权法》第十一条第四款推定华盖创意公司享有涉案图片著作权的思维定式，打破了华盖创意公司不败的神话。

■ 办案心得

该案中，我们代表佛山鹰某公司通过抗辩华盖创意公司不享有涉案图片的版权，来说明华盖创意公司不是适格的原告和版权人，或者授权其维权的盖帝公司也不是版权人，从而争取该案的胜诉机会。

1. 通过检索查找网络上是否有其他网站刊载有涉案图片，并通过水印或文字声明的方式声称对涉案图片享有著作权。对此，当年多数法院并不予理会。有法院以北京华盖网站的涉案图片上的"gettyimages© "水印为《著作权法》意义上的"署名"、网页下方声称的版权日期"copyright：1995-2011"[1]作为其享有著作权的时间，或者以被告无法提供被控图片合法来源、依据图片相同、存在被告接触北京华盖图片的可能性为由，直接认定华盖创意公司拥有著作权同时认定被告构成侵权。

通过对美国盖帝的网站的大量图片信息进行对比、分析后，佛山鹰某公司发现，无论这些图片下方的"copyright"处标示的是否为美国盖帝，在图片上的水印几乎都为"gettyimages© "[2]，由此可以看出，这里的水印并不是《著作权法》意义上的"署名"。进一步的，通过检索发现有其他网站刊载了涉案图片，通过比较其他网站与美国盖帝网站上图片的像素，发现其他部分网站的涉案图片像素更高，显然这些网站作为著作权人的可能性更高。[3]

---

[1] 有趣的是，相同页面上，美国盖帝标注的是"copyright：1999-2011"，晚于华盖创意公司。
[2] 如：http://www.gettyimages.com/detail/photo/studio-kids-royalty-free-image/91922526。
[3] 依据是同一张照片中原始照片的像素最大，经过处理的照片的像素或者不变或者变小的像素技术常识。

我们认为，这足以构成《著作权法》第十一条第四款"如无相反证明，在作品上署名的公民、法人或者其他组织为作者"中的"相反证据"。如果华盖创意公司坚称美国盖帝是涉案图片的真正著作权人，则需要提交如著作权登记证书、原始创作凭证之类的权属证明，而不能仅仅以其网站上的涉案图片上有其水印、"版权日期"等为由认定其对涉案图片享有著作权。

2. 从 2008 年作为上市公司的美国盖帝向美国证监会提交的 2007 年度报告❶中其对自己的"Intellectual Property（知识产权）"等部分的介绍可知，美国盖帝自认了对于其网站上的绝大部分图片仅享有分销权、而图片的著作权仍然在原始著作权人手中的事实。❷ 美国著名摄影师 Jim Pickerell 撰写的 *Why Photodisc is a Deadbeat*❸、*Why Full-Time Stock Photographers Are an Endangered Species*❹ 等文章也一定程度上揭示了美国盖帝尚未取得与之相互独立的合作摄影者创作图片的著作权的真相。这些证据进一步佐证了美国盖帝对其网站上的图片不一定享有著作权的事实，但多数案件对此未办理公证，因而未被法院采信。

通过对美国盖帝网站大量的图片信息的比较、分析，佛山鹰某公司发现美国盖帝对其享有著作权的图片会在这些图片下方的信息栏里明确标示出其为著作权人；如果图片并未标示著作权人的信息，那么该图片的著作权是否属于美国盖帝，则是有疑问的。

我们认为，在具体的案件中，如果被告方提出了足够的"相反证据"，要求华盖创意公司出示进一步的权属证据，对于发现案件真相是很有必要的。陕西省高级人民法院在（2011）陕民三终字第 00012 号判决书❺中作出了一个很好的示范——对有美国著作权登记证书的图片才认定美国盖帝及华盖创意公司享有著作权——被告提供了前述经公证的美国盖帝的 2007 年度公司报告及翻译件作为华盖创意公司并不享有全部图片著作权的佐证，法院对此份证据的真实性予以确认。因此，在此后的案件中，经该份生效判决确认的上述年度报告的事实可以用来证明仅凭两份公证书不能作为华盖创意公司享有全部图片著作权的充分依据，不必再行公证。

3. 在该案中，我们除了利用前述抗辩理由之外，考虑到这些抗辩很少被法院采信，我们创造性地从商标的角度出发，来探究华盖创意公司或美国盖帝是否享有版权和诉权。

我们采取了如下步骤：

第一步，我们将涉案图片分别在美国盖帝网站和华盖创意公司网站上的网页信息进行对比，发现了两条重要的线索——该涉案图片的品牌为"imagenavi"；两个网页对涉案

---

❶ 见美国证券交易委员会网站 http://www.sec.gov/Archives/edgar/data/1047202/000119312508043931/d10k.htm。

❷ 如其在该报告中提到"这些艺术家往往喜欢保留作品的所有权，因此这些作品的版权大多时候仍然属于原创的艺术家，盖帝公司只是在一定时间里代理这些艺术家销售这些图片"。

❸ http://rising.blackstar.com/why-photodisc-is-a-deadbeat.html。

❹ http://rising.blackstar.com/is-it-time-to-give-up-shooting-stock.html。

❺ 见中国知识产权裁判文书网，网址：http://ipr.chinacourt.org/public/detail_sfws.php?id=46561。

图片的信息披露有不一致的地方，如华盖创意公司的网页上隐瞒了"credit：datacraft"的信息。通过权威字典的查询，我们知道了"credit"为"对作品有主要贡献、直接完成作品的人"的意思，即可以理解为"创作者""作者"，在没有标示著作权人的情况下，我们认为，根据《著作权法》第九条的规定，图片的著作权人为"credit：datacraft"的可能性极大。

第二步，在中国商标网和美国专利和商标局官网上分别查找，看"imagenavi"是否为注册商标，结果在类似商品和服务项目上，中国商标网上有两个、美国专利和商标局网站上有一个注册商标，它们均指向同一名商标权人——德塔克拉夫股份有限公司（datacraft co., ltd.）。参照《最高人民法院关于产品侵权案件的受害人能否以产品的商标所有人为被告提起民事诉讼的批复》（法释〔2002〕22号），涉案图片的著作权应当属于德塔克拉夫股份有限公司所有。

第三步，以"datacraft co., ltd."为关键词，在谷歌上检索，可以查找到datacraft co., ltd. 的公司网站。该公司网站的子网站"sozaijiten.com"和"imagenavi.com"及关联网站上均有销售涉案图片，而且网站上均显示涉案图片的著作权人为"datacraft co., ltd."。事实上，美国盖帝网站上销售的涉案图片相关人员的系列图片，在这些网站上均能查找到。比对这些网站与美国盖帝网站上的涉案图片的最大像素，发现前者（宽×长＝4167×5870）要比后者（宽×长＝3572×5031）大。根据图片像素技术常识，同一张图片，拍照者原始图片的像素（宽×长）是最大的。因此，进一步表明美国盖帝并非涉案图片的著作权人。而上述网站上的涉案图片的像素是当时能找到的涉案图片中最高的，进一步印证了涉案图片的著作权应当属于datacraft co., ltd. 所有。

第四步，向datacraft co., ltd. 发送邮件，询问涉案图片的著作权人情况，datacraft co., ltd. 表示其即为涉案图片的著作权人，并出具了权利证明书，告知了涉案图片的创作时间。

第五步，在网上作进一步的检索，查找到了datacraft co., ltd. 的中国代理商——富尔特数位影像，其网站上公开显示了其与datacraft co., ltd. 有合作关系，且有涉案图片的授权证明。该公司在上海设有机构——上海富昱特图像技术有限公司，其提供的证据属于域内证据的范畴，在法院认可原告对域内网站信息不必公证的前提下，基于民事诉讼当事人诉讼地位平等原则，该域内证据不必办理公证手续，可直接上网确认其真实性。

以上证据环环相扣，已经形成了一个完整的证据链。庭审时，在相互发问阶段，华盖创意公司的代理人虽然不清楚案件的这些细节，但也不得不认可"作者为datacraft"。基于此，涉案图片的著作权人为datacraft co., ltd.，美国盖帝披露的图片信息"credit：datacraft"中的"datacraft"应该即为"datacraft co., ltd."的简写，为其字号。对于涉案图片，datacraft co., ltd. 授权了多个分销商，其中就有中国的分销商——富尔特数位影像。即便美国盖帝能证明其有合法的分销权（在该案中华盖创意公司并没有提供该项证据），其最多也只是非排他性的分销商。

在美国盖帝仅仅属于非排他性的分销商、在其未获得著作权人明确授权的情况下，其在国内的代理人华盖创意公司显然不享有诉权，也不享有赔偿请求权。

在大量的事实面前，华盖创意公司不得不撤回了起诉，在当日与佛山鹰某公司一起参加庭审的其他被告也获得了较少赔偿额的判决。

■ 小结

根据该案的思路，我们对华盖创意公司出示的《确认授权书》的公证书（即为北京市方圆公证处（2008）京方圆内经证字21711号公证书）中的附件exhibit A中所列的美国盖帝声称有权的品牌分别在中国商标网和美国专利和商标局官网上在类似商品和服务项目上进行了商标检索，发现里面的138个品牌中，属于美国盖帝独有或者共有的注册商标只有10个。[1] 对于exhibit A中的品牌，从美国专利和商标局及中国商标网当时公开的数据显示，有相当一部分的注册商标为案外人所有。

根据以上查询到的情况，结合美国华盖自己的网站信息及上市公司报告中披露的信息，我们可以大胆推断华盖创意公司在华提起的系列诉讼中很可能有大量的情况属于美国盖帝对涉案图片没有著作权，而华盖创意公司利用美国盖帝在全球享有一定知名度和法院对"水印"的认可及对国外知识产权的尊重，误导法院作出有违客观事实的判决，并利用大量的类似判决在国内形成审判思维定式，以其在华滥诉形成的判决威胁力和对国人的心理威慑力开展新一轮的"维权行动"，使整个事件走进一个逻辑怪圈。华盖创意公司的行为不但损害了我国图片使用人的利益，还损害了真正著作权人的合法权益。

由于美国华盖对大部分的图片是不享有著作权的，那么其在著作权维权行动中获得的赔偿费用也理应不属于赔偿款，而是诉讼欺诈产生的非法利益。从民法角度来看，其属于"不当得利"；从刑法角度来看，其属于利用诉讼手段实施敲诈勒索。基于其获利特别巨大，不排除直接构成严重刑事犯罪的可能性。而美国盖帝通过华盖创意公司的上述行为，从2005年起至2011年在华得到的非法利益是极为惊人的。

在著作权法领域而言，即便美国盖帝得到了涉案图片的合法分销权，充其量也只是一名普通被许可人而已。在未得到著作权人的明确授权之前，美国华盖是无权提起著作权维权之诉的；华盖创意公司作为美国盖帝的被授权方，其起诉更是没有诉权基础的。该案的代理工作就是从证明美国盖帝公司仅是该案图片的非独占分销商入手，证明其不拥有诉权，迫使对方撤回起诉。

应诉律师在承接相关案件过程中，不应当仅仅看到案涉标的较小，而不认真对待；

---

[1] 10个注册商标为：Archive films、lifesize、one80、photodisc、riser、iconica、photonica、TAXI、STONE、stockbyte。

在律师提交的证据足够，且有相关说服力的情况下，据理力争，应当能够获得法院的支持和当事人的敬重。尽管可能个案并未取得完全满意的效果，但是长久来看，一定能获得当事人的信任和法院对代理人工作的理解。

对于确实属于对方享有权利且当事人存在侵权行为的情况下，和解不失为一种有益的手段。

营利性维权已经成为不少企业以知识产权为幌子，强行许可乃至行"敲诈勒索"的工具。企业一旦发展到一定的阶段，就将面对各种知识产权权利人的主张。

对此，企业首先应当自查，是否存在不规范经营，如是否存在使用盗版软件、随便使用网上图片、商用字库的字体等行为。如果有，立即委托专业律师核实，对方是否确实享有著作权。如果对方确实享有著作权，核实该著作权是否已过著作财产权的保护期，例如，华盖创意公司就在其网站上将拍摄于 20 世纪 50 年代的金门大桥的照片标示为 20 世纪 90 年代的作品。企业是否存在侵害著作人身权如署名权、修改权、保护作品完整权的情形。企业是否存在停止侵权的可能性，如果存在，那么可以采取先停止侵权，再和谈或者应诉；如果不存在停止侵权的可能性，则选择是否和解或者应诉答辩，和解是一揽子解决还是个案处理，今后是采取许可方式还是通过其他渠道或者利用其他替代软件、图片或字体；等等。

■ 法律链接

《中华人民共和国著作权法》（2010 年）第十一条第四款、第四十七条；

《最高人民法院关于产品侵权案件的受害人能否以产品的商标所有人为被告提起民事诉讼的批复》（法释〔2002〕22 号）摘选；

《最高人民法院关于审理商标民事纠纷案件适用法律若干问题的解释》（法释〔2002〕32 号）第四条。

小小版权　获赔百万

——产品外包装美术作品著作权及不正当竞争系列案[*]

张泽思　王章立

> 该案针对著作权所涉及的美术作品用于外包装这一事实，就著作权侵权及《反不正当竞争法》中"擅自使用与他人有一定影响的商品名称、包装、装潢等相同或者近似的标识"两个案由分别提出诉讼，经过精心筛选打好首起诉讼，取得了理想结果，同时对后续一系列案件的被告形成了较大威慑力，进而快速、有力地整顿市场侵权行为，并在维权行动中获得了较高的赔偿金额。
>
> 该案相比一般的美术作品著作权侵权诉讼，获得的赔偿金额远远高于大部分案件；对于此类型案件的维权，尤其是系列案件维权策略具有参考和借鉴意义。

■ 案情简介

一、基本案情

该案权利人广东乐普升文具有限公司为国内文具行业细分领域龙头企业，其产品销售遍及全国各地，虽然属于传统产业，但其拥有一百多项专利及数十项著作权。公司主营产品为文具领域的修正带，由于产品质量稳定，造型新颖，外包装时尚，吸引了大量学生购买，市面上最普遍的侵权行为是仿冒其外包装。该类产品外包装一般由底部印制有彩色图案的纸卡板及表面透明的吸塑包装壳构成，吸塑包装壳粘贴在纸卡板表面，产品放置在纸卡板及吸塑包装壳之间。权利人每一款包装的纸卡板都设计有独特的图案，并办理了著作权登记，涉案著作权为9017修正带卡板。

针对大量的侵权厂家，维权之初，代理律师挑选了与权利人在同一市区的另一家规模较大、成立时间较早的文具企业，其侵权范围也较广，在电商平台上也有多个店铺销售侵权产品。为获得最大限度赔偿，代理律师放弃网络保全侵权产品的方式，由权利人派人前往平均判决赔偿金额较高的法院所在地，购买保全侵权产品，将连结点定于该法院管辖范围，并对线上平台的销售情况进行了截图保全。起诉时针对涉案著作权所涉及的美术作品用于外包装这一事实，就著作权侵权及《反不正当竞争法》中"擅自使用与

---

[*] 生效案号：（2018）粤73民终1629号。

他人有一定影响的商品名称、包装、装潢等相同或者近似的标识"两个案由提出赔偿损失及停止侵权等诉求。

二、争议焦点

庭审中，被告认为其产品与原告著作权有实质性的区别并未侵犯原告著作权，且原告无充足证据证明其产品具有影响力，不应认定不正当竞争行为。

对于是否实质性相似方面，被告罗列了多个与原告著作权不同的设计特征，包括：（1）被控侵权产品外包装设计的左边"6"字形中间的圆圈是空白的，二涉案作品中都有一个人形手掌，手掌上面覆盖了"拒绝虚假米数"的文字，手掌下面还有"×××100%实米数"的中文；（2）涉案作品"6"字形左上印制有商标标识，而被控侵权产品商标标识在右侧"实惠装"中文右上方；（3）外包装设计右侧"实惠装"中文下方的文字不同；（4）被控侵权产品外包装设计最下方印有"5mm×24×6PCS"而原告作品没有。

对此，代理律师紧扣被告在体现美术作品独创性的特征上都与原告著作权相同，两者主体构图从左到右均用相同的艺术字体"6""实惠装"，以及"蓝绿黄三个弧形箭头环绕的小半圆"图案组成，两者"实惠装"艺术字在颜色上均为黑、蓝、绿组成，两者"6"左下角均有蓝、绿、黄三个小圆点和小字标识，可见其整体构图、色彩使用、矢量图形等设计与原告作品独创性表达基本一致，这些都是原告著作权具有独创性表达及审美意义的设计所在。因此被告的产品包装与原告著作权相似之处总体上属于对该著作权作品的再现，而区别之处仅属于对产品型号、规格的描述，以及文字细节、个别图案的简单变动，不具有审美意义，上述区别不影响对二者构成实质性相似的认定。

三、案件结果

最终，由于被诉侵权产品与涉案著作权近似程度极高，法院认定侵犯原告著作权，同时由于原告提交了充足证据证明涉案产品具有较高知名度，销售范围广，被告不正当竞争行为成立，结合线上平台销售及库存数据计算，被告生产销售数量巨大，金额高达数百万元，最终判决被告赔偿原告 35 万元人民币。后被告不服提出上诉，二审法院维持原审判决。

该案虽历经两年时间，但由于判决金额较高，对其他侵权厂商影响及威慑均较大。后续权利人陆续提起了一系列的维权诉讼，所有被告均主动寻求和解，并且和解金额远高于同类案件判决金额。在后续一年多时间，权利人已针对了十几家厂商的侵权行为维权，并在该系列维权行动中获得了数百万元的赔偿或和解款。

■ 办案心得

在实践中，对著作权的侵权经常表现为复制、发行行为，如将美术作品著作权应用于产品外包装。对于此类侵权行为，在缺乏权利人损失或侵权方侵权获利证据的情况下，法院酌定赔偿一般不高，大多在1万-5万元区间。针对市面上众多的仿冒其外包装的行为，该案权利人多年来虽一直有维权行动但效果始终有限，获得的赔偿金不足以弥补其维权开支，持续投入成本用于维权却收效不佳。

为解决企业维权困境，代理律师与企业打假部门全面调查市场上的侵权情况，改变维权策略，主要从以下几个方面着手。

一、选择适当案由

在司法实践中，涉及反不正当竞争法的判决金额相对会高得多，而代理律师在对该案具体情况进行分析的过程中注意到，该案除了涉及著作权侵权之外，由于是以美术作品直接应用于产品的外包装，产品的外包装设计与美术作品比较近似，因此，该案代理律师尝试选择了同时起诉被告著作权侵权及不正当竞争，获得了较好的维权效果。

二、选择合适的被告及管辖法院

不再独立分散地起诉各个侵权方，而将不同侵权厂家分区域、分先后顺序进行系列维权，并以其中规模较大、销售范围较广、销量大的厂家为开端，集中力量打好第一场诉讼。

该系列案通过分析多家侵权厂家，筛选出第一家起诉对象，成功获得数十万侵权赔偿款，而后陆续起诉其他侵权厂家，几乎所有被告慑于首个案件判决结果的心理压力，基本选择了和解的方式结案，该案权利人短时间内有力整肃了市场的同时还拿到了数百万元赔偿款，实践效果比较满意。

目前，著作权侵权判决赔偿金额一般不高，为最大程度发挥维权作用，取得较佳结果，一般要注意以下几个方面：首先，对被告的挑选优先考虑规模较大、侵权数量多且侵权数量有相应证据的对象；其次，选择判决赔偿金额标准相对较高的法院如经济较发达地区的法院，并做好地域管辖连结点的关联工作；最后，选择赔偿责任较大，判决赔偿金额一般较高的法律依据及案由。

三、选择合适的时机

在维权时机方面，应当针对新产品或新技术刚推出市场后即出现的侵权行为果断采取行动。首先，新产品刚推出市面时，一般而言，仿冒的厂家相对不多，尚有部分厂家处于观望状态，立即对侵权行为采取行动进行打击，一方面可以打消部分厂家仿冒的念头，另一方面其他厂家也会待侵权纠纷有了结果之后再考虑是否也仿冒该产品，这在很大程度上避免了大量厂家跟进仿冒产品，导致市场混乱短时间内饱和进而利润大幅降低，使一款产品失去生命力；其次，在仿冒产品还未泛滥之时打击侵权，对于下游厂商、经销商而言更具有威慑效果，可以更好地遏制侵权产品的市场，下游厂商或经销商此时往往不愿意因为侵权纠纷给自己的生产或销售带来麻烦，而当仿冒产品泛滥时，下游厂商或经销商往往会认为该产品不拥有知识产权的权利或者有大家都这么做的从众心理，导致维权威慑效果大大降低；最后，前期维权对竞品进入市场的延缓作用为权利人的产品占领市场赢得了时间，而占领市场及一段时间的销售反馈还可以促进自己产品的迭代更新，特别是机械设备，经过长期的运行跟维修保养反馈可以大大提升设备的精确度和稳定性，从而拉开自己产品与竞品的质量差距，而根据市场反馈进行的产品升级迭代更能拉开自己与竞品的技术代差，使得对手一直处于跟随自己脚步的被动局面，不仅市场占有率低，且利润率也低。

■ 小结

虽然在该系列案件中权利人获得了数百万元的赔偿金额，但获得赔偿不是目的，知识产权维权应当作为市场竞争的手段而非目的。

作为权利人，为了在日后的维权中获得更有利的结果，应当在平时留意收集关于企业及产品影响力的证据，如企业获奖情况，企业荣誉、企业资质等信息，企业对外宣传的资料，以及产品推广会、参加展会的照片等，这些证据在维权中一方面可以作为企业及产品影响力的佐证，有利于产品知名度的认定，进而有助于认定对方的不正当竞争行为，有利于获赔更多的金额；另一方面，著作权侵权认定的标准是以"近似+接触"为原则，在对方产品与权利人著作权实质性相近似的前提下，若有充足证据证明原告产品具有较高的影响力，且被告方属于相关领域的企业，则有助于直接推定被告接触过原告拥有著作权的产品，从而认定被告的侵权行为。

■ 法律链接

《中华人民共和国著作权法》（2010年）第三条、第四十七条；
《中华人民共和国反不正当竞争法》（2017年）第六条。

类案重点　案件关键

——移动唱吧领域著作权及不正当竞争纠纷*

曾赟　胡碧霞

原告是"咪哒–唱吧小型练歌房"的设计者。2016年11月3日，原告于广东省版权局对其进行著作权登记，并取得了名称为"咪哒Minik"的《作品登记证书》。后，原告以著作权及不正当竞争为由起诉被告，该案从一审至再审，历时三年，法院最终认定被告构成不正当竞争，但对其歌咏亭这一构筑物不构成著作权侵权，认为原告的涉案产品不构成建筑作品，没有达到独创性标准。虽然原告认为其名称为"咪哒minik"的小型练歌房构成建筑作品，并认为其具有独创性（该案案情较复杂，限于篇幅，本文仅涉及建筑作品部分），但该主张一审法院未支持。

三环代理（代理一审被告，二审上诉人，再审申请人）律师通过查询类案裁判要点，补充提出建筑作品应当具有独立于其实用功能的建筑美感。最终二审法院认可了我方上述代理意见并支持了一审判决。

通过对该案的处理，代理律师整理并总结出了建筑作品的判定标准，重点为在物理意义上，建筑作品应当以建筑实物的形态表现；在美学意义上，建筑作品应当具有独立于其实用功能的建筑美感。并希望前述内容可对其他同类型案件的处理能有一定帮助。

■ 案情简介

一、基本案情

原告是"咪哒–唱吧小型练歌房"的设计者。2016年11月3日，原告于广东省版权局对其进行著作权登记，并取得了名称为"咪哒Minik"的《作品登记证书》（该案同时涉及著作权侵权和不正当竞争，但本文仅评述建筑作品部分）。

原告主张其名称为"咪哒minik"的小型练歌房构成建筑作品，并主张其具有独创性，具体体现在：（1）整体采用长方体正面两侧斜角设计，长1560毫米，宽1560毫米，高2770毫米，比例为：1∶1∶1.77；（2）整体以黑色金属框架为结构，正面及左右两侧嵌以玻璃为墙体，内部可见的通透性设计；（3）顶部采用黑色金属包围，镂空LOGO图

---

* 生效案号：（2018）粤73民终1980号。

案字形内置灯光，灯光开启时 LOGO 图案及字形呈现绿色；（4）外部可见建筑内部正上方长方形绿色布艺招牌，下部左右两侧从上至下贯穿至地板的黄色三叶状格栅立柱，在招牌和两侧格栅立柱之间置以电子显示屏，三者形成的微缩舞台效果。一审、二审法院认为认定小型练歌房是否具备建筑作品所拥有的审美意义，应从练歌房的外观进行认定，而该练歌房系用玻璃、金属等材料建造的封闭、可移动歌咏亭，在设计时，其实用性更加明显，作为封闭的自助式练歌房，其亭式长方体形状的设计属于该类产品较为通用的设计，虽然其外观进行了一定的美化，但其艺术美感明显未达到建筑作品所具备的审美意义。因此，一审、二审法院均未支持原告的该主张。

原告于二审中坚持上述内容并提出如下主张：涉案"咪哒minik"的外观、内部结构均具有审美意义，且其营业状态下的整体效果也具有审美意义。

三环代理律师在接受委托后，通过查询类案裁判要点，总结提出建筑作品应当具有独立于其实用功能的建筑美感。

最终二审法院认可了被告代理律师上述代理意见并支持了一审判决。

二、案件分析

考虑到原告主张其产品具有独创性，构成建筑作品，但我们并不认可这一主张。因此在接受委托后，我们仔细地阅读了案件证据及一审判决，并检索、查阅了大量的案例，分析总结出了建筑作品的认定要点。

我们认为，既然原告主张其产品构成建筑作品，那么其应当满足建筑作品的构成条件，但显然其产品虽然在通电状态下富有美感，然其主张保护的设计均与实用功能不可分离，而这一内容将直接影响建筑作品的认定。因此，该案代理的核心在于从建筑作品的构成条件出发进行认定。

■ 办案心得

通过对该案的处理以及相关案例的学习，我们整理并总结出了建筑作品的判定标准，并将其重点汇总如下。

其一，在物理意义上，建筑作品应当以建筑实物的形态表现，即以建筑物或者构筑物形式表现。

《中华人民共和国著作权法实施条例》第二条规定："著作权法所称作品，是指文学、艺术和科学领域内具有独创性并能以某种有形形式复制的智力成果。"第四条第（九）项规定："建筑作品，是指以建筑物或者构筑物形式表现的有审美意义的作品。"因此并非所有的建筑物或构筑物均能成为《著作权法》所保护的建筑作品；而只有具备独创性、可复制性及审美意义的建筑物或构筑物，才是《著作权法》所规定的"建筑作品"。

其二，在美学意义上，建筑作品应当具有独立于其实用功能的建筑美感。事实上，我们也向法院举出了多个在先案例以证明原告的产品不符合上述判定要点，其关于建筑作品的主张并不成立。而最终，二审法院也采纳了我们的观点。

例如，湖北省高级人民法院（2017）鄂民终64号判决认为："我国著作权法意义上的建筑作品只能是三维的建筑物或构筑物，并不包括平面的建筑工程设计图，建筑物或构筑物能够作为作品保护是因为它们具有独立于实用功能的艺术美感，属于艺术领域的智力成果。"

上海知识产权法院（2015）沪知民终字第199号判决也认为："该案枫泾古镇安防博物馆出于参观路线的安排对空间进行分割，体现了实用功能性，并无可与其实用功能性相分离的艺术美感，故不能受著作权法保护。因此，上诉人主张枫泾旅游公司、安朗杰公司设计施工枫泾古镇安防博物馆构成对其设计图'从平面到立体'的复制，本院不予采纳。"

北京市第一中级人民法院（2009）一中民初字第4476号判决认为："建筑物或者构筑物能够作为作品受到保护，是因为它们具有独立于其实用功能的艺术美感，反映了建筑设计师独特的建筑美学观点与创造力，缺乏独创性或者没有任何艺术美感的建筑物或者构筑物并不是建筑作品。该案中，原告主张其对北京2008年奥林匹克运动会主会场国家体育场享有建筑作品的著作权。从形式上看，国家体育场属于《著作权法实施条例》所指的建筑物，与此同时，其所采用的钢桁架交织围绕碗状建筑外观形象，空间结构科学简洁，建筑和结构完整统一，设计新颖，结构独特，具备了《著作权法实施条例》所要求的独立于该建筑物实用功能之外的艺术美感，体现出相当水准的独创性，因此，可以认定国家体育场属于《著作权法实施条例》所指称的建筑作品。"

最终该案二审判决也运用了该判定标准进行认定："建筑物或者构筑物之所以能够受到著作权法的保护，是因为其具有独立于其实用功能的艺术美感，反映出设计者独特的建筑美学观点，具有建筑物或者构筑物在外观、造型、装饰设计中所包含具有审美意义的独创性。……而将功能设计归属于工业用品，不纳入著作权法的保护范畴。对于建筑作品的评价也必须着力于其艺术性而非实用功能，重点考虑设计者或者建筑者对建筑物或者构筑物的独创性艺术元素。"

■ 小结

近年来，涉及建筑作品的案件在司法实践中逐渐出现。但是建筑既具有实用功能性，又具有艺术性，因此对实务中建筑作品的判定带来了一定的困难。该案代理律师通过对在先类案的分析，总结出了建筑作品的判定重点，其中包括：在物理意义上，建筑作品应当以建筑实物的形态表现；在美学意义上，建筑作品应当具有独立于其实用功能的建筑美感。希望前述判定重点能为同类案件的处理提供经验。

■ **法律链接**

《中华人民共和国著作权法实施条例》（2013年）第二条、第四条第（九）项；

《最高人民法院关于审理著作权民事纠纷案件适用法律若干问题的解释》（法释〔2002〕31号）第七条。

程序抗辩　不容忽视

——某珠宝公司与某国际贸易有限公司侵犯著作权纠纷案*

董咏宜　李亚强

> 原告某国际贸易有限公司认为被告东营某商城、东营某商城的分店销售的某珠宝公司的某款黄金饰品涉嫌侵犯其著作权，遂向法院提起该案诉讼。
>
> 该案被告之一某珠宝公司委托我方作为代理人应诉，我方律师在原告权利基础稳定、已经起诉大量类似商家行为并获得赔偿的情况下，抽丝剥茧，发现原告的起诉材料、委托手续存在瑕疵，最终说服法院，驳回了原告的起诉。
>
> 该案启示在于，涉外民事主体在我国人民法院提起民事诉讼，只能委托中华人民共和国的律师或者其他人代理诉讼，并按照法律规定的方式办理起诉、诉讼授权委托等相关法律手续。原告若以自己的名义提起诉讼，授权委托书及相应法律文书上盖的必须是原告自己的公章，若起诉状和授权委托书等诉讼材料中加盖的是案外公司的印章，则不符合《民事诉讼法》规定的起诉条件。

■ 案情简介

原告某国际贸易有限公司，于2015年获得保罗弗兰克实业有限责任公司的独占许可，取得"Paul Frank""""大嘴猴"等图形及文字在中国的内地及澳门、香港地区的商标及著作权许可。

原告公司发现被告东营某商城及东营某商城的分店的某珠宝公司专柜销售的某款黄金饰品的图样，与其获得独占许可的、登记号为国作登字－2016－F－00260207的""的作品构成实质性相似，认为该珠宝公司作为品牌商未经许可，在黄金饰品上使用""形象，侵犯了其著作权，遂以侵犯著作权为由，将该案三被告起诉至山东省东营市中级人民法院。

该案被告之一某珠宝公司在遭遇诉讼之后找到三环律师团队。经过办案律师的仔细

---

* 生效案号：（2018）鲁05民初661号。

梳理，发现原告公司提交的起诉状落款签章处，签章为案外公司的公章，而没有原告公司的签章。于是，被告向法院提出，原告公司提交的法律文件不符合我国民事诉讼法的相关规定，不符合民事诉讼法关于起诉的条件，并充分展开论述了理由进行抗辩。

法院采纳了被告的抗辩观点认为，2017年《民事诉讼法》第二百五十九条规定："在中华人民共和国领域内进行涉外民事诉讼，适用本编规定，本编没有规定的，适用本法其他有关规定。"2015年《最高人民法院关于适用〈中华人民共和国民事诉讼法〉的解释》第五百五十一条规定："人民法院审理涉及香港、澳门特别行政区和台湾地区的民事诉讼案件，可以参照适用涉外民事诉讼程序的特别规定"，根据《民事诉讼法》第五十八条、第二百六十三条、第二百六十四条的规定，原告公司作为在香港特别行政区设立的企业，其向人民法院提起民事诉讼，只能委托中华人民共和国的律师或者其他人代理诉讼，并按照法律规定的方式办理起诉、诉讼授权委托等相关法律手续。《民事诉讼法》没有规定案件当事人可以委托公司作为诉讼代理人。该案中，原告公司以自己的名义提起诉讼、委托授权，但在起诉状和授权委托书中加盖的却不是自己的印章，而是案外公司的印章。原告公司提交的诉讼材料，不符合《民事诉讼法》的相关规定。故原告公司委托案外公司作为诉讼代理人签署民事诉状并提起该案诉讼，不符合《民事诉讼法》规定的起诉条件。

基于此，法院驳回了原告的起诉。

■ 办案心得

作为被告的代理律师，在看到原告公司的起诉材料后，针对类似案件做了大量的案例检索，发现原告公司围绕涉案著作权在全国各地已经起诉了成百上千件案件，且在查询到的案件中，各地法院基本上也都认定了被告构成侵权。

被控侵权产品的猴子形象虽然与涉案著作权有很多不同，但是也确实存在着"大嘴"的设计，"大嘴"也是涉案著作权最显著的设计特征，再加上涉案著作权品牌的知名度，在同类案件法院均认定侵权的前提下，被控侵权产品与涉案著作权被认定为实质性相似的概率很大。

但在经过仔细梳理起诉材料后，办案律师发现，在原告公司提供的起诉状中的"具状人"虽然落款是原告公司，但是加盖的公章却是案外某公司的印章，原告代理律师交给法院的授权委托书的委托人也不是原告公司，仍然是案外某公司。基于起诉材料的此种问题，律师认为这也许是该案被告制胜的关键，于是将抗辩重点放到了原告提交的法律文件不符合我国民事诉讼法的相关规定，其向人民法院提起诉讼的起诉状及授权委托的代理人的行为均属于无效的法律行为，不符合民事诉讼法关于起诉的条件。具体为：

1. 作为民事案件诉讼中的原告是基于其诉权而取得的，该案中原告诉权是依《著作权法》中的著作权取得的,行使诉权的就应当且只能是权利人或者权利的被许可人。

2. 《最高人民法院关于人民法院受理纠纷案件中几个问题的复函》中也明确表明"企业法人因经济、民事纠纷向人民法院递交的起诉状,应当加盖企业法人的公章,并有其法定代表人的签字或盖章",原告公司作为原告应当在起诉状的具状人处加盖其公章并由原告公司的法定代表人签字,方能表明是原告提起该案诉讼的真实意思表示。而该案中原告提交的《起诉状》中,具状人处加盖的并非原告的公章,也没有原告负责人的签字,也并没有代理的律师事务所或者律师的盖章或签名,而是盖了一个案外公司的章,而该公司也并非涉案知识产权的被许可人,如此的诉状不符合我国的法律规定,有损我国的司法主权。

3. 原告作为权利人在中国的被许可人,其作为原告起诉是没有问题的,但是根据我国《民事诉讼法》第五十八条规定,能作为诉讼代理人的只有:(1)律师、基层法律服务工作者;(2)当事人的近亲属或者工作人员;(3)当事人所在社区、单位以及有关社会团体推荐的公民。而原告公司却委托了案外公司作为该案的诉讼代理人是不符合法律规定的,案外公司并不能像律师事务所一样接受当事人委托后指派律师参与诉讼,充其量只能行使一般的非诉讼维权(如调解,取证等),不能成为诉讼代理人。

法院最终采纳了被告的抗辩理由,认为,原告公司作为在香港特别行政区设立的企业,其向人民法院提起民事诉讼,只能委托中华人民共和国的律师或者其他人代理诉讼,并按照法律规定的方式办理起诉、诉讼授权委托等相关法律手续。《民事诉讼法》没有规定案件当事人可以委托公司作为诉讼代理人。该案中,原告公司以自己的名义提起诉讼、委托授权,但在起诉状和授权委托书中加盖的却不是自己的印章,而是案外公司的印章。原告公司提交的上述诉讼材料,不符合《民事诉讼法》的相关规定。故原告公司委托案外公司作为诉讼代理人签署民事诉状并提起该案诉讼,不符合《民事诉讼法》规定的起诉条件。并据此,驳回原告公司的起诉。

■ 小结

所谓抗辩就是在诉讼中,被告用来对抗原告起诉或诉请的合法手段。被告一般都是将重点放到对原告实体权利请求的对抗,而诉讼程序上的对抗往往容易被忽视。

如之前所述,该案原告围绕涉案著作权在全国各地起诉了成百上千个案件,且各地法院基本上都认定了被告侵权。对于此类案件,律师可能更多的是从赔偿额上面去争取,往往不会从案件的定性上面去突破。而该案胜诉的关键在于办案律师并没有局限于"类案同判"的思维定式中,敏锐地看到了案件程序上的突破点,看到了原告起诉材料的瑕疵,据理力争,最终得到了法院的认可,驳回了原告的起诉。

在审判实务中,被告在程序上的抗辩,虽然并不能直接对抗原告的请求,但是如果抗辩理由成立，尽管不能阻止原告最终取得胜诉权，但可以使其承担民事责任的期限有所宽延。因此，被告利用诉讼程序上的一些规则，迟滞原告请求的主张，可以使其请求权延期发生效力，这对被告来说往往具有一定的现实意义。

■ 法律链接

《中华人民共和国民事诉讼法》（2017年）第五十八条、第一百一十九条、第二百五十九条；

《最高人民法院关于适用〈中华人民共和国民事诉讼法〉的解释》（2015年）第五百五十一条。

第四部分
反不正当竞争及反垄断

当头棒喝　铁马金戈
——佛陶技术秘密及发明专利侵权纠纷案*

温旭　刘孟斌

> 佛山市陶瓷研究所经多年努力研发出"冷等静压精细陶瓷辊棒"生产技术，并通过专利、技术秘密等方式进行保护。后因个别员工跳槽他厂并利用所掌握的佛山市陶瓷研究所的技术秘密生产经营，从而引发本技术秘密侵权诉讼案。该案发生时（1993年初），我国《反不正当竞争法》等涉及商业秘密保护的相关法律法规尚未颁布实施，而现实中类似侵权事件却屡见不鲜。因此，该案能否保护、如何保护备受社会广泛关注，电视、广播、报刊等媒体一直进行跟踪报道。
>
> 该案最终以原告胜诉、知识产权得到有效保护而结案，产生了良好的社会效果，并对日后同类案件的审理有着指导意义，在我国知识产权发展史上具有重要影响。

■ 案情简介

一、基本案情

陶瓷辊棒是现代化陶瓷工业窑炉——各类型高温辊道窑必不可少的关键部件，它在高温烧成中起传动承载产品作用。产品平置于由陶瓷辊棒排列组成的自动传送带（类似于机场使用的行人自动传送带）上，陶瓷制品的坯体从窑炉的一端传入，另一端输出，中间经过高温烧成，即成为成品。由于这一工艺的特殊性，要求陶瓷辊棒具有直线度好、抗弯强度大、耐高温等一系列特点。在历史上，陶瓷辊棒的生产一直只有少数几个国家能够形成批量化生产。

为满足我国高温辊道窑对陶瓷辊棒的需求量，最初的辊棒几乎全靠进口，价格十分昂贵，每根20-50美元不等，国内虽有少数引进国外生产线的厂家，但由于技术不过关或者价格偏高一直未能产生令人满意的生产效果。

佛山市陶瓷研究所（以下简称"佛陶所"）于1984年承担了广东省科委下达的冷等静压生产陶瓷辊棒重点科研攻关项目，后又于1990年列为国家火炬计划项目。该项研

---

* 该案为最高人民法院公告的典型案例（《中华人民共和国最高人民法院公报》1995年第04期）。法院公告：http://gongbao.court.gov.cn/Details/012a72dd41bad4b33bb95d2350b43c.html?sw=。

究前后历时八年，共耗资 1300 多万元。1992 年 9 月 8 日"冷等静压精细陶瓷辊棒"生产技术通过了国家级火炬计划鉴定验收。鉴定意见认为，达到国际先进水平，并填补了国内空白，属于国内首创。经广东省科委和国家科委组织专家鉴定，该技术被评为国家秘密级技术，从 1987 年 12 月 29 日开始，保密期 15 年。此外，佛陶所将可以公开的部分技术内容分别申请了实用新型及发明专利。

1992 年初，佛陶所偶然得知南海松岗、金昌等三家工厂在使用与佛陶所相同的机械设备和基本相同的工艺流程生产辊棒，经调查发现两厂分别通过佛陶所的现职工和原职工招某、林某、区某、吴某等人非法窃取了佛陶所的技术秘密。

二、维权过程

1993 年初，佛陶所首先以南海松岗厂侵犯实用新型专利权与技术秘密为由在广州市中级人民法院起诉，请求法院判令被告立即停止侵权行为，赔偿经济损失，并赔礼道歉。被告则向专利复审委员会请求宣告佛陶所专利权无效，并请求法院中止诉讼。但《专利法》（1992 年）第四十一条规定，专利授权未满六个月，应走专利撤销程序而不是专利无效程序（专利法修改后撤销程序现已取消），专利复审委员会对被告在 15 天答辩期内提出的无效请求不予受理，待被告改提出撤销专利权请求时，15 天答辩期已经超出，一审法院依法没有作出中止诉讼的裁定。佛陶所与松岗厂实用新型专利与技术秘密侵权纠纷一案经开庭审理后，法院作出一审判决，判令被告停止侵权行为，赔偿原告经济损失 280 余万元。被告不服，上诉于广东省高级人民法院，省高院开庭审理后发回重审并要求广州市中级人民法院中止专利诉讼及将技术秘密诉讼案移交有管辖权的佛山市中级人民法院审理。

佛陶所第一轮诉讼受挫后，于 1994 年 6 月以刚获专利授权的发明专利"一种陶瓷辊棒等静压成型方法"在广州市中院再次起诉，分别诉南海松岗、金昌两厂侵犯发明专利权，同时在佛山市中院起诉南海松岗、金昌、狮山小塘三个厂家侵犯佛陶所的技术秘密权。

应佛陶所的多次保全请求，广州市中级人民法院及佛山市中级人民法院于 1994 年 11 月底联合采取行动，查封了上述三厂。广州市中级人民法院于 1994 年 11 月 29 日就发明专利侵权诉讼作出一审判决，原告佛陶所胜诉。佛山市中级人民法院于 1995 年 7 月 13 日就技术秘密侵权诉讼作出一审判决，原告佛陶所胜诉，其中松岗厂被判赔 1000 万元。南海松岗、金昌两厂不服佛山市中级人民法院及广州市中级人民法院一审判决，分别上诉于广东省高级人民法院。狮山小塘厂家在一审作出判决后与原告达成和解协议，未提起上诉。金昌厂上诉后与原告达成和解后原告佛陶所撤回上诉，松岗厂则由广东省高级人民法院主持调解结案。

在起诉之前，佛陶所向当地检察机关举报了招某、林某、松岗厂梁某等三人非法泄露、窃取技术秘密的行为，检察机关立案侦查，取得了大量的证据资料，并于 1994 年底依法逮捕了上述三人。

在案件审理过程中，佛陶所对自己1992年8月17日提出的发明专利，通过该国优先权申请，作了修改和完善，为胜诉奠定了基础。

被告提出的请求宣告原告发明专利无效案件，中国专利局专利复审委员会经审理后作出维持专利权全部有效的决定。

原告首先与南海狮山小塘厂家达成和解协议，被告承认和尊重原告的专利与技术秘密，并向原告作适当补偿，方案是由原告承包该厂，补偿款从应交给被告的承包款中扣除。

与被告南海金昌厂达成和解协议，被告亦承认和尊重佛陶所的专利及技术秘密，并向原告作一定补偿，方案是原告以一项新的技术入股被告企业并将补偿款作为投资入股。

最后在广东省高级人民法院主持调解下，原告与被告南海松岗厂达成调解协议：(1) 南海松岗特种陶瓷厂停止侵犯佛陶所的 ZL93104966.0 发明专利权和技术秘密。(2) 由佛陶所收购南海松岗厂生产陶瓷辊棒的专用设备和原材料，在原购进价格的基础上，按国家规定的标准折旧后计价，收购范围由双方在执行时协商。(3) 南海松岗厂补偿佛陶所人民币128万元，并保证今后不再使用佛山市陶瓷研究所的专利技术和技术秘密生产陶瓷辊棒，保证该技术秘密不向外扩散。

至此，在国内具有较大影响的"佛陶"专利与技术秘密侵权纠纷一案画上了圆满的句号。

■ 办案心得

原告为打赢这场官司，从一开始就作了较为充分的准备，与主办律师反复进行了研究，最后选定了以专利加技术秘密及依法追究相关人员刑事责任的保护方案，专利保护先以侵犯实用新型专利起诉，抑制被告的侵权行为，而后继续用发明专利起诉，并适时在有管辖权的佛山市中级人民法院以技术秘密起诉，双管齐下，确保官司胜诉，同时通过证据保全、检察院立案侦查、当事人诉前取证，获得了大量原始证据，为胜诉奠定了基础。

实践证明，原告的上述诉讼策略基本上是成功的，达到了预期的效果，依法保护了企业的正当合法权益，在夺回应有的市场后，取得了较大的经济效益。

■ 小结

1. 以专利加技术秘密的方式保护自身的发明创造，有助于发明创造的保护。佛陶所就适宜公开的技术与设备申请了多项专利，同时又将不宜公开的技术以技术秘密方式保留。他人照着专利技术生产，可以生产出产品，但若不能获得技术秘密则难以生产出与佛陶所优质等效的产品，专利加技术秘密的双重保护，通常要比专利或技术秘密的单项保护效果要好。

2. 以实用新型专利加发明专利保护，既能够及时抑制侵权，又能最终打赢官司。实用新型专利因无须实质审查，易获批准授权，但起诉他人侵权后，一旦遇被告提起专利权无效，法院一般都裁定中止诉讼，诉讼时间拖得很长，而且一旦专利无效成功，还会败诉。佛陶所是以两件实用新型专利起诉侵权厂家，待发明专利批准后再用发明专利起诉，正好接得上，而且由于发明专利经过实质性审查后才得以批准，法院一般不中止诉讼，通常能最终制止侵权行为。

3. 佛陶所及时提出本国优先权申请，对原来的发明专利申请在原公开文本基础上作出了修改、补充与完善，调整了保护范围，这也是十分关键的一环，克服了原申请撰写中的不足，在规定允许的范围内修改权利要求书，对这场官司的胜诉起到了至关重要的作用。

4. 在掌握部分证据的前提下，通过举报、检察院立案侦查，取得了被告利用不正当手段获得原告技术秘密的大量证据，一方面有助于追究直接责任人的刑事责任，另一方面为民事诉讼提供了大量的原始证据。

5. 要求法院采取保全措施，对于判定被告侵权事实与实际获利情况，非常有利。更有助于法院对比原、被告双方的技术，作出公正判决。

6. 在有胜诉把握的前提下，果断要求法院采取诉讼保全措施（现在称诉中禁令），这对于及时制止侵权行为，夺回本应属于原告的产品市场十分重要。如果不采取这一措施，让诉争拖下去，原告早就被拖垮了。即使胜诉也往往无法得到应有的赔偿，原告制定的以制止侵权夺回市场为主的诉讼策略是正确的。

7. 原告注意技术保密，并将应当保密的技术申请列为国家级秘密技术，这也是非常重要的一步。即便企业的技术秘密未被列为国家级的秘密技术，同样也应受到法律保护。通常在诉讼中，法院要先确认某项技术是否属于技术秘密，而在该案中这一步骤可以简化，因为列为国家级秘密技术的本身就说明了该项技术符合技术秘密的构成要件，受到有关法律的保护。

8. 原告佛陶所的负责人何锡伶所长，坚持不懈地依法维护国有无形资产，在长达四年之久的诉争中，遇到不少挫折，但始终相信法律是公正的，始终不放弃，与律师密切配合，最终得到了一个圆满的结局。这种精神是不少企业的负责人所没有的，也是该事件涉及的系列诉讼案最终全面胜诉不可缺少的重要因素。

"冷等静压精细陶瓷辊棒"专利与技术秘密侵权系列案最终以原告胜诉、知识产权得到有效保护而结案，产生了良好的社会效果，并对日后同类案件的审理有着指导意义，在我国知识产权发展史上具有重要影响。

星群之争　扭转乾坤

——"星群"不正当竞争纠纷案[*]

温旭　董咏宜　吴瑾

> 老字号品牌承载着悠长历史和独特商誉,长期以来,不少企业靠打"擦边球"试图与老字号品牌产生联系进而牟利。如果注册、使用企业名称本身具有不正当性,比如不正当地将他人具有较高知名度的在先注册商标作为字号注册登记为企业名称,即使规范使用仍足以产生市场混淆的,注册、使用企业名称也应认定构成不正当竞争。
>
> 该案中,二审和再审法院在事实认定和法律适用上,均考虑了原告商品的市场知名度及影响力,认为被告此种侵犯企业名称的行为明显有损于诚实信用、公平竞争的现代市场道德准则,对于被仿冒企业和普通消费者的权益,均具有非常明显的损害,判决认定构成不正当竞争行为。法院判决事实依据充足,论理严谨,逻辑清晰,体现了对于知名企业名称权的充分保护,是一个经典的不正当竞争纠纷的司法案例,对于类似案件的审理和研究,具有参考借鉴意义。

■ 案情简介

广州星群(药业)股份有限公司(以下简称"星群药业公司")是广州老字号企业,成功研发出"夏桑菊"产品。广州星群(药业)股份有限公司滋补营养品厂(以下简称"星群滋补厂")是星群药业公司的全资企业,从成立至今一直将"星群"作为字号使用。星群药业公司及星群滋补厂大量生产销售"星群夏桑菊冲剂""星群夏桑菊饮料"等产品,将"星群夏桑菊"作为商品名称及未注册商标使用,并于2003年12月28日获得了"星群夏桑菊"注册商标专用权。由于产品使用方便、口感优良、效果好,结合星群药业公司的大力宣传,市场销量很大,获得众多荣誉。以至于消费者一提起"夏桑菊",就会联想到"星群",一提到"星群"就会联想到"夏桑菊",在消费者心中"星群夏桑菊"已成为一个整体,且与星群药业公司形成了稳定的对应关系。

星群药业公司发现,同处广州地区的星群食品饮料公司将"星群"作为企业字号于

---

[*] 该案作为"最高人民法院知识产权年度报告2009年第33号案",收录于《最高人民法院知识产权审判案例指导(第二辑)》。生效案号:(2008)民申字第982号。

2005年1月14日进行了工商登记,成立了"广东星群食品饮料有限公司"(以下简称"星群食品饮料公司"),监制及经销销售了与星群药业公司及星群滋补厂冲剂产品的包装、装潢极为近似的"夏桑菊颗粒冲剂"。

星群药业公司及星群滋补厂认为,星群食品饮料公司故意将与星群药业公司及星群滋补厂企业字号及商标的主要识别部分相同的文字"星群"作为企业字号进行了工商登记,成立"广东星群食品饮料有限公司",更故意监制及总经销销售与原告冲剂产品的包装、装潢极为近似的"夏桑菊颗粒冲剂"。由于星群食品饮料公司的行业性质是"食品饮料",与星群药业公司属于近似行业,与星群滋补厂属同行业,加上星群食品饮料公司产品在商标上的分类与原告注册商标在同一类别,致使广大消费者将其混淆,同时违反诚实信用原则,恶意搭星群药业公司知名商品的便车,销售仿冒产品,构成不正当竞争,给星群药业公司造成重大经济损失。因此,星群药业公司向法院提起诉讼,请求判令星群食品饮料公司停止商标侵权和不正当竞争行为,不得再使用"星群"作为其字号;并赔偿经济损失人民币50万元。

一审法院经审理认为:注册商标专用权与企业名称权分别受不同法律的保护,不存在其中一个权利当然优于另一权利的问题。法律并未授予注册商标专用权人禁止他人将与其商标注册相同文字作为字号注册登记企业名称的权利。而企业名称的依法注册登记及正常使用并非商标法所规定的使用商标的行为,故被告星群食品饮料公司注册并合理使用其经工商部门合法登记注册的企业名称的行为本身不构成对原告注册商标专用权的侵犯。被告的企业名称与原告的企业名称并不完全相同,是经过工商部门合法登记注册的,被告对其企业名称正常合理的使用,并不构成对原告企业名称权的侵犯。原告仅凭被告的字号与其相同即主张被告侵犯了其权利,证据不足。因此,对两原告的诉讼请求予以驳回。

两原告不服一审判决,均提起上诉。

二审法院审理认为:星群药业公司的前身早在1950年开始已把"星群"作为字号使用,尽管在1966—1976年中断使用,但在1980年又开始恢复使用"星群"字号。经过股份制改制,在1993年6月18日经广州工商行政管理局登记广州星群(药业)股份有限公司正式成立,2006年11月7日广州星群(药业)股份有限公司的"星群"字号被商务部认定为第一批中华老字号。星群食品饮料公司因其生产的产品与星群药业公司的产品相同或相似,两者存在直接的竞争关系。被告星群食品饮料公司的"广东星群食品饮料有限公司"的企业名称虽经工商部门登记注册,从形式上是合法的,但星群食品饮料公司是在2005年1月14日成立的,成立时间明显晚于星群药业公司,对生产相同或相似的产品的星群药业公司使用的"星群"字号是明知的。而且,星群食品饮料公司在选择该字号后又生产"夏桑菊颗粒"产品,该产品的装潢与星群药业公司高度近似。因此,其在注册企业名称的字号有多种选择的情况下,选择使用"星群"字号,又生产侵权产品，星群食品饮料公司使用"星群"作为其企业名称中的字号，使得消费者容易对其生产的商品误认为是星群药业公司的商品或认为两者存在着某种联系，星群食品饮料公司申请注册和实际使用"星群"作为其企业名称中的字号具有明显的"搭便车"的故意，有违公平、诚信的市场竞争原则，违反了公认的商业道德，该行为构成不正当竞争。

综上，二审法院撤销一审判决，改判星群食品饮料公司立即停止使用"星群"字号，并赔偿星群药业公司10万元。

星群食品饮料公司不服二审判决，申请再审。

再审法院认为：由于星群药业公司和星群滋补营养品厂长期的生产、经营和宣传，其"星群"字号已经为相关公众所熟知，拥有一定的市场知名度，并实际具有了商号的作用。星群食品饮料公司与星群药业公司、星群滋补营养品厂同处广州市，不仅使用与后者相同的字号，生产与后者类似的夏桑菊颗粒产品，甚至使用与后者近似的装潢，具有"搭便车"的明显恶意，严重背离了公平、诚信的市场竞争原则和公认的商业道德，客观上足以造成相关公众的误认。虽然星群食品饮料公司的企业名称经行政主管机关依法核准，具有形式上的合法性，但是企业名称的形式合法性并不能消除其行为的违法本质。在这种情况下，二审法院判决星群食品饮料公司立即停止使用"星群"字号并无不妥，故驳回广东星群食品饮料有限公司的再审申请。

■ 办案心得

对于他人经合法登记注册的企业名称能否被禁止使用，即能否认定构成不正当竞争，该案中一审法院和二审法院、再审法院作出了不同的判决。在一审星群药业公司和星群滋补营养品厂的诉讼请求均未得到支持的情况下，二审法院和再审法院采纳了代理律师的意见，作出了支持星群药业公司和星群滋补营养品厂的判决。该案代理律师主要从以下方面重点突破。

一、企业名称登记仅进行形式审查，合法注册并不意味着一定不侵犯他人权利

1. 《企业名称登记管理规定》第六条规定：企业名称由行政区划名称、字号、行业或者经营特点、组织形式组成。因此，行政机关在企业登记注册时，只审查是否包含上述组成，以及是否已存在完全相同的企业名称，即仅经过形式审查便可登记注册企业名称。行政机关对于是否对他人在先权益构成侵犯并不审查。

2. 该案中，即使广东星群食品饮料有限公司是经行政机关合法注册的企业名称，并不当然意味着一定不侵犯他人在先权利。如果注册使用企业名称本身具有不正当性，比如不正当地将他人具有较高知名度的在先注册商标作为字号注册登记为企业名称，或者将他人在先知名的企业名称注册为字号，即使规范使用仍足以产生市场混淆的，注册使用企业名称本身即是违法，可认定构成不正当竞争。

二、判断企业名称是否构成不正当竞争，应当考虑主张权利字号的知名度

星群药业公司的前身自1950年开始将"星群"作为字号使用，历史悠久。"星群"字号于2006年被商务部认定为第一批中华老字号。

星群药业公司及星群滋补厂大量生产、销售"星群夏桑菊冲剂""星群夏桑菊饮料"等产品，其"夏桑菊"产品自1985年便陆续获得诸多荣誉，如技术开发成果三等奖、广东省优质产品、广东最佳工业产品、中国中药名牌产品、广州名牌产品、广东省名牌产品等。

星群药业公司将"星群夏桑菊"作为商品名称及未注册商标使用，2003年12月28日获得了"星群夏桑菊"的注册商标专用权，由于产品优良及广泛宣传，使得"星群夏桑菊"与星群药业公司形成了稳定的对应关系。

在星群食品饮料公司成立之前，星群药业公司的夏桑菊颗粒产品和企业已经获得了大量荣誉，在相关公众中享有极高的知名度。

三、判断企业名称是否构成不正当竞争，应当考虑被告是否具有恶意

星群食品饮料公司与星群药业公司、星群滋补营养品厂所处地域相同，均处广州市，星群食品饮料公司在明知星群药业公司极高知名度的情况下，非但没有进行合理避让，反而不仅使用与星群药业公司相同的字号，生产、销售与"星群夏桑菊"类似的夏桑菊颗粒产品，甚至使用与"星群夏桑菊"近似的装潢，企图造成消费者的混淆、误认，误认为星群食品饮料公司与星群药业公司存在关联，具有明显的傍星群药业公司名牌、搭便车的主观故意，违反了诚实信用原则，当然构成不正当竞争行为。

四、判断企业名称是否构成不正当竞争，需考虑客观上是否会造成混淆

在行政区域上，星群药业公司与星群食品饮料公司均处广州市，即使星群食品饮料公司使用其企业名称全称，也仍然容易产生市场混淆，使相关公众误认为其与星群药业公司存在关联。

在企业和产品性质上，虽然星群食品饮料公司的产品属于食品饮料，星群药业公司的产品属于药品，但是在我国，许多产品特别是药食同源的药材生产的产品既可以申请食字号生产文号，也可以申请药字号生产文号，两者之间没有明确界限。星群药业公司的涉案产品夏桑菊颗粒是非处方药，与食品往往摆放在同一柜台销售。星群食品饮料公司使用"星群"字号生产夏桑菊颗粒客观上也会造成消费者混淆误认。

综上，星群食品饮料公司与星群药业公司同处广州市，在明知星群药业公司极高知名度的情况下，将"星群"作为其企业字号，并生产和销售与星群药业公司性质近似的产品，使用近似的包装装潢，具有明显的傍名牌、搭便车的故意，即使星群食品饮料公司规范使用其企业名称，仍会造成相关消费者的混淆误认，有损于公平竞争之市场秩序的建立。二审和再审法院根据上述因素判决星群食品饮料公司停止使用"星群"字号具有充分的事实和法律依据。

■ 小结

该案在一审中未获得法院的支持，其原因在于一审法院仅以被告是经合法登记注册的企业名称，被告与原告的名称并非完全相同，便认定不构成不正当竞争。而二审、再审法院均考虑了两原告的知名度，被告在明知原告字号及产品的情况下，故意选择"星群"作为企业名称，容易造成相关公众的混淆，具有明显的"搭便车"的故意，有违诚实信用原则。因此，在发现他人有傍名牌、搭便车行为进行维权时，应在主张知名度的同时突出对方的恶意，从而保护自身辛苦经营的品牌不被他人稀释。

在审查具有一定知名度的老字号企业依据《反不正当竞争法》所规定的知名商品特有名称权和企业名称权，主张禁止同业竞争者使用其注册商标与企业名称时，需要根据《反不正当竞争法》的立法目的、法律条文及司法解释的规定，综合考量老字号企业的历史沿革以及现有社会影响力的范围、同业竞争者及其商品知名度的范围以及其是否具有攀附老字号企业商誉的主观故意等因素予以确定。

■ 法律链接

《中华人民共和国商标法》（2001年）（已修改）第五十二条；

《中华人民共和国反不正当竞争法》（1993年）第二条、第五条；

《最高人民法院关于审理不正当竞争民事案件应用法律若干问题的解释》（法释〔2007〕2号）第六条；

《最高人民法院关于审理注册商标、企业名称与在先权利冲突的民事纠纷案件若干问题的规定》（法释〔2008〕3号）第二条、第四条；

《企业名称登记管理规定》（1991年）第九条、第二十五条第一款、第二十七条。

抓早抓小　防微杜渐

——喻某侵犯明门（中国）幼童用品公司商业秘密案[*]

温旭　肖宇扬　董咏宜　潘莹　吴瑾

商业秘密是企业的无形资产之一，根据我国相关法律规定，企业的商业秘密受到法律的保护，任何人不得随意侵犯。然而，在实际案件当中，如何确定企业相关商业秘密的内容，以及企业相关商业秘密受到侵害时的损失计算，是此类案件难点。与此同时，商业秘密案件案发之时，往往权利人已经受到了难以挽回的损失，例如市场已被抢占或是商业秘密已被公开，如何防微杜渐，于企业而言尤其重要。

该案件中，被害人明门（中国）幼童用品公司（以下简称"明门公司"）发现某员工存在违法盗用公司研发产品图纸在外打样并计划对外销售的行为，若放任该员工的行为，将导致投入巨额研发成本的技术信息秘密被公之于众。为维护自己的合法权益，避免高额研发投入付诸一炬，明门公司在发现该员工存在违法犯罪行为之后，便向公安机关报案。公安机关在调查清楚该员工行为后，移交检察院批捕、起诉，最终法院判决喻某侵犯商业秘密罪成立。

广东省检察院将该案件选为五件打击侵犯知识产权犯罪案件典型案件之一的理由为：该案系一起司法机关"抓早抓小"，于实际损害发生之前成功查办案件，保护权利人权益的成功范例。同时，该案件的办理也为侵犯商业秘密罪行中的损失认定等难题提供了借鉴。

■ 案情简介

明门（中国）幼童用品有限公司是一家位于东莞的台湾独资企业，成立于1993年，产品包括婴儿手推车、儿童汽车安全座椅、婴儿床、餐椅、多功能摇椅等产品，目前已成长为同类行业的全球领先企业，旗下拥有荷兰高端自主品牌NUNA与英国优秀新锐自主品牌JOIE巧儿宜，同时也是外销欧美市场该类产品最大OEM/ODM厂商。明门公司多年来关注产品品质，投入大量人力物力对相关婴幼儿产品进行研究与开发，拥有多项国内外专利及大量商业秘密信息。

---

[*] 该案被广东省检察院选为2019年5件打击侵犯知识产权犯罪案件典型案例之一。生效案号：（2018）粤1973刑初2518号。

自 2018 年年初起，明门公司发现其公司下设部门设计中心的资深协理（相当于部门二把手）喻某工作态度散漫，于是针对喻某展开公司内部调查。经过一段时间的调查，明门公司发现喻某竟然利用其在设计中心工作的职务之便，盗取明门公司投入了大量人力物力研发的未上市新产品的图纸，在外私自打样，并存在接触厂商意图私自制造并对外销售相关产品的行为。

明门公司的该款新产品设计图纸，为海内外大量优秀设计师的心血结晶，明门公司为此投入了大量的人力物力. 这些未上市的新产品图纸，属于明门内部高度机密文件。

喻某的这些行为，不但违反了喻某与明门公司签订的商业秘密保护协议书，且若喻某私自在外打样的产品真的在市场公开出售，明门公司对于这一新产品上百万的研发投入将无法收回。与此同时，若对喻某的行为放任不理，将导致明门公司的其他员工"有样学样"，对保密协议不屑一顾，明门公司后续的管理及商业秘密的维护将更加艰难。于喻某个人而言，若放任其行为，也将导致其个人逐渐滑落到犯罪的深渊，难以回头。

于是，明门公司在发现案件之时，便求助于我所温旭教授，于是三环律师团队在明门公司发现其商业秘密存在外泄风险的初期便全面介入案件。

三环律师团队在了解案件基本情况后，考虑到明门公司的"当下之急"，乃在于及时阻止喻某将新产品公开销售，于是制定了尽快启动刑事报案的维权策略，这一维权策略，也可使得喻某个人及时停止相关犯罪行为，及时修正自己的错误行为。

确定诉讼策略后，三环律师团队立即展开了与时间的赛跑。由于商业秘密本身的无形性，确定权利范围具有其独特性及难度，为尽快梳理出明门公司商业秘密的范围及对应的研发成本，三环律师团队直接进驻明门公司数月。又由于彼时喻某仍是明门公司员工，为了避免走漏风声导致犯罪证据灭失，三环律师团队只能以合规顾问律师的身份，一边指导明门公司的合规工作，一边在海量的材料中梳理出相关的技术信息。

在梳理出相关的技术信息之后，还需要进一步确定这些信息是不是"秘密的"，也即"不为公众所知悉的"，这一过程中，则需要借助具有司法鉴定资质的第三方鉴定机构的力量加以论证。

与此同时，仅确定了自己的权利基础，仍远不能使得公安机关予以立案，还需要向公安机关提供行为人实施了相关犯罪行为的初步证据。由于喻某的行为具有一定的隐蔽性，如何成功收集到相关初步证据成为需要突破的又一难点。因此，三环律师团队与明门公司讨论后，建议明门公司暂时先不要在公司内部曝光喻某行为，避免打草惊蛇。在三环律师团队梳理商业秘密范围的同时，加强喻某所在部门的保密措施，暗中进一步观察喻某行为，收集了初步证据。相关证据包括通过安装在办公室的监控镜头，发现喻某通过手机拍摄明门公司未上市产品图纸的行为；通过向知情人员了解情况，掌握喻某向打样工厂提供图纸的聊天记录等。

经过三环律师团队与明门公司的共同努力，明门公司的相关商业秘密范围以及喻某涉嫌侵犯商业秘密的初步证据得以准备完善，公安机关基于此立案并展开侦查，并最终找到喻某的犯罪证据。

在检察院起诉阶段，该案件又遇到另一疑难问题，便是如何衡量权利人的损失。商业秘密类案件，行为人"情节严重"或"情节特别严重的"，才属于刑法所规制的范围，而衡量行为是否严重的重要因素之一，便是行为人给权利带来的损失有多少。就此，最高人民法院及最高人民检察院出具了相关的司法解释，将行为人造成损失数额或者因侵犯商业秘密违法所得数额50万元划定为"给商业秘密的权利人造成重大损失"作为需要追究刑事责任的范围，2020年新修订的司法解释将这一标准降低为30万元。换而言之，侵犯商业秘密罪中罪与非罪的划定标准在于相关的损失或违法所得是否达到了一定的金额。

由于喻某的行为处于犯罪的初级阶段，使用了明门公司商业秘密的产品尚未在市场上广泛销售，如何认定喻某行为带来的损失成为难点。三环律师团队积极与检察机关沟通，交流看法，对于商业秘密案件中可以以"研发成本"来衡量损失这一观点提供了大量的法律意见、检索类案及学术观点。最终，法院经过审理，认为喻某违反商业秘密权利人有关保守商业秘密的要求，使用其所掌握的商业秘密，足以给权利人造成重大损失，其行为虽然由于"意志以外的原因未得逞"，但也属于"犯罪未遂"。

最终，法院认定，公诉机关指控被告人喻某侵犯商业秘密罪的事实清楚，证据确实、充分，指控的罪名成立。最终判处喻某有期徒刑6个月20天，并处罚金人民币8万元。被告人喻某未提起上诉。

■ 办案心得

在该案件中，如何确定明门公司的损失金额，成为案件的疑难之处。

虽然2020年9月17日颁布的《最高人民检察院、公安部关于修改侵犯商业秘密刑事案件立案追诉标准的决定》，为商业秘密刑事案件权利人损失的计算提供了相对明确的规定，但是在该案发生之时，相应的损失计算方式并不明确。因此，在当时的实践中也仅能参照《反不正当竞争法》的相关规定予以计算，其计算方式为：能够计算权利人的损失的，以权利人的实际损失数额计算；若权利人的损失数额难以计算的，则以侵权人通过侵犯商业秘密的行为所获得的实际利润计算权利人的损失数额。其中，权利人损失最直观的体现，在于因为侵权人行为，导致权利人相关产品销量的下滑而产生利润降低。

该案中，明门公司自己的产品还处在设计打磨阶段，并未有实际产品在市场中销售，因此由于行为人行为导致的利润减损并不存在。而喻某在案发之时，也还处在犯罪的初级阶段，仅仅是利用明门公司的产品图纸进行了打样，实际的侵权产品尚未广泛投入市场，喻某的行为还没有产生实际的获利。按照常规的思路，在此时放任喻某继续其行为，让侵权产品上市销售看似成了"最佳路径"。但若该情况真的发生，于明门公司而言，数以百万计的研发成本将无法获取市场竞争优势，"功亏一篑"；于喻某个人而言，若当真产生了大量的获利，则可能面临三年以上、七年以下的有期徒刑。

鉴于上述困境，三环律师团队提出，以"研发投入"计算明门公司损失金额的思路。一般而言，以"研发投入"作为被害人损失金额的计算标准，往往需要相关技术已经向公众公开了，最典型的是相关信息在网络中广泛传播，或是被行为人抢先申请了专利或发表了论文。而该案案发之时，喻某的"产品"还没有正式在市场上销售，但喻某已经完成相关产品的实际打样，并且也已经联络了相关的销售终端，可以预见的是，喻某的下一步便是大量而广泛地将产品投入市场。一旦产品出现在市场上，明门公司仍处于保密状态的产品图纸，也因为相关侵权产品的销售而公之于众，丧失其秘密性。因此，三环律师团队认为，可以以"研发投入"计算相关损失，喻某的行为，至少属于犯罪未遂。

为此，三环律师团队深入研究相关法律规定并检索大量相关案例，提交给检察机关作为参考，最终检察机关向法院提出喻某使用权利人商业秘密的行为足以认定对权利人的经济造成重大损失、相关商业秘密的研发成本应直接认定为权利人的经济损失、其行为属于犯罪未遂的意见，认为相关犯罪具有刑事打击的必要，否则对花费80余万元研发产品的明门公司而言并不公平。同时明门公司补充提供因该案发生而额外必须支出的费用等证据，以完善证据体系，充分有力地指证该案犯罪事实。相关意见得到法院采纳，该案具有一定的参考意义。

■ 小结

正如该案获评典型的理由所述，"抓早抓小"是该案件的亮点之一。该案中，由于明门公司在喻某犯罪行为的初期便有所察觉，律师团队在案件初期便全面介入，充分了解案件情况，协助企业收集整理证据材料，在损失进一步扩大之前，向公安机关及时报案，成功避免投入高额研发成本的新产品被他人投入市场，将可能的损失控制在最小范围内。

律师团队对喻某行为进行了细致的法律分析，梳理喻某盗取的图纸信息，对相关图纸是否构成商业秘密向相关司法鉴定所申请了鉴定，确定明门公司的权利基础。同时，由于案件处于初发阶段，证据材料相对隐蔽，且商业秘密作为无形财产，其是否"被盗"，本便没有一般的财物被盗那般直观。因此，为论证"被盗"图纸的价值，证明喻某存在"盗取"相关图纸的行为，律师团队直接进驻明门公司长达数月，梳理确定被盗图纸的研发投入证据以及行为人存在侵权行为的证据。

另外，商业秘密案件本身存在自身难点。作为无形财产的商业秘密，其价值难以如同有形物品一样存在确切的价格。当他人侵犯权利人商业秘密时，远不如普通盗贼偷走企业设备或金钱那般容易评价损失。回到该案当中，由于喻某行为被发现之时尚处"萌芽"状态，应当如何衡量明门公司的损失更是困难。三环律师团队经过对相关法律法规的深入研究，提出明门公司的研发投入可作为损失认定的基础，并基于此观点，检索了大量的类似案件，并积极与检察机关沟通交流，最终使检察机关支持相关观点。

此外，三环律师团队在经办该案件过程中，发现明门公司当时的保密制度及保密措施尚有不足，于是对明门公司所有的保密制度及措施也进行了全面梳理，提出改进建议，完善了明门公司的相关保密制度及保密措施，防患于未然。

■ 法律链接

《中华人民共和国反不正当竞争法》（2017年）第十条；

《中华人民共和国刑法》第二百一十九条；

《最高人民法院、最高人民检察院关于办理侵犯知识产权刑事案件具体应用法律若干问题的解释》（法释〔2020〕10号）第四条。

权利冲突　赢得改名

——"山特"商标及不正当竞争纠纷案[*]

曾赟　张满兴

该案原告山特电子公司 2015 年起诉被告时，被告广州山特、深圳山特的"山特"企业字号已分别登记注册了 13 年和 11 年之久，一般来说，对于使用满 5 年的字号是否变更较为谨慎，故在此背景下，该案两被告的"山特"企业字号能否判令改名是该案重点，也是难点。

该案两审法院在充分考虑到该案原告山特电子公司权利商标"山特"1990 年就已核准注册，企业字号"山特"自 1992 年就已登记并使用，"山特"商标/字号经过长期使用已经具有极高知名度，两被告在 2002 年和 2004 年登记"山特"字号时对于在先及知名的"山特"注册商标/字号应予以合理的避让，但两被告却选择了与"山特"注册商标/字号相同的"山特"作为其字号进行使用，在主观上难谓善意，因此该案被告具有搭便车和进行不正当竞争的意图，那么在加强品牌保护、维护正当竞争的价值取向指引下，法院认为只有让被告变更字号才能最大程度消除市场混淆，因而作出两被告应当更名的判决。该案的审判对于厘清此类"企业名称与在先具有较高知名度的注册商标和字号之间冲突问题"，具有重要参考价值。

■ 案情简介

"SANTAK""山特"商标是原商标权利人美国山特公司与山特电子（深圳）有限公司（以下简称"山特电子公司"）自 1896 年起至今，一直持续在不间断电源产品上使用的商标。山特电子公司自 1992 年成立以来，"山特"始终为山特电子公司的字号，并长期使用在不间断电源等产品上，凭借雄厚的技术研发实力，可靠的产品品质，完备高效的售后服务体系，在我国业界享有极高的声誉，树立了良好的品牌形象，得到了各行各业用户的一致肯定。山特电子公司的"SANTAK"及"山特"商标/字号经过长期、持续、广泛使用，"SANTAK"与"山特"之间形成了稳定、唯一的对应和指向关系，并为相关公众所知悉，在行业内具有极高的知名度。

---

[*] 该案入选中国外商投资企业协会优质品牌保护委员 2018—2019 年度知识产权保护十佳案例、2018 年度岭南知识产权诉讼优秀案例、推荐参评广东知识产权保护协会 2018 年度知识产权典型案例。生效案号：（2017）粤 73 民终 1117 号。

2013年12月，广州市天河区工商分局在该案被告一广州市山特不间断电源科技有限公司（以下简称"广州山特"）处查获贴有"SANTAKUPS"的不间断电源产品共有164台，广州市天河区工商分局作出处罚决定，没收侵权产品并处罚款。经过山特电子公司调查发现，该案三被告广州山特、深圳市山特不间断电源有限公司（以下简称"深圳山特"）、深圳市美克电源有限公司（以下简称"深圳美克"）是专门生产、销售涉嫌仿冒山特电子公司的"SANTAK"品牌的SANTAKUPS不间断电源产品的关联公司，并注册santakups. net网站专门用于推广、销售涉案产品。

值得注意的是，广州山特、深圳山特的"山特"企业字号与山特电子公司的"山特"字号完全相同。广州山特、深圳山特使用"山特"企业字号，在santakups. net网站宣传、推广以及实际生产销售带有"SANTAKUPS"标识的不间断电源产品，容易导致相关公众混淆或误认。因此，撤销广州山特、深圳山特分别在2002年、2004年登记的"山特"企业字号是该案的重点、疑难问题。

经过一审、二审法院审理，该案主要焦点问题是广州山特、深圳山特将他人注册商标及企业字号中相同的文字作为企业字号使用是否构成不正当竞争行为，应当承担规范使用企业名称还是停止使用企业名称的法律责任。

一审、二审法院综合考虑如下三个因素后，认定广州山特、深圳山特应当进行改名：

1. 在企业名称注册前在先商标或在先字号需要达到较高知名度，而山特电子公司的"山特"商标及字号在2004年之前已具有非常高的知名度。

山特电子公司企业名称登记在先。山特电子公司于1992年登记成立后，虽然企业名称已多次核准变更，但其字号"山特"从未变更过。山特电子公司在2004年之前就具有一定的知名度、影响力。

山特电子公司所提交的一审证据湖南省永州市中级人民法院（2007）永中民二初字第20号民事判决书中已认定下列事实："山特"产品近四年的净利润均都超过上亿元，其中2003年的净利润为52亿元，2004年为60亿元，已在北京、上海、哈尔滨、乌鲁木齐等30多个城市建立分公司和服务站，销售地域非常广泛。

山特电子公司自成立以来获得国家、地方政府、行业协会历年颁发的荣誉与证书，如1997年评为深圳高新技术企业，1998—2002评为守法纳税大户或纳税先进企业，2003—2005年评为中国信息业行业用户诚信企业，2004—2005年评为中国电源行业诚信企业，2004年被中国电子商会电源专业委员会评为中国电源行业诚信企业等等。

"山特"不间断电源产品自1990年以来通过商标维权行动、打假行动、多年宣传和持续使用等为相关公众所知悉，多年知名度延续至今。"山特"不间断电源自推出市场以来获得国家、地方政府、行业协会历年颁发的荣誉与证书，如1998—1999年，山特系列不间断电源产品获得深圳市科技进步奖二等奖、1999年8月"山特系列不间断电源供电系统"被评为广东省重点新产品，1999年11月"山特"电源产品被评为国家重点新产品，2001年7月被中国技术监督情报协会评为十佳质量放心品牌，自2004—2013年山特牌不间断电源被评为广东省名牌产品。

因此根据上述事实，山特电子公司所生产、销售的"山特"牌不间断电源在2004年之前荣获大量的奖项、荣誉，销售量大、范围广泛、以报纸、杂志、网络等多种形式开展了大量宣传活动，山特电子公司为相关公众所知悉，"山特"企业名称在电源行业具有非常高的知名度。

2. 考察企业名称注册使用行为本身的正当性和合法性，即注册企业名称时的主观状态，是否具有攀附知名品牌的目的。

该案中，深圳山特公司、广州山特公司与山特电子公司存在同业竞争关系，同处于广东省，山特电子公司与深圳山特公司同处于深圳市，因此对在深圳同业经营的山特电子公司不可能不知晓，故侵权的主观恶意是很明显的。

且结合深圳山特公司、广州山特公司在使用"SANTAKUPS"商标时，将"SANTAK""UPS"两部分英文字母用不同颜色予以区分，以突出"SANTAK"部分，而突出的"SANTAK"商标正是山特电子公司所长期使用、具有非常高知名度的注册商标，可见深圳山特公司、广州山特公司一直具有攀附知名品牌的目的。

3. 客观上是否造成市场混淆。

广州山特公司、深圳山特公司登记企业名称时将与"山特"字号与"不间断电源"行业一并使用，主营不间断电源及类似商品的生产、销售，与山特电子公司主营不间断电池等相同，且在被控侵权商品上使用近似商标，易使相关公众误以为广州山特公司、深圳山特公司与山特电子公司系关联企业，其所生产的不间断电源产品是山特电子公司的商品。

因此，按照诚实信用原则、公平竞争原则和保护在先权利原则对使用企业名称进行正当性判断，最终两审法院认为山特电子公司与三被告均系电源行业经营者，双方存在密切的同业竞争关系。广州山特公司、深圳山特公司不正当地将山特电子公司在先的具有较高知名度的注册商标和字号作为字号注册登记为企业名称，其行为违反诚实信用原则，属于将他人注册商标中相同的文字作为企业字号使用的不正当竞争行为，同时属于擅自使用他人企业名称，引人误以为是他人商品的不正当竞争行为。

一审、二审法院灵活适用反不正当竞争法条文，综合考虑山特电子公司的商标及企业字号知名度、主观恶意、实际使用方式等多个因素，最终判令广州山特公司、深圳山特公司立即停止侵害山特电子公司注册商标专用权的行为和擅自使用他人企业名称、虚假宣传的不正当竞争行为，判令其变更企业名称，不得使用包括"山特"文字，公开登报道歉消除影响。同时法院综合运用证据披露原则、证据妨碍原则来确定侵权损害赔偿数额，在考虑该案三被告是否构成共同侵权的认定上采取了举证倒置原则，认定三被告对案涉侵权行为存在共同意思联络，构成共同侵权，判决三被告连带赔偿140万元。

二审法院除了维持一审法院认定侵权及赔偿的判决结果外，二审法院考虑到在案被告所拥有的第 3342682 号"SANTAKUPS"商标已经被宣告无效的新事实，故撤销了一审判决三被告需规范使用第 3342682 号"SANTAKUPS"商标，同时认定深圳山特公司使用 santakups. net 域名构成对山特电子公司的商标侵权，需要注销该域名。二审法院及时正确变更判决，更大范围地保护权利人利益。

■ 办案心得

一、对于注册商标与没有突出使用的企业名称之间的冲突问题，不必然需要主张"驰名商标"来处理

在商标保护法律实践中，一些市场主体在企业名称中使用了与权利人持有的注册商标相同或近似的文字作为企业字号，虽然没有突出使用但也不同程度地造成了市场混淆，给持有在先商标的权利人在产品营销和品牌推广方面带来障碍，这种企业名称与商标权冲突，在法律规范基础、侵权情节判定、法律适用选择、价值冲突判断、法律责任承担方式等方面体现出一定程度的复杂性。

一般而言，如在先商标如达到驰名商标的程度，可适用 2013 年新修订的《商标法》第五十八条规定，"将他人注册商标、未注册的驰名商标作为企业名称中的字号使用，误导公众，构成不正当竞争行为的，依照《中华人民共和国反不正当竞争法》处理。"

但实践中，更多在先商标的知名度未达到驰名商标的知名程度，对于企业名称侵害这种虽具有一定知名度但未达到驰名程度的商标的情况下，在先知名商标权利人该如何得到保护呢？

2009 年《最高人民法院关于当前经济形势下知识产权审判服务大局若干问题的意见》第 10 点已经给出了答案，即："妥善处理注册商标、企业名称与在先权利的冲突……如果不正当地将他人具有较高知名度的在先注册商标作为字号注册登记为企业名称，注册使用企业名称本身即是违法，不论是否突出使用均难以避免产生市场混淆的，可以根据当事人的请求判决停止使用或者变更该企业名称"。

结合该案可知，在判断没有突出使用企业名称的行为是否构成不正当竞争时，所主要考察的因素为：（1）在企业名称注册前在先商标需要达到较高知名度；（2）考察企业名称注册使用行为本身的正当性和合法性，即注册企业名称时的主观状态，是否具有攀附知名品牌的目的；（3）客观上是否造成市场混淆，按照诚实信用原则、公平竞争原则和保护在先权利原则对注册使用企业名称行为进行正当性判断。

二、该案在责任承担和赔偿数额确定上综合运用了举证责任分配规则、举证妨碍规则、证据披露规则

1. 该案中如何确定广州山特公司、深圳山特公司、深圳美克公司存在共同意思联络也是一个疑难问题。

该案代理律师关于这一争议焦点，提出如下意见：代理律师认为应综合考量了吴长华是广州山特公司、深圳山特公司、深圳美克公司三公司的股东，广州山特公司、深圳山特公司都使用"山特"作为企业字号，吴长华就"SANTAKUPS"商标与深圳山特公司之间存在许可使用、转让的情况，涉案网站内容均涉及"山特""santakups"等品牌不间断电源等产品的广告宣传和销售等案件事实，在广州山特公司、深圳山特公司、深圳美克公司没有提供充分相反证据予以证明的情况下，应当认定三公司作为关联公司，对案涉侵权行为存在共同意思联络，故其行为构成共同侵权。

最终，一审、二审法院在原告山特电子公司所已提交证据已证明三公司的关联关系，对于三公司所持并无共同故意的主张，法院合理分配举证责任，在三公司并无提供充分的相反证据予以证明下，使其承担举证不能的后果，即认定三公司存在关联关系，构成共同侵权，采纳了该案代理律师的观点。

2. 知识产权侵权损害赔偿额的确定一直是知识产权的重大疑难问题，由于知识产权侵权损失表现为市场份额、许可费收益的减少或丧失，基本表现为间接损失，然而间接损失的计算天然疑难。而一审、二审法院在确定赔偿金额时综合运用了证据披露原则，同意原告山特电子公司调取被告财务账册的申请，当庭要求该案三被告提供与被控侵权行为相关的财务账册；并运用了举证妨碍原则，以三被告在一审法院释明后拒不提供财务账册并无任何正当理由，构成证据妨碍为由，酌定赔偿140万元。我们认为，法院这一酌定是综合考虑了商标侵权的性质和情节、侵权行为人的主观恶意、案涉侵权产品的平均价格、构成举证妨碍、在先权利人商标及企业名称的较高知名度和影响力而作出的。该案对于广东法院探索完善司法证据制度破解知识产权侵权损害赔偿难的问题具有实践意义。

三、从社会意义上讲，该案权利人是具有极高知名度的大型企业，在其行业内外和普通社会公众之间都具有很大影响力

"搭便车""傍名牌"是当今市场中存在的较为常见的不正当竞争行为，不仅扰乱了市场秩序，更打击了其他社会主体的创新和发展积极性，长此以往，将对我国的改革创新和知识产权战略实施产生不利影响。对于给供电系统起保障作用的UPS产品来说，可靠的质量是用户安全和发展的基础，假冒、侵权等产品不仅侵犯了消费者合法权益，而且还影响市场经济的健康发展。作为本行业具有较高知名度的山特品牌来说，技术跟风、仿冒尤为凶猛，使用与"山特"相同企业字号的搭便车行为也层出不穷。该案判决切实保障了商标权人和在先具有较高知名度的字号使用人的利益，打击了侵权行为人的搭便车行为，彰显了我国法律保护知识产权权利人利益的决心，具有良好的导向意义。

■ 小结

在面对注册商标与字号冲突的法律问题时，应当明确权利基础。在确定适用具有较高知名度的注册商标或在先具有较高知名度的字号为权利基础后，应当积极举证，通过大量的证据证明注册商标或字号具有非常高的知名度；同时，还应该从被告是否具有利用或损害他人商誉的角度进行举证，来影响法官的自由心证，力求通过证据推出被告规范使用企业字号仍不足以避免客观误认结果的发生，从而作出让被告停止使用企业字号的判决；并应及时将行政案件的结果反馈给法院，让法院能够及时正确变更判决，更大范围地保护权利人的利益。

随着市场竞争日趋激烈，司法实践中关于如何认定企业名称侵害在先商标行为性质的判断标准也在不断丰富和发展，在类似该案问题的解决中，诚实信用原则的适用将更加突出体现。该案中，为证明在先商标的知名度情况，代理律师配合原告提供的证据，共向法院提交了1000多页的知名度证据，为证明被告的主观恶意，代理律师做了多个时间表格来进一步阐释、说明该案事实。从该案的代理中，我们深深体会到，对待案件材料，要像工匠打磨玉石一般细细琢磨，才能真正在案件中做出深度，做出亮点，做出精彩，在案件代理中发挥更好的专业水平。

■ 法律链接

《中华人民共和国反不正当竞争法》（1993年）第五条第（三）项；

《最高人民法院关于审理不正当竞争民事案件应用法律若干问题的解释》（法释〔2007〕21号）第六条；

2005年2月17日最高人民法院给江苏省高级人民法院《关于"涉及注册商标授权争议的注册商标专用权利冲突纠纷"的函复》；

《最高人民法院关于审理注册商标、企业名称与在先权利冲突的民事纠纷案件若干问题的规定》（法释〔2008〕3号）第四条；

《最高人民法院关于当前经济形势下知识产权审判服务大局若干问题的意见》（法发〔2009〕23号）。

鉴定意见　质证重点

——佛山市通某公司、谭某等涉嫌侵犯商业秘密罪不起诉案[*]

王广华

公安机关接到被害单位报案后,对被告单位进行搜查,扣押一批技术图纸和设备等,并经鉴定所及评估公司鉴定,出具了鉴定意见书和资产评估报告书,认定原告的图纸"属于商业秘密中的技术秘密",并将被告人扣押的图纸与原告的图纸进行对比构成"实质相同"。经过十多天的庭审,辩护律师对上述鉴定意见书、资产评估报告书多角度质证,最终检察院决定撤诉并作出《不起诉决定书》,认为"犯罪事实不清、证据不足,不符合起诉条件"。

该案是一起比较典型为侵犯商业秘密罪的被告人辩护获得成功案例。目前的司法实践中,因各种原因代理商业秘密刑事辩护难度很大,在该案中,辩护律师通过质疑鉴定结论、评估报告,最终否定公诉机关的关键证据的方法及角度均具有典型的指导和借鉴意义。

该案对广东省司法鉴定有积极的推动作用,省知识产权鉴定所的鉴定结论,此前会对是否构成"技术秘密"做出判断,而现在只做"非公知性"的鉴定。

■ 案情简介

一、基本案情

谭某系佛山市通某热能科技有限公司(以下简称"通润公司")法定代表人,2013年4月份,被害单位佛山市科某工业设备有限公司(以下简称"科某公司")报案称,2012年10月—2013年1月份期间,科某公司员工王某为牟取非法利益,违反保守商业秘密的要求,多次将自己所掌握的科某公司的圆锭锯切机组、金属压块机组等技术图样出售给谭某。谭某明知上述图纸属科某公司所有,仍指使陆某将图样修改后用于生产。

2013年6月,公安机关接到报案后,对被告单位进行搜查,扣押一批技术图纸和设备等。

经广东省知识产权研究与发展中心司法鉴定所(以下简称"鉴定所")鉴定,出具

---

[*] 该案入选2015年度广东律师十大知识产权诉讼典型案例。生效案号:(2014)佛南法知刑初字第49号。

了04号鉴定意见书，该意见书认定：科某公司提交鉴定的4种型号机组及12种型号设备的设计图样技术信息以及质量管理文件《产品检测项目表》，满足"不为公众所知悉，能为权利人带来经济利益，具有实用性并经权利人采取保密措施"的条件，属于商业秘密中的技术秘密。

同时，鉴定所还出具了19号鉴定书，将公安机关从通某公司扣押的图纸，与上述科某公司的图纸进行比对，其中双方的B600锯切主机、B460锯切主机、BY15金属压块机有对应关系，其他设备没有对应关系。同时认定，双方的三种设备的技术图纸比对结果为"实质相同"。

经深圳市鹏信资产评估土地房地产估价有限公司评估（394、395号资产评估报告书），科某公司的B600的锯切主机、B460锯切主机、BY15金属压块机技术价值人民币271.85万元，通某公司侵犯科某公司商业秘密，可得利益为人民币118.37万元。通某公司、谭某的行为已对科某公司造成重大损失。

该案于2014年4月移送审查起诉，之后，检察机关二次退查，2014年9月18日，南海区检察院向南海区人民法院提起公诉，起诉通某公司、谭某等构成侵犯商业秘密罪。

二、案件分析与辩护策略

该案是一起商业秘密刑事案件，代理律师经过仔细地查阅案卷的所有证据，会见被告人，咨询相关的技术专家，到现场了解相关的生产线，检索相关的专利文件等后认为，该案属侵犯商业秘密罪，基于该案的基本事实，该案的核心与关键在于要否定两份鉴定意见书和评估报告，只要有充分的理由否定或让法院怀疑上述鉴定意见和评估报告，该案的定罪量刑的关键证据就会被动摇。

为此，在案件进行过程中，主要的辩护要点应当放在如何针对上述关键证据上。即辩护方的辩护意见主要集中在对于鉴定意见书和评估报告的质证上。

第一，该案的事实没有查清。

由于该案从侦查阶段开始对图纸的收集、固定、保管、提取，委托鉴定等均不符合《公安机关办理刑事案件程序规定》《公安机关执法细则》以及《计算机犯罪现场勘验与电子证据检查规则》，无法"确保检材在流转环节中的同一性和不被污染"。既然涉案的图纸存在污染的可能性，该案已根本无法认定谭某获取的具体图纸是什么。

第二，公诉机关最关键的证据即鉴定意见书不能作为定案依据。

04号鉴定鉴定程序违法，鉴定方法错误，该鉴定结论不能作为定案依据。

19号鉴定比对方法错误，该鉴定结论不能作为定案依据。

第三，被告人谭某不具备主观罪过，缺少犯罪构成的主观要件，不构成犯罪。从该案的证据材料来看，根本没有证据证明谭某明知或应知其获得的图纸是科某公司的商业秘密。

第四，涉案图纸未公开即被查扣，设备未生产完成也被查扣，并未销售，不构成

"重大损失",且相关的评估报告评估方法错误,评估结论不客观、不真实,依法也不应采信。

三、案件结果

该案在检察院审查起诉阶段,两次退回公安机关补充侦查,公安机关补充侦查完毕后,重新移送审查起诉。在检察机关提起公诉后,在法院审理阶段,公诉人以"发现提起公诉的案件需要补充侦查",要求延期审理。经过十多天的庭审,基本查明了事实。

2015年8月10日,公诉机关请求撤回起诉,同日,南海区人民法院裁定:准许佛山市南海区人民检察院撤回起诉。2015年8月17日,佛山市南海区人民检察院作出不起诉决定书,该决定书认为"佛山市公安局南海分局认定的犯罪事实不清,证据不足,不符合起诉条件。依据《刑事诉讼法》第一百七十一条第四款的规定",决定对谭某等不起诉。至此,谭某涉嫌侵犯商业秘密罪终于有了一个比较满意的结果。

■ 办案必得

该案经过了两年多的准备和努力,单单开庭时间都有十天之久。辩护方将辩护重点放在了对公诉机关的关键证据进行多方质疑,并聘请了专业机构出具法律意见书,才动摇了公诉机关和法院对于关键证据的认定,最终获得不起诉的结果。而对于如何针对公诉机关所采用的鉴定意见和评估报告等关键证据进行质证,笔者认为主要应当抓住以下几个重点问题。

一、取证及鉴定程序合法问题

首先,公安机关的取证应当程序合法。侦查阶段证据的收集、固定、保管、提取,以及后续的委托鉴定都应当符合《公安机关办理刑事案件程序规定》《公安机关执法细则》以及《计算机犯罪现场勘验与电子证据检查规则》的规定。如在该案中,依照刑事诉讼法的相关规定,公安机关从通某公司的现场扣押电脑后,应由被告人等确认,并从电脑里打印相关的图纸让被告人确定后,再按照相关的程序,复制并交由相关鉴定机构鉴定。

对于电子证据而言,在复制阶段,侦查人员将电子证据移交给网监的检查人员时,应同时提供《固定电子证据清单》和《封存电子证据清单》,复制完成后,应当重新封存原始存储媒介,并制作、填写《封存电子证据清单》,制作《原始证据使用记录》。《公安机关执法细则》和《计算机犯罪现场勘验与电子证据检查规则》之所以如此要求,就是为了"保护电子证据的完整性、真实性和原始性"。在该案中,网监人员如何将电子数据交给鉴定机构,并无任何记录。更为重要的是,开庭时提交的电子图纸和纸质图纸,都是从鉴定机构拿回来的。也就是说,从2013年6月—2014年12月,长达一年半的时间，该案的"原始证据"就是在鉴定机构的保存的，鉴定机构怎么保管？有无资格保管？如何保证"不受外界污染"？公安机关和鉴定机构没有按照程序要求进行执法和鉴定，导致该电子证据受污染的可能性极大，因此不能作为该案的定案依据。

其次，司法鉴定机构出具的鉴定意见书不应超出其业务范围。如在该案中，04号鉴定意见书第五点中，鉴定组一致同意，满足"不为公众所知悉，能为权利人带来经济利益，具有实用性并经权利人采取保密措施"的条件，属于商业秘密中的技术秘密。也就是说，司法鉴定机构不光鉴定秘密性，连实用性和保密性都鉴定，这就明显超出了其业务范围，越俎代庖，把应属于司法机关的职权范围的事由鉴定机构来做，属于程序违法。

最后，在具体操作程序上，鉴定意见书也违反相关的程序规定。

第一，一个技术信息是否为公众所知悉，应该按照最高人民法院《关于审理不正当竞争民事案件应用法律若干问题的解释》第九条规定，将第九条规定的六种情形一一排除，才能认定该信息"不为公众所知悉"。而该案中04号鉴定意见完全没有按上述程序将六种情形一一排除。

第二，对于如何对于上述六种情形一一排除，鉴定机构在鉴定过程中应当进行查新，而不是像该案中一样，鉴定人仅仅根据《司法鉴定程序通则》第13条"委托人应当向司法鉴定机构提供真实、完整、充分的鉴定材料，并对鉴定材料的真实性、合法性负责"为由，就凭借委托人的保证来进行鉴定。

在该案中，04号鉴定意见的鉴定组说明第二点明确"本鉴定是以信息所有人提供的有关技术信息来源于自行设计，并已采取保密措施为前提的；且直至鉴定之日为止，该技术信息并未因有关方面故意或疏忽而进入公知领域。如有任何单位或个人举证证实，此前委托方材料中的某项信息已进入公知领域，则该项信息自动不再具有'不为公众所知悉'的性质"。这显然是错误的，例如，科某公司对其部分产品申请了专利，鉴定机构对其也是明知，但其不将有关专利已披露的有关技术信息予以排除，显然是错误的。此外，鉴定意见中也认为科某公司的图纸上的产品尺寸等加工信息也构成"不为公众所知悉"，这显然也是错误的，因这些产品已销售出去，这些尺寸方面的信息依法并不构成"不为公众所知悉"。

商业秘密是指不为公众所知悉的技术信息。该案中鉴定机构做出鉴定仅凭科某公司的单方陈述，并以假设有关资料不为公众所知悉为依据，未做任何检索和查新报告，未依法排除最高人民法院司法解释所规定的六种情形，仅凭主观推测，就做出了该鉴定意见。属于明显依据不足、程序违法的情形。

由上我们可以看到，无论是取证程序、鉴定内容还是鉴定方式，都应当严格依照法定程序和法律规定进行。如果公安机关或者鉴定机构在取证及鉴定过程中存在程序违法的情形，辩护方应抓住该重点问题予以质疑。

二、技术秘密必须具体、确定

即使大部分相同，若技术秘密点不同，也不应认定构成侵犯商业秘密。商业秘密保护的权利范围究竟是一个整体方案还是一个或若干个技术秘密点的组合？

技术秘密点，是指区别与公知信息的具体技术方案或技术信息。技术秘密点必须是明确、具体的技术信息或经营信息，而不能简单地说制造工艺、生产流程等。技术秘密点应有如下具体内容：如在某个产品制造的某个工艺过程中，温度控制在多少度之间范围，可以有效地提供产品的强度等等。若是设计图纸或生产工艺构成技术秘密，应具体指出设计图纸或生产工艺中的哪些具体内容、环节、步骤构成技术秘密，而不应该是全部技术信息。

因此，在鉴定意见中，技术秘密必须具体确定，鉴定意见应当明确说明技术秘密点何在。

在该案中，04号鉴定意见认为："科某公司提交鉴定的4种型号机组及12种型号设备的设计图样技术信息以及质量管理文件《产品检测项目表》，属于商业秘密中的技术秘密"。鉴定意见的附件可看出，有图纸677份，其中装配图39份，零件图638份，其中包括如护板、加强筋、电机罩、管夹等等公知零配件图纸，鉴定意见将这些公知的零配件图纸都视作为属于科某公司的"技术秘密"，违背了最高人民法院所要求的技术秘密必须具体化、明确化的要求，显然是错误的。

该案科某公司的锯切机组不是原创发明，其也是在借鉴他人的产品的基础上，稍加改进而来，同时，科某公司也对该案争议的锯切主机、压块机都申请了专利。这些他人的技术成果不可能成为科某公司的商业秘密，专利也不可能成为商业秘密。也就是说，该案的商业秘密不可能是锯切主机组整个方案，最多只能是一个或若干个技术秘密点的组合。

最有典型意义的就是，可口可乐配方的商业秘密就在于其浓缩液各原料成分的配比，即第7种神秘物质的构成，而不是生产可口可乐饮料的整个技术方案，如水、糖之类原料及生产工艺都是公知的，不是商业秘密。

因此，该案中04号鉴定意见认为这个生产线的所有技术方案都构成"商业秘密"显然是错误的。

三、鉴定意见书采用的鉴定对比方法

将被告人的技术信息与被害单位包括专利在内的所有技术信息都进行比对，得出一个百分比的比对方法是不是商业秘密的比对方法？

在该案中，19号鉴定意见书即出现了鉴定对比方法错误的问题。

在基础鉴定04号鉴定无明确其具体、明确的技术秘密点的情况下，19号鉴定又采取了不正确的鉴定对比方法。

该案比对方法采用了类似于版权比对百分比的对比方法，甚至采用专利等同侵权的比对方法，但唯独未采用商业秘密的比对方法。在进行整体对比的情况下，19号鉴定意见书给出了对比类似的一个百分比，然而这没有任何意义的，因为这个百分比再高，也不能够说明两个方案相同。

可口可乐的技术秘密就在于含量不到1%的第7种神秘配料，而其他配料都是公开的，如糖、碳酸水、咖啡因、焦糖等。如某饮料和可口可乐饮料所有配料一起比对，即使其他99%相同，但就是第7种神秘配方不相同，则也不会侵犯可口可乐公司的商业秘密。可见，整体方案的百分比对比不是商业秘密的比对方法。

商业秘密的比对方法，就是首先确定技术秘密点，再判断侵权方是否使用了该技术秘密点。而不是将两个方案整体来比对。

四、评估报告中关于"损害赔偿额"的适用法律

最高人民法院《关于审理不正当竞争民事案件应用法律若干问题的解释》第十七条第一款规定："确定反不正当竞争法第十条规定的侵犯商业秘密行为损害赔偿额，可以参照确定侵犯专利权的损害赔偿额的方法进行"；第17条第2款规定："因侵权行为导致商业秘密已为公众所知悉的，应当根据该项商业秘密的商业价值确定损害赔偿额。商业秘密的商业价值，根据其研究开发成本、实施该项商业秘密的收益、可得利益、可保持竞争优势的时间等因素确定。"

根据上述司法解释，只有该商业秘密"已为公众所知悉"，可根据该项商业秘密的商业价值确定损害赔偿额。如侵权行为没有导致商业秘密已为公众所知悉，则是按照"确定侵犯专利权的损害赔偿额的方法进行"，而非"根据该项商业秘密的商业价值确定损害赔偿额"。

具体到该案。涉案图纸已经被公安查封；涉案机器已被查封，根本没有为"公众所知悉"。既然没有为公众所知悉，则不适用"该项商业秘密的商业价值确定损害赔偿额"，而应适用"确定侵犯专利权的损害赔偿额的方法进行"。

在该案中，394号评估报告都是依据"该项商业秘密的商业价值确定损害赔偿额"，这显然属于适用法律错误。此外，根据侵犯专利权的赔偿规定，要么是权利人因侵权所受到的实际损失，要么是侵权人因侵权所获得的利益。根本就没有"可得利益"的规定。395号评估报告中评估"可得利益"，甚至将发生在该案前签订的合同作为计算"可得利益"的基础，也同样缺乏事实和法律依据。

五、评估报告的评估方法是否科学、客观

首先，评估范围与鉴定意见书中认定的技术范围应当一致。

其次，对于研发费用价值的评估、计算方法应当科学、客观。根据相关的成本途径来计算研发费用的价值，需要先统计历史年度研发费用支出明细，根据其研发流程统计相关的工作量，然后根据评估基准日价格标准乘以工作量计算研发费用的价值。

技术秘密作为一种技术信息，正常情况是会随着相关知识的积累和技术的更新而逐渐贬值。《资产评估准则——无形资产》第二十七条规定，注册资产评估师使用成本法时应当"合理确定无形资产贬值"。《专利资产评估指导意见》第三十三条，注册资产评估师运用成本法进行专利资产评估时，应当合理确定贬值。

重置成本法的计算公式为：生产线研发重置成本净价＝重置成本－相关损耗。重置成本主要包括研发成本、期间费用等。相关损耗是对于无形资产来说，主要是指由于新技术的发展和出现，造成被评估无形资产的相对贬值。

在该案中，没有统计历史年度研发费用支出明细，也没有根据研发流程统计相关的工作量。而只是将所有员工的工资、社保费用、租金、技术开发、其他费用简单相加，显然是错误的，也不符合常理。且"本次评估主要是了解研发成本，未考虑相关损耗"，这种明显违反重置成本法的评估报告显然也是错误的。

最后，评估报告所依据的与事实应当真实可靠，与具体费用有关数据需要原始凭证作为支持。

在该案中，辩护方在质证意见中也罗列了394、395号评估报告中出现的上述瑕疵。主要包括：

（1）科某公司不可能有四十多人的研发人员，与其以前陈述自相矛盾。

评估报告为了提高该技术的研发成本，不顾事实，将近四十多名员工都视为研发人员。而在科某公司的简介上写得清清楚楚"工程技术部和研发部门有技术人员十几人"。与四十几人都是研发人员说法不符，科某公司的说法自相矛盾，科立公司不可能有四十人的研发人员。

（2）科某公司成立于2008年7月30日，评估报告中出现2006年、2007年的员工工资、社保费用等不符合常理。

（3）研发人员的工资没有任何原始凭证做依据，只有科某公司的单方制作的"工资表"，显然不足为证。

（4）社保缴交也是同样没有任何原始凭证做依据，根本没有四十多名研发员工。

（5）房屋租金，作为一个生产型企业，所谓的研发人员占有40%的房屋租金也不符合事实，且没有原始凭证作为依据；

科某公司未提供任何原始凭证，仅仅凭科立公司的一方陈述就认定其属于研发费用显然是没有依据。

综上，该案中的评估报告不能作为定案依据，不能采信。

■ 小结

近几年，侵犯商业秘密的犯罪案件不断上升，目前的司法实践中，代理商业秘密刑事辩护难度也很大，这有几方面的原因：

第一，公安机关对于涉嫌侵犯商业秘密的立案程序有缺陷。目前公安机关在接到商业秘密权利人的报案后，往往仅根据报案人提供的涉案信息非公知性报告就先行立案，并拘留犯罪嫌疑人，搜查证据，再将搜查到的证据与报案人提供的非公知信息进行比对鉴定，从而得出两者是否同一性的结论。

第二，审理侵犯商业秘密刑事案件一般是基层法院，由于缺乏专业知识，非常依赖且盲目相信鉴定意见和评估报告，导致根本不考虑辩护律师的意见。

第三，由于法定代表人被抓，往往导致企业经营陷入困境，甚至倒闭，群龙无首，很难有效配合律师组织有效的证据等。

第四，由于涉及商业秘密，不公开审理，律师也很难看到被害单位所述的商业秘密的具体内容，从无从进行有效的检索分析来反驳对方。

正是基于存在以上客观方面的困难，辩护律师就一定要从鉴定意见和评估报告上多下功夫，从鉴定资格、鉴定程序、鉴定依据、鉴定方法等方面，从评估资格、评估依据、评估程序、评估方法等方面，分析论证鉴定结论、评估报告的依据不足，否定公诉机关的关键证据，必要时要委托有关专家出具法律意见书。通过动摇法庭对于鉴定意见、评估报告的信心，使法庭对鉴定意见、评估报告的真实性、合理性、科学性产生怀疑。使法庭感到"关键证据"的依据不足，才能取得较好的结果。

当然，具体到个案，其鉴定结论、评估报告各不相同，其存在的问题或错误各有不同，但商业秘密刑事案件中对于关键证据质证的重点是相似的。本文针对具体的案件，提出了一些具体的辩护思路，以期抛砖引玉。

该案对于广东省司法鉴定有一定的推动作用。以前广东省知识产权鉴定所的鉴定结论，都鉴定为构成"技术秘密"，这显然是错误的。经过该案对鉴定报告的质证，目前，广东省知识产权鉴定所现只做"非公知性"的鉴定。因此可以看出，具体案件对司法鉴定的完善可能会有积极推动作用。

■ 法律链接

《最高人民法院关于审理不正当竞争民事案件应用法律若干问题的解释》（法释〔2007〕2号）第九条。

商品俗称　特有名称

——贵州金沙窖酒酒业有限公司等诉贵州金沙回沙酒业有限公司等不正当竞争纠纷案[*]

程跃华　徐楚莹

"有一定影响的商品"及"有一定影响的商品名称",是在 2018 年《反不正当竞争法》第一次修法时,在第六条第一项修改的概念,更早前的 1993 年《反不正当竞争法》第五条第二项使用的是"知名商品"以及"知名商品的特有名称"。

知名商品的特有名称,是指知名商品独有的与通用名称有显著区别的商品名称,具有独有性和显著性,可用来区别同类商品。某些商品由于其特性,可能随着使用惯性被相关公众冠以俗称、别名等非正式名称。而随着商品为更多的公众所知悉,这些非正式名称可能比商品原有名称流传更广、更有识别度,使得相关公众在主观上将该商品和非正式名称联系起来,进而使该非正式名称发挥了区别商品来源的功能。但对于知名商品的俗称等非正式名称能否作为特有名称作为保护,在《反不正当竞争法》和相关的司法解释中均没有明确规定,而该案恰是一宗因知名商品俗称引发的不正当竞争案件,法院在该案中认定了"俗称"也能作为知名商品的特有名称进行保护,拓宽了知名商品特有名称的保护边界。

■ 案情简介

一、基本案情

原告贵州金沙窖酒酒业有限公司(以下简称"金沙窖酒公司"),位于贵州省金沙县,经营范围主要包括生产、销售白酒等,经过了数十年的经营积淀,其旗下"金沙回沙"酱香酒品牌价值位居国内前列,获得多个国内外荣誉与奖项,销售市场遍及全国 31 个省区市。其销售公司为贵州金沙回沙酒销售有限公司(以下简称"金沙回沙酒销售公司")。

2000 年前后,金沙窖酒公司的前身金沙窖酒厂开发了一款酒质味甘醇厚、入口绵长的金沙回沙酒,时任厂长考虑到金沙地处赤水河和乌江之间,便勾画设计出了鱼形外瓶

---

[*] 该案入选贵州法院 2021 年知识产权十大典型案例及上海知识产权研究所举办的 2021 "中国十大最具研究价值知识产权裁判案例"评选活动的 30 件候选案例。生效案号:(2021)黔民终 1252 号。

作为金沙回沙酒的包装，并于 2008 年就该"鱼形外瓶金沙回沙酒"酒瓶及包装盒外观向国家知识产权局申请了外观设计专利，该专利包装盒上标注的为"金沙回沙酒"，没有"鱼儿酒"或"鱼儿回沙酒"字样。后来，这款金沙回沙酒成为金沙窖酒公司的主打产品之一，并在全国部分地区尤其是金沙县当地享有较高的知名度。因其独特的包装造型，很多消费者都直接将其称为"鱼儿酒"。在 2014 年 4 月 30 日张某明在白酒类商品上申请"鱼儿回沙"商标之前，"鱼儿酒""金沙鱼儿酒""鱼儿回沙酒"已被作为金沙窖酒公司生产的"鱼形外瓶金沙回沙酒"的替代性名称，同时也使用于该商品的生产、宣传、交易等商业活动中；在 2013 年的一次和 2014 年 4 月 23 日的一次国家质检机构抽检报告中有"金沙回沙酒·鱼儿酒"或"淡雅鱼儿酒"产品名称的记载；当地电视台、报纸以及一些关注白酒行业的自媒体，也都用"鱼儿酒"代称这款金沙回沙酒。但由于历时较远，且领导已经多次换届，当年的部分证据保管不善，导致了相关证据的收集和补充颇费时日，且迄今为止，没有找到在 2014 年 4 月 30 日之前该款酒的包装盒，无法核实在 2014 年 4 月 30 日之前，金沙窖酒公司该款酒包装盒上的商品名称，而作为该款酒的酒瓶上仅仅标示为"金沙回沙酒"。

2020 年初，原告发现同样位于金沙县的被告金沙回沙酒业有限公司（以下简称"金沙回沙公司"）和贵州省金沙县贵奇酒厂（以下简称"贵奇酒厂"）共同生产的一款酒，在外包装上突出标识有"鱼儿回沙酒"字样，且瓶身也呈鱼形；更早前，原告发现张某明于 2014 年 4 月 30 日在第 33 类酒类商品上向国家知识产权局提出了"鱼儿回沙"商标注册申请，该商标于 2015 年 6 月 14 日获得核准注册，2019 年 11 月 25 日，张某明将该商标转让给肖某印，肖某印于 2020 年 2 月 4 日、4 月 14 日向国家知识产权局申请的酒瓶、酒盒外观设计上标识有"鱼儿回沙酒""鱼儿回沙"等字样；张某明是原告 2009—2011 年的经销商贵州铭典酒业有限公司（以下简称"铭典公司"）和 2015—2018 年贵州铭久隆商贸有限公司（以下简称"铭久隆公司"）的法定代表人，肖某印原是铭久隆公司的副总经理，2019 年后为被告金沙回沙公司的股东及法定代表人。

为了维护自身商誉，金沙窖酒公司于 2020 年 5 月初针对肖某印"鱼儿回沙"商标以违反了《商标法》第十五条等为由提出无效宣告请求；同时，针对被告擅自使用"鱼儿回沙酒"名称的行为，向贵阳市中级人民法院提起不正当竞争之诉。

而在此之前，金沙回沙酒销售公司向遵义市汇川区市场监管局提交了企业名称争议裁决申请，请求责令金沙回沙公司变更与其企业名称相近似的企业名称。该企业名称争议案经区市场监管局、区政府以及一审法院审查、审理，均作出责令金沙回沙公司变更企业名称的决定、复议决定和维持行政决定的判决。该企业名称争议案二审判决后，该案二审法院也作出了维持一审判决的生效判决。

2020 年 12 月 30 日，国家知识产权局对"鱼儿回沙"第 33 类注册商标宣告无效；商标权人肖某印不服商标无效宣告裁定，向北京知识产权法院提起行政诉讼；2021 年 9 月

27日,北京知识产权法院一审驳回了肖某印的诉讼请求。

2021年9月1日,贵阳市中级人民法院在该案一审中,认定各被告构成不正当竞争;各被告不服一审判决,向贵州省高级人民法院提起上诉;2021年12月31日,贵州省高级人民法院二审判决驳回上诉,维持原判。

二、法院审理

金沙窖酒公司、金沙销售公司起诉称:(1)两原告在行业内和市场上具有极高的知名度和影响力,原告的"金沙回沙酒"品牌悠久,"金沙回沙"酒销量大,产品具有极高知名度和美誉度;"鱼儿酒""鱼儿回沙酒"是"金沙回沙酒"系列中的一款深受消费者欢迎的酒类品种;鱼儿回沙酒为原告的知名商品的特有名称;(2)被告金沙回沙公司对两原告的"鱼儿回沙酒"的知名度和美誉度是完全明知且认可的;(3)违法抢注"鱼儿回沙"商标的张某明担任法定代表人和投资人的贵州铭典酒业有限公司曾是两原告在贵阳城区的经销商,在2009—2011年之间与原告有着大量的经销包括"鱼儿回沙酒"在内的业务往来;(4)铭久隆公司曾经是两原告的经销商,张某明是该公司的实际控制人和总经理,肖某印是该公司的副总经理;(5)被告贵奇酒厂与原告处于相同的乡镇,且属于相同的经营范围,对于原告生产销售的酒类产品以及"鱼儿回沙酒"的知名度和美誉度了如指掌。两原告认为,被告金沙回沙公司、贵奇酒厂、张某明、肖某印等共同生产销售"鱼儿回沙酒"产品的行为,已经构成不正当竞争。综上,根据《反不正当竞争法》第六条、第十七条及第十八条的规定,请求:(1)判令被告金沙回沙公司、贵奇酒厂、张某明、肖某印等四被告停止生产、销售、许诺销售"鱼儿回沙酒"的侵权行为;收回市场上所有侵权产品;(2)判令金沙回沙公司、贵奇酒厂、张某明、肖某印等四被告登报道歉,消除影响;(3)判令金沙回沙公司、贵奇酒厂、张某明、肖某印等四被告连带赔偿经济损失人民币若干元和合理支出,以及惩罚性赔偿金;(4)判令被告酒盛公司停止销售被告金沙回沙公司、贵奇酒厂生产的"鱼儿回沙酒";(5)判令五被告承担该案的诉讼费、保全费。

被告金沙回沙公司、肖某印辩称:(1)原告的产品实际叫五星金沙回沙酒,原告所举证的均是五星金沙回沙酒、五星及图,而不是文字鱼儿回沙酒,我方没有侵犯其权利,不构成不正当竞争;(2)原告生产的三种酒的时间均与我方取得鱼儿回沙酒的注册商标吻合,原告金沙回沙酒(淡雅鱼儿酒)的面世时间是被告申请注册的时间,原告无法证明金沙回沙酒(淡雅鱼儿酒)早于鱼儿回沙酒商标申请日;(3)原告的内外包装与我方的完全不一致;(4)原告所争议的产品金沙回沙-鱼儿回沙酒、金沙回沙酒-鱼儿酒不是知名商品;(5)涉案产品是金沙回沙公司、贵奇酒厂是经肖某印授权生产的,有自有商标权,没有侵犯原告的权利。其余被告意见略。

一审法院认为:

1. 原告所主张的"鱼儿回沙酒""淡雅鱼儿酒"作为原告"金沙回沙"酒系列产品

中的一款产品名称，酒瓶外形像古代的酒樽和"鱼"的结合体而被金沙县周边区域的消费者称为"鱼儿酒"，俗称"金沙回沙鱼儿酒""鱼儿回沙酒"，在金沙县附近区域有"鱼儿酒"之称；2. "鱼儿酒"是因依附原告"金沙回沙"酒的系列商标及外观设计的知名度而具备一定的影响力，从而在金沙县周边区域为知名商品；3. "鱼儿回沙"商标、商品名称极易造成消费者对"鱼儿回沙酒"的产品来源产生混淆和误认，构成不正当竞争；4. 因原告未能举证具体损失，本院将对赔偿数额进行酌定，并适用惩罚性赔偿，酌定时考虑的因素包括：合理费用支出情况、原告产品市场知名度、商标的声誉、被告经营性质及经营规模、被告的过错程度；5. 因涉案产品案发时被告系按照国家知识产权局授权的注册商标生产，并未造成不良影响，故对原告要求被告澄清事实、消除影响的诉讼请求，不予支持。

一审判决：1. 被告金沙回沙公司、贵奇酒厂、张某明、肖某印停止使用与原告有一定影响"鱼儿回沙酒""鱼儿酒"商品名称的行为，即停止生产、销售、许诺销售"鱼儿回沙酒"的侵权行为，并收回市场上的侵权产品；被告酒盛公司停止销售"鱼儿回沙酒"行为；2. 被告金沙回沙公司、贵奇酒厂、张某明、肖某印共同于本判决发生法律效力之日起10日内共同向原告金沙窖酒公司、金沙销售公司赔偿经济损失及维权合理开支人民币若干元。

金沙回沙公司、张某明、肖某印不服原审判决，提起上诉。并在上诉时强调，被上诉人自始未提供任何其在产品上在先使用"鱼儿酒"或"鱼儿回沙酒"的物证，其提交的证据仅能证明在张某明申请商标注册前，异形瓶状的酒存在"鱼儿酒"的俗称，但俗称并不等同于商品名称。被上诉人既未真正使用"鱼儿酒""鱼儿回沙"商品名称，其作为知名商品名称的知名度及影响力更无从谈起，一审法院在审查时将"金沙回沙酒"荣誉与"鱼儿酒"混同，"金沙回沙酒"与"鱼儿回沙""鱼儿"不是相同的名称，金沙回沙酒这一名称的影响力，绝对不能等同于"鱼儿"或"鱼儿回沙"的影响力。

被上诉人金沙窖酒公司、金沙销售公司答辩则强调：（1）"鱼儿酒""鱼儿回沙酒"至迟在2002年即已推向市场，"鱼儿酒"是"鱼儿回沙酒"的简称，工作中，两个名称是混用的，被答辩人肖某印在铭久隆公司担任副总经理期间对此是认同的，甚至在商标行政案起诉时，肖某印仍然是认同的，三被答辩人在上诉状中，均明确认可"鱼儿酒"是消费者对答辩人公司名下一款瓶身像鱼儿的金沙回沙酒的俗称；（2）一审提交的证据表明，"鱼儿回沙酒"属于当地的知名商品，而鱼形酒瓶和"鱼儿酒"的名称属于答辩人有一定影响的商品的特有包装和特有名称；（3）被答辩人张某明、肖某印、金沙回沙酒业公司及其关联企业等存在着一系列围绕答辩人商标的抢注行为，具有主观恶意。

二审法院认为：（1）鱼瓶造型金沙回沙酒系知名商品；（2）商品名称是对商品的一种称谓，商品的特有名称是商品赖以区别于同类商品的一种标记，具有显著区别特征，并不应仅限于商品的正式名称，有些商品的非正式名称，比如俗称、别名，虽未标注于商品上，但在宣传、交易等商业活动中使用，并通过实际、持续的使用，能够为一定范围内的公众所知晓，具有识别商品来源的显著特征，都应当认定为该商品的特有名称。本案中，金沙窖酒公司虽未在其生产的商品上标注"鱼儿"字样，但从其使用历史看，在张某明申请注册"鱼儿回沙"商标之前，"鱼儿酒""金沙鱼儿酒"以及"鱼儿回沙酒"已被作为金沙窖酒公司生产的"鱼瓶造型金沙回沙酒"的一种替代性名称，广泛使用于该商品的生产、宣传、交易等商业活动和质检机关报检等行政审批中，因此"鱼儿酒"这一别名在相关公众中与金沙窖酒公司生产的"鱼瓶造型金沙回沙酒"建立起了一一对应关系，成为附着于该商品上的一种识别性符号，用于区分同类产品，因此"鱼儿酒"属于金沙窖酒公司生产的"鱼瓶造型金沙回沙酒"的特有名称；（3）上诉人具有攀附的故意，构成不正当竞争。

二审判决：驳回上诉，维持原判。

■ 办案心得

关于"知名商品特有名称包装、装潢"和"有一定影响的产品名称、包装、装潢"的概念和两者的联系和区别，在《海口椰乡缘食品有限公司、海南鹰航航空饮品有限公司与椰树集团有限公司、常熟市新合作常客隆购物广场有限公司不正当竞争纠纷二审民事判决书》（〔2019〕苏民终476号）一案中，法院认为，尽管旧、新反不正当竞争法分别使用了"知名商品特有名称包装、装潢"和"有一定影响的产品名称、包装、装潢"的不同表述，但两者系针对同一不正当竞争行为所作出的规定，均系对仿冒他人商品名称、包装、装潢，引起市场混淆的不正当竞争行为的规制；故《最高人民法院关于审理不正当竞争民事案件应用法律若干问题的解释》（以下简称"法释〔2007〕2号司法解释"）关于"知名商品""特有包装、装潢"的规定，可以作为认定"有一定影响的商品包装、装潢"的法律依据。

判断某商品名称是否能作为知名商品的特有名称得到保护，一般需要符合"商品知名"+"名称特有"两个要件。因此，该案重点在于如何证明：（1）金沙窖酒公司生产的"鱼瓶造型金沙回沙酒"为知名商品；（2）"鱼儿酒"是"鱼瓶造型金沙回沙酒"的特有名称。

关于要件一，根据《最高人民法院关于审理不正当竞争民事案件应用法律若干问题的解释》[法释〔2007〕2号] 第一条的规定，"在中国境内具有一定的市场知名度，为相关公众所知悉的商品，应当认定为反不正当竞争法第五条第（二）项规定的'知名商品'。人民法院认定知名商品，应当考虑该商品的销售时间、销售区域、销售额和销售对象，进行任何宣传的持续时间、程度和地域范围，作为知名商品受保护的情况等因素，进行综合判断。"实践中，判定某一具体商品是否为知名商品，可根据一定的地域范围如省、地市等特定市场范围内,与该具体商品有销售、购买等交易关系的人以及同行业的生产经营者对该具体商品的知悉程度加以认定,并不要求达到全国知名甚至驰名的程度。在具体操作中,一般应当参酌该具体商品广告量、销售时间、销售量、市场占有率、声誉等因素进行综合判断。

该案中,由于"鱼儿酒"仅作为金沙回沙酒中的一款酒,金沙窖酒公司并无销售的统计数据,也由于当年的广告较少,并无相关的广告花费的记录,难以从常规的销售时间、销售区域、销售额和销售对象,进行任何宣传的持续时间、程度和地域范围,市场占有率等方面进行举证,真正是"金杯银杯不如老百姓的口碑"。

为此,代理律师只能从其他方面着手,进行举证,我们从金沙窖酒公司的金沙回沙酒拥有众多的"金沙回沙"注册商标,且获得了一系列各行业的奖项,金沙回沙酒销售量巨大、销售范围广,"鱼儿回沙酒"是两原告"金沙回沙酒"一款深受消费者欢迎的、有一定影响的白酒,来证明鱼儿回沙酒作为知名商品金沙回沙酒的一款深受相关公众欢迎的酒;肖某印给原告的律师函中也认可该品种销量巨大,来反证销量巨大;金沙窖酒公司包装采购单、包装车间生产记录、破损酒返还表及查处通报都显示,在2014年之前,原告已经开始生产鱼儿回沙酒;张某明自2009年开始,便经销过该款产品,在2015年成立了铭久隆公司继续经销该款产品,《毕节日报》、金沙县电视台在2008年、2009年和2014年有相关报道,自2013年开始国家及贵州省法定酒类产品的检验检测部门已经对金沙窖酒公司生产的金沙回沙酒·鱼儿酒、淡雅鱼儿酒、鱼儿酒、鱼儿回沙酒进行检测,表明原告很早之前即已生产销售该款酒;2008年即已将类似鱼形状的"鱼儿回沙酒"酒瓶申请外观设计专利,连续多年的金沙县志、金沙年鉴对原告的"鱼儿回沙酒""鱼儿酒"也有相关广告收录(内有包装),"鱼儿酒"线上线下销售渠道广,自媒体线上报道和评价高,以及金沙窖酒公司自己的公众号在张某明申请商标注册之前的2014年4月30日之前关于鱼儿酒的介绍,表明在相关公众中的声誉良好;该案发生后作为官方的地方政府金沙县人民政府办公室专门发函证明此事,称"贵州金沙窖酒酒业有限公司生产的金沙回沙酒系列产品中,有一款鱼形瓶装52度酱香型白酒,俗称鱼儿酒或鱼儿回沙酒。该款酒2002年上市之后,有较高知名度,在公务接待禁酒令出台之前,曾经是政府公务接待酒的主要品种之一",等等来证明"鱼儿酒"为知名商品。

同时,代理律师为了避免不必要的因权利冲突导致案件无法裁判的结果,在该案提起之前,便根据张某明在2009年起开始,即作为金沙窖酒公司的经销商,以其商标注册违反《商标法》第十五条等为由,对其"鱼儿回沙酒"提起了无效宣告。结合字号的行政投诉以及针对其他商标的抢注的异议等,进一步让法院意识到各被告的恶意以及各被告间故意侵权的意思联络。

最终,在国家知识产权局宣告"鱼儿回沙"商标无效后,一审法院认定了"鱼儿酒"(鱼瓶造型金沙回沙酒)是因依附原告"金沙回沙"酒的系列商标及外观设计的知名度而具备一定的影响力,在金沙县周边区域属于知名商品。在"鱼儿回沙"商标无效行政诉讼一审胜诉后,二审法院维持了一审判决。

关于要件二,关于"特有名称",《最高人民法院关于审理不正当竞争民事案件应用法律若干问题的解释》第二条规定,"具有区别商品来源的显著特征的商品的名称、包装、装潢,应当认定为反不正当竞争法第五条第(二)项规定的特有的名称、包装、装潢";参照《国家工商行政管理局关于禁止仿冒知名商品特有的名称、包装、装潢的不正当竞争行为的若干规定》(1995年)第三条规定,"本规定所称特有,是指商品名称、包装、装潢非为相关商品所通用,并具有显著的区别性特征。本规定所称知名商品特有的名称,是指知名商品独有的与通用名称有显著区别的商品名称。"实际上,"鱼儿酒"的名称,正如铭久隆公司微信公众号文章称"就是这款长得像鱼儿一样的金沙鱼儿酒",也就是说,其名称来源于酒瓶长得像鱼儿;该名称在被告使用之前,为金沙窖酒公司特有,相关公众在消费、购买时均直接指向金沙窖酒公司及涉案产品,"鱼儿酒"名称能够区分商品的来源。

但是很遗憾,无论是最初金沙窖酒公司收集和提供证据没有经验、配合不足,还是到后来掘地三尺,将各种生产记录、查处通报、各大媒体、自媒体信息、各官方检验报告等全部找到,也把企业库存全部翻遍,共向法院提交了七次证据,均无法找到和提供在张某明申请商标的2014年4月30日之前使用"鱼儿酒"字样的包装盒;有趣的是,由于张某明从2009年开始即作为金沙窖酒公司的经销商,对案情以及该酒的生产销售历史比原告及代理人都熟悉,其为了证明是金沙窖酒公司在其商标申请之后,"由其许可使用鱼儿酒的商标",提交了一瓶2014年7月生产的食品名称为"淡雅鱼儿酒"的产品。在这种情况下,金沙窖酒公司除了被告张某明、肖某印的关联企业也是原告原来的经销商的铭久隆公司微信公众号文章中的自认"这款长得像鱼儿一样的金沙鱼儿酒"以外,根本没有证据证明在张某明申请商标的2014年4月30日之前有过"鱼儿酒"名称的包装盒。且各被告(上诉人)也在二审时抗辩,金沙窖酒公司并未将"鱼儿酒"字样用于商品实物上。

在这种没有直接的名称载体的情况下,如何认定"鱼儿酒"名称属于该知名商品的特有名称,代理律师并未把重心放在该款酒包装盒上是否有"鱼儿酒"的名称上,而是将全部精力放在官方检测报告、官方新闻、自媒体新闻、生产记录等宣传、交易等商业活动中存在广泛、长期、持续的使用,结合对方关联企业公众号自认、金沙县人民政府办公室的证明等方面均有"鱼儿酒"相关产品名称以及抓住各被告在一二审中均认可"鱼瓶造型金沙回沙酒"存在"鱼儿酒"这一俗称等,用以说明该名称是真实存在的。

最终一审以及二审法院认定了"鱼儿酒"是"鱼瓶造型金沙回沙酒"的特有名称。同时,二审法院基于原告方没有在2014年4月30日之前使用"鱼儿酒"名称的包装盒,在说理部分借用了金沙县政府办公室关于"俗称"的表述,称,"有些商品的非正式名称，比如俗称、别名，虽未标注于商品上，但在宣传、交易等商业活动中使用，并通过实际、持续的使用，能够为一定范围内的公众所知晓，具有识别商品来源的显著特征，都应当认定为该商品的特有名称。"

在办案过程中，代理律师通过商标无效等手段，排除了法院以权利冲突为由，难以判决的顾虑；加上法院庭审中，通过向对方当事人发问，使得法庭直观地明确对方当事人的侵权故意；同时结合商标异议、行政投诉、行政诉讼等手段，获取由政府部门、法院作出的决定、裁定、判决，再将获得的相关文书作为该案的证据使用或供法院参考，表明各被告方的恶意、各被告间的恶意申通及其情节恶劣，使得该案的判决更经得起考验。

■ 小结

知名商品的俗称，能否作为知名商品的特有名称来保护，在相关法律、法规、司法解释、指导案例中没有发现相关规定和参考，代理律师从举证的角度，在举证证明了相关产品为知名商品后，说明该俗称在宣传、交易等商业活动中有广泛、长期、持续的使用，结合被告方关联企业公众号及庭审中的自认及政府部门的证明，用以说明该名称是真实存在的；在这种情况下，二审法院认为对这类名称，虽未标注于商品上，但在宣传、交易等商业活动中使用，并通过实际、持续的使用，能够为一定范围内的公众所知晓，具有识别商品来源的显著特征，都应当认定为该商品的特有名称。该案拓宽了知名商品特有名称的保护边界，对知名商品（有一定影响的商品）的保护有一定的现实意义和指导价值。

该案给我们的启示是：企业在积极拓展市场同时，也要做好知识产权管理，知识产权是一个企业的立足之本，因此注意知识产权的布局相当重要，自有商品无论知名度大小均应及时做好相关品牌的商标申请与布局，并做好外观专利申请。另外，企业可以多设计一些防御性的商标和外观专利申请，及时监控同类别商标和外观设计布局情况，发现他人的商标申请，及时采取包括异议、无效、撤销等手段，避免傍名牌的产品上市。

■ 法律链接

《中华人民共和国反不正当竞争法》（2019年）第六条，第十七条第一款、第四款；
《最高人民法院关于审理不正当竞争民事案件应用法律若干问题的解释》（法释〔2007〕2号）第一条第一款、第二条第一款。

打造品牌　继往开来

——某电池工业有限公司诉陈某某侵害"Vinnic"电池知名商品特有包装装潢不正当竞争纠纷案[*]

刘孟斌　孟午君

> 某电池工业有限公司生产的"Vinnic"牌电池在业内具有一定知名度，同时也不断被攀附，深受各种侵权、假冒行为的困扰。针对陈某某生产的"Vinlec"电池，某电池工业有限公司先提起商标侵权诉讼，在获得法院支持判赔30万元后，针对同批侵权产品，再提起侵犯包装装潢权的不正当竞争诉讼（该案），但该请求并未得到一审法院的支持。二审判决采信了某电池工业有限公司律师观点，撤销一审判决，并判陈某某立即停止使用并销毁与电池公司"Vinnic"电池及电池盒包装、装潢相近似的电池及包装盒，赔偿10万元。至此电池公司充分利用自身享有的不同法益，获得全面的保护。
>
> 该案的胜诉判决，尤其是对于被控产品构成了侵犯某电池工业有限公司知名商品特有包装装潢权利的定性，为某电池工业有限公司"Vinnic"电池商品的全面保护提供了重要的依据和支持，在此基础上，电池公司后续针对类似侵权行为进行的工商投诉、民事诉讼均有突破性进展。该案具有一定示范作用，对同类案件具有借鉴和指导意义。

■ 案情简介

该案原告某电池工业有限公司（以下简称"电池公司"）生产的"Vinnic"牌电池已有30余年历史，具有一定知名度，同时，电池公司也不断受到侵权者的攀附。该案被告陈某某为使其"搭便车"行为"合法化"，甚至还注册了"Vinlec"等商标；申请了与电池公司商品近似的电池及包装盒的外观设计专利。由于其生产、销售行为较为隐蔽，取证难度较大，给原告维权带来重重阻碍。2015年，原告代理人通过"义乌购"网站公证购买到800只由被告陈某某生产、销售的"Vinlec"电池。针对得来不易的侵权证据，在代理律师的策划下，电池公司先是提起了商标侵权诉讼，在当时陈某某的"Vinlec"注册商标仍然有效存续的情况下，电池公司的诉求仍获得法院支持，两审均判决陈某某

---

[*] 该案入选浙江省高级人民法院列为2018年度20件知识产权典型案例。生效案号：（2018）浙民终680号判决书。

停止侵犯电池公司商标权并赔偿30万元；2017年，在商标诉讼案件胜诉以后，原告利用2015年公证取证到的陈某某的"Vinlec"电池，又以陈某某侵犯电池公司知名商品的包装装潢权为由提起诉讼，但一审法院没有支持原告的诉讼请求。在一审判决不利的情况下，原告代理律师凭借良好的专业素养和独特的视角，对案件事实进行了充分说明、分析和阐述，合议庭最后接受了原告律师的观点，案件得以在二审阶段全面改判。二审判决如下：撤销一审判决，并判陈某某立即停止使用并销毁与电池公司"Vinnic"电池及电池盒包装、装潢相近似的电池及包装盒，赔偿10万元。至此，在该案中，电池公司在代理律师的指引下，充分运用了自身享有的不同法益，获得了全面的保护。

该案争议的主要焦点为：电池公司的"Vinnic"电池出口销量远超国内销量，是否能够认定其在中国境内属于知名商品并予以保护。一审判决对此持否定态度，并作出了对原告不利的一审判决。二审阶段经过庭审过程的据理力争，合议庭接受了电池公司代理人的观点，撤销一审对此的错误判决，认定电池公司的"Vinnic"电池构成知名商品，应当依法保护。这也为出口型企业商品知名度的认定标准提供了参考依据，具有一定的现实指导意义。

■ 办案心得

一、该案具有一定示范作用，对同类案件具有借鉴和指导意义；案例所涉及的法律问题具有一定的典型性和新颖性

1. 针对同一被告的同一批被控侵权产品，原告在已获得商标权保护的情况下，能否再获得反不正当竞争法中的包装装潢权的保护。

商标和知名商品的特有包装、装潢是两个不同的商品来源识别体系，各自发挥着对商品来源的识别作用。尤其在该案中，虽然已获得商标权的保护，但若被告继续使用类似原告商品的包装，仍不能完全杜绝侵权行为带来的损害，可见该案侵权行为不仅限于商标本身，也扩张到产品的包装装潢，仅以一般商标保护不能有效制止侵权，因此再次以反不正当竞争法知名商品特有包装装潢进行补充保护是非常必要的。

2. 原告商品出口销量远超国内销量，是否能够认定其在中国境内属于知名商品，以反不正当竞争法予以保护。

该案被告（二审被上诉人）陈某某主张电池公司的网站是英文网站，客户以外国客户为主，商品销售主要为出口，不应认定其具有中国境内的知名度。一审判决认为电池公司2012—2014年有美元13033.74万元出口销售，而扣减出口额之后国内销售额均在人民币1亿元左右，不足以认定具有较大的市场份额。对此，电池公司代理律师在二审中指出，一方面该认定适用标准明显错误，反不正当竞争法要求的知名度本质在于，在商品具有一定知名度的情况下，商品特有的包装装潢在法律上会具有区别商品来源的作用，因此商品具有一定知名度即可，并不要求"广为知悉"甚至强加以"驰名商标"的认定标准，该案证据可以证明电池公司"Vinnic"电池经过宣传、销售，广为知晓，应认定具有反法要求的知名度；另一方面，"相关公众"的范围不仅指与商品有交易关系的终端消费者，还包括相关行业的经营者（如在国内代国外客户采购的贸易公司、进出口公司等）。此外，原告律师还指出，产品知名度的认定标准应该是统一的，产品国外销量高，不应成为提高产品知名度认定标准的理由。因此一审对此认定存在明显错误。二审法院接受了原告律师的上述观点。

3. 该案判决对于出口型企业商品的知识产权保护提供了参考，具有一定典型性。

在国家大力推动"一带一路"与中国品牌"走出去"的政策环境下，很多中国品牌商品有更多机会销往世界各地，其中不乏与该案类似的"外销销量大于内销"的情况，而在当今多种对外贸易形式繁荣发展的情况下，早已不同若干年前单纯的"一般贸易"出口为主的情况，与该案类似的，通过"义乌购"等跨境电商平台，以"授权商→进出口公司（贸易公司）→国外客户"销售环节，由中间商在国内采购后出口国外非常常见，这种情况下并不完全是商品品牌在国外具有知名度的表现，很可能是企业参加广交会等外贸展会，产品在业内具有较高影响力，使得国内贸易公司、进出口公司等从事外贸采购的群体对产品广为知晓的结果。对于这类企业给予相应的知识产权保护，是企业顺应国家外贸政策发展的根本保障。

二、代理律师发挥了较好的专业水平

1. 该案的当事人拥有多个注册商标、外观设计专利以及商品包装装潢等多项权利，被告不仅涉嫌侵犯了上述多项权利，而且还以模仿、变造、复制等各种手段也申请、注册了多项相应权利，造成了一种以假乱真、似是而非的混乱局面。代理律师为当事人进行了全面的策划，提出了整体的维权方案，在权利客体的选择、诉讼的先后顺序、各个程序的启动时机以及外围配合等方面作出了周密安排，为民事及行政各个程序全面获得支持奠定了良好的基础。

由于取证时被告陈某某在第9类的电池等商品上已经取得注册商标"Vinlec"，并已经申请获得侵权"Vinlec"电池及包装盒的外观设计专利，若直接提起商标侵权及不正当竞争诉讼，很可能基于被告的权利对抗情况，案件将陷入中止或事实中止状态甚至面临败诉等更为被动的结果，而通过行政程序宣告"Vinlec"商标无效、电池及包装盒外观专利无效，又需要至少一年的时间。如果等待行政程序后再启动维权，由于"Vinlec"电池的低价恶性竞争，相关公众的混淆误认，电池公司的市场份额和利益将受到难以挽回的损失。在此情况下，代理律师果断建议当事人先选择"Vinnic"及图组合商标（包括"Vinnic"文字部分及背景地球图形）起诉陈某某的"Vinlec"电池侵害商标权，由于"Vinlec"电池商标也包含文字部分及椭圆形的背景底图，与"Vinnic"及图组合商标相比，视觉效果近似，判断相对容易。这样的选择避免了单纯地将电池公司的"Vinnic"

文字商标与陈某某已获准注册的"Vinlec"文字商标直接进行对比,从而降低了法院认定构成商标侵权的难度。果然,原告的诉讼请求很快获得了法院的支持,法院判决被控侵权产品构成商标侵权,须停止侵权并赔偿损失,这一判决及时阻止了侵权产品对原告市场进行的蚕食。随后,电池公司逐步在行政程序中将陈某某的"Vinlec"文字商标、"Vinlec"电池及包装盒的外观设计专利一一提出了无效宣告请求并全部获得成功。此时,陈某某已不能使用"Vinlec"商标,但外观设计专利无效并不能限制外观设计的使用,据当事人反映,陈某某将包装装潢中的英文部分进行修改后,仍在使用与电池公司电池、电池盒包装装潢近似的包装装潢,由于该包装装潢本身已产生识别度,很多相关公众仍然可能将其混淆,将陈某某的产品误认为是电池公司的产品,在此情况下,代理律师建议电池公司提起该案侵犯包装装潢权的不正当竞争诉讼,以全面维护合法权益。

2. 在一审判决不利的情况下,代理律师针对一审判决存在的问题组织反驳证据、进行法理辨析,观点获得二审法院接受,予以改判。

一审判决认为电池公司的产品销售在扣减出口额之后国内销售额均在人民币1亿元左右,不足以认定具有较大的市场份额。对此,电池公司代理律师在二审中对"知名度"的要求进行了充分的法理分析,指出:一审判决的认定适用标准明显错误,反不正当竞争法要求的知名度本质在于,在商品具有一定知名度的情况下,商品特有的包装装潢在法律上会具有区别商品来源的作用,因此商品具有一定知名度即可,并不要求"广为知悉",更不应强加以"驰名商标"的认定标准,该案证据可以证明电池公司"Vinnic"电池经过宣传、销售,广为知晓,应认定具有反不正当竞争法要求的知名度;此外,"相关公众"的范围不仅指与商品有交易关系的终端消费者,还包括相关行业的经营者(如在国内代国外客户采购的贸易公司、进出口公司等)。电池公司代理律师还指出,司法实践中对产品知名度的认定标准应该是统一的,不应该有双重标准。产品在国外销量高,不是对该产品的知名度认定采取更严苛标准的理由。二审法院接受了原告律师的上述观点。

针对一审判决认为陈某某与电池公司销售方式和消费群体不存在交叉的问题,电池公司代理律师在二审中补充提交了"义乌购"网站主页及介绍,证明义乌购并非单纯的网络销售平台,而是对应义乌国际商贸城实体店铺的网上店铺,其特色为"打造外贸网商货源高地",是"跨境电商"平台;提交了电池公司授权的义乌购经销商的销售页面、授权书,通过义乌购途径销售给进出口公司的采购合同以及海关备案信息,证明义乌购的销售形式是"授权商→进出口公司(贸易公司)→国外客户",虽然最终是出口,但交易是发生在国内,一方面证明不能完全排除出口销售额中在国内的交易和产生的影响,另一方面也证明了陈某某与电池公司的销售方式和消费群体具有同一性。以上说理和证据在二审中均得到认定,成为改判的重要支持。

最后,代理律师还从宏观、全局的角度,特别向法庭陈述了加强知识产权保护作为我国对外开放基本国策重大举措的重要意义，以及司法政策在"一带一路"国家级顶层合作倡议和"走出去"国家战略中的导向和支持作用。

■ 小结

该案的胜诉判决，尤其是对于被控产品构成了侵犯电池公司知名商品特有包装装潢权利的定性，为电池公司"Vinnic"电池商品的全面保护提供了重要的依据和支持，在此基础上，电池公司后续针对类似侵权行为进行的工商投诉、民事诉讼均有突破性进展。

■ 法律链接

《中华人民共和国反不正当竞争法》（1993年）第五条；

《最高人民法院关于审理不正当竞争民事案件应用法律若干问题的解释》（法释〔2007〕2号）第一条。

合作缘尽　分权止争

——"石湾米酒"版权、商标以及不正当竞争侵权纠纷案*

温旭　申元林

　　这是一起在当时轰动全省，乃至在全国都有影响的知识产权案件。它主要涉及我国外贸体制由统一经营向企业自营的体制转换的过程中如何界定国有外贸企业和生产制造企业知识产权权益的问题。该案有以下几个特点：一是主体众多。除了原告是广东米酒的领头企业之外，被告就有三家。第二，涉及的产品众多。主要有三个系列，分别是石湾米酒、特醇米酒和豉味玉冰烧。第三，涉及的知识产权种类较多。上述每个产品系列既有包装标识的版权问题，又有注册商标的问题，还有产品的知名包装装潢等多个种类的知识产权。第四，案件涉及的时间跨度长，历史久远。该案的很多事实可以追溯到 50 年代，甚至个别事实可以追溯到中华人民共和国成立前，因此很多原始凭证已经灭失，关键当事人、证人也都退休、离职，等等，所以取证难度极大。第五，该案的被告之一还在香港地区对原告的香港代理商提起诉讼并且胜诉，客观上也给该案带来了一定的影响。第六，广东米酒作为一种在我国南方地区非常流行、广受欢迎的白酒品种，在国内外特别是在粤港澳大湾区和海外华人市场影响很大，所以公众关注度很高。第七，对于外贸转型企业来讲，此案对于如何划分传统国有外贸企业和生产加工企业的知识产权权益具有典型的意义。因此从法律上来讲，这是一件值得探讨的复杂案例。

■ 案情简介

　　佛山市石湾酒厂（以下简称"石湾酒厂"）是一家有 160 多年丰富酿酒经验的国家二级企业，以生产优质传统石湾米酒、特醇米酒、豉味玉冰烧等系列米酒而著称。产品不但在粤港澳大湾区非常流行，而且远销东南亚以及海外华人社区，深受广大消费者欢迎。但是在改革开放前的计划经济年代，该厂作为生产企业是没有自主外贸权限的，所有出口产品都必须按照所属系统的外贸企业统一订购、组织出口。具体到该案就是由省食出来组织出口、对外签订合同、统一使用上级核准给省食出的"珠江桥"商标。但是，在改革开放后，我国为了跟国际接轨，提高企业出口的积极性和自主性，对我国的

---

* 生效案号：（1997）粤法知终字 52 号。

出口贸易体制作出了重大改革,将出口权限下放到出口企业。由此,上述系列产品改为石湾酒厂自行组织出口。石湾酒厂曾在1982年、1989年和1991分别向国家商标局提出了"石湾牌"(文字加拼音)商标、两个"石湾及图形"商标的注册申请,并于1983年、1990年和1992年分别获准注册,依法获得上述商标的专用权。

另外,石湾酒厂还分别享有"石湾牌",石湾米酒、特醇米酒、豉味玉冰烧米酒瓶贴招纸的版权及其使用权。

自1994年初起,石湾酒厂发现广东省食品进出口集团公司(以下简称"省食出")、南海显华酒业食品有限公司(以下简称"南海显华")、南海市酒厂(以下简称"南海酒厂")生产、委托生产、销售或出口的"石湾米酒""特醇米酒""豉味玉冰烧""南海特醇""广东米酒"等米酒系列产品中,分别在颈贴招纸或瓶贴招纸上使用"石湾米酒""石湾佳酿""石湾玉冰烧"字样,以及汉语拼音"SHI WAN"。瓶招与原告的"石湾及图形"商标相同或相近似,与"豉味玉冰烧"瓶招图案相同。

石湾酒厂认为,省食出、南海显华及南海酒厂涉嫌侵犯了该厂的"石湾牌"(文字加拼音)商标和两个"石湾及图形"商标的专用权,侵犯了该厂石湾牌米酒、特醇米酒、豉味玉冰烧的瓶贴招纸版权和装潢,构成了不正当竞争,遂向佛山市中级人民法院(以下简称"佛山中院")起诉,请求判定三被告立即停止侵权行为和不正当竞争行为,赔偿原告经济损失,并公开道歉,消除影响。同时原告向法院提出了证据保全和财产保全的申请。佛山市中级人民法院经审查后作出裁定,对三被告的有关证据和资产采取了证据保全和财产保全措施。

省食出等在答辩中辩称:(1)"石湾牌"(文字加拼音)商标和两个"石湾及图形"商标专用权依法不成立。被告已向商标评审委员会提出撤销注册不当商标的申请。(2)石湾米酒、特醇米酒和豉味玉冰烧瓶贴招纸的版权不属于原告而属于被告。因为原告最初产品瓶招贴纸上的监制单位为被告,且使用了被告的"珠江桥"牌商标,并据此认为瓶招贴纸的版权最早使用者应为被告。(3)因为上述米酒瓶招贴纸的版权属于被告,所以被告不存在仿冒原告产品装潢的问题,因此被告也无不正当竞争行为。(4)原告的原产地名称权不能成立。

针对涉案商标的撤销问题,商标评审委员会对被告撤销不当注册商标的申请作出终局裁定(当时没有行政诉讼)。裁定书认为,"石湾及图形"商标图形部分的版权为香港某公司所有,并授权被申请人(即原告石湾酒厂)在内地使用该版权,而申请人(即被告省食出)未提交其对"石湾及图形"商标部分拥有在先权利的证明材料,亦无证据证明被申请人(即原告)"石湾及图形"商标属抄袭、盗用他人商品包装装潢的行为。因此终局裁定:省食出对石湾酒厂注册的"石湾及图"商标所提注册不当理由不成立,该商标予以维持。

佛山市中级人民法院受理此案后非常重视,不但邀请了我国著名的知识产权专家刘春田教授和金渝林教授作为人民陪审员组成庞大的5人合议庭，并且最后经由审判委员会讨论作出一审判决："一、省食出、南海显华及南海酒厂立即停止使用"石湾"牌商标文字、石湾及图、特醇米酒商标及图；停止印制、仿冒、使用南海特醇、广东米酒、豉味玉冰烧的知名商品特有装潢；消除现有产成品上的上列侵权标识；二、省食出、南海显华及南海酒厂赔偿石湾酒厂共计7629622.30元；三、省食出、南海显华及南海酒厂相互承担连带赔偿责任。"

一审判决后，省食出、南海显华及南海酒厂均不服，向广东省高级人民法院（以下简称"广东高院"）提起上诉，经过公开开庭审理，广东省高级人民法院认为一审法院对省食出和南海显华的判决是不当的，并最终改判为：南海酒厂生产销售的南海牌广东米酒构成对石湾酒厂所有的知名商品石湾米酒的特有装潢专用权的侵犯，也构成对石湾酒厂石湾及图案商标专用权的侵犯，应立即停止生产、销售所用装潢与知名商品石湾米酒装潢相同，以及与石湾及图案商标相似的米酒产品；并清除库存产成品上的侵权标识。

■ 办案心得

作为代理律师，我们有以下几个方面的心得供大家参考：

一、起诉权利依据的确定

作为商标专用权，因为有合法的注册商标证书，同时又都在有效期内，作为起诉的依据比较简单。但是考虑到在外贸体制改革前的计划经济时代，原告石湾酒厂作为出口产品生产基地，当时没有出口权，所以与被告省食出有业务往来，其中会涉及原告的"石湾及图形"商标中所使用的图形。估计被告会在这个问题上利用商标法的撤销程序而提出撤销不当注册商标的申请，所以具有一定的风险。这一点被后来的事实所证实了。因此如果仅以商标权起诉，表面上看似乎把握较大，但实际上有潜在的危险。而且如前所述，由于历史和体制的原因，作为商标注册的图形部分不可避免地还会涉及版权，因此必须面对图形的版权，版权问题将会成为该案的关键问题、核心问题。只要版权的归属问题解决了，商标权和知名商品装潢的问题也就会迎刃而解了。

二、涉案标识版权的证据收集问题

对于版权问题，因为版权是自动产生的，不需要任何行政机关的批准或授予，也不需要经过任何程序。所以，作为原告方能否举证出真实可信的、直接大量的证据来证明原告享有有关图形或瓶贴图案的版权或使用权就成为该案的关键了。作为原告的诉讼代理人，我们和原告一起，对有关的事实进行了大量的、艰苦细致的调查工作。对"石湾米酒"的瓶贴图案，我们首先找到了承印的厂家，终于在该厂"文革"时期的档案资料中找到了当时的设计稿原件和委托该厂进行设计的订单以及缴纳设计费的原始凭证。随后又找到已退休在家的设计者，详细询问了当时设计的情景，并对设计者所出具的书面证明和设计稿原件进行了公证。对"特醇米酒"的版权，我们则请享有该版权的香港所有人提供了授权原告在内地享有该版权并有权追究侵权者责任的授权书并作了公证。对于"豉味玉冰烧"的版权，我们则在佛山市工商局的档案中找到了仅存的一套原告在50年代使用公私合营前的旧厂名印发的瓶贴原件，以证明原告拥有在先使用权。相反被告在瓶贴上打印的监制字样不等于作品署名，不能作为作者的依据；商品上使用了"珠江桥"牌商标，不等于装潢的版权就归注册商标所有人。装潢版权的所有人与注册商标的所有人，可以是两个不同的主体。两个权利之间不存在主从关系。因此，不能以使用了他人的注册商标作为版权归属的依据。

三、特定历史和经济模式下，涉案权利基础的归属问题

在1961年之前，石湾酒厂的系列米酒都是由省食出根据国家的计划下，下拨原料生产并组织出口的，并按中国粮油食品进出口总公司的统一部署，在华南地区使用"珠江牌"商标。到1961年佛山市成立食品进出口公司，石湾酒厂的出口业务就转由该公司负责，但仍统一使用"珠江桥"商标。进入80年代，随着改革开放的不断深入，为了自己内销的产品，石湾酒厂才陆续注册了"石湾牌"的相关商标。考虑到在外贸体制改革前的计划经济时代，原告石湾酒厂作为出口产品生产基地当时尚无出口权，所以与被告所辖系统内的佛山地区分公司有业务往来，其中就涉及原告的"石湾及图形"商标中所使用的图形及相关权利的归属问题。但是工贸分家后，厂家可以自行出口，但不能擅自使用外贸部门的注册商标，外贸部门也不得擅自使用厂家的商标及装潢，双方的商标权归属应当按照1991年10月18日国家工商总局商标局"全国解决两本账商标协调会议纪要"的原则予以确认，各自的权利归各自所有，而且市场经济的确立有关保护知识产权的法律法规陆续颁布实施，当事人的合法权益应当依法保护。

在该案的二审中，广东省高级人民法院认为从尊重历史，确认双方在当时的经济模式下形成的特殊商业关系等出发，根据公平合理的原则，石湾米酒瓶贴图案应由石湾酒厂和省食出共同使用。

最终，广东省高级人民法院认定南海酒厂制造、销售的南海牌广东米酒使用了与石湾米酒招纸装潢一样的图案，损害了省食出和石湾酒厂的装潢专用权，判决南海酒厂应独立承担立即停止侵权和赔偿损失等民事责任，从而免除了省食出和南海显华的侵权责任。

■ 小结

第一，现在回过头来看，此案的最大特点在于如何界定在外贸体制改革的特定历史条件下国有外贸企业和生产企业之间的权利归属问题。如何界定划分国家和企业、企业

和企业之间的权利和利益？以前实行的是计划经济，一切都听政府的，很多行为都是政府行为。那么转制后，哪些权利应当属于国家的？哪些权利应该属于企业的？对此政府有关部门在转制时就应该尽量加以明确界定和划分，否则要么会造成国有资产流失，要么就损害了企业的利益，同时还会人为制造出矛盾，不利于社会的安定。一审法院对于事实的认定部分，因为有很多原始证据已经灭失，难以取得，只能尽量通过分析推理来还原事实。二审法院相对来讲更加原则一些综合一些。两种方式各有利弊。一审法院的做法可能对企业利益保护得好一些，二审法院的做法可能对保护国有资产更好一些。孰好孰坏，见仁见智。

第二，对于律师来讲在这样复杂的案情当中，如何从繁杂的线索和证据中迅速抓住问题的实质，抓住案情的纲，从而达到纲举目张是非常关键的。对此我们用列表的方式（类似现在流行的可视化的方式），分别不同的产品，列出原告的权利状态、被告的侵权情况、有关事实根据、有关法律法规、主要辩论要点和备注说明等多个栏目，使得法庭有关人员能够一目了然，迅速从大量、繁杂的关系中找到主要的、实质的问题。

■ 法律链接

《国家工商行政管理局关于禁止仿冒知名商品特有的名称、包装、装潢的不正当竞争行为的若干规定》（1995年）第四条第二款；

《中华人民共和国反不正当竞争法》（1993年）第五条、第二十一条第二款。

刑案获罪　民案翻盘

——"韩国绒"纺织机商业秘密刑民交叉案*

肖宇扬　温旭

> 该案是一起比较典型的商业秘密刑民交叉案件，原告开发出了一套生产韩国绒的生产设备和工艺，并且作为商业秘密保护。在刑事案件中，经过司法鉴定，原告单位的技术被认定属于"非公知技术"，故被告人被判定构成侵犯商业秘密罪，在民事案件中，原告提出近亿元索赔，三环律师细寻刑事案件破绽，尤其是找出刑事案件非公知性鉴定的实质问题，从而推翻了刑事案件对技术秘密点"非公知性"的认定，成功获得民事案件胜诉。办案律师在该案没有先入为主承认刑事案件中的各种认定，通过全面检索现有技术、客观质疑刑案鉴定意见、正确区分权利人商业秘密权利和专利权利等，最终在民事案件中否定了刑事案件的在先认定，可谓"刑案获罪，民案翻盘"。

■ 案情简介

一、基本案情

韩国绒（又称"不倒绒"）因其绒毛致密，不宜倒伏，而在国际市场广受欢迎，因主要生产国为韩国，故被称为"韩国绒"，韩国绒的利润高于传统的乔绒、锦绒等产品。吴江盛泽新星丝织厂（以下简称"新星厂"）在 2008 年开发出了一套生产韩国绒的生产设备和工艺，其技术方案是在传统纺织机设备基础上进行设备改造，从而适应于韩国绒的生产和制造。期间，新星厂委托苏州三和宏达设备有限公司（以下简称"三和宏达公司"）为其进行设备改造。后因三和宏达公司又为南通建民丝绸有限公司（以下简称"建民公司"）、无锡市锡晨丝织有限公司（以下简称"锡晨公司"）进行设备改造，新星厂认为三和宏达公司及其负责人员侵犯了其商业秘密，故向公安进行报案。

在刑事案件中，经公安机关委托华科知识产权司法鉴定中心作出司法鉴定意见，认

---

* 生效案号：1. 涉及商业秘密民事案件：（1）（2013）苏中知民初第 0228 号《民事裁定书》，（2）（2013）苏中知民初第 0229 号《民事裁定书》；2. 涉及专利无效行政案件：（1）第 21969 号无效宣告审查决定书，（2）（2014）一中行（知）初字第 6175 号《行政判决书》，（3）（2015）高行（知）终字第 532 号《行政判决书》。

为上述生产设备的两项技术为"非公知技术";并经公安机关委托上海公信扬知识产权司法鉴定所出具司法鉴定意见书,认为在三和宏达公司生产、销售的生产超柔高密割绒布的设备上所采用的组件、技术、结构与新星厂的生产超柔高密割绒布的设备上所采用的组件、技术、结构实质相同。基于此,经过苏州工业园区人民法院审判,于2012年12月判决三和宏达公司构成侵犯商业秘密罪,判处罚金人民5万元;主管人员孙某判处有期徒刑6个月,缓刑1年,并处罚金人民币3万元;直接责任人员沈某判处有期徒刑6个月,缓刑1年,并处罚金人民币3万元。

在该刑事判决生效的基础上,新星厂于2013年5月28日向苏州市中级人民法院提起民事诉讼,诉请要求使用了三和宏达公司所提供的侵权设备并让三和宏达公司为其进行设备改造的建民公司及侯某赔偿5940万元,以及要求另外一家存在类似情形的锡晨公司赔偿4128.6万元。

二、代理要点

在各被告面对共计亿元民事索赔的生死存亡之际,三环接受了无锡锡晨、侯某、三和宏达等被告的委托代理。对于存在已有认定侵权的在先刑事判决情况下,一般而言,在后续的民事案件中,律师的应对思路会更多地放在减轻责任、降低赔偿额等方面。然而,在该案中,经过对案件情况的初步了解,尤其是经过分析发现刑事案件的非公知性鉴定对现有文献的检索范围是很有限的,尤其是未对国外文献进行检索,代理律师认为刑事案件的有关鉴定和认定并不一定能经得起推敲。因此,确定了基本的应对思路:首先就是要大胆挑战刑事判决,在商业秘密是否成立、保密措施是否得当、侵权比对是否正确等根本性问题上细寻破绽;其次是进行全面的现有技术的检索,包括教科书、行业杂志、专利文献等,从而寻找刑事案件非公知性鉴定可能存在的检索不够全面的漏洞;再次是对权利人自己所申请的专利进行全面检索,尤其是突破常规思维对商业秘密形成之后所提出的专利申请也进行了检索。通常而言,在应诉商业秘密案件中,查新检索的思路更多的是对商业秘密形成之前的文献进行检索,从而争取否定其商业秘密权利基础,但是该案我们考虑的思路是不仅仅检索在先的现有技术,同时也检索权利人在后所申请的专利,从而判断原告以商业秘密权利进行索赔是否得当,是否存在权利基础已经由商业秘密向专利进行了转化的问题。

通过对案件全部证据的分析研究以及现有技术的搜集整理,我们最终将应对的思路落脚在了否定原告的商业秘密权利基础上,只要有充足的证据证明上述技术秘密点属于公知技术,不具有非公知性,该案起诉的权利基础就会被动摇,案件不攻自破。

围绕着否定原告商业秘密非公知性这一问题,代理律师从以下几个方面进行了突破:

第一,针对原告所主张的技术秘密点进行了全方位的国内外文献的检索,包括委托第三方科技情报研究所进行国内外文献检索。通过分析刑事案件在进行非公知鉴定时的科技查新报告,代理律师发现了一个严重的问题,在该查新报告中明确查新范围为"国内";众所周知,判断技术秘密是否具有非公知性,其对比的已公开文献是没有国别限制的,应该是与全世界在先公开的相关文献进行对比,而该案的刑事案件仅仅对国内文献进行了查新,代理律师认定,刑事案件的文献检索及非公知性鉴定显然是不全面有欠缺的,也是不符合法律规定的。为此,代理律师检索的范围重点包括了国外的相关文献,例如韩国、日本、美国等国家文献的检索,尤其是韩国的文献,涉案产品叫作韩国绒,也是从韩国引进,所以韩国文献的检索显然应该是重中之重;所检索的文献对象包括教科书、行业专著、杂志论文、专利文献等全方面各类型文献。该案最终就是在一些韩国专利及行业专著上找到了突破性的现有技术文件内容。

第二,基于全新检索的情况,代理律师委托知识产权司法鉴定机构另行进行鉴定,鉴定原告所主张的技术秘密点是否已经被现有技术公开。由于本民事案件存在在先的刑事判决,并且在刑事程序中已经具有一个关于非公知性的司法鉴定报告,因此我们想到的是除了律师的意见陈述,至少应该要有多一份知识产权司法鉴定报告。在代理律师委托的知识产权司法鉴定机构鉴定过程中,因其对比的在先公开的文献范围与刑事案件的司法鉴定意见书不一样,尤其是对比了刑事案件非公知鉴定时未对比的国外的文献,所以代理律师另行委托的司法鉴定机构基于不一样的在先文献以及其他客观事实,作出了与刑事案件截然相反的鉴定结论,认为原告所主张的技术秘密点已经为公众所知悉,不具有非公知性。

第三,代理律师检索到原告在后申请的专利,并针对该专利代理被告向其提起了专利无效宣告请求。刑事案件的司法鉴定意见为在2009年11月30日之前原告的技术秘密点为非公知技术,代理律师检索到原告于2010年1月8日将上述技术秘密的内容提出了专利申请,申请号为第201010017160.9号专利,名称为"一种单梭口双层割绒织物的织造方法及其设备",公布日为2010.6.16,授权公告日为2011年6月8日。因原告在后所申请的专利权利要求与该民事案件所主张的技术秘密点基本一致,如果其专利被宣告无效,尤其是若以早于其技术秘密成立时间的在先文献将其新颖性和创造性否定,那么则可更进一步佐证其技术秘密点已经被在先文献公开,为公众所知悉。该专利无效案件经行政一审、二审最终两级法院均认定其专利不具有创造性而被宣告无效,所使用的对比文件也正是代理律师委托司法鉴定所进行鉴定使用到的在先公开文献。

基于上述三点突破性的证据和内容,代理律师在民事案件中申请对原告所主张的技术秘密点是否不为公众所知悉进行重新鉴定,审判法官经过认真审慎研究,最终克服刑事在先判决的阻力,同意了重新鉴定的申请,在重新鉴定过程中,鉴定专家也高度负责,由五位专家赴原告、各被告厂房设备进行了详细的勘验,并听取了各方的意见,最终,鉴定专家完全采纳了代理律师所提供的在先文献,认定原告指控侵权的技术秘密点已经为公众所知悉。原告看民事案件胜诉无望,则撤回了民事案件起诉,放弃了近亿元的民事索赔。

■ 办案心得

该案在办案过程中有以下几个亮点，推动了民事案件中重新鉴定，进而奠定了推翻刑事认定的基础。

首先，我们对刑事案件材料逐项进行研究，发现了其查新报告的检索范围明确记载为"国内"，究其原因，我们发现，这是因为刑事案件的查新检索机构是参照国内科技创新成果查新方式来处理本技术秘密侵权案件的，所以习惯性地只检索了国内的文献，而未按照对技术秘密评判的要求或者类似于专利无效检索的要求，对国内外文献进行检索，这就是刑事案件一个难以回避的硬伤，也是在民事案件中让承办法官避免受到刑事案件影响的一个很重要的起点，可以说正是指出了这个问题，为民事案件的承办法官埋下了相信刑事案件确实存在问题的种子。

其次，代理律师对原告在商业秘密之后所申请的专利进行了检索，律师办理商业秘密案件的正常思维是检索商业秘密形成之前的文献，用于推翻其非公知性。但是，在该案中，我们逆向思维检索了原告在商业秘密形成之后申请的专利，这一应对带来了两方面的效果，一方面是发现原告确实在后将其技术秘密申请了专利，而且近亿元索赔中包括了专利申请并公开之后的时间范围，那么代理律师就可以主张专利公开之后就不能再主张商业秘密侵权和索赔，以此破解其亿元巨额索赔；另一方面为通过专利无效来否定技术秘密提供了基础和条件，使得这一曲线"推翻技术秘密"的思路变得可行。

再次，代理律师针对原告在后申请的专利提起了多轮的无效宣告请求。其在该案所主张的技术秘密点直接体现在了其专利的权利要求中，那么也就是说，如果原告专利的对应权利要求被认定不具有新颖性或者创造性而被宣告无效，则以此说明其技术秘密点不具有非公知性会更有说服力。虽然专利新颖性和创造性的判断与技术秘密非公知性的判断有一定的区别，但是两者还是具有相应的关联性。该案在商业秘密民事案件的管辖权异议及实体审理之前，其专利就被宣告无效，可以说很好地推动了民事案件的进展。

最后，代理律师就所检索到的文献，并非仅仅作为单方证据提交，而是综合通过第三方查新检索机构进行了检索、另行委托知识产权司法鉴定机构进行鉴定、以相关文献对关联专利提起无效及行政诉讼从而获得行政判决，从而形成了一个第三方的意见，增加了有关文献的说服力以及增强了民事案件承办法官进行重新鉴定的自由心证。

■ 小结

该案有刑事案件作为前置案件，在这种情况下，原告想当然觉得胜券在握，故提起了近亿元巨额索赔。而作为被告而言，面对已生效的刑事判决，无疑倍感压力，面临生死存亡，所以第一时间就考虑是否先进行停产，但经过三环律师团队全面、细致地分析，认定刑事案件存在巨大的程序和实体上的问题，从而坚定了被告应诉的决心。

该案的难点就在于如何说服民事案件法官同意乃至不得不重启非公知性鉴定，毕竟，在已有刑事判决认定的情况下，民事案件法官要重新进行鉴定，本身也是需要顶着巨大压力的。为此，被告方至少从以下方面提供充分的理由，使承办法官接受并重新委托进行技术秘密非公知性鉴定：第一，刑事案件的查新报告明确记载了其检索范围为国内，这明显是不符合法律规定的；第二，提供了第三方全新的检索报告；第三，提供了第三方的知识产权司法鉴定报告；第四，提供了针对关联专利的无效决定及对应的认定其不具有创造性的无效行政判决。基于上述不同于刑事案件的全新证据，民事案件法官排除阻力，重新委托进行了鉴定。

该案对于处理刑民交叉的商业秘密案件具有重要的指导意义，尤其是对于先刑后民的被告如何应诉提供了借鉴。在刑事案件中，犯罪嫌疑人若被采取了强制措施，通常难以对涉及商业秘密权利的司法鉴定及其他技术类的问题进行有效充分的质证和辩论，而是会被劝说认罪认罚从而获得从轻减轻的情节。所以在民事案件中应该胆大心细，勇于去发现刑事判决的"硬伤"，挑战其认定。

■ 法律链接

《中华人民共和国反不正当竞争法》（1993年）第十条；

《最高人民法院关于审理不正当竞争民事案件应用法律若干问题的解释》法释〔2007〕2号第九条。

客户名单　法律保护

——广东泰可思信息咨询有限公司诉广州润亮财税咨询服务有限公司等侵害商业秘密纠纷案*

王广华

> 泰可思公司与润亮公司等之间的纠纷，主要涉及员工辞职、然后另立公司实施不正当竞争行为，损害原公司利益。代理律师仔细分析案情之后，结合泰可思公司的情况，建议泰可思主张著作权侵权、侵害商业秘密及其他不正当竞争，然后通过证据保全取得被告实施侵权行为的证据，依据证据保全的情况，再调整诉讼请求。代理律师根据证据保全的情况，代理泰可思公司将诉讼请求的赔偿额进行了调整。最终，法院支持了我们关于被告侵害商业秘密的主张，泰可思公司的合法权益得到有效维护。
>
> 该案对于员工离职后侵害原公司商业秘密的规制具有典型的指导意义。当下企业人才流动不可避免，面对人才流动可能带来的不利因素，企业有必要思考如何保护自身的商业秘密。同时，员工离开原公司然后开展相同的经营业务时，也应当注意遵守与原公司约定的保密义务，避免侵害原公司的商业秘密。

■ 案情简介

一、当事人的基本情况

原告广东泰可思信息咨询有限公司（以下简称"泰可思公司"）成立于 2002 年 8 月 5 日，所属行业为居民服务、修理和其他服务业，经营范围包含财税信息咨询服务、网络技术开发及培训、软件设计、销售办公设备。泰可思公司于 2002 年建立了广东财税网（www.gdtax.net.cn），广东财税网是最早在广东省注册和运营的提供财税信息的专业网站；另外，中华纳税人网（www.nsr.net.cn）也是由泰可思公司实际投资运营。

被告一：广州润亮财税咨询服务有限公司（以下简称"润亮公司"），成立于 2006 年 4 月 30 日，经营范围为财税咨询服务，网络技术信息咨询，计算机软件开发。润亮公司投资运营中国南方财税网（www.tax168.net.cn）。

---

* 生效案号：（2007）粤高法民三终字第 407 号。

被告二：北京新网数码信息技术有限公司广州分公司（以下简称"新网公司"）。中国南方财税网的域名由新网公司依据润亮公司提供的资料注册。

被告张某曾是原告的技术人员和软件开发人员，在原告处工作两年三个月。被告程某、曹某、刘某曾是原告的业务员，被告吕某曾是原告的客户信息管理员，从原告公司成立时起，被告程某、曹某就在原告处工作。被告程某、曹某是夫妻关系，被告润亮公司的股东兼法定代表人曹某是被告曹某的亲妹妹。被告张某、吕某是夫妻关系，被告润亮公司的股东王某是被告吕某的母亲，即被告张某的岳母。

二、案件一审阶段

该案中，除了侵害商业秘密纠纷，原告泰可思公司还起诉上述被告著作权侵权、其他不正当竞争纠纷。下面仅就侵害商业秘密纠纷详细阐述，对于著作权侵权、其他不正当竞争纠纷不作赘述。

关于侵害商业秘密，原告泰可思公司认为，被告润亮公司实际上是由被告张某、程某、曹某、刘某、吕某共同设立、管理和经营。被告张某作为原告的原技术人员和开发人员，被告程某、曹某、刘某、吕某作为原告的业务员和客户信息管理员，接触了原告上述两个网站的经营信息。上述被告利用职务便利，将原告上述两个网站的经营信息提供给被告润亮公司使用。被告新网公司是中国南方财税网的注册商，帮助被告润亮公司制作了中国南方财税网，实施了上述侵权行为。

为了主张商业秘密的保护，泰可思公司提供了诸多证据，明确属于泰可思公司商业秘密的经营信息具体内容（泰可思公司的《服务登记表》和内部保管的原始业务登记资料），证明涉案经营信息具有秘密性，泰可思公司采取了有效的保密措施（泰可思公司与被告签订《劳动合同》和《保守商业秘密协议书》），被告接触了泰可思公司的商业秘密并负有保密义务，涉案商业秘密给泰可思公司带来了经济效益，具有价值性。另外，为了证明被告使用了原告的商业秘密，构成侵权，我们还向法院申请证据保全，成功取得被告使用了原告的经营信息的证据。

被告润亮公司、张某、程某、曹某、刘某、吕某辩称：被告张某、程某、曹某、刘某、吕某都没有侵犯原告的商业秘密。

具体地，上述被告主张其与原告泰可思公司之间在形式上和实质上均不存在劳动关系。《劳动合同》和《保守商业秘密协议书》未经泰可思公司法定代表人或其委托代理人签字，也没有公司盖章。上述被告向原告辞职并于2005年10月9日经原告泰可思公司盖章同意。泰可思公司自2005年11月—2006年6月已经实际停止经营，被告与泰可思公司不存在劳动关系。

被告新网公司辩称：（1）新网公司是经过中国互联网络信息中心认证的合法域名注册服务机构，新网公司为客户提供的域名注册服务符合法律规定。新网公司按照法律规定和中国互联网络信息中心的要求，为润亮公司提供了该域名的注册服务，但对该域名不享有任何权益，也不应承担任何责任。（2）南方财税网不是由新网公司制作的，该网站与新网公司没有任何关系。原告混淆了网站和域名的区别，也没有提交任何能够证明新网公司制作南方财税网网站的证据。

一审法院认为：

（1）原告泰可思公司的客户名单符合商业秘密的法律构成要件，应受反不正当竞争法的保护。《劳动合同》和《保守商业秘密协议书》有被告的签名，原告也认可合同的内容，合同应认定有效。被告程某在原告公司工作期间掌握了该公司的商业秘密后，明知原告与其订有保密的约定，却违反保密约定，将其掌握的原告泰可思公司的商业秘密提供给被告润亮公司。被告润亮公司利用这些信息从事经营。在被告润亮公司和被告程某没有证据证明是在被告程某离职以后这些客户自愿选择与自己或者其新单位进行交易情况下，应认定其侵犯了原告的商业秘密，构成侵权，依法应承担相应的民事责任。

（2）原告指控被告新网公司是中国南方财税网的注册商并帮助被告润亮公司制作了中国南方财税网，实施了侵权行为，但原告只证明了被告新网公司接受王某的委托，注册了域名 tax168.net.cn，并没有证据证明被告新网公司在为王某注册前述域名时存在过错以及域名的注册与该案侵权事实之间的直接因果关系，也没有证据证明被告新网公司制作了中国南方财税网并实施了侵权行为。

（3）关于其他被告，虽然从法院到被告润亮公司保全的情况来看，被告润亮公司有隐瞒证据的可能，但原告仍没有足够的证据证明被告曹某、刘某、吕某等人侵犯了原告的商业秘密，因此，原告主张曹某、刘某、张某、吕某侵犯其商业秘密的主张法院不予支持。

三、案件二审阶段

被告润亮公司和程某均不服一审判决，上诉的主要理由为：

1. 原审法院不应受理。原审法院将不同案由、不同诉求、不同程序、不同审级的18个独立的案件混在一起作为共同诉讼，程序违法。该案存在劳动争议，原审法院无权越过劳动仲裁程序直接受理该案。该案最终确定的标的总额为50万元，依法不应由广州市中级人民法院受理，应由越秀区人民法院受理。

2. 原审将未经质证的"证据"作定案的依据，程序违法。原审法庭调取的"被告润亮公司的网站资料"，以及泰可思公司提交的3组拟证明泰可思公司商业秘密的客户信息情况的"保密证据"，未经质证，原审法院将其采信为定案依据，违反法律规定。

3. 原审判决对部分证据的认定错误，致使该案事实不清。原审据以定案的证据《劳动合同》和《保守商业秘密协议书》严重违反诚实信用、协商一致原则和《劳动法》的有关规定，是无效的合同；而且，没有法定代表人或者其委托代理人签字，更没有公司盖章，不具备合同有效要件。泰可思公司不是涉案客户名单的权利人，无权作为原告起诉。潮州供电局、揭阳供电局在与泰可思公司服务期满后转至广州源恒财税咨询有限公司(以下简称"源恒公司"),再转至润亮公司,程某等是源恒公司员工。客户信息能够从公知途径知悉,该案不符合商业秘密的构成要件。被告程某在润亮公司与潮州供电局等签约过程中未参与,也未提供客户信息。广东电力总公司与润亮公司没有业务往来。

另外,程某还认为,泰可思公司未支付保密费,自己没有保密义务,表示自己在原审庭审中未承认三家单位是润亮公司客户,自己不应与润亮公司承担连带责任。

泰可思公司答辩称:原审我们认为构成不正当竞争、侵犯商业秘密和著作权,我们是一并起诉的。润亮公司搬走了文件,我们没有保全到任何文件,根据保全情况变更了诉讼请求。程某是泰可思公司的员工,也在保密协议上签名确认,他有保密义务。在没有打开润亮公司的网页时我们已经提交客户名单,程某已经自认,客户是泰可思公司的,是程某经手。程某称其没有细看原审开庭笔录就签了名理由不成立。润亮公司和程某均侵犯了我公司的商业秘密。

关于源恒公司,泰可思公司举证证明泰可思公司与源恒公司是关联公司,两公司的法定代表人为夫妻关系,两公司实为家庭公司,源恒公司是代泰可思公司管理员工、发放工资,被告程某等实际上是泰可思公司的员工,并经手和知晓泰可思公司有关客户名单的经营信息。

二审法院认为:

(1)关于是否受理。该案纠纷的发生与当事人之间签订的劳动合同和保密协议有关,但该案并非法律规定的采用"仲裁前置"的劳动争议的范畴。广东省有条件地将简单的知识产权案件分流到基层人民法院受理,并非意在排除中级人民法院对辖区内一审知识产权案件的管辖权,更无意改变民事诉讼法有关级别管辖的规定。因被告之间存在共同侵权行为或者签约行为,诉讼标的具有同种特征或者基本类似的法律和事实依据等,人民法院可以将其作为共同诉讼人被诉,一并审理。

(2)关于质证。就该案所涉广东电力总公司、潮州供电局、揭阳供电局三个服务对象,程某在原审当庭陈述称"目前是我们的客户,但与我们合作的前提就是我们不在原告处工作。"润亮公司、程某称原审将未经质证的证据作为定案依据,与事实不符。

(3)关于事实认定。《劳动合同》和《保守商业秘密协议书》均是双方真实的意思表示,没有违背法律的规定。结合该案泰可思公司提交的证据,程某实际在泰可思公司从事业务工作,联系相关客户等。程某称其与泰可思公司的《劳动合同》和《保守商业秘密协议书》无效却未能提供依据,对其提出的《劳动合同》和《保守商业秘密协议书》无效的上诉理由,法院不予支持。程某称支付保密费是保守商业秘密的条件也没有依据。源恒公司与泰可思公司为关联公司,泰可思公司提交的客户名单信息不能从公共途径获取,泰可思公司提交的有关该三个客户的证据,包括《服务登记表》和泰可思公司内部保管的原始业务登记资料等,这些证据能够互相印证,证明广东电力总公司、潮州供电局、揭阳供电局为泰可思公司客户名单经营信息,是泰可思公司的商业秘密。程某在原审中已当庭承认三家单位是润亮公司客户。程某与润亮公司不是普通的雇佣关系，二者共同导致了侵犯泰可思商业秘密行为的发生，依法应当承担连带责任。

三、案件结果

二审法院认为原审判决认定事实清楚，适用法律正确，程序合法，依法应予维持。

该案经一审、二审程序，最终判决的主要内容为：

（1）被告广州润亮财税咨询服务有限公司、程某自本判决发生法律效力之日起立即停止侵犯原告广东泰可思信息咨询有限公司客户名单的商业秘密。

（2）被告广州润亮财税咨询服务有限公司、程某自本判决发生法律效力之日起十日内共同赔偿原告广东泰可思信息咨询有限公司经济损失以及为该案支出的合理费用8万元。

■ 办案心得

该案涉及员工辞职、然后另立公司开展相同的经营业务并挖走原公司客户的行为，在这种情况下，原公司往往是遭受损害的一方，但是，原公司要主张并维护自己的合法权益存在较大难度。首先需要明确遭受损害的权利，然后举证证明被告实施了侵权行为，再主张赔偿数额。然而，被告实施侵权行为的证据一般在被告手中，原告往往很难自行收集。代理该案过程中，仔细分析案情之后，结合泰可思公司的情况，我们建议泰可思主张著作权侵权、侵害商业秘密及其他不正当竞争，然后通过证据保全取得被告实施侵权行为的证据，依据证据保全的情况，再调整诉讼请求。我们根据证据保全的情况，代理泰可思公司将诉讼请求的赔偿额进行了调整。最终，法院支持了我们关于被告侵害商业秘密的主张，泰可思公司的合法权益得到有效维护。

代理该案，总的来说，核心有二：

一、如何主张反不正当竞争法保护的商业秘密

根据反不正当竞争法及其司法解释等的规定，商业秘密，是指不为公众所知悉、能为权利人带来经济利益、具有实用性并经权利人采取保密措施的技术信息和经营信息（1993年《反不正当竞争法》规定，现已修改）。

权利人为防止信息泄露所采取的与其商业价值等具体情况相适应的合理保护措施，如该案中签订保密协议，应当认定权利人采取了保密措施。有关信息不为其所属领域的相关人员普遍知悉和容易获得，应当认定为"不为公众所知悉"。有关信息具有现实的或者潜在的商业价值，能为权利人带来竞争优势的，应当认定为"能为权利人带来经济利益、具有实用性"。权利人，是指依法对商业秘密享有所有权或者使用权的公民、法人或者其他组织。

违反权利人有关保守商业秘密的要求，披露、使用或者允许他人使用其所掌握的商业秘密，第三人明知或者应知仍然获取、使用他人商业秘密的，视为侵犯他人商业秘密行为，应该承担侵权责任。

结合该案，我们主要通过如下三个方面主张泰可思拥有的商业秘密：

1. 秘密性。

商业秘密中的经营信息包括客户名单等信息，不是简单的客户名称、邮政编码和通信地址等可以从公共渠道获取的信息，一般涉及联系方式、交易习惯、意向、内容等构成的区别于相关公知信息的特殊客户信息，包括汇集众多客户的客户名册，以及保持长期稳定交易关系的特定客户。

我们代理泰可思公司向法院提交了《服务登记表》和泰可思公司内部保管的原始业务登记资料等，这些证据能够互相印证，证明广东电力总公司、潮州供电局、揭阳供电局为泰可思公司客户名单经营信息，是泰可思公司的商业秘密。还举证证明泰可思公司与源恒公司是关联公司，两公司的法定代表人为夫妻关系，两公司实为家庭公司，相互进行业务代理的委托、客户跟踪、代为管理员工、发放工资，不违反法律的规定，当属有效，潮州供电局、揭阳供电局应属于泰可思公司客户名单经营信息。

泰可思公司提交的客户信息的具体内容包括，广东省电力实业发展总公司、潮州供电局、揭阳供电局等单位的所属行业、服务类型、法定代表人、财务负责人、入网时间、服务年度、单位地址、电话、传真、邮政编码或单位地址、联系人、联系电话等信息，这些信息可以区别于公知信息，具备"秘密性"。

2. 价值性。

泰可思公司作为财税信息咨询服务等的提供者，其客户资源是其经济利益核心所系。泰可思公司提交的广东电力总公司、潮州供电局、揭阳供电局为其客户名单的证据，不仅包含名称、邮编、单位地址等信息，还包含了与业务有关的深度信息。这些信息不能从公共途径获取。

同业经营者能够凭借这些客户信息直接在联系业务中展开竞争，争取客户，获得优势，提高竞争能力，创造经济价值。泰可思公司该三个客户信息具有现实及潜在的优势，具有商业秘密特有的价值性。

3. 保密性。

我们代理泰可思公司提交了泰可思公司与被告签订的《劳动合同》《保守商业秘密协议书》，还有业务部职责。这些证据能够证明泰可思公司采取了有效的保密措施，被告张某、程某、曹某、刘某曾是原告的员工，对原告的商业秘密有保密义务。

关于《劳动合同》和《保守商业秘密协议书》的有效性，双方争议较大。被告抗辩认为《劳动合同》和《保守商业秘密协议书》没有加盖原告公司的公章，并未生效。但是，这些合同有被告的签名，原告泰可思公司也认可合同的内容，合同应认定有效，可以确定,泰可思公司对自己的销售网络、客户名单等经营信息采取了相应的保密措施。

二、如何认定被告侵害商业秘密

首先,我们举证证明,程某是广东电力总公司、潮州供电局的业务经办人,与揭阳供电局有密切来往,经手和知晓泰可思公司有关客户名单的经营信息。

同时,上述《劳动合同》和《保守商业秘密协议书》均是双方真实的意思表示,没有违背法律的规定。根据上述《劳动合同》和《保守商业秘密协议书》,被告程某对上述经营信息负有保密义务。程某在泰可思公司提交的《劳动合同》上签名,事实上也与泰可思公司存在劳动合同关系,是泰可思公司的员工。基于程某处于业务部门的工作岗位的特殊性,程某在泰可思公司提交的《保守商业秘密协议书》上签名,承诺保守泰可思公司已经采取保密措施的包括客户名单在内的商业秘密,不披露给他人使用等。

然后,认定被告实施了侵权行为。经搜索,法院到广州市数据中心查封的被告网站资料,其中被告润亮公司的客户包括广东省电力实业发展总公司、潮州供电局、揭阳供电局。该三个客户在原告的客户信息名单中,原告提交的证据同时显示和这三个单位联系的业务员是被告程某。被告程某则认为这些客户与其合作的前提就是其不在原告处工作。

程某、润亮公司的行为属于法律规定的共同侵权,依法应当承担连带责任。该案润亮公司、程某对泰可思公司客户名单商业秘密的侵犯不是孤立实施的。程某与润亮公司不是普通的雇佣关系,其与润亮公司的股东兼法定代表人之间存在近姻亲关系,其妻曹某亦为该案原审被告。该案泰可思公司的证据能够证明程某向润亮公司披露了泰可思公司的客户名单广东电力总公司、潮州供电局、揭阳供电局,润亮公司使用了其中的潮州供电局、揭阳供电局经营信息,润亮公司获取、使用了泰可思公司客户名单。程某与润亮公司的行为相结合,共同导致了侵犯泰可思公司商业秘密行为的发生。

上述被告实施侵权行为证据的获得过程较为艰难,我们代理泰可思公司向法院申请证据保全,经过不懈努力,最终,法院成功保全到被告侵害商业秘密的证据。

■ 小结

商业秘密是在被诉侵权行为发生时不为所属领域的相关人员普遍知悉、不容易获取、经权利人采取相应保密措施并具有商业价值的技术信息、经营信息等商业信息。对于侵害商业秘密中的经营信息,原告一般应先明确经营信息的范围,再对于主张的经营信息是否属于商业秘密进行举证,按照法律规定的商业秘密的特征,从秘密性、价值性、保密性三个角度进行详细阐述。

侵害商业秘密一般存在举证难的问题,被告实施侵权行为的证据一般在被告手中,原告往往很难自行收集。代理案件过程中，应仔细分析案情，再结合原告的情况，就主张可能遭受侵害的何种权利基础给出建议，然后可以通过证据保全等手段取得被告实施侵权行为的证据，依据证据保全等的情况，再调整诉讼请求。

■ **法律链接**

《中华人民共和国反不正当竞争法》（1993年）第十条。

恶意搭傍　字号被禁

——佛山日丰诉上海日丰商标侵权及不正当竞争案[*]

温旭　吴瑾

> 企业名称作为一种商业标识，使用在产品上或广告宣传中有着区分不同市场主体的作用，而字号作为企业名称中最具有区别意义的核心要素，是企业名标中最重要的组成部分，也是企业之间相互区别的主要标志。我国法律鼓励正当的市场竞争行为，但对于"搭便车""傍名牌"的不正当竞争行为持严厉打击的姿态。
>
> 注册商标与企业名称均是依照相应的法律程序获得的商业标志，虽然属于不同的权利，但都受到法律的保护。对于注册商标与企业名称之间的纠纷，应当区分不同的情形，按照诚实信用、维护公平竞争和保护在先权利等原则，依法处理。
>
> 该案中，原告拥有"日丰"商标及字号，且原告的"日丰"品牌具有相当高的知名度，被告在明知原告知名度的情况下，注册"日丰"字号，并在产品和广告宣传中突出使用"日丰"等字样，具有明显的恶意。法院在认定被告的行为是否构成不正当竞争时，综合考虑了原告知名度、原被告为同业竞争者及被告是否有攀附的主观故意等因素予以确定。该案对同类不正当竞争案件具有参考意义。

■ 案情简介

一、基本案情

原告佛山市日丰企业有限公司（以下简称"佛山日丰公司"）成立于1994年，原名佛山市城区大洲财务公司日丰铝塑复合管厂，1998年更名为佛山市日丰企业有限公司。1996年起，原告公开发布其创作的"日丰管，健康管，管用五十年"广告词，1997年2月获准注册了"日丰"商标，之后又陆续获得10多项"日丰"文字、图形以及文字与图形组合商标。2000年12月，原告的"日丰"注册商标被认定为广东省著名商标。2003年3月，中国塑料加工工业协会推荐"日丰"为中国驰名商标。原告还在美国、加拿大、澳大利亚、印度尼西亚，以及我国的香港获得核定使用在第19类商品的"日丰"注册商标。

原告的"日丰"牌铝塑复合管生产项目及产品自1996年起获得多项国家级"重点

---

[*] 生效案号：（2005）沪高民三（知）终字第134号。

科技成果推广项目""新产品"等证书,并由10多家省、市级主管部门列为建设新产品推广产品,且原告的企业生产标准为推荐性行业标准。

原告自1998年起在各地发布大量广告宣传"日丰"品牌。1998—2000年,原告在国内的广告投入累计4700万元,同期境外广告费用42万元。同时,原告曾向各地的10多家工商机关和人民法院投诉或起诉侵犯"日丰"品牌的行为,并得到工商机关和人民法院的支持。原告的"日丰"商标具有高知名度、高美誉度和高市场占有率。

原告发现,上海日丰管业有限公司(以下简称"上海日丰公司")恶意注册并使用"日丰"字号,并在其产品和广告宣传中突出使用"日丰""日丰管""上海日丰""上海日丰管"等字样,及使用原告享有著作权的"日丰管,健康管,管用五十年"广告语,被告的行为造成消费者和经销商对原、被告产品的混淆。此外,三被告在《荆州日报》上刊登含有侵权内容的声明和虚假宣传的广告,对原告及同业经营者进行不正当竞争。为此,原告向法院起诉,请求法院认定上海日丰公司恶意注册"日丰"字号、使用"日丰""日丰管""上海日丰""上海日丰管"字样及"日丰管,健康管,管用五十年"广告语的行为构成不正当竞争,责令被告停止上述不正当竞争行为,被告《荆州日报》社和被告荆州市华润水暖批发部对上海日丰公司的侵权行为承担连带责任,并共同向原告赔礼道歉、消除影响,同时请求判令上海日丰公司赔偿损失800万元,《荆州日报》社和荆州市华润水暖批发部各赔偿100万元。

二、法院审理情况

对于原告的指控,上海日丰公司辩称,原告的"日丰"注册商标不构成驰名商标,被告的"日丰"字号并非恶意取得,是经行政机关核准登记使用的企业名称,在企业名称与原告商标有冲突时应由行政机关处理,否则被告有权使用。上海日丰公司没有实施原告指控的突出使用"日丰""日丰管""上海日丰""上海日丰管"等字样的不正当竞争行为。

被告《荆州日报》社辩称,声明和广告是由被告荆州市华润水暖批发部制作并要求发布的,其只是系争声明和广告的发布者,无法判断系争声明和广告内容是否侵权,且已经尽到审查义务,不应承担侵权责任。

被告荆州市华润水暖批发部辩称,其确曾委托被告《荆州日报》社发表声明和发布广告,但委托发布的内容并非系争声明和广告所刊登的内容,系争声明和广告的内容并非其真实意思表示,其也没有向被告《荆州日报》社提供系争声明和广告的材料,故系争声明和广告如构成侵权与被告荆州市华润水暖批发部无关。

一审法院经审理查明并认为:

1. 被告上海日丰管业有限公司恶意注册并使用"日丰"字号、造成经销商和消费者混淆、损害原告商业信誉的行为构成对原告的不正当竞争。理由如下:

(1)原告的"日丰"注册商标是广东省著名商标,并由行业协会推荐为驰名商标。

其"日丰"牌产品自1996年起荣获国家及地方各级主管部门的表彰和奖励,企业标准为推荐性行业标准。1998—2000年原告对"日丰"品牌在国内的广告投入达人民币4700万,境外广告费用42万元。且"日丰"品牌产品生产量和销售量居全国同行业之首。原告在全国各地也开展了"日丰"品牌的维权行动,得到了法院和行政机关的支持。原告的"日丰"品牌(包括注册商标和字号)具有相当高的知名度。

(2)被告在没有正当理由的情况下,使用与原告已经具有相当高知名度的"日丰"注册商标和字号相同的"日丰"字号,容易造成相关公众的混淆,依法构成应当予以制止的不正当竞争行为。在2001年上海日丰公司注册"日丰"字号时,原告的多项"日丰"商标已经注册,"日丰"字号已经使用2年,且原告的"日丰"品牌已经获得了多项国家级证书,且被省、市级主管部门列为推广产品,原告的"日丰"注册商标和字号已经具有相当高的知名度。依据保护在先权利原则,上海日丰公司无权在字号中使用与原告"日丰"注册商标和字号相同的"日丰"文字,除非被告具有使用"日丰"文字作为字号的正当理由。

(3)上海日丰公司注册使用"日丰"字号,足以造成经销商和消费者的混淆,并损害了原告的商业信誉。原告、被告系生产同类产品的同业竞争者,被告"日丰"字号的文字与原告注册商标和字号的"日丰"文字相同、读音相同,且原告的"日丰"注册商标和字号已经具有相当高的知名度,被告作为同业经营者,其注册使用"日丰"字号,足以造成经销商和消费者对原被告及原被告生产的产品的混淆,并损害了原告的商业信誉。原告所提交的证据证明混淆的事实客观上已经发生。

(4)上海日丰公司将"日丰"作为字号予以注册并使用的行为具有恶意。首先,根据一般的商业习惯,生产同类商品的厂商不会将该行业中竞争对手已经取得的具有相当高的知名度的注册商标和字号再作为字号予以注册并使用,上海日丰公司违反一般的商业习惯,应当推定其具有主观恶意。其次,被告将原告注册商标和字号再注册为字号并使用,造成经销商和消费者对商品来源以及不同经营者之间具有关联关系的混淆结果,是一种明显违反诚实信用原则和禁止混淆原则的行为。一旦实施了该种行为,可以推定其具有主观恶意。再者,上海日丰铝塑管厂在注册"日丰"字号时,也应当知道"日丰"是原告的品牌。上海日丰铝塑管厂在应当知道"日丰"是原告的品牌的情况下,仍将"日丰"注册为字号,显然具有恶意。

综上,上海日丰公司恶意注册并使用"日丰"字号的行为的性质,是借助于合法的形式侵犯原告的注册商标权和字号权,表现为经销商和消费者对商品来源以及不同经营者之间具有关联关系的混淆结果,并损害原告的商业信誉,根据保护在先权利原则、维护公平竞争原则、诚实信用原则、禁止混淆原则和正当使用方式除外原则,应当认定被告的上述行为构成对原告的不正当竞争行为。

2. 上海日丰公司广告合同中使用"上海日丰"以及在网站宣传中使用"日丰"的行

为，构成对原告的不正当竞争。

在原告与被告的另案中，上海日丰公司（当时的名称为上海日丰铝塑管厂）保证向与其有直接经销、代理关系的客户明示，在广告、介绍（包括口头方式）、招牌等各种宣传方式上不再使用"上海日丰"，否则承担连带侵权责任。之后却仍在广告合同中使用"上海日丰"，并在网站宣传中将"日丰"作为企业名称使用。该行为既违背了上海日丰公司曾在诉讼中向原告作出的承诺，又违反了经营者在经营活动中应当遵守的诚实信用原则，且足以造成混淆结果，损害原告商业信誉，构成对原告的不正当竞争。

3. 被告荆州市华润水暖批发部制作侵权的声明和广告并委托《荆州日报》社在《荆州日报》上发布的行为，构成对原告的不正当竞争，《荆州日报》社对该侵权行为应当承担连带责任。

《荆州日报》发布的"郑重声明"和广告中的表述，没有事实依据，属于虚假宣传。被告荆州市华润水暖批发部不能举证其与侵权声明和广告的制作无关且没有委托《荆州日报》社发布的情况下，应当推定该侵权声明和广告是由被告荆州市华润水暖批发部制作并委托《荆州日报》社发布的，荆州市华润水暖批发部依法应当承担侵权责任。被告《荆州日报》社作为上述侵权声明和广告的发布者，没有依据法律、法规查验证明上述声明和广告内容真实的证明文件，对内容不实的侵权声明和广告予以发布，未尽到广告发布者验证声明和广告内容真实的审查义务。

因此，一审法院判决上海日丰公司恶意注册和使用"日丰"字号以及在经营活动中突出使用"日丰""上海日丰"、造成经销商和消费者混淆、损害原告商业信誉的行为，构成对原告佛山日丰公司的不正当竞争，上海日丰公司应当停止侵权，并于本判决生效之日起十日内向工商行政管理机关申请变更字号，变更后的字号不得含有"日丰"字样，在《新民晚报》《南方日报》《荆州日报》刊登致歉声明，并赔偿经济损失 48 万元；荆州市华润水暖批发部制作并委托被告《荆州日报》社发布侵权声明和广告的行为构成对原告佛山日丰公司的不正当竞争，被告荆州市华润水暖批发部应当停止侵权，在《新民晚报》《荆州日报》刊登致歉声明，并赔偿经济损失 20 万元。《荆州日报》社对被告荆州市华润水暖批发部的判决内容承担连带责任。

上海日丰公司对一审判决不服，提起上诉，后又撤回上诉。

■ 办案心得

商标和字号都有区别商品或服务来源的作用，功能存在相似之处。部分经营者为了攀附知名品牌的商誉，利用商标与字号功能的相似性，使用与注册商标相同或者近似的文字作为字号登记注册企业名称，试图披上企业名称这一合法的"外衣"，从而造成公众的混淆和误认，以达到其提升知名度、增加交易机会、吸引消费者、推销商品，从而攫取不正当利益的目的。对于正常经营投入了巨大成本后达到较高知名度的企业而言，这些不正当竞争行为会稀释知名企业的品牌价值。

结合该案及类似案例，法院在认定将他人注册商标和字号相同的字号注册成企业名称是否构成不正当竞争时，通常会考虑以下因素：

1. 在先注册商标及字号的显著性和知名度，即在行为人将与注册商标相同或相近似的文字作为字号注册企业名称时，该注册商标及字号是否具有较高知名度。该案中，原告的"日丰"注册商标及字号在被告注册"日丰"字号时已经具有了相当高的知名度及显著性。

2. 行为人的主观恶意，即是否存在为攀附该具有较高知名度的注册商标或字号的商誉而将与其相同或相近似的文字作为字号注册为企业名称的行为。该案中，被告作为原告的同业竞争者，对原告品牌的知名度和显著性理应有相当程度的认识，被告应当遵守诚实信用原则，注意合理避让而不是恶意攀附原告的知名度和良好商誉。

3. 是否已经或足以产生市场混淆。被告作为原告的同业经营者，生产相同的产品，其在商业活动中突出使用"日丰"字号，并使用混淆性的广告宣传用语，客观上已经造成了市场混淆。

该案中，代理律师正是通过组织及引导原告收集大量情况，如商标注册情况、企业及产品获奖情况、销售情况、广告投入情况、受保护记录等证据，证明原告在被告注册前已经具有较高知名度。通过被告的负责人及企业名称变更过程直接得出及间接推定出被告应当知道原告"日丰"品牌知名度，却企图通过合法的方式掩盖其恶意注册"日丰"字号进行傍名牌、搭便车的行为，并提供证据证明已经造成了市场的混淆结果。最终实现法院禁止被告使用"日丰"字号及判决被告赔偿原告经济损失的结果。在处理类似案件时，均可以围绕以上三个要素组织证据，从而实现维护企业合法权益的目的。

■ 小结

该案发生在 2003 年，在当时知识产权保护制度并不完善的情况下，原告在发现被告的不正当竞争行为后，积极开展维权行动，防止了自身"日丰"品牌的知名度及价值被他人稀释，并通过持续诚信经营，目前"日丰"已成为新型管道全球领先品牌、卫浴行业新兴品牌的杰出代表。

目前，我国对知识产权的保护力度逐渐加强，为企业的维权提供了更完善的法律基础，如《反不正当竞争法》《最高人民法院关于审理不正当竞争民事案件应用法律若干问题的解释》《最高人民法院关于审理注册商标、企业名称与在先权利冲突的民事纠纷案件若干问题的规定》《企业名称登记管理规定》均对企业名称的保护进行了更为细致的规定，如《企业名称登记管理规定》强化了企业名称登记事中事后监管，明确涉及

"傍名牌"等其他企业名称侵犯本企业名称合法权益的,可以向人民法院起诉或者请求为涉嫌侵权企业办理登记的企业登记机关处理;同时,禁止事项增加了"或者可能有其他不良影响",这意味着如有因名称而产生不良影响的企业,企业登记机关有权予以纠正。由此可见我国加强知识产权保护的力度和决心。

因此,知识产权的保护绝不是口号,希望通过该案提醒企业在遭遇知识产权侵权时要积极维权,防止他人瓜分及抢占自身辛苦创造的品牌价值,同时也警示企图通过不正当方式获取利益的企业,应浪子回头,努力创造自己的知识产权,打造属于自己的品牌,自强自立,不傍名牌、搭便车。

■ 法律链接

《中华人民共和国民法通则》(1987年)第四条、第一百三十四条;

《中华人民共和国反不正当竞争法》(1993年)第二条、第九条、第十四条、第二十条;

《国家工商行政管理局关于解决商标与企业名称中若干问题的意见》(1999年)第二条、第四条、第五条、第六条。

商业诋毁　法责难逃

——广州市花城制药厂等与广州香某制药有限公司互诉不正当竞争案*

宁崇怡　程跃华

> 在新闻媒体上捏造、广为散布竞争对手"仿冒"其产品的虚伪事实，捏造其拥有专利的事实，违背了公认的商业道德，构成捏造、散布虚伪事实，损害竞争对手商业信誉和商品声誉的不正当竞争行为，应当承担停止侵权、赔偿损失、消除影响、赔礼道歉的民事责任。

■ 案情简介

一、基本案情

2007年5月31日，广州香某制药有限公司（以下简称"香某制药公司"）诉国内包括广州花城制药厂（以下简称"花城制药厂"）、湖北同德某药业有限公司等在内的7家厂商仿冒外包装侵权系列案在广州市中级人民法院立案。香某制药公司接连安排媒体采访，吸引大量媒体关注，被媒体称为中成药维权第一案，其报道被新华网、新浪网、南方报业网等十几家网站纷纷转载，影响广泛。

香某制药公司诉花城制药厂、广州市花城大药房有限公司（以下简称"花城大药房"）仿冒其商品抗病毒口服液的特有包装装潢纠纷（以下简称"本诉"）[（2007）穗中法民三初字第235号]一案，一审法院经审理，以原告、被告抗病毒口服液的包装装潢不相同也不相近似，两种产品即使在相同地域范围内也不足以使商品来源产生混淆为由判决驳回香某制药公司的诉讼请求。双方未就本诉提起上诉，一审判决发生法律效力。

在本诉诉讼过程中，2007年7月6日，花城制药厂、花城大药房以香某制药公司在提起本诉的同时，在抗病毒口服液的销售旺季，将花城制药厂、花城大药房的抗病毒口服液产品及其他6家生产厂家与其包装装潢相同或相近似的抗病毒口服液产品相提并论，在新闻媒体上捏造、广为散布花城制药厂、花城大药房"仿冒"其产品的虚伪事实，捏

---

* 生效案号：（2008）粤高法民三终字第68号。

造其拥有专利的事实,损害了两原告的商业信誉、商品声誉为由,提出损害商誉的诉讼(以下为了便于描述,简称"反诉",但该诉讼并非法理上的"反诉")[(2007)穗中法民三初字第295号]。

二、法院审判

花城制药厂、花城大药房起诉称:被告为达到在流感流行期间推销其"抗病毒口服液"的目的,捏造事实,在广东省广州市中级人民法院(2007)穗中法民三初字第235号案起诉前后,召开新闻发布会,称多次接到不同消费者投诉在药店购买其生产的"抗病毒口服液"时,误把外包装与其相近似的仿冒品当作其产品而购买。被告的意图十分明显,即向广大患者和家属表明其是正宗的,另外的包括原告在内的7家生产厂家则是"仿冒"的。但实际上,目前能够合法生产抗病毒口服液的企业生产的都是经国家食品药品监督管理总局依法批准的中药保护品种,根本不存在谁正宗、谁仿冒的问题。被告在明知其"包装盒(抗病毒口服)"外观设计专利被宣告无效的情况下,仍然违反专利法的规定,在前述召开新闻发布会时,称其外包装拥有外观设计专利,显然属于冒充专利的行为,并借此来误导广大患者及其家属,同样属于捏造事实。其中,被告为达到损害包括原告在内的竞争对手的商业信誉、商品声誉的目的,在召开新闻发布会时,详细罗列包括原告及诉讼标的在内的诉讼信息,使不了解事情内情和缺乏法律意识的广大患者及其家属误认为两原告已承担或将要承担"仿冒"的侵权责任,严重损害两原告的商业信誉和商品声誉,使得近日来原告花城大药房购买药品的人士大为减少,也引起了原告花城制药厂的部分经销商对此事情予以关注,有意停止从其处采购药品。同时,没有证据表明抗病毒口服液能对抗非典型肺炎的冠状病毒,被告自诩为"抗非"功臣,严重误导消费者,侵害消费者的知情权,也是不合适的。原告认为,被告在抗病毒口服液的销售旺季,为了达到推销其产品的目的,捏造原告"仿冒"其产品的虚伪事实,捏造其拥有专利的事实,以召开新闻发布会的方式,在多家新闻媒体上直接予以散布,严重损害了同样是广东省及广州市著名商标持有人的原告的商业信誉、商品声誉,其恶意是十分明显的,给原告也直接造成了损害。综上,根据《民法通则》第一百二十条,《反不正当竞争法》第十四条的规定,请求:(1)判令被告立即停止侵权,并收回在《南方日报》《南方都市报》、新华网、新浪网、南方报业网上的捏造、散布虚伪事实、诋毁两原告的不实宣传,消除对两原告造成的不利影响,并在广州电视台及前述相应的媒体上以相应的篇幅消除影响、恢复两原告名誉、向两原告赔礼道歉;(2)判令被告赔偿两原告经济损失人民币若干;(3)判令被告承担该案的诉讼费用。

香某制药公司辩称:(1)本案是不正当竞争纠纷,两原告应当举证证明被告违反了《反不正当竞争法》第十四条的规定。两原告不能证明被告捏造、散布虚伪事实,损害其商业信誉、商品声誉。(2)我方"包装盒(抗病毒口服)"外观设计专利被无效及抗病毒口服液是否能对抗非典型肺炎与该案无关。请求驳回两原告的诉请。

一审法院认为：

花城制药厂、花城大药房与香某制药公司都是从事药品生产经营的企业，都生产经营"抗病毒口服液"，存在竞争关系。双方在市场竞争过程中，应当遵循诚实信用的原则，遵守公认的商业道德，不得捏造、散布虚伪事实，损害对方的商业信誉、商品声誉。

香某制药公司的行为违反了诚实信用的原则，违背了公认的商业道德，构成捏造、散布虚伪事实，损害竞争对手商业信誉和商品声誉的不正当竞争行为，应当承担停止侵权、赔偿损失、消除影响、赔礼道歉的民事责任。关于赔偿数额。花城制药厂认为香某制药的不正当竞争行为导致其"抗病毒口服液"被退货，退货损失应计算在赔偿额中。尽管花城制药厂举证证明2007年8月1日确有243盒"抗病毒口服液"因滞销被退货，但由于其不能证明该退货是香某制药的不正当竞争行为所致，法院在确定赔偿时对此损失不予考虑。因花城制药厂、花城大药房不能证明其具体损失，法院将对赔偿数额进行酌定。酌定时考虑的因素包括：香某制药公司的主观故意、散布虚伪事实的范围及持续时间、花城制药厂的"花城"商标是广州市著名商标和广东省著名商标、花城制药厂和花城大药房维权的合理开支等。关于消除影响、赔礼道歉。花城制药厂，花城大药房要求香某制药公司收回在相关媒体上散布的虚伪事实并在媒体上向其赔礼道歉。法院认为，责令香某制药公司在《南方日报》上向花城制药厂、花城大药房赔礼道歉足以消除对其商业信誉、商品声誉造成的不良影响。

一审判决：（1）被告香某制药公司于本判决发生法律效力之日起立即停止捏造、散布虚伪事实，损害原告花城制药厂、原告花城大药房商业信誉、商品声誉的不正当竞争行为。（2）被告香某制药公司于本判决发生法律效力之日起10日内一次性赔偿原告花城制药厂、原告花城大药房经济损失人民币若干。（3）被告香某制药公司于本判决发生法律效力之日起三十日内在《南方日报》上刊登启事（内容须经本院审定），向原告花城制药厂、原告花城大药房赔礼道歉。

上诉人香某制药公司不服原审判决，提起上诉。二审法院经审理判决驳回上诉，维持原判。

■ 办案心得

该案中，三环律师受花城制药厂委托在接到香某制药公司的起诉后，迅速作出判断，认为花城制药厂不构成对其包装装潢的侵权；与此同时，立即说服当事人对香某制药公司提起商业诋毁之诉。双方诉讼的案由均为不正当竞争，尽管双方争议的标的不一致，但双方的当事人一致、涉及的诉讼事实一致、判决的结果具有关联性，因此，在该案"反诉"时，花城制药厂是以"反诉"的形式提出的，但法院却要求另案起诉。

1. 该案的本诉争议的焦点在于衡量原告与被告之间生产、销售的"抗病毒口服液"

包装盒是否构成包装装潢相近似的产品；如构成相近似，在此基础上，再进一步审查责任的承担问题。

该案中，由于双方的抗病毒口服液包装装潢不存在相似，一审法院认定花城制药厂不侵权是正确的。但一审法院一方面认为原被告的产品不相近似，另一方面却又认定原告产品的包装装潢属于知名商品的包装装潢，我们认为是值得商榷的。参照《最高人民法院关于审理涉及驰名商标保护的民事纠纷案件应用法律若干问题的解释》第二条关于"在下列民事纠纷案件中，当事人以商标驰名作为事实根据，人民法院根据案件具体情况，认为确有必要的，对所涉商标是否驰名作出认定：（一）以违反商标法第十三条的规定为由，提起的侵犯商标权诉讼；（二）以企业名称与其驰名商标相同或者近似为由，提起的侵犯商标权或者不正当竞争诉讼；（三）符合本解释第六条规定的抗辩或者反诉的诉讼"的规定，该案中，原告与被告的产品属于同种产品，在原告与被告的药品包装盒不构成近似的情况下，一审法院对香某制药公司的"抗病毒口服液"包装盒作出知名商品特有包装装潢的认定是不必要的，是无的放矢的。

2. 该案"反诉"争议的主要焦点在于衡量香某制药是否存在恶意贬低和虚假宣传的问题，如"反诉"被告主观上构成恶意，客观上存在贬低的行为，并且因这种贬低行为给"反诉"原告造成了损失，其应承担的责任包括消除影响、赔礼道歉和赔偿损失的法律责任。

本诉中，即便是双方独立设计的包装装潢，只要双方的包装装潢客观上构成近似，在先使用企业的包装装潢具有较高知名度，则后设计、使用的包装装潢即应构成侵权；从这个意义上看，"反诉"承担责任的前提较本诉严格。而"反诉"要构成不正当竞争，还需审查香某制药公司主观上是否存在故意为前提，该案"反诉"中，我们提供的证据表明，主观上，香某制药公司明知向媒体虚伪陈述权利依据，并将起诉的"仿冒者"的名称（包括花城制药厂、花城大药房）、索赔金额等内容公之于众，容易使广大媒体受众对花城制药厂、花城大药房及他们生产、销售的"抗病毒口服液"产生负面印象，导致损害它们的商业信誉和商品声誉的后果，香某制药公司仍然为之，因此，其显然有捏造、散布虚伪事实损害竞争对手商业信誉和商品声誉的故意。

同时，如要求"反诉"被告承担责任，还需要进一步提供证据使得其满足以下要件：客观上存在捏造、散布虚伪事实的行为，存在一定的损害后果，捏造、散布虚伪事实的行为与损害后果之间存在一定的因果关系。客观上，该案"反诉"中，香某制药公司向媒体陈述权利依据时并没有明确表明其在法院起诉依据的是其认为享有的知名商品"抗病毒口服液"特有包装装潢的权利。相反，香某制药公司陈述了其"抗病毒口服液"外包装已经申请专利的事实。我们通过检索，发现涉案专利早已因为未缴年费而提前终止，但香某制药公司对该专利被无效的事实不进行任何说明。由于香某制药公司向媒体陈述其起诉所列7家案件被告的权利依据与其向法院起诉的权利依据不同，且隐瞒了其外观设计专利权已经无效的事实，其构成捏造、散布虚伪事实。

损害后果上，香某制药公司向多家媒体虚假地陈述、散布其权利依据，并对花城药厂、花城大药房进行指名道姓的指责，显然对花城药厂、花城大药房的商业信誉和商品声誉造成了一定的损害，这种捏造、散布的行为与损害后果之间显然存在引起和被引起的因果关系，因此，符合承担包括消除影响、赔礼道歉和赔偿损失的法律责任的构成要件。

最终该案是以花城制药厂、花城大药房本诉、"反诉"均胜诉的结果结案。

■ 小结

商业诋毁案件属于一般民事侵权纠纷，原告起诉时，应当按照一般民事侵权责任进行举证：即被告主观上构成恶意，客观上存在贬低的行为，并且因这种贬低行为给原告造成了损害，且损害与被告的行为之间存在因果关系；如存在捏造、散播行为，被告应承担消除影响、赔礼道歉和赔偿损失的法律责任。

该案给我们的启示是：任何权利、权益都有自己的边界，在保护自己的权利、防止他人侵权的同时，也应当尊重他人的合法权益，否则以他人不正当竞争为案由起诉，最终将是自己承担不正当竞争的赔偿和赔礼道歉的责任。

出于多重原因，花城制药厂在该案本诉、"反诉"均胜诉后，低调处理，没有将案件的胜利战果进一步扩大，提升自身和产品的影响力，实为憾事。

■ 法律链接

《中华人民共和国反不正当竞争法》（1993年）第十四条、第二十条；

《中华人民共和国商标法》（2001年）第五十六条；

《最高人民法院关于审理不正当竞争民事案件应用法律若干问题的解释》（法释〔2007〕2号）第十七条第一款；

《最高人民法院关于审理商标民事纠纷案件适用法律若干问题的解释》（法释〔2002〕32号）第十六条。

巧用规则 抗辩成功

——广州新赛尔特篷房技术有限公司、赛尔特篷房制造（北京）有限公司广州分公司、赛尔特篷房制造（北京）有限公司、汪某与珠海丽日帐篷有限公司不正当竞争纠纷案[*]

曾赟 董咏宜 张满兴 李亚强 潘莹 王瑕

> 该案的案由是国内两个知名篷房行业企业之间的不正当竞争纠纷，判决结果在行业内有较大影响力。原告珠海丽日诉四被告以攀附其知名度为目的，注册使用与其相似的网站域名，假冒原告进行广告宣传、招揽生意，给其造成损失。三环律师团队接受该案四被告的委托，针对原告所提交的大量知名度及侵权证据，以原告证据链的完整度和证明力大小为线索，引导一审、二审法院认定现有证据不能证明被诉域名的网站是由四被告所有或实际控制，最终认定该案四被告不构成不正当竞争行为，驳回原告珠海丽日的全部诉讼/上诉请求。该案原告珠海丽日提起了再审申请，广东省高级人民法院作出驳回了珠海丽日的再审申请的裁定。该案是典型的通过熟练、巧妙运用证据规则来达到抗辩成功目的的反不正当竞争案件，这对于同类型案件具有借鉴及参考价值。

■ 案情简介

一、基本案情

原告珠海丽日帐篷有限公司（以下简称"珠海丽日"）成立于1997年，专注于篷房的设计、研发、制造、销售、租赁、推广、安装与项目施工。被告一广州新赛尔特篷房技术有限公司、被告二赛尔特篷房制造（北京）有限公司广州分公司、被告三赛尔特篷房制造（北京）有限公司的主营业务为篷房、帐篷等，原被告双方在实际经营中存在竞争关系，且双方均具有较高知名度，为行业中的领先企业。原告珠海丽日认为被告一及被告二作为同处珠三角地区的有一定规模的同业竞争者，明知原告珠海丽日作为行业知名企业，已正常注册并使用"liri-tents.com；liritents.cn、liri-structure.com"等域名的情况下，仍涉嫌与被告三、被告四汪某注册、使用"liri-tent.com"这个域名，该域名与

---

[*] 该案被评为2018年岭南知识产权诉讼优秀案例。生效案号：（2020）粤民申2597号。

原告注册并使用的"liri-tents.com""liritents.cn""liri.cn""liri-structure.com"等域名高度近似。且原告珠海丽日认为四被告在使用侵权域名的网站上涉嫌抄袭原告网站的版式设计,恶意假冒原告进行广告宣传、招揽生意,造成客户的混淆及误认,损害了原告的商誉和与客户关系,攫取本属于原告的商业机会,遂以四被告涉嫌构成不正当竞争为由向广州市南沙区人民法院提起诉讼。

二、法院审理情况

经过广州市南沙区人民法院、广州知识产权法院审查,关于该案的争议焦点具体如下:(1)四被告是否为涉案侵权域名网站的实际经营主体。(2)四被告是否实施了不正当竞争行为。

该案中,二审法院认为一审法院查明事实清楚,围绕该案的争议焦点,作出如下认定:对于该案中,原告主张四被告实施不正当竞争行为的证据为涉案域名的whois查询信息中显示与四被告相关联的相关信息以及往来的询盘邮件。

1. whois查询是一个用来查询域名是否已经被注册以及注册域名的详细信息(域名所有人、域名注册商等)的数据库,查询结果一般显示域名信息、注册联系人、管理联系人、技术联系人等信息。但并无证据证明whois查询显示的域名管理联系人、技术联系人的相关信息在域名注册或修改时需要核实相应原始信息,故无法确认涉案域名whois查询信息显示的管理联系人、技术联系人信息在域名注册及使用过程的真实性。因此,仅有涉案域名whois查询信息显示的管理联系人、技术联系人地址、邮箱、电话等信息与四被告控制的shelter-structures.com、shelter-china.com两个域名的注册信息一致,并不能确认涉案域名由四被告控制。

2. 询盘邮件通常是指买方或卖方为了购买或销售某项商品,利用邮件向对方询问有关交易条件的表示,在国际贸易的实际业务中,一般多由买方主动向卖方发出询盘,可以询问价格,也可询问其他一项或几项交易条件以引起对方发盘,目的是试探对方交易的诚意和了解其对交易条件的意见。而第一手接到客户询盘邮件的人通常会回复询盘信息,当然并不排除接到询盘邮件后会在特定用户或不特定用户之间转发或再转发,最终由转发或再转发接收者向发送询盘邮件者回复询盘信息。因此丽日公司向涉案域名中的邮箱info@liri-tent.com发送询盘邮件,通过转发最终得到邮箱shirly@shelter-structures.com的回复,并不能证明邮箱info@liri-tent.com与邮箱shirly@shelter-structures.com之间具有必然的关联性,故无法证明邮箱shirly@shelter-structures.com的实际使用人同样是邮箱info@liri-tent.com的实际使用人。因此,现无证据证明被上诉人为涉案网站以及邮箱的实际控制人。鉴于现有证据无法证明四被告为涉案网站以及邮箱的实际控制人,故丽日公司关于四被告通过被诉网站攫取本属于丽日公司的商业机会的主张亦没有事实依据。

综上,一审法院认定丽日公司提交的证据不足以证明四被告实施了不正当竞争行为并无不当，法院依法予以维持。

该案一审、二审法院在庭审中，围绕前述两个争议焦点，依据《中华人民共和国反不正当竞争法》《中华人民共和国民事诉讼法》的法律条文，综合原告在一审、二审中所提交证据的证明力、证明逻辑以及所形成的证据链，灵活运用民事诉讼证据规则，最终认定原告所提交的证据不足以证明四被告实施了不正当竞争行为，一审、二审均驳回原告的全部诉请。

珠海丽日不服终审判决，而后向广东省高级人民法院提起再审申请，广东省高级人民法院经审查并结合相关事实，认为"待证事实真伪不明的，应当认定该事实不存在，原审判决对该事实的认定未违反前述法律规定，不存在适用法律确有错误的情形。并且，法院发现丽日公司确认被诉域名网站在国内无法正常打开，提及网站面向的是国外公众，因此没有证据显示被诉行为发生在我国境内。反不正当竞争法所保护的权益具有地域性，规制的行为亦限于相关权益涵盖的地域范围……原审判决正确。"综上，再审法院认定上诉人的申请不符合再审事由，驳回珠海丽日的再审申请。

■ 办案心得

1. 近年来，在知识产权审判中，法院越来越重视证据规则的运用。一般而言，复杂、疑难知识产权案件的胜诉关键就在于证据规则的运用，尤其是复杂、疑难的反不正当竞争案件。

首先，在证据认定规则上，现行《民事诉讼法》第六十四条对于证据审核的规定过于抽象，实务中存在诸多模糊地带。该案中，珠海丽日公司主张四被告实施不正当竞争行为的关键证据为涉案域名在 whois 查询信息中显示与被告相关联的相关信息以及往来的询盘邮件。对此，该案代理律师认为此组核心证据存在重大缺陷，不能达到高度盖然性标准，且通过提供上千页的一系列证据用以推翻原告该组核心证据的优势，进而达到否定其高度盖然性的目的。

从证据高度盖然性证明标准的角度出发，该案代理律师在证明方法上运用了反向逻辑进行论证，即在公开渠道上设立了新网站，域名为："sheltersturctures.top"，将该网站的域名所有者信息、电子邮箱、地址及联系电话等填写成与广州知识产权法院公开的、完全一致的信息，并且该网站获得通过，但很显然该新设立的网站与广州知识产权法院没有任何关联性，通过该网站以此来说明：whois 查询上所标注的信息在该案中不应当作为认定网站经营者的依据。据此，二审法院也采信了代理律师的代理意见，认为 whois 查询是一个用来查询域名的注册情况及注册域名详细情况的数据库，在没有其他相关证据佐证的情况下，不能单凭此查询信息来确认涉案域名在 whois 中显示的管理联系人、技术联系人信息在域名注册及使用过程中的真实性。

因此，在未形成完整证据链的情况下，不能仅因涉案域名在 whois 查询信息中显示的管理联系人、技术联系人地址、邮箱、电话等信息与四被告控制的两个涉案域名注册信息一致，就认定涉案域名由该案四被告控制。同样的，对于双方往来的询盘邮件，二审法院认为，在实际业务中，第一手接到客户询盘邮件的人通常会回复该信息，但不能排除接到询盘邮件后会在特定用户或不特定用户之间转发或再转发，最终由转发或再转发接收者向发送询盘邮件者回复询盘信息。因此珠海丽日公司向涉案域名中的邮箱 info@liri-tent.com 发送询盘邮件，通过转发最终得到邮箱 shirly@shelter-structures.com 的回复，并不能证明前述两个邮箱之间有必然的关联性，也无法证明两个邮箱的实际使用人是同一人。

该案中，代理律师在一审中提交了近千页的证据，以此来进行类比及反推论证，在案件思路及庭审策略中将证据规则的运用力求发挥到极致。基于以上两点对于该案关键证据的认定，二审法院认为珠海丽日公司所提交的证据不足以证明四被告实施了不正当竞争行为。二审法院在对该案关键证据的认定中，从证据与案件事实之间的关联程度、各证据之间的联系以及是否形成完整的、有内在逻辑的证据链等角度，综合、全面地对该案的证据进行了审查。

其次，在证明标准的运用方面，该案两审法院充分运用了证明规则中的"高度盖然性"标准、"优势证据"规则来认定关键事实。

一般而言，在知识产权侵权案件中，被告一方比较避讳向法院提交自身知名度高、规模大的证据，因为如果最后判决构成侵权的话，这样做有可能会增加判赔额。但在该案中，该案代理律师反其道而行之，提交了大量知名度，用以证明四被告是行业中的领先者，主观上、客观上均不需要通过涉案行为来获取竞争优势，也无法从涉案行为中获得竞争优势。

最后，该案代理律师还主动运用全球适用较广的网站点击量检测平台，对涉案网站及其他用以类比的网站点击量进行检测，并提交详细报告，以证明涉案网站点击量极其低下（相对于用于类比的行业网站、电商平台网站等），每个月不足一千个点击量，按照该外贸行业的惯例，这个点击量甚至不足以产生一个询盘，更不用说产生成功交易。基于此用以补充说明涉案网站不可能给该案原被告任何一方带来竞争优势。以此来否定其涉案证据的证据优势。

两审法院综合案件事实支持上述两个观点，并据此判定珠海丽日公司的证据达不到高度盖然性，且相对于四被告的上述举证及理由而言没有证据优势，据此认定珠海丽日公司提供的证据均不足以认定四被告实施了不正当竞争行为。

在司法实践中，面对纷繁复杂的案情，法官想要查明案件的客观事实难度很大。该案在灵活运用证明标准来达到法官内心较高确认从而认定案件的法律事实方面提供了较好的借鉴与参考价值。

2. 在认定是否构成不正当竞争行为的时候，需要结合涉案行为是否会给被告带来竞争优势。

结合一审法院查明的事实,即该案四被告与珠海丽日公司均是同行业的领先企业,四被告在篷房领域上具有较高的知名度,无须攀附珠海丽日公司的知名度,而涉案网站的布局、排版、图片、公司介绍均是与珠海丽日公司有关,如果四被告想要通过该涉案域名进行不正当竞争,网页上的产品信息、公司介绍等应该介绍四被告及产品才符合常理,否则像涉案网站分明是为珠海丽日公司做推广宣传,根本不会因涉案域名给四被告带来任何效益。且该网站进行了不能在中国大陆正常打开的设置,不能正常打开也会导致不能在阿里巴巴、百度等网站上进行推广,没有进行推广的网站是没有浏览量也不会产生交易,从四被告提交的证据来说,涉案网站的浏览量远远少于珠海丽日公司乃至四被告本身的网站,如此少的浏览量并不足以给任何一方带来竞争优势。因此,在该案中,主观上不存在四被告借助珠海丽日公司名牌进行市场竞争的情形,客观上通过涉案域名及涉案网站等证据,不但证实了四被告没有实施涉案侵权行为的动机,而且不会、也不可能从涉案行为中获得经济利益,不会从中获取竞争优势。也因此,该涉案侵权行为不会导致市场竞争的失衡,也不应当纳入反不正当竞争法的调整范畴。

■ 小结

该案作为中国篷房行业两个知名企业之间的不正当竞争纠纷,在本行业有较大影响力,对于该行业的市场竞争做出了法律评价。代理律师在针对原告所提交的大量知名度及侵权证据中,结合其证据链的完整度和证明力大小,从内在逻辑上进行全面分析、重点突破,并提交了上千页的证据进行类比反证,为如何运用民事诉讼中的证据认定规则和证明标准来认定类似案件的侵权行为方面做出了较好的示范。

■ 法律链接

《中华人民共和国反不正当竞争法》(1993年)第二条;

《最高人民法院关于适用〈中华人民共和国民事诉讼法〉的解释》(法释〔2015〕5号)第九十条;

《最高人民法院关于民事诉讼证据的若干规定》(法释〔2001〕33号)第二条;

《中华人民共和国民事诉讼法》(2017年)第一百七十条第一款第(一)项;

《最高人民法院关于适用〈中华人民共和国民事诉讼法〉审判监督程序若干问题的解释》(法释〔2008〕14号)第十三条。

便车易搭　责任难逃

——"我来贷"在线借款平台反不正当竞争纠纷案*

申元林

> 2017年9月，两原告卫盈智信公司和卫盈联公司发现被告一阿拉丁公司通过被告二三一公司以手机短信的形式向不特定的用户（包括原告一的用户）发送以"我来贷"为开头的短信记录，并在短信记录中附上阿拉丁公司的网址链接推广自己的贷款业务。之后，卫盈智信公司与卫盈联公司起诉阿拉丁公司、三一公司不正当竞争，一审法院认定，依照《中华人民共和国反不正当竞争法》第二条之规定，两被告的行为构成不正当竞争行为，并判决两被告承担相应的法律责任。被告阿拉丁公司不服一审判决提起了上诉，二审法院驳回上诉，维持原判。
>
> 该案是一起互联网金融贷款平台行业的反不正当竞争案件，对互联网金融贷款行业衍生的不正当竞争问题的应对和法律适用具有一定的借鉴意义。

■ 案情简介

原告一深圳卫盈智信科技有限公司（以下简称"卫盈智信公司"）成立于2014年6月，是一家互联网金融公司，该公司推出了针对年轻人的在线借贷APP"我来贷"，对"我来贷"平台进行了大量的推广和宣传，范围遍及全国各地，形式多种多样，融资规模达26亿。原告一于2016年入选毕马威中国金融科技50强，于2017年获中国高科技高成长50强榜单，获德勤-香港高科技高成长20强榜单。卫盈智信公司的ICP/IP地址/域名信息备案的网站名称为"我来贷"。

原告二深圳卫盈联信息技术（深圳）有限公司（以下简称"卫盈联公司"）成立于2014年6月，是一家从事网络技术的公司。2015年9月，卫盈智信公司和卫盈联公司签订《独家技术咨询和服务协议》约定，由卫盈联公司负责"我来贷"贷款平台的技术支持与品牌运营。

2017年9月，两原告发现一家名为"51返呗"的贷款平台向不特定的用户发送短信，内容为"【我来贷】鉴于您的履约能力较强，51反呗送您3万元的贷款额度，日息低至1元。点击http://t.cn/ROLFQt1 即可提现，退订回T。"经点击链接，页面跳转到

---

* 生效案号：（2018）浙01民终7391号。

"51返呗",页面显示开发商为阿拉丁公司。该公司成立于2015年6月,与卫盈智信公司均属移动互联网贷款行业,存在竞争关系。

同时,通过短信平台号码分配查询发现,发送短信的涉案号码属深圳市三一无限科技有限公司(以下简称"三一公司")所有,该公司成立于2011年7月,经营范围包括增值电信业务中的信息服务业务等。

被告一浙江阿拉丁电子商务股份有限公司(以下简称"阿拉丁公司")辩称:(1)被告一不存在侵权行为。阿拉丁公司从未用"我来贷"的名义发送短信。原告证据材料的短信内容是三一公司发送的。两被告从来没有任何合作关系,也未授权三一公司发送该短信。(2)涉案短信内容并未违反《反不正当竞争法》的相关规定,其内容应当视为广告语。而且"我来贷"三个字,并非原告的注册商标,因为缺乏显著性,原告无权独占使用。

一审法院认为,原告一卫盈智信公司和被告一阿拉丁公司虽均属移动互联网贷款行业,互为竞争对手,但原告一卫盈智信公司的成立早于被告一阿拉丁公司,且原告一卫盈智信公司的"我来贷"平台,具有一定的知名度,并且作为ICP/IP地址/域名信息备案的网站名称,被告一阿拉丁公司应当知道"我来贷"平台的知名度,仍通过合作对象向不特定的手机用户发送内容含有"我来贷"字样的宣传语,主观上具有攀附他人在先商誉的明显故意,客观上足以使相关公众产生混淆,从而造成对市场主体的误认,破坏了市场公平竞争秩序,损害了社会公众的利益。依照《反不正当竞争法》第二条之规定,构成不正当竞争行为。无论被告二三一公司发送涉案短信是阿拉丁公司直接授权,还是阿拉丁公司的电商公司合作单位授权,两被告均构成共同侵权,应当共同承担停止侵权、赔偿损失等民事责任。依照《侵权责任法》第一条、第十五条,《反不正当竞争法》第九条,《最高人民法院关于审理不正当竞争民事案件应用法律若干问题的解释》第六条第一款、第十七条第一款以及《民事诉讼法》第一百四十四条之规定,判决两被告立即停止不正当竞争行为,赔偿原告经济损失。

被告一不服上诉,二审法院驳回上诉,维持原判。

■ 办案心得

该案是一起典型的互联网金融贷款平台行业不正当竞争纠纷案。我们在对案件进行认真分析后,第一时间将不特定终端客户的手机送交司法部认可的某计算机司法鉴定机构进行鉴定,将侵权证据固定。这是非常关键的一步。在法律上,该案的重点主要有以下几个方面:

一、不正当竞争行为的构成和认定

阿拉丁公司与卫盈智信公司均为互联网贷款行业,互为竞争对手,所以存在不正当竞争的可能性，这个是前提。原告一卫盈智信公司的成立早于被告一阿拉丁公司，且卫盈智信公司已经将"我来贷"作为ICP/IP地址/域名信息备案的网站名称，在行业内已经具有一定的知名度和商誉，这使得搭便车行为具有了可能性和动机。阿拉丁公司应当知道"我来贷"平台的知名度，但其仍通过合作对象向不特定的手机用户发送含有"我来贷"字样的贷款宣传语，主观上具有攀附他人在先商誉的明显故意，客观上也足以使相关公众产生混淆，破坏了市场公平竞争秩序，损害了社会公众的利益，这是认定其构成不正当竞争行为的关键。

二、法律适用问题

值得注意的是，该案一审法院是依据《反不正当竞争法》第二条，即经营者在市场交易中，应当遵循自愿、平等、公平、诚实信用的原则，遵守公认的商业道德的规定，认定阿拉丁公司构成了不正当竞争行为，而不是适用第二章所列的某一个具体不正当竞争行为的条款。

因为我国的《反不正当竞争法》主要是行为规制法（规制不正当竞争行为），而非设权法（赋予经营者免于不正当竞争行为侵犯的权利）。其主要的立法宗旨和功能在于对不正当竞争行为进行规制，从而引导市场竞争主体通过公平竞争，最终建立公平健康的市场竞争秩序。由于《反不正当竞争法》的这一功能和宗旨，其所规制的不正当竞争行为，不应当局限于该法第二章所列举的具体类型，而应当扩展到有违该法宗旨的其他不正当竞争行为。从司法实践的客观需要来说，在市场经营活动中，随着社会经济的发展以及科技的进步，当事人的不正当竞争行为不断更新，立法机关在制定法律时只能就当前和可预见的一定时期内的行为作出规定，而不可能事事作出预先规定，因此《反不正当竞争法》第二条并非仅仅是宣示性条款，其实际上可以在司法判决中直接适用，就一些非典型的、该法所列举的具体情形不能涵盖的、违背了诚实信用原则的其他行为进行规制。

在（2009）民申字第1065号的"海带配额"不正当竞争案中，最高人民法院认为适用《反不正当竞争法》第二条的原则规定认定构成不正当竞争应当同时具备以下条件：一是法律对该种竞争行为未作出特别规定；二是其他经营者的合法权益确因该竞争行为而受到了实际损害；三是该种竞争行为因确属违反诚实信用原则和公认的商业道德而具有不正当性或者说可责性。一般认为，《反不正当竞争法》第二条原则应该严格适用。

在该案中，阿拉丁公司的不正当竞争行为是在互联网金融贷款平台行业的新业态下产生的不正当竞争行为，《反不正当竞争法》第二章所列的具体不正当竞争行为的规定无法简单套用。但是阿拉丁公司利用他人在先开发运营的"我来贷"平台的知名度和影响力搭便车的行为，客观上已经对原告的合法权利造成了损害，主观上是存在搭便车获取他人竞争优势的明显故意，违反了诚实信用的原则和公认的商业道德，具有不正当性或者说可责性，客观上也给原告造成了一定的经济损失，同时也损害了消费者的利益，扰乱了市场的竞争秩序，因此可以适用反不正当竞争法第二条的原则规定。只有这样才能有力地打击不正当竞争行为，规范市场竞争秩序，保护受害人的合法权益以及消费者的利益。

■ 小结

《反不正当竞争法》在维护市场竞争秩序方面发挥着重要作用。近年来，国家一直在对《反不正当竞争法》进行补充和完善，对于混淆行为、虚假宣传、商业贿赂、侵犯商业秘密、低价倾销、不正当有奖销售、诋毁商誉等多个方面的不正当竞争行为进行了细化和补充，以增强法律的可操作性与适用性。

但是随着互联网的发展和应用，近几年已经衍生出包括互联网金融行业在内的多个新兴领域。社会是不断运动、发展的，但法律难以时刻反映社会变化，便出现了法律的滞后性。特别是新兴行业的市场竞争过程中，必然会出现法律未明文规定适用的不正当竞争行为，这是法治无法回避的问题。此时，需要律师对《反不正当竞争法》的法律本质和立法宗旨具有深刻的理解，抓住《反不正当竞争法》第二条的本质特性，不要拘泥于字面意思而简单地理解和适用法律，这样才能真正发挥好该法的作用，保护好经营者和消费者的合法权益，维护好市场竞争秩序。

■ 法律链接

《中华人民共和国反不正当竞争法》（1993年）第二条。

攀附商标 行政维权

——广东普今生物医药有限公司举报天草大健康产业有限公司不正当竞争纠纷案

贾民俊 罗林

> 该案是一起比较常见的企业字号不正当竞争侵权的案件，不同的是代理律师根据权利人的需求，以及案件的基本情况，采用行政程序，从接受委托到收到行政复议决定，在近三个月的时间内比较快速地实现了维权的目的，具有一定的典型和借鉴意义。

■ 案情简介

一、基本案情

广东普今生物医药有限公司，成立于2004年4月12日，是"天草""天草健康"等商标的持有人，经过权利人及其关联公司多年的努力经营，长期严格的质量管理和长期稳定高投入的宣传推广，其主打产品"天草丹参保心茶"取得巨大成功，年销售额达2.3亿多元，"天草"商标已经为市场所认可的有一定影响的商标，尤其是在广东、广西地区"天草"商标市场影响力巨大。

天草大健康产业有限公司注册成立时间为2020年8月25日，其一人股东梁某同时是某连锁药房的投资人，该天草大健康产业有限公司成立后，其一人股东即在其朋友圈宣传其代销的"丹参茶"，并配上突出文字"天草大健康"，以及该企业名称"天草大健康产业有限公司"。权利人认为侵权方攀附其"天草"的有一定影响商标，侵害了其合法权益。

2020年10月9日，权利人在与三环律师充分沟通后，正式签订合同委托律师通过行政程序进行维权。接受委托后，代理律师迅速组织当事人对"天草"商标的知名度整理证据、委托第三方会计师事务所出具宣传广告及市场销售情况的审计报告。对侵权方朋友圈的侵权行为进行公证保全。2020年11月3日递交举报材料，2020年11月26日广州市天河区市场监督管理局便做出穗天市监责字〔2020〕执六024号《责令改正通知书》，责令侵权方限期变更企业名称；侵权方不服提起行政复议，2021年1月5日广州市市场监督管理局作出穗市监行复〔2020〕380号《行政复议决定书》，维持〔2020〕执六024

号《责令改正通知书》的决定。

二、案件分析与代理策略

该案是一起带有突出使用情节、构成商标侵权，但以要求侵权方变更企业字号为目的的不正当竞争侵权案件，在案件洽谈中，代理律师根据当事人想快速阻止侵权行为，涉案"天草"商标主要的宣传地和销售市场在广东，尤其是在广州市，而侵权方公司注册地也在广州市，以及管辖地行政执法部门在反不正当竞争法领域的执法经验等情况，建议当事人通过行政程序进行维权。

接受委托后，代理律师的工作重点主要集中在以下几个方面：

第一，权利人"天草"商标的知名度举证上。

对此，代理律师要求权利人对近三年来涉及"天草"商标及其产品的宣传推广费用，以及产品销售额等委托第三方会计师事务所进行审计，出具《专项审计报告》。从审计报告的结果看，权利人自2017年1月1日至2020年8月30日，"天草丹心保心茶"单品的销售收入为8亿多元，宣传推广费用为1.8亿多元，并且数据的主要集中地为广东省。

另外，对"天草"品牌获奖方面的证据也进行了搜集整理。

第二，对侵权行为进行证据保全。

侵权行为主要为侵权公司工商登记信息，以及其股东、法定代表人梁某在其朋友圈中突出使用"天草大健康"、使用侵权企业名称的行为，为此代理律师对其朋友圈侵权内容进行公证保全。

第三，对侵权主观恶意的举证上。

侵权公司的股东、法定代表人梁某同时也是某药房连锁店的投资人，该侵权公司注册地广州市是权利人"天草"商标主要宣传推广地和产品销售地，权利人的"天草"商标在广州市医药市场影响力巨大等。

三、案件结果

该案经过广州市天河区市场监督管理局的立案审查，于2020年11月26日作出穗天市监责字〔2020〕执六024号《责令改正通知书》，责令侵权方限期变更企业名称；侵权方不服提起行政复议，广州市市场监督管理局于2021年1月5日作出穗市监行复〔2020〕380号《行政复议决定书》，维持〔2020〕执六024号《责令改正通知书》的决定，至此，代理律师从接受委托到收到行政复议决定，仅耗时不到三个月的时间。比较快速地完成了广东普今生物医药有限公司针对天草大健康产业有限公司企业字号的不正当竞争维权案。

■ 办案心得

该案从 2020 年 10 月 9 日接受委托到 2021 年 1 月 8 日收到复议决定，用了近三个月的时间，比较快速地完成了维权的工作。代理律师认为之所以能比较快速地完成维权的目标，主要有以下几个方面：

第一，维权前认真分析研判案件所涉问题是否构成侵权，并且其把握的尺度应严于司法对该问题的裁判。

具体到该案中，权利人是"天草"商标的持有人，注册类别在第 5 类的"医药用糖浆；医用胶囊；医药制剂；原料药；中药成药"等商品上。权利人将"天草"商标主要使用在其"天草丹心保心茶"产品上，该案维权前的近三年在广东、广西、云南等区域累计投放宣传推广费用达 1.8 亿多元，销售收入达 8 亿多元，且其中广东占据绝对的份额，在广州的地铁、公交、药房等平台上，常年可见其广告宣传，"天草"在广州的医药领域具有反不正当竞争法意义上的"有一定影响"没有问题。

而侵权方天草大健康产业有限公司，其股东、法定代表人梁某是某连锁药房的投资人，该连锁药房的公司注册地也在广州市天河区，梁某常年经营药房业务又与权利人在同一区域，其不可能不知道"天草"的知名度。

天草大健康产业有限公司成立后，梁某其在其朋友圈宣传推广其经销的"丹参茶"，并配上突出文字"天草大健康"，以及该企业名称"天草大健康产业有限公司"。

根据以上基本事实，结合当事人的维权目的，代理律师认定这是一起典型的企业字号攀附有一定影响商标的商标侵权及不正当竞争侵权案，具备维权的基本事实基础。

第二，对管辖地执法人员对反不正当竞争法的执法经验进行评估，避免后续沟通的障碍。

具体到该案中，代理律师及团队人员通过检索及电话咨询，确定广州市天河区市场监督管理局处理过类似企业字号的不正当竞争案件，在不正当竞争法律适用上，有相应的执法经验。

第三，向权利人充分地说明案件的流程，以及如果行政程序结果不理想，后续维权的方案。

具体到该案中，代理律师在与权利人的洽谈中，了解到了权利人想要快速阻止侵权行为的需求，因此告知行政程序的结果并不直接影响司法维权的途径，即使行政程序的结果不理想，权利人仍有权通过司法途径进行维权，这比较好地解决了权利人想要快速阻止侵权行为与担心结果不理想而丧失救济途径的矛盾。

第四，举报书及证据资料的整理上，做到清晰、规范、易懂、逻辑严谨。

由于行政渠道维权，没有司法机关开庭陈述的程序，并且行政机关认为该案是变更企业名称不属于需要听证的范围,因此要做到举报书清晰、规范、易懂、逻辑严谨,证据组织上要能够有力地支撑所要举报的事项。另外需要做到的是多电话联系询问进度及主动询问案件是否存在疑问,发现问题及时解决并给经办人员解释清楚。

■ 小结

企业字号攀附有一定影响商标的商标侵权及不正当竞争侵权行为,在市场上时有发生,权利人在寻求维权方案时,律师给出的建议更多的是通过司法途径进行维权,这主要是基于以下原因:

1. 行政程序维权虽然快速,但执法人员在该领域内的知识储备、执法经验参差不齐,这直接影响他们对所举报事务做出的决定。

2. 司法实践已经形成了该类问题的裁判惯例,律师对该类问题通过司法途径解决有更稳定的预期。

3. 律师常年与司法机关打交道,相关流程更为熟悉,预期更为稳定,而行政机关不可预期因素较多。

正是基于以上原因,在代理该案时,即充分考虑了案件证据的充分性,以及管辖地执法人员在反不正当竞争法领域的执法经验和专业知识背景,在对以上问题做出正面评估的情况下,给出了通过行政程序维权的方案,最终比较快速地实现了维权的目的。

■ 法律链接

《中华人民共和国商标法》(2013年)第五十八条;

《中华人民共和国反不正当竞争法》(2017年)第六条、第十八条。

数据竞争 打破垄断

——有某公司与 B 公司反不正当竞争与反垄断案*

肖宇扬　詹海丐　任嘉豪

北京 A 公司、北京 B 公司与北京 C 公司于 2020 年 10 月向北京市海淀区人民法院提起了不正当竞争诉讼，指控有某公司和金某公司获取三公司的广告数据构成不正当竞争并提起诉前禁令申请。三环律师团队代理有某公司和金某公司参与两次诉前禁令听证，并适时向广州知识产权法院提起了反垄断诉讼作为反制措施。最终，双方达成和解，有某公司和金某公司可继续合法地获取上述三公司的广告数据。

■ 案情简介

一、当事人基本情况

有某公司和金某公司共同开发运营甲广告情报分析软件，通过智能估算分析网络平台的原始公开广告数据（包括广告投放类别、投放数、点击量、投放时间等），为用户提供广告活跃度、投放趋势等广告分析报告，帮助用户了解各平台广告投放效应及行业投放动态。米某公司系移动广告投放运营服务公司。根据客户需求，米某公司为广告主代理运营投放 C1 短视频平台、B1 新闻类平台等渠道广告。为保证互联网广告精准投放，防止信息冗余及不准确造成的客户广告投放效果不足以及体验下降，米某公司需要了解广告在不同平台的投放情况，监测广告投放效果，有针对性地选择相应的互联网投放平台。为此，米某公司与有某公司签订了购买甲产品的协议。C 公司系著名短视频软件 C1 的运营者，C1 短视频平台是国内一线社交产品，根据市场监管总局的互联网平台分类分级标准，其属于超级平台。B 公司系 B1 软件的运营者，B1 是国内一线互联网资讯产品。C1 和 B1 依托庞大的用户基础及算法和数据优势，成为国内一线的互联网广告渠道平台。A1 是综合的数字化营销服务平台，由 A 公司运营，为广告主、广告投放服务企业等客户提供 C1、B1 等"B 系"相关平台的广告投放服务，以及"B 系"平台的广告数据分析反馈服务。三公司均由 B 公司直接或间接控股，在广告领域，依据统一部署从事相关广告业务。

---

* 生效案号：（2020）京 0108 民初 47776 号。

D公司是D1网站及软件的运营者，与有某公司、金某公司运营的甲为同类产品。

二、反不正当竞争法之诉

2020年10月，A公司、B公司和C公司认为有某公司和金某公司共同开发运营的甲产品系未经上述三公司许可，非法抓取A公司广告营销服务平台投放在B1、C1产品上的图文、视频、文案等广告素材，以及广告投放城市、投放日程等重要广告经营数据，并以付费产品的方式向不特定用户出售，构成不正当竞争行为。

为此，被告代理律师在现行反不正当竞争法、互联网搜索引擎服务自律公约等行业规范的基础上，结合过去国内、国外的司法实践，提出了几点主要的答辩意见：

1. 有某公司和金某公司等被告没有通过不正当的方式获取A公司、B公司和C公司的数据，包括并未抓取原告的内容数据，也未大量抓取原告方所指的投放时间、投放金额、投放地区、广告投放形式等所谓广告策略数据。

首先，有某公司和金某公司仅通过行业内通用的数据采集手段，向原告B1和C1产品获取广告素材缓存信息，包括广告文案、广告图片和广告视频。这些本身就是公开数据，包括原告提到的原图地址，均不属于商业及经营秘密。有某公司和金某公司所使用的数据获取技术，均是行业内最基础、最通用的技术。有某公司和金某公司产品获取数据时并未采取任何破解措施，被告使用的数据采集技术手段，符合行业惯例。

其次，有某公司和金某公司获取的数据仅是原告的广告缓存数据，并未抓取内容媒体平台的内容数据，更没有抓取巨量引擎广告投放平台的数据，因此也就不存在抓取原告方所指的投放时间、投放金额等广告经营数据，甲产品所提供的数据仅为通过对广告素材的分析，利用自主研发的大数据模型推导的估算数据，并非直接从C1或B1平台直接获取，与其广告数据没有任何关系；有某公司和金某公司所展示的广告投放估算数据，都是广告投放结束后的分析结果，并非原告及其用户广告投放前广告投放策略数据。

2. 有某公司和金某公司采集B1和C1平台的广告素材的过程完全符合正当性。

从采集的目的上看：甲产品仅采集少量的广告素材，目的是对广告素材进行数据分析，并向广告主、广告代理商等用户提出相应的咨询决策依据，并非对广告素材本身进行编辑、传播，更不会对其进行售卖。

从采集的方式上看：甲产品仅使用业内通用的数据获取技术，在公约允许范围内采集B1和C1平台的广告素材，符合中国互联网自律公约。B1和C1软件产品也没有Robots协议，甲产品不违反申请人相关协议；甲产品采集的过程不涉及对B1和C1软件产品的技术破解措施，而B1和C1软件也未对相关素材设置技术措施进行访问限制；

从采集的对象上看：仅涉及已公开的广告素材，包括图片、视频、文案等，不包含A公司、B公司和C公司声称的所谓广告投放策略信息，也不包含所谓用户安全信息。甲产品没有爬取到用户的身份信息，不涉及用户安全。

3. 有某公司和金某公司使用上述数据具有正当性。

首先，根据司法实践，A 公司、B 公司和 C 公司未尽举证责任证明有某公司和金某公司的行为具有不正当性，就应当推定申请人的行为具有正当性。对于互联网中利用新技术手段或新商业模式的市场竞争行为，应首先推定具有正当性，不正当性需要证据加以证明，这是正确、合理确定双方举证义务的前提。

其次，与其他案件事实不同，在该案中，在被告方获取 A 公司、B 公司和 C 公司的广告素材的基础性公开数据后，并非直接对这些数据进行使用。而是经过了大量的智力和劳动投入，构建出一个测算模型，并通过这个模型得出广告投放估算数据，这个过程绝大部分是有某公司和金某公司自身的智力成果，并得到了用户和业界的广泛认同，对整个行业带来了积极影响，对产业的创新发展具有极大有益作用。

再次，从被告的行为效果看，广告投放的目的不在于广告素材本身，而在于广告投放后的效果，被告的行为不会对广告的效果产生影响；而甲产品实际上也是为了促进更加积极地广告投放效果而产生的，与原告目的一致；甲产品实际上也对原告的产品效果产生了正向作用。被告的行为效果没有对上述三公司产生任何市场上的替代性作用。

最后，从用户、行业以及公众利益的角度上看，如果甲产品所获取的基础性公开数据都不被允许，将对互联网普遍遵循的公开、共享原则造成严重的威胁，阻碍互联网正常的信息流动，严重影响公共利益和产业发展。互联网信息以流动、共享为基础，结合保护商业秘密和用户隐私信息，才是其应有之义。但原告禁止被告获取基础性公开数据的行为，无异于打击、切断互联网的正常信息流动，将大大缩减互联网社会的总福利。

此外，被告代理律师还从诉前禁令完全不具有紧迫性，双方不具有竞争关系等角度进行了论述。

在经历两轮诉前禁令听证之后，北京市海淀区人民法院未下发诉前禁令，并将案件转入正式立案程序。

三、反垄断之诉

在反不正当竞争案件进行的同时，为配合当事人尽快解决案件，避免陷入长时间诉讼的需求，三环律师协助当事人制定了一系列反制措施，其中就包括针对反不正当竞争案三原告的行为提起反垄断之诉。案件正值我国反垄断法修订期间，希望借此施压，尽快平息双方纠纷。针对反垄断案件提起的角度，代理律师结合法律规定和案件事实，提出了几点主要的观点。

首先，A 公司、B 公司和 C 公司共同在互联网广告服务市场占有优势地位，在短视频、资讯平台广告服务市场已经具有支配地位。据公开数据显示，C1 与 B1 软件的产品规模、用户数量、用户活跃度、广告收入、广告投放量等较同行业竞争者均占有较大市场优势。其中，C1 软件 2021 年 2 月日活跃用户数量已达 7 亿；B1 日活跃用户数居资讯类平台首位；B1 软件预计广告收入达 2600 亿元；2021 年第二季度，1C1、B1 分别为短视频平台、资讯平台广告服务市场收入第一的软件。上述"B 系"公司相互关联、共享数据，事实已经形成了占据较大优势的市场地位，并且在依托庞大的用户基数和数据算法优势的情况下进一步加强了各自在互联网广告服务市场的控制力，巩固了其在短视频平台、资讯平台广告市场的地位。依据《反垄断法》的规定，A 公司、B 公司和 C 公司三者联合已经具有了广告服务市场的市场支配地位。

其次，A 公司、B 公司和 C 公司三者利用其在广告市场的支配地位，共同实施了滥用市场支配地位的垄断行为。由于广告主、广告投放服务企业、广告分析服务企业等广告产业链主体对三者及其相关产品、数据具有极高的依赖度，C1 和 B1 平台上的公开广告投放素材及其他公开信息成了有某公司和金某公司提供产品和服务所必需的"生产资料"。然而，自 2020 年以来，C 公司在将广告主产生所有公开广告素材和其他公开信息进行单方占有，形成"数据垄断"的情况下，还与第三人 D 公司达成限定交易性质的协议，仅允许与 C 公司达成协议的广告数据分析企业获取并对相关数据进行分析，拒绝有某公司、金某公司及其他公司获取必要数据的要求，从而使得米某公司及广告主仅能向三被告或者第三人 D 公司购买相关广告数据或广告数据分析服务。此外，A 公司、B 公司和 C 公司联合试图通过发送律师函、恶意发起法律诉讼及申请诉前禁令等方式进一步阻碍有某公司和金某公司及同行业其他公司合法合理获取在 C1 和 B1 平台上产生的公开广告素材和信息的行为，实际上是通过打击同业竞争者，从而使得市场上交易相对人（广告主）只能与其进行独家交易的行为，已经构成了对市场上相关广告分析公司自由交易的限制。

综上所述，依照《反垄断法》的规定，A 公司、B 公司和 C 公司三者联合打击有某公司、金某公司的行为实际属于滥用市场支配地位，无理由对交易相对人进行限定交易，排除、限制竞争的行为，严重侵害了有某公司、金某公司及行业其他同类公司的权益。2021 年 11 月，被告方以 A 公司、B 公司和 C 公司三者联合打击有某公司、金某公司的行为实际属于滥用市场支配地位，无理由对交易相对人进行限定交易，排除、限制竞争的行为，严重侵害了有某公司、金某公司及行业其他同类公司的权益为由向广州知识产权法院提起了反垄断之诉。

反垄断案件进入诉前联调程序之后，A 公司、B 公司和 C 公司经评估案件可能对其造成的法律风险和经营风险，主动表示愿意无条件撤回上述反不正当竞争之诉。我方之后也撤回了反垄断之诉，双方相关纠纷得以平息。

■ 办案心得

互联网平台之间的商业竞争，尤其是数据竞争，成为当前司法实践中不正当竞争案件的重要领域。如何认定互联网平台数据的归属，如何认定数据使用的合法性，是这类案件的关键之处。另外，针对数据单方面保护，是否构成垄断，也是互联网数据竞争案件中值得深入研究和探讨的问题。该案代理人主要从以下方面重点突破。

1. 根据国内外司法实践，结合该案被告产品的工作原理，论证其获取并使用数据的合法性。

一方面，被告代理人在论证该案甲产品获取及使用数据过程的合法性时，首先将该案基本事实分别与国内在先的（2019）京 0108 民初 35902 号案件（"刷宝案"），以及美国经典案例 HiQ 诉领英案（"HiQ 案"）进行对比。在对比过程中，代理律师分别从三个案件中相关行为对原告的损害、若禁止相关行为对被告的损害，以及公众利益方面的考量因素等几个方面进行深入说明，论证在该案中，相较于两个在先判决，该案甲产品所获取的数据不涉及用户私人信息，并且并非单纯地"拿来使用"，而是进一步通过自己的数据模型和算法，对原始的用户数据进行分析之后得出了有价值的商业信息。在此情况下，不构成对原告数据的不正当获取和使用，不属于反不正当竞争法所规制的行为。

另一方面，在原告并未详细论证甲产品具体采用何种技术措施非法获取原告数据的情况下，我方主动提供并说明了甲产品的工作原理。在庭审过程中，我方让技术人员向法官深入介绍了甲产品获取公开广告信息的过程，以及获取信息的种类，体现了甲产品仅通过互联网平台最常见的获取数据的爬虫方式，不涉及任何技术手段破坏或绕开保护措施的方式，而且，甲产品在获取数据时，仅是获取了公开的广告数据，并不对具体的策略分发措施数据进行获取。最后，甲产品所获取的公开广告数据信息，仅是作为其中部分参数，再通过自身研发的数据模型和算法计算后，得到的广告投放估算数据。通过上述具体的说明，让法官充分理解该案甲产品的工作过程和原理，从而让法院不贸然下发诉前禁令。

2. 适时采取反制措施，提起反垄断诉讼，促使双方尽快解决纠纷，使得被告产品得以继续顺利运营。

由于反不正当竞争法审理的法院系原告所在地，为免长时间拉锯可能对甲产品的运营产生更大的不利影响，在充分考虑可行性的情况下，被告代理人建议就原告在不正当竞争案件中禁止数据合法交流的行为向广州知识产权法院提起反垄断之诉。在起诉过程中，被告代理人有几点考量和做法供大家参考：

一是联合甲的使用者，即米某公司作为反垄断案件的共同原告进行起诉。由于米某公司系甲产品的使用者，也是一般消费者或公众的代表，其需要了解广告在不同平台的投放情况，监测广告投放效果，有针对性地选择相应的互联网投放平台。若 A 公司、B 公司和 C 公司拒绝正常公开数据的流动，那么势必影响米某公司获得投放情况的客观性和准确性，剥夺了米某公司的自主选择权，进一步影响社会公众的合法权益。

二是将 D 公司列为该案的第三人。D 公司是 D1 网站及软件的运营者，与甲为同类产品。但在实际中，D公司与A公司、B公司和C公司签订了数据交换协议。在此情况下，被告代理人认为上述协议属于限定交易性质的协议，这种行为不仅阻碍互联网数据的流通，限制互联网广告分析企业对公开信息的获取，限制、排除公平竞争，更严重影响了有某公司和金某公司的经营，造成其经营利益的巨大损失，妨碍其产品和服务的改进，阻碍了技术进步与创新。

通过上述方式，被告代理人一方面让A公司、B公司和C公司在北京市海淀区人民法院的反不正当竞争法诉讼举步维艰，另一方面通过反垄断诉讼迫使双方尽快平息纠纷，使得甲软件继续顺利运营。

■ 小结

该案涉及新型的互联网数据竞争纠纷，在以往国内的众多相关领域案件中，法院实际上对不正当竞争行为的定义有严格解释的趋势，即大多倾向从论证对原告造成损失的角度说明被告行为的不正当性。该案代理人在详细论述被告产品不涉及任何非法技术手段，并且不涉及对数据的直接使用，而是创造性利用的基础上，强调了A公司、B公司和C公司对于这种公开的广告数据并不具有实际的处分的权利，因为这些广告数据来源于广告主，广告平台只是具有展示这些数据的权利，并不能代表广告主排除第三方通过通用的技术手段合理合法地获取并使用这些数据，即不具有自主处分或排除他人使用这些数据的权利。另外，对于A公司、B公司和C公司可能涉及的垄断行为，我方适时通过提起反制措施尽快解决该案纠纷，满足了当事人希望尽快解决该案纠纷的需要，避免诉讼将当事人拖入无休止的司法程序当中，对当事人也是一种利益保护，充分体现了代理人在诉讼过程中的重要价值。

■ 法律链接

《中华人民共和国反不正当竞争法》（2019年）第二条第一、第二款；

《中华人民共和国反垄断法》（2007年）第六条，第十七条第一款第（三）、第（四）项。

法律链接

《中华人民共和国专利法》（简称《专利法》）

(2020年修正，有效)

第三十三条 申请人可以对其专利申请文件进行修改，但是，对发明和实用新型专利申请文件的修改不得超出原说明书和权利要求书记载的范围，对外观设计专利申请文件的修改不得超出原图片或者照片表示的范围。

第四十一条 专利申请人对国务院专利行政部门驳回申请的决定不服的，可以自收到通知之日起三个月内向国务院专利行政部门请求复审。国务院专利行政部门复审后，作出决定，并通知专利申请人。

专利申请人对国务院专利行政部门的复审决定不服的，可以自收到通知之日起三个月内向人民法院起诉。

第四十五条 自国务院专利行政部门公告授予专利权之日起，任何单位或者个人认为该专利权的授予不符合本法有关规定的，可以请求专利复审委员会宣告该专利权无效。

第四十七条 宣告无效的专利权视为自始即不存在。

宣告专利权无效的决定，对在宣告专利权无效前人民法院作出并已执行的专利侵权的判决、裁定，已经履行或者强制执行的专利侵权纠纷处理决定，以及已经履行的专利实施许可合同和专利权转让合同，不具有追溯力。但是因专利权人的恶意给他人造成的损失，应当给予赔偿。

如果依照前款规定，专利权人或者专利权转让人不向被许可实施专利人或者专利权受让人返还专利使用费或者专利权转让费，明显违反公平原则，专利权人或者专利权转让人应当向被许可实施专利人或者专利权受让人返还全部或者部分专利使用费或者专利权转让费。

第六十四条 发明或者实用新型专利权的保护范围以其权利要求的内容为准，说明书及附图可以用于解释权利要求的内容。

外观设计专利权的保护范围以表示在图片或者照片中的该产品的外观设计为准，简要说明可以用于解释图片或者照片所表示的该产品的外观设计。

(2008年修正，已修改)

第六条 执行本单位的任务或者主要是利用本单位的物质技术条件所完成的发明创

造为职务发明创造。职务发明创造申请专利的权利属于该单位；申请被批准后，该单位为专利权人。

非职务发明创造，申请专利的权利属于发明人或者设计人；申请被批准后，该发明人或者设计人为专利权人。

利用本单位的物质技术条件所完成的发明创造，单位与发明人或者设计人订有合同，对申请专利的权利和专利权的归属作出约定的，从其约定。

第十条　专利申请权和专利权可以转让。

中国单位或者个人向外国人、外国企业或者外国其他组织转让专利申请权或者专利权的，应当依照有关法律、行政法规的规定办理手续。

转让专利申请权或者专利权的，当事人应当订立书面合同，并向国务院专利行政部门登记，由国务院专利行政部门予以公告。专利申请权或者专利权的转让自登记之日起生效。

第十一条　发明和实用新型专利权被授予后，除本法另有规定的以外，任何单位或者个人未经专利权人许可，都不得实施其专利，即不得为生产经营目的制造、使用、许诺销售、销售、进口其专利产品，或者使用其专利方法以及使用、许诺销售、销售、进口依照该专利方法直接获得的产品。

外观设计专利权被授予后，任何单位或者个人未经专利权人许可，都不得实施其专利，即不得为生产经营目的制造、许诺销售、销售、进口其外观设计专利产品。

第二十二条　授予专利权的发明和实用新型，应当具备新颖性、创造性和实用性。

新颖性，是指该发明或者实用新型不属于现有技术；也没有任何单位或者个人就同样的发明或者实用新型在申请日以前向国务院专利行政部门提出过申请，并记载在申请日以后公布的专利申请文件或者公告的专利文件中。

创造性，是指与现有技术相比，该发明具有突出的实质性特点和显著的进步，该实用新型具有实质性特点和进步。

实用性，是指该发明或者实用新型能够制造或者使用，并且能够产生积极效果。

本法所称现有技术，是指申请日以前在国内外为公众所知的技术。

第二十三条　授予专利权的外观设计，应当不属于现有设计；也没有任何单位或者个人就同样的外观设计在申请日以前向国务院专利行政部门提出过申请，并记载在申请日以后公告的专利文件中。

授予专利权的外观设计与现有设计或者现有设计特征的组合相比，应当具有明显区别。

授予专利权的外观设计不得与他人在申请日以前已经取得的合法权利相冲突。

本法所称现有设计，是指申请日以前在国内外为公众所知的设计。

第二十五条　对下列各项，不授予专利权：

（一）科学发现；

（二）智力活动的规则和方法；

（三）疾病的诊断和治疗方法；

（四）动物和植物品种；

（五）用原子核变换方法获得的物质；

（六）对平面印刷品的图案、色彩或者二者的结合作出的主要起标识作用的设计。

对前款第（四）项所列产品的生产方法，可以依照本法规定授予专利权。

第二十六条　申请发明或者实用新型专利的，应当提交请求书、说明书及其摘要和权利要求书等文件。

请求书应当写明发明或者实用新型的名称，发明人的姓名，申请人姓名或者名称、地址，以及其他事项。

说明书应当对发明或者实用新型作出清楚、完整的说明，以所属技术领域的技术人员能够实现为准；必要的时候，应当有附图。摘要应当简要说明发明或者实用新型的技术要点。

权利要求书应当以说明书为依据，清楚、简要地限定要求专利保护的范围。

依赖遗传资源完成的发明创造，申请人应当在专利申请文件中说明该遗传资源的直接来源和原始来源；申请人无法说明原始来源的，应当陈述理由。

第二十九条　申请人自发明或者实用新型在外国第一次提出专利申请之日起十二个月内，或者自外观设计在外国第一次提出专利申请之日起六个月内，又在中国就相同主题提出专利申请的，依照该外国同中国签订的协议或者共同参加的国际条约，或者依照相互承认优先权的原则，可以享有优先权。

申请人自发明或者实用新型在中国第一次提出专利申请之日起十二个月内，又向国务院专利行政部门就相同主题提出专利申请的，可以享有优先权。

第四十五条　自国务院专利行政部门公告授予专利权之日起，任何单位或者个人认为该专利权的授予不符合本法有关规定的，可以请求专利复审委员会宣告该专利权无效。

第五十九条　发明或者实用新型专利权的保护范围以其权利要求的内容为准，说明书及附图可以用于解释权利要求的内容。

外观设计专利权的保护范围以表示在图片或者照片中的该产品的外观设计为准，简要说明可以用于解释图片或者照片所表示的该产品的外观设计。

第六十条　未经专利权人许可，实施其专利，即侵犯其专利权，引起纠纷的，由当事人协商解决；不愿协商或者协商不成的，专利权人或者利害关系人可以向人民法院起诉，也可以请求管理专利工作的部门处理。管理专利工作的部门处理时，认定侵权行为成立的，可以责令侵权人立即停止侵权行为，当事人不服的，可以自收到处理通知之日起十五日内依照《中华人民共和国行政诉讼法》向人民法院起诉；侵权人期满不起诉又不停止侵权行为的,管理专利工作的部门可以申请人民法院强制执行。进行处理的管理专利工作的部门应当事人的请求,可以就侵犯专利权的赔偿数额进行调解;调解不成的,当事人可以依照《中华人民共和国民事诉讼法》向人民法院起诉。

第六十一条 专利侵权纠纷涉及新产品制造方法的发明专利的,制造同样产品的单位或者个人应当提供其产品制造方法不同于专利方法的证明。

专利侵权纠纷涉及实用新型专利或者外观设计专利的,人民法院或者管理专利工作的部门可以要求专利权人或者利害关系人出具由国务院专利行政部门对相关实用新型或者外观设计进行检索、分析和评价后作出的专利权评价报告,作为审理、处理专利侵权纠纷的证据。

第六十二条 在专利侵权纠纷中,被控侵权人有证据证明其实施的技术或者设计属于现有技术或者现有设计的,不构成侵犯专利权。

第六十九条 有下列情形之一的,不视为侵犯专利权:

(一)专利产品或者依照专利方法直接获得的产品,由专利权人或者经其许可的单位、个人售出后,使用、许诺销售、销售、进口该产品的;

(二)在专利申请日前已经制造相同产品、使用相同方法或者已经作好制造、使用的必要准备,并且仅在原有范围内继续制造、使用的;

(三)临时通过中国领陆、领水、领空的外国运输工具,依照其所属国同中国签订的协议或者共同参加的国际条约,或者依照互惠原则,为运输工具自身需要而在其装置和设备中使用有关专利的;

(四)专为科学研究和实验而使用有关专利的;

(五)为提供行政审批所需要的信息,制造、使用、进口专利药品或者专利医疗器械的,以及专门为其制造、进口专利药品或者专利医疗器械的。

(2000年修正,已修改)

第六条 执行本单位的任务或者主要是利用本单位的物质技术条件所完成的发明创造为职务发明创造。职务发明创造申请专利的权利属于该单位;申请被批准后,该单位为专利权人。

非职务发明创造,申请专利的权利属于发明人或者设计人;申请被批准后,该发明人或者设计人为专利权人。

利用本单位的物质技术条件所完成的发明创造,单位与发明人或者设计人订有合同,对申请专利的权利和专利权的归属作出约定的,从其约定。

第十一条 发明和实用新型专利权被授予后,除本法另有规定的以外,任何单位或者个人未经专利权人许可,都不得实施其专利,即不得为生产经营目的制造、使用、许诺销售、销售、进口其专利产品,或者使用其专利方法以及使用、许诺销售、销售、进口依照该专利方法直接获得的产品。

外观设计专利权被授予后，任何单位或者个人未经专利权人许可，都不得实施其专利，即不得为生产经营目的制造、销售、进口其外观设计专利产品。

第二十二条 授予专利权的发明和实用新型，应当具备新颖性、创造性和实用性。

新颖性，是指在申请日以前没有同样的发明或者实用新型在国内外出版物上公开发表过、在国内公开使用过或者以其他方式为公众所知，也没有同样的发明或者实用新型由他人向国务院专利行政部门提出过申请并且记载在申请日以后公布的专利申请文件中。

创造性，是指同申请日以前已有的技术相比，该发明有突出的实质性特点和显著的进步，该实用新型有实质性特点和进步。

实用性，是指该发明或者实用新型能够制造或者使用，并且能够产生积极效果。

第二十六条 申请发明或者实用新型专利的，应当提交请求书、说明书及其摘要和权利要求书等文件。

请求书应当写明发明或者实用新型的名称，发明人或者设计人的姓名，申请人姓名或者名称、地址，以及其他事项。

说明书应当对发明或者实用新型作出清楚、完整的说明，以所属技术领域的技术人员能够实现为准；必要的时候，应当有附图。摘要应当简要说明发明或者实用新型的技术要点。

权利要求书应当以说明书为依据，说明要求专利保护的范围。

第四十五条 自国务院专利行政部门公告授予专利权之日起，任何单位或者个人认为该专利权的授予不符合本法有关规定的，可以请求专利复审委员会宣告该专利权无效。

第五十六条 发明或者实用新型专利权的保护范围以其权利要求的内容为准，说明书及附图可以用于解释权利要求。

外观设计专利权的保护范围以表示在图片或者照片中的该外观设计专利产品为准。

第五十七条 未经专利权人许可，实施其专利，即侵犯其专利权，引起纠纷的，由当事人协商解决；不愿协商或者协商不成的，专利权人或者利害关系人可以向人民法院起诉，也可以请求管理专利工作的部门处理。管理专利工作的部门处理时，认定侵权行为成立的，可以责令侵权人立即停止侵权行为，当事人不服的，可以自收到处理通知之日起十五日内依照《中华人民共和国行政诉讼法》向人民法院起诉；侵权人期满不起诉又不停止侵权行为的，管理专利工作的部门可以申请人民法院强制执行。进行处理的管理专利工作的部门应当事人的请求，可以就侵犯专利权的赔偿数额进行调解；调解不成的，当事人可以依照《中华人民共和国民事诉讼法》向人民法院起诉。

专利侵权纠纷涉及新产品制造方法的发明专利的，制造同样产品的单位或者个人应当提供其产品制造方法不同于专利方法的证明；涉及实用新型专利的，人民法院或者管理专利工作的部门可以要求专利权人出具由国务院专利行政部门作出的检索报告。

(1992 年修正，已修改)

第五十九条　发明或者实用新型专利权的保护范围以其权利要求的内容为准，说明书及附图可以用于解释权利要求。

外观设计专利权的保护范围以表示在图片或者照片中的该外观设计专利产品为准。

《中华人民共和国商标法》（简称《商标法》）

(2019 年修正，有效)

第十三条　为相关公众所熟知的商标，持有人认为其权利受到侵害时，可以依照本法规定请求驰名商标保护。

就相同或者类似商品申请注册的商标是复制、摹仿或者翻译他人未在中国注册的驰名商标，容易导致混淆的，不予注册并禁止使用。

就不相同或者不相类似商品申请注册的商标是复制、摹仿或者翻译他人已经在中国注册的驰名商标，误导公众，致使该驰名商标注册人的利益可能受到损害的，不予注册并禁止使用。

第五十七条　有下列行为之一的，均属侵犯注册商标专用权：

（一）未经商标注册人的许可，在同一种商品上使用与其注册商标相同的商标的；

（二）未经商标注册人的许可，在同一种商品上使用与其注册商标近似的商标，或者在类似商品上使用与其注册商标相同或者近似的商标，容易导致混淆的；

（三）销售侵犯注册商标专用权的商品的；

（四）伪造、擅自制造他人注册商标标识或者销售伪造、擅自制造的注册商标标识的；

（五）未经商标注册人同意，更换其注册商标并将该更换商标的商品又投入市场的；

（六）故意为侵犯他人商标专用权行为提供便利条件，帮助他人实施侵犯商标专用权行为的；

（七）给他人的注册商标专用权造成其他损害的。

第六十三条　侵犯商标专用权的赔偿数额，按照权利人因被侵权所受到的实际损失确定；实际损失难以确定的，可以按照侵权人因侵权所获得的利益确定；权利人的损失或者侵权人获得的利益难以确定的，参照该商标许可使用费的倍数合理确定。对恶意侵犯商标专用权，情节严重的，可以在按照上述方法确定数额的一倍以上五倍以下确定赔偿数额。赔偿数额应当包括权利人为制止侵权行为所支付的合理开支。

人民法院为确定赔偿数额，在权利人已经尽力举证，而与侵权行为相关的账簿、资料主要由侵权人掌握的情况下，可以责令侵权人提供与侵权行为相关的账簿、资料；侵权人不提供或者提供虚假的账簿、资料的，人民法院可以参考权利人的主张和提供的证据判定赔偿数额。

权利人因被侵权所受到的实际损失、侵权人因侵权所获得的利益、注册商标许可使用费难以确定的，由人民法院根据侵权行为的情节判决给予五百万元以下的赔偿。

人民法院审理商标纠纷案件，应权利人请求，对属于假冒注册商标的商品，除特殊情况外，责令销毁；对主要用于制造假冒注册商标的商品的材料、工具，责令销毁，且不予补偿；或者在特殊情况下，责令禁止前述材料、工具进入商业渠道，且不予补偿。

假冒注册商标的商品不得在仅去除假冒注册商标后进入商业渠道。

(2013年修正，已修改)

第七条　申请注册和使用商标，应当遵循诚实信用原则。

商标使用人应当对其使用商标的商品质量负责。各级工商行政管理部门应当通过商标管理，制止欺骗消费者的行为。

第九条　申请注册的商标，应当有显著特征，便于识别，并不得与他人在先取得的合法权利相冲突。

商标注册人有权标明"注册商标"或者注册标记。

第十条　下列标志不得作为商标使用：

(一) 同中华人民共和国的国家名称、国旗、国徽、国歌、军旗、军徽、军歌、勋章等相同或者近似的，以及同中央国家机关的名称、标志、所在地特定地点的名称或者标志性建筑物的名称、图形相同的；

(二) 同外国的国家名称、国旗、国徽、军旗等相同或者近似的，但经该国政府同意的除外；

(三) 同政府间国际组织的名称、旗帜、徽记等相同或者近似的，但经该组织同意或者不易误导公众的除外；

(四) 与表明实施控制、予以保证的官方标志、检验印记相同或者近似的，但经授权的除外；

(五) 同"红十字"、"红新月"的名称、标志相同或者近似的；

(六) 带有民族歧视性的；

(七) 带有欺骗性，容易使公众对商品的质量等特点或者产地产生误认的；

(八) 有害于社会主义道德风尚或者有其他不良影响的。

县级以上行政区划的地名或者公众知晓的外国地名，不得作为商标。但是，地名具有其他含义或者作为集体商标、证明商标组成部分的除外；已经注册的使用地名的商标继续有效。

第十一条　下列标志不得作为商标注册：

（一）仅有本商品的通用名称、图形、型号的；
（二）仅直接表示商品的质量、主要原料、功能、用途、重量、数量及其他特点的；
（三）其他缺乏显著特征的。

前款所列标志经过使用取得显著特征，并便于识别的，可以作为商标注册。

第十三条　为相关公众所熟知的商标，持有人认为其权利受到侵害时，可以依照本法规定请求驰名商标保护。

就相同或者类似商品申请注册的商标是复制、摹仿或者翻译他人未在中国注册的驰名商标，容易导致混淆的，不予注册并禁止使用。

就不相同或者不相类似商品申请注册的商标是复制、摹仿或者翻译他人已经在中国注册的驰名商标，误导公众，致使该驰名商标注册人的利益可能受到损害的，不予注册并禁止使用。

第十五条　未经授权，代理人或者代表人以自己的名义将被代理人或者被代表人的商标进行注册，被代理人或者被代表人提出异议的，不予注册并禁止使用。

就同一种商品或者类似商品申请注册的商标与他人在先使用的未注册商标相同或者近似，申请人与该他人具有前款规定以外的合同、业务往来关系或者其他关系而明知该他人商标存在，该他人提出异议的，不予注册。

第三十条　申请注册的商标，凡不符合本法有关规定或者同他人在同一种商品或者类似商品上已经注册的或者初步审定的商标相同或者近似的，由商标局驳回申请，不予公告。

第三十一条　两个或者两个以上的商标注册申请人，在同一种商品或者类似商品上，以相同或者近似的商标申请注册的，初步审定并公告申请在先的商标；同一天申请的，初步审定并公告使用在先的商标，驳回其他人的申请，不予公告。

第三十二条　申请商标注册不得损害他人现有的在先权利，也不得以不正当手段抢先注册他人已经使用并有一定影响的商标。

第三十三条　对初步审定公告的商标，自公告之日起三个月内，在先权利人、利害关系人认为违反本法第十三条第二款和第三款、第十五条、第十六条第一款、第三十条、第三十一条、第三十二条规定的，或者任何人认为违反本法第十条、第十一条、第十二条规定的，可以向商标局提出异议。公告期满无异议的，予以核准注册，发给商标注册证，并予公告。

第三十四条　对驳回申请、不予公告的商标，商标局应当书面通知商标注册申请人。商标注册申请人不服的，可以自收到通知之日起十五日内向商标评审委员会申请复审。商标评审委员会应当自收到申请之日起九个月内做出决定，并书面通知申请人。有特殊情况需要延长的，经国务院工商行政管理部门批准，可以延长三个月。当事人对商标评审委员会的决定不服的，可以自收到通知之日起三十日内向人民法院起诉。

第四十四条　已经注册的商标，违反本法第十条、第十一条、第十二条规定的，或者是以欺骗手段或者其他不正当手段取得注册的，由商标局宣告该注册商标无效；其他单位或者个人可以请求商标评审委员会宣告该注册商标无效。

商标局做出宣告注册商标无效的决定，应当书面通知当事人。当事人对商标局的决定不服的，可以自收到通知之日起十五日内向商标评审委员会申请复审。商标评审委员会应当自收到申请之日起九个月内做出决定，并书面通知当事人。有特殊情况需要延长的，经国务院工商行政管理部门批准，可以延长三个月。当事人对商标评审委员会的决定不服的，可以自收到通知之日起三十日内向人民法院起诉。

其他单位或者个人请求商标评审委员会宣告注册商标无效的，商标评审委员会收到申请后，应当书面通知有关当事人，并限期提出答辩。商标评审委员会应当自收到申请之日起九个月内做出维持注册商标或者宣告注册商标无效的裁定，并书面通知当事人。有特殊情况需要延长的，经国务院工商行政管理部门批准，可以延长三个月。当事人对商标评审委员会的裁定不服的，可以自收到通知之日起三十日内向人民法院起诉。人民法院应当通知商标裁定程序的对方当事人作为第三人参加诉讼。

第四十五条　已经注册的商标，违反本法第十三条第二款和第三款、第十五条、第十六条第一款、第三十条、第三十一条、第三十二条规定的，自商标注册之日起五年内，在先权利人或者利害关系人可以请求商标评审委员会宣告该注册商标无效。对恶意注册的，驰名商标所有人不受五年的时间限制。

商标评审委员会收到宣告注册商标无效的申请后，应当书面通知有关当事人，并限期提出答辩。商标评审委员会应当自收到申请之日起十二个月内做出维持注册商标或者宣告注册商标无效的裁定，并书面通知当事人。有特殊情况需要延长的，经国务院工商行政管理部门批准，可以延长六个月。当事人对商标评审委员会的裁定不服的，可以自收到通知之日起三十日内向人民法院起诉。人民法院应当通知商标裁定程序的对方当事人作为第三人参加诉讼。

商标评审委员会在依照前款规定对无效宣告请求进行审查的过程中，所涉及的在先权利的确定必须以人民法院正在审理或者行政机关正在处理的另一案件的结果为依据的，可以中止审查。中止原因消除后，应当恢复审查程序。

第四十九条　商标注册人在使用注册商标的过程中，自行改变注册商标、注册人名义、地址或者其他注册事项的，由地方工商行政管理部门责令限期改正；期满不改正的，由商标局撤销其注册商标。

注册商标成为其核定使用的商品的通用名称或者没有正当理由连续三年不使用的，任何单位或者个人可以向商标局申请撤销该注册商标。商标局应当自收到申请之日起九个月内做出决定。有特殊情况需要延长的，经国务院工商行政管理部门批准，可以延长三个月。

第五十七条　有下列行为之一的，均属侵犯注册商标专用权：

（一）未经商标注册人的许可，在同一种商品上使用与其注册商标相同的商标的；

（二）未经商标注册人的许可，在同一种商品上使用与其注册商标近似的商标，或者在类似商品上使用与其注册商标相同或者近似的商标，容易导致混淆的；

（三）销售侵犯注册商标专用权的商品的；

（四）伪造、擅自制造他人注册商标标识或者销售伪造、擅自制造的注册商标标识的；

（五）未经商标注册人同意，更换其注册商标并将该更换商标的商品又投入市场的；

（六）故意为侵犯他人商标专用权行为提供便利条件，帮助他人实施侵犯商标专用权行为的；

（七）给他人的注册商标专用权造成其他损害的。

第五十八条　将他人注册商标、未注册的驰名商标作为企业名称中的字号使用，误导公众，构成不正当竞争行为的，依照《中华人民共和国反不正当竞争法》处理。

第五十九条　注册商标中含有的本商品的通用名称、图形、型号，或者直接表示商品的质量、主要原料、功能、用途、重量、数量及其他特点，或者含有的地名，注册商标专用权人无权禁止他人正当使用。

三维标志注册商标中含有的商品自身的性质产生的形状、为获得技术效果而需有的商品形状或者使商品具有实质性价值的形状，注册商标专用权人无权禁止他人正当使用。

商标注册人申请商标注册前，他人已经在同一种商品或者类似商品上先于商标注册人使用与注册商标相同或者近似并有一定影响的商标的，注册商标专用权人无权禁止该使用人在原使用范围内继续使用该商标，但可以要求其附加适当区别标识。

第六十三条　侵犯商标专用权的赔偿数额，按照权利人因被侵权所受到的实际损失确定；实际损失难以确定的，可以按照侵权人因侵权所获得的利益确定；权利人的损失或者侵权人获得的利益难以确定的，参照该商标许可使用费的倍数合理确定。对恶意侵犯商标专用权，情节严重的，可以在按照上述方法确定数额的一倍以上三倍以下确定赔偿数额。赔偿数额应当包括权利人为制止侵权行为所支付的合理开支。

人民法院为确定赔偿数额，在权利人已经尽力举证，而与侵权行为相关的账簿、资料主要由侵权人掌握的情况下，可以责令侵权人提供与侵权行为相关的账簿、资料；侵权人不提供或者提供虚假的账簿、资料的，人民法院可以参考权利人的主张和提供的证据判定赔偿数额。

权利人因被侵权所受到的实际损失、侵权人因侵权所获得的利益、注册商标许可使用费难以确定的，由人民法院根据侵权行为的情节判决给予三百万元以下的赔偿。

第六十四条　注册商标专用权人请求赔偿，被控侵权人以注册商标专用权人未使用注册商标提出抗辩的，人民法院可以要求注册商标专用权人提供此前三年内实际使用该注册商标的证据。注册商标专用权人不能证明此前三年内实际使用过该注册商标，也不能证明因侵权行为受到其他损失的，被控侵权人不承担赔偿责任。

销售不知道是侵犯注册商标专用权的商品，能证明该商品是自己合法取得并说明提供者的，不承担赔偿责任。

(2001年修正，已修改)

第十三条 【禁止使用复制、摹仿或翻译他人的驰名商标】就相同或者类似商品申请注册的商标是复制、摹仿或者翻译他人未在中国注册的驰名商标，容易导致混淆的，不予注册并禁止使用。

就不相同或者不相类似商品申请注册的商标是复制、摹仿或者翻译他人已经在中国注册的驰名商标，误导公众，致使该驰名商标注册人的利益可能受到损害的，不予注册并禁止使用。

第二十八条 【商标注册申请的驳回】申请注册的商标，凡不符合本法有关规定或者同他人在同一种商品或者类似商品上已经注册的或者初步审定的商标相同或者近似的，由商标局驳回申请，不予公告。

第二十九条 【申请在先原则】两个或者两个以上的商标注册申请人，在同一种商品或者类似商品上，以相同或者近似的商标申请注册的，初步审定并公告申请在先的商标；同一天申请的，初步审定并公告使用在先的商标，驳回其他人的申请，不予公告。

第三十一条 【不得损害他人在先权利、不得抢先注册】申请商标注册不得损害他人现有的在先权利，也不得以不正当手段抢先注册他人已经使用并有一定影响的商标。

第四十条 【注册商标的使用许可】商标注册人可以通过签订商标使用许可合同，许可他人使用其注册商标。许可人应当监督被许可人使用其注册商标的商品质量。被许可人应当保证使用该注册商标的商品质量。

经许可使用他人注册商标的，必须在使用该注册商标的商品上标明被许可人的名称和商品产地。

商标使用许可合同应当报商标局备案。

第五十一条 【商标权的保护范围】注册商标的专用权，以核准注册的商标和核定使用的商品为限。

第五十二条 【商标侵权行为】有下列行为之一的，均属侵犯注册商标专用权：

(一)未经商标注册人的许可，在同一种商品或者类似商品上使用与其注册商标相同或者近似的商标的；

(二)销售侵犯注册商标专用权的商品的；

(三)伪造、擅自制造他人注册商标标识或者销售伪造、擅自制造的注册商标标识的；

（四）未经商标注册人同意，更换其注册商标并将该更换商标的商品又投入市场的；

（五）给他人的注册商标专用权造成其他损害的。

第五十六条 【赔偿数额】侵犯商标专用权的赔偿数额，为侵权人在侵权期间因侵权所获得的利益，或者被侵权人在被侵权期间因被侵权所受到的损失，包括被侵权人为制止侵权行为所支付的合理开支。

前款所称侵权人因侵权所得利益，或者被侵权人因被侵权所受损失难以确定的，由人民法院根据侵权行为的情节判决给予五十万元以下的赔偿。

销售不知道是侵犯注册商标专用权的商品，能证明该商品是自己合法取得的并说明提供者的，不承担赔偿责任。

《中华人民共和国著作权法》（简称《著作权法》）

(2020年修正，有效)

第五十二条 有下列侵权行为的，应当根据情况，承担停止侵害、消除影响、赔礼道歉、赔偿损失等民事责任：

（一）未经著作权人许可，发表其作品的；

（二）未经合作作者许可，将与他人合作创作的作品当作自己单独创作的作品发表的；

（三）没有参加创作，为谋取个人名利，在他人作品上署名的；

（四）歪曲、篡改他人作品的；

（五）剽窃他人作品的；

（六）未经著作权人许可，以展览、摄制视听作品的方法使用作品，或者以改编、翻译、注释等方式使用作品的，本法另有规定的除外；

（七）使用他人作品，应当支付报酬而未支付的；

（八）未经视听作品、计算机软件、录音录像制品的著作权人、表演者或者录音录像制作者许可，出租其作品或者录音录像制品的原件或者复制件的，本法另有规定的除外；

（九）未经出版者许可，使用其出版的图书、期刊的版式设计的；

（十）未经表演者许可，从现场直播或者公开传送其现场表演，或者录制其表演的；

（十一）其他侵犯著作权以及与著作权有关的权利的行为。

第五十四条 侵犯著作权或者与著作权有关的权利的，侵权人应当按照权利人因此受到的实际损失或者侵权人的违法所得给予赔偿；权利人的实际损失或者侵权人的违法所得难以计算的，可以参照该权利使用费给予赔偿。对故意侵犯著作权或者与著作权有关的权利，情节严重的，可以在按照上述方法确定数额的一倍以上五倍以下给予赔偿。

权利人的实际损失、侵权人的违法所得、权利使用费难以计算的，由人民法院根据侵权行为的情节，判决给予五百元以上五百万元以下的赔偿。

赔偿数额还应当包括权利人为制止侵权行为所支付的合理开支。

人民法院为确定赔偿数额，在权利人已经尽了必要举证责任，而与侵权行为相关的账簿、资料等主要由侵权人掌握的，可以责令侵权人提供与侵权行为相关的账簿、资料等；侵权人不提供，或者提供虚假的账簿、资料等的，人民法院可以参考权利人的主张和提供的证据确定赔偿数额。

人民法院审理著作权纠纷案件，应权利人请求，对侵权复制品，除特殊情况外，责令销毁；对主要用于制造侵权复制品的材料、工具、设备等，责令销毁，且不予补偿；或者在特殊情况下，责令禁止前述材料、工具、设备等进入商业渠道，且不予补偿。

(2010年修正，已修改)

第三条 法所称的作品，包括以下列形式创作的文学、艺术和自然科学、社会科学、工程技术等作品：

（一）文字作品；

（二）口述作品；

（三）音乐、戏剧、曲艺、舞蹈、杂技艺术作品；

（四）美术、建筑作品；

（五）摄影作品；

（六）电影作品和以类似摄制电影的方法创作的作品；

（七）工程设计图、产品设计图、地图、示意图等图形作品和模型作品；

（八）计算机软件；

（九）法律、行政法规规定的其他作品。

第十一条 著作权属于作者，本法另有规定的除外。

创作作品的公民是作者。

由法人或者其他组织主持，代表法人或者其他组织意志创作，并由法人或者其他组织承担责任的作品，法人或者其他组织视为作者。

如无相反证明，在作品上署名的公民、法人或者其他组织为作者。

第四十七条 有下列侵权行为的，应当根据情况，承担停止侵害、消除影响、赔礼道歉、赔偿损失等民事责任：

（一）未经著作权人许可，发表其作品的；

（二）未经合作作者许可，将与他人合作创作的作品当作自己单独创作的作品发表的；

（三）没有参加创作，为谋取个人名利，在他人作品上署名的；

（四）歪曲、篡改他人作品的；

（五）剽窃他人作品的；

（六）未经著作权人许可，以展览、摄制电影和以类似摄制电影的方法使用作品，或者以改编、翻译、注释等方式使用作品的，本法另有规定的除外；

（七）使用他人作品，应当支付报酬而未支付的；

（八）未经电影作品和以类似摄制电影的方法创作的作品、计算机软件、录音录像制品的著作权人或者与著作权有关的权利人许可，出租其作品或者录音录像制品的，本法另有规定的除外；

（九）未经出版者许可，使用其出版的图书、期刊的版式设计的；

（十）未经表演者许可，从现场直播或者公开传送其现场表演，或者录制其表演的；

（十一）其他侵犯著作权以及与著作权有关的权益的行为。

(2001年修正，已修改)

第三条　本法所称的作品，包括以下列形式创作的文学、艺术和自然科学、社会科学、工程技术等作品：

（一）文字作品；

（二）口述作品；

（三）音乐、戏剧、曲艺、舞蹈、杂技艺术作品；

（四）美术、建筑作品；

（五）摄影作品；

（六）电影作品和以类似摄制电影的方法创作的作品；

（七）工程设计图、产品设计图、地图、示意图等图形作品和模型作品；

（八）计算机软件；

（九）法律、行政法规规定的其他作品。

第八条　著作权人和与著作权有关的权利人可以授权著作权集体管理组织行使著作权或者与著作权有关的权利。著作权集体管理组织被授权后，可以以自己的名义为著作权人和与著作权有关的权利人主张权利，并可以作为当事人进行涉及著作权或者与著作权有关的权利的诉讼、仲裁活动。

著作权集体管理组织是非营利性组织，其设立方式、权利义务、著作权许可使用费的收取和分配，以及对其监督和管理等由国务院另行规定。

第十条　著作权包括下列人身权和财产权：

（一）发表权，即决定作品是否公之于众的权利；

（二）署名权，即表明作者身份，在作品上署名的权利；

（三）修改权，即修改或者授权他人修改作品的权利；

（四）保护作品完整权，即保护作品不受歪曲、篡改的权利；

（五）复制权，即以印刷、复印、拓印、录音、录像、翻录、翻拍等方式将作品制作一份或者多份的权利；

（六）发行权，即以出售或者赠与方式向公众提供作品的原件或者复制件的权利；

（七）出租权，即有偿许可他人临时使用电影作品和以类似摄制电影的方法创作的作品、计算机软件的权利；

（八）展览权，即公开作品，以及通过扩音器或者其他传送符号、声音、图像的类似工具向公众传播广播的作品的权利；

（十二）信息网络传播权，即以有线或者无线方式向公众提供作品，使公众可以在其个人选定的时间和地点获得作品的权利；

（十三）摄制权，即以摄制电影或者以类似摄制电影的方法将作品固定在载体上的权利；

（十四）改编权，即改变作品，创作出具有独创性的新作品的权利；

（十五）翻译权，即将作品从一种语言文字转换成另一种语言文字的权利；

（十六）汇编权，即将作品或者作品的片段通过选择或者编排，汇集成新作品的权利；

（十七）应当由著作权人享有的其他权利。

著作权人可以许可他人行使前款第（五）项至第（十七）项规定的权利，并依照约定或者本法有关规定获得报酬。

著作权人可以全部或者部分转让本条第一款第（五）项至第（十七）项规定的权利，并依照约定或者本法有关规定获得报酬。

第四十六条 有下列侵权行为的，应当根据情况，承担停止侵害、消除影响、赔礼道歉、赔偿损失等民事责任：

（一）未经著作权人许可，发表其作品的；

（二）未经合作作者许可，将与他人合作创作的作品当作自己单独创作的作品发表的；

（三）没有参加创作，为谋取个人名利，在他人作品上署名的；

（四）歪曲、篡改他人作品的；

（五）剽窃他人作品的；

（六）未经著作权人许可，以展览、摄制电影和以类似摄制电影的方法使用作品，或者以改编、翻译、注释等方式使用作品的，本法另有规定的除外；

（七）使用他人作品，应当支付报酬而未支付的；

（八）未经电影作品和以类似摄制电影的方法创作的作品、计算机软件、录音录像制品的著作权人或者与著作权有关的权利人许可，出租其作品或者录音录像制品的，本法另有规定的除外；

（九）未经出版者许可，使用其出版的图书、期刊的版式设计的；

（十）未经表演者许可，从现场直播或者公开传送其现场表演，或者录制其表演的；

（十一）其他侵犯著作权以及与著作权有关的权益的行为。

第四十八条　侵犯著作权或者与著作权有关的权利的，侵权人应当按照权利人的实际损失给予赔偿；实际损失难以计算的，可以按照侵权人的违法所得给予赔偿。赔偿数额还应当包括权利人为制止侵权行为所支付的合理开支。

权利人的实际损失或者侵权人的违法所得不能确定的，由人民法院根据侵权行为的情节，判决给予五十万元以下的赔偿。

《中华人民共和国反不正当竞争法》（简称《反不正当竞争法》）

(2019 年修订，有效)

第九条　经营者不得实施下列侵犯商业秘密的行为：

（一）以盗窃、贿赂、欺诈、胁迫、电子侵入或者其他不正当手段获取权利人的商业秘密；

（二）披露、使用或者允许他人使用以前项手段获取的权利人的商业秘密；

（三）违反保密义务或者违反权利人有关保守商业秘密的要求，披露、使用或者允许他人使用其所掌握的商业秘密；

（四）教唆、引诱、帮助他人违反保密义务或者违反权利人有关保守商业秘密的要求，获取、披露、使用或者允许他人使用权利人的商业秘密。

经营者以外的其他自然人、法人和非法人组织实施前款所列违法行为的，视为侵犯商业秘密。

第三人明知或者应知商业秘密权利人的员工、前员工或者其他单位、个人实施本条第一款所列违法行为，仍获取、披露、使用或者允许他人使用该商业秘密的，视为侵犯商业秘密。

(2017 修订，已修改)

第六条　经营者不得实施下列混淆行为，引人误认为是他人商品或者与他人存在特定联系：

（一）擅自使用与他人有一定影响的商品名称、包装、装潢等相同或者近似的标识；

（二）擅自使用他人有一定影响的企业名称（包括简称、字号等）、社会组织名称（包括简称等）、姓名（包括笔名、艺名、译名等）；

（三）擅自使用他人有一定影响的域名主体部分、网站名称、网页等；

（四）其他足以引人误认为是他人商品或者与他人存在特定联系的混淆行为。

第九条　经营者不得实施下列侵犯商业秘密的行为：

（一）以盗窃、贿赂、欺诈、胁迫或者其他不正当手段获取权利人的商业秘密；

（二）披露、使用或者允许他人使用以前项手段获取的权利人的商业秘密；

（三）违反约定或者违反权利人有关保守商业秘密的要求，披露、使用或者允许他人使用其所掌握的商业秘密。

第三人明知或者应知商业秘密权利人的员工、前员工或者其他单位、个人实施前款所列违法行为，仍获取、披露、使用或者允许他人使用该商业秘密的，视为侵犯商业秘密。

本法所称的商业秘密，是指不为公众所知悉、具有商业价值并经权利人采取相应保密措施的技术信息和经营信息。

第十七条　经营者违反本法规定，给他人造成损害的，应当依法承担民事责任。

经营者的合法权益受到不正当竞争行为损害的，可以向人民法院提起诉讼。

因不正当竞争行为受到损害的经营者的赔偿数额，按照其因被侵权所受到的实际损失确定；实际损失难以计算的，按照侵权人因侵权所获得的利益确定。赔偿数额还应当包括经营者为制止侵权行为所支付的合理开支。

经营者违反本法第六条、第九条规定，权利人因被侵权所受到的实际损失、侵权人因侵权所获得的利益难以确定的，由人民法院根据侵权行为的情节判决给予权利人三百万元以下的赔偿。

第十八条　经营者违反本法第六条规定实施混淆行为的，由监督检查部门责令停止违法行为，没收违法商品。违法经营额五万元以上的，可以并处违法经营额五倍以下的罚款；没有违法经营额或者违法经营额不足五万元的，可以并处二十五万元以下的罚款。情节严重的，吊销营业执照。

经营者登记的企业名称违反本法第六条规定的，应当及时办理名称变更登记；名称变更前，由原企业登记机关以统一社会信用代码代替其名称。

(1993 修订，已修改)

第二条　经营者在市场交易中，应当遵循自愿、平等、公平、诚实信用的原则，遵守公认的商业道德。本法所称的不正当竞争，是指经营者违反本法规定，损害其他经营物合法权益，扰乱社会经济秩序的行为。本法所称的经营者，是指从事商品经营或者营利性服务（以下所称商品包括服务）的法人、其他经济组织和个人。

第五条　经营者不得采用下列不正当手段从事市场交易，损害竞争对手：

（一）假冒他人的注册商标；

（二）擅自使用知名商品特有的名称、包装、装潢，或者使用与知名商品近似的名称、包装、装潢，造成和他人的知名商品相混淆，使购买者误认为是该知名商品；

（三）擅自使用他人的企业名称或者姓名，引人误认为是他人的商品；

（四）在商品上伪造或者冒用认证标志、名优标志等质量标志，伪造产地，对商品质量作引人误解的虚假表示。

第十条　经营者不得采用下列手段侵犯商业秘密：

（一）以盗窃、利诱、胁迫或者其他不正当手段获取权利人的商业秘密；

（二）披露、使用或者允许他人使用以前项手段获取权利人的商业秘密；

（三）违反约定或者违反权利人有关保守商业秘密的要求，披露、使用或者允许他人使用其所掌握的商业秘密。

第三人明知或者应知前款所列违法行为，获取、使用或者披露他人的商业秘密，视为商业秘密。

本条所称的秘密，是指不为公众所知悉、能为权利人带来经济利益、具有实用性并经权利人采取保密措施的技术信息和经营信息。

第十四条　经营者不得捏造、散布虚伪事实，损害竞争对手的商业信誉、商品声誉。

第二十条　经营者违反本法规定，给被侵害的经营者造成损害的，应当承担损害赔偿责任，被侵害的经营者的损失难以计算的，赔偿额为侵权期间因侵权所获得的利润；并应当承担被侵害的经营者因调查该经营者侵害其合法权益的不正当竞争行为所支付的合理费用。被侵害的经营者的合法权益受到不正当竞争行为损害的，可以向人民法院提起诉讼。

第二十一条　经营者假冒他人的注册商标，擅自使用他人的企业名称或者姓名，伪造或者冒用认证标志、名优标志等质量标志，伪造产地，对商品质量作引人误解的虚假表示的，依照《中华人民共和国商标法》、《中华人民共和国产品质量法》的规定处罚。

经营者擅自使用知名商品特有的名称、包装、装潢，或者使用与知名商品近似的名称、包装、装潢，造成和他人的知名商品相混淆，使购买者误认为是该知名商品的，监督检查部门应当责令停止违法行为，没收违法所得，可以根据情节处以违法所得一倍以上三倍以下罚款；情节严重的，可以吊销营业执照；销售伪劣商品，构成犯罪的，依法追究刑事责任。

《中华人民共和国反垄断法》（简称《反垄断法》）

(2007年，已修改)

第六条　具有市场支配地位的经营者，不得滥用市场支配地位，排除、限制竞争。

第十七条　禁止具有市场支配地位的经营者从事下列滥用市场支配地位的行为：

（一）以不公平的高价销售商品或者以不公平的低价购买商品；

（二）没有正当理由，以低于成本的价格销售商品；

（三）没有正当理由，拒绝与交易相对人进行交易；

（四）没有正当理由，限定交易相对人只能与其进行交易或者只能与其指定的经营者进行交易；

（五）没有正当理由搭售商品，或者在交易时附加其他不合理的交易条件；

（六）没有正当理由，对条件相同的交易相对人在交易价格等交易条件上实行差别待遇；

（七）国务院反垄断执法机构认定的其他滥用市场支配地位的行为。

本法所称市场支配地位，是指经营者在相关市场内具有能够控制商品价格、数量或者其他交易条件，或者能够阻碍、影响其他经营者进入相关市场能力的市场地位。

《中华人民共和国刑法》（简称《刑法》）

(2009年修正，已修改)

第二百一十三条　未经注册商标所有人许可，在同一种商品上使用与其注册商标相同的商标，情节严重的，处三年以下有期徒刑或者拘役，并处或者单处罚金；情节特别严重的，处三年以上七年以下有期徒刑，并处罚金。

第二百一十九条　有下列侵犯商业秘密行为之一，情节严重的，处三年以下有期徒刑，并处或者单处罚金；情节特别严重的，处三年以上十年以下有期徒刑，并处罚金：

（一）以盗窃、贿赂、欺诈、胁迫、电子侵入或者其他不正当手段获取权利人的商业秘密的；

（二）披露、使用或者允许他人使用以前项手段获取的权利人的商业秘密的；

（三）违反保密义务或者违反权利人有关保守商业秘密的要求，披露、使用或者允许他人使用其所掌握的商业秘密的。

明知前款所列行为，获取、披露、使用或者允许他人使用该商业秘密的，以侵犯商业秘密论。

本条所称权利人，是指商业秘密的所有人和经商业秘密所有人许可的商业秘密使用人。

《中华人民共和国民法通则》（简称《民法通则》）

(1987年，已废止)

第四条　民事活动应当遵循自愿、公平、等价有偿、诚实信用的原则。

第六十三条　规定，公民、法人可以通过代理人实施民事法律行为。代理人在代理权限内,以被代理人的名义实施民事法律行为。被代理人对代理人的代理行为,承担民事责任。

第一百二十条 公民的姓名权、肖像权、名誉权、荣誉权受到侵害的,有权要求停止侵害,恢复名誉,消除影响,赔礼道歉,并可以要求赔偿损失。

第一百三十四条 承担民事责任的方式主要有:

(一)停止侵害;

(二)排除妨碍;

(三)消除危险;

(四)返还财产;

(五)恢复原状;

(六)修理、重作、更换;

(七)赔偿损失;

(八)支付违约金;

(九)消除影响、恢复名誉;

(十)赔礼道歉。

以上承担民事责任的方式,可以单独适用,也可以合并适用。

人民法院审理民事案件,除适用上述规定外,还可以予以训诫、责令具结悔过、收缴进行非法活动的财物和非法所得,并可以依照法律规定处以罚款、拘留。

第一百三十五条 向人民法院请求保护民事权利的诉讼时效期间为二年,法律另有规定的除外。

《中华人民共和国侵权责任法》(简称《侵权责任法》)

(2009年,已废止)

第三十六条 网络用户、网络服务提供者利用网络侵害他人民事权益的,应当承担侵权责任。

网络用户利用网络服务实施侵权行为的,被侵权人有权通知网络服务提供者采取删除、屏蔽、断开链接等必要措施。网络服务提供者接到通知后未及时采取必要措施的,对损害的扩大部分与该网络用户承担连带责任。

网络服务提供者知道网络用户利用其网络服务侵害他人民事权益,未采取必要措施的,与该网络用户承担连带责任。

《中华人民共和国产品质量法》

(2009 年修正，已修改)

第五条 禁止伪造或者冒用认证标志等质量标志；禁止伪造产品的产地，伪造或者冒用他人的厂名、厂址；禁止在生产、销售的产品中掺杂、掺假，以假充真，以次充好。

《中华人民共和国民事诉讼法》（简称《民事诉讼法》）

(2017 年修正，已修改)

第五十八条 当事人、法定代理人可以委托一至二人作为诉讼代理人。

下列人员可以被委托为诉讼代理人：

（一）律师、基层法律服务工作者；

（二）当事人的近亲属或者工作人员；

（三）当事人所在社区、单位以及有关社会团体推荐的公民

第一百一十九条 起诉必须符合下列条件：

（一）原告是与本案有直接利害关系的公民、法人和其他组织；

（二）有明确的被告；

（三）有具体的诉讼请求和事实、理由；

（四）属于人民法院受理民事诉讼的范围和受诉人民法院管辖。

第一百五十条 有下列情形之一的，中止诉讼：

（一）一方当事人死亡，需要等待继承人表明是否参加诉讼的；

（二）一方当事人丧失诉讼行为能力，尚未确定法定代理人的；

（三）作为一方当事人的法人或者其他组织终止，尚未确定权利义务承受人的；

（四）一方当事人因不可抗拒的事由，不能参加诉讼的；

（五）本案必须以另一案的审理结果为依据，而另一案尚未审结的；

（六）其他应当中止诉讼的情形。

中止诉讼的原因消除后，恢复诉讼。

第一百七十条 第二审人民法院对上诉案件，经过审理，按照下列情形，分别处理：

（一）原判决、裁定认定事实清楚，适用法律正确的，以判决、裁定方式驳回上诉，维持原判决、裁定；

（二）原判决、裁定认定事实错误或者适用法律错误的，以判决、裁定方式依法改判、撤销或者变更；

（三）原判决认定基本事实不清的，裁定撤销原判决，发回原审人民法院重审，或

者查清事实后改判；

（四）原判决遗漏当事人或者违法缺席判决等严重违反法定程序的，裁定撤销原判决，发回原审人民法院重审。

原审人民法院对发回重审的案件作出判决后，当事人提起上诉的，第二审人民法院不得再次发回重审。

第二百五十九条 在中华人民共和国领域内进行涉外民事诉讼，适用本编规定。本编没有规定的，适用本法其他有关规定。

(2007 年修正，已修改)

第一百零八条 起诉必须符合下列条件：
（一）原告是与本案有直接利害关系的公民、法人和其他组织；
（二）有明确的被告；
（三）有具体的诉讼请求和事实、理由；
（四）属于人民法院受理民事诉讼的范围和受诉人民法院管辖。

《中华人民共和国专利法实施细则》（简称《专利法实施细则》）

(2010 年修订，有效)

第十二条 专利法第六条所称执行本单位的任务所完成的职务发明创造，是指：
（一）在本职工作中作出的发明创造；
（二）履行本单位交付的本职工作之外的任务所作出的发明创造；
（三）退休、调离原单位后或者劳动、人事关系终止后 1 年内作出的，与其在原单位承担的本职工作或者原单位分配的任务有关的发明创造。

专利法第六条所称本单位，包括临时工作单位；专利法第六条所称本单位的物质技术条件，是指本单位的资金、设备、零部件、原材料或者不对外公开的技术资料等。

第二十条 权利要求书应当有独立权利要求，也可以有从属权利要求。

独立权利要求应当从整体上反映发明或者实用新型的技术方案，记载解决技术问题的必要技术特征。

从属权利要求应当用附加的技术特征，对引用的权利要求作进一步限定。

(2002 年修订，已修改)

第六十四条 依照专利法第四十五条的规定，请求宣告专利权无效或者部分无效的，应当向专利复审委员会提交专利权无效宣告请求书和必要的证据一式两份。无效宣告请求书应当结合提交的所有证据，具体说明无效宣告请求的理由，并指明每项理由所依据的证据。

前款所称无效宣告请求的理由，是指被授予专利的发明创造不符合专利法第二十二条、第二十三条、第二十六条第三款、第四款、第三十三条或者本细则第二条、第十三条第一款、第二十条第一款、第二十一条第二款的规定，或者属于专利法第五条、第二十五条的规定，或者依照专利法第九条规定不能取得专利权。

《中华人民共和国商标法实施条例》（简称《商标法实施条例》）

(2014年修订)

第五十二条 商标评审委员会审理不服商标局驳回商标注册申请决定的复审案件，应当针对商标局的驳回决定和申请人申请复审的事实、理由、请求及评审时的事实状态进行审理。

商标评审委员会审理不服商标局驳回商标注册申请决定的复审案件，发现申请注册的商标有违反商标法第十条、第十一条、第十二条和第十六条第一款规定情形，商标局并未依据上述条款作出驳回决定的，可以依据上述条款作出驳回申请的复审决定。商标评审委员会作出复审决定前应当听取申请人的意见。

(2002年修订)

第五十条 有下列行为之一的，属于商标法第五十二条第（五）项所称侵犯注册商标专用权的行为：

（一）在同一种或者类似商品上，将与他人注册商标相同或者近似的标志作为商品名称或者商品装潢使用，误导公众的；

（二）故意为侵犯他人注册商标专用权行为提供仓储、运输、邮寄、隐匿等便利条件的。

《中华人民共和国著作权法实施条例》（简称《著作权法实施条例》）

(2013年修订)

第二条 著作权法所称作品，是指文学、艺术和科学领域内具有独创性并能以某种有形形式复制的智力成果。

第四条 著作权法和本条例中下列作品的含义：

（一）文字作品，是指小说、诗词、散文、论文等以文字形式表现的作品；

（二）口述作品，是指即兴的演说、授课、法庭辩论等以口头语言形式表现的作品；

（三）音乐作品，是指歌曲、交响乐等能够演唱或者演奏的带词或者不带词的作品；

（四）戏剧作品，是指话剧、歌剧、地方戏等供舞台演出的作品；

（五）曲艺作品，是指相声、快书、大鼓、评书等以说唱为主要形式表演的作品；

（六）舞蹈作品，是指通过连续的动作、姿势、表情等表现思想情感的作品；

（七）杂技艺术作品，是指杂技、魔术、马戏等通过形体动作和技巧表现的作品；

（八）美术作品，是指绘画、书法、雕塑等以线条、色彩或者其他方式构成的有审美意义的平面或者立体的造型艺术作品；

（九）建筑作品，是指以建筑物或者构筑物形式表现的有审美意义的作品；

（十）摄影作品，是指借助器械在感光材料或者其他介质上记录客观物体形象的艺术作品；

（十一）电影作品和以类似摄制电影的方法创作的作品，是指摄制在一定介质上，由一系列有伴音或者无伴音的画面组成，并且借助适当装置放映或者以其他方式传播的作品；

（十二）图形作品，是指为施工、生产绘制的工程设计图、产品设计图，以及反映地理现象、说明事物原理或者结构的地图、示意图等作品；（十三）模型作品，是指为展示、试验或者观测等用途，根据物体的形状和结构，按照一定比例制成的立体作品。

《中华人民共和国海关行政处罚实施条例》

(2004年，已修改)

第二十五条 进出口侵犯中华人民共和国法律、行政法规保护的知识产权的货物的，没收侵权货物，并处货物价值30%以下罚款；构成犯罪的，依法追究刑事责任。

需要向海关申报知识产权状况，进出口货物收发货人及其代理人未按照规定向海关如实申报有关知识产权状况，或者未提交合法使用有关知识产权的证明文件的，可以处5万元以下罚款。

《集体商标、证明商标注册和管理办法》

(2003年，有效)

第六条 申请以地理标志作为集体商标、证明商标注册的，还应当附送管辖该地理标志所标示地区的人民政府或者行业主管部门的批准文件。

外国人或者外国企业申请以地理标志作为集体商标、证明商标注册的，申请人应当提供该地理标志以其名义在其原属国受法律保护的证明。

第七条 以地理标志作为集体商标、证明商标注册的，应当在申请书件中说明下列内容：

（一）该地理标志所标示的商品的特定质量、信誉或者其他特征；

（二）该商品的特定质量、信誉或者其他特征与该地理标志所标示的地区的自然因素和人文因素的关系；

（三）该地理标志所标示的地区的范围。

《企业名称登记管理规定》

(1991年，已修改)

第九条　企业名称不得含有下列内容和文字：

（一）有损于国家、社会公共利益的；

（二）可能对公众造成欺骗或者误解的；

（三）外国国家（地区）名称、国际组织名称；

（四）政党名称、党政军机关名称、群众组织名称、社会团体名称及部队番号；

（五）汉语拼音字母（外文名称中使用的除外）、数字；

（六）其他法律、行政法规规定禁止的。

第二十五条　两个以上的企业因已登记注册的企业名称相同或者近似而发生争议时，登记主管机关依照注册在先原则处理。

中国企业的企业名称与外国（地区）企业的企业名称在中国境内发生争议并向登记主管机关申请裁决时，由国家工商行政管理局依据我国缔结或者参加的国际条约的规定的原则或者本规定处理。

第二十七条　擅自使用他人已经登记注册的企业名称或者有其他侵犯他人企业名称专用权行为的，被侵权人可以向侵权人所在地登记主管机关要求处理。登记主管机关有权责令侵权人停止侵权行为，赔偿被侵权人因该侵权行为所遭受的损失，没收非法所得并处以五千元以上、五万元以下罚款。

对侵犯他人企业名称专用权的，被侵权人也可以直接向人民法院起诉。

《最高人民法院　最高人民检察院关于办理侵犯知识产权刑事案件具体应用法律若干问题的解释（三）》

(法释〔2020〕10号)

第四条　实施刑法第二百一十九条规定的行为，具有下列情形之一的，应当认定为"给商业秘密的权利人造成重大损失"：

（一）给商业秘密的权利人造成损失数额或者因侵犯商业秘密违法所得数额在三十万元以上的；

（二）直接导致商业秘密的权利人因重大经营困难而破产、倒闭的；

(三)造成商业秘密的权利人其他重大损失的。

给商业秘密的权利人造成损失数额或者因侵犯商业秘密违法所得数额在二百五十万元以上的,应当认定为刑法第二百一十九条规定的"造成特别严重后果"。

《最高人民法院、最高人民检察院、公安部关于办理侵犯知识产权刑事案件适用法律若干问题的意见》

(法发〔2011〕3号)

五、关于刑法第二百一十三条规定的"同一种商品"的认定问题

名称相同的商品以及名称不同但指同一事物的商品,可以认定为"同一种商品"。"名称"是指国家工商行政管理总局商标局在商标注册工作中对商品使用的名称,通常即《商标注册用商品和服务国际分类》中规定的商品名称。"名称不同但指同一事物的商品"是指在功能、用途、主要原料、消费对象、销售渠道等方面相同或者基本相同,相关公众一般认为是同一种事物的商品。

认定"同一种商品",应当在权利人注册商标核定使用的商品和行为人实际生产销售的商品之间进行比较。

《最高人民法院关于当前经济形势下知识产权审判服务大局若干问题的意见》

(法发〔2009〕23号)

10. 妥善处理注册商标、企业名称与在先权利的冲突,依法制止"傍名牌"等不正当竞争行为。除注册商标之间的权利冲突民事纠纷外,对于涉及注册商标、企业名称与在先权利冲突的民事纠纷,包括被告实际使用中改变了注册商标或者超出核定使用的商品范围使用注册商标的纠纷,只要属于民事权益争议并符合民事诉讼法规定的受理条件,人民法院应予受理。凡被诉侵权商标在人民法院受理案件时尚未获得注册的,均不妨碍人民法院依法受理和审理;被诉侵权商标虽为注册商标,但被诉侵权行为是复制、摹仿、翻译在先驰名商标的案件,人民法院应当依法受理。

《最高人民法院关于审理专利授权确权行政案件适用法律若干问题的规定(一)》

(法释〔2020〕8号)

第十四条 人民法院认定外观设计专利产品的一般消费者所具有的知识水平和认知能力,应当考虑申请日时外观设计专利产品的设计空间。设计空间较大的,人民法院可以认定一般消费者通常不容易注意到不同设计之间的较小区别;设计空间较小的,人民

法院可以认定一般消费者通常更容易注意到不同设计之间的较小区别。

对于前款所称设计空间的认定，人民法院可以综合考虑下列因素：

（一）产品的功能、用途；

（二）现有设计的整体状况；

（三）惯常设计；

（四）法律、行政法规的强制性规定；

（五）国家、行业技术标准；

（六）需要考虑的其他因素。

《最高人民法院关于审理侵犯专利权纠纷案件应用法律若干问题的解释（二）》

(2020年修正)

第十四条　人民法院在认定一般消费者对于外观设计所具有的知识水平和认知能力时，一般应当考虑被诉侵权行为发生时授权外观设计所属相同或者相近种类产品的设计空间。设计空间较大的，人民法院可以认定一般消费者通常不容易注意到不同设计之间的较小区别；设计空间较小的，人民法院可以认定一般消费者通常更容易注意到不同设计之间的较小区别。

第十三条　当事人依据商标法第十三条第三款主张诉争商标构成对其已注册的驰名商标的复制、摹仿或者翻译而不应予以注册或者应予无效的，人民法院应当综合考虑如下因素，以认定诉争商标的使用是否足以使相关公众认为其与驰名商标具有相当程度的联系，从而误导公众，致使驰名商标注册人的利益可能受到损害：

（一）引证商标的显著性和知名程度；

（二）商标标志是否足够近似；

（三）指定使用的商品情况；

（四）相关公众的重合程度及注意程度；

（五）与引证商标近似的标志被其他市场主体合法使用的情况或者其他相关因素。

(法释〔2016〕1号，已修改)

第二条　权利人在专利侵权诉讼中主张的权利要求被专利复审委员会宣告无效的，审理侵犯专利权纠纷案件的人民法院可以裁定驳回权利人基于该无效权利要求的起诉。

有证据证明宣告上述权利要求无效的决定被生效的行政判决撤销的，权利人可以另行起诉。

专利权人另行起诉的，诉讼时效期间从本条第二款所称行政判决书送达之日起计算。

第三条　因明显违反专利法第二十六条第三款、第四款导致说明书无法用于解释权利要求，且不属于本解释第四条规定的情形，专利权因此被请求宣告无效的，审理侵犯专利权纠纷案件的人民法院一般应当裁定中止诉讼；在合理期限内专利权未被请求宣告无效的，人民法院可以根据权利要求的记载确定专利权的保护范围。

第六条　人民法院可以运用与涉案专利存在分案申请关系的其他专利及其专利审查档案、生效的专利授权确权裁判文书解释涉案专利的权利要求。

专利审查档案，包括专利审查、复审、无效程序中专利申请人或者专利权人提交的书面材料，国务院专利行政部门及其专利复审委员会制作的审查意见通知书、会晤记录、口头审理记录、生效的专利复审请求审查决定书和专利权无效宣告请求审查决定书等。

第八条　功能性特征，是指对于结构、组分、步骤、条件或其之间的关系等，通过其在发明创造中所起的功能或者效果进行限定的技术特征，但本领域普通技术人员仅通过阅读权利要求即可直接、明确地确定实现上述功能或者效果的具体实施方式的除外。

与说明书及附图记载的实现前款所称功能或者效果不可缺少的技术特征相比，被诉侵权技术方案的相应技术特征是以基本相同的手段，实现相同的功能，达到相同的效果，且本领域普通技术人员在被诉侵权行为发生时无需经过创造性劳动就能够联想到的，人民法院应当认定该相应技术特征与功能性特征相同或者等同。第九条　被诉侵权技术方案不能适用于权利要求中使用环境特征所限定的使用环境的，人民法院应当认定被诉侵权技术方案未落入专利权的保护范围。

第十四条　人民法院在认定一般消费者对于外观设计所具有的知识水平和认知能力时，一般应当考虑被诉侵权行为发生时授权外观设计所属相同或者相近种类产品的设计空间。设计空间较大的，人民法院可以认定一般消费者通常不容易注意到不同设计之间的较小区别；设计空间较小的，人民法院可以认定一般消费者通常更容易注意到不同设计之间的较小区别。

第二十四条　推荐性国家、行业或者地方标准明示所涉必要专利的信息，被诉侵权人以实施该标准无需专利权人许可为由抗辩不侵犯该专利权的，人民法院一般不予支持。

推荐性国家、行业或者地方标准明示所涉必要专利的信息，专利权人、被诉侵权人协商该专利的实施许可条件时，专利权人故意违反其在标准制定中承诺的公平、合理、无歧视的许可义务，导致无法达成专利实施许可合同，且被诉侵权人在协商中无明显过错的，对于权利人请求停止标准实施行为的主张，人民法院一般不予支持。

本条第二款所称实施许可条件，应当由专利权人、被诉侵权人协商确定。经充分协商，仍无法达成一致的，可以请求人民法院确定。人民法院在确定上述实施许可条件时，应当根据公平、合理、无歧视的原则，综合考虑专利的创新程度及其在标准中的作用、标准所属的技术领域、标准的性质、标准实施的范围和相关的许可条件等因素。

法律、行政法规对实施标准中的专利另有规定的，从其规定。

第二十五条　为生产经营目的使用、许诺销售或者销售不知道是未经专利权人许可而制造并售出的专利侵权产品，且举证证明该产品合法来源的，对于权利人请求停止上述使用、许诺销售、销售行为的主张，人民法院应予支持，但被诉侵权产品的使用者举证证明其已支付该产品的合理对价的除外。

本条第一款所称不知道，是指实际不知道且不应当知道。

本条第一款所称合法来源，是指通过合法的销售渠道、通常的买卖合同等正常商业方式取得产品。对于合法来源，使用者、许诺销售者或者销售者应当提供符合交易习惯的相关证据。

《最高人民法院关于审理侵犯专利权纠纷案件应用法律若干问题的解释》

(法释〔2009〕21号，有效)

第一条　人民法院应当根据权利人主张的权利要求，依据专利法第五十九条第一款的规定确定专利权的保护范围。权利人在一审法庭辩论终结前变更其主张的权利要求的，人民法院应当准许。

权利人主张以从属权利要求确定专利权保护范围的，人民法院应当以该从属权利要求记载的附加技术特征及其引用的权利要求记载的技术特征，确定专利权的保护范围。

第二条　人民法院应当根据权利要求的记载，结合本领域普通技术人员阅读说明书及附图后对权利要求的理解，确定专利法第五十九条第一款规定的权利要求的内容。

第三条　人民法院对于权利要求，可以运用说明书及附图、权利要求书中的相关权利要求、专利审查档案进行解释。说明书对权利要求用语有特别界定的，从其特别界定。

以上述方法仍不能明确权利要求含义的，可以结合工具书、教科书等公知文献以及本领域普通技术人员的通常理解进行解释。

第七条　人民法院判定被诉侵权技术方案是否落入专利权的保护范围，应当审查权利人主张的权利要求所记载的全部技术特征。

被诉侵权技术方案包含与权利要求记载的全部技术特征相同或者等同的技术特征的，人民法院应当认定其落入专利权的保护范围；被诉侵权技术方案的技术特征与权利要求记载的全部技术特征相比，缺少权利要求记载的一个以上的技术特征，或者有一个以上技术特征不相同也不等同的，人民法院应当认定其没有落入专利权的保护范围。

第八条　在与外观设计专利产品相同或者相近种类产品上，采用与授权外观设计相同或者近似的外观设计的，人民法院应当认定被诉侵权设计落入专利法第五十九条第二款规定的外观设计专利权的保护范围。

第十条　人民法院应当以外观设计专利产品的一般消费者的知识水平和认知能力，判断外观设计是否相同或者近似。

第十一条　人民法院认定外观设计是否相同或者近似时，应当根据授权外观设计、被诉侵权设计的设计特征，以外观设计的整体视觉效果进行综合判断；对于主要由技术功能决定的设计特征以及对整体视觉效果不产生影响的产品的材料、内部结构等特征，应当不予考虑。

下列情形，通常对外观设计的整体视觉效果更具有影响：

（一）产品正常使用时容易被直接观察到的部位相对于其他部位；

（二）授权外观设计区别于现有设计的设计特征相对于授权外观设计的其他设计特征。

被诉侵权设计与授权外观设计在整体视觉效果上无差异的，人民法院应当认定两者相同；在整体视觉效果上无实质性差异的，应当认定两者近似。

第十四条　被诉落入专利权保护范围的全部技术特征，与一项现有技术方案中的相应技术特征相同或者无实质性差异的，人民法院应当认定被诉侵权人实施的技术属于专利法第六十二条规定的现有技术。

被诉侵权设计与一个现有设计相同或者无实质性差异的，人民法院应当认定被诉侵权人实施的设计属于专利法第六十二条规定的现有设计。

第十八条　权利人向他人发出侵犯专利权的警告，被警告人或者利害关系人经书面催告权利人行使诉权，自权利人收到该书面催告之日起一个月内或者自书面催告发出之日起二个月内，权利人不撤回警告也不提起诉讼，被警告人或者利害关系人向人民法院提起请求确认其行为不侵犯专利权的诉讼的，人民法院应当受理。

《最高人民法院关于审理专利纠纷案件适用法律问题的若干规定》

(法释〔2015〕4号)

第十七条　专利法第五十九条第一款所称的"发明或者实用新型专利权的保护范围以其权利要求的内容为准，说明书及附图可以用于解释权利要求的内容"，是指专利权的保护范围应当以权利要求记载的全部技术特征所确定的范围为准，也包括与该技术特征相等同的特征所确定的范围。

等同特征，是指与所记载的技术特征以基本相同的手段，实现基本相同的功能，达到基本相同的效果，并且本领域普通技术人员在被诉侵权行为发生时无需经过创造性劳动就能够联想到的特征。

(法释〔2001〕21号)

第二十一条　被侵权人的损失或者侵权人获得的利益难以确定，有专利许可使用费可以参照的，人民法院可以根据专利权的类别、侵权人侵权的性质和情节、专利许可使用费的数额、该专利许可的性质、范围、时间等因素，参照该专利许可使用费的 1 至 3 倍合理确定赔偿数额；没有专利许可使用费可以参照或者专利许可使用费明显不合理的，人民法院可以根据专利权的类别、侵权人侵权的性质和情节等因素，一般在人民币 5000 元以上 30 万元以下确定赔偿数额，最多不得超过人民币 50 万元。

《最高人民法院关于审理商标授权确权行政案件若干问题的意见》

(法发〔2010〕12 号，已修改)

15. 人民法院审查判断相关商品或者服务是否类似，应当考虑商品的功能、用途、生产部门、销售渠道、消费群体等是否相同或者具有较大的关联性；服务的目的、内容、方式、对象等是否相同或者具有较大的关联性；商品和服务之间是否具有较大的关联性，是否容易使相关公众认为商品或者服务是同一主体提供的，或者其提供者之间存在特定联系。《商标注册用商品和服务国际分类表》《类似商品和服务区分表》可以作为判断类似商品或者服务的参考。

16. 人民法院认定商标是否近似，既要考虑商标标志构成要素及其整体的近似程度，也要考虑相关商标的显著性和知名度、所使用商品的关联程度等因素，以是否容易导致混淆作为判断标准。

《最高人民法院关于审理商标民事纠纷案件适用法律若干问题的解释》

(法释〔2002〕32 号，已修改)

第四条 商标法第五十三条规定的利害关系人，包括注册商标使用许可合同的被许可人、注册商标财产权利的合法继承人等。

在发生注册商标专用权被侵害时，独占使用许可合同的被许可人可以向人民法院提起诉讼；排他使用许可合同的被许可人可以和商标注册人共同起诉，也可以在商标注册人不起诉的情况下，自行提起诉讼；普通使用许可合同的被许可人经商标注册人明确授权，可以提起诉讼。

第九条 商标法第五十二条第（一）项规定的商标相同，是指被控侵权的商标与原告的注册商标相比较，二者在视觉上基本无差别。

商标法第五十二条第（一）项规定的商标近似，是指被控侵权的商标与原告的注册商标相比较，其文字的字形、读音、含义或者图形的构图及颜色，或者其各要素组合后的整体结构相似，或者其立体形状、颜色组合近似，易使相关公众对商品的来源产生误认或者认为其来源与原告注册商标的商品有特定的联系。

第十条 人民法院依据商标法第五十二条第（一）项的规定，认定商标相同或者近似按照以下原则进行：

（一）以相关公众的一般注意力为标准；

（二）既要进行对商标的整体比对，又要进行对商标主要部分的比对，比对应当在比对对象隔离的状态下分别进行；

（三）判断商标是否近似，应当考虑请求保护注册商标的显著性和知名度。

第十一条　商标法第五十二条第（一）项规定的类似商品，是指在功能、用途、生产部门、销售渠道、消费对象等方面相同，或者相关公众一般认为其存在特定联系、容易造成混淆的商品。

类似服务，是指在服务的目的、内容、方式、对象等方面相同，或者相关公众一般认为存在特定联系、容易造成混淆的服务。

商品与服务类似，是指商品和服务之间存在特定联系，容易使相关公众混淆。

第十二条　人民法院依据商标法第五十二条第（一）项的规定，认定商品或者服务是否类似，应当以相关公众对商品或者服务的一般认识综合判断；《商标注册用商品和服务国际分类表》《类似商品和服务区分表》可以作为判断类似商品或者服务的参考。

第十六条　侵权人因侵权所获得的利益或者被侵权人因被侵权所受到的损失均难以确定的，人民法院可以根据当事人的请求或者依职权适用商标法第五十六条第二款的规定确定赔偿数额。

人民法院在确定赔偿数额时，应当考虑侵权行为的性质、期间、后果，商标的声誉，商标使用许可费的数额，商标使用许可的种类、时间、范围及制止侵权行为的合理开支等因素综合确定。

当事人按照本条第一款的规定就赔偿数额达成协议的，应当准许。

第十七条　商标法第五十六条第一款规定的制止侵权行为所支付的合理开支，包括权利人或者委托代理人对侵权行为进行调查、取证的合理费用。

人民法院根据当事人的诉讼请求和案件具体情况，可以将符合国家有关部门规定的律师费用计算在赔偿范围内。

第十九条　商标使用许可合同未经备案的，不影响该许可合同的效力，但当事人另有约定的除外。

商标使用许可合同未在商标局备案的，不得对抗善意第三人。

第二十一条　人民法院在审理侵犯注册商标专用权纠纷案件中，依据民法通则第一百三十四条、商标法第五十三条的规定和案件具体情况，可以判决侵权人承担停止侵害、排除妨碍、消除危险、赔偿损失、消除影响等民事责任，还可以作出罚款，收缴侵权商品、伪造的商标标识和专门用于生产侵权商品的材料、

工具、设备等财物的民事制裁决定。罚款数额可以参照《中华人民共和国商标法实施条例》的有关规定确定。

《最高人民法院关于审理注册商标、企业名称与在先权利冲突的民事纠纷案件若干问题的规定》

(法释〔2008〕3号,已修改)

第一条 原告以他人注册商标使用的文字、图形等侵犯其著作权、外观设计专利权、企业名称权等在先权利为由提起诉讼,符合民事诉讼法第一百零八条规定的,人民法院应当受理。

原告以他人使用在核定商品上的注册商标与其在先的注册商标相同或者近似为由提起诉讼的,人民法院应当根据民事诉讼法第一百一十一条第(三)项的规定,告知原告向有关行政主管机关申请解决。但原告以他人超出核定商品的范围或者以改变显著特征、拆分、组合等方式使用的注册商标,与其注册商标相同或者近似为由提起诉讼的,人民法院应当受理。

第二条 原告以他人企业名称与其在先的企业名称相同或者近似,足以使相关公众对其商品的来源产生混淆,违反反不正当竞争法第五条第(三)项的规定为由提起诉讼,符合民事诉讼法第一百零八条规定的,人民法院应当受理。

第四条 被诉企业名称侵犯注册商标专用权或者构成不正当竞争的,人民法院可以根据原告的诉讼请求和案件具体情况,确定被告承担停止使用、规范使用等民事责任。

最高人民法院给江苏省高级人民法院《关于"涉及注册商标授权争议的注册商标专用权利冲突纠纷"的函复》

(2005年2月17日)

对违反诚实信用原则,使用与他人注册商标中的文字相同或者近似的企业字号,足以使相关公众对其商品或者服务的来源产生混淆的,根据当事人的诉讼请求,可以依照民法通则有关规定以及反不正当竞争法第二条第一、二款规定,审查是否构成不正当竞争行为,追究行为人的民事责任。

《最高人民法院关于产品侵权案件的受害人能否以产品的商标所有人为被告提起民事诉讼的批复》

(法释〔2002〕22号,已修改)

……经研究,我们认为:任何将自己的姓名、名称、商标或者可资识别的其他标识体现在产品上,表示其为产品制造者的企业或个人,均属于《中华人民共和国民法通则》第一百二十二条规定的"产品制造者"和《中华人民共和国产品质量法》规定的

"生产者"……

《最高人民法院关于审理著作权民事纠纷案件适用法律若干问题的解释》

(法释〔2002〕31号,已修改)

第七条 当事人提供的涉及著作权的底稿、原件、合法出版物、著作权登记证书、认证机构出具的证明、取得权利的合同等,可以作为证据。

在作品或者制品上署名的自然人、法人或者其他组织视为著作权、与著作权有关权益的权利人,但有相反证明的除外。

《最高人民法院关于审理不正当竞争民事案件应用法律若干问题的解释》

(法释〔2007〕2号,2020年已修改,已废止)

第一条 在中国境内具有一定的市场知名度,为相关公众所知悉的商品,应当认定为反不正当竞争法第五条第(二)项规定的"知名商品"。人民法院认定知名商品,应当考虑该商品的销售时间、销售区域、销售额和销售对象,进行任何宣传的持续时间、程度和地域范围,作为知名商品受保护的情况等因素,进行综合判断。原告应当对其商品的市场知名度负举证责任。

在不同地域范围内使用相同或者近似的知名商品特有的名称、包装、装潢,在后使用者能够证明其善意使用的,不构成反不正当竞争法第五条第(二)项规定的不正当竞争行为。因后来的经营活动进入相同地域范围而使其商品来源足以产生混淆,在先使用者请求责令在后使用者附加足以区别商品来源的其他标识的,人民法院应当予以支持。

第二条 具有区别商品来源的显著特征的商品的名称、包装、装潢,应当认定为反不正当竞争法第五条第(二)项规定的"特有的名称、包装、装潢"。有下列情形之一的,人民法院不认定为知名商品特有的名称、包装、装潢:

(一)商品的通用名称、图形、型号;

(二)仅仅直接表示商品的质量、主要原料、功能、用途、重量、数量及其他特点的商品名称;

(三)仅由商品自身的性质产生的形状,为获得技术效果而需有的商品形状以及使商品具有实质性价值的形状;

(四)其他缺乏显著特征的商品名称、包装、装潢。

前款第(一)、(二)、(四)项规定的情形经过使用取得显著特征的,可以认定为特有的名称、包装、装潢。

知名商品特有的名称、包装、装潢中含有本商品的通用名称、图形、型号,或者直接表示商品的质量、主要原料、功能、用途、重量、数量以及其他特点,或者含有地名,

他人因客观叙述商品而正当使用的，不构成不正当竞争行为

第六条 企业登记主管机关依法登记注册的企业名称，以及在中国境内进行商业使用的外国（地区）企业名称，应当认定为反不正当竞争法第五条第（三）项规定的"企业名称"。具有一定的市场知名度、为相关公众所知悉的企业名称中的字号，可以认定为反不正当竞争法第五条第（三）项规定的"企业名称"。

在商品经营中使用的自然人的姓名，应当认定为反不正当竞争法第五条第（三）项规定的"姓名"。具有一定的市场知名度、为相关公众所知悉的自然人的笔名、艺名等，可以认定为反不正当竞争法第五条第（三）项规定的"姓名"。

第九条 有关信息不为其所属领域的相关人员普遍知悉和容易获得，应当认定为反不正当竞争法第十条第三款规定的"不为公众所知悉"。

具有下列情形之一的，可以认定有关信息不构成不为公众所知悉：

（一）该信息为其所属技术或者经济领域的人的一般常识或者行业惯例；

（二）该信息仅涉及产品的尺寸、结构、材料、部件的简单组合等内容，进入市场后相关公众通过观察产品即可直接获得；

（三）该信息已经在公开出版物或者其他媒体上公开披露；

（四）该信息已通过公开的报告会、展览等方式公开；

（五）该信息从其他公开渠道可以获得；

（六）该信息无需付出一定的代价而容易获得。

第十七条 确定反不正当竞争法第十条规定的侵犯商业秘密行为的损害赔偿额，可以参照确定侵犯专利权的损害赔偿额的方法进行；确定反不正当竞争法第五条、第九条、第十四条规定的不正当竞争行为的损害赔偿额，可以参照确定侵犯注册商标专用权的损害赔偿额的方法进行。

因侵权行为导致商业秘密已为公众所知悉的，应当根据该项商业秘密的商业价值确定损害赔偿额。商业秘密的商业价值，根据其研究开发成本、实施该项商业秘密的收益、可得利益、可保持竞争优势的时间等因素确定。

《最高人民法院关于适用〈中华人民共和国民事诉讼法〉的解释》

(法释〔2015〕5号，已修改)

第九十条 当事人对自己提出的诉讼请求所依据的事实或者反驳对方诉讼请求所依据的事实，应当提供证据加以证明，但法律另有规定的除外。

在作出判决前，当事人未能提供证据或者证据不足以证明其事实主张的，由负有举证证明责任的当事人承担不利的后果。

第一百零八条 对负有举证证明责任的当事人提供的证据，人民法院经审查并结合

相关事实，确信待证事实的存在具有高度可能性的，应当认定该事实存在。

对一方当事人为反驳负有举证证明责任的当事人所主张事实而提供的证据，人民法院经审查并结合相关事实，认为待证事实真伪不明的，应当认定该事实不存在。

法律对于待证事实所应达到的证明标准另有规定的，从其规定。

第五百五十一条　人民法院审理涉及香港、澳门特别行政区和台湾地区的民事诉讼案件，可以参照适用涉外民事诉讼程序的特别规定。

《最高人民法院关于适用〈中华人民共和国民事诉讼法〉审判监督程序若干问题的解释》

(法释〔2008〕14号，已修改)

第十三条　原判决、裁定适用法律、法规或司法解释有下列情形之一的，人民法院应当认定为民事诉讼法第一百七十九条第一款第（六）项规定的"适用法律确有错误"：

（一）适用的法律与案件性质明显不符的；

（二）确定民事责任明显违背当事人约定或者法律规定的；

（三）适用已经失效或尚未施行的法律的；

（四）违反法律溯及力规定的；

（五）违反法律适用规则的；

（六）明显违背立法本意的。

《最高人民法院关于民事诉讼证据的若干规定》

(法释〔2001〕33号，已修改)

第二条　当事人对自己提出的诉讼请求所依据的事实或者反驳对方诉讼请求所依据的事实有责任提供证据加以证明。

没有证据或者证据不足以证明当事人的事实主张的，由负有举证责任的当事人承担不利后果。

《国家工商行政管理局关于解决商标与企业名称中若干问题的意见》

(1999年)

二、商标专用权和企业名称权的取得，应当遵循《民法通则》和《反不正当竞争法》中的诚实信用原则，不得利用他人商标或者企业名称的信誉进行不正当竞争。

五、前条所指混淆主要包括：

（一）将与他人企业名称中的字号相同或者近似的文字注册为商标，引起相关公众对企业名称所有人与商标注册人的误认或者误解的；

（二）将与他人注册商标相同或者近似的文字登记为企业名称中的字号，引起相关公众对商标注册人与企业名称所有人的误认或者误解的。

六、处理商标与企业名称的混淆，应当适用维护公平竞争和保护在先合法权利人利益的原则。

作者简介

温旭，广东三环汇华律师事务所首席合伙人，从事知识产权领域三十余载，曾被国务院授予有突出贡献的中青年专家称号，获得"广东省优秀代理人""广州市人民满意的十佳律师""广州知识产权大律师"等众多荣誉。现任中国人民大学律师学院客座教授、北京大学国际知识产权研究中心客座研究员、中国高校知识产权研究会副理事长、国家知识产权局专家库成员、广东广告协会法专委主席等。经办过上千件知识产权案件，范围囊括专利、商标、版权、商业秘密、反不正当竞争等各类专业经典疑难案件。温旭律师同时还是一名学者型的律师，结合实际的办案经验，著书立说，笔耕不懈，多年来，出版了《红罐之争》《捍卫智慧——没有硝烟的战场》《知识产权的保护策略与技巧》等十多部知识产权专著，累计总字数接近500万字。除著书立说外，还在学校授课、应邀做专题演讲，累计演讲上千场次，其演讲深入浅出、形象生动，常座无虚席，掌声不断。

程跃华，广东三环汇华律师事务所高级合伙人，广州三环专利商标代理有限公司股东，专利代理师、副研究员、高级律师、商标代理人，上海医科大学药学院本科、中国政法大学法律硕士，国家第三批"百千万知识产权人才工程"高层次人才，最高人民检察院民事行政案件咨询专家，广州市国资委监督企业外部董事专家库成员，广东律师专家库知识产权法律事务专家库成员，广东省律师协会著作权法律专业委员会副主任，广州市律师协会专利法律专业委员会主任，广州仲裁委员会仲裁员，广州外语外贸大学法律硕士研究生导师，曾获广州律协授予"优秀律师"、广州知识产权大律师称号，近年经办的多起案件入选最高人民法院、国家知识产权局专利复审委员会、广东省高级人民法院、广东省律师协会、广州市中级人民法院、广州市律师协会等机构发布的知识产权典型案例。

刘孟斌，广东三环汇华律师事务所创始合伙人，广州三环专利商标代理有限公司股东，广州知识产权大律师。国家知识产权专家库专家、最高人民法院知识产权案例指导研究（北京）基地专家咨询委员会专家、最高人民检察院民事行政案件咨询专家、全国专利代理行业高层次人才暨领军人才、广州市人大内务司法委员会监督司法专家、广州市重大行政决策论证专家库（科学技术组）专家、广州市版权咨询专家、广州知识产权法院调解员、广州仲裁委员会仲裁员、广东省法学会知识产权法学研究会常务理事，曾获"广东省先进专利代理人""广州市优秀律师"等荣誉，现任广州市律师协会副总监事。从事知识产权法律业务三十余年，代理过一大批知识产权诉讼及非诉讼业务案件，其中多个诉讼案例入选最高人民法院、广东省高级人民法院、广州市中级人民法院、国家知识产权局专利复审委员会、广东知识产权保护协会、广州市知识产权局等机构发布的典型案例。

王广华，广东三环汇华律师事务所主任，现任广东省律师协会商标法律专业委员会主任、广东省律师协会十二届律师代表、全国律师协会知识产权委员会委员、最高人民检察院民事行政案件咨询专家、广东法学会知识产权研究会常务理事、广州市律师协会第十届监事会副总监事、华南理工大学校外硕士生导师、广东外语外贸大学法学院兼职教授、广州市百名专家律师"暖企行动"法律服务团专家律师。曾任第十一届广东省律协知识产权专业委员会主任，第九届、第十届广东省律师协会知识产权专业委员会副主任，十五届广州市越秀区政协委员等。自1998年起开始从事知识产权法律事务，代理过一大批知识产权重大疑难案件，具有深厚的专业积累以及丰富的实战经验，多个案例入选最高人民法院、北京市高级人民法院等法院和广东省律师协会、广东省保护协会等机构发布的典型案例。多起案例被收录进《知识产权审判指导》《知识产权经典判例》。

作者简介

郝传鑫，广州三环专利商标代理有限公司总经理，兼任广东省第十三届政协常委、中华全国专利代理师协会副会长、广东专利代理协会会长、广东省新的社会阶层人士联合会副会长等职务。拥有二十余年知识产权领域国际国内工作经验，在知识产权布局、知识产权维权及运营方面具有丰富的经验。曾服务过众多国内外知名企业，经办的多例诉讼案件入选《最高人民法院知识产权案件年度报告》、中国法院50件典型知识产权案例、广东服务创新驱动发展十大典型案例、广州法院知识产权十大典型案例等。参与编写中国人民大学律师学院教材《知识产权业务律师基础实务》（上下册）等多部知识产权著作。曾荣获广州市创新创业服务领军人才、广东省政协履职优秀委员等荣誉称号。

董咏宜，广东三环汇华律师事务所专职律师、副主任，20年从业经验，主要从事复杂知识产权争议解决业务。广东律师协会竞争与反垄断委员会副主任、广州律师协会商标委员会副主任、广东省法学会知识产权法学研究会理事、广东省版权保护联合会广告版权专业委员会执行主任。被评为广州律师协会首届"羊城巾帼律师"、广州知识产权法院优秀律师调解员，多次被省市律师协会评为优秀委员、被授予"广州知识产权大律师提名奖"。成功办理一批具有一定影响的知识产权案件，并有二十多个案件被最高人民法院、各省市法院、各机构评为典型案例。结合实际的办案经验参与撰写书籍，如《红罐之争——谁是凉茶领导者》《知识产权业务律师基础实务》《博物馆知识产权管理与保护实务》等。

熊永强，三环知识产权深圳总部总经理、南山区第八届人大代表、深圳市专利协会副会长、司法鉴定人、深圳市中级人民法院知识产权技术咨询委员、深圳市专利代理惩戒委员会后备委员、专利代理师。拥有超过17年知识产权工作经验；专于企业知识产权战略咨询、专利规划布局和运营、专利诉讼及无效代理等，擅长电子通信领域的专利侵权诉讼、专利无效。服务于华为、腾讯、OPPO等大型知名企业，并且有丰富的专利复审和无效诉讼等业务经验，其中包括多个通信领域的标准必要专利诉讼无效案件，代理的某运营商诉某通信设备公司标准必要专利侵权案获2018年广东省知识产权十大经典案例。

申元林，毕业于中山大学医学院和美国威斯康星大学法学院，是司法部和广东省涉外律师库成员、广东省涉外律师领军人才和省涉外律师团成员，也是广州市律师协会十大涉外律师提名奖获得者。具有大约25年的中国执业经验和7年的美国律师所总部工作经验，具有"337"诉讼实际经验。在中国代理了包括华为、腾讯、联发科、金立、波司登、柯达等许多大公司案件和有影响的案件，涉及专利、商标、著作权、反不正当竞争、展会打假、网站投诉等多个领域。在美国布林克斯律师所总部（全美最大的知识产权专业律师所之一）的7年时间里，处理了大量的国际专利，商标申请、许可、出具法律意见书等业务，参与了多起案件的"337"诉讼工作。与美国各地不同类型的律师所建立了广泛的业务联系，可以和不同的美国律师所合作为中国客户提供针对性的优质服务。

肖宇扬，广东三环汇华律师事务所高级合伙人，工学学士、法律硕士，具有专利代理师和律师双重执业资格，广东省律师协会党建委、专利委委员，广州市律师协会专利委委员、广东省法学会知识产权法学研究会理事，被评为首届"广东省十大新锐专利代理人"，被聘为华南师范大学法学院本科校外导师、中国科技大学法硕教育中心校外实践导师、复旦大学知识产权研究中心研究员。办理了众多专利、技术秘密及其他不正当竞争领域有影响力的知识产权大案要案，如王老吉与加多宝不正当竞争纠纷案、东鹏"洞石陶瓷"专利侵权及无效案、永安行"共享单车"专利侵权案、塔菲尔与宁德时代专利侵权纠纷案、光峰科技诉台达专利侵权纠纷案等重大案件。多个经办案件入选最高人民法院、广东省、广州市典型案例。

颜希文，现任广州三环专利商标代理有限公司副总经理、广东技术师范大学兼职教授、中华全国专利代理师协会讲师、广东省知识产权专家库专家、广州市专利专家库专家、广东省知识产权保护中心专利侵权判定咨询专家库专家、广州市知识产权维权援助专家库专家、广东知识产权保护协会专家库专家、长沙市仲裁委仲裁员、韶关市知识产权纠纷人民调解员、韶关市重大行政决策咨询论证专家、佛山市知识产权专家库成员等。拥有近20年专利代理师执业经验，从事国内外专利申请及布局、维权诉讼、纠纷调解，以及培训工作，为多家大型企业提供知识产权服务，熟悉大型展会维权流程及相关规定，拥有

丰富的实践经验及特殊化处理的应变能力。

贾允，广州三环专利商标代理有限公司副总经理，苏州分公司和上海分公司总经理，资深专利代理师。2005—2013年从事专利审查工作，为副研究员级审查员，多次获得"优秀审查员"荣誉称号；2013年起从事专利代理服务工作，在知识产权保护、专利布局与挖掘、专利撰写与答复、复审无效等领域具有丰富经验。曾为腾讯、快手、OPPO、吉利、中汽等知名企业提供专利服务。

张艳美，广州三环专利商标代理有限公司股东，广州三环专利商标代理有限公司东莞分公司负责人。现任广东省知识产权专家库专家、东莞市知识产权专家库专家、广州知识产权法院特邀调解员、东莞市知识产权行政保护技术调查官、东莞市知识产权快速维权援助中心的专利侵权判定咨询专家、东莞市知识产权保护协会副会长。自1998年起从业，先后在几家著名跨国公司从事知识产权事务，对企业专利技术挖掘、专利全球部署、专利国内外申请、专利技术分析应用、专利监控、专利侵权风险调查、专利回避设计等方面有丰富的经验。2006年加入三环，代理了大量国内外专利申请、国内专利复审、专利无效、专利侵权诉讼以及专利的FTO调查。

温乾，广州三环专利商标代理有限公司中山分公司负责人。从事知识产权行业二十多年，具有深厚的专业积累以及丰富的实战经验。擅长为申请人提供知识产权的注册、保护等一系列全方位的策划方案，在为申请人的知识产权提供战略部署方面具有丰富的经验。多年来为广东阿诗丹顿电气有限公司、诺斯贝尔化妆品股份有限公司、广东奥马电器股份有限公司、广东超人节能厨卫电器有限公司、香港衍生行有限公司、泰国华北股份有限公司等国内外多家知名企业提供优质知识产权服务。

胡枫，广州三环专利商标代理有限公司佛山分公司负责人，佛山市知识产权侵权纠纷检验鉴定专家，佛山市新的社会阶层人士联合会的常务理事，佛山市青年创业孵化基地创业导师，佛山市创业导师，禅城区经济和科技促进局知识产权顾问，高明区进出口商会顾问。曾荣获广东省"十大新锐专利代理人"，佛山市优秀专利代理人等荣誉。

于 2006 年开始从事知识产权工作，在专利代理、复审、无效、维权等方面具有丰富经验，技术领域涉及机械、电子及通信等，代理的多件专利荣获中国专利奖，同时熟悉国内外商标申请审查程序，具有丰富的商标代理及诉讼工作经验。对知识产权的非诉业务，如知识产权预警、专利回避设计、专利价值评估、优质专利创造等有多年的研究并获得较好的成效。

张泽思，广州三环专利商标代理有限公司揭阳分公司、汕头分公司总经理，广东三环汇华律师事务所律师。获 2018 年度广东十大新锐代理师称号，是汕头市知识产权专家库专家，中国汕头（玩具）知识产权快速维权中心专家库专家。从事知识产权工作十余年，参与了大量专利文件的撰写，主办过上百起知识产权诉讼、专利无效宣告等案件。为多家上市公司及高校提供知识产权法律服务。曾参与编撰人民大学出版社出版的《知识产权业务律师基础实务》。

卢静芬，专业从事商标代理工作 18 年，福建省优秀商标代理人。擅长处理商标行政确权案件，在实施商标战略及驰名商标认定工作方面具有丰富经验。服务案例有"喜梦宝""美亚柏科""建霖""向阳坊""亲亲""天福天美仕""故宫鼓浪屿外国文物馆"等。

付静，毕业于中国科学院研究生院，生物专业硕士，具有律师、专利代理师双重执业资格，具有法律、理工科双料背景。2012 年进入三环，主要从事知识产权相关事务，包括国内专利撰写及答复、涉外专利申请及答复、专利复审无效、专利挖掘布局、专利侵权诉讼等。累计处理了近千件国内外专利，授权率高，尤其擅长生物、化学、材料领域的专利申请/布局以及涉外专利业务。此外，还处理了不少医药/材料行业的专利诉讼和无效案件，包括重庆华森制药与制药巨头梯瓦专利挑战案、湘北威尔曼制药与海南康芝药业专利无效案、哈药集团与浙江永宁药业专利无效案、江苏塔菲尔与宁德时代专利无效及侵权纠纷案、杭州科百特公司与亚美滤膜公司专利无效案等。

作者简介

王章立，广东三环汇华律师事务所合伙人，律师兼专利代理师资格及商标代理人，华南理工大学本科、中山大学法律硕士，从业14年以来，主办过大量民商事诉讼、行政纠纷诉讼、涉知识产权犯罪的刑事诉讼案件，还从事专利、商标、版权类代理申请、评估及相关行政对抗性程序，尤其擅长解决复杂知识产权争议、涉专利或非专利技术收购企业并购的律师尽职调查业务。现任广州市律师协会公平贸易专业委员会委员、广东证券期货协会中证投资者服务与纠纷调解中心兼职调解员、广州海事法院兼职调解员。

张满兴，广东三环汇华律师事务所合伙人、律师，毕业于山东大学，取得法学、金融学双学士学位，自从业以来，处理过上千件涉及商标、版权、专利及不正当竞争的知识产权诉讼、非诉案件或民商事法律服务项目。现为广州市律师协会商标专业委员会委员、广州市会展和数字经济知识产权保护中心专家库成员，经办案件被评为全国或法院、省级、市级的典型案例，荣获广州市律师协会的业务成果奖、理论成果奖，处理案件包括"蓝月亮"商标权及不正当竞争纠纷案、"香港荣华"商标驳回复审行政诉讼案、东鹏驰名商标案、赛尔特不正当竞争案、3E椰梦维商标系列维权案、山特撤销字号案、"交互数据手套"系列外观专利纠纷案等。

罗江锋，广东三环汇华律师事务所执业律师，主要从事专利、商标、版权诉讼及代理业务，及其他知识产权相关纠纷处理。毕业于西安交通大学光信息科学与技术专业（本科）、动力工程及工程热物理专业（硕士），曾为国家知识产权局审查员。入职三环后代理深圳市隆利科技股份有限公司与深圳市德仓科技有限公司11项专利侵权纠纷案，成功将10项专利全部无效1项专利部分无效，案件全部胜诉，并促使隆利公司成功上市；代理东莞塔菲尔新能源科技有限公司与宁德时代新能源科技股份有限公司动力电池发明、实用新型专利侵权纠纷四案，为2020年热门知识产权案件；代理敏华公司与顾家公司外观设计专利侵权纠纷三案，获得其中两案胜诉。

陈旭红，广州三环专利商标代理有限公司战略发展部部长，执业专利代理师，现任广东知识产权保护协会专家库专家、国家知识产权运营公共服务平台金融创新（横琴）试点平台实务指导专家、清远市知识产权局知识产权专家库专家、粤港澳大湾区知识产权调解中心调解员、广交会驻场专家库专家、广东高校科技成果转化专家库专家。自2005年开始从事专利工作，获得国家知识产权局副研究员职称，通过国家知识产权局高级检索水平认证，具有14年专利审查工作经验，审查期间曾担任复审合议组组长，参与承办的复审案件达到二百余件。在《中国发明与专利》等刊物上发表业务论文多篇。参与多项课题研究，出版课题成果《产业专利分析报告——自动驾驶》。

麦小婵，自2007年起任职于广州三环专利商标代理有限公司，从事知识产权代理工作。为华为、网易、广汽集团、南方电网、国家电网、万和、视源电子、方邦、华人运通等多家大型企业提供知识产权服务，具有专利申请、答复审通、专利布局、专利侵权分析、专利预警、专利权稳定性分析、专利无效宣告、行政诉讼等实务经验。并长期担任电子、通信和计算机领域的专利业务培训讲师及新代理师的带教导师。

江韵华，现任广东省律师协会商标法律专业委员会委员，广州开发区知识产权协会专家库知识产权类专家，清远市市场监督管理局(知识产权局) 知识产权法律实务类专家，清远市高新技术企业协会专家。2007年开始从事法务工作，2012年开始从事专职律师工作，曾担任多个大型企业的知识产权顾问和法律顾问，在各类型的商标授权、确权行政案件中具有丰富的经验，为企业提供商标布局及规划方案，对商标注册后的维护及日常使用出具建议。近年来参与企业知识产权管理规范项目，获得了企业知识产权管理规范内审员资格和知识产权管理体系的国家注册IPMS审核员资格，为众多企业搭建知识产权管理体系提供服务，为企业知识产权管理体系的构建及维护提供全方位建议。

宁崇怡，广东三环汇华律师事务所合伙人，华东政法大学硕士毕业，自 2007 年专职律师执业，同时也是广州美术学院特聘校外导师、玉林仲裁委员会仲裁员、广东广播电视台公共频道《和事佬》电视栏目特聘法律专家。历任广州市律师协会版权专业委员会委员、广东省律师协会婚姻家事专业委员会委员、广州市律师协会女律师工作委员会委员。2019 年度荣获广州市律师协会优秀委员，2020 荣获广州市天河区妇联首批绶带的"反家暴大使"九名律政佳人之一，擅长处理企业法律顾问法律事务、知识产权侵权、婚姻继承纠纷、经济合同纠纷等法律事务。

詹海劦，毕业于华南理工大学，先后获得理学学士学位、法律硕士学位。目前为广东三环汇华律师事务所执业律师，隶属于温旭律师领衔的旭咏扬团队，具有律师和专利代理师双重执业资格。加入三环后，目前主要从事知识产权诉讼，尤其擅长处理各类专利诉讼、商业秘密纠纷以及不正当竞争纠纷，有丰富的为企业开展知识产权维权的经验。经办的案件曾被评为国家知识产权局年度十大复审无效案件、岭南知识产权诉讼优秀案例，并获广州市律师协会"业务成果奖"。同时，还致力于为客户提供企业常年法律顾问及企业合规业务，从企业管理、制度建设、风险预警等方面为客户提供优质法律意见，排除企业经营风险，使得企业顺利运营。

胡俊，毕业于四川大学，获得工学学士学位、法律硕士学位。目前为广东三环汇华律师事务所执业律师，曾任专利代理师，主要从事专利纠纷争议解决，协助企业开展专利维权、应诉工作，在专利诉讼、专利无效方面有着丰富的执业经验。

韦东梅，广州三环专利商标代理有限公司中山分公司的经理，积极促进高校关于知识产权人才培育的工作，引领三环中山分公司和电子科技大学中山学院合作完成了前三届高校知识产权培训课程项目，和中山职业技术学院达成了《建设知识产权实践教育基地协议》。并且积极促进政府关于企业知识产权发展的工作，积极参加政府项目《2019 年广东省知识产权区域对口帮扶项目（潮州市）》《2020 年开平市市场监督管理局商标品牌培育指导站建设项目》《2021 年中山市

古镇镇商标品牌培育指导站建设》等。曾代理衍生行有限公司"草本家族"商标收购案、广州雀溪服饰有限公司"宋黛"系列商标案等复杂案件。

李素兰，现任广州三环专利商标代理有限公司南海分公司负责人，佛山市南海区知识产权侵权纠纷检验鉴定专家，曾荣获佛山市优秀专利代理人等荣誉。于2010年开始从事知识产权工作，为双证代理人，在专利代理、复审、无效、维权等方面具有丰富经验，技术领域涉及机械、化学等，代理的多件专利荣获中国专利奖和广东省专利奖，且代理的多件专利被评为佛山市专利申请优秀案例，佛山市高价值专利。同时，具有丰富的国际专利代理经验，熟悉美国、欧盟、日本、韩国、加拿大、英国、德国、法国、印度等国家和地区的专利法律制度。

龙莉苹，现就职于广州三环商标代理有限公司东莞分公司，为资深专利代理师、行政诉讼代理师。于2008年开始从事知识产权工作，为众多著名企业以及高校提供专利服务；擅长国内、涉外及PCT专利申请、答复、复审、无效、专利侵权分析，对企业专利技术挖掘、专利技术分析应用、专利侵权分析、专利回避设计、专利预警分析等方面有丰富的经验。代理的专利曾获中国专利优秀奖。成功挽回多个疑难驳回专利。主持完成多项专利侵权分析工作，完成客户个性化要求，辅助企业技术人员完成技术回避设计。对多个企业的研发项目和产品进行专利技术挖掘，构建专利保护墙，实现全方位保护。对企业研发项目进行针对性的检索分析，辅助技术人员完成技术研发。

杨子亮，现任广州三环专利商标代理有限公司成都分公司专利总监，兼任第一届四川省专利代理师协会常务理事、四川省天府新区知识产权库入库专家。重庆大学硕士研究生毕业，2014年起在国家知识产权局专利局专利审查协作广东中心担任发明专利审查员，工作5年拥有超500件发明专利实审经验。2020年入职广州三环专利商标代理有限公司，担任成都分公司专利总监，负责专利部日常管理工作及重点客户维护。服务过的典型客户有：成都飞机工业（集团）有限公司、成都印钞有限公司、四川省郫县豆瓣股份有限公司、东方电气股份有限公司、四川省交通勘察设计研究院有限公司等。

孙朝锐，现任广州三环专利商标代理有限公司成都分公司质检经理，执业专利代理师，中级知识产权师。从事知识产权工作7年，在知识产权布局、分析、挖掘、撰写及答复方面具有丰富经验，服务过支付宝、OPPO、美的、中国移动、歌尔股份等众多国内知名企业。

牛丽霞，广州三环专利商标代理有限公司执业代理师，现任广州三环专利商标代理有限公司珠海分公司国际部主管。物理学硕士，从事知识产权工作15年。擅长通信、半导体等技术领域，深耕专利撰写、答辩、复审等；近年来负责企业知识产权培训、国外专利布局以及专利文件质检，积累了丰富的工作经验。服务客户包括东信和平科技股份有限公司、中丰田光电科技有限公司、珠海司迈科技有限公司、珠海嘉润亚新医用电子科技有限公司、珠海市迈科智能科技股份有限公司、珠海杰赛科技股份有限公司、珠海新秀丽家居用品有限公司、中海福陆重工有限公司等。

莫小娜，具有10年以上知识产权及法律工作经验，主要从事国内、国际商标服务、海南省区域公共品牌建设。成功办理了海南罗非鱼、海口火山荔枝、海口火山石斛、永兴荔枝、永兴黄皮、石山壅羊、东方黎锦、东方黄花梨等二十多件地理标志申报工作。

罗秀梅，具有7年以上知识产权及法律工作经验，主要负责商标注册、商标案件、地理标志认定、公司法务等工作。服务的地理标志区域有：儋州市、保亭县、陵水县、文昌市、昌江县、琼山区、秀英区等，已累计递交地理标志申请六十余件。

邹国珊，广州三环专利商标代理有限公司中山分公司商标部部长，在企业品牌策划方面具有丰富经验。曾成功代理佛山市史麦斯卫厨电器有限公司和美国家得宝国际公司之间的"汉普顿"商标争夺案、广东汇龙电器有限公司"汇龙温控"商标驳回复审案、广东聚德阀门科技有限公司"KEYGAS"商标驳回复审、诺丝科技（国际）有限公司"诺丝003"商标驳回复审等商标复杂疑难案件。

胡洁倩，广东三环汇华律师事务所律师、商标代理人，毕业于广东财经大学，法学学士、会计管理学学士，隶属于温旭律师领衔的旭咏扬团队。自进入三环以来，主要负责商标、版权、不正当竞争诉讼业务，为客户提供法律顾问服务。同时，办理商标、版权非诉业务，包括但不限于品牌布局、异议申请及评审案件的申请与答辩、版权登记等。

李光金，资深诉讼代理人、资深专利代理师、资深专利分析师。拥有超过15年知识产权工作经验，专于企业知识产权战略咨询、专利挖掘布局和运营、专利分析、专利诉讼及无效代理等，擅长机械和电学领域的专利侵权诉讼、专利无效。自从业以来，代理过联发科、迈瑞、紫光展锐等大型知名企业的知识产权诉讼业务，包括联发科与超威半导体系列专利纠纷、欧菲光与维业达系列专利纠纷等重大案件。具有丰富的专利检索分析、专利侵权鉴定、专利规避设计及专利战略布局经验，为富士康、欧菲光、迈瑞、大疆、紫光展锐等众多国内外知名企业提供知识产权法律服务。

廖珮伶，广州三环专利商标代理有限公司中山分公司的商标评审专员，长期从事知识产权等方面法律服务工作。曾成功代理香港衍生行有限公司"孩之乐JOYMATE"商标无效宣告答辩案、广东粤师傅调味食品有限公司"壹号酱"商标无效宣告申请案、中山伯爵咖啡有限公司"伯爵炭烧奶"商标无效宣告申请案、中山市康丽洁卫浴科技有限公司"康丽浩"商标无效宣告申请案等复杂疑难案件。

毛文芳，广州三环专利商标代理有限公司中山分公司的商标评审专员，曾成功代理开平市水口水暖卫浴行业协会"SHUIKOU"集体商标注册案、佛山市史麦斯卫厨电器有限公司和美国家得宝国际公司之间的"汉普顿"商标争夺案、中山市凯腾电器有限公司"凯得"系列商标注册等复杂疑难案件。多年来为香港衍生行有限公司、广东阿诗丹顿电气有限公司、诺斯贝尔化妆品股份有限公司、泰国华北股份有限公司等国内外多家知名企业提供优质知识产权服务。

作者简介

任嘉豪，广东三环汇华律师事务所律师。本科毕业于广东外语外贸大学法学院国际经济法专业。研究生毕业于英国伦敦玛丽女王大学（Queen Mary University of London）法学院，主修知识产权法与经济犯罪法方向，研究生在校期间为伦敦玛丽女王大学商法研究中心"qLegal"法律援助服务中心成员。隶属于温旭律师领衔的旭咏扬团队。主要负责专利诉讼、专利无效、著作权诉讼及不正当竞争诉讼业务。擅长领域：专利诉讼、著作权诉讼、著作权登记等。

王婷，广东三环汇华律师事务所专职律师，兼具财经商贸与法律复合学科背景。已在三环汇华工作逾10年，擅长处理知识产权、公司商事纠纷与企业法律顾问等诉讼与非诉讼业务。曾参与编写《红罐之争——谁是凉茶领导者》，现为广东省入库技术经纪人、北京市文化娱乐法学会会员。

吴瑾，广东三环汇华律师事务所律师，工学学士，具有律师执业资格和专利代理师双重执业资格，主要处理商标、专利、著作权的代理和诉讼业务，以及不正当竞争、商业秘密等案件。参与经办的明门（中国）幼童用品有限公司商业秘密维权案件被广东省检察院评为2019年度打击侵犯知识产权犯罪五大典型案例之一；参与经办的"蓝月亮"商标权及不正当竞争纠纷案入选最高人民法院2021年度中国法院50件典型知识产权案件、广东商标协会2021年度广东十大商标案例、2021岭南知识产权诉讼优秀案例、广东知识产权保护协会2021年度知识产权典型案例及广州市律师协会2021年度业务成果奖。

张瑞芳，法务，具有丰富的法学专业知识和商标事务实践经验，长期从事知识产权等方面的法律服务工作，主要负责各类有关商标确权程序中的法律事务。擅长商标驳回复审、异议申请、异议答辩、无效宣告申请、无效宣告答辩以及商标撤销答辩案件。

二、雏鹰展翅

除了人才的培养,专利事务所在基础建设上也不含糊。事务所订阅了从第一期开始的《中国专利公报》以及中国专利医药卫生领域的全部专利文献,这要花不少钱,当时肯花这个钱的事务所并不多。那时没有电子版,更甭提网络数据库了,全是纸质版,检索很不方便,全靠人手一页一页地翻。于是,我们作了一个在今天看起来不可思议的决定:把《中国专利公报》里有关医药卫生领域的专利信息摘要录入计算机。事务所里的专职人员只有所长温旭、成明新和我三人,温旭已经去北大了,所以这活就由我和成明新两人轮流干。

一晃眼30年过去,当年的工作成果早已没有实际意义,现在检索专利太简单、太方便了。不过,如果认为我们当时的劳动一点价值都没有也不对,至少,那段日子的汉字输入历练,补齐了我汉语拼音的短板。打从小学一年级起,读拼音写汉字或者反过来,给汉字标注拼音,就一直是我的噩梦,以至于我甚至一度担心自己无法从小学毕业。

学校专利事务所的工作主要包括专利代理、技术贸易(现在的提法是"专利转化")以及普法宣传等,人员的就位使学校的专利工作做得有声有色,有一年在全省专利工作总结表彰会上,还上演了连中三元的好戏:体外反搏装置获得"广东省专利十佳项目金奖";专利事务所获得"广东省先进专利事务所"称号;成明新获得"广东省先进专利工作者"称号,成绩无疑是喜人的。不过,欣喜之余,有一个数字还是令我们如芒在背——从1986年4月建所到1991年4月的五年里,专利事务所代理的专利申请累计只有80项,平均每年16项。如果把专利事务所定位于学校的一个工作机构,工作内容仅限于学校及附属医院的发明创造,作为一个在"专利的冻土带"耕耘的医科院校专利事务所似乎没有什么可责备的,地不好,长出的庄稼自然就少嘛。况且,我们都是事业单位的正式干部编制,专利申请多一件少一件对我们的工资没有任何影响。

建所初期三位专职专利代理人——(右起)温旭、刘孟斌、成明新

不过,如果一个专利事务所的业务量仅为每年十几件专利申请,长此以往,其存在的必要性是要打问号的,更别提什么个人价值的实现了。20世纪90年代初的广州,市场经济理念深入人心,到处生机勃勃。在温所长的引领下,大家很快形成了"立足本校,面向社会,服务国家经济建设"的共识。

广州仅有的七家专利事务所中，专利申请业务量最大的是广东省专利事务所（现知友）和广州市专利事务所（现新诺），属于第一方阵，它们分别依托省科委和市科委系统，自上而下地囊括了社会层面的绝大部分专利申请，其实光看单位名称就能够读出"官方"的意味，囊括是自然的。余下的五家，基本属于单位或系统设立的专利事务所，可以看作第二方阵。顾名思义，中国科学院广州分院专利事务所（现科粤）、中山大学专利事务所（已注销）、华南理工大学专利事务所（现华学）、中山医科大学专利事务所（现三环）自然主要面向本单位提供专利代理服务，自给自足，自我消化，有点诸侯割据的意思；而广东省高等学校专利事务所（现粤高）则比较特殊，它由省高教局设立，主要为广东省内没有设立专利事务所的其他高校提供服务。专利申请业务这块蛋糕就这样已经分好，如果我们的着力点放在这里是不明智的，我们的优势难以充分发挥。

专利是文理结合的产物，要做好专利业务，需要同时具备理科专业背景和法律专业背景。随着专利授权数量的不断增加，各种类型的专利纠纷慢慢多了起来，而当时广州同时持有律师资格和专利代理人资格"双证"的只有七位，分别是广东省专利管理局的袁有楼、曾琦，广州市专利事务所的张洪、刘晓雪，广东省高等学校专利事务所的林德纬，以及中山医科大学专利事务所的温旭、刘孟斌。我们意识到，在开展专利申请业务的同时，着重发展诉讼业务应该成为突破方向。专利诉讼是专利申请的下游业务，开展诉讼业务可以为有需要的专利权人提供更多的便利，优质、高效的诉讼业务可以留住或吸引更多的客户，从而产生更多的专利申请业务；而专利申请业务的累积就是诉讼业务潜在客户的累积，有助于诉讼业务的增长。

专利事务所迫切需要的是扩大影响。为竖招牌、办讲座、免费咨询，还是业务优惠活动等，凡是有助于提升事务所影响力的事情我们都会尝试去做。

建所初期为开拓业务派发的优惠卡（正面）　　建所初期为开拓业务派发的优惠卡（背面）

1991年3月，为期7天的卫生部医药卫生科技成果推广应用工作研讨会在中山医科大学召开。得知时任卫生部部长陈敏章将亲临会议，我们打算请他为事务所题词。根据所长安排，我事先拟好了题词内容，并在陈部长逗留广州期间请他题了词："依法保护知识产权，促进医学科技进步"。

我对这个题词的内容还是满意的，因为它很好地体现了专利法的立法宗旨：保护个体的知识产权只是手段，最终目的是要实现经济社会发展和科技进步，这才是实行专利制度的意

时任国家卫生部部长陈敏章题词

义所在。题词的内容立意高远，内涵丰富，很符合陈部长的领导身份，即便30多年过去了，今天看起来一点都没有过时。但不足之处是过于四平八稳，略缺文采。

两年后，我们得到了一个弥补这个缺憾的机会。

1993年，为迎接建所7周年，我们打算通过附属一院外科的王教授，请时任广东省省长、广东省人大常委会主任的朱森林题词。在拟题词内容时我首先想到的是："为天才之火添加利益之油"。这是美国前总统林肯描述专利制度的一句名言，据说还刻在了美国专利商标局的门前。我和温所长对这句话印象都很深，早在1991年4月我们发表在校报上的文章，就已经将"为天才之火添加利益之油"作为文章标题。但让朱森林主任直接以这句话题词显然不合适。

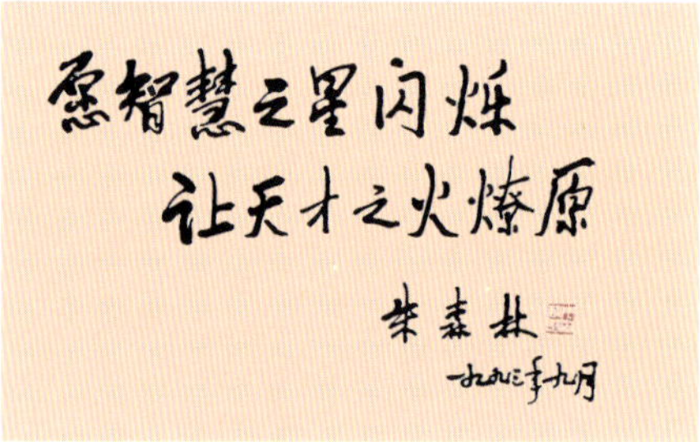

我们琢磨原话，不就是火上加油吗？其后果就是越烧越旺，直至燎原。"燎原"一出，"星星"就来了——"星星之火，可以燎原"。于是，我和温所长一起进行了文字组合及修辞对仗调整。最后形成的题词内容是："愿智慧之星闪烁，让天才之火燎原"。

好事多磨，朱森林主任的题词没能赶上我们4月份的所庆。

广东省前省长、时任广东省人大常委会主任朱森林题词

幸好，通过三环科技专利公司副总经理李冠宏的联系协调，时任广州市市长黎子流的题词及时收到了，为我们的所庆增色不少。

除了以上这些，专利事务所还有一幅来自时任中国专利局（现国家知识产权局）副局长马连元的题词。这次题词是马局长的急就章，温旭所长在旁"督办"。至于马局长为何会为我所题词，容后再叙。

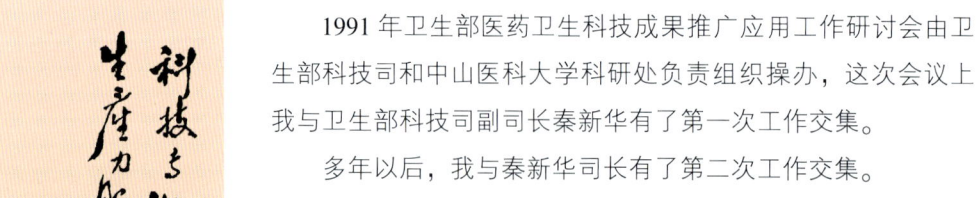

1991年卫生部医药卫生科技成果推广应用工作研讨会由卫生部科技司和中山医科大学科研处负责组织操办，这次会议上我与卫生部科技司副司长秦新华有了第一次工作交集。

多年以后，我与秦新华司长有了第二次工作交集。

1998年，专利事务所遇到了建所以来的第一件官司，有人把专利事务所告了，索赔60万元。从来都是帮别人打官司，没想到有一天官司打到了自己头上。

原来，由于工作人员在给一项实用新型专利缴纳专利年费时错填了专利号中的一个数字，导致该专利的年费缴纳失败（被视为费用未缴纳），更要命的是，阴差阳错，后来连办理恢复专利权手续的期限也过了，最终导致该专利权终止且无法补

时任广州市市长黎子流题词

救。60万元在当时不是一个小数目，事情相当棘手。我和温所长讨论后确定了基本的应对方案。根据需要，我们希望卫生部能提供一个与案件有关的证明。为此，我专程飞到了北京，来到秦司长的办公室当面向她汇报事情经过，介绍解决方案，并恳请卫生部能够提供帮助，据实出具相关证明。

出乎意料，秦司长听完之后并没有正面回应，而是从七年前在中山医科大学召开的那个科技成果推广应用研讨会说起，她思路清晰，言辞犀利，细节丰富，情绪激昂，滔滔不绝，淋漓尽致！我佩服她的记忆力，但不清楚引发她如此激动的原因。临了，她"安慰"我道："60万不是什么大数字，你们付得起"。

卫生部的证明终究是没有拿到，我就这样灰溜溜地回到了广州。至于案子，只好另寻出路。

后来经过艰苦细致的工作，我们终于凭着自己的智慧，使案件以一种令人意想不到的方式结案。专利事务所建所以来的第一次重大危机解除！

医生直面生死，律师面对输赢，这是职业的常态。人，总要在挫折中成长。感谢秦司长给我上了人生重要的一课！

三、一飞冲天

随着业务的发展，专利事务所的专职人员增加到了"4个半人"，除了我们三人，还招聘了施莉作为专职打字员，专门操作一台四通打字机，兼管办公室行政事务，忙的时候成果科副科长陈丽芳也会帮忙，算半个，加起来一共4个半。会计、出纳与科研处共用，没有算进来。专利申请量也从建所初期平均每年16项跃升到1991年的全年100多项，名列全国高校专利事务所三甲（前两名是清华大学专利事务所和华中理工学院专利事务所），1992年更是突破了400项。专利事务所的业务版图已经不限于本校，甚至不限于广州。

"广阔天地大有作为！"广州的周边，以顺德、东莞为代表，制造业相当发达，企业之间的竞争也异常激烈，创新成了在竞争中突围的重要手段，而创新又离不开知识产权尤其是专利的保护。绕一圈又绕回到我们的行当，这也算是老天爷赏饭吃吧。

三人当中，温所长和我一起往外跑得比较多，沿105国道的番禺、顺德、中山、珠海，以及107国道上的东莞、深圳，都是我们业务开拓的主要目的地。那时候没有高速公路，国道就是唯一的选择。90年代经济起飞，到处都热火朝天，加上路网欠发达，路上拥堵非常严重。我们没有自己的汽车，只能选择坐中巴。这些中巴多没有固定的站点，而是在人流密集的地方不停地转圈兜客，兜到的客人再转到另一辆中巴集中凑人头，人数够了才肯开走。我们就是这样被"卖猪仔"，有时要被卖几次才出得了广州城。有一次我们去顺德，短短几十公里，一早出发，几经折腾，加上塞车，到达时却已到中午饭点，苦不堪言不说，还差点误事。痛定思痛，后来，事务所向学校借了一辆闲置的俄罗斯产"拉达"小车，还请了位司机，才初步解决了交通问题。再后来，我们都先后考取了驾照，并逐步添置了小汽车。

1996年十周年所庆拍的"全家福"（左起，前排：王广华、王朔、刘孟斌、温旭、申元林、李冠宏、程跃华；后排：张学农、关忠、温秋云、施莉、尹虹、祝燕、温求广、陈缵光）

他们当中的大部分人，后来因为出国、无时间兼职等原因逐渐退出，只有程跃华、申元林对专利事务所的工作有热情、有心得，把大量精力投入进来，介入程度越来越深。先是半脱，开始在专利所兼职，后来逐渐演变成在原单位兼职，最后干脆全部脱离原单位，调入专利事务所。当然，这一过程，也正是他们从无证、到单证并最终取得双证，成为"双证律师"的蜕变过程。

在校内"挖潜"的同时，专利事务所也从外部吸收人才，先后从中国人民大学、北京大学招收了王朔、韦廷建、刘延喜等多位知识产权第二学位毕业生。但同样毕业于中国人民大学知识产权第二学位的王广华则另有一番曲折，他先是被分配到了广州铁路检察院，与原单位经过多年纠缠，才最终在1998年调入专利事务所。

为结束专利事务所没有专职财会人员的历史，1998年，从学校药物开发中心调入了李延梅任专职会计。2000年，詹必娥也来到了专利事务所。

专利申请量在不断增加，后续获得专利权的项目数量也随之水涨船高，专利的价值如何体现成了新课题。专利如果只是体现为专利证书或获奖证书，那显然不是我们实行专利制度的初心。专利技术方案必须转化为生产力才有意义，而这种转化，是需要人、财、物的投入的。于是，我们决定成立一家公司专门开展许可证贸易（专利转化）业务，温旭所长提议用"三环"作为公司的字号，理由是专利转化包括专利权人、技术中介和实施企业三个环节。

1992年10月16日，广州三环科技专利公司开业，不久，公司还开办了一家专利品厂，规模不大，但还是干了一些有益的事情。比如开发了一件产品——"药性蒸汽美容装置"，从产品研发到申请专利，再到生产出成品，整个过程全部由我们自己操刀，产品出来颇受欢迎，还曾经获得过两个奖项。不过，广州三环科技专利公司贡献最大的，不是什么专利产品，也不是什么专利转化，而是为我们贡献了一个壳，一个后来把我们自己都装进去的壳。此是后话。

专利事务所的影响越来越大，但一个略显尴尬的问题也越来越突出，那就是名称问题。专利事务所当时的名称是"中山医科大学专利事务所"，可当我们接触客户时，常常会被问及，"你们是大学的专利事务所，是不是只代理大学的案件？""你们是医科大学的专利事务所，是不是只代理与医学有关的案件？"如此等等，不一而足。就算不是谈业务，只要是初次接触的人，他们都会对专利事务所的这个名称感到好奇，非让你解释一番不可。他们不明白，一个医科大学的专利事务所，怎么就能闹腾出那么大的动静。

为适应市场化需要，降低沟通成本，给专利事务所设立一个字号就成了刚需。于是，已经成立的广州三环科技专利公司中的"三环"二字自然就成了不二之选。不过，此处对"三环"的解释变为了：

1. 专利申请中的申请人、代理人、审查员三个环节；
2. 诉讼事务中的当事人、代理律师、法官三个环节；
3. 中国专利局（现国家知识产权局）在北京蓟门桥北三环边上。

事实上如果愿意，"三环"的寓意还可以很多。

但当务之急，是要将"三环"名正言顺。于是我赶紧拿起笔，写下了致国家专利局和广东省专利管理局的专利事务所名称变更申请报告，正式提出更名"三环"，这一天是 1993 年 11 月 18 日。

至此，作为专利事务所的"三环"终于可以横空出世了！

1994 年更名"三环"后获颁发的专利代理机构注册证

四、奋翅鼓翼

作为一家从事知识产权业务的服务机构，我们对于"三环"这个自己的服务商标的保护问题自然有更多的关注。可是长期以来，我国的《商标法》对服务商标是不保护的，直到 1993 年修改《商标法》，这一状况才开始改变。新修改的《商标法》于 1993 年 7 月 1 日起施行，其中第四条增加了两款："企业、事业单位和个体工商业者，对其提供的服务项目，需要取得商标专用权的，应当向商标局申请服务商标注册"，以及"本法有关商品商标的规定，适用于服务商标"。自此以后，服务商标在我国才得以申请注册并受《商标法》保护。

事不宜迟，8月28日我找到广州市商标事务所（现广州市华南商标事务所有限公司），通过他们提交了"三环"服务商标注册申请。在当时，商标代理业务只能由工商行政管理系统下设的商标代理机构经营，不由得他人染指。

注册申请是以"广州三环科技专利公司"的名义提出的，因为企业名称里的字号是"三环"，申请成功的可能性会大增。

三环的注册商标

一同递交注册申请的，还有我们的一个图形商标，它是我们通过某电视台记者联系到的一位设计师，根据温所长介绍的背景和提出的要求而设计的。这个图形由上下摆放形成包围状的左右两只手组成一个整体大致呈"S"的形状，而"三环"的"三"，声母正是"S"；上下包围的两只手寓意保护；它们之间有一个星状物，寓意灵感、智慧、思想。

三环使用的LOGO颜色是蓝色，它是我们专利事务所的传统颜色，事务所的牌匾，包括最早时分别设置在学校正门（中山二路）、后门（东风东路）的招牌，以及在校园内设置的指路牌，都一直采用这种蓝白的对比。当时的想法就是，蓝色给人一种冷静、沉稳的感觉，很适合我们这个行业的特点；同时，蓝白的搭配视觉效果对比强烈，有别于那些中规中矩的招牌，易于在众多的招牌中脱颖而出，引人关注。

图形商标的注册过程波澜不惊，毕竟真正原创的图形与他人的设计构成相同或近似的概率是很低的。但"三环"文字商标注册遇到了大麻烦——国家商标局通知，我们的"三环"商标与山东烟台造锁总厂于同一天在同一种（类似）服务上申请注册的"三环"商标相同（近似）。根据商标法及其相关规定，这意味着我们两家的注册申请，商标局只能核准其中一家。要么我们双方就注册申请事宜达成协议，自己作出选择；要么通过抽签的方式确定幸运者，让老天作出选择。

本来，即便是文字，出现这种"同一天"申请的概率也是不高的，问题在于这是我国商标法增加保护服务商标后首次受理服务商标注册申请，在此特殊阶段，按照规定，从1993年7月1日至9月30日期间递交的申请，都视为同一申请日。也就是说，长达92天的时间被看作同一天，"撞车"的概率自然就大大增加了。就这样，我们和山东烟台造锁总厂两个本来八竿子也打不着的机构结成了"冤家"，被莫名其妙地拉到一起对决。

限于当时相对落后的通信方式，我们一直无法与地处山东烟台的对方及时取得联系，协议自然无从谈起。我只好先针对商标局的审查意见，进行了意见陈述。

1995年10月18日，国家商标局终于发来了《商标抽签通知书》，安排我们与对方在1995年11月15日下午两点到国家商标局，以现场抽签的方式来决定"三环"商标的归属。

根据所里的安排，我只身飞往北京，去赴这个"残忍"之约。临行前，我特意带上了公章。我认为我们这对"冤家"各自的业务领域和发展方向均有明显差异，彼此之间并没有你死我活、不可调和的矛盾，应该争取机会，在最后一刻达成协议。

到了国家商标局，终于见到了对方的代表曲先生，典型的山东大汉体型，人看上去也比较和善。我立即把我的意图告诉他，希望双方能就有争议的部分进行协商，争取达成协议，这样就可以免除抽签，从而避免出现由某一方独自承受全部不利后果的局面。曲先生他们显然是有备而来，他也把公章带来了。于是，我们请求商标局暂缓抽签，先行协商。没有更多时间可以耗费，要么达成协议，要么抽签揭晓，结果都必须在这个下午给出。双方经过反复沟通、讨价还价，各自都把自己最看重的内容保留了下来。最终，赶在商标局下班关门之前，我和曲先生的意见终于达成了一致，并当场签署了协议，双方各得其所。

至此，"三环"服务商标的权利边界基本确立。

我们 LOGO 上三环的英文名称 "SCIHEAD" 也大有来历。这是专利事务所原来的兼职专利代理人陈缵光的功劳。一直以来，三环专利事务所都没有英文名称，1997 年的一天下午，陈缵光兴奋地跑进我办公室，说他想到了一个英文 "SCIHEAD"，可以用作三环专利事务所的英文名。我一看，"SCI" 作为前缀意思是 "科学"，"HEAD" 是 "头脑"，合在一起有点意思，符合专利事务所的业务特点；再一读，"SCI-HEAD" 连在一起的发音与中文 "三环" 的发音相近。这个英文造词的音、义结合浑然天成，相得益彰，妙不可言！从此，我们就把 "SCIHEAD" 作为 "三环" 的英译名一直使用至今。

喜欢琢磨事的陈缵光为三环奉献了一个 "药性蒸汽美容装置" 专利和一个英文名称，喜欢琢磨人的温旭所长也没闲着。

事务所当时已人丁兴旺，跟以往相比不可同日而语。如何凝聚大家的力量，调动大家的积极性，做到人尽其才，各展所长，令温所长煞费苦心。

三环专利事务所当时的关联机构，除了前面介绍过的专利公司、专利品厂，还有一个进行专利信息检索及利用的技术之光信息服务中心，以及一个开展培训、教学的知识产权培训中心，我们还兼着学校研究生的知识产权课程。这些机构当中，温旭自然是专利事务所所长兼专利公司总经理；我先是专利事务所副所长，后来人多了，升为常务副所长；申元林先是担任专利事务所办公室主任，后任副所长兼专利公司副总经理；程跃华是技术之光信息服务中心主任；李冠宏一直担任专利公司的副总经理；陈缵光担任专利品厂厂长。我们大家就好像一个个萝卜，被放到了一个个坑里，各就各位，各司其职。

为激发大家的斗志，喜欢琢磨人的温所长提出了一些口号，例如："人才——三环崛起的资本，开拓——三环腾飞的关键，团结——三环成功的保证，拼搏——三环创业的精神"；他还在所里倡导 "四化"，即："律师化、专利化、电脑化、外语化"，就是希望大家没律师证的考律师证，没专利代理人证的考代理人证，然后会电脑，懂外语。

为落实 "四化" 中的外语化，事务所专门请来了一位女外语老师，逢周六上午在所里为大家培训英语。大家的学习热情空前高涨，上课时争先恐后，连平时神龙见首不见尾的都成了不迟到、不早退、不旷课的全勤生。

总的来说，琢磨人还是琢磨出了好效果。为提升整体形象，增加凝聚力，增强荣誉感，1995 年下半年，事务所为所有员工都量身定做了一套制服。这事要说难也不难，可即便到今天，也没有多少事务所愿意这样做。

内强素质，外树形象。经过里里外外一番琢磨，事务所的集体面貌焕然一新。到 1999 年

早期律师事务所的"全家福"（左起，前排：顿海舟、伍健伟、温旭、黄建南、杨超；后排：程跃华、刘孟斌、申元林、王广华、王朔）

1996年7月，三环第一个分支机构中山办事处开张

借由佛陶、康宝案件带来的影响，三环专利事务所的名声得到了极大提升。趁着这股势头，三环决定在被佛陶、康宝案掀起专利热的珠三角地区成立办事处，地点就选在康宝案查封时曾经闹出大动静的中山市南头镇。南头镇虽属中山，但和顺德接壤，与顺德的容奇、桂州（现合并为容桂）相邻，当地的不少企业其实就是顺德老板过去开办的，南头与顺德的联系比与中山的联系密切得多。我们本来就有不少顺德客户，加上康宝案后，三环在南头的影响扩大了，南头不少企业也成了我们的客户。这样，把办事处设在南头，就可以同时照顾到顺德、中山一带，效益明显。更何况，南头镇政府对我们设立办事处一事大力支持。

1996年7月6日，三环专利事务所中山南头办事处成立，我们举行了隆重的开张仪式。这是三环的第一个分支机构，刚刚毕业来到三环的温乾作为这个驻外机构的成员，从这一天起，像一颗种子埋在了南头，在此生根发芽，在此开枝散叶，一晃就是26年。

办事处设在南头镇华辉花园内的一幢小别墅，楼下办公，楼上住人，地方足够大，还放置了乒乓球台、桌球台等。

南头办事处的设立，不仅使我们在中山、顺德一带拓展业务有了一个支点，而且由于它远离都市的喧嚣，我们可以在这里集中起来静下心做一些事情。比如，由三环6位知识产权律师共同编撰、对当年三环代理的案子进行梳理、归纳、总结的《知识产权的保护策略与技巧》一书（1997年出版），就是在这里酝酿、讨论、成型的。

三环集体独立编撰的第一本书

三环人编撰的书

随后，三环先后编撰过几本有影响的书，其中，1998年编撰的《捍卫智慧——没有硝烟的战场》广受好评，温旭所长还因此被评为北京大学法学院有突出贡献的校友，参加了在人民大会堂举办的有国家领导人出席的北大百年校庆庆典；根据具有全国影响的经典案例王老吉案编撰的《红罐之争——谁是凉茶领导者》同样广受关注；此外，三环还专门为中国人民大学律师学院编写了《知识产权业务律师基础实务》。

说起来，专利所集体参与编撰的第一本书，要追溯到1992年年底。当时为适应1993年我国专利法对药品领域实施专利保护的修改，急需一部供医科及药科院校使用的知识产权教材，于是由我所温旭牵头，联合国内几家主要医科院校的专家一起编撰了《医药知识产权基础教程》（1993年出版）。当年专利事务所仅有的三位专利代理人温

三环集体参与编撰的第一本书

旭、刘孟斌、成明新，以及助理顾晓珊都参加了教材的编写。

三十六年过去，有着学问思辨传统的三环人即将奉献出另一部集合了三环历年代理的典型案件的案例分析大全。斗转星移，日新月异，如今这部三环集体编撰的作品，参与编撰的三环人已不再是只有几位，而是足足 66 位。

三环的知识产权业务开展得有声有色，风光无限。然而表面上的风光掩盖不了内心的焦虑——三环还不能够开展涉外业务。整个 80、90 年代，我国的市场经济发育还不充分，在相当长的一段时期内，涉外专利业务都是由官方指定的中国国际贸易促进委员会专利商标事务所、中国专利代理（香港）有限公司、上海专利商标事务所有限公司、永新专利商标代理有限公司这四家机构办理。不过，改革是大势所趋，涉外业务的开放只是时间问题。未雨绸缪，三环开始为申请涉外专利代理业务资格做准备。除了前文提及的组织外语集体培训，还走出去、请进来，加大了对外交往的力度。

1997 年 11 月 27 日，接待了美国知识产权研究会主席一行。

1998 年 4 月 4 日，接待了美国知识产权法律协会代表团。

20 世纪 90 年代的末期，即将步入新世纪，日子充实而平静，却似乎是在为即将掀起的改革大潮积蓄能量，酝酿情绪。

新世纪，新面貌。改革的大潮卷起波涛，涛声奏响的是激情四溢的改革主旋律。

2000 年，对于三环注定是不平凡的一年。

刚刚踏进 2000 年，三环就迎来了开门红！国家知识产权局给三环送来了"大礼"——三环开展涉外专利申请业务的申请终于被批准，成为涉外业务开放申请以后首批获得批准的四家专利代理机构之一。三环随即进入角色，加快了物色涉外人才的步伐，不久，专利代理人戴建波进入了我们的视野。

2000 年，对于包括三环在内的全国所有原隶属或挂靠于政府部门或国有企事业单位的律师事务所、专利事务所、会计师事务所、资产评估事务所等"经济鉴证类社会中介机构"来说，还是一个具有里程碑意义的改革元年。

根据《国务院办公厅关于清理整顿经济鉴证类社会中介机构的通知》（国办发〔1999〕92 号）的精神，相关部门专门出台了《关于经济鉴证类社会中介机构与政府部门实行脱钩改制的意见》，要求上述中介机构必须在人员、财务（包括资金、实物、财产权利等）、业务、名称等方面与原单位彻底脱钩，并另行设立组织形式为合伙制或有限责任制的相关机构。通知要求中介机构的改制工作应与脱钩工作同步进行，并应于 2000 年 10 月 31 日完成脱钩，逾期未完成脱钩改制工作的中介机构，一律停止执业或注销其执业资格。

改革意味着改变，意味着利益再平衡。和每一项改革一样，席卷全国的脱钩改制工作从一开始就在所有相关行业引发剧烈震荡。铁饭碗端得好好的，现在不得不亲手砸碎，不是每个人都下得了这样的决心的。

相比之下，三环内部却是相对平静的，因为三环这些年所经历的业务拓展、名称变更、经济相对自主等变化，其实就是一个接受市场竞争洗礼的过程，这些变化，无论是在物质基础还是在思想观念上，事实上都已经为三环的脱钩改制创造了良好的条件，做好了必要的准备，三环的脱钩改制也因此得以按部就班地从容进行。

第一步是改制，即把属于学校产业的三环专利事务所转变成有限公司。三环其实已经有了一个现成的壳，那就是成立于1992年10月16日的广州三环科技专利公司，我们只需要办理业务类型、公司名称及部分股东的变更手续就可以了，程序相对简单，而无须再从头设立一个有限公司，免除了各种烦扰。

从此，三环专利事务所改制为广州三环专利代理有限公司。接下来的步骤应该就是广州三环专利代理有限公司与中山医科大学脱钩。此时的三环专利事务所，和《家庭医生》杂志、达安基因、绿之韵化妆品公司是中山医科大学的四大校办产业（被戏称为"四大钱袋子"），要脱钩，无论是我们还是学校，都是被政策推着走，都不会太主动。改革总是有阻力的，就全国范围而言，原来要求的在2000年10月31日前完成脱钩的目标并没有实现。

进入到2001年，迎来了多事之秋。

2001年10月，起源自1866年设立的博济医学堂（孙中山学医处）、有着135年历史的中山医科大学，与创办于1924年、时年77岁的中山大学根据教育部的决定合并，合并的方式为："同时撤销原两校建制"，"组建新的中山大学"。

合校除了学校名称改为"中山大学"，对三环似乎没有产生太大影响。和其他中介机构一样，三环的脱钩改制工作还在徐徐向前推进。

2002年1月25日，温旭、刘孟斌、成明新、程跃华、申元林、刘延喜、李延梅及王广华八位学校在编人员，与学校签订了脱钩协议，就资产、债权债务、劳动福利、学校股份以及过渡期办公场所使用等问题，作出了全面约定。

2002年1月29日，中山大学向广东省知识产权局及国家知识产权局发出《关于同意中山大学与广州三环专利代理有限公司脱钩的函》。三环的脱钩改制工作宣告完成。

至此，包括温旭、刘孟斌、成明新、程跃华、申元林、刘延喜、李延梅及王广华八位学校在编人员，以及施莉、温求广、韦廷建、温乾、高燕、詹必娥、胡子骐七位非学校在编人员组成的三环正式与学校脱钩。

改革的浪潮汹涌澎湃，时代的洪流滚滚向前。

三环，就像汪洋中的一只小船，伴随着风浪的节奏跌宕起伏，飘向宿命。

三环，更像一只腾空而起、展翅高飞的雄鹰，任凭风吹雨打，在风雨中挣扎，在风雨中搏击，在风雨中翱翔。

六、扶摇万里

脱钩改制工作完成后，下一步要做的就是完成脱钩后公司的重新组建及张罗三环搬离校园等事情。根据和学校达成的协议，现有场地可以使用到2002年5月31日。四个月的时间，在日常的工作和业务必须如常进行的前提下，要完成公司重组、物色新的办公场所、装修、搬迁等一系列动作，时间必须抓紧。

三环的重组。曾经获得"韩素音全国青年翻译比赛优秀奖"的涉外人才戴建波即将加盟，而学校因为脱钩而退出的股份也需要重新分配。经过反复讨论酝酿，最终，与学校脱钩后的新的广州三环专利代理有限公司由以下股东组成：

温旭、刘孟斌、成明新、程跃华、戴建波、申元林、刘延喜、施莉、韦廷建、温乾、李延梅。

三环的搬迁问题。由于事务所一直在校园里，大家住的地方又大都在学校附近，因此物色新办公场所也就主要考虑学校的周边。彼时的珠江新城还是一个大工地，学校附近的写字楼也不多，这反而减少了选择的烦恼。候选"佳丽"只有两位：一是中山二路与执信南路交界处的粤运大厦，二是位于先烈中路黄花岗附近的汇华商贸大厦。综合考虑区位、交通、环境以及最实际的租金等因素，我们最终选择了汇华商贸大厦。该大厦属于广州高新技术产业开发区黄花岗园区，三环作为为高新技术产业提供知识产权法律服务的机构，可以享受一定的政策红利（租金优惠）。

2002年5月，三环正式告别了它出生和成长的地方——中山医科大学，搬到了离原址仅1.2公里的汇华商贸大厦。距离不远，可三环走了16年；不过，就算距离很远，我们也不会忘记，根在哪里。

脱钩改制搬到汇华大厦以后，无论是从地理意义上还是从公司性质上，三环都成了一个与学校无关的完全独立的法人，可以按照自己的想法进行经营运作。不久，申曼莉应聘成为新三环的001号员工。随着新员工的不断入职，增强归属感、增加凝聚力就成了新课题，实践中逐渐形成了"两会一游"的基本配置，即：为当月生日员工举行生日会、年末举行公司年会、每年一次集体旅游。员工人数的

脱钩改制后三环新的办公场所——汇华商贸大厦

不断增加也使各种活动的组织成为难题。自2007年8月4日拍过迄今为止三环最"大"的合照后，人多得再也没法拍大合照了。

立足广州，辐射全省，适时设立分支机构，这一直是三环的发展战略之一。1996年，继成立中山办事处后，三环随即又成立了深圳办事处，地点在深圳上步中路的南方日报大厦。

2002年5月乔迁汇华商贸大厦后的"全家福"（左起，前排：申曼莉、段淑华、张晓玲、詹必娥、施莉、温庭珺、周静；中排：王广华、戴建波、刘孟斌、温旭、程跃华、刘延喜、李延梅；后排：高燕、张中、王国洲、温求广、温乾、何兆华、满群、林映洲、陈小耕、韦廷建、胡子骐）

2002年，搬迁后回原址道别

脱钩改制工作的全面铺开，加速了三环发展分支机构的步伐。从2001年11月到2003年1月一年左右的时间里，三环通过改制或新设立的方式，先后成立了东莞、中山、深圳、顺德、佛山五个分公司，并新设立了汕头、珠海等办事处。各分支机构历尽坎坷，发展各异，有人坚守，有人远游，但三环不会忘记，温乾、蔡晓红、何兆华、满群、林映洲、段淑华、詹仲国等作为各分支机构的第一代负责人为三环开疆拓土所付出的辛劳。

2008年10月18日,北京分公司成立,陈奇担任负责人。这是三环第一次冲出广东。北京分公司办公地点在北京奥组委办公楼的对面,叫柏彦大厦,两者之间只隔着一条北四环路。于是,三环(公司)、四环(路)、五环(奥运会),自南往北,相映成趣。

当然,选址只是巧合,但我愿意把它解读为三环要朝着奥林匹克格言所表述的"更快、更高、更强——更团结"方向迈进,具体说来就是,办案效率更快、办案质量更高、三环实力更强——三环人更团结。

成立北京分公司目的在于更充分地利用北京的人才、信息以及与相关机构联系便捷等优势,从而更好地开展高端、复杂的知识产权业务。

此后,三环在各地又陆陆续续成立了一些分支机构,至今已辐射国内30余个城市和地区。这些分支机构都以各自的方式,为当地的经济社会发展,同时也为三环共同的事业作出各自的贡献,如胡枫负责的佛山分公司,温镜满负责的珠海分公司,叶新平负责的惠州分公司,张泽思负责的汕头分公司,贾允负责的苏州分公司等。

值得一提的是苏州分公司,他们一直把踏实、专业的作风落到实处,不搞低价竞争,不搞低质量申请。在初创团队中,贾允、肖丁和衡芹原来都是国家知识产权局的审查员,有多年的专利审查工作经验。他们的专业素养和职业背景为专利申请案件质量和授权率的提升提供了重要保障,优质、扎实的服务在长三角赢得了良好的口碑。目前,以苏州分公司团队为管理核心的上海分公司也已经成立。

2007年8月,三环"全家福"

还有2019年年底才成立的成都分公司,一直在努力拓展新业务。2021年,在成都分公司章友华等同事的大力协助下，三环中标成为在成都举办的第 56 届国际乒联世界乒乓球团体锦标赛及第 31 届世界大学生夏季运动会的知识产权法律服务供应商，这在三环是第一次。

三环的另一个发展战略就是开展涉外业务。办理涉外业务的资质早在 2000 年 1 月就已获得批准，但三环涉外业务的全面开展还是在 2002 年下半年国际业务部（国际部）组建以后。国际部由戴建波负责，随着人手的不断增加，逐渐补齐了三环涉外业务的短板。2003 年 4 月，郝传鑫入职三环，来到了国际部，他后来通过自身的努力，在三环的平台上登上了个人职业生涯的高峰。

为充实业务力量，加强公司的团队化、专业化建设，加速培养专利代理人（现称专利代理师），2005 年 12 月，三环通过校园招聘等途径召集了一班年轻人进行知识产权业务培训，时间长达两个月。由于这是第一次，内部戏称"黄埔一期"，颇有几分骄傲。十几年过去，现在回头看，的确，骄傲是有底气的。无论现在身在何处，培训班的成员大部分都成了知识产权法律服务领域的中坚力量。

郝传鑫作为团队建设候任负责人参加了培训班，后来从团队负责人成为三环专利公司的总经理，并担任广东专利代理协会会长、中华全国专利代理师协会副会长、广东省政协委员、广东省新的社会阶层人士联合会副会长等社会职务；学员熊永强后来担任了深圳分公司负责人，还是深圳市南山区的人大代表、深圳市中级人民法院知识产权咨询委员会委员及司法鉴定人，深圳分公司的规模及业务量是所有分公司中最大的，其服务的客户包括华为、腾讯、OPPO、平安、比亚迪、大疆、迈瑞、欧菲光电等全球知名企业，熊永强拼搏事业之余，还不忘扶掖后辈，在母校重庆邮电大学设立了"三环学长奖学金"；东莞分公司的负责人张艳美则是桃李遍天下的培训班资深讲师，也是广东省知识产权专家库专家、广州知识产权法院特邀调解员；最富戏剧性的是培训班讲师颜希文，他本来只是为给临时有事的朋友救场而来培训班授课的外聘讲师，无心插柳之举，没想到随着培训班结束，他与原单位中科院某研究所的缘分也结束了，从此加入三环，现任公司分管专利代理业务的副总经理。

此外，"黄埔一期"的学员王志、赵勇等作为所在分公司的核心业务骨干，一直在发挥着重要作用。

还有多名学员虽然因为个人原因先后离开了三环，但基本上都仍然在知识产权法律服务这个领域里耕耘，在三环迈出的第一步，成了他们为之奋斗终身的事业起点。他们虽然离开了三环，但都仍然是知识产权的从业人员，都在为中国的知识产权事业添砖加瓦，为中国的经济社会发展作贡献。从这个意义上讲，三环，也是中国的三环。

当然，三环并非只有一个"黄埔一期"，事实上，三环年轻一代的成长是全方位的。董咏宜从一名律师助理成长为商标法律事务专家，高级合伙人，并曾获"广州知识产权大律师"提名；肖宇扬原来是一名专门从事专利申请文件撰写的专利代理师，后"转型"为主要从事专利争议解决的专利律师，并成为高级合伙人；曾赟被聘任为"广东省人民政府立法咨询专家"，并和温旭、申元林一起入选"广州市涉外律师领军人才库"。他们在律师协会的专业委员会都担任了一定的职务。还有李百健，从公司的网管成长为公司的"大内总管"，担的配合与支持，三环的戏唱不好。

在三环成长、壮大的过程中，从相关行政主管部门，到业务主管部门，再到行业协会及同行，乃至客户，都给予了三环不同程度的关心、帮助和支持。出于各种考虑，这些朋友的名字没有一一记录下来，但他们都刻在三环人的心里。

还有，那些已经离开的"老三环人"，他们曾经为三环挥洒过青春和智慧，如今就像一颗颗种子，被风吹走，散落天涯。祝福他们，不管飘到哪里，都能开出一朵朵美丽的花。

说说我们几位的近况。在2022年的广东省律师协会的换届改选中，王广华、申元林、刘孟斌、程跃华、董咏宜分别获选担任新一届广东省律师协会的商标、涉外知识产权与信息安全、专利、著作权、竞争与反垄断等领域专业委员会主任、副主任；温旭获颁发"光荣在党50年"纪念章；肖宇扬受聘兼任复旦大学知识产权研究中心研究员；郝传鑫连任广东省新的社会阶层人士联合会副会长。

从敲出第一个字开始回顾三环走过的这36年，持续了三个月，磨磨蹭蹭、陆陆续续憋出了一些文字。

语言是苍白的，三环的前世今生远比你现在看到的精彩。处于波澜壮阔的社会变革阶段，处于这个伟大的时代，三环生逢其时。

"鹰击长空，鱼翔浅底，万类霜天竞自由"。在改革开放大时代的背景下，三环这只雄鹰在经历了蛰伏、振翅之后，实现了腾飞，现正展翅翱翔在中华民族伟大复兴的时空中。

祝福三环越飞越高，越飞越远！

我憧憬着，放飞着梦想，放飞着自我……

2022年7月于广州

2022年2月，成都，律师所部分合伙人

编后语

温 旭

一卷编成汗血花，
刊行经典益诸家。
逾千俊秀同甘苦，
卅六春秋共韶华。
天道酬勤创绩业，
扬鞭策马再攀崖。
开来继往迢迢路，
旭日三环不自夸。